나의 첫 파이썬

전 세계가 선택한 프로젝트 기반 프로그래밍 입문서

지은이 에릭 마테스 Eric Matthes

고등학교 교사로 알래스카에서 과학, 수학, 프로그래밍을 가르치고 있습니다. 다섯 살 때부터 프로그램을 만들었고, 현재는 교육 부문에서 오픈 소스 소프트웨어를 만들거나 활용하는 데 주력하고 있습니다. 본서 외 저서로 『Python Flash Cards』(No Starch Press, 2019)가 있습니다.

옮긴이 한선용 kipenzam@gmail.com

웹 표준과 자바스크립트에 관심이 많은 번역가. 2008년부터 웹 관련 일을 했으며, 'WCAG 2.0을 위한 일반적 테크닉' 등의 문서를 번역해 웹에 올렸습니다. 번역서로 『파이썬으로 웹 크롤러 만들기(2판)』(2019), 『프로그래머 첫걸음』(2018), 『러닝 자바스크립트』(2017), 『한 권으로 끝내는 Node & Express』(2015), 『자바스크립트를 말하다』(2014), 『데이터 시각화를 위한 데이터 인사이트』(2014), 『모던 웹을 요리하는 초간편 HTML5 Cookbook』(2012), 『Head First jQuery』(2012), 『jQuery Mobile』(2012), 『자바스크립트 성능 최적화』(2011, 이상 한빛미디어) 등이 있습니다.

나의 첫 파이썬(2판)

전 세계가 선택한 프로젝트 기반 프로그래밍 입문서

초판 1쇄 발행 2017년 5월 1일
2판 1쇄 발행 2020년 7월 1일
2판 2쇄 발행 2022년 4월 20일

지은이 에릭 마테스 / **옮긴이** 한선용 / **감수** 박상은 / **펴낸이** 김태헌
펴낸곳 한빛미디어(주) / **주소** 서울시 서대문구 연희로2길 62 한빛미디어(주) IT출판부
전화 02-325-5544 / **팩스** 02-336-7124
등록 1999년 6월 24일 제25100-2017-000058호 / **ISBN** 979-11-6224-306-0 93000

총괄 전정아 / **책임편집** 박민아 / **기획** 이상복 / **편집** 문용우 / **진행** 박민아
디자인 표지 이아란 내지 김연정 조판 이경숙
영업 김형진, 김진불, 조유미, 김선아 / **마케팅** 박상용, 송경석, 한종진, 고광일, 성화정, 이행은 / **제작** 박성우, 김정우

이 책에 대한 의견이나 오탈자 및 잘못된 내용에 대한 수정 정보는 한빛미디어(주)의 홈페이지나 아래 이메일로 알려주십시오. 잘못된 책은 구입하신 서점에서 교환해드립니다. 책값은 뒤표지에 표시되어 있습니다.
한빛미디어 홈페이지 www.hanbit.co.kr / **이메일** ask@hanbit.co.kr

지금 하지 않으면 할 수 없는 일이 있습니다.
책으로 펴내고 싶은 아이디어나 원고를 메일(**writer@hanbit.co.kr**)로 보내주세요.
한빛미디어(주)는 여러분의 소중한 경험과 지식을 기다리고 있습니다.

2판

나의 첫 **파이썬**

전 세계가 선택한 프로젝트 기반 프로그래밍 입문서

에릭 마테스 지음 / 한선용 옮김

ᴴᴮ 한빛미디어
Hanbit Media, Inc.

"Life is short, you need Python."

이 책을 읽는 여러분은 대개 프로그래밍이 처음인 분이겠죠? 정말 축하합니다. 파이썬처럼 쉽고 직관적이면서도 다양한 분야에 사용되는 언어는 많지 않습니다. 다른 언어로 프로그래밍을 시작했다면 어려운 문법과 추상적인 개념에 머리를 싸매다가 포기하거나, 할 수 있는 일이 그리 많지 않아서 또 다른 언어로 넘어가야 하는 단계가 금방 올 수도 있습니다.

파이썬은 그렇지 않습니다. 파이썬은 매우 쉽고 직관적이어서, 중학생 수준의 영어만 알아도 딱 보면 무슨 뜻인지 짐작이 되는 코드 구조가 아주 많습니다.

```python
if 4 in [1, 2, 3, 4]:
    print("4가 있습니다.")
```

만약(if) [1, 2, 3, 4] 안에(in) 4가 있으면 "4가 있습니다."를 출력(print)하세요.

무슨 뜻인지 금방 알 수 있지 않습니까? 이렇게 쉽고, 사람의 생각과 비슷한 문법을 쓰기 때문에 파이썬으로 프로그램을 만들면 하고 싶은 일을 금방 완성할 수 있습니다. 그 외에도 파이썬에는 매력적인 특징이 정말 많지만, 서문에는 이 정도만 적겠습니다. 이 책은 국내에는 2017년에 발행된 초판을 시간이 흐르면서 널리 쓰이게 된 새로운 문법에 맞게 고치고, 최신 버전인 파이썬 3.8에 맞게 수정하며 오래된 내용인 파이썬 2에 관한 지원을 제거한 2판입니다. 프로그래밍을 하다 보면 어렵지는 않지만 상당히 성가실 수 있는 문자열 합성을 쉽게 할 수 있는 f-문자열에 관한 내용도 있습니다. 프로그래밍 책은 대개 개발자가 집필하는 편이지만, 이 책을 쓴 에릭 마테스는 과학과 수학을 가르치는 고등학교 교사입니다. 직업이 교사여서 그런지 이해하기 쉽고 체계적으로 잘 썼습니다. 첫 언어로 파이썬을 택하신 것, 그리고 이 책을 택하신 것 모두 축하합니다. 좋은 책을 맡겨준 한빛미디어, 꼼꼼하게 원고를 수정해주신 이상복 편집자님께 감사합니다. 모든 일에 대해 부모님께 감사합니다. 즐겁고 보람 있게 읽으시길 바랍니다.

한선용

2판 서문

이 책 초판에 대한 반응은 대단히 긍정적이었습니다. 초판은 8개국 언어로 번역되어 50만 부이상이 인쇄됐습니다. 필자는 열 살밖에 되지 않은 독자부터 여유 시간에 프로그래밍을 배우는 퇴직자까지 다양한 사람들로부터 편지를 받았습니다. 이 책은 중고등학교에서도 교재로 쓰이고, 대학에서도 교재로 쓰입니다. 더 수준 높은 책으로 공부하는 학생들 역시 이 책을 보충 교재로 활용하면서 만족하고 있습니다. 이 책에서 배운 기술을 업무에 응용하고 자신만의 프로젝트를 시작하는 사람들도 있습니다. 요약하면, 이 책은 필자가 책을 쓰며 생각했던 모든 방면으로 활용되고 있습니다.

2판을 쓸 기회가 온 것은 대단히 즐거운 일입니다. 파이썬은 성숙한 언어이면서도, 다른 언어들과 마찬가지로 계속 발전하고 있습니다. 2판의 목표는 책을 더 얇고 단순하게 만드는 거였습니다. 이제 파이썬 2를 배울 이유는 전혀 없으므로 2판은 파이썬 3에만 집중합니다. 파이썬 패키지들의 설치가 쉬워졌으므로 이를 설명하기도 쉬워졌습니다. 필자는 독자들에게 도움이 되리라 생각하는 몇 가지 주제를 추가했고, 일부 섹션은 문제를 더 단순하게 해결할 수 있는 파이썬다운 방식으로 개정했습니다. 또 파이썬에 대해 충분히 정확하게 설명하지 못했던 섹션이 일부 있다고 생각해 이들 역시 개정했습니다. 책에서 설명한 프로젝트 역시 인기 있고 잘 관리되는 라이브러리를 사용하도록 완전히 새로 만들었으므로 독자 여러분이 자신만의 프로젝트를 만들 때도 자신 있게 활용할 수 있을 겁니다.

다음은 2판에서 바뀐 내용의 요약입니다.

- **1장**은 주요 운영체제 사용자들이 파이썬을 더 쉽게 설치할 수 있도록 단순화했습니다. 서브라임 텍스트를 권장한다는 내용을 추가했는데, 서브라임 텍스트는 모든 운영체제에서 잘 동작하며 초보자부터 프로 프로그래머까지 널리 사용하는 에디터입니다.
- **2장**은 파이썬이 변수를 어떻게 처리하는지 더 정확히 설명합니다. 2장에서는 변수를 값의 **라벨**이라고 설명했습니다. 이 표현이 파이썬에서 변수가 어떻게 동작하는지 더 잘 나타낸다고 생각합니다. 2판에서는 파이썬 3.6에서 도입한 f-문자열을 활용합니다. f-문자열을 사용하면 문자열 안에서 변수 값을 훨씬 쉽게 사용할 수 있습니다. 파이썬 3.6에서는 아주 큰 숫자에 밑줄을 써서 1_000_000처럼 표현하는 방법 역시 도입했으며, 2판에서도 이 방법을 따릅니다. 초판에서는 변수 여러 개에 한꺼번에 값을 할당하는 방법을 프로젝트에서 설명했는데, 2판에서는 이 방법을 좀 더 일반화해 2장에서 소개하여 프로젝트 부분을 읽지 않는 독자들도 활용할 수

있게 했습니다. 마지막으로, 파이썬에서 상수를 더 명확히 나타내는 표기법 역시 2장에서 설명합니다.

- **6장**에서는 딕셔너리에 키가 존재하지 않을 때 기본값을 반환하는 get() 메서드를 소개합니다.

- **12~14장**의 외계인 침공 프로젝트는 클래스를 바탕으로 완전히 고쳤습니다. 게임 자체도 함수의 연속이 아니라 클래스로 바꿨습니다. 이렇게 바꾸면서 게임의 전체적인 구조가 굉장히 단순해졌고, 함수 호출 횟수와 매개변수 수도 많이 줄어들었습니다. 초판을 읽어본 독자들은 이번에 새롭고 단순하게 바뀐 클래스 기반 접근법을 환영할 겁니다. 이제 어떤 시스템에서든 명령어 한 줄로 파이게임Pygame을 설치할 수 있고, 전체화면 모드나 창 모드를 선택해서 실행할 수 있습니다.

- 데이터 시각화 프로젝트에서는 맷플롯립Matplotlib 라이브러리의 설치가 쉬워졌습니다. 맷플롯립의 시각화는 subplots() 함수를 사용하는데, 이 부분이 쉬워졌으므로 차차 더 복잡한 시각화를 만드는 데도 큰 어려움은 없을 겁니다. **15장**의 주사위 굴리기 프로젝트에서 사용하는 플로틀리Plotly는 잘 관리되는 시각화 라이브러리로서, 깔끔한 문법으로 고품질의 출력 결과를 얻을 수 있으며 출력 옵션 역시 마음대로 바꿀 수 있습니다.

- **16장**의 날씨 프로젝트는 NOAA 사이트의 데이터를 사용합니다. 초판에서 이용했던 사이트에 비해 향후 몇 년은 신뢰할 수 있는 사이트입니다. 지도 프로젝트는 지구 규모의 지진 활동을 시각화하는 것을 목표로 합니다. 이 프로젝트를 마치고 나면 주어진 기간 안에 일어난 모든 지진의 위치를 지각 판 경계와 함께 표시한 놀라운 시각화 결과를 보게 될 겁니다. 지리적 포인트를 포함해 어떤 데이터든 그래프로 그리는 방법도 알게 됩니다.

- **17장**에서는 플로틀리를 사용해 깃허브에서 진행되는 파이썬 관련 오픈 소스 프로젝트들을 시각화해봅니다.

- **18~20장**의 '학습 로그' 프로젝트는 최신 버전의 장고Django를 사용하고, 역시 최신 버전의 부트스트랩Bootstrap을 사용해 스타일을 입힙니다. django-heroku 패키지를 사용해서 프로젝트를 헤로쿠에 올리는 과정을 단순화했으며, settings.py 파일을 편집하지 않고 환경 변수를 사용하게 바꿔서 더 단순화했습니다. 이 방법은 단순할 뿐 아니라 최신 장고 프로젝트를 운영하는 프로 프로그래머들이 사용하는 방법이기도 합니다.

- **부록 A**는 파이썬 설치에 관한 최신 모범 사례를 따르도록 완전히 개정했습니다. **부록 B**에는 서브라임 텍스트 설정 방법을 실었고, 현재 널리 쓰이는 텍스트 에디터와 IDE 중 상당수를 간단히 소개했습니다. **부록 C**에서는 도움이 필요한 독자들이 찾아볼 수 있는 온라인 자원 중에서 더 새롭고 인기 있는 곳들을 소개하고, **부록 D**에서는 깃을 통해 버전 관리를 하는 방법을 소개합니다.

이 책을 선택한 독자 여러분께 감사합니다! 질문이나 제안이 있다면 언제라도 주저 말고 연락해주십시오.

감사의 말

노 스타치 출판사의 뛰어난 프로 편집자들이 없었다면 이 책은 결코 나올 수 없었을 겁니다. 초보자용 교재를 써보자고 제안해준 빌 폴록Bill Pollock에게 깊이 감사합니다. 타일러 오트먼Tyler Ortman은 책의 초안을 잡을 때 많이 도와줬습니다. 리즈 채드윅Liz Chadwick, 레슬리 셴Leslie Shen이 각 장마다 보내준 피드백은 가치를 따질 수 없이 귀한 것이었습니다. 앤 마리 워커Anne Marie Walker는 책의 곳곳에서 필자가 횡설수설하는 일을 막아주었습니다. 라일리 호프먼Riley Hoffman은 하나의 책을 완성하는 과정에서 필자의 질문을 모두 해결해주었고, 끈기 있게 원고를 책으로 완성해주었습니다.

기술 리뷰어인 케네스 러브Kenneth Love에게 감사합니다. 필자는 케네스를 파이콘PyCon에서 처음 만났는데, 파이썬과 커뮤니티에 대한 그의 열정은 항상 필자게 영감을 불러일으켰습니다. 케네스는 단순히 책의 오류를 수정하는 데 그치지 않고 초보 프로그래머가 파이썬 언어와 프로그래밍 전반에 대해 확실히 이해할 수 있게 만들겠다는 목표를 가지고 작업에 임해주었습니다. 그럼에도 이 책에 문제가 있다면 그건 전부 필자의 책임입니다.

필자가 어릴 때 프로그래밍을 가르쳐주시고, 컴퓨터를 망가뜨려도 무서워하지 않게 해준 아버지에게 감사합니다. 책을 쓰는 동안 끊임없이 필자를 격려하고 지원해준 아내 에린Erin, 멈추지 않는 호기심으로 필자의 영감을 일깨우는 아들 에버Ever에게도 감사합니다.

프로그래머라면 모두 자신의 첫 번째 프로그램을 어떻게 만들었는지 기억할 겁니다. 필자가 프로그래밍을 배운 건 어린 시절이었는데, 그때 아버지는 당시 컴퓨터 환경을 주도하던 회사 중 하나인 DEC에 근무하고 계셨습니다. 필자는 첫 번째 프로그램을 아버지가 집에서 만들어준 엉성한 컴퓨터에서 만들었습니다. 그 컴퓨터란 케이스도 없이 메인보드에 직접 연결된 키보드 뿐이었고 모니터는 CRT 화면이었습니다. 처음 만든 프로그램은 숫자를 맞히는 단순한 게임이었는데, 대략 다음과 같은 형태였습니다.

```
I'm thinking of a number! Try to guess the number I'm thinking of: 25
Too low! Guess again: 50
Too high! Guess again: 42
That's it! Would you like to play again? (yes/no) no
Thanks for playing!
```

게임이 필자의 생각대로 동작하고 가족이 이 게임을 즐기는 것을 바라보며 얼마나 만족했는지 모릅니다.

이 경험의 영향은 오랫동안 지속됐습니다. 목적을 가지고 무언가를 만든 일, 그 무언가가 문제를 해결한 것은 정말 만족스러운 일이었습니다. 필자가 최근에 만드는 소프트웨어는 어린 시절에 만들었던 것보다 훨씬 좋지만, 프로그램을 만들면서 느끼는 만족감은 크게 달라지지 않았습니다.

대상 독자

이 책의 목적은 가능한 한 빨리 파이썬으로 프로그램을 만드는 것입니다. 그 프로그램이 게임이든, 데이터 시각화이든, 웹 애플리케이션이든 종류가 중요하지는 않습니다. 그 과정에서 생긴 프로그래밍의 기초가 여러분의 앞으로의 삶을 살찌울 겁니다. 이 책은 독자의 나이가 몇이더라도, 파이썬을 사용해본 적이 없더라도, 아예 프로그래밍 경험이 없더라도 읽을 수 있게 만들었습니다. 프로그래밍의 기본을 빨리 배우고 흥미로운 프로젝트에 집중하고 싶은 독자, 홍

미로운 문제를 해결하면서 새로 배운 개념을 잘 이해했는지 시험해보고 싶은 독자를 위한 책입니다. 프로젝트를 진행하며 학생들에게 프로그래밍을 가르치려 하는 중고등학교 교사들에게도 이상적입니다. 대학에서 프로그래밍을 배우고 있는데 교재가 너무 어려워서 더 쉬운 참고서를 찾고 있는 학생에게도 딱 맞습니다.

책의 구성

이 책의 목적은 좋은 프로그래머가 되는 것, 범위를 좁히면 좋은 파이썬 프로그래머가 되는 것입니다. 필자는 범용적인 프로그래밍 개념을 설명하면서 좋은 습관을 효과적으로 익힐 수 있도록 유도할 겁니다. 책을 마치고 나면 고급 파이썬 테크닉을 익힐 준비가 될 테고, 다음에 다른 프로그래밍 언어를 배우더라도 더 쉽게 배울 수 있습니다.

책의 초반에서는 파이썬 프로그램을 만드는 데 필요한 기본 개념을 배웁니다. 이 개념은 어떤 프로그래밍 언어에서든 공통인 개념입니다. 다양한 데이터에 대해 배우고, 그 데이터를 리스트와 딕셔너리에 저장하는 방법을 배울 겁니다. 데이터 컬렉션을 만들고 그 컬렉션을 효과적으로 다루는 법을 배웁니다. `while` 루프와 `if` 문을 통해, 조건을 만족할 때는 이 부분을, 만족하지 않을 때는 다른 부분을 실행하는 방법을 배웁니다. 이 방법은 어떤 일을 자동화할 때 큰 도움이 됩니다.

사용자로부터 입력을 받아 프로그램을 대화형으로 만들고, 사용자가 원하는 동안 계속 프로그램을 실행하는 방법도 배웁니다. 함수를 통해 프로그램 일부를 다시 사용할 수 있게 만들어서, 한 가지 일을 하는 코드는 한 번만 만들고 필요한 만큼 재사용하는 법을 배웁니다. 나중에 이 개념을 클래스로 확장하면 아주 단순한 프로그램으로도 다양한 상황에 대응할 수 있습니다. 흔히 일어나는 에러를 우아하게 처리하는 프로그램을 만들 수 있게 됩니다. 이런 기본 개념들을 익힐 때마다 간단한 프로그램을 만들어서 필자가 세심하게 선정한 문제를 풀게 됩니다. 마지막으로, 코드를 테스트하는 방법을 배우면서 중급 프로그래밍으로 한 걸음 더 나가게 됩니다. 이 과정을 익히면 버그를 두려워하지 않고 프로그램을 개발할 수 있게 될 겁니다. 1부에서 배우는 것들은 모두, 더 크고 복잡한 프로젝트를 만드는 기초가 될 겁니다.

2부에서는 1부에서 배운 내용을 세 가지 프로젝트에 응용합니다. 이들 프로젝트에는 정해진 순서가 없으므로 여러분 자신에게 알맞다고 생각하는 것부터 해봐도 됩니다. 12~14장에서는 첫 번째 프로젝트로, 점점 어려워지는 갤러그 스타일 게임 '외계인 침공'을 만듭니다. 이 프로젝트를 끝내고 나면 스스로 2차원 게임을 만들어볼 수 있습니다.

15~17장에서는 두 번째 프로젝트로 데이터 시각화를 소개합니다. 데이터 과학자들은 방대한 정보를 이해하는 수단으로 다양한 시각화 테크닉을 시도합니다. 이 프로젝트에서는 코드를 통해 데이터 세트를 만들거나, 온라인 소스에서 데이터 세트를 직접 내려받거나, 프로그램이 자동으로 데이터 세트를 내려받는 등의 방법으로 생성한 데이터를 다루게 됩니다. 이 프로젝트를 마치고 나면 방대한 데이터 세트를 누비고 다니며 저장한 정보를 시각화하는 프로그램을 만들 수 있게 될 겁니다.

18~20장에서는 세 번째 프로젝트로 '학습 로그'라는 간단한 웹 애플리케이션을 만듭니다. 이 프로젝트는 특정 주제에 대해 공부한 개념이나 그 과정에서 얻은 아이디어를 기록할 목적으로 만드는 겁니다. 다양한 주제별로 로그를 만들 수 있고, 다른 사람들도 계정을 만들어서 자신만의 기록을 남길 수도 있습니다. 프로젝트를 배포해서 누구나, 어디서든 온라인으로 사용할 수 있게 하는 방법도 배웁니다.

온라인 자료

이 책의 참고 자료는 https://nostarch.com/pythoncrashcourse2e/ 또는 http://ehmatthes.github.io/pcc_2e/에서 얻을 수 있습니다. 이 자료에는 다음과 같은 내용이 포함됩니다.

- **설치 방법**: 설치 방법은 책에 실린 내용과 똑같지만, 클릭하면 연결되는 링크가 있다는 점이 다릅니다. 설치하다가 문제가 생기면 이 자료를 찾아보세요.
- **업데이트**: 파이썬 역시 다른 언어와 마찬가지로 끊임없이 발전합니다. 필자는 파이썬이 업데이트될 때마다 바

꿘 내용을 관리하고 있으니, 만약 책에서 설명한 내용이 동작하지 않는다면 이곳에서 어떤 점이 바뀌었는지 정보를 얻으십시오.

- **연습문제 해답**: '연습문제'는 시간을 충분히 들여서 스스로 해결해야 합니다. 하지만 딱 막혀서 도저히 모르겠다면 여기에 연습문제 해답이 있습니다.
- **치트 시트**: 파이썬의 주요 개념을 빠르게 훑어볼 수 있는 치트 시트를 내려받을 수 있습니다.

파이썬을 선택해야 하는 이유

필자는 해가 바뀔 때마다 계속 파이썬을 써야 하는지, 아니면 최신 언어로 바꿔야 할지 고민하곤 합니다. 하지만 결국 항상 파이썬을 선택하는데, 이유는 여러 가지입니다. 파이썬은 믿을 수 없이 효율적인 언어입니다. 다른 언어에 비해 훨씬 적은 코드로 원하는 일을 할 수 있습니다. 파이썬 문법은 **깔끔한** 코드를 유도하기도 합니다. 파이썬 코드는 다른 언어에 비해 읽기 쉽고, 디버그하기 쉽고, 확장하기 쉽습니다.

사람들은 다양한 분야에 파이썬을 활용합니다. 게임을 만들기도 하고, 웹 애플리케이션을 만들기도 하고, 사업 문제를 풀기도 하고, 온갖 종류의 흥미로운 회사들은 파이썬을 활용해 사내에서 사용할 도구 프로그램을 만들기도 합니다. 파이썬은 과학 분야에서 연구와 응용 목적으로도 아주 많이 사용됩니다.

필자가 계속 파이썬을 쓰는 가장 중요한 이유는 파이썬 커뮤니티 때문입니다. 파이썬 커뮤니티는 엄청나게 광범위하고, 사람들은 대부분 타인에게 친절합니다. 프로그래밍은 혼자 하는 작업이 아니므로 프로그래머에게는 커뮤니티가 아주 중요합니다. 프로그래머 대부분은, 심지어 가장 경험이 많은 프로그래머조차도 비슷한 문제를 이미 해결한 다른 사람에게서 도움을 받을 수 있습니다. 문제가 생겼을 때 활발히 활동하는 친절한 커뮤니티가 있다면 큰 도움을 받을 수 있습니다. 파이썬 커뮤니티에는 첫 번째 프로그래밍 언어로 파이썬을 선택한 사람이 아주 많으므로, 독자 여러분처럼 파이썬을 처음 배우는 사람들에게 아주 친절한 편입니다.

파이썬은 정말 대단한 언어입니다. 이제 시작해봅시다!

CONTENTS

PART | 기초

CHAPTER 1 시작하기

CHAPTER 2 변수와 단순한 타입

CONTENTS

CONTENTS

CONTENTS

CHAPTER 20 앱 스타일과 배포

CHAPTER 21 맺음말

PART V 부록

APPENDIX A 설치와 문제 해결

APPENDIX B 텍스트 에디터와 IDE

CONTENTS

Part I

기초

1부에서는 파이썬 프로그램을 만들 때 필요한 기본 개념을 배웁니다. 이 개념들 중 상당수가 모든 프로그래밍 언어에 공통이므로, 한번 배워두면 프로그래머로 살아가는 동안 계속 도움이 될 겁니다.

1장에서는 컴퓨터에 파이썬을 설치하고 첫 번째 프로그램을 실행합니다. 이 프로그램은 화면에 Hello world!라는 문구를 출력합니다.

2장에서는 정보를 변수에 저장하는 방법, 텍스트와 숫자 값을 다루는 법을 배웁니다.

3장과 4장에서는 리스트를 소개합니다. 리스트를 쓰면 변수 하나에 정보를 원하는 만큼 담을 수 있으므로 데이터를 효과적으로 활용할 수 있습니다. 수백, 수천, 심지어 수백만 개의 값을 코드 단 몇 줄로 처리할 수 있게 됩니다.

5장에서는 if 문을 통해 어떤 조건을 만족하면 이렇게, 만족하지 않으면 저렇게 반응하는 코드를 만듭니다.

Part I

기초

6장에서는 파이썬 딕셔너리에 대해 배웁니다. 파이썬 딕셔너리는 정보와 정보를 연결하는 자료 구조입니다. 리스트와 마찬가지로 딕셔너리에도 담을 수 있는 데이터의 양에는 제한이 없습니다.

7장에서는 사용자의 입력을 받아 대화형 프로그램을 만드는 법을 배웁니다. 또한 특정 조건을 만족하는 한 코드 블록을 계속 실행하는 while 루프에 대해서도 배웁니다.

8장에서는 함수를 만듭니다. 함수란 한 가지 일을 실행하도록 만든, 이름 붙은 코드 블록이며 원할 때 언제든지 실행할 수 있습니다.

9장에서는 클래스를 소개합니다. 클래스는 개, 고양이, 사람, 자동차, 로켓, 기타 무엇이든 현실 세계의 객체를 흉내 낼 수 있도록 만들어졌습니다. 클래스를 사용하면 현실의 것이든 추상적인 것이든 전부 표현할 수 있습니다.

10장에서는 파일을 다루는 법을 배우고, 프로그램이 예기치 않게 멈추지 않도록 에러를 처리하는 법을 배웁니다. 프로그램을 종료할 때 데이터를 저장하고, 프로그램을 다시 실행할 때 데이터를 불러들이는 법을 배웁니다. 에러를 예상하고, 에러가 일어났을 때 우아하게 대처하는 방법인 예외 처리에 대해서도 배웁니다.

11장에서는 프로그램이 의도한 대로 실행되는지 체크하는 테스트를 작성하는 법을 배웁니다. 테스트를 만들면, 새로운 버그를 추가할지도 모른다는 걱정 없이 프로그램을 확장할 수 있습니다. 코드 테스트는 중급 프로그래머로 도약하는 첫 번째 기술 중 하나입니다.

## CHAPTER 1

시작하기

이 장에서는 첫 번째 파이썬 프로그램인 `hello_world.py`를 만듭니다. 우선 컴퓨터에 파이썬 최근 버전이 설치되어 있는지 확인하고, 아니라면 설치하도록 합니다. 파이썬 프로그램을 만들 때 쓸 텍스트 에디터도 설치합니다. 텍스트 에디터는 파이썬 코드를 인식하고 여러분이 코드를 작성할 때 실시간으로 각 섹션을 구분하므로 코드 구조를 이해하기 좀 더 편해집니다.

1.1 프로그래밍 환경 만들기

파이썬은 운영체제에 따라 조금씩 다르게 설치되므로 염두에 둘 점이 몇 가지 있습니다. 다음 섹션에서는 파이썬을 시스템에 정확히 설치하는 법을 알아봅니다.

1.1.1 파이썬 버전

프로그래밍 언어는 새로운 아이디어와 기술이 탄생할 때마다 발전합니다. 파이썬 개발자들도 파이썬을 끊임없이 개선해 더 다재다능하고 강력하게 만들어왔습니다. 이 글을 쓰는 시점에서 최신 버전은 파이썬 3.7이지만, 책에서 설명하는 내용은 모두 파이썬 3.6이나 그 이후 버전에서 잘 동작합니다. 이 섹션에서는 파이썬이 이미 시스템에 설치되었는지 알아보고, 새 버전을 설치해야 하는지 여부를 살펴봅니다. 주요 운영체제에 파이썬 최신 버전을 설치하는 방법은

부록 A에서 자세히 설명합니다.

일부 오래된 프로젝트는 여전히 파이썬 2를 요구하기도 하지만, 이제는 파이썬 3만 사용해야 합니다. 만약 시스템에 파이썬 2가 설치되어 있다면 아마 그건 시스템에서 필요한 오래된 프로그램을 지원하기 위해서일 겁니다. 이 경우 오래된 버전은 그대로 남겨두고, 책에서 배울 최신 버전을 설치할 겁니다.

1.1.2 파이썬 코드 실행

터미널 창에서 **파이썬 인터프리터**Python interpreter를 실행할 수 있습니다. 이 방법으로, 전체 프로그램을 저장하고 실행할 필요 없이 간단한 코드를 테스트해볼 수 있습니다.

이 책 전체에 걸쳐 다음과 같은 코드를 자주 보게 될 겁니다.

```
>>> print("Hello Python interpreter!")
Hello Python interpreter!
```

>>> 프롬프트는 터미널에서 실행해야 한다는 뜻입니다. 굵은 글씨로 표현한 텍스트를 직접 입력하고 엔터 키를 누르면 됩니다. 코드는 거의 텍스트 에디터에서 작성하므로, 책의 예제 대부분을 차지하는 짧은 코드들 역시 터미널보다는 텍스트 에디터에서 실행하는 게 간편할 겁니다. 하지만 때로는 파이썬 터미널에서 연속적으로 코드를 실행해야 필자가 전달하고자 하는 기본 개념이 잘 드러날 때도 있습니다. 책에서 >>> 표시를 본다면 터미널에서 직접 코드를 실행하고 결과를 보길 권합니다. 컴퓨터 인터프리터에서 바로 코드를 실행할 수 있습니다.

또한, 텍스트 에디터에서 'Hello World!'라는 단순한 프로그램을 만들 겁니다. 프로그래밍 세계에는 Hello world! 메시지를 화면에 출력하는 프로그램을 첫 번째로 만들어야 행운이 따라온다는 오래된 전설이 있습니다. 아주 단순한 프로그램이지만, 그만큼 목적에 충실하기도 합니다. 이 프로그램이 정확히 실행된다면, 앞으로 만들 파이썬 프로그램 역시 정확히 실행될 겁니다.

1.1.3 서브라임 텍스트

서브라임 텍스트 Sublime Text는 최신 운영체제라면 어디든 설치할 수 있는 간단한 텍스트 에디터입니다. 서브라임 텍스트는 터미널을 내장하고 있어서 프로그램 대부분을 직접 실행할 수 있습니다. 서브라임 텍스트에 포함된 터미널 세션에서 바로 코드를 실행하면 결과를 쉽게 확인할 수 있습니다.

서브라임 텍스트는 초보자도 쉽게 사용할 수 있고, 프로 프로그래머들도 즐겨 사용합니다. 파이썬을 배우면서 서브라임 텍스트에 익숙해지면 나중에 더 크고 복잡한 프로젝트를 진행할 때도 계속 사용할 수 있습니다. 서브라임 텍스트의 라이선스 정책은 상당히 너그럽습니다. 원한다면 언제까지든 무료로 사용할 수 있지만, 가끔씩 계속 쓰려면 라이선스를 구입하라는 메시지가 뜰 겁니다.

부록 B에는 다른 텍스트 에디터들에 대한 정보도 들어 있습니다. 다른 에디터가 궁금하다면 우선 **부록 B**부터 읽어봐도 됩니다. 물론 서브라임 텍스트에서 프로그래밍을 시작하고, 프로그래머로 경험이 좀 생겼을 때 다른 에디터를 써봐도 됩니다. 이 장에서는 운영체제에 서브라임 텍스트를 설치하는 방법도 설명할 겁니다.

1.2 다양한 운영체제와 파이썬

파이썬은 주요 운영체제에서 모두 실행되는 프로그래밍 언어입니다. 여러분이 작성한 파이썬 프로그램은 파이썬이 설치된 최신 컴퓨터라면 어디서든 실행됩니다. 하지만 파이썬을 설치하는 방법은 운영체제마다 조금씩 다릅니다.

이 섹션에서는 컴퓨터에 파이썬을 설치하는 법을 설명합니다. 먼저 컴퓨터에 파이썬 최신 버전이 설치되어 있는지 확인하고, 그렇지 않다면 설치합니다. 그다음에는 서브라임 텍스트를 설치합니다. 이 과정은 운영체제에 따라 단 두 가지만 다를 뿐입니다.

두 프로그램을 설치한 다음에는 Hello World! 프로그램을 실행할 겁니다. 각 운영체제에 필요한 과정을 모두 설명할 테니 초보자라도 겁먹지 말고 따라 해보십시오.

1.2.1 파이썬과 윈도우

윈도우에는 파이썬이 기본으로 설치되어 있지 않으므로, 대부분 파이썬을 먼저 설치한 다음 서브라임 텍스트를 설치해야 할 겁니다.

파이썬 설치

먼저 파이썬이 컴퓨터에 설치되어 있는지 확인합시다. 윈도우 키를 누르고 cmd를 입력하고 엔터 키를 누르거나, 탐색기에서 어떤 폴더든 시프트를 누르고 우클릭한 다음 **여기에 PowerShell 창 열기** 또는 **여기서 명령 창 열기**를 클릭하여 터미널(명령 프롬프트)를 실행합니다. 터미널이 열리면 python을 입력하십시오. 파이썬 프롬프트 >>>가 보이면 컴퓨터에 파이썬이 설치되어 있는 겁니다. **'python'은(는) 내부 또는 외부 명령, 실행할 수 있는 프로그램, 또는 배치 파일이 아닙니다.** 같은 에러 메시지가 나오면 파이썬이 설치되어 있지 않은 겁니다.

파이썬이 설치되어 있지 않거나 3.6보다 이전 버전이라면 윈도우용 파이썬 설치 파일을 내려받아 다시 설치해야 합니다. https://python.org/에 방문하면 상단에 **Downloads** 메뉴가 있습니다. 그 메뉴를 클릭하면 **Download Python 3.x.x** 같은 파이썬 최신 버전을 내려받을 수 있는 버튼이 보일 겁니다. 버튼을 클릭하면 자동으로 정확한 설치 파일을 내려받습니다. 파일을 다 받으면 실행하십시오. 설치할 때 **Add Python 3.x to PATH**라는 옵션이 보일 텐데, 이 옵션을 체크해야 파이썬을 실행하기가 편리해집니다. [그림 1-1]을 보십시오.

그림 1-1 Add Python 3.x to PATH 옵션은 꼭 체크하십시오.

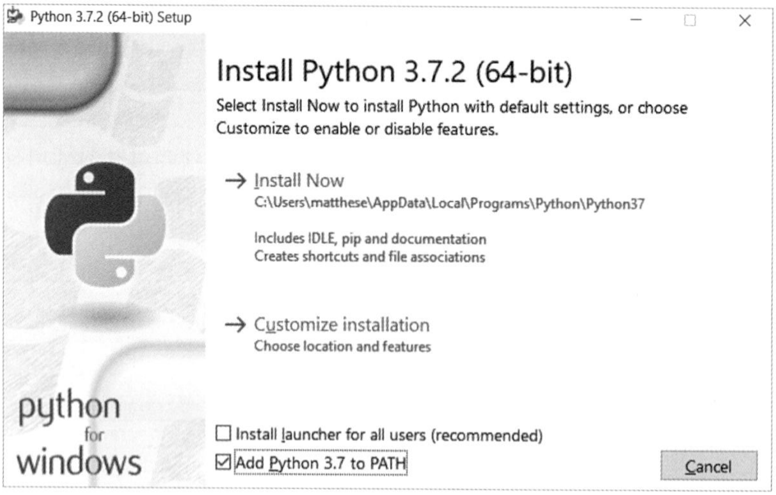

터미널에서 파이썬 실행하기

터미널에서 python을 입력하십시오. 파이썬 프롬프트(>>>)가 보이면 지금 설치한 파이썬을 윈도우에서 인식했다는 뜻입니다. 파이썬 프롬프트가 보이는 이 창을 '파이썬 세션'이라고 합니다.

```
C:\> python
Python 3.7.2 (v3.7.2:9a3ffc0492, Dec 23 2018, 23:09:28) [MSC v.1916 64 bit
(AMD64)] on win32
Type "help", "copyright", "credits" or "license" for more information.
>>>
```

NOTE_ 이와 비슷한 화면이 나오지 않았다면 **부록 A**에서 더 자세한 설치 방법을 읽어보십시오.

파이썬 세션에 다음 내용을 입력하고 Hello Python interpreter!가 출력되는지 확인하십시오.

```
>>> print("Hello Python interpreter!")
Hello Python interpreter!
>>>
```

파이썬 코드를 실행하고 싶을 때는 언제든 터미널을 열어서 파이썬 세션을 실행하십시오. 세션을 닫을 때는 **컨트롤-Z**를 누르고 엔터 키를 누르거나, exit() 명령을 사용하십시오.

서브라임 텍스트 설치

https://sublimetext.com/에서 서브라임 텍스트 설치 파일을 내려받을 수 있습니다. **Download** 링크를 클릭하고 윈도우용 설치 파일을 찾아보십시오. 설치 파일을 내려받아서 실행하고, 설치 파일에서 뭔가를 물어본다면 기본값 그대로 두고 [확인]을 누르면 됩니다.

1.2.2 파이썬과 macOS

macOS 컴퓨터는 대부분 파이썬이 이미 설치되어 있지만, 아마 책에서 설명하지 않는 오래된 버전일 겁니다. 이 섹션에서는 파이썬 최신 버전과 서브라임 텍스트를 설치하는 방법을 알아봅니다.

파이썬 3가 설치되어 있는지 확인하기

파인더에서 **응용 프로그램** 〉 **유틸리티** 〉 **터미널** 순서로 이동해 터미널을 열 수 있습니다. 컨트롤 키와 스페이스 키를 눌러 Spotlight 검색창에서 **terminal**을 입력하고 엔터 키를 눌러도 됩니다. **python**을 입력하고 엔터 키를 누르면 그 화면에서 파이썬 인터프리터가 열리는데, 동시에 파이썬 버전도 확인할 수 있습니다. 다음과 같이 현재 컴퓨터에 설치된 파이썬 버전과 함께, 파이썬 명령을 실행할 수 있는 >>> 프롬프트가 나타날 겁니다.

```
$ python
Python 2.7.15 (default, Aug 17 2018, 22:39:05)
[GCC 4.2.1 Compatible Apple LLVM 9.1.0 (clang-902.0.39.2)] on darwin
Type "help", "copyright", "credits", or "license" for more information.
>>>
```

이 화면은 현재 컴퓨터에 파이썬 2.7.15가 설치되어 있다는 뜻입니다. 이와 비슷한 화면이 나왔다면 **컨트롤-D**를 누르거나 exit() 명령으로 파이썬 프롬프트를 빠져나와 터미널 프롬프트로 돌아가십시오.

python3 명령어를 입력하면 파이썬 3가 설치되어 있는지 확인할 수 있습니다. 대부분 파이썬 3가 설치되지 않았다는 에러 메시지가 표시될 겁니다. 혹시 파이썬 3.6이나 그 이후 버전이 설치되어 있다는 메시지가 나온다면 다음 설치법 섹션을 건너뛰면 됩니다. 파이썬 3가 설치되지 않았다면 직접 설치해야 합니다. 이렇게 파이썬 3를 설치할 경우, 책을 읽으면서 **python**이란 명령어를 볼 때마다 그 컴퓨터에서는 **python3** 명령어를 실행해야 한다는 걸 기억하십시오. 파이썬 3와 파이썬 2는 아주 많이 달라서, 책에서 설명하는 코드가 파이썬 2에서는 실행되지 않을 수도 있습니다.

파이썬 3.6보다 이전 버전이 설치되어 있다면 다음 섹션을 읽고 최신 버전을 설치하십시오.

파이썬 최신 버전 설치하기

https://python.org/에서 파이썬 설치 파일을 받을 수 있습니다. **Downloads** 메뉴에서 최신 버전을 받을 수 있습니다. 설치 파일을 다 받은 다음에는 실행하여 설치하고, 설치가 끝나면 터미널 프롬프트에서 다음과 같이 입력하십시오.

```
$ python3 --version
Python 3.7.2
```

이와 비슷한 결과가 나왔다면 이제 파이썬을 실행할 수 있는 겁니다. python 명령어 대신 python3를 사용해야 한다는 걸 잊지 마십시오.

터미널에서 파이썬 실행하기

이제 터미널을 열고 python3를 입력해서 파이썬 코드를 실행할 준비가 됐습니다. 터미널에 다음과 같이 입력하십시오.

```
>>> print("Hello Python interpreter!")
Hello Python interpreter!
>>>
```

입력한 메시지가 현재 터미널에 바로 나타나야 합니다. 파이썬 인터프리터에서 빠져나가고 싶을 때는 **컨트롤-D**를 누르거나 **exit()** 명령어를 사용하십시오.

서브라임 텍스트 설치

https://sublimetext.com/에서 서브라임 텍스트 설치 파일을 받을 수 있습니다. **Download** 링크를 클릭하고 macOS용 설치 파일을 찾아보십시오. 설치 파일을 내려받으면 실행한 다음 서브라임 텍스트 아이콘을 **응용 프로그램** 폴더로 드래그하십시오.

1.2.3 파이썬과 리눅스

리눅스 컴퓨터는 프로그래밍에 적합하게 만들어져 있으므로, 리눅스 컴퓨터에는 대부분 파이썬이 이미 설치되어 있습니다. 리눅스를 만들고 관리하는 사람들은 리눅스를 사용하는 사람들이 언젠가는 프로그래밍에 입문할 거라 예상하고 그렇게 권하기도 합니다. 따라서 리눅스를 사용할 때는 프로그래밍을 준비하기 위해 설치하고 세팅해야 할 것이 별로 없습니다.

파이썬 버전 체크하기

터미널 애플리케이션을 실행해서 터미널을 여십시오. 우분투에서는 **컨트롤-알트-T**를 누르면 됩니다. python3를 입력해서 설치된 파이썬 버전을 확인하십시오. 파이썬이 설치되어 있다면 파이썬 인터프리터가 시작될 테고 다음과 같이 설치된 파이썬 버전을 표시하는 메시지와 함께 >>> 프롬프트가 나타날 겁니다.

```
$ python3
Python 3.7.2 (default, Dec 27 2018, 04:01:51)
[GCC 7.3.0] on linux
Type "help", "copyright", "credits" or "license" for more information.
>>>
```

이 결과는 현재 컴퓨터에 파이썬 3.7.2가 기본 버전으로 설치됐다는 뜻입니다. 위와 비슷한 메시지를 봤다면 **컨트롤-D**를 누르거나 exit() 명령으로 파이썬 프롬프트에서 빠져나와 터미널 프롬프트로 돌아가십시오. 책에서 python 명령어가 나오면 대신 python3를 입력해야 한다는 것도 기억하십시오.

책에 있는 코드를 실행하려면 최소 파이썬 3.6이 필요합니다. 컴퓨터에 설치된 파이썬이 파이썬 3.6 이하 버전이라면 **부록 A**를 참고해서 최신 버전을 설치하십시오.

터미널에서 파이썬 실행하기

버전을 확인했을 때와 마찬가지로 터미널을 열고 python3를 입력해서 파이썬 코드를 실행할 수 있습니다. 터미널을 열고 파이썬 인터프리터를 실행한 다음 다음과 같이 입력하십시오.

```
>>> print("Hello Python interpreter!")
Hello Python interpreter!
>>>
```

현재 터미널에 위와 같은 메시지가 출력되어야 합니다. 파이썬 인터프리터를 종료하고 싶을 때는 **컨트롤-D**를 누르거나 exit() 명령어를 사용하십시오.

서브라임 텍스트 설치

우분투 소프트웨어 센터에서 서브라임 텍스트를 설치할 수 있습니다. 메뉴에서 우분투 소프트웨어 아이콘을 클릭하고 **Sublime Text**를 검색하십시오. 클릭해서 설치한 다음에 실행하면 됩니다.

1.3 Hello World! 프로그램 실행하기

파이썬과 서브라임 텍스트 최근 버전을 설치했으면 이제 텍스트 에디터에서 첫 번째 파이썬 프로그램을 실행할 준비가 거의 다 된 겁니다. 하지만 그러기에 앞서, 우선 서브라임 텍스트가 컴퓨터에 설치된 파이썬 중 최신 버전을 사용하도록 설정해야 합니다. 그다음에 Hello World! 프로그램을 만들고 실행할 수 있습니다.

1.3.1 서브라임 텍스트가 정확한 파이썬 버전을 사용하도록 설정하기

python 명령어를 통해 파이썬 3를 실행할 수 있었다면 아무것도 설정하지 않고 넘어가도 됩니다. 하지만 python3 명령어를 사용해야 한다면, 정확한 파이썬 버전을 사용하도록 서브라임 텍스트 설정을 바꿔야 합니다.

서브라임 텍스트 아이콘을 클릭하거나 운영체제의 검색 메뉴를 통해 서브라임 텍스트를 실행하십시오. **Tools** 〉 **Build System** 〉 **New Build System**을 차례대로 클릭하면 설정 파일이 열립니다. 화면에 있는 내용을 지우고 다음과 같이 입력하십시오.

Python3.sublime-build

```
{
    "cmd": ["python3", "-u", "$ file"],
}
```

이 코드는 서브라임 텍스트가 파이썬 프로그램을 실행할 때 python3 명령어를 사용해야 한다고 지정하는 겁니다. 이 파일을 Python3.sublime-build라는 이름으로 저장하십시오. **Save**를 선택했을 때 나오는 디렉터리 이름은 바꾸지 마십시오.

1.3.2 hello_world.py 실행하기

첫 번째 프로그램을 만들기 전에 컴퓨터에 프로젝트 파일을 담을 공간으로 python_work라는 폴더를 만드십시오. 파일과 폴더 이름에는 소문자를 쓰고, 이름에 공백이 들어간다면 공백 대신 밑줄을 쓰는 게 좋습니다. 이 방식이 파이썬에서 표준으로 받아들여지는 표기법입니다.

서브라임 텍스트를 실행하고, 빈 파이썬 파일을 hello_world.py라는 이름으로 저장하십시오 (**File > Save As**). .py 확장자는 이 파일의 코드가 파이썬 코드라는 뜻입니다. 서브라임 텍스트는 이 파일이 파이썬 파일이라는 것을 인식하고, 프로그램을 정확하게 실행할 뿐 아니라 프로그램을 작성할 때 편리하도록 색깔로 구분해줄 겁니다.

파일을 저장했으면 텍스트 에디터에서 다음과 같이 입력하십시오.

hello_world.py

```python
print("Hello Python world!")
```

컴퓨터에서 python 명령어가 잘 동작하는 상태라면 **Tools** 메뉴에서 **Build**를 선택하거나 **컨트롤-B**(macOS에서는 **커맨드-B**)를 눌러 프로그램을 실행할 수 있습니다. 이전 섹션에서 서브라임 텍스트가 python3 명령을 사용하도록 설정했다면, **Tools** 메뉴에서 **Build System**을 클릭하고 **Python 3**을 선택하십시오. 한번 선택하고 나면 **Tools** 메뉴에서 **Build**를 선택하거나 **컨트롤-B**(macOS에서는 **커맨드-B**)를 눌러 프로그램을 실행할 수 있습니다.

서브라임 텍스트 창 아래에 터미널 화면이 나타나며 다음과 같은 메시지를 출력할 겁니다.

```
Hello Python world!
[Finished in 0.1s]
```

이 결과가 보이지 않는다면 프로그램에서 뭔가가 잘못된 겁니다. 입력한 내용을 한 글자씩 꼼꼼히 살펴보십시오. 실수로 print의 첫 글자를 대문자로 입력하지는 않았나요? 따옴표나 괄호 중 하나를 빼먹은 건 아닌가요? 프로그래밍 언어는 문법에 아주 엄격하므로, 이 문법을 지키지 않으면 에러가 일어납니다. 문제를 해결할 수 없다면 다음 제안을 살펴보십시오.

1.4 문제 해결

hello_world.py를 제대로 실행할 수 없다면 아래 목록을 하나씩 살펴보십시오. 이 목록은 다른 프로그래밍 문제에서도 시도해볼 수 있는 것들입니다.

- 프로그램에 중대한 에러가 있다면 파이썬에서 트레이스백이라는 에러 보고서를 표시합니다. 파이썬은 파일 전체를 살펴보고 문제의 원인을 찾으려 합니다. 트레이스백을 읽어보면 프로그램이 제대로 실행되지 않게 만드는 원인이 무엇인지 단서를 찾아낼 수도 있습니다.
- 컴퓨터에서 한 발짝 물러나 잠시 쉬었다가 다시 시도해보십시오. 프로그래밍에서는 문법이 아주 중요하므로 콜론(:)을 빼먹거나, 따옴표의 짝이 맞지 않거나, 괄호의 짝이 맞지 않는 사소한 문제도 프로그램이 실행되지 않게 할 수 있습니다. 이 장의 관련된 부분을 잘 읽어본 다음, 다시 코드를 살펴보고 실수한 부분을 찾아보십시오.
- 처음부터 다시 해보십시오. 아마 소프트웨어를 제거했다가 다시 설치할 필요는 없을 겁니다. hello_world.py 파일을 지우고 처음부터 다시 만들어보는 정도면 충분합니다.
- 다른 사람에게 이 장에서 배운 내용을 따라해보라고 부탁한 다음 그들이 어떻게 하는지 눈여겨보십시오. 당신이 놓친 아주 작은 부분을 그들이 놓치지 않을 수 있으니까요.
- 파이썬을 잘 아는 사람을 찾아서 도움을 청해보십시오. 주변을 잘 살펴보면 뜻하지 않게 파이썬을 사용하는 사람을 만날 수도 있습니다.
- 이 장에서 설명한 설치 관련 내용은 책의 웹사이트인 https://nostarch.com/pythoncrashcourse2e/에서도 찾을 수 있습니다. 온라인 버전은 코드를 복사해서 붙여넣을 수 있으니 오타 때문에 문제가 생기는 일은 막을 수 있습니다.
- 온라인에서 도움을 구하십시오. **부록 C**에 포럼이나 온라인 채팅 사이트 같은 여러 가지 자료가 있으니, 여러분이 지금 겪고 있는 문제를 이미 해결한 사람을 만날 수도 있습니다.

경험 많은 프로그래머를 귀찮게 하는 것은 아닐까 겁먹지 않아도 됩니다. 프로그래머라면 누구든 벽에 부딪힌 순간이 있고, 프로그래머 대부분은 여러분의 컴퓨터를 잘 세팅해주는 것을 귀찮아하지 않습니다. 무엇을 하려 했고, 어떤 방법을 시도해봤고, 지금 어떤 결과를 보고 있는지 설명할 수 있다면 거의 틀림없이 그 문제를 해결해줄 수 있는 사람이 있습니다. 서문에서 이미 언급했듯, 파이썬 커뮤니티는 아주 친절하고 초보자를 환영합니다.

파이썬은 최신 컴퓨터라면 어디서든 잘 실행됩니다. 초기 설정 문제가 골치 아프게 느껴질 수도 있지만, 직접 해결해볼 만한 가치가 있습니다. 일단 hello_world.py를 실행하고 나면 파이썬을 배울 준비가 된 거고, 프로그래밍 공부는 점점 더 흥미롭고 만족스러워질 겁니다.

1.5 터미널에서 파이썬 프로그램 실행하기

텍스트 에디터에서 입력하는 프로그램 대부분은 에디터에서 직접 실행할 수 있습니다. 하지만 때로는 프로그램을 터미널에서 실행하는 편이 좋을 때도 있습니다. 예를 들어 프로그램을 완성한 다음에는 수정할 필요 없이 그냥 실행만 하면 되니까요.

컴퓨터에 파이썬이 설치되어 있고 프로그램 파일을 저장한 디렉터리를 찾을 수만 있으면 어떤 컴퓨터에서든 터미널에서 파이썬 프로그램을 실행할 수 있습니다. 지금부터는 hello_world.py 파일을 바탕화면의 python_work 폴더에 저장했다고 가정하고 설명하겠습니다.

1.5.1 윈도우에서

터미널 명령어 cd는 change directory의 약자입니다. 이 명령어를 써서 터미널에서 파일이 있는 디렉터리로 이동할 수 있습니다. dir 명령어는 directory의 약자입니다. 이 명령은 현재 디렉터리에 존재하는 파일을 모두 보여줍니다.

터미널을 열고 다음 명령어를 입력해서 hello_world.py를 실행하십시오.

```
C:\> cd Desktop\python_work  # ①
C:\Desktop\python_work> dir  # ②
hello_world.py
C:\Desktop\python_work> python hello_world.py  # ③
Hello Python world!
```

①에서는 cd 명령어로 python_work 폴더로 이동했습니다. ②에서는 dir 명령어를 써서 hello_world.py가 이 폴더에 들어 있는 것을 확인했습니다. 마지막으로 ③에서는 python hello_world.py 명령어로 파일을 실행했습니다.

프로그램은 대부분 에디터에서 바로 실행할 수 있습니다. 하지만 프로그램이 점차 복잡해지면 터미널에서 실행하고 싶어질 수도 있습니다.

1.5.2 macOS와 리눅스에서

리눅스와 macOS에서도 파이썬 프로그램을 터미널에서 실행할 수 있습니다. 이 운영체제에서도 디렉터리를 이동할 때는 **cd** 명령을 사용합니다. 또한 **ls** 명령어는 list의 약자로, 현재 디렉터리에 들어 있는 파일 중 숨은 파일이 아닌 것을 모두 보여줍니다.

터미널을 열고 다음 명령어를 입력해서 `hello_world.py`를 실행하십시오.

```
~$ cd Desktop/python_work/  # ①
~/Desktop/python_work$ ls  # ②
hello_world.py
~/Desktop/python_work$ python hello_world.py  # ③
Hello Python world!
```

①에서는 **cd** 명령어로 **python_work** 폴더로 이동했습니다. ②에서는 **ls** 명령어로 hello_world.py 파일이 이 폴더에 있는 것을 확인했습니다. 마지막으로 ③에서는 **python hello_world.py** 명령어로 파일을 실행했습니다.

아주 간단하지요? 파이썬 프로그램을 실행할 때는 **python**(또는 **python3**) 명령어를 쓰면 됩니다.

연습문제

이 장의 연습문제는 사실 연습문제라고 할 만한 것도 아닙니다. 배운 내용을 확인해보는 연습문제는 2장에서부터 시작할 겁니다.

1-1. python.org: 파이썬 홈페이지(https://python.org/)에 방문해서 흥미로운 주제를 찾아보십시오. 파이썬에 익숙해지면 익숙해질수록 사이트의 점점 더 많은 부분이 유용하게 느껴질 겁니다.

1-2. Hello World 오타: 조금 전에 만든 hello_world.py 파일을 다시 열어보십시오. 아무 곳에든 오타를 하나 내고 프로그램을 다시 실행해보십시오. 오타를 통해 에러가 일어나게 할 수 있나요? 에러 메시지를 이해할 수 있나요? 에러를 일으키지 않고 오타를 칠 수 있나요? 에러는 왜 생겼을까요?

1-3. 무한한 기술: 만약 프로그래밍 기술이 끝없이 발전한다면, 어떤 것을 만들어보고 싶나요? 여러분은 이제부터 프로그램을 만드는 방법을 배울 겁니다. 목표가 뚜렷하다면 기술을 배우는 즉시 활용해볼 수 있을 겁니다. 지금은 앞으로 어떤 것을 만들어보고 싶은지 생각해보기 좋은 시간입니다. 아이디어 노트를 만들어서 새 프로젝트를 시작할 때마다 들춰보는 것도 아주 좋은 습관입니다. 잠시 시간을 내서, 만들어보고 싶은 프로그램을 상상하고 어떤 프로그램인지 정리해보십시오.

1.6 마치며

이 장에서는 파이썬 전반에 대해 조금 배우고, 컴퓨터에 파이썬이 설치되어 있지 않다면 설치했습니다. 파이썬 코드를 작성할 때 편리한 텍스트 에디터도 설치했습니다. 터미널에서 파이썬 코드를 실행해봤고, 첫 번째 프로그램인 hello_world.py를 실행했습니다. 아마 문제 해결 방법도 한두 가지 정도는 직접 해봤을 겁니다.

다음 장에서는 파이썬 프로그램에서 사용할 수 있는 데이터 종류에 대해 알아보고, 변수를 직접 사용해보기도 할 겁니다.

CHAPTER **2**

변수와 단순한 타입

이 장에서는 파이썬 프로그램에서 사용할 수 있는 데이터의 종류에 대해 배웁니다. 프로그램에서 변수를 통해 데이터를 표현하는 방법도 배웁니다.

2.1 hello_world.py를 실행했을 때 일어나는 일

hello_world.py를 실행했을 때 파이썬이 무슨 일을 하는지 조금 더 자세히 알아봅시다. 곧 알게 되겠지만, 파이썬은 아주 단순한 프로그램을 실행할 때도 상당히 많은 일을 합니다.

hello_world.py

```
print("Hello Python world!")
```

이 코드를 실행하면 다음과 같은 내용이 출력됩니다.

```
Hello Python world!
```

hello_world.py 파일을 실행하면 파일 이름의 마지막에 있는 .py가 이 파일이 파이썬 프로그램이라는 사실을 알립니다. 그러면 에디터에서 파이썬 인터프리터를 통해 파일을 실행하고, 파이썬 인터프리터는 프로그램을 읽은 후 프로그램에 들어 있는 각 단어가 어떤 의미인지 파악하려고 합니다. 예를 들어 인터프리터는 print라는 단어가 있고 그 뒤에 괄호가 있다면 괄호 안에 있는 것을 화면에 출력합니다.

프로그램을 작성해감에 따라 에디터는 프로그램의 각 부분을 다른 색깔로 표시합니다. 예를 들어 에디터는 print()가 함수 이름이라는 것을 알아채고 다른 단어와 구별되는 색깔로 표시합니다. 에디터는 "Hello Python world!"가 파이썬 코드가 아니라는 사실을 알아채고 역시 다른 색깔로 표시합니다. 이런 기능을 **문법 강조**^{syntax highlighting}라고 부르는데, 프로그램을 직접 만들 때 아주 유용한 기능입니다.

2.2 변수

이제 hello_world.py에서 변수를 사용해봅시다. 파일의 첫 부분에 다음과 같이 새 행을 추가하고, 두 번째 행을 수정하십시오.

hello_world.py

```
message = "Hello Python world!"
print(message)
```

프로그램을 실행하고 결과를 보십시오. 이전에 실행했던 것과 다름없는 결과가 보일 겁니다.

```
Hello Python world!
```

여기서 우리는 message라는 **변수**^{variable}를 추가했습니다. 변수는 모두 **값**^{value}과 연결되어 있습니다. 값은 변수와 연결된 정보입니다. 여기서 값은 "Hello Python world!"라는 텍스트입니다.

변수를 추가하면 파이썬 인터프리터가 하는 일이 조금 더 늘어납니다. 인터프리터는 첫 번째 행을 읽고 message 변수와 "Hello Python world!" 텍스트를 연결합니다. 두 번째 행에서는 message에 연결된 값을 화면에 출력합니다.

hello_world.py 프로그램이 두 번째 메시지를 출력하도록 확장해봅시다. hello_world.py 에 빈 줄을 추가하고 다음과 같이 두 행을 추가하십시오.

```
message = "Hello Python world!"
print(message)

message = "Hello Python Crash Course world!"
print(message)
```

이제 hello_world.py를 실행하면 결과가 두 줄 출력되는 걸 볼 수 있습니다.

```
Hello Python world!
Hello Python Crash Course world!
```

변수의 값은 언제든 바꿀 수 있고, 파이썬은 항상 변수의 현재 값을 기억합니다.

2.2.1 변수 이름짓기, 사용하기

파이썬에서 변수를 사용할 때는 몇 가지 규칙과 가이드를 따라야 합니다. 규칙을 지키지 않으면 에러가 생길 수 있습니다. 가이드를 잘 따르면 코드를 읽고 이해하기 쉽게 만들 수 있습니다. 변수를 사용할 때는 다음 규칙을 항상 염두에 두십시오.

- 변수 이름에는 글자, 숫자, 밑줄만 쓸 수 있습니다. 변수 이름은 글자나 밑줄로 시작할 수 있지만 숫자로 시작할 수는 없습니다. 예를 들어 message_1은 변수 이름으로 쓸 수 있지만 1_message는 안 됩니다.
- 변수 이름에는 빈칸을 쓸 수 없습니다. 변수 이름 안에서 단어를 구분해야 할 때는 밑줄을 사용하면 됩니다. 예를 들어 greeting_message는 쓸 수 있지만 greeting message는 안 됩니다.
- 파이썬 키워드나 함수 이름을 변수 이름으로 쓰면 안 됩니다. 즉, print처럼 파이썬이 미리 예약해둔 단어는 쓰면 안 됩니다. **부록 A**를 참고하십시오.
- 변수 이름은 짧으면서도 의미가 있어야 합니다. n보다는 name이 좋고, s_n보다는 student_name이 좋고, length_of_persons_name보다는 name_length가 좋습니다.
- 소문자 l, 대문자 O를 쓸 때는 조심하십시오. 이들은 각각 숫자 1, 0과 혼동할 수 있습니다.

변수 이름을 잘 짓기 위해서는 연습이 좀 필요합니다. 프로그램이 복잡해질수록 좋은 변수 이름을 고르기가 어려워집니다. 프로그램을 직접 만들고 다른 사람의 코드를 읽다 보면 좋은 이름을 만드는 것이 그리 어렵게 느껴지진 않을 겁니다.

파이썬 변수 이름에는 소문자만 쓰는 게 좋습니다. 변수 이름에 대문자를 써도 에러가 생기지는 않지만, 변수 이름의 대문자에는 나중에 설명할 특별한 의미가 있습니다.

2.2.2 변수를 사용할 때 이름 에러 피하기

프로그래머는 모두 실수를 합니다. 프로그래머 대부분은 매일 실수합니다. 좋은 프로그래머도 에러를 일으키지만, 그들은 에러에 효율적으로 대처할 수 있습니다. 초기에 일으키기 쉬운 에러가 무엇인지, 그 에러에는 어떻게 대처해야 하는지 알아봅시다.

이제 고의적으로 에러를 일으키는 코드를 만들 겁니다. 다음 코드를 입력해보십시오. 굵은 글씨로 쓴 오타는 일부러 그렇게 한 것이니 그대로 따라 하십시오.

```
message = "Hello Python Crash Course reader!"
print(mesage)
```

프로그램에서 에러가 일어나면 파이썬 인터프리터는 문제가 어디서 생겼는지 알 수 있도록 최선을 다해 돕습니다. 인터프리터는 프로그램이 성공적으로 실행되지 않으면 트레이스백을 표시합니다. **트레이스백**traceback은 인터프리터가 코드를 실행하려 하다가 문제가 생겼을 때의 기록입니다. 실수로 변수 이름에 오타를 내면 파이썬은 다음과 같은 트레이스백을 표시합니다.

```
Traceback (most recent call last):
  File "hello_world.py", line 2, in <module>  # ①
    print(mesage)  # ②
NameError: name 'mesage' is not defined  # ③
```

①은 hello_world.py 파일의 2행에서 에러가 일어났다는 뜻입니다. ②는 에러를 빨리 찾기 위해 보여주는 것이며, ③은 에러의 종류를 나타냅니다. 여기서는 **이름 에러**name error가 일어났고 mesage라는 변수를 정의한 적이 없다고 알려줍니다. 파이썬은 2행에서 사용한 변수 이름을 찾지 못한 겁니다. 이름 에러는 보통 변수의 값을 정하지 않았거나 변수 이름을 실수했을 때 일어납니다.

물론 이 예제에서 우리는 변수 이름 message에서 글자 s를 고의로 생략했습니다. 파이썬 인터프리터는 코드의 맞춤법을 체크하지는 않지만, 변수 이름이 일관적인지는 검사합니다. 이번에는 message의 철자를 두 곳에서 다 틀리게 하면 어떻게 되는지 봅시다.

```
mesage = "Hello Python Crash Course reader!"
print(mesage)
```

이번에는 프로그램이 성공적으로 실행됩니다.

```
Hello Python Crash Course reader!
```

프로그래밍 언어는 엄격하지만, 맞춤법이 맞았는지 틀렸는지에는 관심이 없습니다. 따라서 변수 이름을 짓고 코드를 작성할 때 영어의 맞춤법과 문법 규칙은 신경 쓰지 않아도 됩니다.

프로그래밍 에러 대부분은 오타 같은 단순한 것에서 일어납니다. 한 글자 틀린 것을 찾지 못해 오랫동안 고생하더라도 부끄러울 것 없습니다. 모두들 그러니까요! 경험 많고 재능 있는 프로그래머들도 이런 미세한 에러를 찾지 못해 몇 시간씩 골치 아파하곤 합니다. 오타를 찾았으면 크게 한번 웃고 진행하면 됩니다. 앞으로 프로그래밍을 하면서 계속 일어날 일이니 너무 얽매여서는 안 됩니다.

2.2.3 변수는 라벨입니다.

변수를 값을 저장할 수 있는 박스에 비유하는 사람도 많습니다. 이런 관점은 변수를 처음 사용할 때는 도움이 될 수도 있지만, 파이썬이 내부적으로 변수를 다루는 방법과는 다른 이야기입니다. 변수는 라벨이라고 생각하는 편이 훨씬 낫습니다. 변수가 값을 참조한다고 생각해도 됩니다.

프로그램을 처음 배울 때는 두 가지 관점의 차이가 별로 드러나지 않지만, 늦게 깨닫기보다는 미리 알아두는 편이 좋습니다. 어느 시점에서 변수가 이해하기 어려운 방식으로 동작한다고 느낄 때가 있을 텐데, 변수가 어떤 식으로 동작하는지 알아두면 코드가 어떻게 동작하는지도 이해하기 쉬워집니다.

NOTE_ 새로운 프로그래밍 개념을 이해하는 가장 좋은 방법은 프로그램에서 직접 사용해보는 것입니다. 책의 연습문제를 풀다가 막히면 잠시 쉬었다가 다시 해보십시오. 그래도 안 되면 해당하는 장의 내용을 한 번 더 읽어보십시오. 여전히 도움이 필요하다면 **부록 C**를 읽어보십시오.

2.3 문자열

프로그램은 대부분 데이터를 정의하고 수집한 다음 그 데이터로 뭔가 유용한 일을 하는 식으로
이루어져 있습니다. 따라서 데이터 타입을 나누는 것이 중요합니다. 우리가 살펴볼 첫 번째 데
이터 타입은 문자열입니다. 문자열은 언뜻 보기엔 무척 단순하지만, 다양한 방법으로 활용할
수 있습니다.

문자열string은 연속된 문자입니다. 파이썬은 따옴표 안에 있는 것은 뭐든 문자열로 간주합니다.
큰따옴표나 작은따옴표 모두 쓸 수 있습니다.

```
"This is a string."
'This is also a string.'
```

덕분에 문자열 안에 따옴표나 아포스트로피(')도 쓸 수 있습니다.

```
'I told my friend, "Python is my favorite language!"'
"The language 'Python' is named after Monty Python, not the snake."
"One of Python's strengths is its diverse and supportive community."
```

문자열로 할 수 있는 일을 몇 가지 알아봅시다.

2.3.1 메서드를 사용해 문자열의 대소문자 바꾸기

문자열로 할 수 있는 가장 단순한 일 중 하나는 단어의 대소문자를 바꾸는 겁니다. 다음 코드를 보고 어떤 일이 일어날지 상상해보십시오.

name.py

```
name = "ada lovelace"
print(name.title())
```

이 코드를 **name.py**로 저장하고 실행해보십시오. 다음과 같은 결과가 보일 겁니다.

```
Ada Lovelace
```

이 예제에서 변수 이름은 소문자 문자열 "ada lovelace"를 가리킵니다. `print()`를 호출할 때 변수 다음에 `title()` 메서드를 썼습니다. **메서드**method는 파이썬이 데이터를 가지고 할 수 있는 일이라고 생각하면 됩니다(9장에서 다시 배웁니다). `name.title()`에서 name 다음에 있는 점(.)은 변수 name에서 `title()` 메서드를 실행한다는 의미입니다. 메서드 다음에는 항상 괄호가 따라오는데, 메서드는 보통 정해진 일을 하기 위해 다른 정보가 필요하기 때문입니다. 그런 정보를 괄호 안에 씁니다. `title()` 메서드는 추가적인 정보가 필요하지 않으므로 이번에는 괄호가 비어 있습니다.

`title()` 메서드는 각 단어의 첫 글자를 대문자로 바꿉니다. 이름은 보통 일종의 정보로 간주하므로 이 메서드는 상당히 유용합니다. 예를 들어 이 프로그램은 Ada, ADA, ada를 모두 같은 값으로 인식하고 이들을 모두 Ada라고 표시할 수 있습니다.

대소문자에 관련된 유용한 메서드가 더 있습니다. 예를 들어 다음과 같이 문자열 전체를 대문자나 소문자로 바꿀 수 있습니다.

```
name = "Ada Lovelace"
print(name.upper())
print(name.lower())
```

결과는 다음과 같습니다.

```
ADA LOVELACE
ada lovelace
```

lower() 메서드는 데이터를 저장할 때 특히 유용합니다. 사용자가 입력하는 내용의 대소문자가 항상 정확하다고 확신할 수는 없으므로, 이들을 저장할 때 전부 소문자로 바꿔서 저장하게 될 때가 많을 겁니다. 그리고 그 정보를 표시할 때, 각 문자열에 가장 어울리는 방식으로 대소문자를 바꾸면 됩니다.

2.3.2 문자열 안에서 변수 사용하기

때로는 문자열 안에 변수 값을 써야 할 때도 있습니다. 예를 들어 변수 하나는 이름, 다른 변수는 성을 각각 저장한 다음 이들을 하나로 합쳐서 전체 이름으로 표시할 수 있습니다.

full_name.py

```
first_name = "ada"
last_name = "lovelace"
full_name = f"{first_name} {last_name}"  # ①
print(full_name)
```

변수 값을 문자열에 삽입할 때는 ①처럼 시작하는 따옴표 바로 앞에 **f**를 씁니다. 그리고 문자열 안에서 사용하고 싶은 변수 이름은 중괄호로 감쌉니다. 그러면 파이썬은 문자열을 표시할 때 각 변수 자리에 그 값을 표시합니다.

이런 문자열을 **f-문자열**f-string이라고 부릅니다. 여기서 f는 format, 즉 형식을 갖춘다는 의미입니다. 이 코드의 결과는 다음과 같습니다.

```
ada lovelace
```

f-문자열은 아주 다양하게 활용할 수 있습니다. 예를 들어 다음과 같이 f-문자열과 변수에 저장된 정보를 합쳐 메시지를 완성할 수도 있습니다.

```
first_name = "ada"
last_name = "lovelace"
```

```
full_name = f"{first_name} {last_name}"
print(f"Hello, {full_name.title()}!")  # ①
```

①에서는 full_name 변수의 값을 문장 안에 써서 환영 메시지를 만들었습니다. title() 메서드는 이름의 각 단어 첫 글자를 대문자로 만듭니다. 이 코드의 결과는 다음과 같이 단순하지만 형식이 잘 맞는 환영 인사입니다.

```
Hello, Ada Lovelace!
```

f−문자열을 써서 메시지를 조합하고, 전체 메시지를 다시 변수에 할당할 수도 있습니다.

```
first_name = "ada"
last_name = "lovelace"
full_name = f"{first_name} {last_name}"
message = f"Hello, {full_name.title()}!"  # ①
print(message)  # ②
```

이 코드도 Hello, Ada Lovelace! 메시지를 표시하는 것은 마찬가지이지만, ①에서 메시지를 변수에 할당했으므로 ②에서 print()를 호출하는 부분이 훨씬 단순해졌습니다.

> **NOTE_** f−문자열은 파이썬 3.6에서 처음으로 도입되었습니다. 파이썬 3.5나 그 이전 버전을 사용한다면 간단한 f 문법은 쓸 수 없고 format() 메서드를 써야 합니다. format()을 쓰려면 문자열 안에 쓸 변수를 format 다음에 있는 괄호 안에 나열하면 됩니다. 그러면 각 변수는 문자열 안에 있는 중괄호와 연결되어, 중괄호들은 괄호 안에 있는 값이 순서대로 채워집니다. 다음 예제를 보십시오.
>
> ```
> full_name = "{} {}".format(first_name, last_name)
> ```

2.3.3 탭이나 줄바꿈 문자를 써서 문자열에 공백 추가하기

프로그래밍에서 **공백**whitespace이란 스페이스, 탭, 줄바꿈 기호처럼 화면에 표시되지 않는 문자를 가리킵니다. 공백은 보통 출력 결과를 일정한 형식으로 정리해서 사용자가 읽기 쉽게 만들 때 사용합니다.

텍스트에 탭을 추가하려면 다음과 같이 \t를 사용합니다.

```
>>> print("Python")
Python
>>> print("\tPython")
    Python
```

문자열에 줄바꿈을 추가하려면 다음과 같이 줄바꿈 문자 \n을 사용합니다.

```
>>> print("Languages:\nPython\nC\nJavaScript")
Languages:
Python
C
JavaScript
```

문자열 하나에 탭과 줄바꿈 문자를 조합해 쓸 수도 있습니다. 문자열 "\n\t"는 먼저 줄을 바꾼 다음 탭을 넣으라는 의미입니다. 다음 예제는 문자열 한 줄을 네 줄로 바꿉니다.

```
>>> print("Languages:\n\tPython\n\tC\n\tJavaScript")
Languages:
    Python
    C
    JavaScript
```

줄바꿈 문자와 탭은 3장과 4장에서 몇 줄 안 되는 코드로 많은 양의 결과를 만들 때 아주 유용하게 쓸 겁니다.

2.3.4 공백 없애기

여분의 공백은 혼란을 일으킬 수 있습니다. 사람 프로그래머가 보기에 'python'과 'python '은 굉장히 비슷해 보입니다. 하지만 프로그램은 두 문자열을 완전히 다르게 인식합니다. 파이썬은 'python '에 들어 있는 여분의 공백을 인식하고, 따로 지정하지 않는 한 이 공백을 의미 있는 것으로 여깁니다.

프로그래머에게도 공백은 중요합니다. 두 문자열을 비교해서 둘이 같은 문자열인지 확인해야 할 때가 많기 때문입니다. 예를 들어 사용자가 웹사이트에 로그인하면서 이름을 입력하는 경우가 있습니다. 그 외에도 여분의 공백이 혼란을 일으키는 경우는 아주 많습니다. 다행히 파이썬에는 사용자가 입력하는 데이터에서 여분의 공백을 제거하는 쉬운 방법이 있습니다.

파이썬은 문자열의 오른쪽과 왼쪽에서 여분의 공백을 찾을 수 있습니다. 문자열 오른쪽에 있는 공백을 모두 제거할 때는 rstrip() 메서드를 사용합니다.

```
>>> favorite_language = 'python '  # ①
>>> favorite_language  # ②
'python '
>>> favorite_language.rstrip()  # ③
'python'
>>> favorite_language  # ④
'python '
```

favorite_language에 연결된 값은 문자열 마지막에 공백이 들어 있습니다. 터미널에서 파이썬에 이 값을 요청하면 ②와 같이 값 마지막에 공백이 있는 걸 볼 수 있습니다. ③에서 favorite_language 변수에 rstrip() 메서드를 실행하면 공백이 제거됩니다. 하지만 공백은 임시로 제거됐을 뿐입니다. favorite_language의 값을 다시 요청하면 ④에서 볼 수 있듯 처음 입력한 문자열이 그대로 표시되며 공백도 그대로인 것을 확인할 수 있습니다.

문자열에서 공백을 영구히 제거하려면 다음과 같이 제거된 값을 변수 이름에 연결해야 합니다.

```
>>> favorite_language = 'python '
>>> favorite_language = favorite_language.rstrip()  # ①
>>> favorite_language
'python'
```

문자열에서 공백을 완전히 제거하려면 ①처럼 공백을 제거한 새 값을 다시 변수에 연결해야 합니다. 변수의 값을 바꾸는 것은 프로그래밍에서 자주 하는 작업 중 하나입니다. 프로그램을 실행하거나 사용자 입력에 따라 변수 값은 바뀔 수 있습니다.

lstrip() 메서드를 쓰면 문자열 왼쪽의 공백을 제거할 수도 있고, strip()을 써서 양쪽의 공백을 한 번에 제거할 수도 있습니다.

```
>>> favorite_language = ' python '  # ①
>>> favorite_language.rstrip()  # ②
' python'
```

```
>>> favorite_language.lstrip()   # ③
'python '
>>> favorite_language.strip()    # ④
'python'
```

이 예제는 ①에서 볼 수 있듯 양쪽에 공백이 있는 값으로 시작합니다. ②에서는 오른쪽 공백을 제거했고, ③에서는 왼쪽 공백을 제거했고, ④에서는 양쪽 공백을 모두 제거했습니다. 공백을 제거하는 메서드를 몇 번 사용해보면 문자열을 다루는 데 더 익숙해질 겁니다. 실제 프로그래밍에서는 사용자 입력을 프로그램에 저장하기 전에 먼저 공백을 제거하는 일이 아주 많습니다.

2.3.5 문자열에서 문법 에러 피하기

문법 에러는 자주 만나게 될 에러 중 하나입니다. **문법 에러**^{syntax error}는 파이썬이 프로그램의 일부분을 유효한 파이썬 코드로 인식할 수 없을 때 발생합니다. 예를 들어 작은따옴표로 둘러싼 문자열 안에 아포스트로피를 쓰면 에러가 일어납니다. 에러가 생기는 이유는 파이썬이 첫 번째 작은따옴표와 아포스트로피 사이에 있는 것을 문자열로 인식하기 때문입니다. 그러면 나머지는 파이썬 코드로 판단하는데, 그 나머지가 파이썬 코드가 아니니 에러가 일어나는 겁니다.

다음은 작은따옴표와 큰따옴표를 올바르게 사용하는 방법입니다. 이 프로그램을 apostrophe.py라는 이름으로 저장하고 실행하십시오.

apostrophe.py

```
message = "One of Python's strengths is its diverse community."
print(message)
```

이 문자열의 아포스트로피는 큰따옴표 사이에 들어 있으므로 파이썬 인터프리터는 아무 문제 없이 문자열을 읽을 수 있습니다.

```
One of Python's strengths is its diverse community.
```

하지만 작은따옴표를 사용한다면 파이썬은 문자열이 어디에서 끝나는지 정확히 알 수 없게 됩니다.

```
message = 'One of Python's strengths is its diverse community.'
print(message)
```

결과는 다음과 같습니다.

```
File "apostrophe.py", line 1
    message = 'One of Python's strengths is its diverse community.'
                            ^  # ①
SyntaxError: invalid syntax
```

결과를 보면 에러가 두 번째 작은따옴표 바로 다음(①)에서 일어난 걸 볼 수 있습니다. 이 문법 에러는 인터프리터가 코드 중 일부를 유효한 파이썬 코드가 아니라고 판단했을 때 발생합니다. 에러의 원인은 아주 다양하며, 흔히 일어나는 에러의 원인은 책에서 살펴볼 것입니다. 올바른 파이썬 코드를 작성할 수 있게 되기까지는 문법 에러를 자주 만날 수 있습니다. 또한 문법 에러는 가장 특정하기 어려운 에러이기도 하므로, 찾아내고 수정하기도 가장 어려운 편입니다. 어떤 에러에서 꽉 막혀 원인을 찾지 못할 때는 **부록 C**의 제안을 검토해보십시오.

에디터의 문법 강조 기능에 익숙해지면 프로그램을 작성하면서 문법 에러를 찾기 쉬워질 수 있습니다. 파이썬 코드가 문자열처럼 보이거나 문자열이 파이썬 코드처럼 보인다면, 아마 파일 어딘가에서 따옴표의 짝이 맞지 않고 있을 가능성이 큽니다.

연습문제

다음 연습문제를 name_cases.py 같은 별도의 파일로 저장하십시오. 만약 막히면, 잠시 쉬거나 **부록 C**의 제안을 읽어보십시오.

2-3. 개인적 메시지: 사람 이름을 표현하는 변수를 만들고 그 사람에게 전할 메시지를 출력하십시오. 메시지는 "Hello Eric, would you like to learn some Python today?"처럼 단순한 것이어야 합니다.

2-4. 이름과 대소문자: 사람 이름을 표현하는 변수를 만들고 그 사람의 이름을 소문자, 대문자, 첫 글자만 대문자로 각각 출력하십시오.

2-5. 명언: 여러분이 존경하는 위인이 남긴 명언을 찾아보십시오. 그 명언과 위인의 이름을 출력하십시오. 출력 결과는 따옴표를 포함해서 다음과 같은 형태여야 합니다.

```
Albert Einstein once said, "A person who never made a mistake never tried
anything new."
```

2-6. 명언 2: 연습문제 2-5를 반복하되, 이번에는 그 위인의 이름을 famous_person이라는 변수에 저장하십시오. 그리고 명언은 message라는 변수에 저장하십시오. message를 출력하십시오.

2-7. 이름에서 공백 제거: 사람 이름을 표현하는 변수를 만들고 그 이름의 앞뒤에 공백을 적당히 넣으십시오. "\t"와 "\n"을 적어도 한 번씩은 쓰십시오.

이름 주위의 공백이 그대로 있는 상태로 한 번 출력하십시오. 다음에는 lstrip(), rstrip(), strip() 메서드를 각 한 번씩 사용하면서 이름을 출력하십시오.

2.4 숫자

숫자는 프로그래밍에서 아주 자주 사용됩니다. 게임에서 점수를 저장하고, 시각화에서 데이터를 표현하고, 웹 애플리케이션에서 정보를 저장하는 등 사용하는 곳은 무궁무진합니다. 파이썬은 숫자의 사용 용도에 따라 여러 가지 방법으로 다룹니다. 먼저 파이썬이 정수를 어떻게 다루는지 알아봅시다. 정수는 가장 단순한 숫자니까요.

2.4.1 정수

파이썬에서는 정수를 더하고(+), 빼고(-), 곱하고(*), 나눌(/) 수 있습니다.

```
>>> 2 + 3
5
>>> 3 - 2
1
>>> 2 * 3
6
>>> 3 / 2
1.5
```

터미널에서는 단순히 계산 결과를 보여줍니다. 파이썬에서 지수를 쓸 때는 * 기호를 두 개 사용합니다.

```
>>> 3 ** 2
9
```

```
>>> 3 ** 3
27
>>> 10 ** 6
1000000
```

파이썬은 계산 순서 역시 지원하므로 표현식 하나에서 계산을 여러 번 할 수도 있습니다. 괄호를 써서 계산 순서를 바꾸는 것도 가능합니다. 다음 예제를 보십시오.

```
>>> 2 + 3*4
14
>>> (2 + 3) * 4
20
```

표현식 안에서 공백은 중요하지 않습니다. 여기서 공백을 쓴 것은 단순히 계산 순서를 좀 더 빨리 파악하기 위해서일 뿐입니다.

2.4.2 부동소수점 숫자

파이썬은 소수점이 있는 숫자를 **부동소수점**floating point 숫자라고 부릅니다. 부동소수점 숫자라는 용어는 대부분의 프로그래밍 언어에서 사용하며, 소수점이 숫자 어디서든 나타날 수 있다는 의미에서 그런 이름이 붙었습니다.* 프로그래밍 언어는 부동소수점 숫자를 다룰 때 소수점이 어디 있든 관계없이 정확히 동작하도록 설계됩니다.

대개는 부동소수점 숫자가 어떻게 동작하는지 신경 쓰지 않아도 됩니다. 그냥 원하는 숫자를 입력하기만 하면 파이썬이 여러분의 의도에 가장 비슷한 방식으로 동작할 겁니다.

```
>>> 0.1 + 0.1
0.2
>>> 0.2 + 0.2
0.4
>>> 2 * 0.1
0.2
>>> 2 * 0.2
0.4
```

---

* 역주_ 여기서 '부동'이라는 단어는 '흐른다', 즉, 고정되지 않았다는 뜻입니다.

하지만 때로는 이상한 결과가 나올 수도 있습니다.

```
>>> 0.2 + 0.1
0.30000000000000004
>>> 3 * 0.1
0.30000000000000004
```

이런 현상은 모든 언어에서 벌어지고, 지금 당장 이유를 알아야 하는 것은 아닙니다. 파이썬은 결과를 가능한 한 정확히 표현하려고 하지만, 컴퓨터가 내부적으로 숫자를 표현하는 방식 때문에 이따금 그게 어려울 수 있습니다. 지금은 소수점 아래 자리를 무시하십시오. 2부에서 프로젝트를 진행하면서 필요할 때 알게 될 겁니다.

2.4.3 정수와 부동소수점 숫자

나눗셈을 하면 그 결과가 정수로 표현될 수 있다 하더라도 항상 부동소수점 숫자로 표현됩니다.

```
>>> 4/2
2.0
```

나눗셈이 아닌 다른 계산에서 정수와 부동소수점 숫자를 섞어 쓰면 결과는 부동소수점 숫자입니다.

```
>>> 1 + 2.0
3.0
>>> 2 * 3.0
6.0
>>> 3.0 ** 2
9.0
```

파이썬은 부동소수점 숫자를 사용한 계산 결과를 항상 부동소수점 숫자로 표현합니다. 결과를 정수로 출력할 수 있다 하더라도 항상 부동소수점 숫자로 표현합니다.

2.4.4 숫자와 밑줄

아주 큰 숫자를 쓸 때, 다음과 같이 필요한 만큼 자릿수를 나눠서 각 자리를 밑줄로 구분할 수 있습니다.

```
>>> universe_age = 14_000_000_000
```

숫자를 정의할 때 밑줄을 사용했다 하더라도, 출력할 때는 항상 밑줄 없이 숫자만 출력됩니다.

```
>>> print(universe_age)
14000000000
```

파이썬은 숫자를 저장할 때 밑줄을 무시합니다. 천 단위로 나누지 않더라도 마찬가지입니다. 파이썬이 보기에는 1000이나 1_000이나 10_00이나 마찬가지입니다. 이 기능은 정수와 부동소수점 숫자에서 모두 동작하지만, 파이썬 3.6 이상이 필요합니다.

2.4.5 다중 할당

코드 한 줄에서 하나 이상의 변수에 값을 할당할 수 있습니다. 이렇게 하면 프로그램의 길이가 짧아지고 읽기도 쉬워집니다. 아마 이 방법을 가장 많이 사용하는 경우는 숫자에 값을 할당할 때일 겁니다.

예를 들어 변수 x, y, z를 모두 0으로 초기화하고 싶으면 다음과 같이 하면 됩니다.

```
>>> x, y, z = 0, 0, 0
```

값을 한꺼번에 할당할 때는 변수 이름을 콤마로 구분하고, 값 역시 콤마로 구분해야 합니다. 값과 변수의 수가 맞기만 하면 파이썬이 그들을 정확히 연결할 겁니다.

2.4.6 상수

상수constant는 프로그램이 동작하는 동안 값이 바뀌지 않는 변수입니다. 파이썬에 따로 상수 타입이 존재하지는 않지만, 파이썬 프로그래머들은 상수를 만들 때 다음과 같이 글자 전부를 대문자로 씁니다. 이렇게 해서 다른 프로그래머에게 이 변수가 상수이며 절대 바뀌어서는 안 된다고 알리는 겁니다.

```
MAX_CONNECTIONS = 5000
```

변수를 상수처럼 다루고 싶다면 변수 이름을 전부 대문자로 쓰십시오.

연습문제

2-8. 숫자 8: 덧셈, 뺄셈, 곱셈, 나눗셈을 만들고 그 결과가 전부 숫자 8이 되게 하십시오. print()를 호출해서 결과를 확인하십시오. 다음 행과 비슷한 행 네 개가 들어 있는 프로그램을 만들어야 합니다.

```
print(5+3)
```

출력 결과는 한 행에 숫자 8 하나씩만 있는 네 줄이어야 합니다.

2-9. 좋아하는 숫자: 변수에 좋아하는 숫자를 저장하십시오. 그런 다음 그 변수를 써서 좋아하는 숫자를 알리는 메시지를 만드십시오. 그 메시지를 출력하십시오.

2.5 주석

주석은 대부분의 프로그래밍 언어에서 가장 유용한 기능입니다. 지금까지는 프로그램에 파이썬 코드만 작성했습니다. 하지만 프로그램이 점점 커지고 복잡해지면 프로그램 안에 전체적인 접근 방법을 기록해야 합니다. **주석**comment은 프로그램 안에 사람이 쓰는 언어로 기록을 남기는 방법입니다.

2.5.1 주석을 만드는 방법

파이썬에서는 해시 마크(#) 뒤에 있는 것이 주석입니다. 파이썬 인터프리터는 해시 마크 다음에 있는 것은 무엇이든 무시합니다. 다음 예제를 보십시오.

comment.py

```python
# Say hello to everyone.
print("Hello Python people!")
```

파이썬은 첫 번째 행을 무시하고 두 번째 행을 실행했습니다.

```
Hello Python people!
```

2.5.2 주석에는 어떤 내용을 써야 할까요?

주석을 쓰는 주된 이유는 코드가 무슨 일을 하는지, 어떻게 하는지 설명하기 위해서입니다. 프로젝트를 한창 진행하는 중이라면 그 프로젝트가 어떻게 어울려서 동작하는지 전부 이해할 수 있을 겁니다. 하지만 시간이 좀 흐른 뒤에 프로젝트를 다시 살펴보면 세부 사항 일부를 잊어버릴 가능성이 큽니다. 물론 다시 시간을 들여 코드를 분석하고 조각들이 어떻게 어울리는지 파악할 수 있지만, 주석을 잘 만들어놓으면 그 시간을 아낄 수 있습니다.

프로 프로그래머가 되고 싶거나 다른 프로그래머와 함께 일할 생각이 있다면 주석을 잘 만드는 방법을 연습해야 합니다. 최근에는 소프트웨어 대부분이 공동 작업으로 만들어집니다. 같은 회사의 동료끼리 만드는 경우도 있고, 오픈 소스 프로젝트에 참가한 사람들이 만드는 경우도 있습니다. 경험 많은 프로그래머들은 코드 안에 주석이 있을 것이라 생각하게 마련이므로, 지금부터 프로그램에 의미 있는 주석을 남기는 습관을 들이는 것이 최선입니다. 간결하고 명료한 주석을 남기는 것이야말로 초보 프로그래머가 몸에 익혀야 할 가장 좋은 습관입니다.

주석을 남겨야 할지 잘 모르겠다면, 우선 이 방법에 도달하기까지 다른 과정을 거쳤는지 생각해보십시오. 그런 과정을 겪었다면 어떻게 이 방법을 선택하게 됐는지 주석으로 남기십시오. 듬성듬성 주석이 껴 있는 프로그램을 나중에 다시 살펴보면서 주석을 추가하는 것보다는, 불필요한 주석을 삭제하는 것이 훨씬 쉽습니다. 필자는 지금부터 책의 예제 코드에 주석을 남길 겁니다.

2.6 파이썬의 선(禪)

경험 많은 파이썬 프로그래머들은 가능한 한 복잡한 방식은 버리고 간단한 방식을 추구하라고 권합니다. 파이썬 커뮤니티의 이런 철학은 팀 피터스^{Tim Peters}가 쓴 「파이썬의 선^{The Zen of Python}」에 잘 나타나 있습니다. 파이썬의 선은 좋은 파이썬 코드를 작성하기 위한 간단한 원칙들이며, 인 터프리터에서 import this를 입력하면 볼 수 있습니다. 여기서 전문을 설명하지는 않겠고, 초보 파이썬 프로그래머에게 중요한 몇 줄만 설명하고 넘어가겠습니다.

```
>>> import this
The Zen of Python, by Tim Peters
Beautiful is better than ugly.
```

파이썬 프로그래머들은 아름답고 우아한 코드를 추구합니다. 사람들은 프로그래밍을 통해 문 제를 해결하려 합니다. 프로그래머들은 잘 설계되고 효율적이며 아름답기까지 한 해결책을 보 면 항상 경의를 표합니다. 여러분이 계속 파이썬을 배우고 코드를 만들기를 반복하면, 언젠가 는 누군가가 당신의 어깨 너머로 코드를 보고 "와, 정말 아름다운 코드군요!" 하며 감탄할 날이 올 겁니다.

```
Simple is better than complex.
```

단순한 해결책과 복잡한 해결책이 있고 두 가지 방법이 다 문제를 해결한다면, 단순한 해결책 을 택하십시오. 단순한 해결책을 택하면 코드를 관리하기 쉬워지고, 여러분이나 다른 사람이 그 코드를 바탕으로 다른 것을 만들기도 쉬워집니다.

```
Complex is better than complicated.
```

현실은 복잡하며, 때때로 문제를 단순하게 해결하는 것이 불가능할 수도 있습니다. 그럴 때는 가장 단순한 해결책을 택하십시오.

```
Readability counts.
```

코드가 복잡하더라도 읽기 쉽게 만드십시오. 프로젝트에 복잡한 코드가 포함되어 있다면 시간을 들여 그 코드를 설명할 수 있는 주석을 만드십시오.

```
There should be one-- and preferably only one --obvious way to do it.
```

파이썬 프로그래머 두 명에게 한 가지 문제를 제시한다면, 그들이 내놓는 해결책은 거의 비슷할 겁니다. 프로그래밍에 창의성이 개입할 여지가 없다는 뜻은 아닙니다. 오히려 반대입니다! 하지만 프로그래밍은 크고, 창의성을 요구하는 프로젝트를 단순한 상황으로 잘게 쪼개서 그 각각에 작고 널리 쓰이는 접근법을 적용하는 과정입니다. 여러분이 만든 프로그램의 작은 조각들을 다른 파이썬 프로그래머들도 이해할 수 있어야 합니다.

```
Now is better than never.
```

평생에 걸쳐 파이썬과 프로그래밍 전반에 관해 공부하며 완벽을 추구할 수도 있을 겁니다. 하지만 그래서는 어떤 프로젝트도 완성할 수 없습니다. 완벽한 코드를 작성하려고 집착하지 마십시오. 우선 문제를 해결할 수 있는 코드를 작성하고, 시간을 들여 프로젝트를 더 개선할지, 아니면 다음 프로젝트로 넘어갈지 결정하십시오.

다음 장으로 넘어가 더 어려운 주제들에 대해 공부하기 전에, 우선 이 단순함과 명료함에 관한 철학을 항상 지킬 수 있도록 하십시오. 이 원칙을 지키면 경험 많은 프로그래머들도 여러분의 코드를 존중할 테고, 기꺼이 피드백을 주면서 흥미로운 프로젝트에 동참하려고 할 겁니다.

연습문제

2-11. 파이썬의 선: 파이썬 세션에서 import this를 입력하고 다른 원칙들을 읽어보십시오.

2.7 마치며

이 장에서는 변수에 대해 공부했습니다. 의미 있는 변수 이름을 만들어야 한다는 것을 배웠고, 이름 에러와 문법 에러가 생겼을 때 대처하는 법을 배웠습니다. 문자열이 무엇인지 배웠고 문자열을 소문자로, 대문자로, 첫 글자만 대문자로 표시하는 법을 배웠습니다. 공백을 써서 출력 결과를 보기좋게 정리하는 법을 배웠고, 문자열에서 필요 없는 공백을 제거하는 법도 배웠습니다. 정수와 부동소수점 숫자를 사용해봤고 숫자 데이터를 어떻게 사용하는지도 살펴봤습니다. 여러분과 다른 사람들이 코드를 읽기 쉽도록 설명하는 주석을 쓰는 법을 배웠습니다. 마지막으로, 가능한 한 코드를 단순하게 유지해야 한다는 철학에 대해 배웠습니다.

3장에서는 정보 컬렉션을 리스트라 부르는 자료구조에 저장하는 방법을 배울 겁니다. 리스트가 무엇인지, 그 리스트에 들어 있는 정보를 조작하는 방법은 무엇인지 배울 겁니다.

CHAPTER **3**

리스트 소개

3장과 4장에서는 리스트가 무엇인지, 리스트의 항목을 어떻게 다루는지 배웁니다. 리스트에는 정보를 저장할 수 있는데, 저장할 수 있는 정보량은 제한이 없습니다. 단지 몇 개만 저장해도 되고, 수백만 개를 저장해도 됩니다. 리스트는 초보 프로그래머가 익히기 쉬운 기능이며 다른 중요한 프로그래밍의 개념과 연관성이 깊습니다.

3.1 리스트란?

리스트list는 특정 순서가 있는 항목의 모음입니다. 알파벳 글자, 0-9의 숫자, 가족 이름 등 원하는 것은 무엇이든 리스트에 넣을 수 있으며, 리스트에 들어 있는 항목이 서로 연관될 필요는 없습니다. 리스트에는 항목이 보통 두 개 이상 있기에 리스트 이름은 letters나 digits, names 처럼 복수형으로 씁니다.

파이썬에서 리스트는 대괄호([])로 표현하며, 리스트의 각 항목은 콤마(,)로 구분합니다. 다음은 자전거를 나열한 단순한 리스트 예제입니다.

bicycles.py

```
bicycles = ['trek', 'cannondale', 'redline', 'specialized']
print(bicycles)
```

파이썬에서 위 코드처럼 리스트를 출력하면 대괄호를 포함한 리스트 표현을 출력합니다.

```
['trek', 'cannondale', 'redline', 'specialized']
```

여러분은 항목을 전부 보여주는 이런 단순한 결과를 기대하지 않았을 겁니다. 이제 필요한 리스트의 항목에 접근하는 방법을 알아보겠습니다.

3.1.1 리스트 항목에 접근하기

리스트는 순서가 있는 모음입니다. 따라서 원하는 항목의 위치, 또는 **인덱스**index를 지정해서 접근할 수 있습니다. 리스트 항목에 접근하려면 리스트 이름을 쓰고 그다음 대괄호 안에 인덱스를 씁니다. 인덱스는 바로 이어서 설명할 테니 우선 다음 코드를 따라 해보세요. bicycles 리스트의 첫 번째 자전거를 지정해 출력해보겠습니다.

```
bicycles = ['trek', 'cannondale', 'redline', 'specialized']
print(bicycles[0])  # ①
```

①을 자세히 보세요. 조금 전에 설명한 문법입니다. bicycles 리스트의 0번째 인덱스에 위치한 항목을 지정한다는 의미입니다. 이렇게 리스트의 항목 단 하나만 요청하면 파이썬은 대괄호 없이 다음처럼 항목만 반환합니다.

```
trek
```

리스트 항목이 문자열이라면 2장에서 설명한 문자열 메서드도 쓸 수 있습니다. 예를 들어 'trek' 항목에 title() 메서드를 적용해볼까요?

```
bicycles = ['trek', 'cannondale', 'redline', 'specialized']
print(bicycles[0].title())
```

```
Trek
```

위와 같으면 제대로 적용한 겁니다. 이전 예제와 같지만 무엇이 달라졌는지 눈치챘겠죠?

3.1.2 인덱스 위치는 0에서 시작합니다

파이썬은 리스트의 첫 번째 항목의 위치를 0에서 시작한다고 정의합니다. 파이썬만이 아니라 다른 프로그래밍 언어도 대부분 0에서 시작합니다. 컴퓨터의 메모리가 0번지부터 시작하기 때문에 컴퓨터는 수를 0부터 셉니다. 혹시 예기치 못한 결과가 나왔다면 컴퓨터는 0부터 시작한다는 사실을 잊은 건 아닌지 확인하세요.

당연히 리스트의 두 번째 항목은 인덱스 1입니다. 순서는 굉장히 단순합니다. 그저 항목의 위치에서 1을 뺀 인덱스를 지정하면 됩니다. 이해되나요? 예를 들어 리스트의 네 번째 항목에 접근할 때는 4-1이니까 인덱스 3을 요청합니다.

bicycles 리스트에서 인덱스 1과 인덱스 3을 요청해봅시다.

```
bicycles = ['trek', 'cannondale', 'redline', 'specialized']
print(bicycles[1])
print(bicycles[3])
```

이 코드를 실행해봅시다. 다음처럼 리스트의 두 번째(인덱스 1)와 네 번째(인덱스 3) 항목을 반환하나요?

```
cannondale
specialized
```

파이썬에는 리스트의 마지막 항목에 접근하는 특별한 문법이 있습니다. [-1]인데, 이 요청을 하면 파이썬은 항상 리스트의 마지막 항목을 반환합니다.

```
bicycles = ['trek', 'cannondale', 'redline', 'specialized']
print(bicycles[-1])
```

코드를 실행하면 'specialized'를 반환할 겁니다. 프로그래밍을 하다 보면 리스트의 길이를 정확히 모른 채 리스트의 마지막 항목에 접근해야 할 때가 있습니다. 이때 이 문법은 매우 유용합니다. 이 표기법은 마지막 인덱스 항목 외에도 확장해서 사용할 수 있습니다. [-2]는 뒤에서 두 번째 항목, [-3]은 뒤에서 세 번째 항목을 반환합니다.

3.1.3 리스트에서 개개의 값 사용

리스트의 각 값을 다른 변수나 마찬가지로 쓸 수 있습니다. 예를 들어 f-문자열을 써서 리스트에 들어 있는 값을 메시지로 만들 수 있습니다. 예를 들어 리스트의 첫 번째 자전거 이름으로 메시지를 만들어봅시다.

```
bicycles = ['trek', 'cannondale', 'redline', 'specialized']
message = f"My first bicycle was a {bicycles[0].title()}."  # ①

print(message)
```

①에서는 문장에 bicycles[0]의 값을 더하고 그 문장을 message 변수에 할당했습니다. 실행하면 다음과 같이 완성된 문장을 출력합니다.

```
My first bicycle was a Trek.
```

연습문제

이제 파이썬 리스트를 직접 만들어봅시다. 연습문제는 각 장별로 새 폴더를 만들어 정리하길 권합니다.

3-1. 이름: names 리스트에 친구 몇 명의 이름을 저장하세요. 리스트의 각 항목에 한 번에 한 명씩 접근해 이름을 출력하세요. 예를 들어 리스트에 스누피와 찰리를 넣었다면 다음과 같이 출력하면 됩니다.

```
찰리
스누피
```

3-2. 인삿말: 연습문제 3-1의 리스트를 활용합니다. 이번에는 바로 출력하지 말고 문장을 만드세요. 각 문장의 텍스트는 사람 이름만 다르고 나머지는 같게 해봅시다. 예를 들어 다음과 같이 출력하세요.

```
찰리는 파이썬을 배우고 있어.
스누피는 파이썬을 배우고 있어.
```

3-3. 나만의 리스트: 좋아하는 교통기관, 예를 들어 자동차나 꽃 등을 생각한 후 몇 가지 예를 리스트에 저장하세요. 리스트를 써서 이들 항목에 관한 문장을 만드세요. 예를 들면 다음과 같이 출력해보세요.

```
펜지는 어느 계절에 꽃을 피우지?
꽃 중에는 국화차처럼 차로 마시는 꽃도 있어.
```

3.2 항목 변경, 추가, 제거

리스트는 대부분 동적입니다. 동적이라는 말은 리스트를 만든 뒤에 항목을 추가하거나 제거할수 있다는 의미입니다. 예를 들어 하늘에 있는 비행선을 격추하는 게임을 만든다고 합시다. 리스트에 비행선을 저장한 다음, 플레이어가 격추하면 리스트에서 제거하고, 새 비행선이 나타나면 리스트에 추가합니다. 게임 중간에 리스트 길이는 고무줄처럼 늘었다 줄었다 할 겁니다.

3.2.1 리스트 항목 수정하기

항목 하나를 수정하는 문법은 리스트 항목에 접근하는 문법과 비슷합니다. 항목 하나를 수정할때는 리스트 이름 다음에 바꾸려는 항목의 인덱스를 쓰고 새 값을 지정합니다.

예를 들어 motorcycles(오토바이) 리스트가 있고 그 첫 번째 항목은 'honda'라고 합시다. 다음을 입력하고 실행해보세요.

motorcycles.py

```
motorcycles = ['honda', 'yamaha', 'suzuki']  # ①
print(motorcycles)

motorcycles[0] = 'ducati'  # ②
print(motorcycles)
```

예제에서 ①은 리스트를 처음 정의하며 첫 번째 항목에 'honda'를 지정했습니다. ②에서 첫번째 항목(motorcycles[0])의 값을 'ducati'로 바꿉니다. 실행해보면 다음처럼 보일 겁니다.

```
['honda', 'yamaha', 'suzuki']
['ducati', 'yamaha', 'suzuki']
```

물론 리스트의 모든 항목의 값을 이 방법으로 바꿀 수 있습니다.

3.2.2 리스트에 항목 추가하기

리스트에 새 항목을 추가해야 할 때가 많습니다. 예를 들어 전학생이 와서 출석부에 추가하거나 웹사이트에 새 사용자를 등록하는 등 여러 상황이 있을 겁니다. 파이썬은 여러 가지 방법으로 기존 리스트에 새 데이터를 추가할 수 있습니다.

append()로 리스트의 끝에 항목 추가하기

리스트에 새 항목을 추가하는 가장 단순한 방법은 리스트에 항목을 **이어 붙이는**append 방법입니다. 리스트에 항목을 이어 붙이면 새 항목은 리스트 마지막에 추가됩니다. 이전 `motorcyles` 리스트에 새 항목 `'ducati'`를 추가해봅시다.

```python
motorcycles = ['honda', 'yamaha', 'suzuki']
print(motorcycles)

motorcycles.append('ducati')  #리스트이름.append('값')  # ①
print(motorcycles)
```

append() 메서드는 ①의 형태로 사용하며 리스트의 다른 항목에 아무 영향도 없이 `'ducati'`를 추가합니다.

```
['honda', 'yamaha', 'suzuki']
['honda', 'yamaha', 'suzuki', 'ducati']
```

append() 메서드를 사용하면 리스트를 동적으로 만드는 일이 쉬워집니다. 예를 들어 빈 리스트를 만든 다음 append()를 계속 호출해 항목을 추가할 수 있습니다. 빈 리스트로 시작해 `'honda'`, `'yamaha'`, `'suzuki'`를 리스트에 추가해봅시다.

```python
motorcycles = []

motorcycles.append('honda')
motorcycles.append('yamaha')
motorcycles.append('suzuki')

print(motorcycles)
```

실행하면 다음처럼 보이나요?

```
['honda', 'yamaha', 'suzuki']
```

프로그램을 실행하기 전에는 사용자가 어떤 데이터를 저장할지 모를 때가 많은 터라 리스트를 만드는 흔한 방법입니다. 먼저 사용자가 입력할 값을 저장할 빈 리스트를 정의하세요. 그리고 이 리스트에 새 값을 이어 붙이는 겁니다.

insert()로 리스트에 항목 삽입하기

insert() 메서드를 사용해 새 항목을 리스트 중간에 추가할 수 있습니다. 그저 새 항목의 인덱스와 값을 지정하면 됩니다.

```
motorcycles = ['honda', 'yamaha', 'suzuki']

motorcycles.insert(0, 'ducati')  #리스트이름.insert(인덱스, 값)  # ①
print(motorcycles)
```

이 예제의 ①에서는 'ducati'를 리스트의 첫 번째, 즉 인덱스가 0인 위치에 삽입했습니다. insert(0, 'ducati')는 인덱스 0에 공간을 만들고 값 'ducati'를 그 위치에 저장하라는 의미입니다. 당연히 인덱스 0에 있던 값은 인덱스 1로 옮겨지며 다른 값도 모두 한 칸씩 오른쪽으로 옮겨집니다.

```
['ducati', 'honda', 'yamaha', 'suzuki']
```

3.2.3 리스트에서 항목 제거

리스트에서 항목을 제거해야 할 때도 많습니다. 예를 들어 반에서 한 명이 전학가거나 웹사이트에서 사용자가 탈퇴한다면 리스트에서 제거해야 합니다. 항목을 제거할 때는 값을 기준으로 제거하거나 위치를 기준으로 제거할 수 있습니다.

del 문으로 항목 제거하기

제거할 항목의 위치를 알고 있다면 del 문을 쓸 수 있습니다.

```
motorcycles = ['honda', 'yamaha', 'suzuki']
print(motorcycles)

del motorcycles[0]  # del 리스트이름[제거할 항목의 인덱스]  # ①
print(motorcycles)
```

①처럼 del 문을 사용하면 코드는 리스트에서 첫 번째 항목인 'honda'를 제거합니다.

```
['honda', 'yamaha', 'suzuki']
['yamaha', 'suzuki']
```

인덱스만 알고 있다면 del 문으로 어떤 항목이든 지울 수 있습니다. 예를 들어 두 번째 항목인 'yamaha'를 리스트에서 제거할 때는 다음과 같이 합니다.

```
motorcycles = ['honda', 'yamaha', 'suzuki']
print(motorcycles)

del motorcycles[1]
print(motorcycles)
```

실행해보면 두 번째 항목인 'yamaha'가 리스트에서 지워졌습니다.

```
['honda', 'yamaha', 'suzuki']
['honda', 'suzuki']
```

del 문을 사용해 제거한 값에는 더는 접근할 수 없습니다.

pop()으로 항목 제거하기

리스트에서 빼낸 항목의 값이 필요할 때도 있습니다. 예를 들어 격추한 비행선이 있던 위치의 x와 y 좌표를 알아야 그 자리에 폭발하는 모습을 그릴 수 있습니다. 웹 애플리케이션이라면 사용자가 로그아웃할 때 로그인된 사용자 리스트에서 그 사용자를 빼서 로그인하지 않은 사용자 리스트로 옮길 수 있습니다.

pop() 메서드는 리스트의 **마지막** 항목을 빼내서 사용할 수 있습니다. **pop**이란 이름은 리스트를 일종의 탑으로 생각하고 그 탑 맨 위에 있는 항목을 꺼낸다는 뜻에서 붙여졌습니다. 프로그래밍에서는 이런 탑과 같은 구조를 **스택**stack이라고 합니다. 탑은 아래에서부터 쌓이므로 스택(탑)의 맨 위가 리스트의 마지막입니다.

오토바이 리스트에서 오토바이를 꺼내봅시다.

```
motorcycles = ['honda', 'yamaha', 'suzuki']  # ①
print(motorcycles)

popped_motorcycle = motorcycles.pop()  # ②
print(motorcycles)  # ③
print(popped_motorcycle)  # ④
```

①에서는 리스트 motorcycles을 정의했습니다. ②에서는 그 리스트에서 값을 하나 꺼내고 그 값을 popped_motorcycle 변수에 저장했습니다. ③에서는 리스트를 다시 출력해 값이 제거됐음을 확인했습니다. ④에서는 꺼낸 값을 출력해 제거된 값에도 여전히 접근할 수 있음을 확인했습니다.

다음처럼 출력되었나요? 'suzuki'가 리스트에서 빠져나와 popped_motorcycle 변수에 할당됐습니다.

```
['honda', 'yamaha', 'suzuki']
['honda', 'yamaha']
suzuki
```

이 pop() 메서드를 어떻게 써야 유용할까요? motorcycles 리스트가 그 오토바이를 갖게 된 순서대로라고 생각해봅시다. 그렇다면 pop() 메서드를 써서 마지막에 갖게 된 오토바이에 관한 문장을 출력할 수 있습니다.

```
motorcycles = ['honda', 'yamaha', 'suzuki']

last_owned = motorcycles.pop()
print(f"The last motorcycle I owned was a {last_owned.title()}." )
```

출력 결과는 마지막에 갖게 된 오토바이에 관한 문장입니다.

```
The last motorcycle I owned was a Suzuki.
```

리스트의 아무 위치에서나 항목 꺼내기

pop() 메서드의 괄호에 빼낼 항목의 인덱스를 넣으면 해당 항목을 빼오며 동시에 리스트에서는 제거됩니다.

```
motorcycles = ['honda', 'yamaha', 'suzuki']

first_owned = motorcycles.pop(0)  # ①
print('The first motorcycle I owned was a ' + first_owned.title() + '.')  # ②
```

①에서 리스트의 첫 번째 오토바이를 꺼냈고, ②에서 그 오토바이에 관한 메시지를 출력했습니다. 출력 결과는 처음에 갖게 된 오토바이에 관한 문장입니다.

```
The first motorcycle I owned was a Honda.
```

pop()으로 빼온 항목은 리스트에서는 삭제된다는 사실을 기억하세요.

del 문을 쓸지 pop() 메서드를 쓸지 불확실한가요? 단순한 기준이 있습니다. 항목을 리스트에서 제거하면서 다시 쓸 일이 없다면 del 문을, 항목을 리스트에서 제거하면서 어딘가에 사용할 거라면 pop() 메서드를 쓰세요.

값으로 항목 제거하기

가끔은 리스트에서 제거할 값의 위치를 모를 때도 있습니다. 제거할 항목의 값만 알고 있을 때는 remove() 메서드를 쓸 수 있습니다.

예를 들어 값 'ducati'를 리스트에서 제거해봅시다.

```
motorcycles = ['honda', 'yamaha', 'suzuki', 'ducati']
print(motorcycles)

motorcycles.remove('ducati')  # ①
print(motorcycles)
```

①의 코드는 파이썬이 리스트에서 'ducati'를 찾고 그 항목을 제거합니다.

```
['honda', 'yamaha', 'suzuki', 'ducati']
['honda', 'yamaha', 'suzuki']
```

remove() 메서드를 쓰면 리스트에서 제거한 값을 사용할 수 있습니다. remove() 값을 리스트에서 제거하고 제거한 이유를 출력해봅시다.

```
motorcycles = ['honda', 'yamaha', 'suzuki', 'ducati']  # ①
print(motorcycles)

too_expensive = 'ducati'  # ②
motorcycles.remove(too_expensive)  # ③
print(motorcycles)
print(f"\nA {too_expensive.title()} is too expensive for me.")  # ④
```

①에서는 리스트를 정의하고 ②에서는 값 'ducati'를 too_expensive 변수에 저장했습니다. ③에서는 이 변수를 써서 파이썬이 값을 리스트에서 제거하게 했습니다. ④에서 값 'ducati'를 리스트에서 제거했지만, 여전히 too_expensive 변수를 통해 접근할 수 있으므로 오토바이 리스트에서 'ducati'를 제거한 이유를 출력할 수 있습니다.

```
['honda', 'yamaha', 'suzuki', 'ducati']
['honda', 'yamaha', 'suzuki']

A Ducati is too expensive for me.
```

NOTE_ 만약 리스트에 같은 값이 여러 개 있다면 remove() 메서드는 첫 번째 항목만 제거합니다. 값을 전부 제거하고 싶다면 루프를 써야 합니다. 이 방법은 7장에서 배웁니다.

연습문제

이번 연습문제는 2장보다 조금 더 복잡합니다. 하지만, 3장에서 설명한 방법을 모두 활용해 리스트를 조작해볼 기회입니다.

3-4. 손님 리스트: 누군가 저녁에 초대한다면 누구를 초대하겠습니까? invite_dinner 리스트를 만들고 값으로 3명 이상을 넣어주세요. 그다음 리스트를 이용해서 각 사람에게 보내는 메시지를 출력하세요.

3-5. 손님 리스트 바꾸기: 손님 중 한 명이 초대에 응할 수 없다고 말했으니 새 리스트를 만들어야 합니다. 초대할 다른 사람을 생각해보세요.

    1. 연습문제 3-4에서 작성한 프로그램에 이어서 마지막에 print 문을 추가해서 불참한 손님의 이름을 출력하세요.

    2. 리스트를 수정해서 불참한 손님의 이름을 새 손님 이름으로 바꾸세요.

    3. 아직 리스트에 있는 각 손님 앞으로 초대 메시지를 출력하세요.

3-6. 더 많은 손님: 식당에서 예약 인원을 늘릴 수 있다 하여 손님을 더 초대할 수 있습니다. 저녁에 초대할 사람을 세 명 더 생각하세요.

    연습문제 3-4나 3-5에서 프로그램을 시작하세요. 프로그램 마지막에 print 문을 추가해 사람들에게 더 큰 저녁식탁을 발견했다고 알리세요.

    insert()를 써서 새 손님 한 명을 리스트 맨 앞에 추가하세요.

    1. insert()를 써서 새 손님 한 명을 리스트 중간에 추가하세요.

    2. append()를 써서 새 손님 한 명을 리스트 마지막에 추가하세요.

    3. 리스트에 있는 각 손님 앞으로 새 초대 메시지를 출력하세요.

3-7. 손님 리스트 줄이기: 식당에서 예약에 혼선이 있었다며 연락이 왔습니다. 두 자리만 예약할 수 있다고 합니다.

    1. 연습문제 3-6에서 프로그램을 시작하세요. 새 행을 추가해 저녁 식사에 손님을 두 명밖에 초대할 수 없다는 메시지를 출력하세요.

    2. 리스트에 두 명만 남을 때까지 pop()을 써서 한 번에 손님 이름 하나씩 리스트에서 제거하세요. 리스트에서 손님 이름을 꺼낼 때마다 저녁에 초대하지 못해 미안하다는 메시지를 출력하세요.

    3. 여전히 리스트에 아직 남아 있는 손님들에게 저녁 약속이 유효하다는 메시지를 출력하세요.

    4. del 문을 써서 리스트의 마지막 두 이름을 제거해 빈 리스트를 남기세요. 프로그램 마지막에 리스트를 출력해 실제 빈 리스트가 남아 있음을 확인하세요.

3.3 리스트 정리하기

사용자가 데이터를 제공하는 순서를 항상 예측할 수는 없으므로 리스트의 순서도 예측할 수 없을 때가 많습니다. 하지만, 데이터를 저장했다면 특정 순서에 따라 정렬하고 싶을 겁니다. 리스트의 원래 순서를 유지하고 싶을 때도, 순서를 바꾸고 싶을 때도 있습니다. 파이썬은 상황에 따라 여러 가지 방법으로 리스트를 정리할 수 있습니다.

3.3.1 sort()로 리스트 영구 정렬하기

sort() 메서드를 쓰면 비교적 쉽게 리스트를 정렬할 수 있습니다. 자동차 리스트가 있고 알파벳 순서로 바꾸고 싶다고 합시다. 작업의 단순함을 위해 리스트의 모든 항목은 소문자라고 가정합시다.

cars.py

```
cars = ['bmw', 'audi', 'toyota', 'subaru']
cars.sort()  # ①
print(cars)
```

①의 sort() 메서드는 리스트 순서를 영구히 바꿉니다. cars는 이제 알파벳 순서로 정렬되었으며 원래 순서로 돌아가는 건 불가능합니다.

```
['audi', 'bmw', 'subaru', 'toyota']
```

sort() 메서드에 매개변수로 reverse=True를 전달하면 리스트를 알파벳 반대 순서로 정렬할 수 있습니다. 다음 예제는 리스트를 알파벳 반대 순서로 정렬합니다.

```
cars = ['bmw', 'audi', 'toyota', 'subaru']
cars.sort(reverse=True)
print(cars)
```

다시 말하지만, 리스트 순서는 영구히 바뀝니다.

```
['toyota', 'subaru', 'bmw', 'audi']
```

3.3.2 sorted()로 리스트 임시 정렬하기

리스트의 원래 순서를 유지하면서 정렬된 순서로 표현 혹은 출력만 하려 할 때는 sorted() 함수를 씁니다. sorted() 함수는 리스트를 특정 순서로 표시하지만, 리스트의 실제 순서는 바뀌지 않습니다. cars(자동차) 리스트에 이 함수를 사용해봅시다.

```python
cars = ['bmw', 'audi', 'toyota', 'subaru']

print("Here is the original list:")  # ①
print(cars)

print("\nHere is the sorted list:")  # ②
print(sorted(cars))

print("\nHere is the original list again:")  # ③
print(cars)
```

①에서는 리스트를 원래 순서대로 출력했고 ②에서는 알파벳 순서로 출력했습니다. 리스트가 새 순서대로 표시된 다음, ③에서는 리스트를 다시 출력해 순서는 저장된 변하지 않았음을 확인했습니다.

```
Here is the original list:
['bmw', 'audi', 'toyota', 'subaru']

Here is the sorted list:
['audi', 'bmw', 'subaru', 'toyota']

Here is the original list again:  # ④
['bmw', 'audi', 'toyota', 'subaru']
```

sorted() 함수를 사용한 다음에도 리스트 순서는 바뀌지 않았음을 ④에서 확인할 수 있습니다. sorted() 함수에 reverse=True 매개변수를 추가하면 리스트를 알파벳 반대 순서로 표시할 수 있습니다.

> **NOTE_** 대소문자가 섞인 리스트는 알파벳 순으로 정렬하는 게 조금 더 복잡합니다. 정렬 순서를 정할 때 대문자를 해석하는 방법이 여러 가지라서 이 시점에서 정확한 순서를 설명하는 건 필자가 의도한 것보다는 더 복잡합니다. 하지만 정렬해야 하는 상황 대부분은 이 섹션에서 배운 것을 그대로 사용합니다.

3.3.3 리스트를 반대 순서로 출력

리스트를 역순으로 바꿀 때는 reverse() 메서드를 사용합니다. cars 리스트를 구입한 순서대로 저장했다면 쉽게 반대 순서로 재배열할 수 있습니다.

```
cars = ['bmw', 'audi', 'toyota', 'subaru']
print(cars)

cars.reverse()
print(cars)
```

reverse()는 리스트를 현재 순서의 반대로만 정렬할 뿐, 알파벳 순서는 고려하지 않습니다.

```
['bmw', 'audi', 'toyota', 'subaru']
['subaru', 'toyota', 'audi', 'bmw']
```

reverse() 메서드는 리스트 순서를 영구히 반대로 바꿉니다. 같은 리스트에 reverse()를 한 번 더 적용하면 원래 순서로 돌아갈 수 있습니다.

3.3.4 리스트 길이 구하기

len() 함수로 리스트 길이를 알 수 있습니다. 다음 예제의 리스트에는 항목이 네 개 있으므로 길이는 4입니다.

```
>>> cars = ['bmw', 'audi', 'toyota', 'subaru']
>>> len(cars)
4
```

len()은 여러 상황에 유용하게 쓰입니다. 이 책에서는 게임에서 격추할 외계인의 숫자 세기, 시각화에서 다뤄야 할 데이터 양 알아내기, 웹사이트에서 등록된 사용자 수 알아내기 등에 유용하게 쓰입니다.

파이썬은 리스트 항목의 개수를 셀 때 1부터 시작하므로 0에서 시작하는 에러가 생기지는 않습니다.

3.4 인덱스 에러 피하기

리스트를 처음 다룰 때 흔히 접하는 에러가 있습니다. 항목이 세 개 있는 리스트에서 네 번째 항목에 접근한다고 합시다.

```python
motorcycles = ['honda', 'yamaha', 'suzuki']
print(motorcycles[3])
```

이 예제의 결과는 **인덱스 에러**index error입니다.

```
Traceback (most recent call last):
  File "motorcycles.py", line 3, in <module>
    print(motorcycles[3])
IndexError: list index out of range
```

파이썬은 인덱스 3에 있는 항목을 반환하려 합니다. 하지만 motorcycles 리스트에는 인덱스 3인 항목이 없습니다. 리스트 인덱스는 하나씩 줄어들기 때문에 이 에러는 자주 일어나는 에러입니다. 사람들은 1부터 세니까 세 번째 항목의 인덱스가 3이라 생각하지만, 파이썬은 0부터 세니까 세 번째 항목의 인덱스는 2입니다.

인덱스 에러는 파이썬이 여러분이 요청한 인덱스에서 항목을 찾지 못했다는 뜻입니다. 프로그램에서 인덱스 에러가 일어났다면 요청한 인덱스를 수정해보세요. 그리고 프로그램을 다시 실행해 결과가 정확한지 보세요.

리스트의 마지막 항목에 접근할 때마다 인덱스 -1을 기억하세요. 설령 리스트에 마지막 접근한 다음 그 크기가 바뀌었어도 이 인덱스는 항상 작동합니다.

```
motorcycles = ['honda', 'yamaha', 'suzuki']
print(motorcycles[-1])
```

인덱스 -1은 항상 리스트의 마지막 항목을 반환하며 여기에서 그 값은 'suzuki'입니다.

```
'suzuki'
```

인덱스 -1도 인덱스 에러가 날 수 있습니다. 바로 리스트가 비어 있을 때입니다.

```
motorcycles = []
print(motorcycles[-1])
```

motorcycles에는 아무 항목도 없으므로 파이썬은 인덱스 에러를 일으킵니다.

```
Traceback (most recent call last):
  File "motorcyles.py", line 3, in <module>
    print(motorcycles[-1])
IndexError: list index out of range
```

연습문제

3-11. 의도적 에러: 아직 프로그램에서 인덱스 에러가 일어난 적이 없나요? 그렇다면 프로그램 중 하나에서 인덱스를 바꿔 인덱스 에러를 일으키세요. 프로그램을 닫기 전에 에러를 수정하는 걸 잊지 마세요.

3.5 마치며

이 장에서는 리스트가 무엇인지, 리스트에 들어 있는 각 항목을 어떻게 다루는지 배웠습니다. 리스트를 정의하는 방법, 항목을 추가하고 제거하는 방법을 배웠습니다. 리스트를 영구히 정렬하는 방법, 표시 목적으로 임시로 정렬하는 방법을 배웠습니다. 리스트 길이를 알아내는 방법과 인덱스 에러를 피하는 방법도 배웠습니다.

4장에서는 리스트에 들어 있는 항목을 더 효율적으로 다루는 방법을 배웁니다. 단 몇 줄의 코드로 리스트 각 항목에 루프를 실행하여 효율적으로 일할 수 있고, 리스트에 수천, 수백만 개의 항목이 들어 있어도 마찬가지입니다.

## CHAPTER 4

리스트 다루기

3장에서 단순한 리스트를 만들고 리스트 안에 있는 각 항목을 다루는 방법을 배웠습니다. 4장에서는 리스트의 길이와는 상관없이 단 몇 줄의 코드로 리스트 전체에 대해 **루프**loop를 실행하는 방법을 배웁니다. 루프를 사용하면 리스트의 모든 항목에 같은 일을 할 수 있습니다. 결과적으로 리스트 길이와 상관없이, 수천, 수백만 항목이 들어 있는 리스트라도 효율적으로 작업할 수 있습니다.

4.1 전체 리스트에 대해 루프 실행하기

리스트 항목마다 같은 작업을 실행하며 리스트를 순회해야 할 때가 많습니다. 예를 들어 게임에서 화면에 있는 모든 항목을 같은 양만큼 움직이거나 통계에서 리스트의 숫자 전체에 같은 통계적 작업을 실행하는 일 등이 있습니다. 또는 웹 게시판에서 글의 헤드라인만 뽑아 표시할 수도 있습니다. 이처럼 리스트의 모든 항목에 같은 일을 할 때는 for 루프를 사용합니다.

magicians 리스트는 마술사들의 이름이 담긴 리스트입니다. 이제 이 리스트의 각 이름을 출력해봅시다. 매번 리스트에서 이름을 하나씩 뽑을 수도 있지만, 리스트가 길면 반복 작업을 너무 많이 해야 하며, 리스트가 바뀔 때마다 코드도 바꿔야 합니다. 자, 이런 문제점은 for 루프로 모두 해결할 수 있습니다.

이제부터 for 루프를 써서 리스트의 각 이름을 출력해봅시다.

magicians.py

```python
magicians = ['alice', 'david', 'carolina']  # ①
for magician in magicians:  # ②
    print(magician)  # ③
```

①에서 리스트를 정의한 다음 ②에서 for 루프를 시작합니다. 이 행은 파이썬이 magicians 리스트에서 각 이름을 꺼내 magician 변수에 연결하게 합니다. ③에서는 파이썬이 magician 에 연결한 이름을 출력합니다. 파이썬은 리스트에 들어 있는 마술사들의 이름에 대해 ②와 ③을 반복합니다.

이 코드는 '**for** every **magician in** the list of **magicians, print** the magician's name.' 이라고 읽으면 이해가 더 쉬울 수 있습니다. 한국어로는 '**magicians** 리스트의 모든 **마술사 (magician)에 대해서(for)**, 해당 마술사 이름을 프린트(**print**)하라'라고 읽을 수 있겠습니다. 출력 결과는 magicians 리스트에 있는 모든 마술사의 이름입니다.

```
alice
david
carolina
```

4.1.1 루프 자세히 보기

4장에서 처음 만났을 겁니다. 루프는 컴퓨터로 반복 작업을 자동화할 때 가장 널리 쓰는 방법입니다. 다시 magicians.py를 들여다볼까요? 이 코드에서 파이썬은 먼저 두 번째 행을 읽고 루프라고 파악합니다.

```python
for magician in magicians:
```

이 행은 magicians 리스트의 첫 번째 값을 읽어 magician 변수에 연결합니다. 이 첫 번째 값은 'alice'입니다. 그리고 파이썬은 다음 행을 읽습니다.

```python
print(magician)
```

파이썬은 magician의 저장된 현재 값을 출력하는데 값은 앞서 연결했던 'alice'입니다. 리스트에는 값이 더 들어 있나요? 더 있으므로 파이썬은 루프의 시작으로 돌아갑니다.

```
for magician in magicians:
```

파이썬은 리스트의 다음 이름인 'david'를 읽고 그 값을 magician에 연결합니다. 그리고 반복해서 다음 행을 실행합니다.

```
    print(magician)
```

파이썬은 현재 값을 다시 출력합니다. 'david'겠죠? 리스트의 마지막이 아니니 파이썬은 루프를 한 번 더 반복합니다. 그리고 리스트의 마지막 값 'carolina'도 출력합니다. 이제 리스트에 더는 값이 없으므로 파이썬은 프로그램의 다음 행으로 이동합니다. 여기서는 for 루프 다음이 없으므로 프로그램은 끝납니다.

루프는 리스트에 항목이 아무리 많더라도 모든 항목에 대해 한 번씩 작업을 반복한다는 점을 잊지 마세요. 리스트에 항목이 백만 개 있다면 파이썬은 백만 번 반복할 겁니다. 걱정하지 마세요. 파이썬은 눈 깜짝할 새에 백만 번을 수행할 겁니다.

앞서 for 루프를 사용할 때, magician이라는 임시 변수를 사용했는데, 이 임시 변수는 아무 이름이나 쓸 수 있습니다. 하지만 이왕이면 리스트(magicians, 복수) 중 단 하나(magician, 단수)라는 의미면 좋겠죠? 예를 들어 고양이나 개처럼 일반적인 항목 리스트에 for 루프를 사용한다면 다음과 같이 하는 편이 좋습니다.

```
for cat in cats:
for dog in dogs:
for item in list_of_items:
```

이름을 이렇게 사용하면 for 루프에서 각 항목에 일어나는 일을 더 잘 따라갈 수 있습니다. 단수와 복수형 이름을 쓰면 각 코드가 단 하나의 항목에 대한 것인지, 전체 리스트에 대한 것인지 쉽게 알 수 있습니다.

4.1.2 루프 안에서 더 많은 일 하기

for 루프에서 각 항목에 할 수 있는 일에는 제한이 없다시피 합니다. 앞의 예제를 확장해 각 마술사에게 훌륭한 마술이었다고 칭찬하는 메시지를 출력해봅시다.

```
magicians = ['alice', 'david', 'carolina']
for magician in magicians:
    print(f"{magician.title()}, that was a great trick!")  # ①
```

이 코드에서 유일한 차이는 ①에서 각 마술사에게 마술사 이름으로 시작하는 메시지를 작성했다는 것뿐입니다. 루프에서 **magician**의 첫 번째 값은 **'alice'**이므로 파이썬은 이름 **'Alice'**로 첫 번째 메시지를 만듭니다. 두 번째에는 **'David'**로, 세 번째에는 **'Carolina'**로 메시지를 만듭니다. **.title()** 기억나지요?

실행하면 리스트에 들어 있는 각 마술사에게 보내는 메시지가 출력됩니다.

```
Alice, that was a great trick!
David, that was a great trick!
Carolina, that was a great trick!
```

for 루프 안에는 원하는 만큼 여러 행의 코드를 쓸 수 있습니다. **for magician in magicians** 다음에 있는 들여 쓴 행은 모두 **루프 안**이라고 간주되며, 들여 쓴 각 행은 리스트의 각 값에 대해 한 번씩 실행됩니다. 따라서 리스트의 각 값을 원하는 만큼 조작할 수 있습니다.

이제 루프 안에 두 번째 행을 추가해 각 마술사에게 다음 마술을 기대한다는 메시지를 만들어봅시다.

```
magicians = ['alice', 'david', 'carolina']
for magician in magicians:
    print(f"{magician.title()}, that was a great trick!")
    print(f"I can't wait to see your next trick, {magician.title()}.\n")  # ①
```

print() 호출 부분을 모두 들여 썼으므로 각 행은 리스트의 마술사에 대해 한 번씩 실행됩니다. 두 번째 print() 호출 ①의 줄바꿈 문자("\n")는 루프를 실행할 때마다 빈 줄을 삽입합니다. 빈 줄을 넣었으므로 리스트에 들어 있는 각 마술사마다 메시지가 그룹으로 묶여 보입니다.

```
Alice, that was a great trick!
I can't wait to see your next trick, Alice.
```

```
David, that was a great trick!
I can't wait to see your next trick, David.

Carolina, that was a great trick!
I can't wait to see your next trick, Carolina.
```

for 루프 안에 몇 행이든 더 쓸 수 있습니다. 실전에서는 for 루프를 사용할 때 리스트에 들어 있는 각 항목에 대해 여러 가지 다른 작업을 할 겁니다. 또 for 루프부터 루프의 마지막 행까지를 **루프 블록**loop block이라고 합니다.

4.1.3 for 루프 다음에 어떤 일 하기

일단 for 루프가 실행을 마치면 어떻게 될까요? 보통 for 루프 블록의 결과를 정리하거나, 프로그램에서 반드시 완수해야 하는 다른 작업으로 이동할 겁니다.

for 루프 블록 다음에 있는 코드는 반복되지 않고 한 번만 실행됩니다. 마술사 그룹 전체에 대해 훌륭한 마술이었다고 감사하는 메시지를 만들어봅시다. for 루프 다음에 들여쓰기 없이 입력하면 for 루프를 끝난 다음에 실행되며, 반복 실행되지 않고 1회에 한해 실행됩니다.

```python
magicians = ['alice', 'david', 'carolina']
for magician in magicians:
    print(f"{magician.title()}, that was a great trick!")
    print(f"I can't wait to see your next trick, {magician.title()}.\n")

print("Thank you, everyone. That was a great magic show!")  # ①
```

처음 두 print() 호출은 리스트의 각 마술사에 대해 반복됩니다. 하지만 ①의 코드는 들여 쓰지 않았으므로 단 한 번만 출력됩니다.

```
Alice, that was a great trick!
I can't wait to see your next trick, Alice.

David, that was a great trick!
I can't wait to see your next trick, David.

Carolina, that was a great trick!
```

```
I can't wait to see your next trick, Carolina.

Thank you, everyone. That was a great magic show!
```

for 루프로 데이터를 처리하다 보면 이 방법이 전체 데이터 세트에 동일한 작업을 실행하기에 좋은 방법인 걸 알게 될 겁니다. 예를 들어 for 루프로 게임을 초기화한다면 리스트에 들어 있는 각 캐릭터를 순회하며 각 캐릭터를 화면에 표시할 겁니다. 그리고 이 루프 다음에 코드를 추가해서 모든 캐릭터를 그린 다음 Play Now 버튼을 화면에 표시할 겁니다. 자세한 건 나중에 직접 만들어보면 이해하기 쉬울 겁니다.

4.2 들여쓰기 에러 피하기

파이썬은 어떤 행 또는 행 그룹이 프로그램의 다른 부분과 연결된 것인지 판단할 때 들여쓰기indentation를 기준으로 합니다. 이전 예제에서 각 마술사에게 메시지를 출력한 행은 들여 썼으므로 for 루프의 일부분이었습니다. 들여쓰기 표현 덕분에 파이썬 코드는 매우 읽기 쉽습니다. 기본적으로 파이썬은 공백을 써서 코드의 시각적 구조가 명확하게 보이도록 강제합니다. 더 긴 파이썬 프로그램에서는 코드 블록이 서로 다른 수준으로 들여쓰기 된 것을 보게 될 겁니다. 이들 들여쓰기 수준으로 프로그램이 어떻게 짜였는지 감을 잡을 수 있습니다.

올바른 코드를 작성하려면 **들여쓰기 에러**indentation error를 조심해야 합니다. 종종 들여쓰기가 필요한 행을 들여 쓰지 않거나, 들여쓰기가 필요하지 않은 행을 들여 쓰는 실수를 합니다. 지금 이런 에러의 예를 미리 봐두면 나중에 에러를 피할 수 있고, 프로그램을 짜다가 생기는 에러도 쉽게 수정할 수 있을 겁니다.

자주 일어나는 들여쓰기 에러 일부를 살펴봅시다.

4.2.1 들여쓰기 자체를 잊었을 때

루프를 쓸 때는 항상 for 문 다음의 행을 들여 쓰세요. 잊어버리면 파이썬이 지적할 겁니다.

```
magicians = ['alice', 'david', 'carolina']
for magician in magicians:
print(magician)  # ①
```

①의 print() 호출은 들여 써야 합니다. 이처럼 파이썬이 들여 쓴 블록을 예상했는데 발견하지 못했다면 문제가 있는 행을 알려줍니다.

```
File "magicians.py", line 3
    print(magician)
         ^
IndentationError: expected an indented block
```

보통 for 문 바로 뒤에 있는 행이나 행 블록을 들여 쓰면 이런 들여쓰기 에러를 해결할 수 있습니다.

4.2.2 추가 행을 들여 쓰지 않았을 때

이따금 루프에서 에러가 일어나지 않았는데도 예상과 다른 결과가 나올 때가 있습니다. 이런 경우는 루프에서 여러 가지 작업을 실행하려 했는데 그 행들 중 일부에서 들여쓰기를 잊었을 때 발생합니다.

예를 들어 다음 코드는 루프에서 각 마술사에게 다음 마술을 기대한다는 메시지를 보내는 두 번째 행을 들여 쓰지 않았습니다.

```
magicians = ['alice', 'david', 'carolina']
for magician in magicians:
    print(f"{magician.title()}, that was a great trick!")
print(f"I can't wait to see your next trick, {magician.title()}.\n")  # ①
```

①의 print() 호출은 들여 써야 하지만, for 문 다음에 최소한 한 행을 들여 썼으므로 파이썬은 에러를 보고하지 않습니다. 결과적으로 첫 번째 print() 호출은 리스트의 각 이름에서 한 번씩 실행됩니다. 두 번째 print() 호출은 들여 쓰지 않았으므로 루프가 끝난 후 한 번만 실행됩니다. magician의 마지막 값이 'carolina'이므로 다음 마술을 기대한다는 메시지를 받는

마술사는 그녀 단 한 명입니다.

```
Alice, that was a great trick!
David, that was a great trick!
Carolina, that was a great trick!
I can't wait to see your next trick, Carolina.
```

이는 **논리적 에러**logical error입니다. 문법은 유효한 파이썬 코드이지만, 논리 문제가 있으므로 이 코드는 원하는 결과를 끌어내지 못합니다. 리스트의 각 항목에서 한 번씩 반복하려 한 코드가 단 한 번만 실행됐다면 들여 써야 할 행 또는 행 그룹을 들여 썼는지 확인하세요.

4.2.3 불필요한 들여쓰기를 했을 때

들여 쓸 필요 없는 행을 실수로 들여 쓰면 파이썬은 예기치 못한 들여쓰기에 대해 보고합니다.

hello_world.py

```
message = "Hello Python world!"
    print(message)  # ①
```

①의 print() 호출은 루프에 속하지 **않으므로** 들여 쓸 필요가 없고, 따라서 파이썬은 에러를 보고합니다.

```
  File "hello_world.py", line 2
    print(message)
    ^
IndentationError: unexpected indent
```

들여 써야 할 분명한 이유가 있을 때만 들여 쓰면 예기치 못한 들여쓰기 에러를 피할 수 있습니다. 지금까지 우리가 배운 수준에서 들여 써야 할 행은 for 루프 다음에 항목마다 반복할 코드 뿐입니다.

4.2.4 루프 다음에 불필요한 들여쓰기를 했을 때

루프가 끝난 다음 실행할 코드를 실수로 들여 쓰면 그 코드는 리스트의 각 항목에서 한 번씩 반복됩니다. 가끔 파이썬이 에러를 보고할 때도 있지만 보통은 단순한 논리적 에러로 인한 잘못된 결과를 얻을 뿐입니다.

예를 들어 마술사 그룹 전체에게 마술 쇼가 좋았다고 감사하는 메시지를 보내는 행을 실수로 들여 썼을 때 어떻게 되는지 봅시다.

```python
magicians = ['alice', 'david', 'carolina']
for magician in magicians:
    print(f"{magician.title()}, that was a great trick!")
    print(f"I can't wait to see your next trick, {magician.title()}.\n"

    print("Thank you everyone, that was a great magic show!")  # ①
```

①의 행을 들여 썼으므로 이 행은 다음과 같이 리스트의 각 사람에게 한 번씩 출력됩니다.

```
Alice, that was a great trick!
I can't wait to see your next trick, Alice.

Thank you everyone, that was a great magic show! # ②
David, that was a great trick!
I can't wait to see your next trick, David.

Thank you everyone, that was a great magic show! # ②
Carolina, that was a great trick!
I can't wait to see your next trick, Carolina.

Thank you everyone, that was a great magic show! # ②
```

이것도 '추가 행을 들여 쓰지 않음'과 비슷한 논리적 에러입니다. 파이썬은 당신이 코드에서 무슨 일을 하려 하는지 알지 못하므로 유효한 문법으로 쓰인 코드는 모두 실행합니다. 한 번만 실행하려 한 작업이 여러 번 반복된다면 해당하는 행의 들여쓰기를 취소해보세요.

4.2.5 콜론을 잊었을 때

for 문 마지막에 있는 콜론(:)은 파이썬이 그다음 행을 루프의 시작으로 해석하게 합니다.

```
magicians = ['alice', 'david', 'carolina']
for magician in magicians  # ①
    print(magician)
```

①처럼 콜론을 잊으면 파이썬은 우리가 무엇을 하려 하는지 모른다며 문법 에러를 일으킵니다. 찾으면야 금방 수정하겠지만, 찾기가 쉽지 않습니다. 프로그래머들은 이런 단 한 글자 때문에 생긴 에러를 찾는 데 많은 시간을 소모합니다. 대체로 콜론 같은 걸 빼먹을 리 없다고 생각하기에 이런 에러는 상당히 찾기 어렵습니다. 마치 우리가 문장의 끝에 마침표를 빼먹을 리가 없다고 믿는 것과 같습니다. 최소한 저는 지금까지 마침표를 빼먹은 적이 없는 듯합니다.

연습문제

4-1. 피자: 좋아하는 피자를 최소한 세 가지 생각한 다음 피자 종류를 리스트에 저장하고, for 루프를 써서 피자의 종류를 모두 출력하세요.

- for 루프를 수정해서 단순히 피자 종류만 출력하지 말고 문장을 출력하세요. 예를 들어 '나는 페퍼로니 피자를 좋아합니다.' 같은 단순한 문장을 한 줄씩 출력해야 합니다.
- 프로그램 마지막, for 루프 다음에 행을 추가해 당신이 피자를 얼마나 좋아하는지 나타내는 문장을 만드세요. 출력 결과는 당신이 좋아하는 피자에 관한 세 줄 이상의 문장과, '나는 피자를 정말 좋아해요!' 같은 문장이어야 합니다.

4-2. 동물: 공통된 특징을 가진 다른 동물을 최소한 세 가지 생각하세요. 이들 동물 이름을 리스트에 저장하고, for 루프를 써서 각 동물 이름을 출력하세요.

- 프로그램을 수정해서 각 동물에 관해 같은 문장을 출력하게 하세요. 예를 들어 반려동물 리스트를 만들었다면 '개는 훌륭한 반려동물입니다.' 같은 문장을 출력하겠죠.
- 프로그램 마지막에 행을 추가해 이들 동물의 공통점이 무엇인지 설명하는 문장을 출력하세요. 반려동물 리스트를 만든 저라면 '이들 동물은 모두 훌륭한 반려동물입니다!'라고 쓸 겁니다.

4.3 숫자형 리스트 만들기

숫자 리스트를 저장해야 할 때도 많습니다. 예를 들어 게임이라면 각 캐릭터의 위치를 추적해야 하고, 플레이어의 최고 기록도 저장해야 할 겁니다. 데이터 시각화에서는 거의 항상 온도나 거리, 개체 수, 위도와 경도 값 같은 숫자로 작업합니다.

리스트는 숫자를 저장하기에 이상적이며 파이썬에는 숫자 리스트에 사용할 수 있는 함수가 많이 있습니다. 일단 이런 함수를 효과적으로 쓰는 법을 익히면 리스트에 수백만 항목이 들어 있더라도 코드는 잘 동작할 겁니다.

4.3.1 range() 함수 사용하기

파이썬의 range() 함수는 연속된 숫자를 쉽게 생성할 수 있습니다. 예를 들어 range() 함수로 다음과 같이 숫자를 출력할 수 있습니다.

first_numbers.py

```
for value in range(1, 5):
    print(value)
```

실행하기 전에 출력 결과를 예상해보세요. 이 코드는 숫자 1부터 5까지 출력할 것처럼 보이지만 5는 출력되지 않습니다.

```
1
2
3
4
```

이 예제에서 range()는 숫자 1부터 4까지만 출력했습니다. range(시작_숫자, 끝_숫자)에서 **끝_숫자**는 포함되지 않습니다. range() 함수는 첫 번째 값에서 시작해 두 번째 값에 도달하면 멈춥니다. 두 번째 값에서 멈추므로 출력 결과에는 절대 그 값이 포함되지 않습니다.

숫자 1부터 5까지 출력하려면 range(1, 6)을 써야 합니다.

```
for value in range(1, 6):
    print(value)
```

이번에는 1에서 시작해 5까지 출력합니다.

```
1
2
3
4
5
```

range()를 사용할 때 출력 결과가 예상과 다르다면 마지막 값을 1만큼 조절해보세요.

range()는 매개변수 하나만 써도 됩니다. 매개변수를 하나만 쓰면 0에서 시작해 그 숫자만큼을 반복합니다. 예를 들어 range(6)은 0부터 5까지의 숫자를 반환합니다.

4.3.2 range()로 숫자 리스트 만들기

숫자 리스트를 원한다면 list() 함수를 써서 range()의 결과를 바로 리스트로 만들 수 있습니다. range() 함수를 호출하면서 list() 함수로 감싸면 결과는 숫자 리스트가 됩니다.

이전 섹션의 예제에서는 단순히 숫자를 출력하기만 했습니다. list()를 써서 같은 숫자 세트를 리스트로 만들 수 있습니다.

```
numbers = list(range(1, 6))
print(numbers)
```

결과는 다음과 같습니다.

```
[1, 2, 3, 4, 5]
```

range() 함수를 써서 주어진 범위의 숫자를 건너뛸 수도 있습니다. range()에 세 번째 매개변수를 넘기면 파이썬은 이 세 번째 매개변수만큼을 더해 숫자를 생성합니다. 예를 들어 1부터 10 사이의 짝수만 리스트로 만들고 싶을 때는 다음과 같이 합니다.

even_numbers.py

```
even_numbers = list(range(2, 11, 2))
print(even_numbers)
```

이 예제에서 range() 함수는 값 2에서 시작해 그 값에 2를 더합니다. 마지막 값인 11에 도달하거나 지날 때까지 반복하므로 결과는 다음과 같습니다.

```
[2, 4, 6, 8, 10]
```

range() 함수를 이용하면 원하는 거의 모든 숫자 세트를 만들 수 있습니다. 예를 들어 1부터 10까지의 제곱수^{squares} 리스트를 만든다고 해봅시다. 파이썬에서는 애스터리스크 두 개(**)가 지수를 나타냅니다. 1부터 10까지의 제곱수 리스트를 만들 때는 다음과 같이 합니다.

squares.py

```
squares = []   # ①
for value in range(1, 11):  # ②
    square = value ** 2  # ③
    squares.append(square)  # ④

print(squares)  # ⑤
```

①에서는 빈 리스트 squares를 만들면서 시작했습니다. ②에서는 range() 함수를 써서 1부터 10까지 루프를 실행했습니다. 루프 안에서는 현재 값의 제곱을 만들어 그 값을 square 변수에 할당했습니다(③). ④에서는 square의 새 값을 squares 리스트에 추가했습니다. 마지막으로, 루프가 실행을 마친 뒤 제곱수 리스트를 ⑤에서 출력했습니다.

```
[1, 4, 9, 16, 25, 36, 49, 64, 81, 100]
```

이 코드를 더 간결하게 쓰려면 임시 변수 square를 생략하고 새 값을 바로 리스트에 추가할 수 있습니다.

```
squares = []
for value in range(1,11):
    squares.append(value**2)  # ①

print(squares)
```

①의 코드는 squares.py의 ③, ④행과 같은 일을 합니다. 각 값은 루프 안에서 제곱이 되고 즉시 squares 리스트에 추가됩니다.

더 복잡한 리스트를 만들 때도 이와 비슷한 방법들 중 하나를 쓸 수 있습니다. 때로는 임시 변수가 코드를 읽기 쉽게 하지만, 코드가 길어지는 원인이 되기도 합니다. 우선 코드를 이해하기 쉽게 만드는 데 주력하세요. 그리고 다음에 코드를 다시 살펴볼 때는 좀 더 효율적인 방법을 택하세요.

4.3.3 숫자 리스트를 이용한 단순한 통계

파이썬 함수 중에는 숫자 리스트를 다룰 때 특히 유용한 함수가 있습니다. 예를 들어 숫자 리스트에서 최댓값(max)이나 최솟값(min), 합계(sum)를 구하는 함수가 있습니다.

```
>>> digits = [1, 2, 3, 4, 5, 6, 7, 8, 9, 0]
>>> min(digits)
0
>>> max(digits)
9
>>> sum(digits)
45
```

NOTE_ 예제로 숫자가 몇 개 안 되는 작은 리스트를 사용했습니다만, 리스트에 숫자가 백만 개, 또는 그보다 더 많더라도 똑같이 잘 동작합니다.

4.3.4 리스트 내포

이전 예제에서는 제곱수^{squares} 리스트를 만들면서 3~4행의 코드를 썼습니다. **리스트 내포**^{list} $_{comprehension}$를 사용하면 단 한 줄의 코드로 같은 리스트를 만들 수 있습니다. 리스트 내포는 for 루프와 새 항목 생성을 한 행에 결합하며 각 새 항목을 자동으로 리스트에 추가합니다. 리스트 내포는 사실 좀 어려운 개념이라 초급자에게는 잘 설명하지 않습니다. 하지만, 자주 쓰는 사항이라 여기에서 먼저 설명합니다. 이해가 되지 않는다면 나중에 다시 읽어도 좋습니다.

리스트 내포를 사용해 이전과 같은 제곱수 리스트를 만들어봅시다.

squares.py

```
squares = [value ** 2 for value in range(1, 11)]
print(squares)
```

이 문법을 쓸 때는 먼저 squares 같은 의미 있는 리스트 이름으로 시작합니다. 다음에는 대괄호를 열고, 새 리스트에 저장할 값을 만들 표현식을 정의합니다. 이 예제에서 표현식은 각 값을 제곱하는 value ** 2입니다. 다음에는 표현식에 제공할 값을 생성하는 for 루프를 쓰고 대괄호를 닫습니다. 이 예제에서 for 루프는 for value in range(1, 11)이며 1부터 10까지의 값을 표현식 value ** 2에 제공합니다. for 문 마지막에 콜론이 없다는 점을 기억하세요.

결과는 앞서 출력한 제곱수 리스트와 같습니다.

```
[1, 4, 9, 16, 25, 36, 49, 64, 81, 100]
```

리스트 내포를 사용하려면 연습이 필요하지만, 일단 익숙해지고 나면 그만한 가치가 있습니다. 리스트를 만들면서 서너 줄의 코드를 쓰는 것이 반복적이라 느껴진다면 리스트 내포를 사용해 보세요.

연습문제

4-3. 20까지 세기: for 루프를 써서 1부터 20까지 출력하세요.

4-4. 백만: 1부터 백만까지 숫자 리스트를 만들고 for 루프를 써서 숫자를 출력하세요(출력이 너무 오래 걸리면 컨트롤-C를 누르거나 그냥 출력 창을 닫아도 됩니다).

4-5. 백만까지 더하기: 1부터 백만까지 숫자 리스트를 만들고, min()과 max()를 써서 리스트가 실제로 1에서 시작해 백만에서 끝났는지 확인하세요. 그리고 sum() 함수를 써서 백만 개까지의 합을 구하세요. 금방 계산할 겁니다.

4-6. 홀수: range() 함수의 세 번째 매개변수를 써서 1부터 20까지의 홀수로 구성된 리스트를 만드세요. for 루프를 써서 각 숫자를 출력하세요.

4-7. 3배수: 3부터 30까지 3의 배수로 리스트를 만드세요. for 루프를 써서 각 숫자를 출력하세요.

4-8. 세제곱: 세 번 제곱한 수를 세제곱이라 부릅니다. 파이썬에서는 2의 세제곱을 2**3으로 씁니다. 1부터 10까지 정수의 세제곱으로 리스트를 만들고, for 루프를 써서 각 값을 출력하세요.

4-9. 세제곱 내포: 리스트 내포를 사용해 1부터 10까지 정수의 세제곱으로 리스트를 만드세요.

4.4 리스트 일부분 다루기

3장에서는 리스트의 항목 하나에 접근하는 법을 배웠고, 이 장에서는 리스트의 항목 전체를 하나씩 다루는 법을 배웠습니다. 리스트의 특정한 항목 그룹만 따로 다룰 수도 있습니다. 파이썬은 이런 그룹을 **슬라이스**slice라고 부릅니다.

4.4.1 리스트 자르기

슬라이스를 만들 때는 인덱스가 두 개 필요합니다. 첫 번째 인덱스는 시작하는 항목의 인덱스입니다. 주의할 점은 두 번째 인덱스는 끝나는 항목이 아닙니다. range() 함수와 마찬가지로 파이썬은 두 번째 인덱스 바로 앞의 항목에서 멈춥니다. 리스트의 처음 세 항목을 꺼낸다면 인덱스 0, 1, 2를 요청할 겁니다.

다음 예제는 팀의 플레이어 리스트입니다.

players.py

```
players = ['charles', 'martina', 'michael', 'florence', 'eli']
print(players[0:3])  # ①
```

①의 코드는 이 리스트의 처음 세 플레이어가 포함된 슬라이스를 출력합니다. 결과는 원래 리스트의 구조를 유지하며 리스트의 처음 세 플레이어를 포함합니다.

```
['charles', 'martina', 'michael']
```

리스트에서 어떤 부분집합이든 생성할 수 있습니다. 예를 들어 리스트의 두 번째와 세 번째, 네 번째 항목으로 슬라이스를 만든다면 인덱스 1에서 시작하고 인덱스 4에서 끝나면 됩니다.

```
players = ['charles', 'martina', 'michael', 'florence', 'eli']
print(players[1:4])
```

이번에는 슬라이스가 'martina'에서 시작하고 'florence'에서 끝납니다.

```
['martina', 'michael', 'florence']
```

슬라이스를 할 때 첫 번째 인덱스를 생략하면 파이썬은 자동으로 리스트 처음에서 시작합니다. 다음 코드는 시작 인덱스가 없죠?

```
players = ['charles', 'martina', 'michael', 'florence', 'eli']
print(players[:4])
```

파이썬은 리스트 처음부터 시작했습니다.

```
['charles', 'martina', 'michael', 'florence']
```

리스트의 끝까지 포함하는 슬라이스를 만들 때도 비슷한 문법을 씁니다. 예를 들어 세 번째 항목부터 마지막 항목까지 슬라이스를 만들 때는 인덱스 2에서 시작하고 두 번째 인덱스는 생략합니다.

```
players = ['charles', 'martina', 'michael', 'florence', 'eli']
print(players[2:])
```

파이썬은 리스트의 세 번째 항목부터 끝까지를 반환합니다.

```
['michael', 'florence', 'eli']
```

이 문법을 쓰면 리스트의 길이와 상관없이 원하는 지점부터 시작해 모든 항목을 꺼낼 수 있습니다. 앞서서 마이너스 인덱스를 쓰면 리스트의 마지막부터 센다고 배웠습니다. 이를 응용해 리스트의 마지막부터 원하는 만큼 꺼낼 수도 있습니다. 예를 들어 선수 목록의 마지막 세 명이 포함된 슬라이스를 만든다면 players[-3:]처럼 쓰면 됩니다.

```
players = ['charles', 'martina', 'michael', 'florence', 'eli']
print(players[-3:])
```

이 코드는 마지막 세 플레이어 이름을 출력하며, 플레이어 리스트 크기가 변해도 잘 동작합니다.

슬라이스를 만드는 대괄호 안에 세 번째 숫자를 쓸 수도 있습니다. 세 번째 숫자를 쓰면 파이썬은 정해진 범위 안의 항목들 사이에서 그 숫자만큼을 건너뜁니다.

4.4.2 슬라이스에 루프 실행하기

리스트의 부분집합에 루프를 실행하려면 슬라이스에 루프를 실행하면 됩니다. 다음 예제에서는 처음 세 플레이어에 루프를 실행하고 그들의 이름을 출전표처럼 출력했습니다.

```
players = ['charles', 'martina', 'michael', 'florence', 'eli']

print("Here are the first three players on my team:")
for player in players[:3]:  # ①
    print(player.title())
```

①에서는 전체 플레이어 리스트에 루프를 실행하지 않고 처음 세 명의 이름에만 루프를 실행했습니다. 다음처럼 보일 겁니다.

```
Here are the first three players on my team:
Charles
Martina
Michael
```

슬라이스는 여러 가지 상황에서 매우 유용합니다. 예를 들어 게임을 만든다면, 플레이어가 게임을 끝낼 때마다 마지막 점수를 리스트에 추가할 수 있습니다. 그리고 그 리스트를 역순으로 정렬한 다음, 처음 세 점수를 포함한 슬라이스를 만들면 플레이어의 최고 점수 3개가 됩니다. 데이터를 다룬다면 슬라이스를 써서 일정 크기의 데이터 덩어리를 만들 수 있습니다. 웹 애플리케이션을 만든다면 표시할 정보를 각 페이지에 적절한 양으로 나눌 수 있습니다.

4.4.3 리스트 복사하기

기존 리스트를 변형해 다른 새 리스트를 만들어야 할 때도 있습니다. 리스트를 어떻게 복사하는지 알아보고, 리스트 복사가 유용한 상황도 하나 살펴봅시다.

리스트를 복사하는 방법은 아주 쉽습니다. 그저 슬라이스에 첫 번째 인덱스와 두 번째 인덱스를 모두 생략하면 됩니다. 아직 이해가 되지 않나요?

예를 들어 제가 좋아하는 음식(my_foods) 리스트를 베껴서 친구가 좋아하는 음식(friend_foods) 리스트를 만들겠습니다. 이 친구는 제가 좋아하는 음식을 전부 좋아합니다. 진짜예요!

foods.py

```
my_foods = ['pizza', 'falafel', 'carrot cake']  # ①
friend_foods = my_foods[:]  # ②
print("My favorite foods are:")
print(my_foods)
print("\nMy friend's favorite foods are:")
print(friend_foods)
```

①에서는 제가 좋아하는 음식 리스트 **my_foods**를 만들었습니다. ②에서는 **friend_foods**라는 새 리스트를 만들었습니다. 친구 꺼죠. 그리고는 인덱스 없이 **my_foods**의 슬라이스를 사용했습니다. 슬라이스에서 첫 번째 인덱스가 없으면 0번째 인덱스부터 시작이라고 했죠? 마찬가지로 마지막 인덱스가 없으면 마지막 항목까지 전부 포함한다고 했습니다. 즉 **my_foods**의 처음부터 끝까지 모든 항목을 **friend_foods**에 복사한 겁니다. 굉장히 쉽죠? 그다음 친구의 리스트를 확인했습니다.

```
My favorite foods are:
['pizza', 'falafel', 'carrot cake']
My friend's favorite foods are:
['pizza', 'falafel', 'carrot cake']
```

이제 각 리스트에 새 음식을 추가하고 두 리스트가 해당하는 사람이 좋아하는 음식을 담고 있는 걸 확인해 실제로 리스트가 두 개 존재하는 걸 증명하겠습니다.

```
my_foods = ['pizza', 'falafel', 'carrot cake']
friend_foods = my_foods[:]  # ①

my_foods.append('cannoli')  # ②
friend_foods.append('ice cream')  # ③

print("My favorite foods are:")
print(my_foods)
print("\nMy friend's favorite foods are:")
print(friend_foods)
```

①에서는 이전 예제와 마찬가지로 **my_foods**의 원래 항목을 새 리스트 **friend_foods**에 복사했습니다. 다음에는 각 리스트에 새 음식을 추가했습니다. ②에서는 **my_foods**에 `'cannoli'`

를, ③에서는 friend_foods에 'ice cream'을 각각 추가했습니다. 그리고 두 리스트를 출력해 이들 각 음식이 적절한 리스트에 들어 있는지 확인했습니다.

```
My favorite foods are:
['pizza', 'falafel', 'carrot cake', 'cannoli']  # ④

My friend's favorite foods are:
['pizza', 'falafel', 'carrot cake', 'ice cream']  # ⑤
```

④를 보면 제가 좋아하는 음식에는 'ice cream'이 없습니다. ⑤에서는 'ice cream'이 친구의 리스트에 있지만 제가 좋아하는 'cannoli'는 빠졌군요. 혹시 그러면 슬라이스 없이 friend_foods를 my_foods와 같다(friend_foods = my_foods)고 하면 안 될까요? 다음을 보세요.

```
my_foods = ['pizza', 'falafel', 'carrot cake']

# 이 코드는 원하는 대로 동작하지 않습니다.
friend_foods = my_foods  # ①

my_foods.append('cannoli')
friend_foods.append('ice cream')

print("My favorite foods are:")
print(my_foods)

print("\nMy friend's favorite foods are:")
print(friend_foods)
```

①에서는 슬라이스 없이 friend_foods와 my_foods가 같다고 했습니다. 파이썬에서 =는 단순히 새 변수 friend_foods와 my_foods 리스트를 연결하는 기능만 합니다. 즉, 두 변수는 같은 리스트를 가리킵니다. 결과적으로 'cannoli'를 my_foods에 추가하면 friend_foods에도 추가됩니다. 마찬가지로 'ice cream' 역시 두 리스트에 모두 존재합니다.

출력해보면 두 리스트가 똑같죠? 이건 우리가 원한 결과가 아닙니다.

```
My favorite foods are:
['pizza', 'falafel', 'carrot cake', 'cannoli', 'ice cream']
```

```
My friend's favorite foods are:
['pizza', 'falafel', 'carrot cake', 'cannoli', 'ice cream']
```

NOTE_ 당장 이 예제의 세부사항까지 알 필요는 없습니다 그저 리스트를 복사했는데 원하는 결과가 나오지 않는다면 첫 번째 예제에서 했던 것처럼 슬라이스를 써서 리스트를 복사했는지만 확인하세요.

연습문제

4-10. 슬라이스: 이 장에서 만든 프로그램 중 하나를 택해 프로그램 마지막에 몇 줄을 추가해서 다음 작업을 하세요.

- '리스트의 첫 세 항목은:' 메시지를 출력하고 슬라이스를 써서 그 프로그램에 있는 리스트의 처음 세 항목을 출력하세요.

- '리스트의 중간 세 항목은:' 메시지를 출력하고 슬라이스를 써서 그 프로그램에 있는 리스트의 중간에 있는 세 항목을 출력하세요.

- '리스트의 마지막 세 항목은:' 메시지를 출력하고 슬라이스를 써서 그 프로그램에 있는 리스트의 마지막에 있는 세 항목을 출력하세요.

4-11. 내 피자, 네 피자: 연습문제 4-1로 프로그램을 시작하세요. 피자 리스트를 복사해서 friend_pizzas 라고 저장하세요. 그리고 다음 작업을 하세요.

- 원래 리스트에 새 피자를 추가하세요.

- friend_pizzas 리스트에 다른 피자를 추가하세요.

- 두 리스트가 별개임을 증명하세요. '내가 좋아하는 피자는:' 메시지를 출력하고, for 루프를 써서 첫 번째 리스트를 출력하세요. '내 친구가 좋아하는 피자는:' 메시지를 출력하고, for 루프를 써서 두 번째 리스트를 출력하세요. 각 새 피자가 맞는 리스트에 저장됐는지 확인하세요.

4-12. 더 많은 루프: foods.py에 for 루프를 두 번 써서 각 음식 리스트를 출력하세요.

4.5 튜플

리스트는 프로그램 실행 중에 바뀔 수 있는 항목을 저장하는 데 알맞습니다. 리스트를 수정할 수 있다는 사실은 웹사이트의 사용자 리스트나 게임의 캐릭터 리스트를 다룰 때 중요합니다. 하지만 이따금 항목을 바꿀 수 없는 리스트가 필요할 때도 있습니다. 튜플은 바로 그런 목적으로 만들어졌습니다. 파이썬은 바꿀 수 없는 값을 **불변적**immutable이라 하며, 바뀌지 않는 리스트를 **튜플**tuple이라 부릅니다.

4.5.1 튜플 정의하기

튜플은 대괄호([]) 대신 소괄호(())를 쓴다는 점만 제외하면 리스트와 마찬가지입니다. 일단 튜플을 정의하면 리스트와 마찬가지로 각 항목의 인덱스를 써서 개개의 항목에 접근할 수 있습니다.

예를 들어 항상 크기가 일정해야 하는 사각형이 있다면, 그 사각형의 가로 세로를 튜플에 넣어서 크기를 일정하게 유지할 수 있습니다.

dimensions.py

```
dimensions = (200, 50)  # ①
print(dimensions[0])  # ②
print(dimensions[1])  # ②
```

①에서는 대괄호 대신 소괄호를 써서 dimensions 튜플을 정의했습니다. ②에서는 리스트 항목에 접근할 때와 같은 문법을 써서 튜플의 각 항목을 출력했습니다.

```
200
50
```

dimensions 튜플의 항목을 수정하려 하면 어떻게 되는지 봅시다.

```
dimensions = (200, 50)
dimensions[0] = 250  # ①
```

①의 코드는 첫 번째 크기를 바꾸려 하지만 파이썬은 타입 에러를 반환합니다. 바꿀 수 없는 타입의 객체인 튜플을 바꾸려 했으므로 파이썬은 항목에 새 값을 할당할 수 없다고 보고합니다.

```
Traceback (most recent call last):
  File "dimensions.py", line 2, in <module>
    dimensions[0] = 250
```

```
TypeError: 'tuple' object does not support item assignment
```

바꾸면 안 되는 것을 코드에서 바꾸려 했더니 파이썬이 알아서 에러를 보여줘서 실수를 만회할 기회를 얻었군요!

엄밀히 말해 튜플을 정의하는 것은 콤마입니다. 튜플 주위의 괄호는 가독성을 높이기 위한 장치일 뿐입니다. 항목이 단 하나만 들어 있는 튜플을 정의한다 하더라도 다음과 같이 끝에 콤마를 붙여야 합니다.

```
my_t = (3,)
```

물론 항목이 하나뿐인 튜플을 만들 일은 별로 없겠지만, 튜플을 자동으로 생성할 때는 있을 수 있는 일입니다.

4.5.2 튜플의 모든 값에 루프 실행하기

리스트에서 했던 것과 마찬가지로 튜플에서도 for 루프를 써서 모든 값에 루프를 실행할 수 있습니다.

```
dimensions = (200, 50)
for dimension in dimensions:
    print(dimension)
```

파이썬은 리스트와 마찬가지로 모든 항목을 반환합니다.

```
200
50
```

4.5.3 튜플 덮어쓰기

튜플을 수정할 수는 없지만, 튜플을 가리키던 변수에 새 값을 할당하는 건 가능합니다. 즉 튜플을 새로 정의하면 사각형의 크기를 바꿀 수 있습니다.

```
dimensions = (200, 50)  # ①
print("Original dimensions:")
for dimension in dimensions:
    print(dimension)

dimensions = (400, 100)  # ②
print("\nModified dimensions:")  # ③
for dimension in dimensions:
    print(dimension)
```

①에서 시작하는 행은 튜플을 정의하고 처음 크기를 출력합니다. ②에서는 **dimensions** 변수에 새 튜플을 연결합니다. 그리고 ③에서 새 크기를 출력했습니다. 변수 값을 새로 할당하는 건 유효한 방법이므로 이번에는 파이썬이 에러를 일으키지 않습니다.

```
Original dimensions:
200
50

Modified dimensions:
400
100
```

리스트와 비교하면 튜플은 단순한 자료구조입니다. 프로그램 전체에 걸쳐 바뀌면 안 되는 값이 있다면 튜플에 저장하세요.

연습문제

4-13. 뷔페: 뷔페 스타일의 음식점이 있는데 기본 음식은 다섯 가지밖에 없습니다. 단순한 음식 다섯 가지를 생각하고 튜플로 저장하세요.

- for 루프를 써서 이 식당의 각 음식을 출력하세요.

- 항목 중 하나를 수정하는 시도를 해보고 파이썬에서 변경을 거부하는지 확인하세요.

- 식당에서 메뉴를 교체하려 합니다. 항목 중 두 개를 다른 음식으로 바꾸세요. 튜플을 덮어쓰는 코드 블록을 추가하고, for 루프를 써서 바뀐 메뉴의 각 항목을 출력하세요.

4.6 코드 스타일

이제 프로그램을 좀 더 길게 만들 수 있으니 어떤 스타일로 코딩할지 생각해봅시다. 시간을 투자해 코드를 읽기 쉽게 만들도록 연습하세요. 코드를 읽기 쉽게 쓰다 보면 자신의 프로그램이 무슨 일을 하는지 추적하기 쉬워져서 다른 사람이 여러분의 코드를 쉽게 이해할 수 있습니다.

파이썬 프로그래머들은 서로 읽기 쉽게 몇 가지 코드 스타일에 합의했습니다. 일단 이 약속을 따르는 코드라면 누구의 코드든 상관 없이 전반적 구조를 이해할 수 있습니다. 여러분이 언젠가 전문적으로 프로그래밍할 생각이 있다면 처음부터 좋은 습관을 들이길 권합니다.

4.6.1 스타일 가이드

파이썬을 개선하고 싶어 하는 사람들이 **파이썬 개선 제안**^{Python Enhancement Proposal}(PEP)을 작성했고, 오래된 PEP 버전 중 하나가 바로 **PEP 8**입니다. PEP 8은 파이썬 프로그래머에게 좋은 코딩 스타일을 제시합니다. PEP 8은 매우 길고 복잡하지만, 그중 상당수는 우리가 지금까지 배운 것보다 더 복잡한 코딩 구조에 관한 내용입니다. 이 부분은 당장 설명하지는 않겠습니다.

기본적으로 파이썬 스타일 가이드는 코드 작성보다 읽기에 초점을 맞췄습니다. 코드 작성은 한 번뿐이지만, 디버깅부터가 코드 읽기의 시작입니다. 게다가 기능을 추가하려면 기존 코드를 읽는 데만도 시간이 많이 필요합니다. 혼자가 아니라 여럿이 함께 작업을 한다면 더군다나 코드 읽기는 굉장히 중요해집니다.

따라서 쓰기 쉬운 코드와 읽기 쉬운 코드를 선택해야 하는 상황이면 파이썬 프로그래머는 거의 항상 읽기 쉬운 코드를 권합니다. 다음 지침은 시작부터 명확한 코드를 작성할 수 있도록 돕습니다.

4.6.2 들여쓰기

PEP 8은 들여쓰기로 공백 네 칸을 쓰길 권합니다. 공백 네 칸을 쓰면 여러 번 들여 쓸 공간을 확보하면서도 가독성을 높일 수 있습니다.

한글이나 MS 워드로 문서를 작성할 때는 대개 공백보다 탭을 써서 들여 씁니다. 이런 때야 탭으로 들여 써도 상관없지만, 파이썬은 탭과 공백이 섞여 있으면 혼란을 일으킵니다. 대부분의 텍스트 에디터는 탭 키를 눌렀을 때 일정한 숫자의 공백을 대신 입력하는 기능을 제공합니다. 탭 키를 활용하는 건 당연하지만, 에디터에서 탭 대신 공백을 삽입하도록 설정했는지 확인하세요.

탭과 공백을 섞으면 찾아내기 매우 어려운 문제가 생길 수 있습니다. 탭과 공백을 섞어 쓴 것 같다면, 대부분의 에디터에서 제공하는 탭을 공백으로 바꾸는 기능을 이용하면 됩니다.

4.6.3 행 길이

파이썬 프로그래머들은 대개 각 행을 80자 미만으로 쓰길 권합니다. 이 지침이 만들어진 건 대부분의 컴퓨터가 터미널 창의 한 행에 79자만 표시할 수 있었기 때문입니다. 현재는 한 행이 훨씬 길어도 화면에 다 표시되지만, 79자를 표준 행 길이로 권하는 데는 다른 이유도 있습니다. 전문 프로그래머들은 종종 여러 파일을 같은 화면에 열어놓고 작업하는데, 표준 행 길이를 지키면 파일 두 개나 세 개를 나란히 열어도 모두 볼 수 있습니다. PEP 8에서는 주석 한 행을 72자로 제한하기도 권합니다. 큰 프로젝트에서 사용하는 자동으로 문서를 생성하는 도구 일부는 각 주석 행 맨 앞에 포맷 문자를 추가하기 때문입니다.

PEP 8의 행 길이 지침을 따르지 않는다고 에러가 발생하는 건 아닙니다. 글자 제한을 99자로 정하는 곳도 있습니다. 배우는 동안에는 행 길이에 너무 신경 쓸 필요는 없지만, 전문적으로 프로그래밍하는 사람들은 거의 항상 PEP 8의 지침을 지킨다는 건 알아두세요. 대부분의 에디터에서는 이런 글자 제한을 알려주는 시각적 방법을 제공하며, 보통 화면에 세로 행을 표시하는 형태입니다.

> **NOTE_ 부록 B**에 탭 키를 누를 때마다 항상 공백을 삽입하도록, 글자 제한을 나타내는 세로선을 표시하도록 텍스트 에디터를 설정하는 방법을 설명했습니다.

4.6.4 빈 행

빈 행을 써서 프로그램의 각 부분을 시각적으로 구분하세요. 동시에 지나치게 빈 행을 많이 쓰지는 마세요. 이 책의 예제를 따라 하다 보면 적당한 균형을 찾을 수 있을 겁니다. 예를 들어 리스트를 만드는 데 다섯 줄이 필요했고 그 리스트로 뭔가 하는 데 세 줄이 필요했다면, 두 블록 사이에 빈 행을 두는 것이 적절합니다. 하지만 블록 사이에 빈 행을 두 줄이나 네 줄씩 쓰지는 마세요.

빈 행은 코드 실행에는 아무 영향도 없지만 코드의 가독성에는 영향이 있습니다. 파이썬은 코드의 의미를 해석할 때 가로 들여쓰기를 중시하지만 세로 공백은 무시합니다.

4.6.5 다른 스타일 지침

PEP 8에는 다른 스타일 권고도 여럿 있지만, 대부분은 이 시점에서 배운 것보다 복잡한 프로그램에 적용됩니다. 더 복잡한 파이썬 구조를 배우면 PEP 8 지침에서 관련된 부분을 알려드리겠습니다.

연습문제

4-14. PEP 8: https://python.org/dev/peps/pep-0008/에서 PEP 8 스타일 가이드 원문을 읽어보세요.

4-15. 코드 리뷰: 이 장에서 만든 프로그램 셋을 골라 PEP 8의 스타일 가이드에 맞게 수정하세요.

- 각 들여쓰기 수준마다 공백 네 칸을 쓰세요. 아직 설정하지 않았다면, 텍스트 에디터에서 탭을 누를 때마다 공백을 삽입하도록 설정하세요(**부록 B**에서 이 방법을 설명합니다).
- 각 행은 80자 미만이 되게 하고, 에디터에서 80번째 글자 위치에 세로선을 표시하게 하세요.
- 프로그램에서 빈 행을 지나치게 쓰지 마세요.

4.7 마치며

이 장에서는 리스트의 항목을 효율적으로 다루는 법을 배웠습니다. for 루프를 써서 리스트를 다루는 법, 파이썬은 들여쓰기를 통해 프로그램 구조를 파악한다는 것, 자주 나타나는 들여쓰기 에러를 어떻게 피하는지 배웠습니다. 단순한 숫자형 리스트를 만드는 법, 숫자형 리스트에 적용할 수 있는 작업도 배웠습니다. 리스트에서 슬라이스를 통해 부분집합을 만들고 복사하는 방법도 배웠습니다. 바뀌면 안 되는 값을 어느 정도 보호할 수 있는 튜플, 점점 복잡해지는 코드를 읽기 쉽게 하려면 어떤 스타일을 써야 하는지도 배웠습니다.

5장에서는 if 문을 써서 서로 다른 조건에 적절히 반응하는 법을 배웁니다. 비교적 복잡한 조건 테스트를 연결해 정확히 원하는 상황이나 정보에만 적절히 응답하는 방법도 배웁니다. 리스트에 루프를 실행하는 동안 if 문을 써서 선택된 항목에 특정 작업을 적용하는 방법도 배웁니다.

if 문

프로그램에서는 여러 가지 조건을 평가하고 그 조건에 따라 행동을 취하는 일이 자주 있습니다.

파이썬의 if 문은 프로그램의 현재 상태를 평가하고 그 상태에 적절히 반응할 수 있습니다.

이 장에서는 원하는 어떤 조건이든 체크할 수 있는 테스트에 관해 배웁니다. 간단한 if 문을 작성하는 법을 배우고, if 문을 연결해서 원하는 조건이 맞는지 정확히 판단하는 법을 배웁니다. 다음에는 if 문을 리스트에 적용해서, for 루프에서 특정 조건에 맞는 항목만 if 문으로 골라내서 다르게 처리하는 법을 배웁니다.

5.1 간단한 예제

다음 예제는 if 테스트가 특별한 상황에 어떻게 정확히 반응하는지 보여줍니다. 자동차(cars) 리스트가 있고 각 자동차 이름을 출력한다고 합시다. 자동차 이름은 고유 명사이므로 대부분의 자동차 이름은 첫 글자를 대문자로 해서 출력해야 합니다. 하지만 'bmw'는 모든 글자를 대문자로 출력해야 합니다. 다음 코드는 자동차 이름 리스트를 순회하며 'bmw'라는 값을 찾습니다. 값이 'bmw'이면 전체를 대문자로 출력하고, 그렇지 않으면 첫 글자만 대문자로 출력합니다.

cars.py

```python
cars = ['audi', 'bmw', 'subaru', 'toyota']

for car in cars:
    if car == 'bmw':  # ①
        print(car.upper())  # ②
    else:  # ③
        print(car.title())  # ④
```

이 예제의 루프는 먼저 ①에서 car의 현재 값이 'bmw'인지 체크합니다. ②는 'bmw'면 값을 대문자로 출력합니다. car의 현재 값이 'bmw'가 아니라면(③) ④에서 첫 글자만 대문자로 출력합니다.

```
Audi
BMW
Subaru
Toyota
```

이 예제에는 이 장에서 배울 여러 가지 개념이 들어 있습니다. 먼저 프로그램에서 조건을 테스트할 때 어떤 테스트를 쓸 수 있는지 알아봅시다.

5.2 조건 테스트

if 문의 핵심은 True 또는 False로 평가되는 표현식이며, 이를 **조건 테스트**conditional test라 부릅니다. 파이썬은 True와 False 값을 기준으로 if 문 안에 있는 코드를 실행할지 결정합니다. 조건 테스트가 True로 평가되면 파이썬은 if 문 다음에 있는 코드를 실행합니다. 테스트가 False로 평가되면 파이썬은 if 문 다음에 있는 코드를 무시합니다.

5.2.1 동일성 체크하기

대부분 조건 테스트는 변수의 현재 값과 원하는 값을 비교합니다. 변수의 현재 값과 원하는 값이 일치하는지 한번 체크해봅시다. 가장 단순한 조건 테스트입니다.

```
>>> car = 'bmw'  # ①
>>> car == 'bmw'  # ②
True
```

①행은 그동안 여러 번 봤던 것처럼 등호 한 개를 써서 car의 값을 'bmw'로 정했습니다. ②행은 등호 두 개(==)를 써서 car의 값이 'bmw'인지 체크합니다. ==는 **동일 연산자**^{equality operator}로, 연산자 왼쪽과 오른쪽의 값이 일치하면 True를, 일치하지 않으면 False를 반환합니다. 이 예제에서는 두 값이 일치하므로 파이썬은 True를 반환합니다.

자 다음을 보면 car의 값이 'bmw'가 아니므로 False를 반환합니다.

```
>>> car = 'audi'  # ①
>>> car == 'bmw'  # ②
False
```

등호 하나는 그 자체가 문장입니다. ①의 코드는 'car의 값을 'audi'로 정한다'라는 뜻입니다. 반면 ②의 등호 두 개는 'car의 값이 'bmw'인가?'라는 질문을 던집니다. 대부분의 프로그래밍 언어는 등호를 이런 방식으로 사용합니다.

5.2.2 일치하는지 체크할 때 대소문자 무시하기

파이썬은 대소문자를 구분하므로 같은 영문이라도 대소문자가 다른 값은 다르다고 판단합니다.

```
>>> car = 'Audi'
>>> car == 'audi'
False
```

대소문자가 중요하다면 이런 방식의 덕을 볼 수 있습니다. 반면 대소문자가 중요하지 않고 그저 변수의 값을 테스트하기만 할 거라면 비교하기 전에 변수의 값을 소문자로 바꾸면 됩니다.

```
>>> car = 'Audi'
>>> car.lower() == 'audi'
True
```

이렇게 하면 이제 테스트는 대소문자를 구분하지 않으므로 'Audi'의 대소문자와 관계없이

True를 반환합니다. lower() 함수는 car에 저장된 값을 바꾸지는 않고 비교할 때만 소문자로 변환하므로 변수에는 어떤 영향도 주지 않습니다.

```
>>> car = 'Audi'  # ①
>>> car.lower() == 'audi'  # ②
True
>>> car  # ③
'Audi'
```

①에서는 문자열 'Audi'를 대문자로 바꾼 문자열을 변수 car와 연결했습니다 ②에서는 car의 값을 소문자로 바꾸고 소문자 값을 문자열 'audi'와 비교했습니다. 두 문자열은 일치하므로 파이썬은 True를 반환합니다. ③에서는 car에 저장된 값이 lower() 메서드의 영향을 받지 않은 걸 볼 수 있습니다.

웹사이트에서는 사용자가 입력하는 데이터에 이와 비슷한 규칙을 강제합니다. 예를 들어 웹사이트에서 모든 사용자에게 이와 비슷한 조건 테스트를 적용해 다른 사람의 사용자 이름에서 대소문자만 바뀐 것이 아닌 정말 고유한 사용자 이름을 쓰는지 확인할 수 있습니다. 누군가가 새 사용자 이름을 전송하면 새 사용자 이름을 소문자로 바꿔 기존 사용자 이름의 소문자 버전과 비교합니다. 이렇게 체크하는 동안 기존 사용자 이름 'john'에서 대소문자만 바뀐 'John' 같은 사용자 이름은 거부됩니다.

5.2.3 불일치 체크하기

두 값이 같지 않은 걸 판단할 때는 느낌표와 등호를 결합한 연산자(!=)를 씁니다. 다른 프로그래밍 언어에서도 대부분 느낌표는 **아니다**를 나타냅니다.

이제 if 문을 써서 불일치 연산자를 어떻게 쓰는지 알아봅시다. 요청받은 피자 토핑(topping)을 변수에 저장하고 그 사람이 멸치(anchovies)를 주문하지 않았다면 메시지를 출력하겠습니다.

toppings.py

```
requested_topping = 'mushrooms'
if requested_topping != 'anchovies':  # ①
    print("Hold the anchovies!")
```

①행은 requested_topping의 값과 'anchovies'를 비교합니다. 이들 값이 일치하지 않으면 파이썬은 True를 반환하고 if 문 다음의 코드를 실행합니다. 두 값이 일치하면 파이썬은 False를 반환하고 if 문 다음의 코드를 실행하지 않습니다.

requested_topping의 값은 'anchovies'가 아니므로(일치하지 않으므로) print() 함수를 실행합니다.

```
Hold the anchovies!
```

대체로 일치하는가에 대한 테스트를 실행하겠지만, 때로는 불일치하는가를 테스트하는 편이 더 효과적일 때도 있습니다.

5.2.4 숫자 비교하기

숫자형 값 비교는 매우 단순합니다. 예를 들어 다음 코드는 어떤 사람이 18세인지 체크합니다.

```
>>> age = 18
>>> age == 18
True
```

두 숫자가 다른지도 테스트할 수 있습니다. 예를 들어 다음 코드는 주어진 답이 정확하지 않을 때 메시지를 출력합니다.

magic_number.py

```
answer = 17

if answer != 42:  # ①
    print("That is not the correct answer. Please try again!")
```

answer의 값(17)은 42와 같지 않으므로 ①의 조건 테스트는 통과(True)합니다. 테스트를 통과했으므로 들여 쓴 코드 블록이 실행됩니다.

```
That is not the correct answer. Please try again!
```

조건문에서는 더 작은, 작거나 같은, 더 큰, 크거나 같은 등 다양한 산술 비교를 쓸 수 있습니다.

```
>>> age = 19
>>> age < 21
True
>>> age <= 21
True
>>> age > 21
False
>>> age >= 21
False
```

각 산술 비교를 if 문에 사용해 원하는 조건이 정확히 맞는지 판단할 수 있습니다.

5.2.5 여러 조건 체크하기

여러 조건을 동시에 체크할 수도 있습니다. 예를 들어 두 조건이 모두 True여야만 어떤 행동을 취해야 할 때가 있습니다. 조건 중 하나만 True여도 될 때도 있습니다. 키워드 and와 or는 이런 상황에 적합합니다.

모두 만족해야 하는 and 체크하기

두 조건이 모두 True인지 체크하려면 and 키워드와 두 조건 테스트를 결합합니다. 두 테스트가 모두 통과하면 전체 표현식이 True로 평가됩니다 테스트 중 하나라도 실패하면 표현식이 False로 평가됩니다.

예를 들어 다음 테스트를 써서 두 사람이 모두 21세 이상인지 체크할 수 있습니다.

```
>>> age_0 = 22  # ①
>>> age_1 = 18
>>> age_0 >= 21 and age_1 >= 21  # ②
False
>>> age_1 = 22  # ③
>>> age_0 >= 21 and age_1 >= 21
True
```

①에서는 나이를 나타내는 변수 age_0과 age_1을 정의했습니다. ②에서는 두 나이가 모두 21

이상인지 체크했습니다. 왼쪽 테스트는 통과했지만 오른쪽 테스트는 실패했으므로 조건 표현식 전체는 False로 평가됩니다. ③에서는 age_1의 값을 22로 바꿨습니다. 이제 age_1의 값도 21 이상이므로 각 테스트가 모두 통과해서 조건 표현식 전체가 True로 평가됩니다.

각 테스트를 괄호로 감싸 가독성을 올릴 수 있지만 필수는 아닙니다. 괄호를 사용하면 테스트는 이렇게 보입니다.

```
(age_0 >= 21) and (age_1 >= 21)
```

하나만 만족해도 되는 or 체크하기

키워드 or는 여러 조건을 체크하며, 그중 하나만 통과해도 전체 테스트가 통과합니다. or 표현식은 각 테스트가 모두 실패할 때만 실패합니다.

나이 예제를 다시 봅시다. 이번에는 단 한 명이라도 21세 이상인지 확인합니다.

```
>>> age_0 = 22  # ①
>>> age_1 = 18
>>> age_0 >= 21 or age_1 >= 21  # ②
True
>>> age_0 = 18  # ③
>>> age_0 >= 21 or age_1 >= 21
False
```

이번에도 ①에서 나이 변수 두 개로 시작합니다. ②에서 age_0의 테스트가 통과했으므로 전체 표현식이 True로 평가됩니다. 다음에는 age_0을 18로 낮췄습니다. ③에서는 두 테스트가 모두 실패했으므로 전체 표현식이 False로 평가됩니다.

5.2.6 값이 리스트에 있는지 체크하기

특정 값이 리스트에 있는지 체크해야 할 때도 있습니다. 예를 들어 웹사이트에서 신규 ID를 발급하려면 사용하려는 ID가 이미 사용 중인지 리스트에서 체크합니다. 지도 프로그램이라면, 전송받은 위치가 알려진 위치 리스트에 존재하는지 체크할 수 있습니다.

특정 값이 리스트에 이미 존재하는지 체크할 때는 키워드 in을 씁니다. 피자 전문점에 사용할 코드를 만들고 있다고 합시다. 고객이 요청한 토핑(requested_toppings) 리스트를 만들고, 토핑이 리스트에 존재하는지 체크할 겁니다.

```
>>> requested_toppings = ['mushrooms', 'onions', 'pineapple']
>>> 'mushrooms' in requested_toppings  # ①
True
>>> 'pepperoni' in requested_toppings  # ②
False
```

①과 ②의 키워드 in은 파이썬이 'mushrooms'과 'pepperoni'가 requested_toppings 리스트에 존재하는지 체크하게 합니다. 핵심적인 값의 리스트를 만들고 테스트하는 값이 리스트에 존재하는지 쉽게 체크할 수 있으므로 이 테크닉은 매우 강력하고 유용합니다.

5.2.7 값이 리스트에 없는지 체크하기

값이 리스트에 없는지 체크해야 할 때도 있습니다. 이런 상황에서는 키워드 not을 쓸 수 있습니다. 예를 들어 포럼에 댓글을 달 수 없도록 차단된 사용자 리스트가 있다고 합시다. 사용자가 댓글을 전송하기 전에 차단됐는지 체크할 수 있습니다.

banned_users.py

```
banned_users = ['andrew', 'carolina', 'david']
user = 'marie'
if user not in banned_users:  # ①
    print(f"{user.title()}, you can post a response if you wish.")
```

①행은 매우 명확합니다. user의 값이 banned_users 리스트에 없으면 파이썬은 True를 반환하고 들여 쓴 행을 실행합니다.

사용자 'marie'는 banned_users 리스트에 없으므로 사용자는 댓글을 허용한다는 메시지를 받습니다.

```
Marie, you can post a response if you wish.
```

5.2.8 불리언 표현식

프로그래밍에 더 익숙해지면 어떤 시점에서는 **불리언 표현식**Boolean expression이라는 용어를 듣게 될 겁니다. 불리언 표현식은 조건 테스트의 다른 이름일 뿐입니다. **불리언 값**Boolean value은 조건 표현식을 평가한 다음의 값과 마찬가지로 True 또는 False입니다.

불리언 값은 특정 조건, 예를 들어 게임이 실행 중인지, 사용자가 웹사이트의 특정 콘텐츠를 편집할 수 있는지 같은 조건을 저장할 때 자주 사용합니다.

```
game_active = True
can_edit = False
```

불리언 값은 프로그램의 상태나 프로그램에 중요한 특정 조건을 추적하기에 효과적인 방법입니다.

연습문제

5-1. 조건 테스트: 조건 테스트를 여러 개 만드세요. 각 테스트를 설명하는 문장을 출력하고 각 테스트 결과를 예측해보세요. 코드는 다음과 같은 형태여야 합니다.

```
car = 'subaru'
print("Is car == 'subaru'? I predict True.")
print(car == 'subaru')
print("\nIs car == 'audi'? I predict False.")
print(car == 'audi')
```

- 결과를 자세히 보고, 각 행이 왜 True 또는 False로 평가됐는지 이해할 수 있어야 합니다.

- 최소한 10가지 테스트를 만드세요. 최소한 5가지 테스트는 True로, 나머지 테스트는 False로 평가되어야 합니다.

5-2. 더 많은 조건 테스트: 꼭 10가지만 테스트하란 법은 없습니다. 더 많이 비교하고 싶다면 테스트를 더 만들어 conditional_tests.py에 추가하세요. 다음 테스트 종류 각 하나씩에 True와 False가 최소한 하나씩은 나와야 합니다.

- 문자열의 일치와 불일치 테스트
- lower() 함수를 사용한 테스트
- 일치와 불일치, 더 큰, 더 작은, 크거나 같은, 작거나 같은 등을 포함하는 숫자형 테스트
- and와 or 키워드를 사용하는 테스트
- 항목이 리스트에 있는지 확인하는 테스트
- 항목이 리스트에 없는지 확인하는 테스트

5.3 if 문

조건 테스트를 이해했다면 이제 if 문을 쓸 수 있습니다. if 문에는 여러 가지가 있으며 무엇을 선택할지는 테스트할 조건의 숫자에 따라 다릅니다. 논의 조건 테스트를 설명하며 if 문의 예제를 여러 가지 봤지만, 이제 더 자세히 알아봅시다.

5.3.1 단순한 if 문

가장 단순한 if 문은 테스트 하나와 동작 하나입니다.

```
if conditional_test:
    do something
```

첫 번째 행에는 어떤 조건 테스트라도 쓸 수 있고, 테스트 다음의 들여 쓴 블록에는 거의 모든 동작을 쓸 수 있습니다. 조건 테스트가 True로 평가되면 파이썬은 if 문 다음의 코드를 실행합니다. 테스트가 False로 평가되면 파이썬은 if 문 블록을 빠져나갑니다. 즉 바로 밑의 들여 쓴 코드를 실행하지 않습니다.

사람의 나이를 나타내는 변수가 있고, 그 사람이 투표할 수 있는 나이인지 알고 싶다고 합시다. 다음 코드는 그 사람이 투표할 수 있는지 테스트합니다.

voting.py

```
age = 19
if age >= 18:  # ①
    print("You are old enough to vote!")  # ②
```

①에서 파이썬은 age의 값이 18보다 크거나 같은지 체크합니다. age의 값은 18보다 크므로 파이썬은 들여 쓴 print() 함수를 실행합니다(우리나라와 달리 미국은 투표권이 18세에 있나 봅니다).

```
You are old enough to vote!
```

들여쓰기는 if 문에서도 for 루프와 같은 역할을 합니다. 테스트가 통과하면 if 문 다음의 들여 쓴 행은 전부 실행되며, 테스트가 실패하면 들여 쓴 블록 전체가 무시됩니다.

if 문 다음 블록에는 코드를 원하는 만큼 쓸 수 있습니다. 투표할 수 있는 나이라면 투표 등록을 했는지 물어보는 행을 추가합시다.

```
age = 19
if age >= 18:
    print("You are old enough to vote!")
    print("Have you registered to vote yet?")
```

조건 테스트가 통과했고 print 문은 모두 들여 썼으므로 두 행이 모두 출력됩니다.

```
You are old enough to vote!
Have you registered to vote yet?
```

age의 값이 18 미만이라면 이 프로그램은 아무것도 출력하지 않습니다.

5.3.2 if-else 문

조건 테스트가 통과하면 어떤 동작을 하고, 실패하면 다른 동작을 해야 할 때가 있습니다. 이럴 때는 파이썬의 if-else 문을 사용합니다. if-else 블록은 if 문과 비슷하지만, else 문은 조건 테스트가 실패했을 때 실행할 동작을 정의합니다.

투표할 수 있는 나이 테스트를 다시 사용해서, 이번에는 투표할 수 없는 나이일 때도 메시지를 보냅시다.

```
age = 17
if age >= 18:  # ①
    print("You are old enough to vote!")
    print("Have you registered to vote yet?")
else:  # ②
    print("Sorry, you are too young to vote.")
    print("Please register to vote as soon as you turn 18!")
```

①의 조건 테스트가 통과하면 첫 번째 들여 쓴 블록의 print() 함수가 실행됩니다. 테스트가 False로 평가되면 ②의 else 블록이 실행됩니다. 이번에는 age가 18 미만이므로 조건 테스트는 실패하고 else 블록의 코드가 실행됩니다.

```
Sorry, you are too young to vote.
Please register to vote as soon as you turn 18!
```

이 코드는 평가할 상황이 두 가지일 때 사용합니다. 사람은 투표할 수 있는 나이이거나 투표할 수 없는 나이이거나 둘 중 하나입니다. if-else 구조는 가능한 동작 두 가지 중 하나는 항상 실행하길 원하는 상황에 잘 어울립니다. 위 예제와 같은 단순한 if-else 문에서는 두 동작 중 하나는 항상 실행됩니다.

5.3.3 if-elif-else 문

가능한 상황이 세 가지 이상일 때는 if-elif-else 문을 써서 이들을 평가합니다. 파이썬은 if-elif-else 문 중에서 단 하나의 블록만 실행합니다. 각 조건은 순서대로 테스트합니다. 테스트가 통과하면 그 테스트 다음의 코드가 실행되며 나머지 테스트는 건너뜁니다.

실제 뭔가 현실의 상황을 둘러보면 조건이 셋 이상일 때가 많습니다. 예를 들어 놀이 공원에서 연령대에 따라 입장료를 다르게 받는다고 합시다. 미국은 4세부터 어린이인가 보군요.

- 4세 미만이면 무료
- 4세부터 17세까지는 입장료 25달러
- 18세 이상이면 입장료 40달러

자, 이런 조건에서 if 문을 어떻게 써야 할까요? 손님의 연령대를 확인하고 입장료 메시지를 출력해봅시다.

amusement_park.py

```
age = 12

if age < 4:  # ①
    print("Your admission cost is $0.")
elif age < 18:  # ②
    print("Your admission cost is $25.")
else:  # ③
    print("Your admission cost is $40.")
```

①에서 먼저 손님이 4세 미만인지 테스트합니다. 첫 테스트에서 조건을 만족(4세 미만)하면 다음 메시지를 출력하고 나머지 테스트는 건너뜁니다. ②의 elif 행은 일종의 if 테스트인데 이전 테스트가 실패해야만 실행됩니다. 첫 번째 테스트가 실패하면 이 지점에서 손님은 최소한 4세 이상입니다. 손님이 18세 미만이라면 아래 메시지를 출력하고 else 블록은 건너뜁니다. if와 elif 테스트가 모두 실패했을 때만 파이썬은 else 블록의 코드를 실행합니다(③).

이 예제에서는 ①의 테스트가 False로 평가되므로 그 코드 블록은 실행되지 않습니다. 하지만 두 번째 테스트는 True로 평가되므로(이미 age는 12로 선언했으며 18 미만이니까) 코드가 실행됩니다. 출력 결과는 사용자의 입장료를 알리는 한 문장입니다.

```
Your admission cost is $25.
```

나이가 18세 이상이라면 처음 두 테스트가 모두 실패합니다. 이런 상황에서는 else 블록이 실행되고 입장료는 40달러입니다.

if-elif-else 블록 안에서 바로 입장료를 출력하지 않고 저장만 한 다음, 평가가 끝난 후 print() 함수를 쓰면 코드가 더 간결합니다.

```python
age = 12

if age < 4:   # ①
    price = 0
elif age < 18:
    price = 25   # ②
else:
    price = 40   # ③

print(f"Your admission cost is ${price}.")   # ④
```

①, ②, ③행은 이전 예제와 마찬가지로 손님의 나이에 따라 price의 값을 결정합니다. if-elif-else 문에서 입장료를 결정하면 ④의 들여 쓰지 않은(독립된) print() 함수가 이 값을 사용해 입장료 메시지를 표시합니다. 이 코드의 출력은 이전 예제와 같지만, if-elif-else 문이 하는 일은 줄었습니다. 가격을 판단하고 메시지를 표시하는 대신 단순히 입장료만 판단합니다. 이 코드는 원래 방법보다 효율적이며 수정하기도 쉽습니다. 출력 메시지의 텍스트를 바꿔야 할 때도 print() 함수 세 개를 모두 바꿀 필요 없이 단 하나만 바꾸면 됩니다.

5.3.4 elif 블록 여러 개 쓰기

elif 블록은 필요한 만큼 쓸 수 있습니다. 예를 들어 놀이 공원에서 노인 할인을 적용한다면 손님이 노인인지 판단하는 조건 테스트를 코드에 추가해야겠죠. 65세 이상인 사람은 20달러만 받는다고 합시다.

```python
age = 12

if age < 4:
    price = 0
elif age < 18:
    price = 25
elif age < 65:    # ①
    price = 40
else:    # ②
    price = 20

print(f"Your admission cost is ${price}.")
```

대부분의 코드는 그대로입니다. 다만 두 번째 elif 블록인 ①에서 이제 손님에게 입장료 40달러를 요구하기 전에 65세 미만인지부터 확인합니다. ②의 else 블록에 들어오는 손님은 모두 65세 이상이므로 가격을 20달러로 바꿔야 합니다.

5.3.5 else 블록 생략하기

파이썬에서 if-elif 문 뒤에 else 블록을 꼭 사용할 필요는 없습니다. else 블록 대신에 elif 문으로 하나 더 테스트하는 편이 원하는 조건을 찾기 쉬울 수도 있습니다.

```python
age = 12

if age < 4:
    price = 0
elif age < 18:
    price = 25
elif age < 65:
    price = 40
elif age >= 65:    # ①
```

```
        price = 20

    print(f"Your admission cost is ${price}.")
```

①에 추가한 elif 블록은 손님이 65세 이상이면 입장료를 20달러로 정하는데, 일반적인 else 블록보다 좀 더 명확합니다. 이렇게 바꾸면 모든 코드 블록은 반드시 특정 테스트를 통과해야 실행됩니다

else 블록은 무조건 실행됩니다. else 블록은 그 앞의 if나 elif 테스트에 일치하지 않는 조건이 항상 일치하므로 잘못된 데이터, 심지어 악의적인 데이터가 포함될 때도 있습니다. 특정 조건을 마지막으로 테스트해야 한다면 마지막에 elif 블록을 쓰고 else 블록은 생략하는 방법도 생각해보세요. 이렇게 하면 코드가 정확한 조건에서만 실행될 거라고 더 확신할 수 있습니다.

5.3.6 여러 조건 테스트하기

if-elif-else 문은 강력하지만 통과 조건이 단 하나일 때만 어울립니다. 파이썬은 한 가지 테스트가 통과하는 즉시 다른 테스트는 모두 건너뜁니다. 이런 방식은 효율적이며 특정 조건 한 가지만 테스트할 수 있으므로 장점이 있습니다.

하지만 원하는 조건을 모두 체크해야 할 때도 있습니다. 이럴 때는 elif나 else 블록 없이 단순한 if 문을 여러 개 써야 합니다. 이런 방법은 조건이 하나 이상 True일 수 있고, True인 조건마다 어떤 동작을 해야 할 때 알맞습니다.

피자 전문점 예제를 다시 봅시다. 누군가 토핑이 두 개 있는 피자를 주문하면 피자에 두 토핑이 모두 있는지 체크해야 합니다.

toppings.py

```
requested_toppings = ['mushrooms', 'extra cheese']  # ①

if 'mushrooms' in requested_toppings:  # ②
    print("Adding mushrooms.")
if 'pepperoni' in requested_toppings:  # ③
    print("Adding pepperoni.")
```

```python
    if 'extra cheese' in requested_toppings:   # ④
        print("Adding extra cheese.")

print("\nFinished making your pizza!")
```

①에서는 주문받은 토핑이 들어 있는 리스트를 만들었습니다. ②의 if 문은 버섯(mushrooms) 토핑을 주문받았는지 확인합니다. 주문받았다면 그 토핑을 추가하고 있다는 메시지를 출력합니다. ③의 페퍼로니(pepperoni) 테스트 역시 단순한 if 문이며 elif나 else 문은 쓰지 않았습니다. 따라서 이 테스트는 이전 테스트가 통과했는지 실패했는지에 관계없이 동작합니다. ④의 코드는 처음 두 테스트 결과와 상관없이 치즈 추가를 주문받았는지 확인합니다. 이들 세 테스트는 모두 독립적이며 이 프로그램을 실행할 때마다 동작합니다.

이 예제에서는 모든 조건을 평가했으므로 버섯과 치즈 추가가 모두 피자에 포함됩니다.

```
Adding mushrooms.
Adding extra cheese.

Finished making your pizza!
```

if-elif-else 블록을 썼다면 테스트가 단 하나만 통과해도 멈추므로 제대로 동작하지 않았을 겁니다. if-elif-else 블록을 썼다면 다음과 같은 코드가 됩니다.

```python
requested_toppings = ['mushrooms', 'extra cheese']

if 'mushrooms' in requested_toppings:
    print("Adding mushrooms.")
elif 'pepperoni' in requested_toppings:
    print("Adding pepperoni.")
elif 'extra cheese' in requested_toppings:
    print("Adding extra cheese.")

print("\nFinished making your pizza!")
```

이 코드를 실행하면 첫 번째 테스트인 'mushrooms'이 통과하므로 버섯 토핑이 피자에 추가됩니다. 하지만 'extra cheese'나 'pepperoni'는 체크하지도 않습니다. 파이썬은 if-elif-else 문의 첫 번째 테스트가 통과하면 나머지는 테스트하지 않습니다. 고객이 주문한 첫 번째 토핑은 추가되지만 다른 토핑은 모두 무시될 겁니다.

```
Adding mushrooms.

Finished making your pizza!
```

요약하면, 코드 블록 단 하나만 실행해야 할 때는 **if-elif-else** 문을 쓰세요. 코드 블록을 둘 이상 실행한다면 독립적 **if** 문을 여러 개 쓰세요.

연습문제

5-3. 외계인 색깔 #1: 게임에서 지금 막 외계인을 격추했다고 합시다. alien_color 변수를 만들고 그 값에 'green'이나 'yellow', 'red'를 할당하세요.

- 외계인 색깔이 녹색인지 확인하는 **if** 문을 만드세요. 녹색이라면 플레이어가 5점을 얻었다는 메시지를 출력하세요.
- 이 프로그램을 **if** 테스트가 성공하는 버전, 실패하는 버전 두 가지로 만드세요(실패하는 버전은 메시지를 출력하지 않습니다).

5-4. 외계인 색깔 #2: 연습문제 5-3에서 했던 것처럼 외계인 색깔을 고르고 **if-else** 문을 만드세요.

- 외계인 색깔이 녹색이라면 플레이어가 외계인을 격추하고 5점을 얻었다는 문장을 출력하세요.
- 외계인 색깔이 녹색이 아니라면 플레이어가 10점을 얻었다는 문장을 출력하세요.
- 이 프로그램은 **if** 블록을 사용하는 버전과 **else** 블록을 사용하는 버전 두 가지로 만드세요.

5-5. 외계인 색깔 #3: 연습문제 5-4의 **if-else** 문을 **if-elif-else** 문으로 바꾸세요.

- 외계인이 녹색이면 플레이어가 5점을 얻었다는 메시지를 출력하세요.
- 외계인이 노란색이면 플레이어가 10점을 얻었다는 메시지를 출력하세요.
- 외계인이 빨간색이면 플레이어가 15점을 얻었다는 메시지를 출력하세요.
- 이 프로그램을 세 가지 버전으로 만들고 외계인 색깔에 맞는 메시지가 출력되는지 확인하세요.

5-6. 성장단계: **if-elif-else** 문을 써서 사람의 성장단계를 판단하세요. 먼저 age 변수의 값을 정하세요.

- 2살 미만이면 영아(baby)라는 메시지를 출력하세요.
- 2살 이상 4살 미만이면 유아(toddler)라는 메시지를 출력하세요.
- 4살 이상 13살 미만이면 아이(kid)라는 메시지를 출력하세요.
- 13살 이상 20살 미만이면 청소년(teenager)이라는 메시지를 출력하세요.
- 20살 이상 65살 미만이면 성인(adult)이라는 메시지를 출력하세요.
- 65살 이상이면 노인(elder)이라는 메시지를 출력하세요.

5.4 리스트에서 if 문 사용하기

리스트와 if 문을 결합하면 흥미로운 일을 할 수 있습니다. 리스트에 다른 값과 다르게 처리해
야 하는 특별한 값이 있는지 살펴볼 수 있습니다. 예를 들어 식당에서 특정 재료가 얼마나 남았
는지 확인하는 일처럼 상황을 확인할 수 있습니다. 가능한 상황 모두에서 코드가 예상대로 동
작한다고 확신할 수 있게 됩니다.

5.4.1 특별한 항목이 있는지 체크하기

이 장은 앞서 'bmw'는 다른 리스트의 항목과 달리 대문자 출력을 했던 것처럼 특별한 값을 어
떻게 처리할지 보여주는 단순한 예제로 시작했습니다. 이제 조건 테스트와 if 문의 기본을 이
해했으니 리스트에서 특별한 값을 찾고 적절히 처리하는 방법을 알아봅시다.

다시 피자 전문점 예제를 보겠습니다. 이 가게에서는 제조 중인 피자에 토핑을 추가할 때마다
메시지를 표시합니다. 이 코드는 고객이 주문한 토핑 리스트를 만들고 루프를 써서 각 토핑이
피자에 추가될 때마다 안내하면 매우 효율적으로 만들 수 있습니다.

toppings.py

```python
requested_toppings = ['mushrooms', 'green peppers', 'extra cheese']

for requested_topping in requested_toppings:
    print(f"Adding {requested_topping}.")

print("\nFinished making your pizza!")
```

단순한 for 루프죠? 출력도 단순합니다.

```
Adding mushrooms.
Adding green peppers.
Adding extra cheese.

Finished making your pizza!
```

그런데 마침 피망이 다 떨어졌군요. for 루프 안에 if 문을 써서 이 상황을 처리해봅시다.

```
requested_toppings = ['mushrooms', 'green peppers', 'extra cheese']

for requested_topping in requested_toppings:
    if requested_topping == 'green peppers':  # ①
        print("Sorry we are out of green peppers right now.")
    else:  # ②
        print(f"Adding {requested_topping}.")

print("\nFinished making your pizza!")
```

이번에는 주문받은 항목을 피자에 추가하기 전에 재료가 남아 있는지 확인합니다. ①의 코드는 고객이 피망을 주문했는지 확인한 다음 주문했다면 피망이 다 떨어졌다는 메시지를 표시합니다. ②에 else 블록을 썼으므로 다른 토핑은 모두 피자에 추가됩니다.

출력 결과를 보면 주문받은 각 토핑이 적절히 처리된 걸 볼 수 있습니다.

```
Adding mushrooms.
Sorry we are out of green peppers right now.
Adding extra cheese.

Finished making your pizza!
```

5.4.2 리스트가 비어 있지 않은지 확인하기

여태까지는 리스트를 다루면서 각 리스트에 항목이 최소한 하나는 있다고 가정했습니다. 이제 곧 사용자에게서 정보를 받아 리스트에 저장할 테니, 루프를 실행할 때 리스트에 항목이 항상 있다고 확신할 수는 없습니다. 이런 상황에서는 for 루프를 쓰기 전에 리스트가 비어 있지는 않은지 체크하는 게 좋습니다.

피자를 만들기 전에 토핑 주문 리스트가 비어 있지 않은지 확인해봅시다. 리스트가 비어 있으면 사용자에게 알리고 추가 토핑이 없는 플레인 피자를 원하는 게 맞는지 확인합니다. 리스트가 비어 있지 않으면 이전 예제와 마찬가지로 피자를 만듭니다.

```python
requested_toppings = []  # ①

if requested_toppings:  # ②
    for requested_topping in requested_toppings:
        print(f"Adding {requested_topping}.")
    print("\nFinished making your pizza!")
else:  # ③
    print("Are you sure you want a plain pizza?")
```

이번에는 ①에서 비어 있는 토핑 주문 리스트로 시작합니다. for 루프를 바로 시작하지 않고 ②에서 간단한 체크를 합니다. 파이썬에서 리스트 이름을 if 문에 사용하면 리스트에 항목이 최소한 하나 이상 있을 때는 True를 반환합니다. 빈 리스트는 False로 평가됩니다. requested_toppings이 조건 테스트를 통과하면 이전 예제에서 쓴 것과 같은 for 루프를 쓸 수 있습니다. 조건 테스트가 실패하면 고객이 정말로 토핑 없는 플레인 피자를 원하는지 확인하는 메시지를 출력합니다(③).

이번에는 리스트가 비어 있으므로 출력 정말로 플레인 피자를 원하는지 묻습니다.

```
Are you sure you want a plain pizza?
```

리스트가 비어 있지 않다면 주문받은 토핑이 피자에 추가됐다는 메시지를 출력할 겁니다.

5.4.3 여러 리스트 다루기

때때로 사람들은 엉뚱한 피자 토핑을 요구합니다. 예를 들어 고객이 프렌치 프라이 토핑을 원한다면 어떻게 할까요? 리스트와 if 문을 써서 입력에 응답하기 전에 추가 토핑이 준비된 재료인지 확인해봅시다.

다음 예제에서는 리스트를 두 개 씁니다. 첫 번째 리스트는 가게에서 제공할 수 있는 토핑 리스트이고, 두 번째 리스트는 사용자가 주문한 토핑 리스트입니다. 이번에는 `requested_toppings`의 각 항목을 피자에 추가하기 전에 준비된 토핑 리스트에 있는지 확인합니다.

```python
available_toppings = ['mushrooms', 'olives', 'green peppers'  # ①
                      'pepperoni', 'pineapple', 'extra cheese']

requested_toppings = ['mushrooms', 'french fries', 'extra cheese']  # ②

for requested_topping in requested_toppings:  # ③
    if requested_topping in available_toppings:  # ④
        print(f"Adding {requested_topping}.")
    else:  # ⑤
        print(f"Sorry, we don't have {requested_topping}.")

print("\nFinished making your pizza!")
```

①에서는 이 피자 전문점에 준비된 토핑 리스트를 정의했습니다. 이 피자 전문점에서 선택할 수 있는 토핑이 일정하다면 튜플을 쓸 수도 있습니다. ②에서는 고객이 요청한 토핑 리스트를 만들었습니다. 엉뚱한 주문 `'french fries'`가 들어 있네요. ③에서는 주문받은 토핑 리스트에 루프를 실행합니다. 루프 안에서는 먼저 ④에서 주문받은 각 토핑이 준비된 토핑 리스트에 있는지 체크합니다. 준비된 토핑 리스트에 있다면 토핑을 피자에 추가합니다. 그렇지 않다면 ⑤의 else 블록이 실행됩니다. else 블록은 사용자에게 토핑이 없다는 메시지를 출력합니다.

이 정도면 사용자의 요청에 명쾌한 답변을 줄 수 있을 겁니다.

```
Adding mushrooms.
Sorry we don't have french fries.
Adding extra cheese.

Finished making your pizza!
```

간단한 코드로 현실적인 상황을 효과적으로 관리했습니다!

연습문제

5-8. 관리자에게 인사: 사용자 이름이 다섯 개 이상 포함된 리스트를 만들고, 이름 중에 'admin'이 들어가게 하세요. 각 사용자가 웹사이트에 로그인하면 환영 인사를 출력하는 코드를 만듭니다. 리스트에 루프를 실행해 각 사용자에게 환영 인사를 출력하세요.

- 사용자 이름이 'admin'이면 '관리자님 안녕하세요, 상태 보고서를 보시겠습니까?' 같은 특별한 환영 인사를 출력하세요.

- 그렇지 않다면 '에릭 님 안녕하세요, 다시 로그인 해주셔서 감사합니다.' 같은 일반적인 환영 인사를 출력하세요.

5-9. 사용자 없음: hello_admin.py에 if 테스트를 추가해 사용자 리스트가 비어 있지 않음을 확인하세요.

- 리스트가 비어 있으면 '사용자가 있어야 합니다!'라는 메시지를 출력하세요.

- 리스트에서 사용자 이름을 모두 제거하고 정확한 메시지가 출력되는지 확인하세요.

5-10. 사용자 이름 체크: 다음과 같이 프로그램을 만들어 웹사이트에서 모든 사용자가 고유한 사용자 이름을 쓰는지 확인하세요.

- 사용자 이름을 다섯 개 이상 만들고 current_users 리스트에 저장하세요.

- 다른 사용자 이름 다섯 개를 new_users 리스트에 저장하세요. 새 사용자 이름 중 한두 개는 current_users 리스트에 이미 있는 이름을 쓰세요.

- new_users 리스트에 루프를 실행해 새 사용자 이름이 이미 사용 중인지 확인하세요. 이미 사용 중이라면 다른 사용자 이름이 필요하다는 메시지를 출력하세요. 사용 중이 아니라면 사용자 이름을 쓸 수 있다는 메시지를 출력하세요.

- 비교할 때는 대소문자를 구분하지 마세요. 'John'이 이미 사용 중이라면 'JOHN'은 안 됩니다.

5-11. 순번: 순번은 1st나 2nd처럼 리스트에서의 위치를 나타냅니다. 1, 2, 3을 제외한 대부분의 순번은 th로 끝납니다.

- 1부터 9까지의 숫자를 리스트에 저장하세요.

- 리스트에 루프를 실행하세요.

- 루프 안에서 if-elif-else 문을 실행해 각 숫자에 맞는 순번을 출력하세요. 출력 결과는 "1st 2nd 3rd 4th 5th 6th 7th 8th 9th"여야 하며 각 결과가 서로 다른 행에 있어야 합니다.

5.5 if 문 스타일

이 장의 모든 예제를 그대로 따라 입력했다면 좋은 스타일 습관을 익힐 후 있습니다. PEP 8에서 조건 테스트에 관해 권하는 스타일은 ==, >=, <= 같은 비교 연산자 주위에 공백을 하나 쓰라는 겁니다. 다음 예제를 보세요.

```
if age < 4:    #GOOD
if age<4:      #BAD
```

공백이 있건 없건 컴퓨터는 똑같이 이해합니다만, 공백이 있는 편이 여러분이나 혹은 여러분의 코드를 읽는 다른 사람에게는 편합니다.

연습문제

5-12. if 문 스타일: 이 장에서 만든 프로그램을 다시 살펴보고 조건 테스트의 스타일이 적절한지 확인하세요.

5-13. 당신의 아이디어: 이제 여러분은 프로그래머에 가까워진데다 스타일까지 익혔으니 좀 더 나은 프로그래머에 가까워졌습니다. 이제 현실 상황을 프로그램 모델로 만드는 데 조금 익숙해졌으니, 프로그램을 만들어 해결할 수 있는 문제에 어떤 것이 있는지 생각해볼까요? 프로그래밍 기술이 늘어날 때마다 풀어보고 싶은 문제에 관한 새 아이디어를 기록하세요. 만들어보고 싶은 게임, 살펴보고 싶은 데이터 세트, 만들어보고 싶은 웹 애플리케이션 등을 상상해보세요.

5.6 마치며

이 장에서는 항상 True 또는 False로 평가되는 조건 테스트에 관해 배웠습니다. 단순한 if 문과 if-else 문, if-elif-else 문에 대해 배웠습니다. 이들 구조를 어떤 조건에 써야 하는지, 프로그램에서는 언제 써야 하는지 배웠습니다. for 루프를 실행하며 리스트에 있는 일부 항목을 다른 항목과 다르게 처리하는 법을 배웠습니다. 프로그램이 점점 더 복잡해져도 여전히 비교적 쉽게 읽고 이해할 수 있도록 파이썬의 스타일 권고를 다시 배웠습니다.

6장에서는 파이썬 딕셔너리에 대해 배울 겁니다. 딕셔너리는 리스트와 비슷하지만 정보를 서로 연결할 수 있습니다. 딕셔너리를 만들고 루프를 실행하며, 리스트 및 if 문과 함께 사용하는 법을 배웁니다. 딕셔너리에 대해 배우면 더 다양한 현실 상황을 모델화할 수 있습니다.

## CHAPTER 6

딕셔너리

이 장에서는 파이썬 딕셔너리에 관해 배웁니다. 딕셔너리는 연관된 정보를 연결할 때 사용합니다. 딕셔너리에 들어 있는 정보에 어떻게 접근하는지, 수정은 어떻게 하는지 배웁니다. 딕셔너리에는 정보를 거의 무한히 저장할 수 있으므로 딕셔너리에 들어 있는 데이터를 루프로 처리하는 방법도 배웁니다. 또한 딕셔너리 안에 리스트를, 리스트 안에 딕셔너리를, 딕셔너리 안에 다른 딕셔너리를 중첩하는 방법도 배웁니다.

딕셔너리를 이해하면 현실 세계의 사물을 더 정확히 본뜰 수 있습니다. 사람을 표현하는 딕셔너리를 만들고 그 안에 그 사람에 관한 정보를 원하는 만큼 저장할 수 있습니다. 이름, 나이, 사는 곳, 직업, 기타 그 사람을 설명할 수 있는 여러 가지 면모를 저장할 수 있는 겁니다. 서로 연결될 수 있는 두 가지 정보라면 무엇이든 저장할 수 있습니다. 예를 들어 단어와 그 의미의 목록, 사람 이름과 그가 좋아하는 숫자 목록, 산과 그 높이의 목록 같은 것도 저장할 수 있습니다.

6.1 단순한 딕셔너리

외계인과 싸우는 게임을 만드는데, 외계인 종류에 따라 색깔과 점수가 각각 다르다고 상상해보십시오. 그 게임에서 외계인에 관한 정보를 저장할 때는 다음과 같은 딕셔너리를 쓸 수 있을 겁니다.

alien.py

```
alien_0 = {'color': 'green', 'points': 5}

print(alien_0['color'])
print(alien_0['points'])
```

이 딕셔너리 `alien_0`은 외계인의 색깔과 점수를 저장합니다. 마지막 두 행은 이 정보에 접근해 다음과 같이 출력합니다.

```
green
5
```

새로운 프로그래밍 개념을 배울 때는 항상 그렇지만, 딕셔너리도 잘 사용하려면 연습이 필요합니다. 딕셔너리를 조금만 사용해보면 현실의 상황을 얼마나 효율적으로 본뜰 수 있는지 곧 알게 될 겁니다.

6.2 딕셔너리 다루기

파이썬에서 **딕셔너리**^{dictionary}란 **키–값 쌍**^{key–value pair}의 묶음입니다. 각 **키**^{key}는 값과 연결되고, 키를 통해 그 키와 연결된 값에 접근합니다. 키의 값은 숫자, 문자열, 리스트, 심지어 다른 딕셔너리도 가능합니다. 파이썬에서 만들 수 있는 객체는 무엇이든 딕셔너리의 값이 될 수 있습니다.

파이썬에서 딕셔너리는 다음과 같이 키–값 쌍을 중괄호({})로 감싼 형태입니다.

```
alien_0 = {'color': 'green', 'points': 5}
```

키–값 쌍은 서로 연결된 값의 모임입니다. 키를 제시하면 파이썬은 그 키와 연결된 값을 반환합니다. 키는 콜론(:)을 통해 값과 연결하고, 각 키–값 쌍은 콤마로 구분합니다. 딕셔너리에는 키–값 쌍을 원하는 만큼 저장할 수 있습니다.

딕셔너리를 가장 단순하게 만든다면 다음과 같이 키–값 쌍 하나만 존재하게 만들 수 있습니다.

```
alien_0 = {'color': 'green'}
```

이 딕셔너리는 한 가지 정보, 외계인의 색깔만 담고 있습니다. 문자열 'color'는 이 딕셔너리의 키이고, 연결된 값은 'green'입니다.

6.2.1 딕셔너리 값에 접근하기

키와 연결된 값을 얻으려면 다음과 같이 먼저 딕셔너리 이름을 쓰고, 대괄호 안에 키를 씁니다.

alien.py

```
alien_0 = {'color': 'green'}
print(alien_0['color'])
```

이 코드는 alien_0 딕셔너리에서 'color' 키에 해당하는 값을 반환합니다.

```
green
```

딕셔너리에 저장할 수 있는 키-값 쌍 수에는 제한이 없습니다. 예를 들어 이번 섹션 앞에서 본 alien_0 딕셔너리는 키-값 쌍 두 개를 담고 있었습니다.

```
alien_0 = {'color': 'green', 'points': 5}
```

alien_0의 색깔이나 점수 값 어느 쪽이든 접근할 수 있습니다. 플레이어가 외계인을 격추하면 다음과 같은 코드로 플레이어가 얻은 점수를 계산할 수 있습니다.

```
alien_0 = {'color': 'green', 'points': 5}

new_points = alien_0['points']  # ①
print(f"You just earned {new_points} points!")  # ②
```

딕셔너리를 정의한 다음에는 ①의 코드로 'points' 키의 값을 가져올 수 있습니다. 그런 다음 그 값을 new_points 변수에 할당합니다. ②는 플레이어가 얻은 점수를 문장으로 만들어 출력합니다.

```
You just earned 5 points!
```

외계인을 격추할 때마다 이 코드를 실행해서 외계인의 점수 값을 가져올 수 있습니다.

6.2.2 키-값 쌍 추가하기

딕셔너리는 동적 구조이며 언제든 딕셔너리에 키-값 쌍을 추가할 수 있습니다. 키-값 쌍을 추가하고 싶을 때는 딕셔너리 이름 다음에 새 키를 대괄호 안에 쓰고, 여기에 새 값을 연결하면 됩니다.

alien_0 딕셔너리에 외계인의 x와 y 좌표를 추가해봅시다. 이 외계인은 화면의 왼쪽 끝, 상단에서는 25픽셀 아래에 있다고 합시다. 화면 좌표는 보통 왼쪽 모서리에서 시작하므로, 다음과 같이 x 좌표를 0으로 정하고 y 좌표를 25로 정하면 외계인을 우리가 원하는 위치에 놓을 수 있습니다.

alien.py

```
alien_0 = {'color': 'green', 'points': 5}
print(alien_0)

alien_0['x_position'] = 0   # ①
alien_0['y_position'] = 25  # ②
print(alien_0)
```

먼저 딕셔너리를 정의합니다. 그런 다음 딕셔너리를 출력해서 어떤 정보를 담고 있는지 확인할 수 있게 했습니다. ①에서는 딕셔너리에 'x_position' 키와 0 값을 추가했습니다. ②에서는 'y_position' 키로 같은 일을 했습니다. 딕셔너리를 다시 출력해보면 키-값 쌍이 두 개 추가된 걸 볼 수 있습니다.

```
{'color': 'green', 'points': 5}
{'color': 'green', 'points': 5, 'y_position': 25, 'x_position': 0}
```

딕셔너리의 최종 버전에는 키-값 쌍이 네 개 들어 있습니다. 처음부터 있던 두 개는 외계인의 색깔과 점수, 나중에 추가한 두 개는 외계인의 위치를 나타냅니다.

> **NOTE_** 파이썬 3.7에서부터 딕셔너리는 처음 정의했을 때의 순서를 유지합니다. 딕셔너리를 출력하거나 루프에서 처리해보면 각 요소가 딕셔너리에 추가한 순서를 유지하는 걸 확인할 수 있습니다.

6.2.3 빈 딕셔너리로 시작하기

때때로 빈 딕셔너리로 시작해서 키-값 쌍을 추가하는 것이 편리할 수 있고, 가끔은 그렇게 해야만 할 때도 있습니다. 빈 딕셔너리를 채우려면 먼저 빈 중괄호로 딕셔너리를 정의하고, 키-값 쌍을 한 행에 하나씩 추가하면 됩니다. 다음은 alien_0 딕셔너리를 빈 상태로 시작해서 키-값 쌍을 채운 예제입니다.

alien.py

```
alien_0 = {}

alien_0['color'] = 'green'
alien_0['points'] = 5

print(alien_0)
```

위 코드는 먼저 빈 alien_0 딕셔너리를 정의하고, 색깔과 점수를 추가했습니다. 결과는 이전 예제에서 사용한 딕셔너리와 같습니다.

```
{'color': 'green', 'points': 5}
```

빈 딕셔너리는 일반적으로 사용자가 제공한 데이터를 딕셔너리에 저장하거나, 대량의 키-값 쌍을 자동으로 생성하는 코드에서 사용합니다.

6.2.4 딕셔너리 값 수정하기

딕셔너리에 들어 있는 값을 수정하려면 딕셔너리 이름 다음에 대괄호로 감싼 키를 쓰고, 그 키와 연결할 새 값을 쓰면 됩니다. 예를 들어 게임을 진행하면서 외계인을 녹색에서 노란색으로 바꿀 때는 다음과 같은 코드를 사용합니다.

alien.py

```
alien_0 = {'color': 'green'}
print(f"The alien is {alien_0['color']}.")
```

```
alien_0['color'] = 'yellow'
print(f"The alien is now {alien_0['color']}.")
```

먼저 외계인의 색깔만 담고 있는 alien_0 딕셔너리를 만든 다음, 'color' 키의 값을 'yellow'
로 바꿨습니다. 출력 결과를 보면 외계인 색깔이 녹색에서 노란색으로 바뀐 걸 볼 수 있습
니다.

```
The alien is green.
The alien is now yellow.
```

좀 더 흥미로운 예제를 봅시다. 서로 다른 속도로 움직이는 외계인들의 위치를 추적하는 겁니
다. 외계인의 현재 속도를 값으로 저장하고, 이 값을 통해 외계인이 오른쪽으로 얼마나 이동할
지 판단할 수 있습니다.

```
alien_0 = {'x_position': 0, 'y_position': 25, 'speed': 'medium'}
print(f"Original position: {alien_0['x_position']}")

# 외계인을 오른쪽으로 움직입니다.
# 외계인의 현재 속도를 통해 얼마나 많이 움직일지 결정합니다.
if alien_0['speed'] == 'slow':  # ①
    x_increment = 1
elif alien_0['speed'] == 'medium':
    x_increment = 2
else:
    # This must be a fast alien.
    x_increment = 3

# 새 위치는 이전 위치에 x_increment를 더한 값입니다.
alien_0['x_position'] = alien_0['x_position'] + x_increment  # ②

print(f"New position: {alien_0['x_position']}")
```

먼저 외계인의 x 위치와 y 위치를 정하고 속도는 'medium'으로 정했습니다. 단순함을 위해 색
깔과 점수는 생략했지만, 이 예제는 색깔과 점수의 키-값 쌍이 들어 있다 해도 똑같이 동작합
니다. x_position의 초깃값을 출력해서 외계인이 오른쪽으로 얼마나 움직였는지 확인할 수
있게 했습니다.

①에서는 if-elif-else 문을 써서 외계인이 오른쪽으로 얼마나 움직일지 정하고, 이 값

을 x_increment 변수에 할당했습니다. 외계인의 속도가 'slow'면 오른쪽으로 한 칸, 속도가 'medium'이면 오른쪽으로 두 칸, 속도가 'fast'면 오른쪽으로 세 칸 움직입니다. 움직이는 거리를 계산한 결과를 ②에서 x_position에 더한 다음 딕셔너리의 x_position에 저장했습니다.

이 외계인은 중간 속도이므로, 위치는 오른쪽으로 두 칸 이동합니다.

```
Original x-position: 0
New x-position: 2
```

아주 대단한 방법입니다. 외계인 딕셔너리에서 값 하나를 바꿨을 뿐인데 외계인의 전체적인 동작 방식이 달라진 겁니다. 외계인의 속도를 빠르게 바꾸고 싶으면 다음 행을 추가하기만 하면 됩니다.

```
alien_0['speed'] = 'fast'
```

그러면 코드를 다음에 실행할 때는 if-elif-else 블록에서 x_increment에 더 큰 값을 할당할 겁니다.

6.2.5 키-값 쌍 제거하기

딕셔너리에 저장한 정보가 더는 필요치 않으면 del 문을 써서 키-값 쌍을 완전히 제거할 수 있습니다. del 문에서 필요한 것은 딕셔너리와 제거할 키 이름뿐입니다.

예를 들어 alien_0 딕셔너리에서 'points' 키와 그 값을 제거해봅시다.

alien.py

```
alien_0 = {'color': 'green', 'points': 5}
print(alien_0)

del alien_0['points']  # ①
print(alien_0)
```

파이썬은 ①행에서 alien_0 딕셔너리에서 'points' 키를 제거하고, 거기 연결된 값 역시 제거합니다. 출력 결과를 보면 'points' 키와 그 값 5가 딕셔너리에서 삭제됐지만, 나머지 딕셔너리에는 영향이 없는 걸 볼 수 있습니다.

```
{'color': 'green', 'points': 5}
{'color': 'green'}
```

6.2.6 비슷한 객체로 만든 딕셔너리

이전 예제에서는 딕셔너리에 한 가지 객체, 즉 게임에 등장하는 외계인에 관한 정보를 저장했습니다. 딕셔너리에는 여러 객체에 공통인 정보를 저장할 수도 있습니다. 예를 들어 사람들에게 그들이 좋아하는 프로그래밍 언어를 묻는 투표를 한다고 합시다. 딕셔너리는 단순한 투표 결과를 저장할 때도 유용합니다.

```
favorite_languages = {
    'jen': 'python',
    'sarah': 'c',
    'edward': 'ruby',
    'phil': 'python',
    }
```

위 예제에서는 딕셔너리 하나를 여러 행에 나눠 썼습니다. 각 키는 투표에 참여한 사람 이름이며, 각 값은 그들이 선택한 언어입니다. 딕셔너리를 정의할 때 여러 행이 필요하다면, 여는 중괄호 다음에서 엔터 키를 누르십시오. 그리고 한 단계(스페이스 네 개) 들여 쓴 다음 첫 번째 키-값 쌍을 쓰고 콤마를 쓰십시오. 일단 여기까지 하면, 엔터 키를 누를 때마다 텍스트 에디터에서 자동으로 다음 키-값 쌍을 첫 번째 키-값 쌍에 맞춰 들여쓰기 할 겁니다.

딕셔너리 정의를 마쳤으면 닫는 중괄호를 다음 행에 추가하고 딕셔너리의 키-값 쌍들과 나란히 위치하도록 들여 쓰십시오. 마지막 키-값 쌍 다음에도 콤마를 써서, 언제든 키-값 쌍을 추가할 수 있도록 하는 것이 좋은 습관입니다.

다음과 같이 딕셔너리 이름 다음에 투표에 참여한 사람 이름을 쓰면 그들이 좋아하는 언어를 쉽게 알 수 있습니다.

favorite_languages.py

```
favorite_languages = {
    'jen': 'python',
    'sarah': 'c',
    'edward': 'ruby',
    'phil': 'python',
    }

language = favorite_languages['sarah'].title()  # ①
print(f"Sarah's favorite language is {language}.")
```

세라^{Sarah}가 선택한 언어를 확인하는 부분은 다음과 같습니다.

```
favorite_languages['sarah']
```

①에서는 이 문법을 써서 세라가 좋아하는 언어를 딕셔너리에서 가져온 다음 **language** 변수에 할당했습니다. 이렇게 새 변수를 만들면 **print()** 호출 부분이 훨씬 간결해집니다. 출력 결과는 세라가 좋아하는 언어입니다.

```
Sarah's favorite language is C.
```

같은 문법을 써서 딕셔너리에 있는 누구에 관한 정보라도 가져올 수 있습니다.

6.2.7 get()을 사용해 값에 접근하기

대괄호 안에 키를 쓰는 문법으로 딕셔너리에서 원하는 값을 가져오는 방식에는 잠재적 문제가 하나 있습니다. 존재하지 않는 키에 접근하려 하면 에러가 일어난다는 겁니다.

점수 값을 만들지 않은 상태에서 점수 값을 요청하면 어떻게 되는지 실험해봅시다.

alien_no_points.py

```python
alien_0 = {'color': 'green', 'speed': 'slow'}
print(alien_0['points'])
```

다음 트레이스백에서 볼 수 있듯 KeyError가 일어납니다.

```
Traceback (most recent call last):
  File "alien_no_points.py", line 2, in <module>
    print(alien_0['points'])
KeyError: 'points'
```

에러에 대처하는 일반적인 방법은 10장에서 배웁니다. 하지만 딕셔너리에 한해서는, 요청한 키가 존재하지 않을 때 기본값을 대신 반환하는 get() 메서드를 사용해서 문제를 피할 수 있습니다.

get() 메서드의 첫 번째 매개변수는 키입니다. 두 번째 매개변수는 옵션으로, 키가 존재하지 않을 때 반환할 값을 쓸 수 있습니다.

```python
alien_0 = {'color': 'green', 'speed': 'slow'}

point_value = alien_0.get('points', 'No point value assigned.')
print(point_value)
```

'points' 키가 존재하면 그에 해당하는 값을 얻습니다. 존재하지 않으면 기본값을 얻습니다. 여기서는 points 키가 존재하지 않지만, 다음과 같이 에러가 아니라 메시지를 받습니다.

```
No point value assigned.
```

존재하지 않는 키를 요청할 수도 있을 것 같다면, 대괄호 표기법 대신 get() 메서드를 써보십시오.

> **NOTE_** get()의 두 번째 매개변수를 비운 채로 호출했는데 키가 존재하지 않는다면 파이썬은 None을 반환합니다. 특별한 값인 None은 '값이 존재하지 않는다'는 뜻입니다. 이건 에러가 아닙니다. None에 대해서는 8장에서 좀 더 알아봅니다.

6-1. 사람: 딕셔너리에 여러분이 알고 있는 사람에 대한 정보를 저장하십시오. 그 사람의 이름과 성, 나이, 살고 있는 도시를 저장하십시오. first_name, last_name, age, city 같은 키를 사용해야 합니다. 딕셔너리에 저장한 정보를 출력하십시오.

6-2. 좋아하는 숫자: 딕셔너리에 아는 사람이 좋아하는 숫자를 저장하십시오. 다섯 명을 선택해서 그들의 이름을 딕셔너리 키로 사용하십시오. 그들이 좋아하는 숫자를 임의로 정해서 딕셔너리의 값으로 저장하십시오. 각 사람의 이름과 그가 좋아하는 숫자를 출력하십시오. 좀 더 흥미롭게 하고 싶다면 친구 몇 명을 정해서 그들에게 물어본 결과를 데이터로 사용하십시오.

6-3. 사전: 파이썬에서 쓰는 딕셔너리라는 용어에도 사전이라는 뜻이 있지만, 여기서 말하는 사전은 종이로 된 진짜 사전입니다.

- 이전 장에서 배운 프로그래밍 관련 단어 다섯 개를 떠올리십시오. 이 단어들을 사전의 키로 쓰고, 그 의미를 값으로 저장하십시오.

- 각 단어와 그 의미를 깔끔하게 출력하십시오. 단어 다음에 콜론(:)을 출력하고 그 뒤에 의미를 출력해도 되고, 단어를 한 행에 출력한 뒤 그 의미를 다음 행에 들여쓰기로 출력해도 됩니다. 출력할 때는 줄바꿈 문자(\n)를 써서 단어–의미 쌍 사이에 빈 행을 삽입하십시오.

6.3 딕셔너리 순회하기

파이썬 딕셔너리에는 키–값 쌍을 하나만 담을 수도, 수백만 개를 담을 수도 있습니다. 딕셔너리는 어마어마한 양의 데이터를 담을 수 있으므로, 파이썬은 딕셔너리에 루프를 실행할 수 있도록 설계됐습니다. 딕셔너리는 다양한 방법으로 정보를 저장하므로, 순회하는 방법도 다양합니다. 딕셔너리의 키–값 쌍을 순회loop할 수도, 키를 순회할 수도, 값을 순회할 수도 있습니다.

6.3.1 키–값 쌍 순회

순회 방법에 대해 알아보기 전에, 우선 웹사이트 사용자의 정보를 저장하도록 설계된 딕셔너리를 상상해봅시다. 다음 딕셔너리는 사용자 이름과 실제 이름, 성을 저장합니다.

```
user_0 = {
    'username': 'efermi',
    'first': 'enrico',
```

```
        'last': 'fermi',
        }
```

이 장에서 배운 내용을 통해 user_0에 관한 정보에 접근할 수 있습니다. 하지만 사용자 딕셔너리에 저장된 정보를 모두 보려면 어떻게 해야 할까요? 그럴 때는 다음과 같이 for 루프로 딕셔너리를 순회하면 됩니다.

user.py

```
user_0 = {
    'username': 'efermi',
    'first': 'enrico',
    'last': 'fermi',
    }

for key, value in user_0.items():  # ①
    print(f"\nKey: {key}")  # ②
    print(f"Value: {value}")  # ③
```

①에서는 딕셔너리를 순회할 for 루프에서 사용할, 각 키-값 쌍의 키와 값을 저장할 변수 이름을 정했습니다. 이 두 변수의 이름은 원하는 대로 정해도 됩니다. 이 코드는 다음과 같이 변수이름의 약자만 써도 똑같이 동작합니다.

```
    for k, v in user_0.items()
```

①에서 for 문의 나머지 부분은 딕셔너리 이름 다음에 items() 메서드를 썼는데, 이 메서드는 키-값 쌍 리스트를 반환합니다. 그러면 for 루프는 각 쌍을 주어진 변수에 할당합니다. 위 예제에서는 ②에서 각 키를 출력하고, ③에서 각 값을 출력했습니다. ②의 "\n"은 각 키-값 쌍 사이에 다음과 같이 빈 줄을 삽입합니다.

```
Key: username
Value: efermi

Key: first
Value: enrico

Key: last
Value: fermi
```

키–값 쌍 전체를 순회하는 방법은 favorite_languages.py 예제처럼 다양한 키에 비슷한 종류의 정보를 저장할 때 특히 유용합니다. favorite_languages 딕셔너리를 순회한다면 각 사람의 이름과 그 사람이 좋아하는 프로그래밍 언어를 얻게 됩니다. 키는 항상 사람 이름이고 값은 항상 언어이므로 변수를 key, value에서 name, language로 바꿀 수 있습니다. 이렇게 바꾸면 루프 안에서 무슨 일이 일어나는지 훨씬 쉽게 알 수 있습니다.

favorite_language.py

```
favorite_languages = {
    'jen': 'python',
    'sarah': 'c',
    'edward': 'ruby',
    'phil': 'python',
    }

for name, language in favorite_languages.items():  # ①
    print(f"{name.title()}'s favorite language is {language.title()}.")  # ②
```

①은 딕셔너리의 각 키–값 쌍을 순회하라는 명령입니다. 파이썬이 각 쌍을 순회하는 동안 키는 name 변수에, 값은 language 변수에 각각 할당됩니다. 변수 이름 자체가 ②에서 호출한 print() 문이 무슨 일을 하는지 힌트를 주게 됩니다.

겨우 두 줄의 코드로 투표 결과 전체를 표시할 수 있습니다.

```
Jen's favorite language is Python.
Sarah's favorite language is C.
Edward's favorite language is Ruby.
Phil's favorite language is Python.
```

이런 형태의 루프는 딕셔너리에 수천, 수백만 명이 투표한 결과를 저장했더라도 똑같이 동작합니다.

6.3.2 딕셔너리 키 순회하기

keys() 메서드는 딕셔너리의 값 전체가 필요하지는 않을 때 유용합니다. favorite_languages 딕셔너리를 순회하면서 투표에 참여한 사람 이름을 출력해봅시다.

favorite_languages.py

```
favorite_languages = {
    'jen': 'python',
    'sarah': 'c',
    'edward': 'ruby',
    'phil': 'python',
    }

for name in favorite_languages.keys():  # ①
    print(name.title())
```

①행은 파이썬이 favorite_languages 딕셔너리의 키를 전부 가져와서 name 변수에 한 번에 하나씩 할당하게 합니다. 결과는 다음과 같이 투표에 참여한 사람들의 이름입니다.

```
Jen
Sarah
Edward
Phil
```

사실 딕셔너리 순회의 기본 동작은 키를 순회하는 것이므로, 다음과 같이 명령해도 결과는 같습니다.

```
for name in favorite_languages:
```

꼭 다음과 같이 해야만 하는 것은 아닙니다.

```
for name in favorite_languages.keys():
```

keys() 메서드를 명시적으로 쓰는 편이 코드를 읽기 쉽다고 생각하면 그렇게 하면 됩니다. 생략해도 상관 없습니다.

루프 안에서 현재 키에 접근하는 방식으로 원하는 값도 언제든 가져올 수 있습니다. 투표에 참여한 친구에게 그가 선택한 언어에 관한 메시지를 출력해봅시다. 딕셔너리에서 사람 이름을 순회하는 것은 이전과 마찬가지지만, 이번에는 그 이름이 친구 이름과 같을 때 좋아하는 언어에 관한 메시지를 표시할 겁니다.

```
favorite_languages = {
    --생략--
    }

friends = ['phil', 'sarah']  # ①
for name in favorite_languages.keys():
    print(f"Hi {name.title()}.")

    if name in friends:  # ②
        language = favorite_languages[name].title()  # ③
        print(f"\t{name.title()}, I see you love {language}!")
```

①에서는 메시지를 출력할 친구 리스트를 만들었습니다. 루프 안에서는 각 사람의 이름을 출력합니다. ②에서는 현재 이름이 friends 리스트에 있는 이름인지 확인합니다. 현재 이름이 friends 리스트에 있는 이름이라면 그 사람의 이름을 통해 딕셔너리에서 좋아하는 언어를 찾습니다(③). 그리고 선택한 언어가 포함된 특별한 환영 인사를 출력했습니다.

이름은 모두 출력되지만, 친구에게는 특별한 메시지가 추가됩니다.

```
Hi Jen.
Hi Sarah.
    Sarah, I see you love C!
Hi Edward.
Hi Phil.
    Phil, I see you love Python!
```

keys() 메서드를 써서 특정인이 투표에 참여했는지 여부도 알 수 있습니다. 에린(Erin)이 투표를 했는지 알아봅시다.

```
favorite_languages = {
    'jen': 'python',
    'sarah': 'c',
    'edward': 'ruby',
    'phil': 'python',
    }

if 'erin' not in favorite_languages.keys():  # ①
    print("Erin, please take our poll!")
```

keys() 메서드를 루프에만 사용하란 법은 없습니다. keys() 메서드는 실제로 키 전체가 포함된 리스트를 반환하므로, ①처럼 'erin'이 리스트에 있는지도 확인할 수 있습니다. 에린은 투표자 리스트에 없으므로 투표 참여를 권유하는 메시지를 출력했습니다.

```
Erin, please take our poll!
```

6.3.3 정해진 순서로 딕셔너리 키 순회하기

파이썬 3.7에서부터는 딕셔너리를 순회할 때 각 키-값 쌍이 정의/삽입된 순서를 지킵니다. 하지만 때로는 루프 순서를 바꾸고 싶을 때도 있을 겁니다.

한 가지 방법은 for 루프에서 반환하는 키를 정렬sort하는 겁니다. sorted() 함수를 써서 키를 순서대로 정렬할 수 있습니다.

```
favorite_languages = {
    'jen': 'python',
    'sarah': 'c',
    'edward': 'ruby',
    'phil': 'python',
    }

for name in sorted(favorite_languages.keys()):
    print(f"{name.title()}, thank you for taking the poll.")
```

이 for 문은 다른 for 문과 마찬가지지만, dictionary.keys() 메서드를 sorted() 함수로 감쌌다는 점이 다릅니다. 이렇게 하면 파이썬이 딕셔너리의 키를 모두 정렬한 다음 순회를 시작합니다. 출력 결과는 투표에 참여한 사람들을 이름 순서로 정렬한 것입니다.

```
Edward, thank you for taking the poll.
Jen, thank you for taking the poll.
Phil, thank you for taking the poll.
Sarah, thank you for taking the poll.
```

6.3.4 딕셔너리 값 순회

딕셔너리에 담긴 값에만 관심이 있다면 values() 메서드를 써서 키 없이 값만 담긴 리스트를 가져올 수 있습니다. 예를 들어 프로그래밍 언어 투표에서 사람 이름은 빼고 선택된 언어만 리스트로 가져오고자 할 때는 다음과 같이 하면 됩니다.

```
favorite_languages = {
    'jen': 'python',
    'sarah': 'c',
    'edward': 'ruby',
    'phil': 'python',
    }

print("The following languages have been mentioned:")
for language in favorite_languages.values():
    print(language.title())
```

이 for 문은 딕셔너리의 값을 language 변수에 할당합니다. 이 값을 출력하면 선택된 언어 리스트를 알 수 있습니다.

```
The following languages have been mentioned:
Python
C
Ruby
Python
```

이 접근법은 딕셔너리의 값 전체를 가져오되 중복은 체크하지 않습니다. 값 숫자가 적다면 별 문제가 없겠지만, 투표에 참여한 사람이 아주 많다면 중복도 그만큼 많아지게 될 겁니다. 선택된 언어를 중복 없이 보고자 할 때는 세트를 쓰면 됩니다. **세트**^set는 각 아이템이 고유한 데이터 형식입니다.

```
favorite_languages = {
    --생략--
    }

print("The following languages have been mentioned:")
for language in set(favorite_languages.values()):  # ①
    print(language.title())
```

중복된 아이템이 포함된 리스트에 set()를 사용하면 파이썬이 중복된 것을 모두 걸러내고, 유일한 아이템만 따로 뽑아서 세트를 만들어 반환합니다. ①에서 사용한 set()는 favorite_languages.values()에서 언어를 하나씩만 가져옵니다.

결과는 투표에 참여한 사람들이 선택한 언어의 중복 없는 리스트입니다.

```
The following languages have been mentioned:
Python
C
Ruby
```

파이썬을 계속 배우다 보면, 데이터로 하고 싶은 바로 그 일을 간편히 할 수 있도록 도와주는 기능이 내장되어 있는 것을 자주 발견하게 될 겁니다.

> **NOTE_** 중괄호 안에 요소를 콤마로 구분해서 쓰는 것만으로도 세트를 직접 만들 수 있습니다.
>
> ```
> >>> languages = {'python', 'ruby', 'python', 'c'}
> >>> languages
> {'ruby', 'python', 'c'}
> ```

이 문법에서는 중괄호를 사용하므로 세트와 딕셔너리를 혼동할 가능성도 있습니다. 중괄호가 있는데 카-값 쌍이 없다면 아마 그건 세트일 겁니다. 리스트와는 달리, 세트는 아이템의 순서를 보장하지 않습니다.

연습문제

6-4. 사전 2: 이제 딕셔너리를 순회하는 방법을 알았으니 연습문제 6-3의 코드에서 print() 호출 부분을 루프로 바꿔서 깔끔하게 정리하십시오. 루프가 잘 동작하면 파이썬 용어 다섯 개를 사전에 추가하십시오. 프로그램을 다시 실행하면 새로 추가한 단어와 의미가 자동으로 출력 결과에 포함되어야 합니다.

6-5. 강: 아주 큰 강 세 개와 그 강이 흐르는 나라를 딕셔너리에 저장하십시오. 예를 들어 카-값 쌍 중 하나는 'nile': 'egypt' 같은 형태일 겁니다.

- 루프를 써서 각 강에 관한 문장, 예를 들어 The Nile runs through Egypt 같은 문장을 출력하십시오.
- 루프를 써서 딕셔너리에 포함된 각 강의 이름을 출력하십시오.
- 루프를 써서 딕셔너리에 들어 있는 각 나라 이름을 출력하십시오.

6-6. **투표:** 이 연습문제는 favorite_languages.py 페이지의 코드를 재사용합니다.

- 좋아하는 언어 투표에 참가할 사람 리스트를 만드십시오. 사람들 중 일부는 이미 딕셔너리에 들어 있고, 일부는 들어 있지 않게 만드십시오.

- 투표에 참가할 사람 리스트를 순회하십시오. 이미 투표에 참가한 사람이면 응답에 감사한다는 메시지를 출력하십시오. 아직 투표에 참가하지 않은 사람이면 투표에 참가하라고 권하는 메시지를 출력하십시오.

6.4 중첩

때때로 딕셔너리 여러 개를 리스트 안에, 또는 리스트를 딕셔너리 값으로 저장할 때가 있을 겁니다. 이런 것을 **중첩**nesting이라고 부릅니다. 딕셔너리를 리스트 안에, 리스트를 딕셔너리 안에, 심지어 딕셔너리를 다른 딕셔너리 안에 중첩할 수 있습니다. 이어지는 예제들에서 알 수 있겠지만 중첩은 강력한 기능입니다.

6.4.1 딕셔너리 리스트

alien_0 딕셔너리에는 외계인 하나에 관한 정보가 저장되어 있지만, 두 번째 외계인의 정보를 담을 공간도 없고 화면을 가득 채운 외계인의 정보를 담기엔 턱없이 부족합니다. 그렇다면 외계인 함대를 어떻게 관리해야 할까요? 한 가지 방법은 외계인 리스트를 만들고 각 외계인에 관한 정보를 담은 딕셔너리를 넣는 겁니다. 예를 들어 다음 코드는 외계인 셋이 담긴 리스트입니다.

aliens.py

```
alien_0 = {'color': 'green', 'points': 5}
alien_1 = {'color': 'yellow', 'points': 10}
alien_2 = {'color': 'red', 'points': 15}

aliens = [alien_0, alien_1, alien_2]  # ①

for alien in aliens:
    print(alien)
```

먼저 딕셔너리를 세 개 만듭니다. 각각은 서로 다른 외계인에 대응합니다. ①에서 이 딕셔너리들을 aliens 리스트에 저장했습니다. 마지막으로 이 리스트를 순회하며 각 외계인을 출력합니다.

```
{'color': 'green', 'points': 5}
{'color': 'yellow', 'points': 10}
{'color': 'red', 'points': 15}
```

좀 더 현실적인 예제는 외계인이 셋 이상이고, 이들 각각은 자동으로 생성되는 형태일 겁니다. 다음 예제에서는 range()를 써서 외계인 30명으로 구성된 함대를 만들었습니다.

```python
# 외계인을 저장할 빈 리스트를 만듭니다.
aliens = []

# 녹색 외계인을 30명 만듭니다.
for alien_number in range(30):  # ①
    new_alien = {'color': 'green', 'points': 5, 'speed': 'slow'}  # ②
    aliens.append(new_alien)  # ③

# 첫 번째 외계인 다섯 명을 표시합니다.
for alien in aliens[:5]:  # ④
    print(alien)
print("...")

# 만들어진 외계인 총 숫자를 표시합니다.
print(f"Total number of aliens: {len(aliens)}")  # ⑤
```

이 예제는 만들어낼 외계인 전체를 담을 빈 리스트로 시작합니다. ①에서 range()는 연속된 숫자를 반환하는데, 파이썬은 이걸 보고 루프의 반복 횟수를 판단합니다. 루프가 반복될 때마다 ②에서 외계인을 새로 만들고, ③에서 aliens 리스트에 그 외계인을 추가합니다. ④에서는 슬라이스를 써서 첫 번째 외계인 다섯 명을 출력했고, ⑤에서는 외계인 30명으로 구성된 함대를 만들었음을 알리기 위해 리스트 길이를 출력했습니다.

```
{'color': 'green', 'points': 5, 'speed': slow'}
{'color': 'green', 'points': 5, 'speed': slow'}
{'color': 'green', 'points': 5, 'speed': slow'}
{'color': 'green', 'points': 5, 'speed': slow'}
{'color': 'green', 'points': 5, 'speed': slow'}
```

```
...
Total number of aliens: 30
```

이 외계인들의 특징은 모두 같지만, 파이썬은 각각을 별도의 객체로 판단하므로 필요에 따라 개별적으로 수정할 수 있습니다.

이런 리스트를 다루려면 어떻게 해야 할까요? 이 게임의 특징 중 하나는 게임 진행 중에 외계인 일부가 색깔을 바꾸고 더 빨리 움직인다는 겁니다. 색깔을 바꿀 때가 되면 **for** 루프와 **if** 문을 써서 외계인의 색깔을 바꿀 수 있을 겁니다. 예를 들어 처음 세 명의 색깔을 노란색, 중간 속도로 바꾸고 점수는 10점으로 수정한다면 다음과 같은 코드를 쓰면 됩니다.

```python
# 외계인을 저장할 빈 리스트를 만듭니다.
aliens = []

# 녹색 외계인을 30명 만듭니다.
for alien_number in range (30):
    new_alien = {'color': 'green', 'points': 5, 'speed': 'slow'}
    aliens.append(new_alien)

for alien in aliens[:3]:
    if alien['color'] == 'green':
        alien['color'] = 'yellow'
        alien['speed'] = 'medium'
        alien['points'] = 10

# 첫 번째 외계인 다섯 명을 표시합니다.
for alien in aliens[:5]:
    print(alien)
print("...")
```

처음 세 명만 수정할 생각이므로 외계인 처음 세 명만 포함하는 슬라이스를 만들어 순회했습니다. 지금은 모든 외계인이 녹색이지만, 항상 그렇다고 확신할 수는 없으므로 **if** 문을 써서 녹색 외계인만 수정하게 만들었습니다. 외계인이 녹색이었다면 색깔은 **'yellow'**로, 속도는 **'medium'**으로, 점수는 10으로 수정합니다. 따라서 출력 결과는 다음과 같습니다.

```
{'color': 'yellow', 'points': 10, 'speed': 'medium'}
{'color': 'yellow', 'points': 10, 'speed': 'medium'}
```

```
{'color': 'yellow', 'points': 10, 'speed': 'medium'}
{'color': 'green', 'points': 5, 'speed': 'slow'}
{'color': 'green', 'points': 5, 'speed': 'slow'}
...
```

이 루프를 더 확장해서 elif 블록을 추가해 노란색 외계인은 빠르게 움직이는 15점짜리 빨간색 외계인으로 바꿀 수도 있습니다. 전체 프로그램을 다시 설명할 필요는 없겠죠? 루프는 다음과 같을 겁니다.

```
for alien in aliens[0:3]:
    if alien['color'] == 'green':
        alien['color'] = 'yellow'
        alien['speed'] = 'medium'
        alien['points'] = 10
    elif alien['color'] == 'yellow':
        alien['color'] = 'red'
        alien['speed'] = 'fast'
        alien['points'] = 15
```

리스트에 딕셔너리를 많이 담고, 각 딕셔너리는 객체 하나에 대한 정보를 담는 형태는 아주 흔히 쓰이는 구조입니다. 예를 들어 user.py에서 했던 것처럼 딕셔너리에 웹사이트 사용자에 관한 정보를 담고, 이들 딕셔너리를 다시 users 리스트에 담을 수 있습니다. 이 리스트에 담긴 딕셔너리는 모두 구조가 똑같으므로 리스트를 순회할 때 각 딕셔너리에서 똑같은 방법으로 작업할 수 있습니다.

6.4.2 딕셔너리 안의 리스트

딕셔너리 안에 리스트를 담아야 할 때도 있습니다. 예를 들어 누군가가 주문한 피자 정보를 저장한다고 해봅시다. 리스트만 사용할 수 있다고 하면, 진짜로 저장할 수 있는 것은 피자 토핑뿐일 겁니다. 딕셔너리를 사용하면 토핑 리스트는 주문받은 피자의 한 가지 특징으로 정리할 수 있습니다.

다음 예제에서는 각 피자에 관한 정보를 두 가지 저장합니다. 저장하는 것은 크러스트 타입과 토핑 리스트입니다. 토핑 리스트는 'toppings' 키에 저장할 겁니다. 리스트에 담긴 정보가 필요할 때는 다른 딕셔너리와 마찬가지로 딕셔너리 이름 다음에 'toppings' 키를 대괄호 안에 쓰면 됩니다. 그렇게 하면 값 하나가 아니라 토핑 리스트를 가져오게 됩니다.

pizza.py

```
# 주문받은 피자 정보를 저장합니다.
pizza = {  # ①
    'crust': 'thick',
    'toppings': ['mushrooms', 'extra cheese'],
    }

# 주문 요약입니다.
print(f"You ordered a {pizza['crust']}-crust pizza "  # ②
    "with the following toppings:")

for topping in pizza['toppings']:  # ③
    print(f"\t{topping}")
```

①에서는 주문받은 피자 정보를 담을 딕셔너리를 만듭니다. 딕셔너리 키 중 하나는 'crust'이고 그 값은 문자열 'thick'입니다. 다음 키 'toppings'는 주문받은 토핑을 전부 저장할 리스트입니다. ②에서는 피자를 만들기 전에 주문 내용을 다시 확인했습니다. print()로 긴 문장을 출력할 때는 ②와 같이 적절한 곳에서 줄바꿈을 하면서 따옴표로 행을 끝냅니다. 다음 행을 한 수준 들여쓰고 따옴표로 시작한 다음 나머지 문자열을 씁니다. 그러면 파이썬이 자동으로 괄호 안의 문자열을 하나로 합칩니다. 토핑 출력은 for 루프를 썼습니다(③). 'toppings' 키를 썼으므로 파이썬이 딕셔너리에서 토핑 리스트에 접근할 수 있습니다.

다음은 지금부터 만들 피자 요약입니다.

```
You ordered a thick-crust pizza with the following toppings:
    mushrooms
    extra cheese
```

딕셔너리의 키 하나에 하나 이상의 값을 연결하고 싶을 때는 언제든 딕셔너리 안에 리스트를 중첩할 수 있습니다. 좋아하는 프로그래밍 언어를 선택했던 예제에서 참여자의 응답을 리스트에 저장했다면, 참여자는 좋아하는 언어를 하나 이상 선택할 수도 있을 겁니다. 딕셔너리를 순회하면 각 사람과 연결된 값은 언어 하나가 아니라 언어 리스트일 겁니다. 다음과 같이 딕셔너리의 for 루프 안에서 for 루프 하나를 더 써서 각 사람이 좋아하는 리스트를 순회할 수 있습니다.

favorite_languages.py

```python
favorite_languages = {  # ①
    'jen': ['python', 'ruby'],
    'sarah': ['c'],
    'edward': ['ruby', 'go'],
    'phil': ['python', 'haskell'],
    }

for name, languages in favorite_languages.items():  # ②
    print(f"\n{name.title()}'s favorite languages are:")
    for language in languages:  # ③
        print(f"\t{language.title()}")
```

①을 보면 이제 각 이름에 연결된 값이 리스트입니다. 세라는 좋아하는 언어를 하나만 택했고 다른 사람들은 여러 개를 택했습니다. ②에서는 딕셔너리를 순회하면서 languages에 각 값을 담았습니다. 각 값이 리스트인 걸 알고 있으니 변수 이름을 language가 아니라 languages로 정했습니다. ②의 메인 루프 안에서 다른 for 루프를 사용해 각 사람의 좋아하는 언어 리스트를 순회했습니다(③). 이제 각 사람은 좋아하는 언어를 원하는 만큼 나열할 수 있습니다.

```
Jen's favorite languages are:
    Python
    Ruby

Sarah's favorite languages are:
    C

Edward's favorite languages are:
    Ruby
    Go

Phil's favorite languages are:
    Python
    Haskell
```

이 프로그램을 더 다듬고 싶다면, 딕셔너리의 for 루프 시작 부분에 if 문과 len(languages)

를 써서 좋아하는 언어를 하나만 택했는지 여러 개 택했는지 확인할 수 있습니다. 그 사람이 좋아하는 언어가 하나 이상이라면 출력하는 부분을 지금대로 두면 됩니다. 그 사람이 좋아하는 언어가 단 하나라면, 이를 반영하도록 문장을 수정할 수 있습니다. 예를 들어 Sarah's favorite language is C처럼 말입니다.

> **NOTE_** 리스트와 딕셔너리를 너무 깊이 중첩하면 안 됩니다. 지금까지 살펴본 예제보다 더 깊이 중첩했다면, 아마 같은 문제를 더 간단하게 해결하는 방법이 존재할 겁니다.

6.4.3 딕셔너리 안의 딕셔너리

딕셔너리 안에 다른 딕셔너리를 중첩할 수 있지만, 이렇게 하면 코드가 너무 복잡해질 수 있습니다. 예를 들어 웹사이트 사용자가 여러 명인데, 이들은 각각 사용자 이름이 고유하고 이들의 사용자 이름을 딕셔너리 키로 쓰고 있습니다. 그러면 각 사용자 정보를 딕셔너리에 저장하고, 개별 사용자 정보가 담긴 두 번째 딕셔너리는 첫 번째 딕셔너리에서 각 사용자 이름의 값으로 연결할 수 있습니다. 다음 코드를 보면 각 사용자의 이름, 성, 사는 곳의 세 가지 정보를 저장했습니다. 다음과 같이 사용자 이름을 순회하면서 각 사용자 이름에 연결된 정보에 접근하는 형태로 이 정보를 사용할 수 있습니다.

many_users.py

```
users = {
    'aeinstein': {
        'first': 'albert',
        'last': 'einstein',
        'location': 'princeton',
        },

    'mcurie': {
        'first': 'marie',
        'last': 'curie',
        'location': 'paris',
        },

    }
```

```python
for username, user_info in users.items():  # ①
    print(f"\nUsername: {username}")  # ②
    full_name = f"{user_info['first']} {user_info['last']}"  # ③
    location = user_info['location']

    print(f"\tFull name: {full_name.title()}")  # ④
    print(f"\tLocation: {location.title()}")
```

먼저 users 딕셔너리를 만들었고, 여기에는 각 사용자의 사용자 이름인 'aeinstein'와 'mcurie'를 키로 사용했습니다. 각 키에 연결된 값은 해당 사용자의 이름, 성, 사는 곳이 담긴 딕셔너리입니다. ①은 users 딕셔너리를 순회합니다. 파이썬은 각 키를 username 변수에 할당하고 그 사용자 이름에 연결된 딕셔너리는 user_info 변수에 할당합니다. 메인 딕셔너리 루프 안에서 사용자 이름을 출력했습니다(②).

③에서는 내부 딕셔너리에 접근합니다. 사용자 정보 딕셔너리인 user_info 변수에는 'first', 'last', 'location' 세 가지 키가 있습니다. ④에서는 내부 딕셔너리의 키를 써서 각 사용자의 전체 이름과 사는 곳을 다음과 같이 깔끔하게 정리해서 출력했습니다.

```
Username: aeinstein
    Full name: Albert Einstein
    Location: Princeton

Username: mcurie
    Full name: Marie Curie
    Location: Paris
```

이 예제에서는 각 사용자의 딕셔너리 구조를 완전히 동일하게 만들었습니다. 파이썬에서 중첩된 딕셔너리 구조를 완전히 동일하게 유지하라고 요구하는 것은 아니지만, 중첩된 딕셔너리 구조를 동일하게 유지하면 데이터를 처리하기가 쉬워집니다. 만약 각 사용자 딕셔너리마다 키가 달랐다면 루프 내부의 코드는 지금보다 훨씬 복잡했을 겁니다.

6.5 마치며

이 장에서는 딕셔너리를 정의하는 법, 딕셔너리에 저장된 정보를 사용하는 법을 배웠습니다. 딕셔너리의 요소에 접근하고 수정하는 법을 배우고, 딕셔너리의 정보 전체를 순회하는 법을 배웠습니다 딕셔너리의 키-값 쌍, 키, 값을 순회하는 법을 배웠습니다 딕셔너리 여러 개를 리스트 안에, 리스트를 딕셔너리 안에, 딕셔너리를 다른 딕셔너리 안에 중첩하는 법을 배웠습니다

다음 장에서는 while 루프에 대해 배우고 프로그램 사용자의 입력을 받는 방법을 알아봅니다. 이 장은 프로그램을 대화형으로 만들어 사용자 입력에 반응하게 하는, 신나는 장이 될 겁니다.

## CHAPTER 7

사용자 입력과 while 루프

대부분의 프로그램은 최종 사용자의 문제를 해결하기 위해 만들어집니다. 사용자의 문제를 해결하려면 보통 사용자로부터 정보를 받아야 합니다. 단순한 예제로, 누군가 자신이 설문에 응할 수 있는 나이인지 알고 싶다고 합시다. 프로그램이 이 질문에 답할 수 있으려면 답을 하기 전에 사용자의 나이를 알아야 합니다. 따라서 프로그램은 사용자의 나이를 **입력**input받아야 합니다. 일단 프로그램에서 나이를 입력을 받으면 비교해서 설문에 응할 수 있는 나이인지 판단하고 사용자에게 결과를 보고할 수 있습니다.

이 장에서는 프로그램이 사용자 입력을 받는 법을 배웁니다. 프로그램에 이름이 필요하면 사용자에게 이름을 물어볼 수 있습니다. 프로그램에 이름 리스트가 필요하면 사용자에게 여러 이름을 물어볼 수 있습니다. input() 함수를 써서 이런 일을 하게 될 겁니다.

때로는 프로그램을 바로 끝내지 않고 사용자가 정보를 입력하고 이 정보를 사용해야 할 때도 있을 겁니다. 이 장에서는 while 루프를 써서 특정 조건을 만족하는 동안 계속 프로그램을 유지하는 방법도 배우게 될 겁니다.

사용자의 입력을 받고 프로그램 실행 시간을 제어할 수 있게 되면 완전한 대화형 프로그램을 만들 수 있습니다.

7.1 input() 함수가 동작하는 법

input() 함수는 프로그램을 잠시 멈추고 사용자가 텍스트를 입력할 때까지 기다립니다. 파이썬은 사용자 입력을 받으면 간편하게 사용할 수 있도록 변수에 할당합니다. 예를 들어 다음 프로그램은 사용자에게 텍스트 입력을 요청하고 그 메시지를 다시 사용자에게 표시합니다.

parrot.py

```
message = input("Tell me something and I will repeat it back to you: ")
print(message)
```

input() 함수는 매개변수를 하나만 받습니다. 바로 사용자가 직접 입력하도록 기다리는 **프롬프트**prompt*가 뜨는데 이 프롬프트에 입력한 값이 매개변수입니다. 이 예제에서는 첫 번째 행을 실행할 때 사용자에게 Tell me something and I will repeat it back to you:라는 문구가 표시됩니다. 프로그램은 사용자가 응답을 입력할 때까지 대기하고 사용자 입력을 받으면 실행을 계속합니다. 응답은 message 변수에 할당되며 print(message)로 사용자 입력을 표시합니다.

```
Tell me something and I will repeat it back to you: Hello everyone!
Hello everyone!
```

NOTE_ 서브라임 텍스트를 비롯해 에디터 대부분이 사용자에게 입력을 요청하는 프로그램을 제대로 실행하지 못합니다. 물론 에디터에서 프롬프트가 들어 있는 프로그램을 만들 수는 있지만, 이들 프로그램은 터미널에서 실행해야 합니다.

7.1.1 명확한 프롬프트 작성하기

input() 함수를 사용할 때는 명확하고 따라 하기 쉬운 프롬프트(문장)를 써서 사용자가 여러분이 원하는 정보를 정확히 입력할 수 있도록 해야 합니다. 사용자에게 무엇을 입력할지 알리

＊ 역주_ 이미 1장에서도 보았듯이 프롬프트는 운영체제에서 사용자에게 보내지는 메시지를 뜻하기도 합니다. 이 책에서는 메시지와 입력을 기다리는 _ 기호를 모두 의미합니다.

는 문장은 무엇이든 괜찮습니다. 다음 예제를 보세요.

greeter.py

```
name = input("Please enter your name: ")
print(f"\nHello, {name}!")
```

프롬프트 마지막에(이전 예제에서는 콜론 다음) 공백을 추가해 사용자 응답과 프롬프트를 분리하고 사용자가 텍스트를 어디에 입력할지 명확히 드러나게 하세요. 다음 예제를 보세요.

```
Please enter your name: Eric
Hello Eric!
```

이따금 한 행을 넘는 프롬프트가 필요할 때도 있습니다. 예를 들어 사용자에게 어떤 입력을 요구하는 이유를 설명해야 할 수도 있습니다. 이럴 때는 프롬프트를 변수에 할당하고 그 변수를 input() 함수에 넘깁니다. 이렇게 하면 여러 행짜리 프롬프트를 써도 input() 문을 명확하게 만들 수 있습니다.

greeter.py

```
prompt = "If you tell us who you are we can personalize the messages you see."
prompt += "\nWhat is your first name? "

name = input(prompt)
print(f"\nHello, {name}!")
```

이 예제는 여러 줄에 걸치는 문자열을 만드는 한 가지 방법입니다. 첫 번째 행은 메시지의 첫 번째 부분을 prompt 변수에 할당했습니다. 두 번째 행에서는 연산자 +=를 써서 prompt에 할당된 문자열 뒤에 새 문자열을 추가했습니다.

이제 프롬프트는 다시 두 줄로 나뉘고, 물음표 뒤에 공백을 써서 명료하게 표현했습니다.

```
If you tell us who you are we can personalize the messages you see.
What is your first name? Eric

Hello Eric!
```

7.1.2 int()를 써서 숫자형 입력 받기

파이썬은 input() 함수로 입력 받은 내용은 모두 문자열로 간주합니다. 사용자의 나이를 묻는 다음 명령을 보세요.

```
>>> age = input("How old are you? ")
How old are you? 21
>>> age
'21'
```

사용자는 숫자 21을 입력했지만 파이썬은 age의 값을 반환할 때 입력된 숫자형 값의 문자열 표현인 '21'을 반환했습니다. 숫자가 따옴표로 둘러싸여 있으므로 파이썬이 입력을 문자열로 해석했음을 알 수 있습니다. 입력을 출력하기만 한다면 상관없습니다. 하지만 이 입력을 숫자로 사용하려 하면 에러가 일어납니다.

```
>>> age = input("How old are you? ")
How old are you? 21
>>> age >= 18  # ①
Traceback (most recent call last):
  File "" line 1 in
TypeError: unorderable types: str() >= int()  # ②
```

①행에서 입력을 숫자와 비교하려 하면 파이썬은 문자열과 정수를 비교할 수 없으므로 에러를 일으킵니다. age에 할당된 '21'은 문자열로 간주하므로 숫자와 비교할 수 없습니다(②). 이럴 때는 입력을 숫자로 바꾸는 int() 함수로 이 문제를 해결할 수 있습니다. int() 함수는 다음과 같이 숫자의 문자열 표현을 숫자형 표현으로 바꿉니다.

```
>>> age = input("How old are you? ")
How old are you? 21
>>> age = int(age)  # ①
>>> age >= 18
True
```

이 예제에서는 프롬프트에 21을 입력하면 파이썬이 숫자를 문자열로 해석하지만, ①의 int() 가 그 값을 숫자로 바꿉니다. 이제 age에는 숫자형 값 21이 할당되어 있으므로 age가 18보다 크거나 같은지 비교하는 조건 테스트를 할 수 있습니다(이 테스트는 True로 평가됩니다).

그러면 실제 프로그램에서는 int() 함수를 어떻게 써야 할까요? 놀이공원에는 탑승자의 키를 제한하는 롤러코스터가 있습니다. 이때 키를 확인하는 프로그램이 있다고 합시다.

rollercoaster.py

```
height = input("How tall are you in inches? ")
height = int(height)

if height >= 48:
    print("\nYou're tall enough to ride!")
else:
    print("\nYou'll be able to ride when you're a little older.")
```

입력받은 다음에 height = int(height)에서 입력 값을 숫자형 표현으로 바꾸므로 이 프로그램은 height와 48을 비교할 수 있습니다. 입력된 숫자가 48보다 크거나 같으면 사용자는 충분히 키가 크다고 알릴 수 있습니다.*

```
How tall are you in inches? 71

You're tall enough to ride!
```

입력받은 값으로 계산과 비교를 할 때는 잊지 말고 입력받은 값을 숫자형 표현으로 바꾸세요.

7.1.3 나머지 연산자

숫자형 정보를 다룰 때는 **나머지 연산자**modulo operator (%)도 유용합니다. 이 연산자는 나눈 다음 남은 나머지를 반환합니다. 다음을 보세요.

```
>>> 4 % 3
1
>>> 5 % 3
2
>>> 6 % 3
0
```

....
* 역주_ 인치는 미국식 단위고 약 91센티미터 정도입니다. 재미 삼아 변환하는 프로그램을 만들어도 좋겠군요. 1인치는 2.54센티미터입니다.

```
>>> 7 % 3
1
```

나머지 연산자는 나머지만 반환할 뿐 몫은 알려주지 않습니다. 12를 3으로 나누면 몫은 4이지만 나머지가 없으므로 이처럼 나머지가 없을 때 나머지 연산자는 항상 0을 반환합니다. 이 사실을 활용해 어떤 숫자가 짝수인지 홀수인지 판단할 수 있습니다.

even_or_odd.py

```
number = input("Enter a number and I'll tell you if it's even or odd: ")
number = int(number)

if number % 2 == 0:
    print(f"\nThe number {number} is even.")
else:
    print(f"\nThe number {number} is odd.")
```

짝수는 항상 2로 나눌 수 있으므로 어떤 숫자를 2로 나눈 나머지가 0이라면(여기서는 if number % 2 == 0) 그 숫자는 짝수입니다. 그렇지 않다면 홀수입니다.

```
Enter a number and I'll tell you if it's even or odd: 42

The number 42 is even.
```

연습문제

7-1. 렌트카: 프로그램 사용자에게 어떤 종류의 렌트카를 원하는지 묻는 프로그램을 만드세요. 그 렌트카에 대해 "스바루를 찾아보겠습니다." 같은 메시지를 출력하세요.

7-2. 레스토랑 예약: 사용자에게 저녁식사에 몇 명이 오는지 묻는 프로그램을 만드세요. 답이 9명 이상이면 자리가 날 때까지 기다려야 한다는 메시지를 출력하세요. 그렇지 않다면 테이블이 준비됐다고 알리세요.

7-3. 10의 배수: 사용자에게 숫자를 입력받고 그 숫자가 10의 배수인지 아닌지 보고하세요.

7.2 while 루프 소개

for 루프는 항목의 모음을 받고 각 항목마다 코드 블록을 실행합니다. 반면 while 루프는 조건이 참인 **동안** 계속 실행됩니다.

7.2.1 while 루프 사용하기

while 루프를 사용해 숫자를 세보겠습니다. 다음 while 루프는 1부터 5까지 셉니다.

counting.py

```python
current_number = 1
while current_number <= 5:
    print(current_number)
    current_number += 1
```

첫 번째 행에서는 current_number에 값 1을 할당해 1부터 시작했습니다. while 루프는 current_number의 값이 5보다 작거나 같다면 계속 실행되게 만들었습니다. 루프 안의 코드는 current_number의 값을 출력하고 current_number += 1로 값에 1을 더합니다(+= 연산자는 current_number = current_number + 1의 단축 표기입니다).

파이썬은 조건 current_number <= 5을 만족하는 동안 루프를 계속 반복합니다. 먼저 1은 5보다 작으므로 파이썬은 1을 출력하고 1을 더해 현재 숫자를 2로 만듭니다. 2는 5보다 작으므로 파이썬은 2를 출력하고 1을 더해 현재 숫자를 3으로 만들고, 이런 식으로 이 과정을 반복합니다.

일단 current_number의 값이 5를 초과하면 루프가 멈추고 프로그램이 종료됩니다.

```
1
2
3
4
5
```

while 루프는 여러분이 매일 사용하는 대부분의 프로그램에 들어 있습니다. 예를 들어 게임에는 여러분이 원하는 동안 계속 진행하고 빠져나가려 하면 즉시 멈출 수 있는 while 루프가 필요합니다. 프로그램을 멈추라고 명령하지도 않았는데 멈추거나, 멈추고 싶은데도 계속 실행된다면 안 되니 while 루프는 매우 유용하게 쓰입니다.

7.2.2 사용자가 멈출 수 있도록 만들기

parrot.py 프로그램 대부분을 while 루프에 넣어서 사용자가 원할 때 프로그램을 멈추게 할 수 있습니다. **종료 값**quit value을 정의한 뒤 사용자가 종료 값을 입력하지 않는 한 프로그램이 계속 실행되게 하면 됩니다.

parrot.py

```
prompt = "\nTell me something and I will repeat it back to you:"  # ①
prompt += "\nEnter 'quit' to end the program. "
message = ""  # ②
while message != 'quit':  # ③
    message = input(prompt)
    print(message)
```

①에서는 사용자에게 메시지를 입력하거나 종료 값(여기서는 'quit')을 입력하는 두 가지 옵션이 있음을 알리는 프롬프트를 정의했습니다. ②에서는 사용자 입력을 추적할 message 변수를 만들었습니다. message는 빈 문자열 ""로 정의했으므로 파이썬이 처음 while 행에 도달했을 때 체크할 것이 있습니다. 프로그램을 처음 실행하고 파이썬이 while 문에 도달하면 message 값과 'quit'을 비교하지만 아직 사용자는 아무것도 입력하지 않았습니다. 파이썬이 비교할 대상이 없으면 프로그램을 계속 진행할 수 없습니다. 이 문제를 해결하기 위해 message에 초깃값을 지정한 겁니다. 단순한 빈 문자열이지만 파이썬은 이 값을 인식하고 비교하므로 while 루프로 진입할 수 있습니다. ③의 while 루프는 message의 값이 'quit'이 아닌 한 계속 실행됩니다.

while 루프의 처음에서 message는 빈 문자열이므로 파이썬은 루프에 진입합니다. message = input(prompt)에서 파이썬은 프롬프트를 표시하고 사용자 입력을 기다립니다. 사용자가 입력한 내용은 message에 할당되고 출력됩니다. 그런 다음 파이썬은 while 문의 조건을 다시 평가합니다. 사용자가 'quit'을 입력하지 않는 한 프롬프트는 다시 표시되며 파이썬은 사용자가 더 입력하길 기다립니다. 사용자가 마침내 'quit'을 입력하면 파이썬은 while 루프 실행을 멈추고 프로그램이 종료됩니다.

```
Tell me something and I will repeat it back to you:
Enter 'quit' to end the program. Hello everyone!
Hello everyone!

Tell me something and I will repeat it back to you:
Enter 'quit' to end the program. Hello again.
Hello again.

Tell me something and I will repeat it back to you:
Enter 'quit' to end the program. quit
quit
```

이 프로그램은 단어 'quit'을 실제 메시지처럼 출력한다는 것만 제외하면 잘 동작합니다. 단순한 if 테스트를 써서 이 문제를 수정할 수 있습니다.

```python
prompt = "\nTell me something and I will repeat it back to you:"
prompt += "\nEnter 'quit' to end the program. "
message = ""
while message != 'quit':
    message = input(prompt)

    if message != 'quit':
        print(message)
```

이제 프로그램은 메시지를 표시하기 전에 간단한 검사를 하고 메시지가 종료 값과 일치하지 않을 때만 출력합니다.

```
Tell me something and I will repeat it back to you:
Enter 'quit' to end the program. Hello everyone!
Hello everyone!

Tell me something and I will repeat it back to you:
Enter 'quit' to end the program. Hello again.
Hello again.

Tell me something and I will repeat it back to you:
Enter 'quit' to end the program. quit
```

7.2.3 플래그 사용하기

이전 예제에서는 주어진 조건을 만족하는 한 프로그램이 작업을 계속하게 만들었습니다. 하지만 더 복잡한 프로그램에서, 프로그램을 멈추게 해야 하는 조건이 여러 가지라면 어떻게 해야 할까요?

예를 들어 게임이라면 여러 가지 조건에서 게임이 끝납니다. 플레이어의 우주선이 다 파괴되거나, 시간을 다 썼거나, 지켜야 할 도시가 모두 파괴됐다면 게임을 끝내야 합니다. 이런 이벤트 중 뭐라도 일어나면 게임을 끝내야 합니다. 이렇게 종료 조건이 여러 가지일 때 이들 조건을 while 문 하나에서 모두 검사하려면 복잡하고 어렵습니다.

여러 조건 중 맞지 않는 조건이 하나라도 있을 때 프로그램을 끝내야 한다면, 변수 하나를 정의해 전체 프로그램을 계속할지 끝낼지 판단하게 할 수 있습니다. 이런 변수를 **플래그**^{flag}라 부르며 프로그램에 대한 신호처럼 동작합니다. 플래그가 True이면 계속 실행하고, 플래그를 False로 바꾸는 이벤트가 일어나면 멈추도록 프로그램을 고쳐 쓸 수 있습니다. 결과적으로 while 문에서는 조건 단 하나, 즉 플래그가 현재 True인지만 확인하면 됩니다. 그러면 다른 테스트, 즉 플래그를 False로 바꿔야 하는 이벤트가 일어났는지 확인하는 테스트는 프로그램 전체에 걸쳐 적절한 곳에 편하게 쓸 수 있습니다.

이전 섹션의 parrot.py에 플래그를 추가해봅시다. 플래그의 이름은 active로 했으며, 프로그램을 계속 실행할지 멈출지 관찰할 겁니다.

```
prompt = "\nTell me something, and I will repeat it back to you:"
prompt += "\nEnter 'quit' to end the program. "

active = True  # ①
while active:  # ②
    message = input(prompt)

    if message == 'quit':  # ③
        active = False
    else:  # ④
        print(message)
```

①에서는 active 변수를 True로 지정해 프로그램이 활성 상태로 시작하게 했습니다. 이렇게 하면 while 문 안에서는 아무것도 비교할 필요가 없으므로 while 문이 단순해집니다. active

변수를 바꾸는 코드는 프로그램의 다른 부분에서 담당합니다. active 변수가 True인 한 ②의 루프는 계속 실행됩니다.

일단 사용자가 뭔가 입력하면 while 루프 내부의 if 문이 message의 값을 체크합니다. 사용자가 'quit'을 입력했다면 ③에서 active를 False로 설정하고 while 루프는 멈춥니다. 사용자가 'quit'이 아닌 값을 입력했다면 ④에서 입력 메시지를 출력합니다.

이 프로그램의 출력 결과는 while 문 안에서 조건을 테스트한 이전 예제와 같습니다. 하지만 이제는 전체 프로그램이 활성 상태인지 나타내는 플래그가 있으므로, active를 False로 바꾸는 이벤트가 있었는지 알아보는 테스트(elif 문 같은)를 더 쉽게 추가할 수 있습니다. 이런 방법은 게임처럼 프로그램을 끝내는 조건이 여러 가지인 복잡한 프로그램에 유용합니다. 이런 이벤트들 중 하나라도 플래그(active)를 False로 바꾸면 주요 게임 루프가 끝나면서 '게임 오버' 메시지를 표시하고 플레이어는 게임을 다시 시작할 수 있습니다.

7.2.4 break로 루프 빠져나가기

조건 테스트 결과와 상관없이 남은 코드를 실행하지 않고 while 루프를 즉시 빠져나가려면 break 문을 사용합니다. break 문은 프로그램 흐름을 바꿉니다. break 문으로 어느 행을 실행하고 어느 행은 실행하지 않을지 결정할 수 있으므로 프로그램은 여러분이 원하는 코드를 여러분이 원할 때 실행합니다.

예를 들어 사용자에게 방문했던 장소를 묻는 프로그램을 만든다고 합시다. 사용자가 'quit'을 입력하는 즉시 break를 호출해서 while 루프를 멈출 수 있습니다.

cities.py

```
prompt = "\please enter the name of a city you have visited:"
prompt += "\n(Enter 'quit' when you are finished.) "

while True:  # ①
    city = input(prompt)

    if city == 'quit':
        break
    else:
        print(f"I'd love to go to {city.title()}!")
```

①의 루프는 while True로 시작했으므로 break 문이 없으면 영원히 실행됩니다. 이 프로그램의 루프는 사용자가 'quit'을 입력해 멈출 때까지 방문했던 도시 이름을 계속 묻습니다. 사용자가 'quit'을 입력하면 break 문이 실행되어 루프가 멈춥니다.

```
Please enter the name of a city you have visited:
(Enter 'quit' when you are finished.) New York
I'd love to go to New York!

Please enter the name of a city you have visited:
(Enter 'quit' when you are finished.) San Francisco
I'd love to go to San Francisco!

Please enter the name of a city you have visited:
(Enter 'quit' when you are finished.) quit
```

NOTE_ break 문은 파이썬 루프 어디에서든 쓸 수 있습니다. 예를 들어 리스트나 딕셔너리에 실행한 for 루프에도 break를 쓸 수 있습니다.

7.2.5 루프에서 continue 문 사용하기

continue 문을 쓰면 조건 테스트 결과에 따라 루프 처음으로 돌아갈 수 있습니다. 예를 들어 1부터 10까지 세지만 홀수만 출력하는 루프를 만들어봅시다.

counting.py

```
current_number = 0
while current_number < 10:
    current_number += 1  # ①
    if current_number % 2 == 0:
        continue

    print(current_number)
```

먼저 시작값인 current_number를 0으로 설정했습니다. 이 값은 10보다 작으므로 while 루프에 진입합니다. 일단 루프에 들어오면 ①에서 1을 더하므로 current_number는 1입니다.

그리고 if 문에서 current_number를 2로 나눈 나머지를 검사합니다. 나머지가 0이면, 즉 current_number가 2로 나뉠 수 있는 숫자이면 continue 문은 파이썬이 루프의 나머지 코드를 무시하고 처음으로 돌아가게 합니다. 현재 숫자를 2로 나눌 수 없으면 루프의 나머지 코드가 실행되어 현재 숫자를 출력합니다.

```
1
3
5
7
9
```

7.2.6 무한 루프 피하기

모든 while 루프에는 멈출 방법이 필요합니다. 예를 들어 이 루프는 1부터 5까지 세려고 만들었습니다.

counting.py

```
x = 1
while x <= 5:
    print(x)
    x += 1
```

하지만 실수로 다음과 같이 x += 1 행을 빼먹으면 이 루프는 영원히 실행됩니다.

```
# 이 프로그램은 영원히 실행됩니다!
x = 1
while x <= 5:
    print(x)
```

이제 x의 값은 1로 시작하긴 하지만 절대 바뀌지 않습니다. 결과적으로 조건 테스트 x <= 5는 항상 True로 평가되고 while 루프는 다음과 같이 영원히 1을 출력합니다.

```
1
1
1
1
--생략--
```

때때로 프로그래머는 실수로 무한한 while 루프를 만들기도 하며, 특히 루프의 종료 조건이 모호하다면 그럴 위험이 큽니다. 프로그램이 무한 루프에 빠진다면 **컨트롤-C**를 누르거나 프로그램 출력이 표시되는 터미널 창을 닫으세요.

무한 루프를 피하려면 모든 while 루프를 테스트해서 예상대로 멈추는지 확인하세요. 사용자가 특정 값을 입력했을 때 프로그램이 멈추길 원한다면 프로그램을 실행하고 그 값을 입력해보세요. 프로그램이 멈추지 않으면 프로그램에서 루프의 종료 조건인 값을 어떻게 처리하는지 훑어보세요. 최소한 프로그램의 한 부분에서는 루프 조건을 False로 만들거나 break 문을 호출해야 합니다.

NOTE_ 서브라임 텍스트를 포함해 일부 에디터에는 출력 창이 포함되어 있습니다. 이런 창에서는 무한 루프를 멈추기 어려우며 에디터 자체를 닫아야 할 수도 있습니다.

연습문제

7-4. 피자 토핑: 사용자가 'quit' 값을 입력할 때까지 계속해서 어떤 피자 토핑을 추가할지 물어보는 루프를 만드세요. 사용자가 토핑을 입력하면 그 토핑을 피자에 추가하겠다는 메시지를 출력하세요.

7-5. 영화 입장권: 극장에서 관객의 나이에 따라 입장권 가격을 다르게 판매하고 있습니다. 관객이 3세 미만이면 입장권은 무료입니다. 3세 이상 12세 이하면 입장권은 10달러이고, 13세 이상이면 입장권은 15달러입니다. 사용자에게 나이를 묻는 루프를 만들고, 나이를 입력하면 영화 입장권 가격을 출력하세요.

7-6. 세 가지 탈출구: 연습문제 7-4나 연습문제 7-5의 다른 버전을 만들되, 다음 세 가지 방법을 최소한 한 번씩은 쓰세요.

- while 문 안에서 조건 테스트를 이용해 루프를 끝내세요.

- active 변수를 사용해 루프를 끝내세요.

- 사용자가 'quit' 값을 입력하면 break 문으로 루프를 빠져나가세요.

7-7. 무한 루프: 절대 끝나지 않는 루프를 만들고 실행하세요. 루프를 끝내려면 컨트롤-C를 누르거나 결과 창을 닫으세요.

7.3 리스트와 딕셔너리에 while 루프 사용하기

지금까지는 사용자 정보를 한 번에 하나씩 사용했습니다. 사용자의 입력을 받고 그 입력을 출력하거나 응답을 출력했습니다. 이번에는 while 루프 안에서 입력 값을 하나 더 받고 거기에 응답할 겁니다. 이렇게 여러 사용자와 정보를 추적하려면 while 루프 안에서 리스트와 딕셔너리를 써야 합니다.

리스트에 루프를 실행할 때는 for 루프가 효과적이지만, for 루프 안에서 리스트를 수정하면 파이썬이 리스트 항목을 추적할 때 문제가 생기므로 좋은 방법이 아닙니다. 리스트를 순회하면서 수정하려면 while 루프를 쓰세요. 리스트와 딕셔너리에 while 루프를 실행하면 많은 양의 입력을 수집, 저장, 정리해서 나중에 활용할 수 있습니다.

7.3.1 항목을 리스트에서 다른 리스트로 옮기기

웹사이트에 새로 등록했지만 아직 확인되지 않은 사용자 리스트가 있다고 합시다. 이들 사용자를 확인한 다음에, 다른 리스트인 확인된 사용자 리스트로 옮기려면 어떻게 해야 할까요? 한 가지 방법은 while 루프를 써서 확인되지 않은 사용자 리스트에서 사용자를 꺼내 확인된 사용자 리스트에 추가하는 겁니다. 다음 예제를 보세요.

onfirmed_users.py

```
# 확인해야 하는 사용자 리스트,
# 확인된 사용자를 저장할 빈 리스트로 시작합니다
unconfirmed users = ['alice', 'brain', 'Candace']  # ①
confirmed users = []

# 확인되지 않은 사용자가 더는 없을 때까지 각 사용자를 확인합니다
# 확인된 사용자는 확인된 사용자 리스트로 옮깁니다
while unconfirmed_users:  # ②
    current_user = unconfirmed_users.pop()  # ③

    print(f"Verifying user: {current_user.title()}")
    confirmed_users.append(current_user)  # ④

# 확인된 사용자를 모두 표시합니다
```

```
print("\nThe following users have been confirmed:")
for confirmed_user in confirmed_users:
    print(confirmed_user.title())
```

①에서는 확인되지 않은 사용자 리스트(Alice, Brian, Candace)와 확인된 사용자를 담을 빈 리스트로 시작합니다. ②의 while 루프는 unconfirmed_users 리스트가 비어 있지 않은 한 계속 실행됩니다. 이 루프 안에서 ③의 pop() 메서드는 unconfirmed_users의 마지막에서 부터 확인되지 않은 사용자를 한 번에 하나씩 제거합니다. Candace는 unconfirmed_users 리스트의 마지막에 있으므로 그녀의 이름이 첫 번째로 제거되고, current_user에 할당됐다가 ④에서 confirmed_users 리스트에 추가됩니다. 다음은 Brian이고, 그다음은 Alice입니다.

각 사용자에서 확인 메시지를 출력하고 확인된 사용자 리스트로 옮기는 것으로 사용자 확인을 흉내 냈습니다. 확인되지 않은 사용자 리스트가 줄어들면서 확인된 사용자 리스트는 커집니다. 확인되지 않은 사용자 리스트가 텅 비면 루프가 멈추고 확인된 사용자 리스트가 출력됩니다.

```
Verifying user: Candace
Verifying user: Brian
Verifying user: Alice

The following users have been confirmed:
Candace
Brian
Alice
```

7.3.2 리스트에서 특정 값을 모두 제거하기

3장에서는 remove()를 써서 특정 값을 리스트에서 제거했습니다. remove() 함수가 원하는 대로 동작한 것은 제거하길 원하는 값이 리스트에 단 하나씩만 존재했기 때문입니다. 하지만 리스트에서 특정 값을 모두 제거하려면 어떻게 해야 할까요?

'cat' 값이 여러 번 반복된 리스트가 있다고 합시다. 그 값을 모두 제거하려면 다음과 같이 리스트에 'cat'이 더는 존재하지 않을 때까지 while 루프를 실행하면 됩니다.

pets.py

```python
pets = ['dog', 'cat', 'dog', 'goldfish', 'cat', 'rabbit', 'cat']
print(pets)

while 'cat' in pets:
    pets.remove('cat')

print(pets)
```

'cat'이 여러 개 들어 있는 리스트로 시작했습니다. 파이썬은 리스트를 출력한 뒤 값 'cat'이 리스트에 하나 이상 존재하므로 while 루프에 진입합니다. 루프에 진입하면 첫 번째 'cat'을 제거하고, 'cat'이 여전히 리스트에 있으므로 while 루프에 다시 진입합니다. 파이썬은 리스트에 'cat'이 더는 없을 때까지 제거한 다음 루프를 빠져 나와 리스트를 다시 출력합니다.

```
['dog', 'cat', 'dog', 'goldfish', 'cat', 'rabbit', 'cat']
['dog', 'dog', 'goldfish', 'rabbit']
```

7.3.3 사용자가 입력한 값으로 딕셔너리 채우기

while 루프 안에서 필요한 만큼 입력을 받을 수 있습니다. 루프가 반복될 때마다 참가자 이름과 응답을 묻는 설문 프로그램을 만들어봅시다. 각 응답을 특정 사용자와 연결해야 하므로 수집한 데이터는 딕셔너리에 저장합니다.

mountain_poll.py

```python
responses = {}

# 설문이 활성화됐다는 플래그를 설정합니다
polling_active = True

while polling_active:
    # 이름과 응답을 묻습니다
    name = input("\nWhat is your name? ")  # ①
    response = input("Which mountain would you like to climb someday? ")

    # 응답을 딕셔너리에 저장합니다
```

```
    responses[name] = response  # ②

    # 다른 사람도 설문에 참여할지 묻습니다
    repeat = input("Would you like to let another person respond? (yes/ no) ")  # ③
    if repeat == 'no':
        polling_active = False

# 설문이 끝났습니다. 결과를 출력합니다
print("\n--- Poll Results ---")
for name, response in responses.items():  # ④
    print(f"{name} would like to climb {response}.")
```

이 프로그램은 먼저 빈 딕셔너리 responses와 설문이 활성화됐다는 플래그 polling_active를 정의합니다. polling_active가 True인 한 파이썬은 while 루프의 코드를 계속 실행합니다.

루프 안 ①에서 사용자는 이름과 올라가보고 싶은 산을 묻는 프롬프트를 받습니다. ②에서는 이 정보를 responses 딕셔너리에 저장하고, ③에서는 설문을 계속할지 묻습니다. yes를 입력하면 프로그램은 while 루프에 다시 진입합니다. no를 입력하면 polling_active 플래그가 False로 바뀌고 while 루프를 빠져 나와 설문 결과를 표시하는 마지막 코드 블록이 실행됩니다(④).

이 프로그램을 실행하고 몇 가지 샘플 응답을 입력하면 다음과 같이 출력됩니다.

```
What is your name? Eric
Which mountain would you like to climb someday? Denali
Would you like to let another person respond? (yes/ no) yes

What is your name? Lynn
Which mountain would you like to climb someday? Devil's Thumb
Would you like to let another person respond? (yes/ no) no


--- Poll Results ---
Eric would like to climb Denali.
Lynn would like to climb Devil's Thumb.
```

7.4 마치며

이 장에서는 input()을 사용해 사용자로부터 정보를 받는 방법을 배웠습니다. 텍스트와 숫자형 입력을 다루는 법을 배웠고 while 루프를 이용해 사용자가 원하는 만큼 오래 프로그램을 실행하는 법도 배웠습니다. active 플래그, break 문, continue 문을 사용해 while 루프의 흐름을 조절하는 여러 가지 방법을 배웠습니다. while 루프를 써서 항목을 리스트에서 다른 리스트로 옮기는 법, 리스트에서 특정 값을 모두 제거하는 법도 배웠습니다. while 루프를 딕셔너리와 함께 사용하는 법도 배웠습니다.

8장에서는 함수에 대해 배웁니다. 함수는 프로그램을 작은 부분으로 나누며, 각 부분은 특정한 작업을 수행합니다. 함수는 원하는 만큼 여러 번 호출할 수 있으며, 별도의 파일에 저장할 수도 있습니다. 함수를 쓰면 문제 해결과 관리가 쉬운, 그리고 여러 프로그램에서 재사용할 수 있는 코드를 만들어 더 효율적으로 사용할 수 있습니다.

## CHAPTER 8

함수

이 장에서는 한 가지 작업을 수행하도록 디자인된 코드 블록인 **함수**^{function}에 대해 배웁니다. 함수에서 정의한 작업을 실행하고 싶을 때는 함수를 **호출**^{call}합니다. 그 작업을 여러 번 실행해야 하더라도 같은 코드를 몇 번이고 다시 쓸 필요는 없습니다. 그 작업 전용으로 만든 함수를 호출하기만 하면 파이썬이 함수 내부의 코드를 실행합니다. 함수를 쓰면 프로그램을 쉽게 만들고, 읽고, 수정할 수 있습니다.

이 장에서는 함수에 정보를 전달하는 방법도 배웁니다. 화면에 정보를 표시하는 함수, 데이터를 처리하고 값을 반환하는 함수를 만들 수 있게 됩니다. 마지막으로, 함수를 **모듈**^{module}이라 불리는 별도의 파일에 저장해서 메인 프로그램 파일을 깔끔하게 정리하는 법도 배웁니다.

8.1 함수 정의

다음은 사용자에게 환영 인사를 표시하는 greet_user() 함수입니다.

greeter.py

```
def greet_user():  # ①
    """간단한 환영 인사를 표시합니다"""  # ②
    print("Hello!")  # ③

greet_user()  # ④
```

이 예제는 함수의 가장 간단한 구조입니다. ①행의 키워드 `def`은 파이썬에게 지금부터 함수를 정의한다고 알립니다. ①행은 함수 이름과, (필요하다면) 함수에 어떤 정보가 필요한지 알리는 **함수 정의**function definition입니다. 필요한 정보는 괄호 안에 씁니다. 여기서 함수 이름은 `greet_user()`이며 추가 정보는 필요 없으므로 괄호는 비어 있습니다. 추가 정보가 없더라도 괄호 자체는 써야 합니다. 함수 정의는 콜론으로 끝납니다.

`def greet_user():` 다음의 들여 쓴 행은 모두 함수의 **바디**body입니다. ②는 도큐먼트 스트링document string 혹은 **독스트링**docstring이라 불리는 주석인데 함수가 무슨 일을 하는지 설명하는 주석입니다. 독스트링은 `"""`**따옴표 세 개**`"""`로 둘러쌉니다. 파이썬에서 프로그램 문서를 만들 때는 따옴표 세 개로 둘러싸인 독스트링을 사용합니다.

> **NOTE_** 아무리 간단한 함수여도 반드시 독스트링을 작성하길 권합니다.

③행의 `print("Hello!")`는 이 함수의 바디에서 유일한 실제 코드입니다. 사실 `greet_user()` 함수가 하는 일은 `print("Hello!")`뿐입니다.

터무니없이 간단하지만, 이 함수를 사용하고 싶을 때는 '호출'을 하면 됩니다. 함수를 호출하면 파이썬은 함수 안의 코드를 실행합니다. 함수를 호출할 때는 ④처럼 먼저 함수 이름을 쓰고, 필요한 정보가 있다면 괄호 안에 씁니다. 여기서는 추가 정보가 필요 없으므로 `greet_user()`라고만 하면 함수 호출이 끝납니다. 따로 출력 화면을 볼 필요 없이 이 함수는 `Hello!`를 출력합니다.

```
Hello!
```

8.1.1 함수에 정보 전달

`greet_user()`를 조금만 수정해서 `Hello!` 다음에 사용자 이름까지 부르면서 환영해봅시다. 함수 정의인 `def greet_user()`의 괄호 안에 `username`을 넣어 이름을 받아오겠습니다(이 부분은 곧이어 자세히 설명하겠습니다). 이제 함수는 자신을 호출할 때마다 `username`의 값을 받을 거라고 예상합니다. 이제 `greet_user()`를 호출할 때 괄호 안에 `'jesse'` 같은 이름을 넘길 수 있습니다.

```
def greet_user(username):
    """간단한 환영 인사를 표시합니다"""
    print(f"Hello, {username.title()}!")

greet_user('jesse')
```

greet_user('jesse')는 greet_user()를 호출하면서 print() 호출에 필요한 정보를 넘깁니다. 함수는 당신이 제공한 이름을 받아서 환영 인사를 표시합니다.

```
Hello, Jesse!
```

마찬가지로 greet_user('sarah')를 실행하면 greet_user()를 호출하면서 'sarah'를 넘기고 Hello, Sarah!를 출력합니다. 원할 때마다 greet_user()를 호출하고 예측 가능한 결과를 얻을 수 있습니다.

8.1.2 매개변수

greet_user() 함수는 변수 username을 요구하도록 정의했습니다. 함수를 호출하고 사람 이름을 넘기면 알맞은 환영 인사를 출력했습니다.

greet_user()의 정의에서 변수 username을 매개변수parameter라고 합니다. 매개변수는 함수가 작업을 하기 위해 필요한 정보입니다. greet_user('jesse')의 'jesse' 역시 매개변수argument입니다.* 함수를 호출할 때 전달하는 값도 매개변수라고 부릅니다. 함수를 호출할 때는 함수가 사용하길 원하는 값을 괄호 안에 넣습니다. 여기서는 매개변수 'jesse'가 함수 greet_user()에 전달됐고 변수 username에 할당됐습니다.

---

* 역주_ 엄밀하게는 parameter와 argument를 구분하기도 하지만 이 책에서는 구분하지 않고 사용하겠습니다.

8.2 매개변수 전달

함수를 정의할 때 매개변수를 여러 개 받도록 정의할 수 있습니다. 따라서 때에 따라 함수를 호출할 때 매개변수를 여러 개 전달할 수 있습니다. 함수에 매개변수를 전달하는 방법은 여러 가지입니다. 함수 정의에서 매개변수를 정의한 순서대로 넘기는 **위치형 매개변수**를 쓸 수 있고, 각 매개변수가 변수 이름과 값으로 구성되는 **키워드 매개변수**^{keyword argument}를 쓸 수도 있고, 리스트나 딕셔너리를 쓸 수도 있습니다. 하나씩 살펴봅시다.

8.2.1 위치형 매개변수

함수를 호출하면 파이썬은 넘겨받은 각 매개변수를 함수 정의에 포함된 매개변수와 맞춥니다. 가장 단순한 방법은 매개변수가 제공된 순서대로 맞추는 겁니다. 이런 식으로 맞춰진 값을 **위치형 매개변수**^{positional argument} 라고 부릅니다.

반려동물에 관한 정보를 출력하는 함수가 있다고 합시다. 이 함수는 다음과 같이 각 반려동물의 종류와 이름을 표시합니다.

pets.py

```python
def describe_pet(animal_type, pet_name):  # ①
    """반려동물에 관한 정보를 출력합니다"""
    print(f"\nI have a {animal_type}.")
    print(f"My {animal_type}'s name is {pet_name.title()}.")

describe_pet('hamster', 'harry')  # ②
```

①행의 함수 정의는 이 함수에 반려동물 종류와 이름이 필요함을 나타냅니다. describe_pet()을 호출할 때는 종류와 이름을 순서대로 제공해야 합니다. 예를 들어 이 예제에서는 ②처럼 animal_type에 할당될 값 'hamster'와 pet_name에 할당될 값 'harry'를 순서대로 제공했습니다. 함수 본문에서는 이 두 매개변수를 써서 지금 설명하고 있는 반려동물에 관한 정보를 표시했습니다.

출력 결과는 해리라는 햄스터에 대한 내용입니다.

```
I have a hamster.
My hamster's name is Harry.
```

함수 여러 번 호출하기

함수는 필요한 만큼 여러 번 호출할 수 있습니다. 두 번째로 다른 반려동물에 대해 설명하려 할 때는 describe_pet()을 한 번 더 호출하기만 하면 됩니다.

```python
def describe_pet(animal_type, pet_name):
    """반려동물에 관한 정보를 출력합니다"""
    print(f"\nI have a {animal_type}.")
    print(f"My {animal_type}'s name is {pet_name.title()}.")

describe_pet('hamster', 'harry')
describe_pet('dog', 'willie')
```

두 번째 호출에서는 describe_pet()에 'dog'과 'willie'를 넘겼습니다. 이전과 마찬가지로 파이썬은 'dog'을 animal_type에, 'willie'를 pet_name에 연결합니다. 이전과 마찬가지로 함수가 실행되며 이번에는 윌리라는 개에 관한 내용을 출력합니다. 이제 햄스터 해리와 개 윌리에 대해 알게 됐습니다.

```
I have a hamster.
My hamster's name is Harry.

I have a dog.
My dog's name is Willie.
```

함수를 여러 번 호출하는 건 매우 효율적입니다. 반려동물을 설명하는 코드는 함수 안에 한 번만 작성했습니다. 다음에는 새 반려동물에 관해 설명하고 싶을 때마다 새 반려동물의 정보와함께 함수를 호출하기만 하면 됩니다. 반려동물에 관해 설명하는 코드가 열 줄이 넘더라도 새반려동물을 설명할 때는 함수를 다시 호출하는 한 줄이면 됩니다.

위치형 매개변수는 원하는 만큼 많이 쓸 수 있습니다. 함수를 호출하면 파이썬은 제공받은 매개변수를 순회하며 함수 정의에서 대응하는 매개변수와 연결합니다.

순서가 중요한 위치형 매개변수

함수를 호출할 때 위치형 매개변수를 쓰면서 순서를 틀리면 예상치 못한 결과가 발생할 수 있습니다.

```python
def describe_pet(animal_type, pet_name):
    """반려동물에 관한 정보를 출력합니다"""
    print(f"\nI have a {animal_type}.")
    print(f"My {animal_type}'s name is {pet_name.title()}.")

describe_pet('harry', 'hamster')
```

이번에는 함수를 호출하면서 이름을 첫 번째로, 종류를 두 번째로 넘겼습니다. 매개변수 'harry'가 처음 제공됐으므로 이 값이 animal_type에 저장됩니다. 마찬가지로 'hamster'는 pet_name에 저장됩니다. 이제 우리에겐 햄스터[hamster]라는 이름의 해리[harry]가 있습니다.

```
I have a harry.
My harry's name is Hamster.
```

결과가 좀 웃기죠? 이렇게 우스운 결과가 나왔다면 함수를 호출할 때 제공한 매개변수 순서가 함수를 정의할 때의 순서와 같은지 확인하세요.

8.2.2 키워드 매개변수

키워드 매개변수[keyword argument]는 함수에 넘기는 키-값 쌍입니다. 매개변수 안에 이름과 값을 묶으므로 함수에 매개변수를 전달할 때 혼란스러운 일이 없고, 앞서처럼 햄스터라는 이름의 해리가 생기지도 않습니다. 키워드 매개변수를 쓰면 함수를 호출할 때 순서를 걱정할 필요도 없고, 각 값의 역할이 명확히 드러납니다.

describe_pet()을 호출할 때 키워드 매개변수를 쓰도록 pets.py를 고쳐봅시다.

```
def describe_pet(animal_type, pet_name):
    """반려동물에 관한 정보를 출력합니다"""
    print(f"\nI have a {animal_type}.")
    print(f"My {animal_type}'s name is {pet_name.title()}.")

describe_pet(animal_type='hamster', pet_name='harry')
```

describe_pet() 자체는 바뀌지 않았습니다. 하지만 이번에는 함수를 호출하면서 어떤 매개변수에 어떤 값을 연결할지 명시적으로 지정했습니다. 파이썬은 이 함수 호출을 읽으면서 'hamster'를 animal_type에, 'harry'를 pet_name에 할당해야 한다는 걸 알게 됩니다. 결과는 해리라는 이름의 햄스터입니다.

값을 어디에 연결할지 명확하므로 매개변수 순서는 문제가 되지 않습니다. 다음 두 함수 호출은 똑같습니다.

```
describe_pet(animal_type='hamster', pet_name='harry')
describe_pet(pet_name='harry', animal_type='hamster')
```

NOTE_ 키워드 매개변수를 사용할 때는 함수 정의에서 사용한 매개변수 이름을 정확히 쓰세요.

8.2.3 기본값

함수를 만들 때 각 매개변수의 **기본값**default value을 정할 수 있습니다. 함수를 호출할 때 매개변수를 넘기면 파이썬은 그 값을 사용합니다. 그렇지 않다면 매개변수의 기본값을 사용합니다. 따라서 매개변수의 기본값을 정의해두면 함수를 호출할 때 해당 매개변수는 생략해도 됩니다. 기본값을 쓰면 함수 호출이 단순해지고 함수를 사용하는 방법이 명확해집니다.

예를 들어 describe_pet() 호출이 대부분 개에 관한 내용이라면 animal_type의 기본값을

'dog'으로 정할 수 있습니다. 이제 애완견에 대해 설명하려고 describe_pet()을 호출하는 사람은 그 정보를 생략해도 됩니다.

```python
def describe_pet(pet_name, animal_type='dog'):
    """반려동물에 관한 정보를 출력합니다"""
    print(f"\nI have a {animal_type}.")
    print(f"My {animal_type}'s name is {pet_name.title()}.")

describe_pet(pet_name='willie')
```

describe_pet()의 정의를 수정해서 animal_type의 기본값을 'dog'으로 정했습니다. 이제 animal_type을 명시하지 않고 함수를 호출하면 파이썬은 그 값에 'dog'을 사용합니다.

```
I have a dog.
My dog's name is Willie.
```

함수 정의에서 매개변수 순서가 바뀐 걸 주목하세요. 기본값을 정했으니 동물 종류를 매개변수로 꼭 써야 하는 건 아니고 필수 매개변수는 반려동물 이름 하나만 남았습니다. 파이썬은 여전히 넘겨받은 값을 위치형 매개변수로 해석하므로, 함수에 반려동물 이름 하나만 넘기면 그 값은 함수 정의의 첫 번째 매개변수와 연결됩니다. 따라서 첫 번째 매개변수는 pet_name이어야 합니다.

이제 이 함수를 사용하는 가장 단순한 방법은 호출하면서 개 이름 하나만 전달하는 겁니다.

```python
describe_pet('willie')
```

이렇게 호출한 결과는 이전 예제와 같습니다. 제공된 매개변수는 'willie' 하나뿐이므로 함수 정의의 첫 번째 매개변수인 pet_name과 연결됩니다. animal_type에는 매개변수가 제공되지 않았으므로 파이썬은 기본값인 'dog'을 사용합니다.

개가 아닌 다른 반려동물을 설명하려면 함수를 다음과 같이 호출합니다.

```python
describe_pet(pet_name='harry', animal_type='hamster')
```

animal_type에 명시적으로 값을 제공했으므로 파이썬은 기본값을 무시합니다.

8.2.4 동등한 함수 호출

위치형 매개변수와 키워드 매개변수, 기본값을 모두 함께 쓸 수 있으므로 함수 하나를 여러 가지 방법으로 호출할 수 있을 때가 많습니다. 기본값을 하나 쓴 다음 함수 describe_pet()을 보세요.

```
def describe_pet(pet_name, animal_type='dog'):
```

이 정의에서는 **pet_name** 매개변수에 항상 값을 제공해야 하며 위치형 매개변수인지 키워드 매개변수인지는 상관없습니다. 반려동물이 개가 아니라면 **animal_type**에도 반드시 값을 제공해야 하며 역시 위치형 매개변수인지 키워드 매개변수인지는 상관없습니다.

이 함수는 다음과 같은 방법으로 호출할 수 있습니다.

```
# 윌리라는 개
describe_pet('willie')
describe_pet(pet_name='willie')

# 햄스터 해리
describe_pet('harry', 'hamster')
describe_pet(pet_name='harry', animal_type='hamster')
describe_pet(animal_type='hamster', pet_name='harry')
```

위 호출은 모두 이전 예제와 결과가 같습니다.

8.2.5 매개변수 에러 피하기

함수를 쓰기 시작했을 때 매개변수가 일치하지 않는 에러가 일어나더라도 놀라지 마세요. 매개변수 불일치 에러는 함수가 동작할 때 필요한 것보다 적거나 많은 매개변수를 전달했을 때 발생합니다.

예를 들어 describe_pet()을 매개변수 없이 호출했을 때 어떻게 되는지 봅시다.

```python
def describe_pet(animal_type, pet_name):
    """반려동물에 관한 정보를 출력합니다"""
    print(f"\nI have a {animal_type}.")
    print(f"My {animal_type}'s name is {pet_name.title()}.")

describe_pet()
```

파이썬은 함수 호출에서 필요한 정보가 누락됐음을 인식하고 트레이스백을 통해 알립니다.

```
Traceback (most recent call last):
  File "pets.py", line 6, in  # ①
    describe_pet()  # ②
TypeError: describe_pet() missing 2 required positional arguments: 'animal_
type' and 'pet_name'  # ③
```

①행에는 문제의 위치가 나타나 있으므로 함수 호출을 살펴보고 무엇이 문제인지 확인할 수 있습니다. ②행은 문제가 있는 함수 이름입니다. ③행은 매개변수 두 개가 모두 빠진 상태로 호출되었으며 빠진 매개변수가 무엇인지 알려줍니다. 함수가 다른 파일에 들어 있었더라도 자세한 정보가 여기 있으니 굳이 그 파일을 열어 함수 정의를 확인하지 않아도 호출을 올바르게 고칠 수 있습니다.

파일을 실행하면 함수의 코드를 읽고 필요한 매개변수 이름을 알려줍니다. 변수와 함수의 이름을 의미 있게 지어 두면 이런 때 도움이 됩니다. 이름을 의미 있게 지으면, 여러분의 코드를 누군가가 활용하거나 실행할 때도 이해하기 쉬울 겁니다.

매개변수를 필요 이상 제공해도, 예를 들어 앞의 코드에 매개 변수를 3개 입력하면, 비슷한 트레이스백이 나타나 함수 정의에 맞게 호출하도록 유도합니다.

8.3 반환값

함수가 항상 결과를 직접 출력하는 건 아닙니다. 출력하는 대신에 데이터를 처리하고 값을 반환할 수도 있습니다. 함수가 반환하는 값을 **반환값**^{return value}이라 부릅니다. return 문은 함수 내부에서 값을 받고 그 함수를 호출한 행에 그 값을 반환합니다. 반환값을 쓰면 프로그램에서 하는 일 대부분을 함수에 넣어 프로그램 본문을 단순화할 수 있습니다.

8.3.1 단순한 값 반환하기

성과 이름을 받아서 읽기 쉬운 전체 이름을 반환하는 함수를 만들어봅시다.

formatted_name.py

```
def get_formatted_name(first_name, last_name):  # ①
    """읽기 쉬운 전체 이름을 반환합니다"""
    full_name = f"{first_name} {last_name}"  # ②
    return full_name.title()  # ③

musician = get_formatted_name('jimi', 'hendrix')  # ④
print(musician)
```

①행에서는 get_formatted_name() 함수가 성과 이름을 매개변수로 받도록 정의했습니다. ②행에서 함수는 성과 이름 사이에 공백을 두고 결합해서 full_name에 할당합니다. 그리고 full_name의 단어 첫 글자를 대문자로 바꿔서 함수를 호출했던 ③행에 반환합니다.

값을 반환하는 함수를 호출할 때는 반환값을 할당할 변수를 제공해야 합니다. 여기서는 반환값을 musician 변수에 할당했습니다. 출력 결과는 읽기 쉽게 정리된 사람 이름입니다.

```
Jimi Hendrix
```

그냥 다음처럼 읽기 쉽게 정리된 이름을 쓰면 되는데 이렇게 복잡한 일을 왜 하는지 의아할 수도 있습니다.

```
print("Jimi Hendrix")
```

하지만 규모가 큰 프로그램을 만들고 성과 이름을 아주 많이 저장한다면 get_formatted_name() 함수가 매우 유용할 겁니다. 성과 이름을 따로 저장한 다음, 전체 이름이 필요할 때마다 이 함수를 호출하기만 하면 됩니다.

8.3.2 매개변수를 옵션으로 만들기

이따금 매개변수를 옵션으로 만들어서 그 함수를 쓰는 사람들이 원할 때만 추가 정보를 제공하는 게 합리적일 수 있습니다. 매개변수에 기본값을 쓰면 옵션으로 만들 수 있습니다.

예를 들어 get_formatted_name()이 중간 이름도 처리할 수 있게끔 확장하고 싶다고 합시다. 우선 다음과 같이 중간 이름을 넣은 프로그램을 만들 수 있습니다.

```python
def get_formatted_name(first_name, middle_name, last_name):
    """읽기 쉬운 전체 이름을 반환합니다"""
    full_name = f"{first_name} {middle_name} {last_name}"
    return full_name.title()

musician = get_formatted_name('john', 'lee', 'hooker')
print(musician)
```

이 함수는 성, 중간 이름, 이름이 있어야 동작합니다. 함수는 세 가지 부분을 모두 받아서 문자열을 만듭니다. 그리고 적절히 공백을 삽입하고, 단어의 첫 글자를 대문자로 바꿉니다.

```
John Lee Hooker
```

하지만 모두에게 중간 이름이 있거나 항상 필요하지는 않습니다. 하지만 우리가 짠 함수는 중간 이름을 늘 필요로 하기에 성과 이름만 써서 함수를 호출하면 제대로 동작하지 않을 겁니다. 불필요할 수도 있는 중간 이름을 옵션으로 만들어봅시다. 먼저 middle_name 매개변수에 기본 값으로 빈 문자열을 지정해서 사용자가 값을 제공하지 않으면 매개변수를 무시하게 만들면 됩니다. get_formatted_name()이 중간 이름 없이도 동작하게 하기 위해 middle_name에 빈 문자열을 기본값으로 지정하고 매개변수 리스트의 맨 뒤로 옮겼습니다.

```python
def get_formatted_name(first_name, last_name, middle_name=''):  # ①
    """읽기 쉬운 전체 이름을 반환합니다"""

    if middle_name:  # ②
        full_name = f"{first_name} {middle_name} {last_name}"
    else:  # ③
        full_name = f"{first_name} {last_name}"
    return full_name.title()

musician = get_formatted_name('jimi', 'hendrix')
print(musician)

musician = get_formatted_name('john', 'hooker', 'lee')  # ④
print(musician)
```

이 예제에서는 이제 가능한 부분을 모아 이름을 만듭니다. 성과 이름은 항상 존재하므로 이들 매개변수를 함수 정의에서 맨 앞에 썼습니다. 중간 이름은 옵션이므로 함수 정의에서 마지막에 쓰고 기본값으로 빈 문자열을 지정했습니다(①).

함수 바디에서는 중간 이름이 제공됐는지 체크했습니다. 파이썬은 비어 있지 않은 문자열을 True로 해석하므로 ②에서 함수를 호출할 때 중간 이름이 매개변수로 제공됐다면 if middle_name은 True로 평가됩니다. 중간 이름이 제공됐다면 성과 중간 이름, 이름을 결합해 전체 이름을 만듭니다. 이 이름의 각 첫 글자를 대문자로 바꿔서 함수를 호출한 행에 반환하면 그 행에서 musician 변수에 할당한 후 출력합니다. 중간 이름이 제공되지 않았다면 빈 문자열은 if 테스트를 통과하지 못하므로 else 블록이 실행됩니다(③). 전체 이름은 성과 이름으로 만들어지고, 첫 글자를 대문자로 바꿔 호출한 행에 반환하면 그 행에서 musician 변수에 할당한 후 출력합니다.

이 함수를 성과 이름만으로 호출하는 건 단순합니다. 하지만 중간 이름을 사용하려면 중간 이름이 마지막 매개변수가 되게 만들어서 파이썬이 ④에서 위치형 매개변수를 정확히 연결할 수 있게 해야 합니다.

이 수정된 함수는 사용자가 성과 이름만 제공하든, 중간 이름까지 제공하든 정확히 동작합니다.

```
Jimi Hendrix
John Lee Hooker
```

옵션 매개변수는 함수 호출을 가능한 단순하게 만들면서도 다양한 경우를 처리할 수 있게 합니다.

8.3.3 딕셔너리 반환하기

함수는 어떤 타입의 값이라도 반환할 수 있다고 했습니다. 따라서 함수는 단순한 값 외에도 리스트와 딕셔너리처럼 더 복잡한 자료구조도 반환할 수 있습니다. 예를 들어 다음 함수는 이름의 각 부분을 받고 그 사람을 나타내는 딕셔너리를 반환합니다.

person.py

```python
def build_person(first_name, last_name):
    """사람에 관한 정보 딕셔너리를 반환합니다"""
    person = {'first': first_name, 'last': last_name}  # ①
    return person  # ②

musician = build_person('jimi', 'hendrix')
print(musician)  # ③
```

build_person() 함수는 성과 이름을 받고 ①행에서 이들 값을 딕셔너리에 저장합니다. first_name의 값은 'first' 키에, last_name의 값은 'last' 키에 저장됩니다. ②행에서는 그 사람을 나타내는 전체 딕셔너리를 반환합니다. ③행에서는 원래의 텍스트 정보가 딕셔너리에 저장된 반환값을 출력합니다.

```
{'first': 'jimi', 'last': 'hendrix'}
```

이 함수는 단순한 텍스트 정보를 받아 더 의미 있는 자료구조에 넣으므로 단순히 출력만 하는
게 아니라 더 많은 일을 할 수 있습니다. 문자열 'jimi'와 'hendrix'는 이제 이름과 성으로
분류됐습니다. 이 함수를 쉽게 확장해 중간 이름이나 나이, 직업, 기타 그 사람에 관해 저장하
고 싶은 정보를 받게끔 만들 수 있습니다. 예를 들어 다음과 같이 바꾸면 그 사람의 나이도 저
장할 수 있습니다.

```
def build_person(first_name, last_name, age=None):
    """사람에 관한 정보 딕셔너리를 반환합니다"""
    person = {'first': first_name, 'last': last_name}
    if age:
        person['age'] = age
    return person

musician = build_person('jimi', 'hendrix', age=27)
print(musician)
```

새 옵션 매개변수 age를 함수 정의에 추가하고 그 값은 할당할 값이 없을 때 사용하는 특별한
값인 None으로 지정했습니다. None은 일종의 플레이스홀더, 즉 자리를 마련해 두는 것으로 생
각하면 됩니다. 조건 테스트에서 None은 False로 평가됩니다. 함수를 호출할 때 이 매개변수
값이 제공됐다면 그 값도 딕셔너리에 저장됩니다. 이 함수는 항상 사람 이름을 저장하지만, 그
사람에 관한 다른 정보도 저장하게끔 수정할 수 있습니다.

8.3.4 함수에서 while 루프 사용하기

지금까지 배운 파이썬 구조에 모두 함수를 사용할 수 있습니다. 예를 들어 사용자에게 환영 문
구를 넣겠습니다. get_formatted_name() 함수에 while 루프를 쓰겠습니다. 다음을 볼까요?

greeter.py

```
def get_formatted_name(first_name, last_name):
    """읽기 쉬운 전체 이름을 반환합니다"""
    full_name = f"{first_name} {last_name}"
```

```
        return full_name.title()

# 이건 무한 루프입니다!
while True:
    print("\nPlease tell me your name:")  # ①
    f_name = input("First name: ")
    l_name = input("Last name: ")

    formatted_name = get_formatted_name(f_name, l_name)
    print(f"\nHello, {formatted_name}!")
```

이 예제에서는 중간 이름을 받지 않는 get_formatted_name()의 단순한 버전을 사용했습니다. ①에서 while 루프는 사용자에게 이름을 요청하고, 성과 이름을 묻는 프롬프트(Please tell me your name:)를 표시합니다.

하지만 이 프로그램에는 문제가 있습니다. while 루프에는 종료 조건이 없습니다. 입력을 여러 번 받는다면 종료 조건을 어디에 두어야 할까요? 사용자가 가능한 쉽게 빠져 나갈 수 있어야 하므로 각 프롬프트마다 나갈 수 있는 방법이 있어야 합니다. break 문을 쓰면 어떤 프롬프트에서든 쉽게 루프를 나갈 수 있습니다.

```
def get_formatted_name(first_name, last_name):
    """읽기 쉬운 전체 이름을 반환합니다"""
    full_name = f"{first_name} {last_name}"
    return full_name.title()

while True:
    print("\nPlease tell me your name:")
    print("(enter 'q' at any time to quit)")

    f_name = input("First name: ")
    if f_name == 'q':
        break

    l_name = input("Last name: ")
    if l_name == 'q':
        break

    formatted_name = get_formatted_name(f_name, l_name)
    print(f"\nHello, {formatted_name}!")
```

사용자에게 어떻게 나갈 수 있는지 알려주는 메시지(enter 'q' at any time to quit)를 추가했고, 사용자가 프롬프트에서 종료 값을 입력하면 루프를 빠져 나갑니다. 이제 이 프로그램은 누군가 'q'를 입력할 때까지 계속 환영 인사를 표시합니다.

```
Please tell me your name:
(enter 'q' at any time to quit)
First name: eric
Last name: matthes

Hello, Eric Matthes!

Please tell me your name:
(enter 'q' at any time to quit)
First name: q
```

연습문제

8-6. 도시 이름: 도시와 국가 이름을 받는 city_country() 함수를 만드세요. 이 함수는 다음과 같은 문자열을 반환해야 합니다.

```
"Santiago, Chile"
```

- 최소한 세 가지 도시-국가 쌍으로 함수를 호출하고 반환값을 출력하세요.

8-7. 앨범: 음악 앨범에 관해 설명하는 딕셔너리를 만드는 make_album() 함수를 만드세요. 이 함수는 음악가 이름과 앨범 타이틀을 받고 이들 정보가 들어 있는 딕셔너리를 반환해야 합니다. 이 함수를 사용해 세 가지 앨범을 나타내는 세 가지 딕셔너리를 만드세요. 각 반환값을 출력해 딕셔너리가 앨범 정보를 정확히 저장하고 있는지 확인하세요.

- make_album()에 옵션 매개변수를 추가해 그 앨범에 곡이 몇 개 들어 있는지 저장하세요. 함수를 호출할 때 곡 숫자가 들어 있다면 그 값을 앨범 딕셔너리에 저장하세요. 최소한 한 번은 앨범의 곡 숫자가 나타나게끔 함수를 호출하세요.

8-8. 사용자 앨범: 연습문제 8-7의 프로그램에서 시작하세요. while 루프를 만들어 사용자가 앨범 음악가와 제목을 입력하게 하세요. 정보를 받았으면 사용자가 입력한 내용을 전달하면서 make_album()을 호출하고 만들어진 딕셔너리를 출력하세요. while 루프에 종료값을 쓰는 걸 잊지 마세요.

8.4 리스트 전달

이름이나 숫자 리스트, 또는 딕셔너리 같은 더 복잡한 객체를 함수에 전달하면 유용할 때가 많습니다. 리스트를 함수에 전달하면 그 함수는 리스트 콘텐츠에 직접 접근할 수 있습니다. 함수에 리스트를 전달해 더 효율적으로 사용해봅시다.

사용자 리스트의 각 사용자에게 환영 인사를 출력한다고 합시다. 다음 예제는 리스트의 각 사람에게 환영 인사를 출력하는 greet_users() 함수에 이름 리스트를 전달합니다.

greet_users.py

```
def greet_users(names):
    """리스트의 각 사용자에게 단순한 환영 인사를 출력합니다"""
    for name in names:
        msg = f"Hello, {name.title()}!"
        print(msg)

usernames = ['hannah', 'ty', 'margot']  # ①
greet_users(usernames)
```

greet_users()는 이름 리스트를 받아 names 매개변수에 할당하도록 정의했습니다. 함수는 자신이 받은 리스트에 루프를 실행하고 각 사용자에게 환영 인사를 출력합니다. ①에서는 사용자 리스트를 정의하고 usernames 리스트를 greet_users() 함수에 전달했습니다.

```
Hello, Hannah!
Hello, Ty!
Hello, Margot!
```

이 출력은 우리가 원한 대로입니다. 모든 사용자는 자신에게 맞는 환영 인사를 받고, 언제든 환영하려는 사용자 목록으로 함수를 호출할 수 있습니다.

8.4.1 함수에서 리스트 수정하기

리스트를 함수에 전달하면 그 함수는 리스트를 수정할 수 있습니다. 함수 바디에서 리스트에 가한 변경은 영구적이므로 데이터 양이 많더라도 효율적으로 일할 수 있습니다.

사용자가 전송한 디자인을 3D 프린터로 출력하는 회사가 있다고 합시다. 출력할 디자인은 리스트에 저장되고, 출력 후에는 별도의 리스트에 저장됩니다. 다음 코드는 이 작업을 함수 없이 진행합니다.

printing_models.py

```python
# 출력할 디자인으로 시작합니다
unprinted_designs = ['phone case', 'robot pendant', 'dodecahedron']
completed_models = []

# 남은 것이 없을 때까지 각 디자인의 출력을 시뮬레이트합니다
# 출력한 각 디자인을 completed_models로 옮깁니다
while unprinted_designs:
    current_design = unprinted_designs.pop()

    # 디자인에서 3D 출력 시뮬레이트
    print(f"Printing model: {current_design}")
    completed_models.append(current_design)

# 출력이 끝난 모델 모두 표시
print("\nThe following models have been printed:")
for completed_model in completed_models:
    print(completed_model)
```

이 프로그램은 출력할 디자인 리스트와 출력이 끝난 각 디자인을 저장할 빈 리스트 completed_models에서 시작합니다. unprinted_designs에 디자인이 남아 있는 한 while 루프는 각 디자인을 리스트 마지막에서 꺼내 current_design에 저장하며 현재 디자인을 출력 중이라는 메시지를 표시하는 방식으로 디자인 출력을 시뮬레이트합니다. 그리고 그 디자인을 출력이 끝난 모델 리스트에 추가합니다. 루프가 끝나면 출력된 디자인 리스트가 표시됩니다.

```
Printing model: dodecahedron
Printing model: robot pendant
Printing model: phone case

The following models have been printed:
dodecahedron
robot pendant
phone case
```

함수 두 개를 써서 이 코드를 정리하면 각 함수는 특정한 작업 하나씩만 맡게 됩니다. 대부분의 코드는 바뀌지 않습니다. 더 주의 깊게 구조화했을 뿐입니다. 첫 번째 함수는 디자인 출력을 담당하고 두 번째 함수는 출력된 디자인을 요약합니다.

```python
def print_models(unprinted_designs, completed_models):  # ①
    """
    남은 것이 없을 때까지 각 디자인의 출력을 시뮬레이트합니다
    출력한 각 디자인을 completed_models로 옮깁니다
    """
    while unprinted_designs:
        current_design = unprinted_designs.pop()
      print(f"Printing model: {current_design}")
        completed_models.append(current_design)

def show_completed_models(completed_models):  # ②
    """출력이 끝난 모델 모두 표시"""
    print("\nThe following models have been printed:")
    for completed_model in completed_models:
        print(completed_model)

unprinted_designs = ['phone case', 'robot pendant', 'dodecahedron']
completed_models = []

print_models(unprinted_designs, completed_models)
show_completed_models(completed_models)
```

①에서는 두 가지 매개변수로 print_models() 함수를 정의했습니다. 하나는 출력할 디자인 리스트이고 다른 하나는 출력이 끝난 모델 리스트입니다. 함수는 이들 리스트를 이용해 출력하지 않은 디자인 리스트를 비우고 출력이 끝난 모델 리스트를 채우는 방식으로 출력을 시뮬레이트합니다. ②에서는 출력이 끝난 모델 리스트를 매개변수로 받는 show_completed_models() 함수를 정의했습니다. show_completed_models()는 이 리스트를 사용해 출력된 각 디자인 이름을 표시합니다.

이 프로그램은 함수를 쓰지 않은 버전과 같은 결과를 출력하지만, 코드는 훨씬 더 정리되어 있습니다. 대부분의 작업을 수행하는 코드를 두 함수로 분리해서 프로그램의 주요 부분을 이해하기 쉽게 만들었습니다. 프로그램 바디를 보고 이 프로그램이 무슨 일을 하는지 이해하기가 얼마나 쉬워졌는지 보세요.

```
unprinted_designs = ['phone case', 'robot pendant', 'dodecahedron']
completed_models = []

print_models(unprinted_designs, completed_models)
show_completed_models(completed_models)
```

출력하지 않은 디자인 리스트와, 출력이 끝난 디자인을 담을 빈 리스트를 정의했습니다. 함수 두 개를 이미 정의했으므로 필요한 일은 함수를 호출하면서 정확한 매개변수를 전달하는 것뿐입니다. `print_models()`를 호출하면서 두 가지 리스트를 전달하면 `print_models()`는 예상대로 디자인 출력을 시뮬레이트합니다. 다음에는 `show_completed_models()`를 호출하면서 출력이 끝난 디자인 리스트를 전달해 출력된 디자인을 보고하게 했습니다. 의미 있는 함수 이름을 썼으므로 설령 주석이 없더라도 다른 사람이 이 코드를 보고 이해할 수 있습니다.

이 프로그램은 함수를 쓰지 않은 버전보다 확장하고 관리하기 쉽습니다. 나중에 다른 디자인을 더 출력하더라도 단순히 `print_models()`를 다시 호출하기만 하면 됩니다. 출력 코드를 수정해야 할 때 코드를 한 번만 수정하면 함수를 호출할 때마다 수정한 코드가 사용됩니다. 프로그램의 이곳 저곳에 흩어진 코드를 수정하는 것보다는 훨씬 효율적입니다.

이 예제는 모든 함수가 특정한 작업 한 가지를 수행해야 한다는 생각도 나타냅니다. 첫 번째 함수는 각 디자인을 출력하고, 두 번째 함수는 출력이 끝난 모델을 표시합니다. 함수 하나에서 두 가지 일을 다 하게 만드는 것보다는 이 방법이 더 낫습니다. 함수가 너무 많은 작업을 한다고 생각하면 함수를 두 개로 나눠보세요. 함수에서 다른 함수를 호출할 수 있으므로 복잡한 작업을 몇 단계로 나누기 쉽습니다.

8.4.2 함수가 리스트를 수정하지 못하게 막기

때때로 함수가 리스트를 수정할 수 없도록 막아야 할 때도 있습니다. 예를 들어 출력하지 않은 디자인 리스트가 있고 이전 예제와 마찬가지로 함수를 써서 출력이 끝난 디자인을 다른 리스트로 옮긴다고 합시다. 하지만 출력이 끝난 뒤에 원래 디자인 리스트를 기록 목적으로 남겨두고 싶다고 합시다. 그런데 출력한 디자인을 모두 unprinted_designs에서 꺼냈으므로 이 리스트는 비어 있고, 지금 가진 건 빈 리스트뿐입니다. 원래 리스트는 사라졌습니다. 이 문제는 함수에 원래 리스트가 아니라 사본을 전달해서 해결할 수 있습니다. 함수가 가하는 변경은 모두 복사된 리스트에만 적용되므로 원래 리스트는 그대로 남습니다.

함수에 리스트 사본을 전달하는 방법 기억나나요? 다음과 같이 했습니다.

```
function_name(list_name[:])
```

슬라이스 표기법[:]은 리스트 사본을 함수에 넘깁니다. printing_models.py의 원래 디자인 리스트를 비우고 싶지 않다면 print_models()를 다음과 같이 호출합니다.

```
print_models(unprinted_designs[:], completed_models)
```

print_models() 함수는 출력하지 않은 디자인 이름을 받으므로 여전히 동작합니다. 하지만 이번에는 실제 unprinted_designs 리스트가 아니라 원래 디자인 리스트 사본을 사용합니다. completed_models 리스트는 이전과 마찬가지로 출력된 디자인 이름으로 채워지지만, 원래 디자인 리스트는 함수에 의해 변경되지 않습니다.

리스트 사본을 함수에 전달해서 원래 내용을 보존할 수 있긴 하지만, 뚜렷한 이유가 없다면 원래 리스트를 함수에 전달해야 합니다. 함수가 기존 리스트를 사용해야 리스트를 복사하는 시간과 메모리를 아낄 수 있으며, 특히 리스트가 클 때는 그 차이가 심합니다.

연습문제

8-9. 마술사: 마술사 이름으로 리스트를 만드세요. 리스트에 있는 각 마술사 이름을 출력하는 show_magicians() 함수에 리스트를 넘기세요.

8-10. 훌륭한 마술사: 연습문제 8-9의 프로그램을 복사해서 시작하세요. 각 마술사 이름에 '훌륭한'이라는 구절을 붙여서 마술사 리스트를 수정하는 make_great() 함수를 만드세요. show_magicians()를 호출해서 리스트가 실제 수정됐는지 확인하세요.

8-11. 변하지 않은 마술사: 연습문제 8-10으로 시작하세요. 마술사 이름 리스트의 사본으로 make_great() 함수를 호출하세요. 원래 리스트가 바뀌지 않았으므로 반환된 새 리스트를 별도의 리스트에 저장하세요. 각 리스트에서 show_magicians()를 호출해 원래 이름이 담긴 리스트와 각 마술사 이름에 '훌륭한'이 추가된 리스트 두 가지가 있음을 확인하세요.

8.5 매개변수를 임의의 숫자만큼 전달하기

이따금 함수가 매개변수를 몇 개나 받을지 미리 알 수 없을 때도 있습니다. 다행히 파이썬에는 함수가 임의의 숫자만큼 매개변수를 받도록 정의하는 방법이 있습니다.

피자 만드는 함수를 예로 들겠습니다. 이 함수는 여러 가지 토핑을 받지만, 고객이 토핑을 몇 개 주문할지 미리 알 수는 없습니다. 다음 예제의 함수는 매개변수로 *toppings 하나만 받지만, 이 매개변수는 호출하는 행에서 제공하는 매개변수를 모두 수집합니다.

pizza.py

```
def make_pizza(*toppings):
    """주문받은 토핑 리스트 출력"""
    print(toppings)

make_pizza('pepperoni')
make_pizza('mushrooms', 'green peppers', 'extra cheese')
```

매개변수 이름 *toppings의 애스터리스크(*)는 파이썬이 빈 튜플 toppings를 만들고 받는 값을 모두 이 튜플에 저장하라는 의미입니다. 함수 바디의 print() 호출은 파이썬이 값 하나인 호출과 값이 여럿인 호출을 처리할 수 있음을 보여줍니다. 다른 방식으로 호출해도 비슷하게 처리합니다. 파이썬은 설령 함수에서 단 하나의 값만 받더라도 매개변수를 튜플로 묶습니다.

```
('pepperoni',)
('mushrooms', 'green peppers', 'extra cheese')
```

이제 print() 호출을 토핑 리스트에 실행하는 루프로 바꿔 주문받은 피자를 설명할 수 있습니다.

```
def make_pizza(*toppings):
    """만들려고 하는 피자를 요약합니다"""
    print("\nMaking a pizza with the following toppings:")
    for topping in toppings:
        print(f"- {topping}")

make_pizza('pepperoni')
make_pizza('mushrooms', 'green peppers', 'extra cheese')
```

함수는 값을 하나만 받든, 여러 개 받든 적절히 응답합니다.

```
Making a pizza with the following toppings:
- pepperoni

Making a pizza with the following toppings:
- mushrooms
- green peppers
- extra cheese
```

이 문법은 함수의 매개변수 숫자와 상관없이 동작합니다.

8.5.1 위치형 매개변수와 임의의 매개변수 함께 쓰기

함수가 여러 가지 종류의 매개변수를 받게 만들고 싶다면, 임의의 숫자만큼 받는 매개변수는 반드시 함수 정의의 마지막에 있어야 합니다. 파이썬은 위치형 매개변수와 키워드 매개변수를 먼저 연결하고 남은 매개변수를 마지막 매개변수에 수집합니다.

예를 들어 함수에서 피자 크기도 받는다면 그 매개변수는 반드시 *toppings: 매개변수 앞에 있어야 합니다.

```
def make_pizza(size, *toppings):
    """만들려고 하는 피자를 요약합니다"""
    print(f"\nMaking a {size}-inch pizza with the following toppings:")
    for topping in toppings:
        print("- " + topping)

make_pizza(16, 'pepperoni')
make_pizza(12, 'mushrooms', 'green peppers', 'extra cheese')
```

이 함수는 받는 첫 번째 값을 size 매개변수에 할당하도록 정의했습니다. 그 뒤의 값은 모두 튜플 toppings에 저장됩니다. 함수를 호출할 때는 크기 매개변수를 처음에 쓰고 그다음에 토핑을 원하는 만큼 씁니다.

이제 각 피자는 크기와 토핑을 받고, 각 정보는 올바른 위치에 크기를 먼저 출력하고 그다음에 토핑을 출력합니다.

```
Making a 16-inch pizza with the following toppings:
- pepperoni

Making a 12-inch pizza with the following toppings:
- mushrooms
- green peppers
- extra cheese
```

NOTE_ 이렇게 임의의 위치형 매개변수를 합치는 매개변수 이름을 보통 *args(**arg**uments)라고 씁니다.

8.5.2 임의의 키워드 매개변수 사용하기

임의의 숫자만큼 매개변수를 쓰고 싶지만, 어떤 종류의 정보가 함수에 제공될지 미리 알 수 없을 때도 있습니다. 이럴 때는 함수가 호출문에서 제공하는 키-값 쌍을 모두 받게 만들 수 있습니다. 예를 들어 사용자 프로필을 만든다고 합시다. 사용자에 관한 정보가 들어올 것은 알고 있지만, 정확히 어떤 종류의 정보일지는 모릅니다. 다음 예제의 build_profile() 함수는 항상 성과 이름을 받고, 키워드 매개변수도 임의의 숫자만큼 받습니다.

user_profile.py

```
def build_profile(first, last, **user_info):
    """사용자에 관해 아는 것을 모두 딕셔너리로 만듭니다"""
    user_info['first_name'] = first  # ①
    user_info['last_name'] = last
    return user_info

user_profile = build_profile('albert', 'einstein',
                             location='princeton',
                             field='physics')
print(user_profile)
```

build_profile()은 성과 이름을 받고, 사용자가 원하는 만큼 이름(키)-값 쌍을 받습니다. **user_info 매개변수 앞의 애스터리스크 두 개(**)는 파이썬이 빈 딕셔너리 user_info를 만들고 받는 이름-값 쌍을 모두 이 딕셔너리에 저장하라는 의미입니다. 함수 안에서는 다른 딕셔너리와 마찬가지로 user_info의 키-값 쌍에 접근할 수 있습니다.

사용자가 항상 성과 이름을 제공할 것이므로, build_profile()의 바디 안에서 user_info 딕셔너리에 사용자가 입력할 성과 이름을 추가하게 만들어뒀습니다(①). 아직 사용자가 실제로 성과 이름을 입력한 것은 아니므로 이 자리는 비어 있습니다. 그리고 user_info 딕셔너리를 반환했습니다.

build_profile()을 호출하면서 이름 'albert'과 성 'einstein', 그리고 추가로 location= 'princeton'과 field='physics' 두 키-값 쌍을 넘겼습니다. 이렇게 반환받은 사용자 정보를 user_profile에 할당하고 출력했습니다.

```
{'first_name': 'albert', 'last_name': 'einstein',
 'location': 'princeton', 'field': 'physics'}
```

반환된 딕셔너리에는 사용자의 성과 이름이 들어 있고, 위치(location)와 전공(field)도 들어 있습니다. 이 함수는 호출할 때 키-값 쌍을 몇 개 제공하든 똑같이 동작합니다.

함수를 만들 때는 키워드, 위치형, 임의의 매개변수를 여러 가지 방법으로 섞어 쓸 수 있습니다. 다른 사람의 코드를 읽기 시작하면 다양한 타입의 매개변수를 자주 보게 될 테니 이들을 미리 알아두는 게 좋습니다. 여러 가지 타입을 정확히 쓰고 각 타입이 언제 필요한지 알려면 연습이 필요합니다. 당장은 작업을 완수할 수 있는 가장 단순한 방법을 쓰세요. 프로그램을 계속 만들다 보면 가장 효율적인 방법을 그때마다 찾을 수 있을 겁니다.

> **NOTE_** 미리 정해두지 않은 키워드 매개변수를 합치는 매개변수 이름을 ****kwargs**(keyword arguments)라고 쓰는 사람이 많습니다.

8-12. 샌드위치: 고객이 샌드위치에 넣고 싶어 하는 재료 리스트를 받는 함수를 만드세요. 이 함수에는 함수 호출에서 제공하는 항목을 모두 수집하는 매개변수가 있어야 하고, 주문받은 샌드위치를 요약해서 출력해야 합니다. 함수를 세 번 호출하고 그때마다 다른 숫자의 매개변수를 넘기세요.

8-13. 사용자 프로필: 방금 만들었던 user_profile.py의 사본에서 시작하세요. build_profile()을 호출해서 당신 자신의 프로필을 만드세요. 당신의 성과 이름을 쓰고, 당신에 관한 세 가지 키–값 쌍을 추가하세요.

8-14. 자동차: 딕셔너리에 자동차 정보를 저장하는 함수를 만드세요. 이 함수는 항상 제조사 이름과 모델명을 받아야 합니다. 그리고 키워드 매개변수를 임의의 숫자만큼 받아야 합니다. 필수 정보와 색깔을 넣고, 옵션과 기능 같은 두 가지 이름–값 쌍을 추가해 함수를 호출하세요. 이 함수는 다음과 같이 호출해야 합니다.

```
car = make_car('subaru', 'outback', color='blue', tow_package=True)
```

• 반환된 딕셔너리를 출력해서 모든 정보가 정확히 저장됐는지 확인하세요.

8.6 함수를 모듈에 저장

함수의 장점 중 하나는 코드 블록을 메인 프로그램에서 분리할 수 있다는 겁니다. 함수에 의미 있는 이름을 쓰면 메인 프로그램을 읽기가 훨씬 쉬워집니다. 함수를 따로 저장한 파일을 **모듈**module이라고 하며, 이 모듈을 메인 프로그램에서 **임포트**import해서(불러들여) 이 장점을 더 확대할 수 있습니다. import 문은 파이썬이 모듈의 코드를 읽고 현재 코드 실행 중인 프로그램 파일에서 사용할 수 있게 합니다.

함수를 별도의 파일에 저장하면 프로그램 코드의 세부 사항을 숨기고 거시적인 논리에 집중할 수 있습니다. 또한 다른 많은 프로그램에서 함수를 재사용할 수 있습니다. 함수를 별도의 파일에 저장하면 다른 프로그래머와 전체 프로그램을 공유하지 않고 그 파일만 공유할 수 있습니다. 함수를 임포트하는 법을 배우면 다른 프로그래머가 만든 함수 라이브러리도 쓸 수 있습니다.

모듈을 임포트하는 방법은 여러 가지입니다. 하나씩 살펴봅시다.

8.6.1 전체 모듈 임포트하기

함수를 임포트하려면 먼저 모듈을 만들어야 합니다. 모듈은 프로그램에서 임포트하려는 코드가 들어 있는 파일이며 .py 확장자로 끝납니다. make_pizza() 함수가 들어 있는 모듈을 만들어봅시다. 이 모듈을 만들기 위해 pizza.py 파일에서 make_pizza(): 함수만 남기고 나머지는 모두 제거합니다.

pizza.py

```
def make_pizza(size, *toppings):
    """만들려는 피자를 요약합니다"""
    print(f"\nMaking a {size}-inch pizza with the following toppings:")
    for topping in toppings:
        print(f"- {topping}")
```

이제 pizza.py와 같은 디렉터리에 making_pizzas.py 파일을 만듭니다. 이 파일은 지금 막 만든 모듈을 임포트하고 make_pizza()를 두 번 호출합니다.

making_pizzas.py

```
import pizza

pizza.make_pizza(16, 'pepperoni')  # ①
pizza.make_pizza(12, 'mushrooms', 'green peppers', 'extra cheese')
```

파이썬은 이 파일을 읽으면서 import pizza 행에서 pizza.py 파일을 열고 그 파일에 있는 모든 함수를 이 프로그램에 복사합니다. 파이썬은 프로그램을 실행하기 직전에 이면에서 코드를 복사하므로 실제로 코드가 복사된 것처럼 보이지는 않습니다. 당신은 그저 pizza.py 파일에 정의된 함수를 모두 making_pizzas.py 파일에서 쓸 수 있다는 것만 알면 됩니다. 정말 편리하죠?

임포트한 모듈에서 함수를 호출하려면 ①처럼 모듈 이름 pizza를 쓰고, 점 다음에 함수 이름 make_pizza()를 씁니다. 이 코드의 출력 결과는 모듈을 쓰지 않은 원래 프로그램과 같습니다.

```
Making a 16-inch pizza with the following toppings:
- pepperoni
```

```
Making a 12-inch pizza with the following toppings:
- mushrooms
- green peppers
- extra cheese
```

이렇게 키워드 import를 쓰고 그다음에 모듈 이름을 쓰는 임포트 방법은 모듈의 모든 함수를
프로그램에서 쓸 수 있게 합니다. 이렇게 import 문을 써서 module_name.py 모듈 전체를 임
포트하면 모듈의 각 함수는 다음 문법에 따라 사용합니다.

```
module_name.function_name()
```

8.6.2 특정 함수만 임포트하기

모듈에서 특정 함수만 임포트할 수도 있습니다. 이 방법은 보통 다음과 같은 문법을 씁니다.

```
from module_name import function_name
```

각 함수 이름을 콤마로 구분해 함수를 원하는 만큼 임포트할 수 있습니다.

```
from module_name import function_0, function_1, function_2
```

making_pizzas.py 예제에 함수가 여러 개 선언되어 있다고 가정했을 때 원하는 함수만 임포
트했다면 다음과 같은 모양이었을 겁니다.

```
from pizza import make_pizza

make_pizza(16, 'pepperoni')
make_pizza(12, 'mushrooms', 'green peppers', 'extra cheese')
```

이 문법을 쓰면 함수를 호출할 때 점 표기법을 쓰지 않아도 됩니다. 즉 모듈 전체를 호출했을
때는 module_name.function_name()처럼 사용했지만 이렇게 쓰면 function_name()만 사
용할 수 있습니다. 앞의 import 문에서 명시적으로 make_pizza() 함수를 임포트했으므로 함
수 이름만으로 호출할 수 있습니다.

8.6.3 as를 써서 함수에 별칭 붙이기

임포트하려는 함수 이름이 프로그램의 기존 이름과 충돌하거나 너무 길다면, 짧고 고유한 **별칭**
alias을 쓸 수 있습니다. 별칭은 일종의 함수 별명입니다.

다음 예제에서는 make_pizza as mp로 make_pizza() 함수에 mp()라는 별칭을 지정했습니다. as 키워드는 함수 이름을 당신이 제공한 별칭으로 바꿉니다.

```
from pizza import make_pizza as mp

mp(16, 'pepperoni')
mp(12, 'mushrooms', 'green peppers', 'extra cheese')
```

위 코드의 import 문은 이 프로그램에서 make_pizza() 함수를 mp()로 바꿉니다. make_pizza()를 호출할 때는 단순히 mp()라고만 쓰면 이 프로그램 파일에서 이미 make_pizza() 함수를 만들었더라도 파이썬은 충돌 없이 모듈의 make_pizza()의 코드를 사용합니다.

별칭의 일반적인 문법은 다음과 같습니다.

```
from module_name import function_name as fn
```

8.6.4 as를 써서 모듈에 별칭 쓰기

함수뿐 아니라 모듈 이름에도 별칭을 쓸 수 있습니다. pizza 대신 p처럼 모듈에 별칭을 쓰면 모듈의 함수를 더 빨리 호출할 수 있습니다. p.make_pizza()는 pizza.make_pizza()보다 더 간결합니다

```
import pizza as p

p.make_pizza(16, 'pepperoni')
p.make_pizza(12, 'mushrooms', 'green peppers', 'extra cheese')
```

import 문에서 pizza 모듈의 별칭을 p로 정했지만, 모듈의 함수는 원래 이름 그대로입니다. 함수를 p.make_pizza()라고 호출하면 pizza.make_pizza()보다 더 간결할 뿐 아니라 모듈

이름에 신경 쓸 필요 없이 함수 이름에 집중할 수 있습니다. 이들 함수 이름은 각 함수가 무슨 일을 하는지 모듈 이름 전체를 쓸 때보다 명확하게 알리므로 코드의 가독성보다 더 중요합니다.

일반적인 문법은 다음과 같습니다.

```
import module_name as mn
```

8.6.5 모듈의 함수 모두 임포트하기

애스터리스크(*)를 써서 모듈의 함수를 모두 임포트할 수 있습니다.

```
from pizza import *

make_pizza(16, 'pepperoni')
make_pizza(12, 'mushrooms', 'green peppers', 'extra cheese')
```

import 문의 애스터리스크는 파이썬이 pizza 모듈의 모든 함수를 이 프로그램 파일에 복사하게 합니다. 모든 함수를 임포트했으므로 점 표기법 없이 각 함수를 이름으로 호출할 수 있습니다. 하지만 다른 사람이 만든 큰 모듈(여러 함수가 들어 있는 모듈)을 사용할 때는 이 방법을 쓰지 않는 게 좋습니다. 모듈의 함수 이름이 프로젝트의 기존 함수 이름과 충돌한다면 예기치 못한 결과가 나올 수 있습니다. 파이썬은 함수나 변수에서 같은 이름을 만나면 별도로 임포트하지 않고 함수를 덮어씁니다.

가장 좋은 방법은 원하는 함수만 임포트하거나, 전체 모듈을 임포트하고 점 표기법을 쓰는 겁니다. 이렇게 하면 읽고 이해하기 쉬운 명확한 코드를 쓸 수 있습니다. 이 섹션을 쓰는 까닭은 다른 사람들의 코드를 읽을 때 다음과 같은 import 문을 볼 수 있기 때문입니다.

```
from module_name import *
```

8.7 함수 스타일

함수를 만들 때 염두에 둬야 할 스타일이 몇 가지 있습니다. 함수에는 의미 있는 이름을 써야 하며 소문자와 밑줄만 써야 합니다. 의미 있는 이름을 쓰면 당신과 다른 사람들이 코드가 하는 일을 이해하기 쉽습니다. 모듈 이름에도 이런 표기법을 써야 합니다.

모든 함수에는 함수가 하는 일을 간결하게 설명하는 주석이 있어야 합니다. 이 주석은 함수 정의의 바로 뒤에 독스트링 형식으로 써야 합니다. 함수의 문서화가 잘 되어 있으면 다른 프로그래머가 함수의 독스트링만 읽고 사용할 수 있습니다. 코드가 설명대로 동작한다고 믿을 수 있어야 하며, 함수 이름과 매개변수, 반환값의 타입만 알면 자신의 프로그램에서 쓸 수 있어야 합니다.

매개변수에 기본값을 쓸 때는 등호 좌우에 공백을 쓰지 말아야 합니다.

```
def function_name(parameter_0, parameter_1='default value')
```

함수 호출에 키워드 매개변수를 쓸 때도 같은 표기법을 씁니다.

```
function_name(value_0, parameter_1='value')
```

PEP 8(https://www.python.org/dev/peps/pep-0008/)에서는 일반적인 에디터 창에서 행 전체가 보이도록 한 행을 79자로 제한하길 권합니다. 매개변수가 많아서 함수 정의가 79자를 넘는다면 함수를 정의하는 행에서 괄호를 연 다음 엔터를 누르세요. 다음 행에서 탭을 두 번 눌러 매개변수 리스트와 함수 바디를 구분하세요. 함수 바디는 한 수준만 들여 쓰므로 매개변수 리스트와 구별됩니다.

대부분의 에디터는 매개변수 행이 늘어나도 자동으로 첫 번째 행의 들여쓰기와 열을 맞춥니다.

```
def function_name(
        parameter_0, parameter_1, parameter_2,
        parameter_3, parameter_4, parameter_5):
    function body...
```

프로그램이나 모듈에 함수가 두 개 이상 있을 때 각 함수 다음에 빈 줄을 두 개 쓰면 함수가 어디에서 끝나고 다음 함수가 어디에서 시작하는지 더 쉽게 알 수 있습니다.

import 문은 항상 파일 처음에 써야 합니다. 단 한 가지 예외는 파일 맨 앞에 프로그램 전반을 설명하는 주석을 쓴 경우입니다.

연습문제

8-15. 출력 모델: print_models.py 예제의 함수를 별도의 파일 printing_functions.py에 저장하세요. print_models.py 파일 맨 위에 import 문을 쓰고 임포트한 함수를 사용하세요.

8-16. 임포트: 함수 하나가 들어 있는 프로그램을 골라 함수를 별도의 파일에 저장하세요. 메인 프로그램 파일에서 함수를 임포트하고 다음 각 방법을 사용해 함수를 호출하세요.

```
import module_name
from module_name import function_name
from module_name import function_name as fn
import module_name as mn
from module_name import *
```

8-17. 함수 스타일: 이 장에서 만든 프로그램을 골라 이 섹션에서 설명한 스타일 지침을 따르고 있는지 확인하세요.

8.8 마치며

이 장에서는 함수를 만들고 매개변수를 전달해 함수가 필요한 정보에 접근할 수 있게 했습니다. 위치형 매개변수와 키워드 매개변수, 임의의 숫자 매개변수에 대해 배웠습니다. 출력을 표시하는 함수와 값을 반환하는 함수를 봤습니다. 함수에서 리스트, 딕셔너리, if 문, while 루프를 사용하는 법을 배웠습니다. 함수를 모듈이라는 별도의 파일에 저장해서 메인 프로그램 파일을 더 단순하고 이해하기 쉽게 만드는 법도 배웠습니다. 마지막으로, 함수에 스타일을 적용해 프로그램 구조를 정비하고 당신과 다른 사람들이 읽기 쉽게 하는 법을 배웠습니다.

프로그래머라면 가능한 단순한 코드로 원하는 일을 하고, 함수를 써서 이 과정을 쉽게 하겠다는 목표를 가져야 합니다. 함수를 쓰면 코드 블록을 만들고, 일단 제대로 동작하는지 확인하기만 하면 내버려둬도 좋습니다. 함수가 그 작업을 정확히 하는 것을 봤으면 계속 잘 동작할 거라고 믿고 다음 코딩 작업으로 넘어가도 됩니다.

함수를 쓰면 코드를 한 번 만들고 원하는 만큼 재사용할 수 있습니다. 함수의 코드를 쓰고 싶을 때 호출하기만 하면 함수가 그 작업을 완수합니다. 함수의 동작을 수정하고 싶을 때는 코드 블록 하나만 수정하면 그 함수를 호출하는 모든 곳에서 효과가 나타납니다.

함수를 쓰면 프로그램을 읽기 쉬워지고, 좋은 함수 이름은 그 자체로 프로그램의 각 부분을 요약합니다. 연속적인 함수 호출을 보면 길다란 코드 블록을 볼 때보다 프로그램이 하는 일을 훨씬 빨리 알 수 있습니다.

함수는 코드 테스트와 디버그도 쉽게 만듭니다. 프로그램 상당 부분이 여러 함수로 나뉘고 각 함수가 특정한 작업만 한다면 코드를 테스트하고 관리하기가 훨씬 쉽습니다. 별도의 프로그램을 만들어 각 함수를 호출하고 각 함수가 가능한 모든 상황에서 정확히 동작하는지 테스트할 수 있습니다. 이렇게 하면 함수를 호출할 때마다 제대로 동작한다고 확신할 수 있습니다.

9장에서는 클래스를 배우겠습니다. 클래스는 함수와 데이터를 하나의 패키지로 결합해줍니다.

## CHAPTER 9

클래스

객체 지향 프로그래밍object-oriented programming (OOP)은 소프트웨어를 만드는 가장 효과적인 방법 중 하나입니다. 객체 지향 프로그래밍에서는 현실 세계의 사물과 상황을 나타내는 **클래스**class를 만들고, 이들 클래스를 바탕으로 **객체**object를 만듭니다. 클래스를 만들 때는 객체의 전체 카테고리가 가질 수 있는 일반적인 동작을 정의합니다.

클래스에서 객체를 만들면 각 객체는 자동으로 그 일반적인 동작을 갖게 됩니다. 그리고 각 객체에 고유한 특성을 정할 수 있습니다. 현실 상황을 객체 지향 프로그래밍으로 얼마나 잘 모델화할 수 있는지 알면 놀랄 겁니다.

클래스에서 객체를 만드는걸 **인스턴스화**instantiate라고 부르며, 만들어진 객체를 클래스의 **인스턴스**instance라고 부릅니다. 이 장에서는 클래스를 만들고 그 클래스의 인스턴스를 만듭니다. 인스턴스에 저장할 수 있는 정보를 명시하고 이들 인스턴스가 할 수 있는 동작을 정의할 겁니다. 기존 클래스의 기능을 확장하는 클래스를 만들어 비슷한 클래스가 코드를 효율적으로 공유하는 방법도 배웁니다. 클래스를 모듈에 저장하고, 다른 프로그래머가 만든 클래스를 당신의 프로그램에서 사용하는 방법도 배웁니다.

객체 지향 프로그래밍을 이해하면 프로그래머의 관점에서 주변을 볼 수 있게 됩니다. 이렇게 되면 그저 한 행 한 행이 무슨 일을 하는지 아는 것에 그치지 않고, 그 뒤의 더 큰 개념을 포함해 코드를 제대로 이해할 수 있게 됩니다. 클래스에 포함된 논리를 알게 되면 논리적으로 생각할 수 있게 되고, 거의 모든 문제를 효과적으로 해결하는 프로그램을 만들 수 있게 됩니다.

클래스는 여러분이 만날 더 복잡한 문제를 단순하게 만들어줍니다. 여러분과 다른 프로그래머가 같은 논리에 따라 만든 코드를 사용한다면 서로의 코드를 잘 이해할 수 있게 됩니다. 공동 작업자들이 여러분의 프로그램을 더 잘 이해할 수 있을 겁니다.

9.1 클래스 만들고 사용하기

클래스를 사용해 거의 모든 것을 모델화할 수 있습니다. 단순한 클래스 Dog으로 시작합시다. Dog 클래스는 어떤 특정한 개가 아니라 그냥 개를 나타냅니다. 애완견에 대해 아는 대로 나열해봅시다. 애완견이니 이름과 나이를 알겠죠? 대부분의 애완견은 앉고 구를 줄 압니다. 이 두 가지 정보(이름과 나이), 두 가지 동작(앉기와 구르기)은 대부분의 애완견에 공통이므로 Dog 클래스에 포함됩니다. 이 클래스는 파이썬에 개를 나타내는 객체를 어떻게 만들지 압니다. 클래스를 만들고 나면 이 클래스를 사용해 각 특정한 개를 나타내는 인스턴스를 만들 겁니다.

9.1.1 Dog 클래스 만들기

Dog 클래스의 각 인스턴스에는 name과 age가 저장되고, 모든 개는 sit()과 roll_over() 동작을 할 수 있습니다.

dog.py

```
class Dog:  # ①
    """개를 모델화하는 시도"""  # ②

    def __init__(self, name, age):  # ③
        """name과 age 속성 초기화"""
        self.name = name  # ④
        self.age = age

    def sit(self):  # ⑤
        """명령에 따라 앉는 개"""
        print(f"{self.name} is now sitting.")

    def roll_over(self):
```

```
"""명령에 따라 구르는 개"""
print(f"{self.name} rolled over!")
```

새로운 것이 많지만 걱정하지는 마세요. 이 장 전체에 걸쳐 이 구조를 볼 테고 익숙해질 시간은 충분합니다. ①에서는 Dog 클래스를 정의합니다. 파이썬에서는 클래스 이름의 첫 글자를 대문자로 씁니다. 클래스 정의의 괄호가 비어 있는 이유는 이 클래스를 아무것도 없는 상태에서 만들기 때문입니다. ②는 이 클래스를 설명하는 독스트링입니다.

__init__() 메서드

클래스에 속한 함수를 **메서드**method라 부릅니다. 함수에서 배운 것은 모두 메서드에도 적용됩니다. 지금은 메서드를 호출하는 방법이 다르다는 것 외에는 차이가 없습니다. ③행의 __init__() 메서드는 특별한 메서드입니다. 파이썬은 Dog 클래스에서 새 인스턴스를 만들 때마다 이 메서드를 자동으로 실행합니다. 이 메서드에는 밑줄이 앞뒤로 두 개씩 있는데, 이 표기법은 당신이 만드는 메서드 이름과 파이썬의 기본 메서드 이름이 충돌하지 않게 막는 역할입니다. 앞뒤에 밑줄이 두 개씩 있다는 것을 꼭 기억하십시오. 밑줄을 하나씩만 쓰면 클래스를 사용할 때 이 메서드가 자동으로 호출되지 않습니다(이런 에러는 찾기가 어렵습니다).

__init__() 메서드는 self와 name, age 세 가지 매개변수를 받도록 정의했습니다. self 매개변수는 메서드를 정의할 때 필수이며 반드시 다른 매개변수보다 먼저 써야 합니다. self 매개변수가 반드시 클래스 정의에 포함되어야 하는 이유는 파이썬이 나중에 __init__() 메서드를 호출할 때(Dog 인스턴스를 만들기 위해) 자동으로 self 매개변수를 전달하기 때문입니다. 인스턴스에 연결된 모든 메서드는 호출할 때 자동으로 인스턴스 자체에 대한 참조인 self를 전달합니다. self는 각 인스턴스가 클래스의 속성과 메서드에 접근할 수 있게 합니다. Dog의 인스턴스를 만들면 파이썬은 Dog 클래스에서 __init__() 메서드를 호출합니다. Dog()에 name과 age 매개변수를 넘겨서 호출할 겁니다. self는 자동으로 전달되므로 필요하지 않습니다. Dog 클래스에서 인스턴스를 만들 때마다 마지막 두 매개변수인 name과 age의 값만 전달합니다.

④에서 정의한 두 변수에는 접두사 self가 있습니다. 접두사 self가 붙은 변수는 클래스의 모든 메서드에서 접근할 수 있으며, 이 클래스에서 만든 모든 인스턴스에서도 접근할 수 있습니다. self.name = name은 매개변수 name에 연결된 값을 변수 name에 할당합니다. 이 변수 name은 생성될 인스턴스에 포함됩니다. self.age = age에서도 같은 과정이 반복됩니다. 이

렇게 인스턴스에서 접근할 수 있는 변수를 **속성**^{attribute}이라 부릅니다.

⑤행에서는 Dog 클래스에 sit()과 roll_over() 메서드를 정의했습니다. 이들 메서드는 실행할 때 이름이나 나이 같은 추가 정보가 필요하지 않으므로 self 매개변수 하나만 받도록 정의했습니다. 나중에 만들 인스턴스도 이들 메서드에 접근할 수 있습니다. 달리 말하면, 그 개들도 앉거나 구를 수 있습니다. 지금은 sit()과 roll_over() 메서드가 하는 일은 별로 없습니다. 단순히 개가 앉거나 구른다는 메시지를 출력할 뿐입니다. 하지만 개념은 현실적인 상황으로 확장할 수 있습니다. 이 클래스가 실제 컴퓨터 게임의 일부였다면 이들 메서드에 개가 앉거나 구르는 애니메이션을 만드는 코드를 넣었을 겁니다. 이 클래스가 로봇을 조종하는 데 쓰였다면 이들 메서드는 개 로봇이 앉거나 구르게 만들었을 겁니다.

9.1.2 클래스에서 인스턴스 만들기

쉽게 말해 클래스는 인스턴스를 만드는 설명서입니다. 즉 Dog 클래스는 특정한 개(my_dog)인 인스턴스를 어떻게 만드는지 설명하는 설명서입니다.

이제 특정한 개를 나타내는 인스턴스를 만들어봅시다.

```
class Dog:
    --생략--

my_dog = Dog('Willie', 6)  # ①

print(f"My dog's name is {my_dog.name}.")  # ②
print(f"My dog is {my_dog.age} years old.")  # ③
```

여기 Dog 클래스는 앞의 예제의 것과 그대로입니다. ①행에서 이름이 'Willie'인 여섯 살 먹은 개를 만들었습니다. 파이썬은 이 행을 읽고 매개변수 'Willie'와 6을 넘기며 Dog의 __init__() 메서드를 호출합니다. __init__() 메서드는 이 개를 나타내는 인스턴스를 만들고 name와 age 속성의 값을 우리가 제공한 값으로 정합니다. __init__() 메서드에 명시적인 return 문은 없지만, 파이썬은 자동으로 이 개를 나타내는 인스턴스를 반환합니다. 이 인스턴스를 my_dog 변수에 할당했습니다. 명명 규칙은 여기서도 도움이 됩니다. 보통 Dog처럼 첫 글자가 대문자인 이름은 클래스를 나타내고, my_dog 같은 소문자 이름은 클래스에서 만든 인스턴스라고 짐작할 수 있습니다.

속성에 접근

인스턴스 속성에 접근할 때는 점 표기법을 사용합니다. ②행에서는 다음과 같이 my_dog의 속성에 접근했습니다.

```
my_dog.name
```

점 표기법은 파이썬에서 자주 쓰입니다. 이 문법은 파이썬이 속성값을 어떻게 찾는지 보여줍니다. 여기서 파이썬은 my_dog 인스턴스를 읽고 my_dog과 연결된 name 속성을 찾습니다. 이 속성은 Dog 클래스의 self.name과 같은 속성입니다. ③행에서는 같은 방법으로 age 속성에 접근했습니다.

출력 결과는 우리가 my_dog에 대해 알고 있는 내용의 요약입니다.

```
My dog's name is Willie.
My dog is 6 years old.
```

메서드 호출

Dog 클래스에서 인스턴스를 만들면 점 표기법을 써서 Dog에 정의된 메서드를 호출할 수 있습니다. 우리 애완견이 앉고 구르게 만들어봅시다.

```
class Dog:
    --생략--

my_dog = Dog('Willie', 6)
my_dog.sit()
my_dog.roll_over()
```

메서드를 호출할 때는 인스턴스 이름(여기서는 my_dog)을 쓰고 점을 쓴 다음 호출할 메서드 이름을 씁니다. 파이썬이 my_dog.sit()을 읽으면 Dog 클래스에서 sit() 메서드를 찾아 그 코드를 실행합니다. 파이썬은 my_dog.roll_over()도 같은 방법으로 해석합니다.

이제 윌리는 우리가 시키는 대로 합니다.

```
Willie is now sitting.
Willie rolled over!
```

이 문법은 매우 유용합니다. 아울러 속성과 메서드의 이름을 name과 age, sit(), roll_over()처럼 적절히 정했다면 처음 보는 코드라도 코드 블록이 하는 일을 쉽게 짐작할 수 있습니다.

인스턴스 여러 개 만들기

클래스의 인스턴스는 원하는 만큼 만들 수 있습니다. 이번에는 두 번째 개 your_dog을 만들어 봅시다.

```
class Dog:
    --생략--

my_dog = Dog('Willie', 6)
your_dog = Dog('Lucy', 3)

print(f"My dog's name is {my_dog.name}.")
print(f"My dog is {my_dog.age} years old.")
my_dog.sit()

print(f"\nYour dog's name is {your_dog.name}.")
print(f"Your dog is {your_dog.age} years old.")
your_dog.sit()
```

이 예제에서는 윌리라는 개와 루시라는 개를 만들었습니다. 각 개는 고유한 속성을 갖고 같은 동작을 할 수 있는 별도의 인스턴스입니다.

```
My dog's name is Willie.
My dog is 6 years old.
Willie is now sitting.

Your dog's name is Lucy.
Your dog is 3 years old.
Lucy is now sitting.
```

두 번째 개에 같은 이름과 나이를 썼더라도 파이썬은 여전히 Dog 클래스에서 별도의 인스턴스를 만듭니다. 각 인스턴스에 고유한 변수 이름이나 리스트 또는 딕셔너리의 고유한 위치를 정해주기만 하면 한 클래스에서 인스턴스를 원하는 만큼 만들 수 있습니다.

연습문제

9-1. 레스토랑: Restaurant 클래스를 만드세요. Restaurant의 __init__() 메서드는 restaurant_name과 cuisine_type 두 가지 속성을 저장해야 합니다. 이들 정보를 출력하는 describe_restaurant() 메서드와 레스토랑이 열렸다는 메시지를 출력하는 open_restaurant() 메서드를 만드세요.

- 클래스에서 restaurant 인스턴스를 만드세요. 두 속성을 각각 출력하고 메서드를 모두 호출하세요.

9-2. 세 레스토랑: 연습문제 9-1의 클래스에서 시작하세요. 클래스에서 세 가지 인스턴스를 만들고 각 인스턴스에서 describe_restaurant()을 호출하세요.

9-3. 사용자: User 클래스를 만드세요. first_name과 last_name 속성을 만들고 일반적으로 사용자 프로필에 저장할 만한 여러 가지 다른 속성을 추가하세요. 사용자 정보를 요약해 출력하는 describe_user() 메서드를 만드세요. 사용자에게 환영인사를 보내는 greet_user() 메서드를 만드세요.

- 여러 사용자를 나타내는 인스턴스를 만들고 각 사용자에서 두 메서드를 호출하세요.

9.2 클래스와 인스턴스 다루기

클래스로 여러 가지 현실 상황을 나타낼 수 있습니다. 일단 클래스를 만들면 그 뒤에는 그 클래스로 만든 인스턴스를 다루며 대부분의 시간을 보냅니다. 가장 먼저 할 일은 특정 인스턴스와 연결된 속성을 수정하는 겁니다. 인스턴스의 속성을 직접 수정할 수도 있고, 특별한 방법으로 속성을 업데이트하는 메서드를 만들 수도 있습니다.

9.2.1 Car 클래스

자동차를 나타내는 새 클래스를 만듭시다. 이 클래스에는 자동차에 관한 정보를 저장하고, 이 정보를 요약하는 메서드도 만들 겁니다.

```
class Car:
    """자동차를 나타내는 코드"""

    def __init__(self, make, model, year):  # ①
        """자동차를 나타내는 속성 초기화"""
        self.make = make
        self.model = model
        self.year = year

    def get_descriptive_name(self):  # ②
        """알아보기 쉬운 이름 반환"""
        long_name = f"{self.year} {self.make} {self.model}"
        return long_name.title()

my_new_car = Car('audi', 'a4', 2019)  # ③
print(my_new_car.get_descriptive_name())
```

Car 클래스의 ①행에서는 Dog 클래스와 마찬가지로 __init__() 메서드를 정의하면서 self 매개변수를 첫 번째로 썼습니다. 다른 매개변수 make와 model, year도 정의했습니다. __init__() 메서드는 이들 매개변수를 받고 이 클래스에서 만들 인스턴스와 연결될 속성에 할당합니다. Car에서 새 인스턴스를 만들 때는 제조사와 모델, 생산연도를 제공해야 합니다.

②에서 정의한 get_descriptive_name() 메서드는 자동차의 year와 make, model을 받아 자동차를 설명하는 읽기 쉬운 문자열로 바꿉니다. 이렇게 하면 각 속성값을 출력하는 번거로움이 줄어듭니다. 이 메서드에서는 self.make, self.model, self.year로 속성값에 접근했습니다. ③에서는 Car 클래스에서 인스턴스를 새로 만들고 my_new_car 변수에 할당했습니다. 그리고 get_descriptive_name()을 호출해 어떤 자동차인지 출력했습니다.

```
2019 Audi A4
```

시간이 지나면서 바뀌는 속성을 추가해 클래스를 더 흥미롭게 만들어봅시다. 자동차의 주행거리를 저장할 속성을 추가하겠습니다.

9.2.2 속성의 기본값 설정

인스턴스를 만들 때 매개변수를 넘기지 않아도 속성을 정의할 수 있습니다. 이런 속성은 __init__() 메서드에서 기본값을 받습니다.

자동차의 주행거리를 의미하는 odometer_reading 속성을 만듭시다. 각 자동차의 주행거리 표시기^{odometer}를 읽기 쉽게 하는 read_odometer() 메서드도 추가합니다. 그런데 차를 출고했을 때 주행거리는 0이므로 속성의 기본값은 0으로 지정하겠습니다.

```
class Car:

    def __init__(self, make, model, year):
        """자동차를 나타내는 속성 초기화"""
        self.make = make
        self.model = model
        self.year = year
        self.odometer_reading = 0  # ①

    def get_descriptive_name(self):
        --생략--

    def read_odometer(self):  # ②
        """주행거리를 나타내는 문장을 출력합니다"""
        print(f"This car has {self.odometer_reading} miles on it." )

my_new_car = Car('audi', 'a4', 2019)
print(my_new_car.get_descriptive_name())
my_new_car.read_odometer()
```

이번에는 파이썬이 __init__() 메서드를 호출해 새 인스턴스를 만들면서 이전 예제와 마찬가지로 제조사와 모델, 연식을 속성에 저장했습니다. ①행에서는 odometer_reading 속성에 초깃값 0을 지정했습니다. ②행에서는 read_odometer() 메서드를 만들어 자동차의 주행거리를 읽기 쉽게 했습니다.

우리 자동차의 주행거리는 0에서 시작합니다.

```
2019 Audi A4
This car has 0 miles on it.
```

주행거리 표시기가 정확히 0마일인 상태에서 판매되는 자동차는 별로 없으니 이 속성의 값을
바꿀 수 있어야 합니다.

9.2.3 속성값 바꾸기

속성값을 바꾸는 방법은 세 가지입니다. 인스턴스에서 값을 직접 바꿀 수 있고, 메서드에서 값
을 정할 수 있고, 정해진 만큼만 늘리는 메서드를 만들 수도 있습니다. 하나씩 살펴봅시다.

속성값 직접 바꾸기

속성값을 바꾸는 가장 단순한 방법은 인스턴스 속성에 직접 접근하는 겁니다. 다음 코드는 주
행거리 표시기를 직접 23으로 바꿉니다.

```
class Car:
    --생략--

my_new_car = Car('audi', 'a4', 2019)
print(my_new_car.get_descriptive_name())

my_new_car.odometer_reading = 23  # ①
my_new_car.read_odometer()
```

①행에서는 점 표기법을 사용해 자동차의 odometer_reading 속성에 접근하고 그 값을 직접
바꿨습니다. 이 행은 파이썬이 my_new_car 인스턴스를 읽고 연결된 odometer_reading 속
성을 찾아 그 값을 23으로 바꾸게 합니다.

```
2019 Audi A4
This car has 23 miles on it.
```

때로는 이렇게 속성에 직접 접근해야 할 때도 있지만, 값을 바꾸는 메서드가 필요할 때도 있습
니다.

메서드를 통해 속성값 바꾸기

속성값을 바꾸는 메서드가 있다면 편리합니다. 속성에 직접 접근하지 않고 메서드에 새 값을 넘겨 내부적으로 수정할 수 있습니다.

다음은 update_odometer() 메서드 예제입니다.

```
class Car:
    --생략--

    def update_odometer(self, mileage):  # ①
        """주행거리 표시기를 주어진 값으로 바꿉니다"""
        self.odometer_reading = mileage

my_new_car = Car('audi', 'a4', 2019)
print(my_new_car.get_descriptive_name())

my_new_car.update_odometer(23)  # ②
my_new_car.read_odometer()
```

Car에 수정한 내용은 ①에서 update_odometer()를 추가한 것뿐입니다. 이 메서드는 주행거리 값을 받고 그 값을 self.odometer_reading에 할당합니다. ②에서 update_odometer()를 호출하고 23을 매개변수로(메서드 정의의 mileage 매개변수에 대응) 넘겼습니다. 이 메서드는 주행거리 표시기를 23으로 바꾸며 read_odometer()에서 그 주행거리를 출력합니다.

```
2019 Audi A4
This car has 23 miles on it.
```

update_odometer() 메서드를 확장해 주행거리 표시기가 수정될 때마다 다른 일도 하게 만들 수 있습니다. 주행거리 표시기를 롤백 할 수 없게 만드는 코드를 추가해봅시다.

```
class Car():
    --생략--

    def update_odometer(self, mileage):
        """
        주행거리 표시기를 주어진 값으로 바꿉니다
        주행거리 표시기를 더 작은 값으로 바꾸려 하면 거부합니다
        """
```

```
        if mileage >= self.odometer_reading:   # ①
            self.odometer_reading = mileage
        else:
            print("You can't roll back an odometer!")   # ②
```

이제 update_odometer() 속성을 수정하기 전에 새 값이 합리적인지 확인합니다. ①에서는 새 주행거리인 mileage가 기존 주행거리 self.odometer_reading보다 크거나 같다면 주행거리를 업데이트합니다. 새 주행거리가 기존 주행거리보다 작다면 ②에서 주행거리 표시기를 롤백할 수 없다는 경고를 표시합니다.

메서드를 통해 속성값을 정해진 만큼씩만 바꾸기

때로는 속성값을 완전히 새로운 값으로 지정하기보다는 일정한 양만큼만 바꿔야 할 때도 있습니다. 중고 자동차를 샀다면 구입 시점과 등록 시점 사이에 100마일을 추가한다고 합시다. 다음 메서드는 주행거리를 얼마나 늘릴지 받고 그 값을 주행거리에 추가합니다.

```
class Car:
    --생략--

    def update_odometer(self, mileage):
        --생략--

    def increment_odometer(self, miles):   # ①
        """주행거리를 주어진 양만큼 늘립니다"""
        self.odometer_reading += miles

my_used_car = Car('subaru', 'outback', 2015)   # ②
print(my_used_car.get_descriptive_name())

my_used_car.update_odometer(23_500)   # ③
my_used_car.read_odometer()

my_used_car.increment_odometer(100)   # ④
my_used_car.read_odometer()
```

①의 increment_odometer() 메서드는 주행거리를 숫자로 받고 그 값을 self.odometer_reading에 더합니다. ②에서는 중고차 my_used_car를 만들었습니다. ③에서는 update_

odometer()를 호출하면서 23,500을 넘겨 주행거리 표시기를 23_500으로 지정했습니다.*
④에서는 increment_odometer()를 호출하면서 100을 넘겨 자동차를 구입한 후 등록할 때까지 주행한 100마일을 더했습니다.

```
2015 Subaru Outback
This car has 23500 miles on it.
This car has 23600 miles on it.
```

이 메서드 역시 음수는 거부하도록 수정해서 주행거리 표시기를 롤백하지 못하게 막을 수 있습니다.

> NOTE_ 이런 메서드를 써서 프로그램 사용자가 주행거리 표시기 같은 값을 업데이트하게 할 수 있지만, 이 프로그램에 접근할 수 있는 사람은 누구나 주행거리 표시기 속성에 직접 접근해 값을 바꿀 수 있습니다. 보안이 중요하다면 위에서 설명한 기본적인 체크 외에도 세부 사항을 훨씬 꼼꼼히 살펴야 합니다.

연습문제

9-4. 고객 숫자: 연습문제 9-1의 프로그램에서 시작하세요. 기본값이 0인 number_served 속성(서빙한 고객 숫자)을 추가하세요. 이 클래스에서 restaurant 인스턴스를 만드세요. 레스토랑에서 서빙한 고객 숫자를 출력하고, 이 값을 바꿔서 다시 출력하세요.

- 서빙한 고객 숫자를 지정하는 set_number_served() 메서드를 추가하세요. 새 숫자로 이 메서드를 호출하고 값을 다시 출력하세요.
- 서빙한 고객 숫자를 늘리는 increment_number_served() 메서드를 추가하세요. 원하는 숫자, 예를 들어 1영업일 동안 서빙한 숫자로 이 메서드를 호출하세요.

9-5. 로그인 시도: 연습문제 9-3의 User 클래스에 login_attempts 속성(로그인 시도 횟수)을 추가하세요. login_attempts 값을 1씩 늘리는 increment_login_attempts() 메서드를 만드세요. login_attempts 값을 0으로 리셋하는 reset_login_attempts() 메서드를 만드세요.

- User 클래스의 인스턴스를 만들고 increment_login_attempts()를 여러 번 호출하세요. login_attempts를 출력해서 값이 제대로 늘어났는지 확인하고 reset_login_attempts()를 호출하세요. login_attempts를 다시 출력해 0으로 리셋됐는지 확인하세요.

---

* 역주_ 자릿수 구분을 쉽게 하기 위해 밑줄을 넣었습니다.

9.3 상속

클래스를 항상 처음부터 만들 필요는 없습니다. 지금 만들려는 클래스가 다른 클래스의 특화된 버전이라면 이전 클래스에서 **상속**inherit할 수 있습니다. 어떤 클래스가 다른 클래스를 상속하면 자동으로 첫 번째 클래스의 속성과 메서드를 모두 넘겨받습니다. 원래 클래스를 **부모 클래스**parent class라 부르고 새 클래스는 **자식 클래스**child class라 부릅니다. 자식 클래스는 부모 클래스에서 모든 속성과 메서드를 상속하며, 새 속성과 메서드를 정의할 수도 있습니다.

9.3.1 자식 클래스의 __init__() 메서드

이미 존재하는 클래스를 바탕으로 새 클래스를 만들 때는 부모 클래스의 __init__() 메서드를 호출할 때가 많습니다. 이렇게 하면 부모의 __init__() 메서드에서 정의한 속성을 모두 자식 클래스에 똑같이 만듭니다.

예제로 전기 자동차 모델을 만들어봅시다. 전기 자동차는 자동차의 한 종류이므로 이전에 만들었던 Car 클래스에서 새 ElectricCar 클래스를 만들 수 있습니다. 그러면 전기 자동차에만 해당하는 속성과 동작을 위한 코드만 만들면 됩니다.

먼저 Car 클래스가 하는 일을 모두 하는 ElectricCar 클래스의 단순한 버전을 만들어봅시다.

electric_car.py

```
class Car:  # ①
    """자동차를 나타내려는 단순한 시도"""

    def __init__(self, make, model, year):
        self.make = make
        self.model = model
        self.year = year
        self.odometer_reading = 0

    def get_descriptive_name(self):
        long_name = f"{self.year} {self.manufacturer} {self.model}"
        return long_name.title()

    def read_odometer(self):
        print(f"This car has {self.odometer_reading} miles on it." )
```

```
        def update_odometer(self, mileage):
            if mileage >= self.odometer_reading:
                self.odometer_reading = mileage
            else:
                print("You can't roll back an odometer!")

        def increment_odometer(self, miles):
            self.odometer_reading += miles

    class ElectricCar(Car):  # ②
        """전기 자동차에만 해당하는 특징을 나타냅니다"""

        def __init__(self, make, model, year):  # ③
            """부모 클래스의 속성을 초기화합니다"""
            super().__init__(make, model, year)  # ④

    my_tesla = ElectricCar('tesla', 'model s', 2019)  # ⑤
    print(my_tesla.get_descriptive_name())
```

①에서는 **Car** 클래스로 시작했습니다. 자식 클래스를 만들 때는 부모 클래스가 반드시 현재 파일에 있어야 하며 반드시 자식 클래스보다 앞에 있어야 합니다. ②에서는 자식 클래스 **ElectricCar**를 정의했습니다. 자식 클래스를 정의할 때는 반드시 부모 클래스 이름을 괄호 안에 써야 합니다. ③의 **__init__()** 메서드는 **Car**의 인스턴스를 만들 때 필수적인 정보를 받습니다.

④의 super() 함수는 부모 클래스를 호출할 수 있게 하는 특별한 함수입니다. 이 행은 파이썬이 **Car** 클래스에서 **__init__()** 메서드를 호출하여 **ElectricCar** 인스턴스에 이 메서드에서 정의된 속성을 모두 전달하게 합니다. **super**라는 이름은 부모 클래스를 **슈퍼클래스**superclass, 자식 클래스를 **서브클래스**subclass라고 부르는 명명 규칙에서 왔습니다.

일반적인 차를 만들 때 제공하는 정보로 전기 자동차를 만들어 상속이 제대로 이루어지는지 확인하겠습니다. ⑤에서는 **ElectricCar** 클래스의 인스턴스를 만들고 **my_tesla**에 할당했습니다. 이 행은 **ElectricCar**에 정의된 **__init__()** 메서드를 호출해서 결국 파이썬이 부모 클래스 **Car**에 정의된 **__init__()** 메서드를 호출하게 합니다. 매개변수로 **'tesla'**, **'model s'**, **2019**를 전달했습니다.

__init__()를 제외하면 아직 전기 자동차에만 해당하는 속성이나 메서드는 없습니다. 여기서

는 전기 자동차가 Car를 제대로 상속하는지 확인할 뿐입니다.

2016 Tesla Model S

ElectricCar 인스턴스는 Car 인스턴스와 마찬가지로 동작하므로 이제 전기 자동차에만 해당하는 속성과 메서드를 정의할 수 있습니다.

9.3.2 자식 클래스의 속성과 메서드 정의

일단 부모 클래스를 상속한 자식 클래스를 만들었으면 자식 클래스와 부모 클래스를 구별하는 데 필요한 새 속성과 메서드를 필요한 만큼 추가할 수 있습니다.

전기 자동차에만 해당하는 속성(예를 들어 배터리)와 이 속성에 대해보고하는 메서드를 추가합시다. 배터리 크기를 저장하고 배터리 설명을 출력하는 메서드를 추가하겠습니다.

```python
class Car:
    --생략--

class ElectricCar(Car):
    """전기자동차에만 해당하는 특징을 나타냅니다"""

    def __init__(self, make, model, year):
        """
        부모 클래스의 속성을 초기화한 다음
        전기자동차에만 해당하는 속성을 초기화합니다
        """
        super().__init__(make, model, year)
        self.battery_size = 75  # ①

    def describe_battery(self):  # ②
        """배터리 크기를 설명하는 문장을 출력합니다"""

        print(f"This car has a {self.battery_size}-kWh battery.")

my_tesla = ElectricCar('tesla', 'model s', 2019)
print(my_tesla.get_descriptive_name())
my_tesla.describe_battery()
```

①에서는 self.battery_size 속성을 추가하고 초깃값을 75로 정했습니다. 이 속성은 ElectricCar 클래스에서 생성한 모든 인스턴스와 연결되지만 Car의 인스턴스와 연결되지는 않습니다. ②에서는 배터리 정보를 출력하는 describe_battery() 메서드도 추가했습니다. 이 메서드를 호출하면 분명 전기 자동차에만 해당하는 설명이 출력됩니다.

```
2019 Tesla Model S
This car has a 75-kWh battery.
```

ElectricCar 클래스를 얼마나 특화 할지 제한은 없습니다. 전기 자동차를 모델화하는 데 필요하다면 얼마든지 속성과 메서드를 추가할 수 있고 얼마나 정확하게 할지도 자유입니다. 전기 자동차에만 해당하는 것이 아니라 모든 자동차에 적용할 수 있는 속성이나 메서드는 ElectricCar 클래스가 아니라 Car 클래스에 속해야 합니다. 그러면 Car 클래스를 사용하는 모든 사람이 그 기능을 쓸 수 있고, ElectricCar 클래스에는 전기 자동차에만 해당하는 정보와 동작에 관한 코드만 남습니다.

9.3.3 부모 클래스의 메서드 오버라이드

부모 클래스에서 상속한 메서드가 자식 클래스에서 모델화하려는 것과 맞지 않다면 언제든지 오버라이드할 수 있습니다. 오버라이드가 필요하다면 자식 클래스에 오버라이드할 메서드와 같은 이름의 메서드를 만들면 됩니다. 파이썬은 부모 클래스의 메서드를 무시하고 자식 클래스에서 정의한 메서드만 사용합니다.

Car 클래스에 fill_gas_tank() 메서드가 있다고 합시다. 이름만 보더라도 이 메서드는 전기 자동차에는 무의미하므로 이 메서드는 오버라이드하고 싶을 겁니다. 다음과 같이 하면 됩니다.

```python
class ElectricCar(Car):
    --생략--

    def fill_gas_tank(self):
        """전기 자동차에는 연료 탱크가 없습니다."""
        print("This car doesn't need a gas tank!")
```

이제 누군가가 전기 자동차에서 fill_gas_tank()를 호출하면 파이썬은 Car 클래스의 fill_

gas_tank() 메서드를 무시하고 이 코드를 대신 사용합니다. 상속을 사용하면 자식 클래스가 부모 클래스에서 필요한 것은 그대로 두고 필요 없는 것은 오버라이드할 수 있습니다.

9.3.4 속성인 인스턴스

현실 세계를 모델링하다 보면 클래스를 점점 더 자세하게 만들게 될 겁니다. 속성과 메서드 리스트가 커지고 파일은 점점 길어집니다. 이럴 때는 클래스 일부분을 다른 클래스로 분리할 수 있을 때도 있습니다. 큰 클래스를 작은 클래스로 나눠서 함께 사용할 수 있습니다.

예를 들어 ElectricCar 클래스를 계속 확장하다 보면 자동차 배터리에만 해당하는 여러 속성과 메서드가 생길 수 있습니다. 이럴 때는 속성과 메서드를 별도의 Battery 클래스로 분리할수 있습니다. 그러면 Battery 인스턴스를 ElectricCar 클래스의 속성으로 쓸 수 있습니다.

```python
class Car:
    --생략--

class Battery:  # ①
    """전기 자동차의 배터리를 모델화하려는 단순한 시도"""

    def __init__(self, battery_size=75):  # ②
        """배터리의 속성 초기화"""
        self.battery_size = battery_size

    def describe_battery(self):  # ③
        """배터리 크기 설명하는 문장 출력"""
        print(f"This car has a {self.battery_size}-kWh battery.")

class ElectricCar(Car):
    """전기자동차에만 해당하는 특징을 나타냅니다"""

    def __init__(self, make, model, year):
        """
        부모 클래스의 속성을 초기화한 다음
        전기자동차에만 해당하는 속성을 초기화합니다
        """
        super().__init__(make, model, year)
        self.battery = Battery()  # ④

my_tesla = ElectricCar('tesla', 'model s', 2019)
```

```
print(my_tesla.get_descriptive_name())
my_tesla.battery.describe_battery()
```

①에서는 다른 클래스를 상속하지 않는 새 Battery 클래스를 정의했습니다. ②의 __init__()
메서드는 self와 함께 battery_size 매개변수를 받습니다. 이 매개변수는 옵션이며 값이 제
공되지 않았으면 배터리 크기를 70으로 정합니다. ③에서는 describe_battery() 메서드도
이 클래스로 옮겼습니다.

④에서는 ElectricCar 클래스에 self.battery 속성을 추가했습니다. 이 행은 파이썬이 새
Battery 인스턴스(값을 지정하지 않았으므로 기본 크기는 75입니다)를 만들고 그 인스턴스를
self.battery 속성에 할당합니다. 이 동작은 __init__() 메서드를 호출할 때마다 일어나므
로 이제 ElectricCar 인스턴스는 자동으로 Battery 인스턴스를 갖게 됩니다.

전기 자동차를 만들고 my_tesla 변수에 할당했습니다. 배터리 정보가 필요할 때는 자동차의
battery 속성에 접근하면 됩니다.

```
my_tesla.battery.describe_battery()
```

이 행은 파이썬이 my_tesla 인스턴스에서 battery 속성을 찾고 속성에 저장된 Battery 인
스턴스에 연결된 describe_battery() 메서드를 호출하게 합니다.

출력 결과는 이전 예제와 완전히 같습니다.

```
2019 Tesla Model S
This car has a 75-kWh battery.
```

얼핏 보기엔 할 일만 훨씬 늘어난 것 같지만, 이제 ElectricCar 클래스를 어지럽히는 일 없이
배터리를 원하는 만큼 자세히 모델화할 수 있습니다. 이제 Battery에 배터리 크기에 따라 가
능한 주행거리를 보고하는 메서드를 추가합시다.

```
class Car:
    --생략--

class Battery:
    --생략--
```

```python
    def get_range(self):  # ①
        """이 배터리가 제공하는 주행 가능 거리를 출력합니다"""

        if self.battery_size == 75:
            range = 260
        elif self.battery_size == 100:
            range = 315

        print(f"This car can go about {range} miles on a full charge." )

class ElectricCar(Car):
    --생략--

my_tesla = ElectricCar('tesla', 'model s', 2019)
print(my_tesla.get_descriptive_name())
my_tesla.battery.describe_battery()
my_tesla.battery.get_range()  # ②
```

①의 **get_range()** 메서드가 하는 일은 단순한 계산입니다. 배터리 용량이 75kWh이면 주행 거리를 260마일로, 100kWh이면 315마일로 정하고 이 값을 보고합니다. 이 메서드를 사용하고 싶을 때는 ②처럼 자동차의 **battery** 속성을 통해 호출합니다.

출력 결과는 배터리 크기에 따른 주행 가능 거리입니다.

```
2019 Tesla Model S
This car has a 75-kWh battery.
This car can go approximately 260 miles on a full charge.
```

9.3.5 현실 세계 객체 모델링

전기 자동차처럼 더 복잡한 것들을 모델화하다 보면 흥미로운 의문이 생길 겁니다. 전기 자동차의 주행 가능 거리는 배터리에 속한 걸까요? 아니면 자동차에 속한 걸까요? 자동차 단 한 대만 설명한다면 get_range() 메서드가 **Battery** 클래스에 연결되어도 상관없을 겁니다. 하지만 제조사의 모든 모델을 다룬다면 **get_range()**는 ElectricCar 클래스의 메서드가 되어야 할 겁니다. get_range() 메서드는 여전히 주행 가능 거리를 판단하기 위해 배터리 크기를 체크하지만, 연결된 자동차에만 해당하는 주행 가능 거리를 보고할 겁니다. 또는 **get_range()**

메서드를 배터리와 연결하면서 car_model 매개변수를 전달할 수도 있습니다. 그러면 get_range() 메서드는 배터리 크기와 자동차 모델에 따라 주행 가능 거리를 보고할 겁니다

이런 고민은 여러분이 프로그래머로 한 걸음 성장하도록 돕습니다. 이런 의문을 파고들다 보면 문법 수준이 아니라 더 높은 수준에서 논리적으로 생각하게 됩니다. 이건 단순히 파이썬에 대한 고민이 아니라 현실 세계를 어떻게 코드로 나타낼지 생각하는 겁니다. 이런 단계에 다다르면 현실 세계 상황을 모델링할 때는 정답이 없을 때가 많다는 것을 깨닫게 될 겁니다. 더 효율적인 접근법이 존재하지만, 가장 효율적인 모델을 찾으려면 연습이 필요합니다. 코드가 동작하기만 해도 잘하고 있는 겁니다! 클래스를 나누고 다른 방법으로 다시 만들기를 여러 번 반복한다 해서 실망할 필요는 없습니다. 누구나 정확하고 효율적인 코드를 추구하다 보면 이런 과정을 거칩니다.

연습문제

9-6. 아이스크림 가판대: 아이스크림 가판대도 일종의 음식점입니다. 연습문제 9-1이나 연습문제 9-4에서 만든 Restaurant 클래스를 상속하는 IceCreamStand 클래스를 만드세요. 어느 쪽이든 상관없으니 더 마음에 드는 클래스를 택하세요. 아이스크림 맛 리스트를 저장하는 flavors 속성을 추가하세요. 이들 맛을 표시하는 메서드를 만드세요. IceCreamStand 인스턴스를 만들고 이 메서드를 호출하세요.

9-7. 관리자: 관리자는 특별한 사용자입니다. 연습문제 9-3나 연습문제 9-5에서 만든 User 클래스를 상속하는 Admin 클래스를 만드세요. "can add post", "can delete post", "can ban user" 같은 문자열 리스트를 저장하는 privileges 속성을 추가하세요. 관리자의 권한을 나열하는 show_privileges() 메서드를 만드세요. Admin의 인스턴스를 만들고 메서드를 호출하세요.

9-8. 권한: Privileges 클래스를 따로 만드세요. 이 클래스에는 연습문제 9-7에서 설명한 문자열 리스트를 저장하는 privileges 속성이 있어야 합니다. show_privileges() 메서드를 이 클래스로 옮기세요. Privileges의 인스턴스를 Admin 클래스의 속성으로 만드세요. 새 Admin 인스턴스를 만들고 메서드를 써서 권한을 출력하세요.

9-9. 배터리 업그레이드: 이 섹션에서 만든 electric_car.py의 마지막 버전을 사용하세요. Battery 클래스에 upgrade_battery() 메서드를 추가하세요. 이 메서드는 배터리 크기를 체크하고, 용량이 85kWh가 아니면 85kWh로 바꿔야 합니다. 기본 배터리 크기로 전기 자동차를 만들어 get_range()를 한 번 호출하고, 배터리를 업그레이드한 다음 한 번 더 get_range() 호출하세요. 자동차의 주행 가능 거리가 늘어나야 합니다.

9.4 클래스 임포트

클래스에 기능을 추가할수록 파일은 커지며, 상속을 제대로 활용해도 파일이 커지는 건 막을 수 없습니다. 파이썬의 전반적인 철학을 따르려면 파일은 가능한 정돈되어 있어야 합니다. 파이썬에는 이런 상황을 돕기 위해 클래스를 모듈에 저장하고 메인 프로그램에서 필요한 클래스만 임포트하는 기능이 있습니다.

9.4.1 클래스 하나 임포트하기

Car 클래스 하나만 들어 있는 모듈을 만듭시다. 이렇게 하려면 미묘한 이름 문제가 있습니다. car.py 파일은 이 장에서 이미 만들었는데, 이 모듈에도 자동차를 나타내는 코드가 있으므로 car.py라는 이름을 써야 합니다. Car 클래스를 car.py 모듈에 저장하고 기존 car.py 파일을 덮어 써서 이름 문제를 해결하겠습니다. 이제부터 이 모듈을 쓰는 프로그램은 my_car.py처럼 더 좁은 파일 이름을 써야 합니다. 다음은 Car 클래스의 코드만 들어 있는 car.py입니다.

car.py

```python
"""자동차를 표현할 때 쓸 수 있는 클래스"""  # ①

class Car:
    """자동차를 표현하려는 단순한 시도"""

    def __init__(self, make, model, year):
        """자동차를 나타내는 속성 초기화"""
        self.make = make
        self.model = model
        self.year = year
        self.odometer_reading = 0

    def get_descriptive_name(self):
        """읽기 쉽고 의미 있는 이름을 반환합니다"""
        long_name = f"{self.year} {self.make} {self.model}"
        return long_name.title()

    def read_odometer(self):
        """자동차의 주행거리를 출력합니다"""
        print(f"This car has {self.odometer_reading} miles on it.")
```

```
    def update_odometer(self, mileage):
        """
        주행거리 표시기를 주어진 값으로 바꿉니다
        주행거리 표시기를 롤백 하려는 시도는 거부합니다
        """
        if mileage >= self.odometer_reading:
            self.odometer_reading = mileage
        else:
            print("You can't roll back an odometer!")

    def increment_odometer(self, miles):
        """주행거리를 주어진 양만큼 늘립니다"""
        self.odometer_reading += miles
```

①은 이 모듈의 콘텐츠를 설명하는 모듈 수준 독스트링입니다. 잊지 마세요. 모듈을 만들 때마다 독스트링을 써야 합니다.

이제 my_car.py 파일을 따로 만듭니다. 이 파일은 Car 클래스를 임포트하고 그 클래스에서 인스턴스를 만듭니다.

my_car.py

```
from car import Car

my_new_car = Car('audi', 'a4', 2016)
print(my_new_car.get_descriptive_name())

my_new_car.odometer_reading = 23
my_new_car.read_odometer()
```

①의 import 문은 파이썬이 car 모듈을 열고 Car 클래스를 임포트하게 합니다. 이제 이 파일에 정의된 Car 클래스를 쓸 수 있습니다. 출력 결과는 이전과 같습니다.

```
2019 Audi A4
This car has 23 miles on it.
```

클래스 임포트는 프로그램을 만드는 효과적인 방법입니다. Car 클래스 전체가 포함되어 있었다면 이 프로그램 파일이 어땠을까 생각해보세요. 클래스를 모듈로 옮기고 모듈을 임포트하면 여전히 같은 기능을 쓸 수 있으면서도 메인 프로그램 파일은 깔끔하고 읽기 쉽습니다. 대부분의 로직을 별도의 파일에 저장할 수 있습니다. 일단 클래스가 원하는 대로 동작하면 그 파일은 그대로 두고 메인 프로그램에서 높은 수준의 논리에 집중할 수 있습니다.

9.4.2 여러 클래스를 모듈에 저장하기

여러 클래스를 원하는 만큼 모듈 하나에 저장할 수 있지만, 각 클래스는 어떤 형태로든 관련이 있어야 합니다. Battery 클래스와 ElectricCar 클래스는 모두 자동차를 나타내므로 이들을 car.py 모듈에 추가합시다.

car.py

```
"""일반 자동차와 전기 자동차를 나타낼 때 쓰는 클래스 세트"""

class Car:
    --생략--

class Battery():
    """전기 자동차 배터리를 모델화하는 단순한 시도"""

    def __init__(self, battery_size=75):
        """배터리 속성 초기화"""
        self.battery_size = battery_size

    def describe_battery(self):
        """배터리 크기를 설명하는 문장 출력"""
        print(f"This car has a {self.battery_size}-kWh battery." )

    def get_range(self):
        """이 배터리가 제공하는 주행 가능 거리 출력"""

        if self.battery_size == 75:
            range = 260
        elif self.battery_size == 100:
            range = 315

        print(f"This car can go about {range} miles on a full charge." )

    class ElectricCar(Car):
```

```
    """전기 자동차에만 해당하는 내용을 모델화합니다"""

    def __init__(self, make, model, year):
        """
        부모 클래스의 속성을 초기화 한 다음
        전기 자동차에만 해당하는 속성을 초기화합니다
        """
        super().__init__(make, model, year)
        self.battery = Battery()
```

my_electric_car.py 파일을 만들고 ElectricCar 클래스를 임포트해서 전기 자동차를 만
듭시다.

my_electric_car.py

```
from car import ElectricCar

my_tesla = ElectricCar('tesla', 'model s', 2019)

print(my_tesla.get_descriptive_name())
my_tesla.battery.describe_battery()
my_tesla.battery.get_range()
```

대부분의 로직을 모듈에 숨겼지만, 출력 결과는 이전과 같습니다.

```
2019 Tesla Model S
This car has a 75-kWh battery.
This car can go about 260 miles on a full charge.
```

9.4.3 모듈에서 여러 클래스 임포트하기

프로그램 파일 하나에서 필요한 만큼 여러 클래스를 임포트할 수 있습니다. 같은 파일에서 일
반적인 자동차와 전기 자동차를 모두 만든다면 Car와 ElectricCar 클래스를 모두 임포트해
야 합니다.

my_cars.py

```
from car import Car, ElectricCar  # ①

my_beetle = Car('volkswagen', 'beetle', 2019)  # ②
print(my_beetle.get_descriptive_name())

my_tesla = ElectricCar('tesla', 'roadster', 2019)  # ③
print(my_tesla.get_descriptive_name())
```

모듈 하나에서 여러 클래스를 임포트하려면 ①처럼 각 클래스를 콤마로 분리해야 합니다. 일단 필요한 클래스를 임포트하면 각 클래스의 인스턴스를 필요한 만큼 만들 수 있습니다.

이 예제에서는 ①에서 일반적인 자동차 폭스바겐 비틀을 만들었고 ②에서 전기 자동차 테슬라 로드스타를 만들었습니다.

```
2019 Volkswagen Beetle
2019 Tesla Roadster
```

9.4.4 전체 모듈 임포트하기

모듈 전체를 임포트하고 필요한 클래스에 점 표기법으로 접근할 수 있습니다. 이 방법은 단순하면서도 코드가 읽기 쉬워집니다. 클래스의 인스턴스를 만드는 모든 호출에는 모듈 이름이 들어 있으므로 이름이 현재 파일에서 사용하는 이름과 충돌하는 일은 없습니다.

다음 예제는 car 모듈 전체를 임포트하고 일반적인 자동차와 전기 자동차를 만들었습니다.

my_cars.py

```
import car  # ①

my_beetle = car.Car('volkswagen', 'beetle', 2019)  # ②
print(my_beetle.get_descriptive_name())

my_tesla = car.ElectricCar('tesla', 'roadster', 2019)  # ③
print(my_tesla.get_descriptive_name())
```

①에서는 car 모듈 전체를 임포트했습니다. 그리고 module_name.class_name 문법을 써서 필요한 클래스에 접근했습니다. ②에서는 폭스바겐 비틀을, ③에서는 테슬라 로드스타를 만들었습니다.

9.4.5 모듈에서 모든 클래스 임포트하기

다음 문법을 사용해 모듈에서 모든 클래스를 임포트할 수 있습니다.

```
from module_name import *
```

앞에서도 잠깐 설명했지만, 이 방법은 두 가지 이유로 권장하지 않습니다. 파일 맨 앞에서 import 문을 읽고 이 프로그램이 어떤 클래스를 사용하는지 명확히 파악해야 합니다. 그런데 이 방법을 쓰면 모듈에서 어떤 클래스를 쓰려는지 분명하지 않습니다. 이 방법은 이름 충돌을 일으키기도 합니다. 실수로 메인 프로그램 파일의 클래스와 같은 이름의 클래스를 임포트하면 파악하기 어려운 에러를 일으킬 수 있습니다. 이 방법을 권하지 않는데도 소개하는 이유는 여러분이 언젠가 다른 사람들의 코드를 볼 때 이런 코드를 볼 수 있기 때문입니다.

모듈 하나에서 여러 클래스를 임포트해야 한다면 모듈 전체를 임포트하고 module_name. class_name 문법을 쓰는 편이 낫습니다. 사용할 클래스가 파일 맨 위에 나타나지는 않지만, 프로그램 어디에서 모듈을 쓰는지는 분명히 드러납니다. 모듈의 클래스를 모두 임포트 했을 때 발생할 수 있는 이름 충돌도 피할 수 있습니다.

9.4.6 모듈에서 모듈 임포트하기

클래스를 여러 모듈에 나눠 저장해서 파일이 지나치게 커지는 것을 막고 무관한 클래스가 같은 모듈에 저장되는 일을 피해야 할 때도 있습니다. 클래스를 여러 모듈에 저장하다 보면 한 모듈의 클래스가 다른 모듈의 클래스에 의존할 때도 있습니다. 이런 일이 일어나면 필수 클래스를 첫 번째 모듈에 임포트할 수 있습니다.

예를 들어 Car 클래스를 한 모듈에 저장하고 ElectricCar와 Battery 클래스는 다른 모듈에 저장합시다. 새 electric_car.py 모듈을 만들어 전에 만들었던 electric_car.py 파일을 덮어쓸 겁니다. 이 파일에는 Battery와 ElectricCar 클래스만 복사하세요.

electric_car.py

```
"""전기 자동차를 나타낼 때 쓸 수 있는 클래스 세트"""

from car import Car   # ①

class Battery:
    --생략--

class ElectricCar(Car):
    --생략--
```

ElectricCar 클래스는 부모인 Car 클래스에 접근할 수 있어야 하므로 ①에서 Car를 모듈에 직접 임포트했습니다. 이 행을 빠트리면 파이썬은 ElectricCar 모듈을 임포트할 때 에러를 일으킵니다. Car 모듈도 Car 클래스만 담고 있도록 수정해야 합니다.

car.py

```
"""자동차를 나타낼 때 쓸 수 있는 클래스"""

class Car:
    --생략--
```

이제 각 모듈을 임포트하면 원하는 자동차는 무엇이든 만들 수 있습니다.

my_cars.py

```
from car import Car   # ①
from electric_car import ElectricCar

my_beetle = Car('volkswagen', 'beetle', 2019)
print(my_beetle.get_descriptive_name())

my_tesla = ElectricCar('tesla', 'roadster', 2019)
print(my_tesla.get_descriptive_name())
```

①에서는 Car와 ElectricCar 클래스를 해당 모듈에서 임포트했습니다. 일반적인 자동차와 전기 자동차를 하나씩 만들었습니다. 두 자동차가 정확히 만들어졌습니다.

```
2019 Volkswagen Beetle
2019 Tesla Roadster
```

9.4.7 별칭 사용하기

8장에서 본 것처럼 모듈을 사용해 프로젝트 코드를 정리할 때 별칭은 큰 도움이 됩니다. 별칭은 클래스를 임포트할 때도 사용할 수 있습니다.

예를 들어 전기자동차를 아주 많이 만드는 프로그램이 있다고 합시다. 이 프로그램에서 ElectricCar를 몇 번이고 반복해 쓰려면(그리고 읽으려면) 상당히 지루할 겁니다. 다음과 같이 import 문에서 ElectricCar에 별칭을 지정할 수 있습니다.

```
from electric_car import ElectricCar as EC
```

이제 이 별칭을 전기차를 만들 때 언제든 사용할 수 있게 됐네요.

```
my_tesla = EC('tesla', 'roadster', 2019)
```

9.4.8 알맞은 워크플로 찾기

이 장에서 배웠듯 큰 프로젝트에서는 여러 가지 방법으로 코드를 구조화할 수 있습니다. 이들 가능한 방법을 모두 숙지해야 프로젝트를 정리할 가장 좋은 방법을 찾을 수 있고 다른 사람들의 프로젝트를 이해하기 쉽습니다.

처음에는 코드 구조를 단순하게 만드세요. 먼저 파일과 하나에서 모든 작업을 해보고, 잘 동작하면 클래스를 다른 모듈로 분리해보세요. 모듈과 파일이 상호작용하는 방식을 좋아한다면 프로젝트를 시작할 때 클래스를 모듈에 저장하세요. 쉬운 방법을 먼저 찾고 거기에서 출발하세요.

연습문제

9-10. 임포트한 레스토랑: Restaurant 클래스 최신 버전을 모듈에 저장하세요. Restaurant을 임포트하는 별도의 파일을 만드세요. Restaurant 인스턴스를 만들고 메서드 중 하나를 사용해 import 문이 제대로 동작했는지 확인하세요.

9-11. 임포트한 관리자: 연습문제 9-8에서 시작하세요. User, Privileges, Admin 클래스를 한 모듈에 저장하세요. 별도의 파일에 Admin 인스턴스를 만들고 show_privileges()를 호출해서 정확히 동작하는지 확인하세요.

9-12. 여러 모듈: User 클래스를 한 모듈에 저장하고 Privileges와 Admin 클래스를 다른 모듈에 저장하세요. 별도의 파일에 Admin 인스턴스를 만들고 show_privileges()를 호출해 정확히 동작하는지 확인하세요.

9.5 파이썬 표준 라이브러리

파이썬 표준 라이브러리 Python standard library는 파이썬을 설치할 때마다 함께 설치되는 모듈 세트입니다. 이제 클래스가 어떻게 동작하는지 기본은 이해했으니 다른 프로그래머가 만든 모듈을 써도 됩니다. 파일 맨 위에 import 문 하나만 쓰면 표준 라이브러리에 포함된 함수와 클래스를 쓸 수 있습니다. 현실 상황을 모델화할 때 유용하게 쓸 수 있는 random 모듈에 대해 알아봅시다.

이 모듈에는 randint()라는 흥미로운 함수가 들어 있습니다. 이 함수는 매개변수로 정수를 두 개 받고, 그 범위 안에 있는 임의의 정수를 반환합니다.

다음은 1 이상 6 이하의 난수를 생성하는 예제입니다.

```
>>> from random import randint
>>> randint(1, 6)
3
```

choice()도 유용한 함수입니다. 이 함수는 리스트나 튜플을 매개변수로 받아 그 안에서 임의의 항목을 반환합니다.

```
>>> from random import choice
>>> players = ['charles', 'martina', 'michael', 'florence', 'eli']
>>> first_up = choice(players)
```

```
>>> first_up
'florence'
```

random 모듈은 보안 관련 애플리케이션을 만들 때 쓸 수 있을 정도로 믿음직하진 않지만, 재미 있고 흥미로운 프로젝트를 만들기에는 충분합니다.

> **NOTE_** 모듈을 직접 내려받을 수도 있습니다. 2부에서는 각 프로젝트를 완성하기 위해 외부 모듈을 많이 사용하므로 이런 예제를 많이 보게 될 겁니다.

연습문제

9-13. OrderedDict 다시 쓰기: 표준 딕셔너리로 용어 사전을 표현한 연습문제 6-4에서 시작하세요. OrderedDict 클래스를 써서 이 프로그램을 다시 만들되 출력 순서가 카–값 쌍을 딕셔너리에 추가한 순서와 같은지 확인하세요.

9-14. 주사위: random 모듈에는 다양한 방법으로 난수를 생성하는 함수가 들어 있습니다. randint() 함수 는 지정한 범위 안에서 정수를 반환합니다. 다음 코드는 1과 6 사이의 숫자를 반환합니다.

```
from random import randint
x = randint(1, 6)
```

- Die 클래스를 만들고 그 클래스에 기본값이 6인 sides 속성을 만드세요. 1부터 면 숫자 사이의 무 작위 숫자를 출력하는 roll_die() 메서드를 만드세요. 6면체 주사위를 만들고 10번 굴리세요.
- 10면체 주사위와 20면체 주사위를 만드세요. 각 주사위를 10번 굴리세요.

9-15. 이번 주의 파이썬 모듈: 이번 주의 파이썬 모듈은 파이썬 표준 라이브러리를 소개하는 훌륭한 사이트 입니다. http://pymotw.com/을 방문해서 차례를 읽어보세요. 흥미로운 모듈을 찾아 읽어보거나, 컬 렉션과 무작위 모듈 문서를 읽어보세요.

9.6 클래스 스타일

클래스와 관련해 분명히 해둬야 할 스타일 문제가 몇 가지 있으며, 특히 프로그램이 복잡해질 수록 이런 문제가 더 중요합니다.

클래스 이름은 **낙타표기법(캐멀케이스)**^{CamelCase}으로 써야 합니다. 낙타표기법은 각 단어의 첫 글자를 대문자로 쓰고 밑줄은 쓰지 않는 방법입니다. 인스턴스와 모듈 이름은 소문자로 쓰고 단어 사이에 밑줄을 씁니다.

모든 클래스에는 클래스 정의 바로 다음에 독스트링을 쓰세요. 독스트링은 클래스에 관한 간단한 설명이어야 하며 함수의 독스트링과 같은 표기법을 씁니다. 각 모듈에도 독스트링을 써서 모듈의 클래스가 하는 일을 설명해야 합니다.

빈 줄을 써서 코드를 정리할 수 있지만, 지나쳐선 안 됩니다. 클래스에서는 빈 줄 하나로 메서드를 구분하고, 모듈에서는 빈 줄 두 개로 클래스를 구분하세요.

표준 라이브러리 모듈과 직접 만든 모듈을 함께 임포트한다면 표준 라이브러리 모듈의 임포트 문을 먼저 쓰세요. 빈 줄을 추가한 다음 직접 만든 모듈을 임포트하세요. import 문을 여러 개 쓰는 프로그램에서 이 규칙을 지키면 각 모듈이 어디서 왔는지 구별하기 쉽습니다.

9.7 마치며

이 장에서는 클래스를 만드는 법을 배웠습니다. 속성을 통해 클래스에 정보를 저장하는 법, 메서드를 통해 클래스에 동작을 지정하는 법을 배웠습니다. __init__() 메서드를 통해 클래스에서 정확히 원하는 속성을 가진 인스턴스를 만드는 법도 배웠습니다. 인스턴스 속성을 직접 수정하는 법, 메서드를 통해 수정하는 법을 배웠습니다. 상속을 통해 서로 관련된 클래스를 쉽게 만드는 법, 인스턴스를 다른 클래스의 속성으로 만들어 각 클래스를 단순하게 유지하는 법을 배웠습니다.

클래스를 모듈에 저장하고 필요한 클래스를 임포트해서 프로젝트를 정돈하는 법을 배웠습니다. 파이썬 표준 라이브러리를 배우기 시작했고 random 모듈을 사용하는 예제를 봤습니다. 마지막으로 파이썬 표기법에 따라 클래스에 스타일을 적용하는 법을 배웠습니다.

10장에서는 당신이나 사용자가 프로그램에서 한 일을 저장할 수 있도록 파일을 다루는 법을 배웁니다. 에러가 일어났을 때 적절히 반응하도록 돕는 특별한 파이썬 클래스 **예외**에 대해서도 배웁니다.

## CHAPTER 10

파일과 예외

이제 사용하기 쉽고 잘 정돈된 프로그램을 만드는 기본 기술을 마스터했으니 프로그램을 더 적절하고 믿을 만하게 만들 방법을 생각할 때가 됐습니다. 이 장에서는 프로그램에서 많은 데이터를 빨리 분석할 수 있도록 파일을 사용하는 법을 배웁니다.

프로그램이 예기치 못한 상황을 만나더라도 충돌하지 않도록 에러를 처리하는 법도 배웁니다. 프로그램 실행 중에 생기는 에러를 관리하는 특별한 객체인 **예외**에 대해 배웁니다. 프로그램이 멈추더라도 사용자 데이터를 잃지 않게 해주는 json 모듈에 대해서도 배웁니다.

파일 다루는 법과 데이터 저장하는 법을 배우면 프로그램이 더 쓰기 쉬워집니다. 사용자는 어떤 데이터를 입력할지, 언제 입력할지 선택할 수 있게 됩니다. 프로그램을 실행하고 원하는 일을 한 다음 프로그램을 종료하고, 나중에 거기서부터 다시 시작할 수 있습니다. 예외 처리를 배우면 상황 파일이 존재하지 않거나, 기타 프로그램이 충돌하게 만드는 문제의 원인을 부드럽게 넘어갈 수 있습니다. 이렇게 하면 실수로 입력된 나쁜 데이터, 또는 프로그램을 망치려는 악의적 시도로부터 프로그램을 지킬 수 있습니다. 이 장에서 배울 기술을 사용하면 프로그램은 더 다재다능하고, 쓰기 쉽고, 안정적이 됩니다.

10.1 파일에서 읽기

텍스트 파일은 엄청난 양의 데이터를 저장할 수 있습니다. 텍스트 파일에는 날씨 데이터나 교통 데이터, 사회 경제적 데이터, 문학 작품, 그 외에도 많은 데이터를 저장할 수 있습니다. 파일에서 읽는 건 데이터 분석에 특히 유용하지만, 파일에 저장된 정보를 분석하거나 수정하는 상황에 항상 쓸 수 있습니다. 예를 들어 텍스트 파일 콘텐츠를 읽고 브라우저에 표시할 수 있는 형식으로 저장하는 프로그램을 만들 수 있습니다.

텍스트 파일의 정보를 다루려면 먼저 파일을 메모리로 읽어야 합니다. 파일 콘텐츠 전체를 읽을 수도 있고, 한 번에 한 줄씩 읽을 수도 있습니다.

10.1.1 파일 전체 읽기

먼저 텍스트가 몇 줄 들어 있는 파일이 필요합니다. 파이(pi)의 소수점 아래 30자리까지, 한 줄에 10자리씩 들어 있는 파일로 시작합시다.

pi_digits.txt

```
3.1415926535
  8979323846
  2643383279
```

다음 예제를 따라 하려면 에디터에서 직접 입력해 pi_digits.txt 파일로 저장해도 되고, 책의 웹사이트 https://www.nostarch.com/pythoncrashcourse2e/에서 내려받아도 됩니다. 이 파일을 이 장의 프로그램과 같은 디렉터리에 저장하십시오.

다음 프로그램은 이 파일을 열어서 읽고 콘텐츠를 출력합니다.

file_reader.py

```
with open('pi_digits.txt') as file_object:
    contents = file_object.read()

print(contents)
```

이 프로그램의 첫 행에서는 아주 많은 일이 일어납니다. 먼저 open() 함수부터 살펴봅시다. 단순히 파일 콘텐츠를 출력하기만 할 뿐이라도 먼저 파일을 **열어야**^{open} 접근할 수 있습니다. open() 함수는 열어야 하는 파일 이름을 매개변수로 받습니다. 파이썬은 이 파일을 현재 실행 중인 프로그램이 저장된 디렉터리에서 찾습니다. 이 예제에서는 file_reader.py가 현재 실행 중이므로 파이썬은 file_reader.py가 저장된 디렉터리에서 pi_digits.txt 파일을 찾습니다. open() 함수는 파일을 나타내는 객체를 반환합니다. 여기서 open('pi_digits.txt')는 pi_digits.txt를 나타내는 객체를 반환합니다. 파이썬은 이 객체를 file_object에 할당합니다. 프로그램에서도 이 객체를 사용할 겁니다.

첫 줄에 키워드 with가 있기에 일단 파일에 접근할 필요가 없어지면 프로그램에서는 그 파일을 닫습니다. 이 프로그램 끝까지 보면 파일을 닫는 close()는 호출하지 않았습니다. open() 과 close()로 파일을 열고 닫을 수는 있지만, 프로그램에 버그가 있어서 close() 메서드가 실행되지 않으면 파일은 닫히지 않습니다. 사소한 문제처럼 보일지도 모르지만, 파일을 제대로 닫지 않으면 데이터를 잃거나 망칠 수 있습니다. 그리고 close()를 너무 일찍 호출하면 **닫힌**^{close}, 즉 접근할 수 없는 파일에 접근을 시도해 에러가 더 많이 생길 수 있습니다. 파일을 언제 닫을지 정확히 판단하는 건 쉬운 일이 아니지만, 이 구조를 쓰면 파이썬이 대신 판단합니다. 당신은 파일을 열고 원하는 대로 작업하면서 with 블록이 실행을 마쳤을 때 파이썬이 파일을 닫을 거라고 믿기만 하면 됩니다.

일단 pi_digits.txt를 나타내는 파일 객체가 생겼으면 두 번째 줄처럼 read() 메서드를 써서 파일 콘텐츠 전체를 읽고 문자열 형태로 contents에 저장합니다. contents를 출력하면 텍스트 파일 전체가 나타납니다.

```
3.1415926535
  8979323846
  2643383279
```

출력 결과에 차이가 있나요? 파일을 내려받아서 실행하면 출력 결과는 마지막에 빈 행이 추가됐을 겁니다. 직접 작성한 pi_digits.txt를 읽어들였을 때는 이 빈 행이 없을 수도 있습니다. 빈 행이 추가된 이유는 read()가 파일 마지막에 도달했을 때 빈 문자열을 반환하기 때문입니다. 이 빈 문자열이 빈 행으로 나타납니다. 빈 행을 제거하려면 print()를 호출할 때 rstrip()을 쓰면 됩니다.

```
with open('pi_digits.txt') as file_object:
    contents = file_object.read()
    print(contents.rstrip())
```

rstrip() 메서드는 문자열 오른쪽에서 공백 문자를 제거합니다. 이제 출력 결과는 원래 파일 콘텐츠와 정확히 일치합니다.

```
3.1415926535
  8979323846
  2643383279
```

10.1.2 파일 경로

open() 함수에 pi_digits.txt 같은 단순한 파일 이름을 전달하면 파이썬은 현재 실행 중인 파일, 즉 .py 프로그램 파일이 저장된 디렉터리에서 그 파일을 찾습니다.

이따금 현재 실행중인 프로그램 파일과 다른 디렉터리에서 파일을 찾아야 할 때도 있습니다. 예를 들어 프로그램 파일을 python_work 폴더에 저장하고 그 안에 text_files 폴더를 따로 만들어 프로그램 파일과 텍스트 파일을 구별한다고 합시다. text_files가 python_work 안에 있긴 하지만, open()에 그냥 파일 이름만 넘기면 파이썬은 python_work에서만 찾고 text_files까지 찾지는 않습니다. 파이썬이 프로그램 파일이 저장된 곳과 다른 디렉터리에서 파일을 찾게 하려면 **파일 경로**file path를 제공해야 합니다.

text_files는 python_work 안에 있으므로 상대적 파일 경로를 통해 text_files에서 파일을 열 수 있습니다. **상대 경로**relative file path는 현재 실행중인 프로그램 파일이 저장된 디렉터리에 상대적으로 위치를 찾습니다. 다음과 같이 하면 됩니다.

```
with open('text_files/filename.txt') as file_object:
```

이 행은 파이썬이 text_files 폴더에서 원하는 텍스트 파일을 찾으며, text_files이 python_work 안에 있을 거라고 가정합니다(실제로 있죠).

실행 중인 프로그램이 저장된 위치와 관계없이 원하는 파일이 정확히 어디 있는지 알릴 수도 있습니다. 이런 방식을 **절대 경로**absolute file path라고 부릅니다. 절대 경로는 상대 경로가 동작하지 않을 때 쓰면 됩니다. 예를 들어 text_files 폴더를 python_work가 아닌 다른 폴더, 이를테면 other_files에 저장하고 open()에 그냥 'text_files/filename.txt' 경로만 넘겼다면 파이썬은 python_work에서만 찾았을 겁니다. 파이썬이 파일을 찾을 완전한 경로를 넘겨야 합니다.

절대 경로는 보통 상대 경로보다 길기 마련이니 변수에 할당하고 그 변수를 open()에 넘기는 편이 낫습니다.

```
file_path = '/home/ehmatthes/other_files/text_files/filename.txt'
with open(file_path) as file_object:
```

절대 경로를 사용하면 파일이 어디 있든 읽을 수 있습니다. 지금은 파일을 프로그램 파일을 저장한 디렉터리와 같은 위치에 저장하거나, 그 안에 text_files 같은 디렉터리를 만들어 저장하는 게 가장 쉽습니다.

10.1.3 한 행씩 읽기

파일을 읽으면서 행 하나씩 살펴봐야 할 때도 있습니다. 파일에 들어 있는 정보를 찾아보거나 파일에 들어 있는 텍스트를 수정해야 하는 때 등입니다. 예를 들어 날씨 데이터가 들어 있는 파일을 읽고 날씨 설명에 sunny라는 단어가 포함된 행을 찾아 작업한다고 합시다. 또는 뉴스 리포트에서 태그가 있는 행을 찾고 그 행을 특별한 형식으로 고쳐 쓰려고 합니다.

파일 객체에 for루프를 실행하고 파일의 각 행을 한 번에 하나씩 살펴볼 수 있습니다.

file_reader.py

```
filename = 'pi_digits.txt'  # ①
with open(filename) as file_object:  # ②
    for line in file_object:  # ③
        print(line)
```

①에서는 읽어온 파일 이름을 `filename` 변수에 할당했습니다. 이건 파일을 다룰 때 사용하는 공통 표기법입니다. `filename` 변수가 실제 파일을 나타내지는 않습니다. 이 변수는 파일을 어디서 찾을 수 있는지 파이썬에 알리는 문자열일 뿐이며 `'pi_digits.txt'`를 작업하려는 다른 파일 이름으로 쉽게 바꿀 수 있습니다. ②에서 `open()`을 호출하면 파일을 나타내는 객체와 그 콘텐츠가 `file_object` 변수에 할당됩니다. 여기서도 `with` 문법을 써서 파이썬이 파일을 열고 닫게 했습니다. ③에서는 파일 객체에 루프를 실행해 파일의 각 행을 살펴봅니다.

각 행을 출력하면 빈 행이 더 들어갑니다.

```
3.1415926535

    8979323846

2643383279
```

이들 빈 행이 끼어든 이유는 텍스트 파일의 각 행 마지막에 보이지 않는 줄바꿈 문자가 있기 때문입니다. `print` 함수는 호출할 때마다 줄바꿈 문자를 추가하므로 결국 각 행 마지막에 줄바꿈 문자가 두 개 생깁니다. 하나는 파일에 있던 것이고 다른 하나는 `print()`에서 추가한 겁니다. `Print()`를 호출할 때마다 `rstrip()`을 사용해 이들 빈 행을 없앨 수 있습니다.

```
filename = 'pi_digits.txt'

with open(filename) as file_object:
    for line in file_object:
        print(line.rstrip())
```

이제 출력 결과가 파일 콘텐츠와 다시 일치합니다.

```
  3.1415926535
    8979323846
    2643383279
```

10.1.4 파일에서 행 리스트 만들기

with 문을 쓰면 open()이 반환한 파일 객체는 with 블록 안에서만 쓸 수 있습니다. with 블록 밖에서도 파일 콘텐츠에 접근하려면 블록 안에서 파일 행들을 리스트에 저장하고 그 리스트로 작업하면 됩니다. 파일 일부는 즉시 처리하고 나머지는 미룰 수 있습니다.

다음 예제는 with 블록 안에서 pi_digits.txt의 각 행을 리스트에 저장하고 with 블록 밖에서 그 행을 출력합니다.

```python
filename = 'pi_digits.txt'

with open(filename) as file_object:
    lines = file_object.readlines()  # ①

for line in lines:  # ②
    print(line.rstrip())
```

①에서는 readlines() 메서드가 파일에서 각 행을 읽어 리스트에 저장합니다. 이 리스트는 lines에 할당되며, with 블록이 끝나도 이 리스트를 통해 원래 파일 내용을 다룰 수 있습니다. ②에서는 단순한 for 루프로 lines의 각 행을 출력했습니다. lines의 각 항목은 파일의 각 행에 대응하므로 출력 결과는 파일 내용과 정확히 일치합니다.

10.1.5 파일 콘텐츠 다루기

파일을 메모리로 읽고 나면 데이터로 원하는 일은 다 할 수 있습니다. 파이(pi)를 좀 더 살펴봅시다. 먼저 파일에 들어 있는 숫자를 공백 없이 단 하나의 문자열로 만들어보겠습니다.

pi_string.py

```
filename = 'pi_digits.txt'

with open(filename) as file_object:
    lines = file_object.readlines()

pi_string = ''  # ①
for line in lines:  # ②
    pi_string += line.rstrip()

print(pi_string)  # ③
print(len(pi_string))
```

이전 예제에서 했던 것과 마찬가지로 먼저 파일을 열고 각 숫자 행을 리스트에 저장했습니다. ①에서는 파이(pi)의 숫자를 저장할 pi_string 변수를 만들었습니다. 그리고 ②에서 루프를 실행해 각 숫자 행을 pi_string에 추가하고 줄바꿈 문자를 제거했습니다. ③에서는 이 문자열을 출력해 문자열이 얼마나 긴지 봤습니다.

```
3.1415926535   8979323846   2643383279
36
```

pi_string 변수에는 각 행의 숫자 왼쪽에 원래 있던 공백이 남아 있는데, rstrip() 대신 strip()을 쓰면 이 공백도 없앨 수 있습니다.

```
--생략--
for line in lines:
    pi_string += line.strip()

print(pi_string)
print(len(pi_string))
```

이제 파이(pi)를 소수점 아래 30자리까지 저장한 문자열이 생겼습니다. 이 문자열에는 처음의 3과 소수점도 들어 있으므로 총 32자입니다.

```
3.14159265358979323846264338327 9
32
```

10.1.6 백만 단위의 큰 숫자 다루기

지금까지는 세 줄짜리 텍스트 파일을 분석했지만, 이 예제의 코드는 훨씬 큰 파일에서도 똑같이 동작합니다. 파이(**pi**)를 소수점 아래 백만 자리까지 담은 텍스트 파일로 시작했어도 이 숫자를 단 하나의 문자열에 모두 담을 수 있습니다. 다른 파일을 전달하는 것 외에는 프로그램을 전혀 바꾸지 않아도 됩니다. 소수점 아래 50자리만 출력할 테니 숫자 백만 개가 터미널에 스크롤되는 걸 볼 필요도 없습니다.

pi_string.py

```
filename = 'pi_million_digits.txt'

with open(filename) as file_object:
    lines = file_object.readlines()
pi_string = ''
for line in lines:
    pi_string += line.strip()

print(f"{pi_string[:52]}...")
print(len(pi_string))
```

출력에는 물론 문자열에 **pi**를 소수점 아래 백만 자리까지 담았다고 나타납니다.

```
3.14159265358979323846264338327950288419716939937510...
1000002
```

파이썬에는 데이터 양에 대해 고정된 제한은 없습니다. 시스템의 메모리에서 처리할 수 있는 만큼 데이터를 다룰 수 있습니다.

10.1.7 pi에 당신의 생일이 들어 있을까요?

필자는 어릴 때 필자의 생일이 파이(pi) 어딘가에 들어 있을지 궁금했습니다. 방금 만든 프로그램을 써서 누군가의 생일이 파이(pi)의 첫 번째 백만 자리 안에 들어 있는지 알아봅시다. 생일을 숫자로 이루어진 문자열로 바꾸고 그 문자열이 pi_string 안에 나타나는지 보면 됩니다.

```
--생략--
for line in lines:
    pi_string += line.rstrip()

birthday = input("Enter your birthday, in the form mmddyy: ")  # ①
if birthday in pi_string:  # ②
    print("Your birthday appears in the first million digits of pi!")
else:
    print("Your birthday does not appear in the first million digits of pi.")
```

①에서는 사용자에게 생일을 묻는 프롬프트를 표시했고 ②에서는 그 문자열이 pi_string 안에 있는지 체크했습니다. 직접 해봅시다.

```
Enter your birthdate, in the form mmddyy: 120372
Your birthday appears in the first million digits of pi!
```

오 필자의 생일이 있네요! 일단 파일을 읽기만 하면, 상상할 수 있는 거의 모든 방법으로 콘텐츠를 분석할 수 있습니다.

연습문제

10-1. 파이썬 배우기: 텍스트 에디터에서 빈 파일을 만들고 지금까지 파이썬에 대해 배운 내용을 몇 줄로 요약하십시오. 각 행은 '파이썬으로 이런 일을 할 수 있습니다'라는 구절로 시작하십시오. 이 파일을 이 장의 연습문제와 같은 디렉터리에 learning_python.txt라는 이름으로 저장하십시오. 이 파일을 읽고 당신이 배운 내용을 세 번 출력하는 프로그램을 만드십시오. 한 번은 파일 전체의 콘텐츠를 출력하는 방법, 한 번은 파일 객체에 루프를 실행하는 방법, 한 번은 리스트에 저장하고 with 블록 밖에서 출력하는 방법을 쓰십시오.

10-2. C 배우기: replace() 메서드를 써서 문자열의 단어를 다른 단어로 교체할 수 있습니다. 다음은 문장에서 'dog'을 'cat'으로 교체하는 예제입니다.

```
>>> message = "I really like dogs."
>>> message.replace('dog', 'cat')
'I really like cats.'
```

• 연습문제 10-1에서 만든 `learning_python.txt` 파일의 각 행에서 파이썬을 다른 언어 이름, 예를 들어 'C'로 바꾸십시오. 수정된 각 행을 화면에 출력하십시오.

10.2 파일에 쓰기

데이터를 저장하는 가장 단순한 방법은 바로 파일에 저장하기입니다. 텍스트를 파일에 저장하면 프로그램 출력 결과를 표시한 터미널을 종료해도 여전히 그 결과를 사용할 수 있습니다. 프로그램을 마친 다음 결과를 살펴볼 수 있고 다른 사람과 파일을 공유할 수도 있습니다. 그 텍스트를 다시 메모리로 읽는 프로그램을 만들어 나중에 사용할 수도 있습니다.

10.2.1 빈 파일에 쓰기

텍스트를 파일에 저장하려면 파일에 쓰려 한다고 알리는 두 번째 매개변수를 open()에 넘겨야 합니다 단순한 메시지를 만들고 화면에 출력하는 대신 파일에 저장하면서 어떻게 하는지 알아봅시다.

write_message.py

```
filename = 'programming.txt'

with open(filename, 'w') as file_object:  # ①
    file_object.write("I love programming.")  # ②
```

①행에서는 open()을 호출하면서 매개변수 두 개를 넘겼습니다. 첫 번째 매개변수는 여전히 파일 이름입니다. 두 번째 매개변수 'w'는 이 파일을 **쓰기 모드**write mode로 열라는 뜻입니다. 파일을 열 때는 **읽기 모드**read mode('r'), **쓰기 모드**('w'), **이어 붙이기 모드**append mode('a'), 읽고 쓰기 모드('r+')를 쓸 수 있습니다. 모드 매개변수를 생략하면 파이썬은 기본적으로 파일을 읽기 전용 모드로 엽니다.

open() 함수를 쓰기 모드로 호출했을 때 파일이 존재하지 않으면 자동으로 만듭니다. 하지만 파일을 쓰기 모드로 열 때는 조심해야 합니다. 파이썬은 해당 파일이 이미 존재할 경우 파일 객체를 반환하기 전에 기존 파일 콘텐츠를 지우기 때문입니다.

②에서는 파일 객체에 write() 메서드를 실행해 문자열을 파일에 썼습니다. 이 프로그램에는 터미널 출력이 없지만, programming.txt 파일을 열면 한 행을 볼 수 있습니다.

programming.txt

```
I love programming.
```

이 파일은 컴퓨터의 다른 파일과 똑같습니다. 이 파일을 열고, 새 텍스트를 쓰고, 복사하고, 붙여 넣는 등의 일을 모두 할 수 있습니다.

> **NOTE_** 파이썬은 텍스트 파일에 문자열만 쓸 수 있습니다. 숫자 데이터를 텍스트 파일에 쓰려면 먼저 str() 함수를 써서 문자열로 바꿔야 합니다.

10.2.2 여러 행 쓰기

write() 함수는 텍스트에 줄바꿈 문자를 추가하지 않습니다. 따라서 두 행 이상을 쓰면서 줄바꿈 문자를 쓰지 않으면 파일이 원하는 대로 보이지 않을 수 있습니다.

```
filename = 'programming.txt'

with open(filename, 'w') as file_object:
    file_object.write("I love programming.")
    file_object.write("I love creating new games.")
```

programming.txt 파일을 열면 두 행이 하나로 합쳐져 있을 겁니다.

```
I love programming.I love creating new games.
```

write()를 호출할 때 줄바꿈 문자(\n)를 넣으면 각 문자열이 한 행이 됩니다.

```
filename = 'programming.txt'

with open(filename, 'w') as file_object:
    file_object.write("I love programming.\n")
    file_object.write("I love creating new games.\n")
```

이제 출력 결과가 여러 행으로 분리됩니다.

```
I love programming.
I love creating new games.
```

터미널에서 출력할 때와 마찬가지로 공백과 탭 문자, 빈 행을 써서 출력 형식을 잡을 수 있습니다.

10.2.3 파일에 이어 붙이기

기존 내용에 덮어쓰지 않고 파일에 내용을 추가하려면 파일을 이어 붙이기 모드로 열면 됩니다. 파일을 이어 붙이기 모드로 열면 파이썬은 파일 객체를 반환하기 전에 파일 콘텐츠를 지우지 않습니다. 파일에 쓰는 행은 모두 파일 마지막에 추가됩니다. 파일이 존재하지 않으면 파이썬이 빈 파일을 새로 만듭니다.

write_message.py을 수정해서 기존 programming.txt 파일에 프로그래밍을 좋아하는 이유를 추가해봅시다.

write_message.py

```
filename = 'programming.txt'

with open(filename, 'a') as file_object:  # ①
    file_object.write("I also love finding meaning in large datasets.\n")  # ②
    file_object.write("I love creating apps that can run in a browser.\n")
```

①에서는 'a' 매개변수를 써서 파일을 이어 붙이기 모드로 열었습니다. ②에서는 programming.txt에 추가할 새 행을 두 개 만들었습니다.

programming.txt

```
I love programming.
I love creating new games.
I also love finding meaning in large datasets.
I love creating apps that can run in a browser.
```

파일의 원래 콘텐츠에 새 콘텐츠가 이어졌습니다.

연습문제

10-3. 손님: 사용자에게 이름을 묻는 프로그램을 만드십시오. 사용자가 응답하면 이름을 guest.txt 파일에 쓰십시오.

10-4. 방명록: 사용자에게 이름을 묻는 while 루프를 만드십시오. 사용자가 이름을 입력하면 화면에 환영 인사를 출력하고 그들이 방문했다는 내용을 guest_book.txt 파일에 한 행 기록하십시오. 각 이름마다 한 행씩 차지하는지 확인하십시오.

10-5. 프로그래밍 투표: 사람들에게 왜 프로그래밍을 좋아하는지 묻는 while 루프를 만드십시오. 누군가 이 유를 입력할 때마다 모든 응답을 저장한 파일에 그 이유를 추가하십시오.

10.3 예외

파이썬에는 프로그램 실행 중에 일어나는 에러를 관리하는 특별한 객체인 **예외**exception 객체가 있습니다. 파이썬은 다음 할 일을 정확히 판단할 수 없는 에러가 생길 때마다 예외 객체를 만듭니다. 예외를 처리할 코드를 만들어두면 프로그램이 멈추지 않습니다. 예외를 처리하지 않으면 프로그램이 멈추고 어떤 예외가 일어났는지 보고하는 **트레이스백**을 보여줍니다.

예외는 try-except 블록에서 처리합니다. try-except 블록은 파이썬에게 어떤 동작을 지시하고, 예외가 생겼을 때 할 일도 지시합니다. try-except 블록을 사용하면 설령 뭔가 잘못되더라도 프로그램은 계속 실행됩니다. 사용자를 혼란스럽게 하는 트레이스백 대신 알기 쉬운 에러 메시지를 표시할 수 있습니다.

10.3.1 0으로 나누는 예외

파이썬이 예외를 일으키게 만드는 단순한 에러를 하나 알아봅시다. 우리는 숫자를 0으로 나눌 수 없다는 걸 알고 있지만, 어쨌든 시도해봅시다.

division_calculator.py

```
print(5/0)
```

물론 파이썬은 이런 일을 할 수 없으므로 트레이스백을 표시합니다

```
Traceback (most recent call last):
  File "division_calculator.py", line 1, in
    print(5/0)
ZeroDivisionError: division by zero  # ①
```

①에서 트레이스백이 보고한 에러 ZeroDivisionError는 예외 객체입니다. 파이썬은 명령을 수행할 수 없을 때 이런 객체로 응답합니다. 이런 상황에서 파이썬은 프로그램을 멈추고 예외 종류를 보고합니다. 이 정보를 이용해서 프로그램을 수정할 수 있습니다. 이런 예외가 일어났을 때 파이썬이 어떻게 할지도 지시할 겁니다. 이렇게 하면 같은 일이 다시 일어날 때를 대비할 수 있습니다.

10.3.2 try-except 블록

에러가 일어날 수 있다고 생각한다면 try-except 블록을 써서 일어날 가능성이 있는 예외를 처리할 수 있습니다. 파이썬이 어떤 코드를 실행하게 하고, 그 코드가 특정 예외를 일으켰을 때 어떻게 할지도 지시합니다.

ZeroDivisionError 예외를 처리하는 try-except 블록은 다음과 같습니다.

```
try:
    print(5/0)
except ZeroDivisionError:
    print("You can't divide by zero!")
```

에러를 일으킨 print(5/0) 행을 try 블록에 넣었습니다. try 블록의 코드가 동작하면 파이썬은 except 블록을 건너뜁니다. try 블록의 코드가 에러를 일으키면 파이썬은 except 블록 중 에러와 일치하는 것을 찾아 그 블록의 코드를 실행합니다.

이 예제에서는 try 블록의 코드가 ZeroDivisionError를 일으키므로 파이썬은 그 에러에 어떻게 대처할지 정한 except 블록을 찾습니다. 그리고 그 블록의 코드를 실행하므로 사용자는 트레이스백 대신 알기 쉬운 에러 메시지를 받습니다.

```
You can't divide by zero!
```

try-except 블록 다음에 코드가 더 있었다면, 파이썬에 에러 처리 방법을 지시했으므로 프로그램은 계속 실행됩니다. 에러를 잡았을 때 계속 실행할 수 있는 프로그램 예제를 봅시다.

10.3.3 예외를 써서 충돌 막기

정확한 에러 처리는 에러가 일어난 후에 프로그램이 할 일이 더 있을 때 특히 중요합니다. 사용자 입력을 받는 프로그램에서 이런 상황이 잦습니다. 프로그램이 잘못된 입력에 응답한다면 충돌하지 않고 올바른 입력을 요청할 수 있습니다.

나눗셈만 하는 단순한 계산기를 만들어봅시다.

division_calculator.py

```python
print("Give me two numbers, and I'll divide them.")
print("Enter 'q' to quit.")

while True:
    first_number = input("\nFirst number: ")  # ①
    if first_number == 'q':
        break
    second_number = input("Second number: ")  # ②
    if second_number == 'q':
        break
    answer = int(first_number) / int(second_number)  # ③
    print(answer)
```

이 프로그램은 ①에서 사용자에게 `first_number` 입력을 요청하고, 사용자가 q를 입력하지 않으면 ②에서 second_number 입력을 요청합니다. ③에서 이 숫자들로 나눗셈을 해서 answer를 얻습니다. 이 프로그램에는 에러 처리가 전혀 없으므로 0으로 나누게 하면 충돌합니다.

```
Give me two numbers, and I'll divide them.
Enter 'q' to quit.

First number: 5
Second number: 0
Traceback (most recent call last):
  File "division_calculator.py", line 9, in
    answer = int(first_number) / int(second_number)
ZeroDivisionError: division by zero
```

프로그램이 충돌하는 것도 나쁜 일이지만, 사용자가 트레이스백을 보게 만드는 것도 좋지 않습니다. 비전문 사용자는 트레이스백을 보고 혼란스러워할 수 있으며, 공격자가 트레이스백을 읽고 당신의 프로그램에 대해 파악할 수도 있습니다. 예를 들어 프로그램 파일 이름을 알 수 있고, 제대로 동작하지 않은 코드가 어느 부분인지도 알 수 있습니다. 경험 많은 공격자들은 이 정보를 보고 당신의 프로그램을 어떻게 공격할지 알아내는 데 이용할 수도 있습니다.

10.3.4 else 블록

에러를 일으킬 수 있는 행을 try-except 블록으로 감싸 이 프로그램을 에러에 더욱 강하게 만들 수 있습니다. 에러는 나눗셈을 하는 행에서 발생하므로 여기에 try-except 블록을 써야 합니다. 이 예제에는 else 블록도 들어 있습니다. else 블록에는 try 블록의 성공에 의존하는 코드가 들어갑니다. 즉 try 블록이 에러 없이 성공적으로 실행될 경우에만 else 블록이 실행된다는 뜻입니다.

```
--생략--
while True:
    first_number = input("\nFirst number: ")
    if first_number == 'q':
        break
try:  # ①
```

```python
        answer = int(first_number) / int(second_number)
    except ZeroDivisionError:  # ②
        print("You can't divide by 0!")
    else:  # ③
        print(answer)
```

---

①에서는 **try** 블록에서 나눗셈을 해보도록 지시했고, 여기에는 에러를 일으킬 수 있는 코드만 들어 있습니다. **try** 블록의 성공에 의존하는 코드는 모두 **else** 블록에 넣었습니다. 여기서 나눗셈이 성공하면 ③의 **else** 블록이 실행되어 결과를 출력합니다.

②의 **except** 블록은 파이썬이 **ZeroDivisionError**에 어떻게 반응할지 정합니다. **try** 블록이 0으로 나눈 에러 때문에 실패하면 사용자에게 이런 에러를 어떻게 피하는지 알기 쉬운 메시지를 출력합니다. 프로그램은 계속 실행되고 사용자는 트레이스백을 만나지 않습니다.

```
Give me two numbers, and I'll divide them.
Enter 'q' to quit.

First number: 5
Second number: 0
You can't divide by 0!
First number: 5
Second number: 2
2.5

First number: q
```

try-except-else 블록은 이런 식으로 동작합니다. 파이썬은 먼저 **try** 블록의 코드를 시도합니다. **try** 블록에는 예외를 일으킬 수 있는 코드만 써야 합니다. **try** 블록이 성공할 때만 실행할 코드가 필요할 수도 있습니다. 이런 코드는 **else** 블록에 씁니다. **except** 블록은 **try** 블록의 코드에서 예외가 발생했을 때 파이썬이 어떻게 해야 할지 지시합니다.

어떤 에러가 일어날지 예상한다면 잘못된 데이터를 받았거나 필요한 자원이 없을 때도 프로그램이 계속 동작하게 만들 수 있습니다. 여러분의 코드가 사용자의 실수나 악의적 공격에 좀 더 안전해질 수 있습니다.

10.3.5 FileNotFoundError 예외 처리

파일로 작업할 때 흔히 일어나는 문제는 파일이 없는 문제입니다. 원하는 파일이 다른 위치에 있을 수도 있고, 파일 이름에 오타가 있을 수도 있고, 그런 파일이 아예 존재하지 않을 수도 있습니다. 이런 상황은 모두 try-except 블록으로 단순하게 처리할 수 있습니다.

존재하지 않는 파일을 읽어봅시다. 다음 프로그램은 『이상한 나라의 앨리스』의 내용을 읽으려 하지만, 필자는 alice.txt 파일을 alice.py와 같은 디렉터리에 저장하지 않았습니다.

alice.py

```
filename = 'alice.txt'

with open(filename, encoding='utf-8') as f:
    contents = f.read()
```

파이썬은 존재하지 않는 파일을 읽을 수 없으므로 예외를 일으킵니다.

```
Traceback (most recent call last):
  File "alice.py", line 3, in
    with open(filename, encoding='utf-8') as f:
FileNotFoundError: [Errno 2] No such file or directory: 'alice.txt'
```

트레이스백의 마지막 행에서는 FileNotFoundError를 보고합니다. 이 예외는 파이썬이 파일을 찾지 못했을 때 일어납니다. 이 예제에서는 open() 함수가 에러를 일으킵니다. 따라서 이 에러를 처리하기 위해 try 블록을 open()이 들어 있는 행 바로 앞에 씁니다.

```
filename = 'alice.txt'

try:
    with open(filename, encoding='utf-8') as f:
        contents = f.read()
except FileNotFoundError:
    print(f"Sorry, the file {filename} does not exist.")
```

이 예제에서는 try 블록의 코드가 FileNotFoundError 예외를 일으키므로 파이썬은 이 에러에 맞는 except 블록을 찾습니다. 그리고 그 블록의 코드를 실행해 트레이스백 대신 알기 쉬운 에러 메시지를 출력합니다.

```
Sorry, the file alice.txt does not exist.
```

이 프로그램은 파일이 존재하지 않으면 더 할 일이 없으므로 에러 처리 코드도 매우 간단합니
다. 이 예제를 확장해서 두 개 이상의 파일을 다룰 때 예외 처리가 어떻게 도움이 될지 알아봅
시다.

10.3.6 텍스트 분석

책 전체가 들어 있는 텍스트 파일도 분석할 수 있습니다. 고전문학 중 상당수는 공개되어 있으
므로 단순한 텍스트 파일로도 이용할 수 있습니다. 이 섹션에서 사용하는 텍스트는 구텐베르크
프로젝트(http://gutenberg.org/)에서 가져왔습니다. 구텐베르크 프로젝트는 공개된 문학
작품을 모아서 관리하고 있으며, 프로그래밍 프로젝트에 문학 텍스트를 사용할 생각이 있다면
훌륭한 자원입니다.

『이상한 나라의 앨리스』의 텍스트를 가져와서 텍스트에 들어 있는 단어 숫자를 세 봅시다. 문
자열에서 단어 리스트를 만드는 문자열 메서드 split()을 이용할 겁니다. 제목인 Alice in
Wonderland만 들어 있는 문자열에 split()을 사용하면 다음과 같은 결과가 나옵니다.

```
>>> title = "Alice in Wonderland"
>>> title.split()
['Alice', 'in', 'Wonderland']
```

split() 메서드는 공백을 기준으로 문자열을 분리하고 각 부분을 리스트에 저장합니다. 결과
는 문자열을 구성하고 있던 단어 리스트이며, 일부 단어에는 구두점이 들어 있을 수도 있습니
다. 『이상한 나라의 앨리스』의 텍스트 전체에 split()을 써서 단어 숫자를 세겠습니다. 그리고
리스트 항목을 세면 텍스트에 들어 있는 단어 숫자를 대략 알 수 있습니다.

```
filename = 'alice.txt'

try:
    with open(filename, encoding='utf-8') as f:
        contents = f.read()
```

```
    except FileNotFoundError:
        print(f"Sorry, the file {filename} does not exist.")
    else:
        # 파일에 들어 있는 단어를 셉니다
        words = contents.split()  # ①
        num_words = len(words)  # ②
        print(f"The file {filename} has about {num_words} words.")  # ③
```

alice.txt 파일을 정확한 디렉터리로 옮겼으므로 이번에는 try 블록이 동작합니다. ①에서
는 『이상한 나라의 앨리스』의 텍스트 전체가 긴 문자열 형태로 들어 있는 contents에 split()
메서드를 실행해 책의 단어 리스트를 얻었습니다. ②처럼 이 리스트에 len()을 실행해 길이를
얻으면 원래 문자열의 단어 숫자에 가까운 값을 얻을 수 있습니다. ③에서는 파일에 단어가 몇
개 있었는지 보고하는 문장을 출력했습니다. 이 코드는 try 블록이 성공적으로 실행돼야만 동
작하므로 else 블록에 넣었습니다. 출력 결과를 보면 alice.txt에 단어가 몇 개 있는지 알 수
있습니다.

```
The file alice.txt has about 29465 words.
```

이 숫자는 실세 단어 숫자보다는 조금 큰데, 텍스트 파일 제공자가 추가 정보를 담았기 때문입
니다. 하지만 이 숫자는 『이상한 나라의 앨리스』의 단어 숫자와 꽤 비슷합니다.

10.3.7 여러 파일 다루기

분석할 책을 추가합시다. 하지만 먼저, 이 프로그램의 상당 부분을 count_words() 함수로 옮
겨야겠습니다. 그렇게 하면 여러 책을 분석하기가 한결 쉬워질 겁니다.

word_count.py

```
def count_words(filename):
    """파일에 들어 있는 단어를 셉니다"""  # ①
    try:
        with open(filename, encoding='utf-8') as f:
            contents = f.read()
    except FileNotFoundError:
        print(f"Sorry, the file {filename} does not exist.")
    else:
```

```
        words = contents.split()
        num_words = len(words)
        print(f"The file {filename} has about {num_words} words.")

    filename = 'alice.txt'
    count_words(filename)
```

대부분의 코드는 그대로입니다. 단순히 들여 쓰고 count_words()로 옮겼을 뿐입니다. 프로그램을 수정할 때는 주석도 업데이트하는 게 좋은 습관이므로 ①에서는 주석을 독스트링으로 바꾸고 조금 수정했습니다.

이제 단순한 루프를 만들어 어떤 텍스트에서든 단어를 분석할 수 있습니다. 분석할 파일 이름을 리스트에 저장하고 리스트의 각 파일에서 count_words()를 호출하면 됩니다. 공개되어 있는 『이상한 나라의 앨리스』, 『싯다르타』, 『모비 딕』과 『작은 아씨들』의 단어를 분석할 겁니다. 프로그램에서 파일이 없는 상황을 처리하는지 확인할 수 있도록 siddhartha.txt는 의도적으로 word_count.py와 다른 디렉터리에 저장했습니다.

```
    def count_words(filename):
        --생략--

    filenames = ['alice.txt', 'siddhartha.txt', 'moby_dick.txt', 'little_women.txt']
    for filename in filenames:
        count_words(filename)
```

siddhartha.txt 파일은 존재하지 않지만, 나머지 프로그램 실행에는 아무 영향도 없습니다.

```
The file alice.txt has about 29465 words.
Sorry, the file siddhartha.txt does not exist.
The file moby_dick.txt has about 215830 words.
The file little_women.txt has about 189079 words.
```

이 예제에서 try-except 블록은 중요한 장점을 두 가지 제공합니다. 사용자에게 트레이스백이 노출되지 않게 막았고, 에러가 일어나도 텍스트 분석을 계속할 수 있습니다. siddhartha.txt에서 생긴 FileNotFoundError를 처리하지 않았다면 사용자에게 트레이스백 전체가 노출되었을 테고 프로그램은 『싯다르타』 분석을 시도하다가 멈췄을 겁니다. 『모비 딕』이나 『작은 아씨들』은 분석하지 않았을 겁니다.

10.3.8 조용히 실패하기

이전 예제에서는 파일이 존재하지 않음을 사용자에게 알렸습니다. 하지만 사용자에게 모든 예외를 보고할 필요는 없습니다. 가끔은 프로그램이 마치 예외가 일어나지 않았던 것처럼 조용히 실패하길 원할 때도 있습니다. 프로그램이 조용히 실패하게 하려면 try 블록은 일반적으로 쓰고, except 블록에서 아무 일도 하지 않도록 파이썬에 명시적으로 지시합니다. 파이썬에는 블록에서 아무 일도 하지 말라고 지시하는 pass 문이 있습니다.

```
def count_words(filename):
    """파일에 들어 있는 단어를 셉니다"""
    try:
        --생략--
    except FileNotFoundError:
        pass  # ①
    else:
        --생략--
filenames = ['alice.txt', 'siddhartha.txt', 'moby_dick.txt', 'little_women.txt']
for filename in filenames:
    count_words(filename)
```

이 코드와 이전 코드의 차이는 ①에 있는 pass 문뿐입니다. 이제 FileNotFoundError가 일어나면 except 블록의 코드가 실행되지만, 아무 일도 일어나지 않습니다. 트레이스백도 출력되지 않고, 에러에 대해 설명하는 메시지도 없습니다. 사용자는 존재하는 각 파일에 단어가 몇 개 있는지 알 수 있지만, 파일이 존재하지 않는다는 사실에 대해서는 알 수 없습니다.

```
The file alice.txt has about 29461 words.
The file moby_dick.txt has about 215136 words.
The file little_women.txt has about 189079 words.
```

pass 문은 플레이스홀더처럼 동작하기도 합니다. 프로그램 실행 중 특정 지점에서 아무것도 하지 않기로 결정했으며, 나중에는 뭔가 하게 될 수도 있다는 메모입니다. 예를 들어 이 프로그램에서는 존재하지 않는 파일 이름을 missing_files.txt 파일에 기록할 수 있습니다. 사용자는 이 파일을 볼 수 없지만, 우리는 파일을 읽고 존재하지 않는 텍스트 파일에 대처할 수 있습니다.

10.3.9 어떤 에러를 보고할지 정하기

사용자에게 에러를 보고할지, 아니면 조용히 실패할지 어떻게 판단해야 할까요? 사용자가 어떤 텍스트를 분석할지 알고 있다면 어떤 텍스트가 분석되지 않았는지 알리는 메시지에 감사할 겁니다. 사용자가 어떤 결과를 기대하긴 하지만 어떤 책이 분석될지는 모른다면 어떤 책을 분석할 수 없었는지까지는 알 필요가 없을 수도 있습니다. 사용자가 원하지 않는 정보를 제공하면 프로그램의 사용성이 떨어질 수 있습니다. 파이썬의 에러 처리 구조를 사용하면 에러가 일어났을 때 그 정보를 얼마나 사용자와 공유할지 세밀히 조절할 수 있습니다.

제대로 만들고 테스트한 코드는 문법 에러나 논리적 에러 같은 내부 에러에 취약하지는 않습니다. 하지만 프로그램이 사용자 입력이나 파일의 존재 또는 네트워크 연결 같은 외부 요인에 의존한다면 예외가 생길 가능성이 있습니다. 경험을 조금만 쌓아도 프로그램의 어디에 예외 처리 블록을 둘지, 일어난 에러에 대해 사용자에게 어떻게 알릴지 판단하기 쉬워집니다.

연습문제

10-6. 덧셈: 사용자에게 숫자 입력을 요청할 때 항상 있는 문제는 사용자가 숫자가 아닌 텍스트를 입력하는 문제입니다. 입력 내용을 정수로 바꾸려 하면 TypeError가 일어날 겁니다. 숫자 두 개를 요청하는 프로그램을 만드십시오. 두 숫자를 더하고 결과를 출력하십시오. 입력 중 하나가 숫자가 아닐 때 일어날 TypeError를 잡아 알기 쉬운 에러 메시지를 출력하십시오. 숫자 두 개를 입력해보고, 숫자 대신 텍스트를 입력해서 프로그램을 테스트하십시오.

10-7. 덧셈 계산기: 연습문제 10-6의 코드를 while 루프로 감싸서 사용자가 실수로 숫자 대신 텍스트를 입력하더라도 계속 숫자를 입력할 수 있게 만드십시오.

10-8. 고양이와 개: cats.txt, dogs.txt 두 파일을 만드십시오. 첫 번째 파일에는 고양이 이름 최소한 세 개, 두 번째 파일에는 개 이름 최소한 세 개를 저장하십시오. 이 파일들을 읽고 파일 내용을 화면에 출력하는 프로그램을 만드십시오. 코드를 try-except 블록으로 감싸 FileNotFound 에러를 잡고, 파일이 존재하지 않을 때는 알기 쉬운 메시지를 출력하십시오. 파일 중 하나를 다른 위치로 옮기고 except 블록의 코드가 제대로 실행되는지 확인하십시오.

10-9. 조용한 개와 고양이: 연습문제 10-8의 except 블록을 수정해서 파일이 존재하지 않더라도 조용히 실패하게 만드십시오.

10-10. 흔한 단어: 구텐베르크 프로젝트(http://gutenberg.org/)를 방문해 분석해보고 싶은 텍스트를 몇 개 찾으십시오. 텍스트 파일을 내려받거나 브라우저에서 텍스트를 복사해 텍스트 파일로 저장하십시오.

- count() 메서드를 써서 단어나 구절이 문자열에 몇 번 나타났는지 알아볼 수 있습니다. 예를 들어 다음 코드는 'row'가 문자열에 몇 번 나타났는지 셉니다.

```
>>> line = "Row, row, row your boat"
>>> line.count('row')
2
>>> line.lower().count('row')
3
```

- lower()를 써서 문자열을 소문자로 바꾸면 대소문자와 상관없이 원하는 단어를 찾을 수 있습니다.
- 구텐베르크 프로젝트에서 찾은 파일을 읽고 각 텍스트에 the가 몇 번 나타나는지 세는 프로그램을 만드십시오. 이것은 then이나 there 같은 단어까지 셈에 넣기 때문에 정확하지 않은 추정치입니다. 문자열에 공백을 넣어 the가 몇 번 들어가는지 다시 확인하고, 결괏값이 얼마나 줄어드는지 비교해보십시오.

10.4 데이터 저장

프로그램 중에는 사용자에게 정보 입력을 요청하는 프로그램이 많습니다. 게임 설정을 저장할 수도 있고, 시각화에 사용할 데이터를 받을 수도 있습니다. 프로그램의 목적이 무엇이든, 사용자가 제공한 정보를 리스트나 딕셔너리 같은 자료구조에 저장할 겁니다. 사용자가 프로그램을 닫으면 거의 항상 사용자가 입력한 정보를 저장해야 합니다. 데이터를 저장하는 단순한 방법 중에는 json 모듈을 사용하는 방법이 있습니다.

json 모듈을 쓰면 단순한 파이썬 자료구조를 파일에 저장하고, 다음에 프로그램을 실행할 때 그 파일에서 데이터를 읽어올 수 있습니다. json을 써서 다른 파이썬 프로그램과 데이터를 공유할 수도 있습니다. 더 좋은 점은, JSON은 파이썬에만 해당하는 데이터 형식이 아니므로 여러 가지 프로그래밍 언어를 쓰는 사람들과 JSON 형식 데이터를 공유할 수 있다는 겁니다. JSON은 유용하고 널리 쓰이는 형식이며 배우기 쉽습니다.

> **NOTE_** JSON(자바스크립트 객체 표기법)은 원래 자바스크립트에 쓰려고 개발된 형식입니다. 하지만 파이썬을 포함해 여러 언어에서 쓰이는 공통 형식으로 발전했습니다.

10.4.1 json.dump()와 json.load()

숫자를 저장하는 프로그램과, 이들 숫자를 메모리로 읽어 들이는 프로그램을 만듭시다. 첫 번째 프로그램은 json.dump()를 써서 숫자 세트를 저장하고, 두 번째 프로그램은 json.load()를 쓸 겁니다.

json.dump() 함수는 매개변수로 저장할 데이터와 데이터를 저장할 파일 객체 두 가지를 받습니다. 다음은 json.dump()를 써서 숫자 리스트를 저장하는 방법입니다.

number_writer.py

```
import json

numbers = [2, 3, 5, 7, 11, 13]

filename = 'numbers.json'  # ①
with open(filename, 'w') as f:  # ②
    json.dump(numbers, f)  # ③
```

먼저 json 모듈을 임포트하고 숫자 리스트를 만들었습니다. ①에서는 숫자 리스트를 저장할 파일 이름을 정했습니다. 파일 확장자는 보통 .json으로 정해서 파일에 저장된 데이터가 JSON 형식임을 나타냅니다. 그리고 ②에서 파일을 쓰기 모드로 열어 json 데이터를 파일에 저장할 수 있게 했습니다. ③에서는 json.dump() 함수를 써서 numbers 리스트를 numbers.json 파일에 저장했습니다.

이 프로그램에는 출력 결과가 없으니 numbers.json 파일을 열고 내용을 봅시다. 데이터는 파이썬과 마찬가지 형식으로 저장됐습니다.

```
[2, 3, 5, 7, 11, 13]
```

이제 json.load()를 써서 리스트를 메모리로 불러오는 프로그램을 만들겠습니다.

number_reader.py

```
import json

filename = 'numbers.json'  # ①
```

```
    with open(filename) as f:  # ②
        numbers = json.load(f)  # ③

    print(numbers)
```

①에서는 위에서 저장한 파일을 불러오게 지정합니다. 이번에는 ②에서 파일을 읽기 모드로 열었습니다. ③에서는 json.load() 함수를 써서 numbers.json에 저장된 정보를 numbers 변수에 할당했습니다. 마지막으로 숫자 리스트를 출력해 number_writer.py와 같은 리스트인지 확인했습니다.

```
[2, 3, 5, 7, 11, 13]
```

이렇게 단순한 방법으로 데이터를 프로그램 사이에서 공유할 수 있습니다.*

10.4.2 사용자가 생성한 데이터 저장하고 읽기

사용자의 정보를 어떤 형태로든 저장하지 않으면 프로그램이 멈출 때 데이터도 잃게 되니 사용자가 생성한 데이터를 다룰 때는 json으로 데이터를 저장해야 합니다. 사용자가 처음으로 프로그램을 실행할 때 이름을 묻고, 다시 실행했을 때 그 이름을 기억하고 있는 예제를 살펴봅시다.

먼저 사용자 이름을 저장하는 것으로 시작합시다.

remember_me.py

```
import json

username = input("What is your name? ")  # ①
filename = 'username.json'
with open(filename, 'w') as f:
    json.dump(username, f)  # ②
    print(f"We'll remember you when you come back, {username}!")  # ③
```

①에서는 저장할 사용자 이름을 묻습니다. ②에서는 json.dump()에 사용자 이름과 파일 객체

----

* 역주_ json.dump() 함수를 써서 한글 데이터를 저장하면 윈도우에서는 한글이 깨져서 저장될 수 있습니다. 이럴 때는 json.dump() 함수에 ensure_ascii=False 매개변수를 전달해서 호출하면 한글이 제대로 저장됩니다.

를 전달해 사용자 이름을 파일에 저장합니다. ③에서는 사용자에게 정보를 저장했다는 메시지를 출력했습니다.

```
What is your name? Eric
We'll remember you when you come back, Eric!
```

이제 이름이 저장된 사용자를 환영하는 새 프로그램을 만듭시다.

greet_user.py

```python
import json

filename = 'username.json'

with open(filename) as f:
    username = json.load(f)   # ①
    print(f"Welcome back, {username}!")   # ②
```

①에서는 json.load()를 써서 username.json에 저장된 정보를 username 변수에 할당했습니다. 이제 사용자 이름을 확인했으니 ②처럼 환영할 수 있습니다.

```
Welcome back, Eric!
```

이제 두 프로그램을 파일 하나로 결합해야 합니다. 누군가가 remember_me.py를 실행했을 때 가능하면 사용자 이름을 메모리로 불러오고 싶으므로 사용자 이름을 불러오도록 시도하는 try 블록으로 시작합니다. username.json 파일이 존재하지 않으면 except 블록에서 사용자 이름을 묻고 다음에 쓸 수 있도록 username.json에 저장합니다.

remember_me.py

```python
import json

# 사용자 이름이 저장됐다면 불러옵니다
# 그렇지 않다면 사용자 이름을 묻고 저장합니다
filename = 'username.json'
try:
    with open(filename) as f:   # ①
        username = json.load(f)   # ②
```

```
    except FileNotFoundError:  # ③
        username = input("What is your name? ")  # ④
        with open(filename, 'w') as f:  # ⑤
            json.dump(username, f)
            print(f"We'll remember you when you come back, {username}!")
    else:
        print(f"Welcome back, {username}!" )
```

여기에 새 코드는 전혀 없습니다. 이전 예제의 코드 블록을 파일 하나에 결합했을 뿐입니다. ①
에서는 username.json 파일을 열 수 있는지 시도합니다. 이 파일이 존재하면 ②에서 사용자
이름을 메모리로 불러오고, else 블록에서 사용자를 환영하는 메시지를 출력합니다. 사용자가
프로그램을 처음 실행하는 것이라면 username.json은 존재하지 않으니 FileNotFoundEr-
ror가 일어날 테고 ③에서 이를 받습니다. 파이썬은 except 블록으로 이동해 ④에서 사용자에
게 이름을 묻습니다. 그리고 ⑤에서 json.dump()로 사용자 이름을 저장하고 환영 인사를 출력
합니다.

어느 블록이 실행되든 결과는 사용자 이름과 적절한 환영 인사입니다. 이 프로그램을 처음 실
행한다면 출력 결과는 다음과 같습니다.

```
What is your name? Eric
We'll remember you when you come back, Eric!
```

프로그램을 최소한 한 번 실행했다면 출력 결과는 다음과 같습니다.

```
Welcome back, Eric!
```

10.4.3 리팩터링

코드가 동작하긴 하지만 특정 작업만 수행하는 여러 함수로 나눈다면 코드가 좀 더 좋아질 거
라고 생각할 때가 자주 있습니다. 이 과정을 **리팩터링**refactoring이라 부릅니다. 리팩터링을 통해 코
드를 더 명확하고, 이해하기 쉽고 확장하기 쉽게 만들 수 있습니다.

remember_me.py를 리팩터링해 작업을 하나 이상의 함수로 이동할 수 있습니다. remember_
me.py의 핵심은 사용자를 환영하는 것이니, 기존 코드를 전부 greet_user() 함수로 옮깁시다.

remember_me.py

```python
import json

def greet_user():
    """사용자를 이름으로 환영합니다"""  # ①
    filename = 'username.json'
    try:
        with open(filename) as f:
            username = json.load(f)
    except FileNotFoundError:
        username = input("What is your name? ")
        with open(filename, 'w') as f:
            json.dump(username, f)
            print(f"We'll remember you when you come back, {username}!")
    else:
        print(f"Welcome back, {username}!")

greet_user()
```

이제 함수를 쓰고 있으므로 ①에서 주석을 독스트링으로 바꾸고 프로그램이 현재 하는 일을 반영했습니다. 이렇게만 해도 좀 더 명확하지만, greet_user() 함수는 사용자를 환영하는 것 이상의 일을 하고 있습니다. 저장된 사용자 이름이 존재한다면 불러오고, 존재하지 않으면 사용자 이름을 묻습니다.

greet_user()를 리팩터링해서 너무 많은 작업을 하지 않게 바꿉시다. 저장된 사용자 이름을 가져오는 코드부터 다른 함수로 분리하겠습니다.

```python
import json

def get_stored_username():
    """저장된 사용자 이름이 있다면 불러옵니다"""  # ①
    filename = 'username.json'
    try:
        with open(filename) as f:
            username = json.load(f)
    except FileNotFoundError:
        return None  # ②
    else:
        return username
```

```
def greet_user():
    """사용자를 이름으로 환영합니다"""
    username = get_stored_username()
    if username:  # ③
        print(f"Welcome back, {username}!")
    else:
        username = input("What is your name? ")
        filename = 'username.json'
        with open(filename, 'w') as f:
            json.dump(username, f)
            print(f"We'll remember you when you come back, {username}!")

greet_user()
```

새 함수 get_stored_username()은 ①에서 바꾼 독스트링처럼 명확한 한 가지 목적이 있습니다. 이 함수는 저장된 사용자 이름을 찾아보고, 찾으면 반환합니다. username.json 파일이 존재하지 않으면 이 함수는 ②에서 None을 반환합니다. 이런 방식은 좋은 방식입니다. 함수는 예상하는 값을 반환하거나, 그렇지 않다면 None을 반환해야 합니다. 이렇게 하면 단순한 테스트로 함수의 반환값을 확인할 수 있습니다. ③에서는 사용자 이름을 성공적으로 가져왔다면 환영 메시지를 출력하고, 그렇지 않다면 새 사용자 이름을 묻습니다.

greet_user()에서 코드 블록을 하나 더 밖으로 빼 리팩터링해야 합니다. 사용자 이름이 존재하지 않으면 새 사용자 이름을 묻는 코드를 전용 함수로 옮깁니다.

```
import json
def get_stored_username():
    """저장된 사용자 이름이 있다면 불러옵니다"""
    --생략--

def get_new_username():
    """새 사용자 이름을 묻습니다"""
    username = input("What is your name? ")
    filename = 'username.json'
    with open(filename, 'w') as f:
        json.dump(username, f)
    return username

def greet_user():
    """사용자를 이름으로 환영합니다"""
    username = get_stored_username()
```

```
    if username:
        print(f"Welcome back, {username}!")
    else:
        username = get_new_username()
        print(f"We'll remember you when you come back, {username}!")

greet_user()
```

remember_me.py의 마지막 버전에서는 각 함수가 단 하나의 명확한 목적만 있습니다. greet_
user()를 호출하고 이 함수는 기존 사용자 또는 새 사용자를 환영하는 적절한 메시지를 출력
합니다. 이를 위해 저장된 사용자 이름이 존재하는지 확인하는 일만 하는 get_stored_user
name()을 호출합니다. 마지막으로, greet_user()는 필요하다면 새 사용자 이름을 묻고 저장
하기만 하는 get_new_username()을 호출합니다. 이렇게 작업을 구분해야 관리하고 확장하
기 쉬운 명확한 코드를 만들 수 있습니다.

연습문제

10-11. 좋아하는 숫자: 사용자가 좋아하는 숫자를 묻는 프로그램을 만드십시오. json.dump()를 써서 이 숫
자를 파일에 저장하십시오. 별도의 프로그램을 만들어 이 값을 묻고 메시지를 출력하십시오("당신이
좋아하는 숫자는 ＿＿입니다!").

10-12. 좋아하는 숫자 기억: 연습문제 10-11의 두 프로그램을 파일 하나에 결합하십시오. 숫자가 이미 저
장됐다면 좋아하는 숫자를 사용자에게 보고하십시오. 그렇지 않다면 사용자가 좋아하는 숫자를 묻고
파일에 저장하십시오. 프로그램을 두 번 실행해 잘 동작하는지 확인하십시오.

10-13. 사용자 확인: remember_me.py의 마지막 코드는 사용자가 이미 사용자 이름을 입력했거나 아니면
프로그램을 처음으로 사용한다고 가정합니다. 현재 사용자가 프로그램을 사용한 마지막 사람이 아닌
경우에도 대비해야 합니다.

- greet_user()에서 환영 메시지를 출력하기 전에 사용자에게 현재 이름이 정확한 사용자 이름인
지 물어보십시오. 그렇지 않다면 get_new_username()을 호출해서 정확한 사용자 이름을 얻으십
시오.

10.5 마치며

이 장에서는 파일을 다루는 법을 배웠습니다. 파일 전체를 즉시 읽는 법, 파일 콘텐츠를 한 번에 한 행씩 읽는 법을 배웠습니다. 파일에 저장하는 법, 텍스트 파일에 이어 붙이는 법을 배웠습니다. 예외에 대해 읽었고 프로그램에서 일어날 수 있는 예외를 처리하는 법을 배웠습니다. 마지막으로, 사용자가 제공한 정보를 파이썬 자료구조로 저장해 프로그램을 실행할 때마다 처음부터 다시 시작하지 않도록 하는 법을 배웠습니다.

11장에서는 코드를 테스트하는 효율적인 방법을 배웁니다. 이를 통해 코드를 정확하게 개발하고 있다고 믿을 수 있고 프로그램을 개발하다가 생긴 버그를 찾을 수 있습니다.

## CHAPTER 11

코드 테스트

함수나 클래스를 만들면 그 코드를 테스트할 수 있습니다. 테스트를 통해 코드가 받도록 디자인된 모든 입력 타입에 응답한다고 확신할 수 있습니다. 더 많은 사람들이 프로그램을 사용해도 코드가 정확히 동작한다고 확신할 수 있습니다. 새 코드를 테스트해서 프로그램에 추가해도 기존 동작을 망치지 않게 할 수 있습니다. 모든 프로그래머는 실수합니다. 따라서 모든 프로그래머는 반드시 코드를 자주 테스트해서 사용자에게 문제가 생기지 않게 해야 합니다.

이 장에서는 파이썬의 unittest 모듈에 포함된 도구를 써서 코드를 테스트하는 법을 배웁니다. 테스트 케이스를 만들고 입력에 따른 출력 결과가 당신이 원하던 결과가 맞는지 체크하는 법을 배웁니다. 통과하는 테스트가 어떤 형태인지, 실패하는 테스트는 어떤 형태인지 보고 실패하는 테스트를 통해 코드를 개선하는 법을 배웁니다. 함수와 클래스를 테스트하는 법을 배우고, 프로젝트에 테스트를 몇 개나 만들어야 하는지 이해하게 될 겁니다.

11.1 함수 테스트

테스트에 대해 배우려면 먼저 테스트할 코드가 필요합니다. 다음은 성과 이름을 받아 읽기 좋은 전체 이름을 반환하는 단순한 함수입니다.

name_function.py

```
def get_formatted_name(first, last):
    """읽기 좋은 전체 이름을 생성합니다"""
    full_name = f"{first} {last}"
    return full_name.title()
```

get_formatted_name() 함수는 성과 이름 사이에 공백을 넣고 결합해 전체 이름을 만든 다음, 단어의 첫 글자를 대문자로 바꿔 전체 이름을 반환합니다. get_formatted_name()를 사용하는 프로그램을 만들어 이 함수가 정확히 동작하는지 체크합시다. names.py 프로그램은 사용자의 성과 이름을 받아 읽기 좋은 전체 이름을 만들어 표시합니다.

names.py

```
from name_function import get_formatted_name

print("Enter 'q' at any time to quit.")
while True:
    first = input("\nPlease give me a first name: ")
    if first == 'q':
        break
    last = input("Please give me a last name: ")
    if last == 'q':
        break

    formatted_name = get_formatted_name(first, last)
    print(f"\tNeatly formatted name: {formatted_name}.")
```

이 프로그램은 name_function.py에서 get_formatted_name()을 임포트합니다. 사용자는 성과 이름을 입력하고 전체 이름이 생성된 걸 볼 수 있습니다.

```
Enter 'q' at any time to quit.

Please give me a first name: janis
Please give me a last name: joplin
   Neatly formatted name: Janis Joplin.

Please give me a first name: bob
Please give me a last name: dylan
```

```
    Neatly formatted name: Bob Dylan.

  Please give me a first name: q
```

여기서는 이름이 정확히 생성됐습니다. 하지만 get_formatted_name()을 수정해서 중간 이름도 처리하게 바꾼다고 합시다. 그렇게 바꾼다고 하더라도 함수가 성과 이름만 받았을 때 처리하는 방법이 틀어지지 않는지 확인하고 싶습니다. 물론 get_formatted_name()을 수정할때마다 names.py를 실행하고 Janis Joplin 같은 이름을 입력해서 코드를 테스트할 수 있지만, 지루한 일입니다. 다행히 파이썬에는 함수의 출력 결과 테스트를 자동화하는 효율적인 방법이 있습니다. get_formatted_name()의 테스트를 자동화할 수 있다면 테스트를 만든 이름에 대해서는 함수가 항상 동작할 거라고 확신할 수 있습니다.

11.1.1 단위 테스트와 테스트 케이스

파이썬 표준 라이브러리의 unittest 모듈에는 코드 테스트 도구가 들어 있습니다. **단위 테스트**unit test는 함수의 특정 동작 한 가지가 정확한지 확인합니다. **테스트 케이스**test case는 단위 테스트의 묶음이며 함수가 처리할 거라고 예상하는 모든 경우에서 정상적으로 동작하는지 확인합니다. 좋은 테스트 케이스는 함수가 받을 수 있는 입력을 모두 고려하여 이들 각 상황을 나타내는 테스트가 포함되어 있습니다. **완전한** 테스트 케이스에는 함수를 사용할 수 있는 가능한 모든 방법에 대한 단위 테스트가 들어 있습니다. 큰 프로젝트를 완전히 테스트하는 건 벅찬 일일 수 있습니다. 보통은 코드의 중요한 동작만 테스트하고, 프로젝트가 널리 쓰이기 시작하면 완전한 테스트를 목표로 해도 충분합니다.

11.1.2 통과하는 테스트

테스트 케이스를 설정하는 문법에 익숙해지려면 연습이 좀 필요합니다. 하지만, 일단 테스트 케이스를 만들고 나면 함수에 필요한 단위 테스트를 쉽게 추가할 수 있습니다. 함수의 테스트 케이스를 만들려면 먼저 unittest 모듈과 테스트할 함수를 임포트 합니다. 다음에는 unittest.TestCase를 상속하는 클래스를 만들고, 함수의 여러 측면을 테스트하는 메서드를 추가합니다.

다음은 get_formatted_name() 함수가 성과 이름이 주어졌을 때 정확히 동작하는지 확인하는 메서드 하나가 들어 있는 테스트 케이스입니다.

test_name_function.py

```
import unittest
from name_function import get_formatted_name

class NamesTestCase(unittest.TestCase):  # ①
    """name_function.py 테스트"""

    def test_first_last_name(self):
        """'Janis Joplin' 같은 이름이 동작하는지?"""
        formatted_name = get_formatted_name('janis', 'joplin')  # ②
        self.assertEqual(formatted_name, 'Janis Joplin')  # ③

if __name__ == '__main__':  # ④
    unittest.main()
```

먼저 unittest와 테스트할 함수 get_formatted_name()을 임포트 했습니다. ①에서는 get_formatted_name()에 사용할 단위 테스트를 묶을 NamesTestCase 클래스를 만들었습니다. 이 클래스 이름은 원하는 대로 지어도 되지만, 테스트할 함수와 관련되고 Test가 들어간 이름이 가장 좋습니다. 이 클래스는 반드시 unittest.TestCase 클래스를 상속해야 파이썬이 제대로 테스트를 수행할 수 있습니다.

NamesTestCase에는 get_formatted_name()의 한 가지 측면을 테스트하는 단 하나의 메서드만 들어 있습니다. 이 메서드는 성과 이름만 들어 있는 이름이 정확한 형태로 반환되는지 확인하므로 test_first_last_name()라고 부릅니다. test_로 시작하는 메서드는 test_name_function.py를 실행할 때 자동으로 실행됩니다. 이 테스트 메서드 안에서 테스트할 함수를 호출합니다. 이 예제에서는 get_formatted_name()을 호출하면서 매개변수로 'janis'와 'joplin'을 넘겼고, 결과는 formatted_name에 할당했습니다(②).

③에서는 unittest의 가장 유용한 기능인 **단언**assert 메서드를 사용했습니다. 단언 메서드는 받은 결과가 예상한 결과와 일치하는지 확인합니다. 여기서는 get_formatted_name()이 첫 글자를 대문자로 바꾸고 제대로 공백을 넣은 전체 이름을 반환할 것이므로 formatted_name의 값은 Janis Joplin이라고 예상합니다. 이 예상이 맞는지 체크하기 위해 unittest의

assertEqual() 메서드에 formatted_name과 'Janis Joplin'을 넘겼습니다.

```
self.assertEqual(formatted_name, 'Janis Joplin')
```

이 행은 "formatted_name의 값과 문자열 'Janis Joplin'을 비교하라. 예상대로 둘이 일치한다면 매우 좋다. 하지만 일치하지 않으면 보고하라!"라는 의미입니다.

이 파일은 직접 실행할 것이지만, 대부분의 테스트용 프레임워크는 테스트할 파일을 실행하기 전에 임포트합니다. 파일을 임포트하면 인터프리터는 임포트되는 파일을 실행합니다. ④의 if 블록에는 프로그램을 실행할 때 값이 할당되는 특별한 변수 __name__이 있습니다. 이 파일을 다른 프로그램에서 임포트하지 않고 직접 실행한다면 __name__의 값은 '__main__'이 됩니다. 이런 경우에는 unittest.main()을 호출해서 테스트를 실행합니다. 반면 다른 테스트 프레임워크에서 이 파일을 임포트한다면, __name__의 값은 '__main__'이 아니므로 이 블록은 실행되지 않습니다.

test_name_function.py를 실행한 결과는 다음과 같습니다.

```
.
----------------------------------------------------------------------
Ran 1 test in 0.000s

OK
```

출력 결과의 첫 번째 행의 점은 테스트 하나가 통과했다는 의미입니다. 다음 행은 파이썬이 테스트 하나를 실행했고 0.001초 미만이 걸렸다는 뜻입니다. 마지막 OK는 테스트 케이스의 단위 테스트가 모두 통과했다는 뜻입니다.

이 출력 결과를 보면 get_formatted_name() 함수를 수정하지 않는 한 성과 이름으로 구성된 이름에는 항상 동작할 거라고 확신할 수 있습니다. get_formatted_name()를 수정하면 이 테스트를 다시 실행할 수 있습니다. 테스트 케이스가 통과하면 함수는 재니스 조플린 같은 이름에는 여전히 동작한다는 뜻입니다.

11.1.3 실패하는 테스트

실패하는 테스트는 어떤 모양일까요? get_formatted_name()를 수정해서 중간 이름을 처리할 수 있게, 하지만 'Janis Joplin'처럼 성과 이름만 있는 이름에서는 에러가 나게 만들어봅시다.

다음은 get_formatted_name()이 매개변수로 중간 이름을 받게 만든 버전입니다.

name_function.py

```
def get_formatted_name(first, middle, last):
    """읽기 좋은 전체 이름을 생성합니다"""
    full_name = f"{first} {middle} {last}"
    return full_name.title()
```

이 버전은 중간 이름이 있는 사람들에게는 잘 동작하지만, 테스트하면 성과 이름만 있는 사람들에서는 실패합니다. 이번에 test_name_function.py 파일을 실행한 출력 결과는 다음과 같습니다.

```
E  # ①
======================================================================
ERROR: test_first_last_name (__main__.NamesTestCase)  # ②
----------------------------------------------------------------------
Traceback (most recent call last):  # ③
  File "test_name_function.py", line 8, in test_first_last_name
    formatted_name = get_formatted_name('janis', 'joplin')
TypeError: get_formatted_name() missing 1 required positional argument: 'last'


----------------------------------------------------------------------
Ran 1 test in 0.000s  # ④

FAILED (errors=1)  # ⑤
```

테스트가 실패하면 확인해야 할 것이 많으므로 이 결과는 유심히 봐야 합니다. ①에는 E가 있습니다. 이건 테스트 케이스 중 단위 테스트 하나에서 에러가 일어났다는 뜻입니다. ②는 NamesTestCase의 test_first_last_name()에서 에러가 일어났다는 뜻입니다. 테스트 케이스에 단위 테스트가 여러 개 들어 있을 때는 어떤 테스트가 실패했는지 아는 게 중요합니다. ③은 일반적인 트레이스백이며 필수인 위치형 매개변수가 없어서 get_formatted_name('janis' 'joplin') 함수 호출이 실패했다는 뜻입니다.

④에도 단위 테스트 하나가 실패했다는 메시지가 있습니다. 마지막으로 ⑤는 전체 테스트 케이스가 실패했으며 테스트 케이스를 실행하는 중에 에러가 하나 있었다는 추가 메시지입니다. 이 정보가 출력 결과 마지막에 나오는 이유는 바로 확인하기 위해서입니다. 출력 결과 리스트를 스크롤하면서 테스트가 몇 개 실패했는지 셀 수는 없으니까요.

11.1.4 실패한 테스트 점검

테스트가 실패하면 뭘 해야 할까요? 올바른 조건을 체크했다고 가정하면 통과하는 테스트는 함수가 정확히 동작했다는 뜻이고, 실패하는 테스트는 새 코드에 에러가 있다는 뜻입니다. 따라서 테스트가 실패해도 테스트를 수정하지는 마세요. 그 대신 테스트를 실패하게 만든 코드를 수정하십시오. 함수를 어떻게 바꿨는지 점검하고, 어떤 부분이 함수가 원하는 대로 동작하지 않게 만들었는지 찾아내십시오.

여기서 get_formatted_name()은 원래 매개변수로 성과 이름 두 개만 요구했습니다. 이제는 성과 중간 이름, 이름을 요구합니다. 중간 이름을 필수 매개변수로 넣으면서 get_formatted_name()이 원하는 대로 동작하지 않게 됐습니다. 가장 좋은 방법은 중간 이름을 옵션으로 만드는 겁니다. 이렇게 하면 Janis Joplin 같은 이름은 다시 테스트를 통과할 테고, 중간 이름도 받을 수 있게 됩니다. get_formatted_name()에서 중간 이름을 옵션으로 바꾸고 테스트 케이스를 다시 실행합시다. 테스트가 통과하면 함수가 중간 이름도 제대로 처리하는지 확인할 겁니다.

중간 이름을 옵션으로 만들려면 함수 정의에서 middle 매개변수를 매개변수 리스트의 마지막으로 옮기고 빈 기본값을 지정합니다. 중간 이름이 제공됐는지 아닌지에 따라 전체 이름을 제대로 만드는 if 테스트도 추가합니다.

name_function.py

```python
def get_formatted_name(first, last, middle=''):
    """읽기 좋은 전체 이름을 생성합니다"""
    if middle:
        full_name = f"{first} {middle} {last}"
    else:
        full_name = f"{first} {last}"
    return full_name.title()
```

get_formatted_name()의 새 버전에서는 중간 이름이 옵션입니다. 함수에 중간 이름을 넘겼으면 전체 이름은 이름과 중간 이름, 성으로 구성됩니다. 그렇지 않다면 전체 이름에는 성과 이름만 들어갑니다. 이제 이 함수는 어느 쪽에서든 동작해야 합니다. test_name_function.py를 다시 실행해서 함수가 Janis Joplin 같은 이름에 여전히 동작하는지 알아봅시다.

```
.
------------------------------------------------------------------
Ran 1 test in 0.000s

OK
```

테스트 케이스가 통과했습니다. 이상적인 상황입니다. 함수를 수동으로 테스트하지 않아도 재니스 조플린 같은 이름에 다시 잘 동작할 겁니다. 실패한 테스트를 통해 새 코드가 기존 동작을 망치는 걸 확인했으니 함수를 수정하는 건 쉽습니다.

11.1.5 새 테스트 추가

get_formatted_name()이 단순한 이름에서 다시 동작하는 걸 확인했으니 중간 이름이 들어간 사람들을 테스트하는 두 번째 테스트를 만듭시다. NamesTestCase 클래스에 다른 메서드를 추가하겠습니다.

test_name_function.py

```
--생략--

class NamesTestCase(unittest.TestCase):
    """name_function.py 테스트"""

    def test_first_last_name(self):
    --생략--

    def test_first_last_middle_name(self):
        """'Wolfgang Amadeus Mozart' 같은 이름이 동작하는지?"""
        formatted_name = get_formatted_name(  # ①
            'wolfgang', 'mozart', 'amadeus')
        self.assertEqual(formatted_name, 'Wolfgang Amadeus Mozart')
```

```
if __name__ == '__main__':
    unittest.main()
```

이 새 메서드 이름은 test_first_last_middle_name()으로 정했습니다. test_name_function.py를 실행할 때 메서드가 자동으로 실행되려면 메서드 이름은 반드시 test_로 시작해야 합니다. get_formatted_name()의 어떤 동작을 테스트하고 있는지 명확히 드러나는 메서드 이름을 정했습니다. 따라서 테스트가 실패하면 어떤 종류의 이름에 문제가 생겼는지 바로 알 수 있습니다. TestCase 클래스의 메서드 이름은 길어도 상관없습니다. 테스트가 실패했을 때 출력 결과를 이해하기 쉽도록 의미 있는 이름이어야 하며, 파이썬이 이들 메서드를 자동으로 호출하므로 호출 코드를 직접 쓸 필요는 없습니다.

①에서는 get_formatted_name()를 호출하면서 이름과 성, 중간 이름을 넘겨 함수를 테스트했습니다. 그리고 assertEqual()을 써서 반환된 전체 이름이 예상한 전체 이름(이름, 중간 이름, 성)과 일치하는지 체크했습니다 test_name_function.py를 다시 실행하면 두 테스트가 모두 통과합니다.

```
..
----------------------------------------------------------------------
Ran 2 tests in 0.000s

OK
```

훌륭합니다! 함수가 Janis Joplin 같은 이름에도 여전히 동작하는 걸 알고 있고, Wolfgang Amadeus Mozart 같은 이름에도 동작한다고 확신할 수 있습니다.

연습문제

11-1. 도시와 국가: 매개변수로 도시 이름과 국가 이름을 받는 함수를 만드십시오. 이 함수는 **도시 국가** Santiago, Chile처럼 도시, 국가 형태의 문자열 하나로 만들어 반환해야 합니다. 이 함수를 city_functions.py 모듈에 저장하십시오.

- 지금 막 만든 함수를 테스트할 test_cities.py 파일을 만드십시오(테스트하려면 unittest와 함수를 임포트해야 합니다). 'santiago'와 'chile' 같은 값으로 함수를 호출했을 때 정확한 문자열이 반환되는지 확인할 test_city_country() 메서드를 만드십시오. test_cities.py를 실행하고 test_city_country()가 통과하는지 확인하십시오.

11-2. 인구: 함수를 수정해서 세 번째 매개변수인 population을 받게 만드십시오. 이제 함수는 Santiago, Chile – population 5000000와 같은 형태로 도시, 국가, 인구를 반환합니다. test_cities.py 를 다시 실행하십시오. 이번에는 test_city_country()가 실패하는 걸 확인하십시오.

- population 매개변수가 옵션이 되도록 함수를 수정하십시오. test_cities.py를 다시 실행하고 test_city_country()가 다시 통과하는지 확인하십시오.

- 함수를 호출할 때 매개변수로 'santiago', 'chile', 'population=5000000' 같은 값을 넘길 수 있는지 테스트하는 두 번째 테스트 test_city_country_population()을 만드십시오. test_cities.py를 다시 실행하고 새 테스트가 통과하는지 확인하십시오.

11.2 클래스 테스트

이 장의 첫 번째 부분에서는 단 하나의 함수만 테스트했습니다. 이제 클래스 테스트를 만들 겁니다. 여러 프로그램에서 클래스를 사용할 테니 클래스가 정확히 동작하는지 확인할 수 있는 게 좋습니다. 사용 중인 클래스에 대한 테스트가 통과하면 클래스를 개선하다가 현재 동작이 잘못되지 않을 거라고 확신할 수 있습니다.

11.2.1 다양한 단언 메서드

파이썬은 unittest.TestCase 클래스에 여러 가지 단언 메서드를 제공합니다. 이미 언급했듯 단언 메서드는 당신이 맞다고 생각하는 조건이 특정 시점에서 정말 맞는지 테스트합니다. 조건 이 예상대로 맞으면 프로그램의 동작 방법이 이렇다고 추정하는 부분이 확인되는 겁니다. 에러 는 없다고 확신해도 됩니다. 당신이 맞다고 생각하는 조건이 사실은 틀리다면 파이썬은 예외를 일으킵니다.

[표 11-1]은 널리 쓰이는 여섯 가지 단언 메서드입니다. 이들 메서드를 쓰면 반환값이 예상한 값과 일치하는지 아닌지, 값이 True인지 False인지, 값이 어떤 리스트 안에 있는지(in) 아닌 지(not) 확인할 수 있습니다. 이들 메서드는 unittest.TestCase를 상속하는 클래스에서만 쓸 수 있습니다. 이제 실제 클래스를 테스트하면서 이들 메서드를 어떻게 사용하는지 알아봅 시다.

표 11-1 unittest 모듈의 단언 메서드

메서드	사용 예
assertEqual(a, b)	a == b임을 확인합니다.
assertNotEqual(a, b)	a != b임을 확인합니다.
assertTrue(x)	x가 True임을 확인합니다.
assertFalse(x)	x가 False임을 확인합니다.
assertIn(*item, list*)	item이 list 안에 있음을 확인합니다.
assertNotIn(*item, list*)	item이 list 안에 있지 않음을 확인합니다.

11.2.2 테스트할 클래스

클래스 테스트는 함수 테스트와 비슷합니다. 할 일은 대개 클래스의 메서드가 어떻게 동작하는지 테스트하는 것입니다. 하지만 차이가 없는 건 아니니 테스트할 클래스를 만듭시다. 익명 설문조사 관리에 사용할 클래스가 있다고 합시다.

survey.py

```
class AnonymousSurvey:
    """설문 조사에서 익명 응답을 수집합니다"""

    def __init__(self, question):  # ①
        """설문을 저장하고 응답을 저장할 준비를 합니다"""
        self.question = question
        self.responses = []

    def show_question(self):  # ②
        """설문을 표시합니다"""
        print(self.question)

    def store_response(self, new_response):  # ③
        """응답 하나를 저장합니다"""
        self.responses.append(new_response)

    def show_results(self):  # ④
        """받은 응답을 모두 표시합니다"""
        print("Survey results:")
        for response in self.responses:
            print(f"- {response}")
```

①에서는 설문과 함께 응답을 저장할 빈 리스트로 클래스를 시작했습니다. ②는 설문을 출력할 메서드이고, ③에서 새 응답을 응답 리스트에 추가하며 ④에서 리스트에 저장된 응답을 출력합니다. 이 클래스에서 인스턴스를 만들 때는 설문만 추가하면 됩니다 특정 설문조사를 나타내는 인스턴스를 만들고 나면 show_question()으로 설문을 표시하고, store_response()로 응답을 저장하고, show_results()로 결과를 표시합니다.

AnonymousSurvey 클래스를 사용하는 프로그램을 만들어 클래스를 테스트해봅시다.

language_survey.py

```python
from survey import AnonymousSurvey

# 설문을 정의하고 설문조사를 만듭니다
question = "What language did you first learn to speak?"
my_survey = AnonymousSurvey(question)

# 설문을 표시하고 응답을 저장합니다
my_survey.show_question()
print("Enter 'q' at any time to quit.\n")
while True:
    response = input("Language: ")
    if response == 'q':
        break
    my_survey.store_response(response)

# 설문조사 결과를 표시합니다
print("\nThank you to everyone who participated in the survey!")
my_survey.show_results()
```

이 프로그램은 설문("What language did you first learn to speak?")을 정의하고 그 설문으로 AnonymousSurvey 객체를 만듭니다. 프로그램은 show_question()를 호출해 설문을 표시하고 응답을 요청합니다. 받은 응답은 바로 저장됩니다. 응답을 모두 받으면(사용자가 q를 입력하면) show_results()가 설문조사 결과를 출력합니다.

```
What language did you first learn to speak?
Enter 'q' at any time to quit.

Language: English
Language: Spanish
```

```
Language: English
Language: Mandarin
Language: q

Thank you to everyone who participated in the survey!
Survey results:
- English
- Spanish
- English
- Mandarin
```

이 클래스는 단순한 익명 설문조사에는 잘 동작합니다. 하지만 AnonymousSurvey클래스와 그 클래스가 들어 있는 모듈 survey를 개선한다고 합시다. 각 사용자가 응답을 둘 이상 입력하게 할 수도 있습니다. 응답에서 중복을 제거하는 메서드, 각 응답이 몇 번씩 있었는지 보고하는 메서드를 만들 수도 있습니다. 익명이 아닌 다른 설문조사에 필요한 메서드를 만들 수도 있습니다.

그런 기능을 구현하다 보면 AnonymousSurvey 클래스의 현재 동작을 망칠 위험이 있습니다. 예를 들어 각 사용자가 여러 응답을 입력할 수 있게 하면서 실수로 응답 하나를 처리하는 방법을 바꿀 위험한 위험이 있습니다. 이 모듈을 개발하면서 기존 동작을 망치지 않도록 클래스 테스트를 만들 수 있습니다.

11.2.3 AnonymousSurvey 클래스 테스트

AnonymousSurvey의 동작 방법 한 가지를 확인하는 테스트를 만듭시다. 설문에 대한 응답 하나가 제대로 저장되는지 확인하는 테스트를 만들 겁니다. assertIn() 메서드를 써서 저장된 응답이 응답 리스트에 들어 있는지 확인하겠습니다.

test_survey.py

```python
import unittest
from survey import AnonymousSurvey

class TestAnonmyousSurvey(unittest.TestCase):  # ①
    """AnonymousSurvey 클래스 테스트"""
```

```
    def test_store_single_response(self):  # ②
        """응답 하나가 제대로 저장되는지 테스트"""
        question = "What language did you first learn to speak?"
        my_survey = AnonymousSurvey(question)  # ③
        my_survey.store_response('English')
        self.assertIn('English', my_survey.responses)  # ④

if __name__ == '__main__':
    unittest.main()
```

unittest 모듈과 테스트할 클래스 AnonymousSurvey를 임포트하며 시작했습니다. ①에서는 unittest.TestCase를 상속하는 테스트 케이스 TestAnonymousSurvey를 호출했습니다. 첫 번째 테스트 메서드는 설문 응답을 저장했는지, 응답이 설문조사의 응답 리스트에 들어 있는지 확인합니다. 이 메서드의 의미 있고 좋은 이름은 ②의 test_store_single_response()입니다. 이 테스트가 실패하면 실패하는 테스트 출력 결과의 메서드 이름만 봐도 설문조사 응답 하나를 저장하는 데 문제가 있었다는 걸 알 수 있습니다.

클래스의 동작을 테스트하려면 클래스 인스턴스를 만들어야 합니다. ③에서 my_survey 인스턴스를 만들고 설문은 "What language did you first learn to speak?"로 정했습니다. store_response() 메서드로 하나의 응답인 English를 저장했습니다. 그리고 ④에서 English가 my_survey.responses 리스트에 들어 있다고 단언하여 응답이 정확히 저장됐는지 확인합니다. test_survey.py를 실행하면 테스트는 통과합니다.

```
.
----------------------------------------------------------------------
Ran 1 test in 0.001s

OK
```

이건 좋지만, 설문조사에는 보통 응답이 둘 이상입니다. 응답 세 개가 정확히 저장되는지 확인합시다. 이를 위해 TestAnonymousSurvey에 다른 메서드를 추가합니다.

```
import unittest
from survey import AnonymousSurvey

class TestAnonymousSurvey(unittest.TestCase):
    """AnonymousSurvey 클래스 테스트"""
```

```
    def test_store_single_response(self):
        --생략--

    def test_store_three_responses(self):
        """응답 세 개가 제대로 저장되는지 테스트"""
        question = "What language did you first learn to speak?"
        my_survey = AnonymousSurvey(question)
        responses = ['English', 'Spanish', 'Mandarin']  # ①
        for response in responses:
            my_survey.store_response(response)

        for response in responses:  # ②
            self.assertIn(response, my_survey.responses)

if __name__ == '__main__':
    unittest.main()
```

새 메서드 이름은 test_store_three_responses()입니다. test_store_single_
response()에서 했던 것과 마찬가지로 설문조사 객체를 만듭니다. ①에서 세 가지 응답을 담
은 리스트를 정의하고 이들 각 응답에서 store_response()를 호출했습니다. 일단 응답이 저
장되면 다른 루프를 만들어 각 응답이 my_survey.responses에 들어 있다고 단언합니다.

test_survey.py를 다시 실행하면 응답 하나에 대한 테스트와 응답 셋에 대한 테스트가 모두
통과합니다.

```
..
----------------------------------------------------------------------
Ran 2 tests in 0.000s

OK
```

완벽하게 동작합니다. 하지만 이들 테스트는 조금 반복적이니 unittest의 다른 기능을 사용
해 더 효율적으로 만들겠습니다.

11.2.4 setUp() 메서드

test_survey.py에서는 각 테스트 메서드마다 AnonymousSurvey의 새 인스턴스와 새 응답을 만들었습니다. unittest.TestCase 클래스에는 이들 객체를 한 번만 만들고 각 테스트 메서드에서 사용할 수 있게 하는 setUp() 메서드가 있습니다. TestCase 클래스에 setUp() 메서드를 넣으면 파이썬은 test_로 시작하는 각 메서드를 실행하기 전에 setUp() 메서드를 실행합니다. 그러면 setUp() 메서드에서 만든 객체를 각 테스트 메서드에서 사용할 수 있습니다.

setUp()을 써서 test_store_single_response()와 test_store_three_responses()에서 사용할 설문조사 인스턴스와 응답 세트를 만들어봅시다.

```python
import unittest
from survey import AnonymousSurvey

class TestAnonymousSurvey(unittest.TestCase):
    """AnonymousSurvey 클래스 테스트"""

    def setUp(self):
        """
        모든 테스트에서 사용할 설문과 응답을 생성합니다
        """
        question = "What language did you first learn to speak?"
        self.my_survey = AnonymousSurvey(question)  # ①
        self.responses = ['English', 'Spanish', 'Mandarin']  # ②

    def test_store_single_response(self):
        """응답 하나가 제대로 저장되는지 테스트"""
        self.my_survey.store_response(self.responses[0])
        self.assertIn(self.responses[0], self.my_survey.responses)

    def test_store_three_responses(self):
        """응답 세 개가 제대로 저장되는지 테스트"""
        for response in self.responses:
            self.my_survey.store_response(response)
        for response in self.responses:
            self.assertIn(response, self.my_survey.responses)

if __name__ == '__main__':
    unittest.main()
```

setUp() 메서드는 두 가지 일을 합니다. ①에서는 설문조사 인스턴스를 만들었고, ②에서는 응답 리스트를 만들었습니다. 이들은 모두 self로 시작하므로 클래스 안 어디서든 쓸 수 있습니다. 이렇게 하면 테스트 메서드에서 설문조사 인스턴스나 응답을 만들 필요가 없으므로 테스트 메서드가 간결해집니다. test_store_single_response() 메서드는 self.responses의 첫 번째 응답, 즉 self.responses[0]가 정확히 저장됐는지 확인하며 test_store_three_response()는 응답 self.responses의 세 응답이 모두 정확히 저장됐는지 확인합니다.

test_survey.py를 다시 실행하면 두 테스트가 여전히 통과합니다. 이들 테스트는 각 사람의 여러 응답을 처리할 수 있도록 AnonymousSurvey를 확장할 때 특히 유용합니다. 다양한 응답을 받도록 코드를 수정한 뒤 이들 테스트를 실행해 응답 하나 또는 연속적인 응답을 저장하는 기능이 그대로인지 확인할 수 있습니다.

직접 만든 클래스를 테스트할 때 setUp() 메서드를 쓰면 테스트 메서드를 쉽게 만들 수 있습니다. setUp()에서 인스턴스와 속성을 만들고 이들 인스턴스를 모든 테스트 메서드에서 사용하면 됩니다. 각 테스트 메서드마다 인스턴스와 속성을 새로 만드는 것보다 이 방법이 훨씬 쉽습니다.

> **NOTE**_ 테스트 케이스를 실행하면 파이썬은 각 단위 테스트를 끝낼 때마다 글자 하나씩을 출력합니다. 통과하는 테스트에서는 점을, 테스트 결과가 에러를 일으킬 때는 E를, 단언이 맞지 않았을 때는 F를 출력합니다. 테스트 케이스를 실행할 때 출력 결과 첫 행에서 여러 가지 글자가 보이는 것은 이 때문입니다. 테스트 케이스에 단위 테스트가 여러 개 들어 있어서 시간이 오래 걸린다면 첫 줄만 봐도 테스트가 몇 개나 통과하는지 짐작할 수 있습니다.

연습문제

11-3. 직원: Employee 클래스를 만드십시오. __init__() 메서드는 이름과 성, 연봉을 받고 이들을 각각 속성으로 저장해야 합니다. 연봉을 기본적으로 5천 달러 올리지만, 증가분을 지정할 수도 있는 give_raise() 메서드를 만드십시오.

Employee의 테스트 케이스를 만드십시오. 테스트 메서드 test_give_default_raise()와 test_give_custom_raise()를 만드십시오. 각 테스트 메서드마다 새 직원 인스턴스를 만들 필요가 없도록 setUp() 메서드를 사용하십시오. 테스트 케이스를 실행하고 두 테스트가 모두 통과하는지 확인하십시오.

11.3 마치며

이 장에서는 unittest 모듈을 써서 함수와 클래스를 테스트하는 법을 배웠습니다. unittest.TestCase를 상속하는 클래스를 만드는 법을 배웠고 함수와 클래스가 의도대로 동작하는지 확인하는 테스트 메서드를 만드는 법을 배웠습니다. setUp() 메서드를 써서 클래스의 모든 테스트 메서드에서 쓸 수 있는 인스턴스 속성을 만들어 효율적으로 테스트하는 법을 배웠습니다

테스트는 중요한 주제이지만 배우지 않는 초보 프로그래머가 많습니다. 초보자일 때 시도해보는 단순한 프로젝트마다 모두 테스트를 만들 필요는 없습니다. 하지만 개발에 시간이 걸리는 프로젝트에 참여한다면 함수와 클래스의 중요 동작은 테스트해야 합니다. 테스트를 통해 프로젝트에 추가한 부분이 기존에 작업한 내용을 망치지 않으리라고 더 확신할 수 있고 자유롭게 코드를 개선할 수 있습니다. 실수로 기존 기능을 망치더라도 바로 알 수 있으므로 문제를 쉽게 수정할 수 있습니다. 불만스러운 사용자의 버그 리포트에 대응하는 것보다 실패한 테스트에 대응하는 게 훨씬 쉽습니다.

초기 테스트를 몇 가지 만들어두면 다른 프로그래머들도 당신의 프로젝트를 좋아할 겁니다. 그들은 부담 없이 당신의 코드를 실험해볼 테고 프로젝트에 참여하려는 사람도 더 많아질 겁니다. 다른 프로그래머들이 만드는 프로젝트에 참여하려면 당신의 코드가 기존 테스트를 통과해야 하고, 당신이 만든 새 기능에 관한 테스트를 만들어야 할 때도 많습니다.

테스트를 더 해보면서 친숙해지십시오. 함수와 클래스의 가장 중요한 동작은 테스트해야 하지만, 특별한 이유가 없다면 프로젝트 초기부터 전체 테스트를 목표로 하지는 마십시오.

II

프로젝트 1:
외계인 침공 게임

축하합니다! 이제 재미있고 의미 있는 프로젝트를 시작해도 될 만큼 파이썬을 충분히 배웠습니다. 자신만의 프로젝트를 만들어보면 새로운 것을 배울 수도 있고 1부에서 소개한 개념을 더 깊이 이해할 수 있습니다.

2, 3, 4부에서는 프로젝트를 하나씩 완성해보려 합니다. 각 프로젝트는 순서에 상관없이 해보고 싶은 프로젝트를 먼저 하면 됩니다(2부가 어렵게 느껴진다면 3부를 먼저 읽어보는 걸 추천합니다).

먼저 2부 외계인 침공 게임 프로젝트는 12장부터 14장까지입니다. 이 프로젝트에서는 파이게임 패키지를 써서 2차원 게임을 만듭니다. 게임의 목표는 화면을 따라 내려오는 외계인 우주선을 격추하는 것이며 레벨이 오르면 속도가 빨라지고 더 어려워집니다. 프로젝트를 마칠 때쯤에는 파이게임을 써서 2차원 게임을 직접 만들 수 있게 될 겁니다.

Part II

프로젝트 1: 외계인 침공 게임

## CHAPTER 12

미사일 쏘는 우주선

외계인 침공 게임을 만듭시다!

게임을 만들 때는 파이게임Pygame을 사용합니다. 파이게임은 그래픽과 애니메이션, 사운드를 다루는 재미있고 강력한 파이썬 모듈입니다. 파이게임을 사용하면 세련된 게임을 쉽게 만들 수 있습니다. 화면에 이미지를 그리는 것 같은 어려운 작업은 파이게임에 맡기고 우리는 게임이 동작하는 방법에만 집중하면 됩니다.

이 장에서는 파이게임을 설치하고, 플레이어의 입력에 따라 좌우로 움직이며 탄환을 발사하는 우주선을 만듭니다. 다음 두 장에서는 우리가 격파할 외계인 함대를 만들고, 플레이어가 조종할 수 있는 우주선 수를 정하고, 점수판을 추가하는 등 게임을 계속 개선해갈 겁니다.

게임을 만들면서 파일을 여러 개 사용하는 큰 프로젝트를 진행하는 방법을 알게 됩니다. 코드를 계속 리팩터링하고 파일 콘텐츠를 관리하면서, 프로젝트를 정리하고 코드를 효율적으로 사용할 수 있게 할 겁니다.

게임을 만들어보는 것은 언어를 재미있게 배울 수 있는 이상적인 방법입니다. 직접 만든 게임을 플레이해보는 것은 아주 만족스러운 일이고, 단순한 게임을 만들어보기만 해도 전문가들이 게임을 어떻게 개발하는지 엿볼 수 있습니다. 이 장을 진행할 때는 코드를 입력하고 실행하면서 각 코드 블록이 전체적인 게임플레이에 어떻게 기여하는지 알아보십시오. 책을 따라하는 것으로 만족하지 말고 다른 값과 세팅을 실험해보면서 게임 내부의 상호작용을 더 잘 이해할 수 있도록 해보십시오.

12.1 프로젝트 계획하기

큰 프로젝트를 만들 때는 코드부터 작성하지 말고 먼저 계획을 세우는 게 중요합니다. 계획을 세워두면 어디에 집중해야 하는지 쉽게 파악할 수 있고, 프로젝트를 성공할 가능성도 더 높아집니다.

게임플레이 전반에 대한 설명을 만들어봅시다. 다음 설명이 외계인 침공 게임 전체를 자세히 묘사하는 건 아니지만, 어떻게 시작해야 할지는 명확히 알 수 있게 될 겁니다.

> *외계인 침공* 게임에서는 플레이어가 화면 아래쪽 중앙에 나타나는 우주선을 조종한다. 플레이어는 화살표 키를 써서 우주선을 좌우로 움직일 수 있고, 스페이스 키를 눌러서 탄환을 발사할 수 있다. 게임이 시작하면 하늘을 가득 메운 외계인 함대가 좌우로 움직이며 점점 내려온다. 플레이어는 이 외계인들을 격추해야 한다. 플레이어가 외계인을 모두 물리치면 이전 함대보다 더 빨리 움직이는 새로운 함대가 나타난다. 외계인이 플레이어의 우주선과 부딪히거나 화면 아래쪽에 닿으면 플레이어는 우주선을 잃는다. 플레이어가 우주선 세 대를 잃으면 게임이 끝난다.

첫 번째 단계에서는 좌우로 움직이면서 플레이어가 스페이스 키를 누를 때 탄환을 발사하는 우주선을 만듭니다. 이 동작을 완성하고 나면 외계인을 만들고 게임플레이를 다듬을 수 있습니다.

12.2 파이게임 설치하기

코드를 작성하기 전에 먼저 파이게임을 설치하십시오. pip 모듈은 파이썬 패키지를 내려받아 설치하는 것을 도와줍니다. 파이게임을 설치하려면 터미널 프롬프트에 다음 명령어를 입력하십시오.

```
$ python -m pip install --user pygame
```

이 명령어는 pip 모듈을 실행해서 pygame 패키지를 현재 사용자의 파이썬에 추가합니다. 파이썬 프로그램을 실행하거나 터미널을 시작할 때 python이 아닌 다른 명령어, 예를 들어 python3를 사용한다면 명령어를 다음과 같이 수정해야 할 겁니다.

```
$ python3 -m pip install --user pygame
```

> **NOTE_** macOS를 사용하는데 이 명령어가 동작하지 않는다면 --user 플래그를 빼고 실행해보십시오.

12.3 게임 프로젝트 시작하기

가장 먼저 할 일은 빈 파이게임 창을 만드는 겁니다. 나중에 이 창에 우주선과 외계인 같은 게임 요소들을 그릴 겁니다. 게임이 사용자의 입력에 반응하게 만들고, 배경색을 설정하고, 우주선 이미지를 불러오는 작업도 필요합니다.

12.3.1 파이게임 창을 만들고 사용자 입력에 반응하기

게임을 나타내는 클래스를 생성해서 빈 파이게임 창을 만들 겁니다. 텍스트 에디터에서 새 파일을 만들고 alien_invasion.py라는 이름으로 저장한 다음, 다음 코드를 입력하십시오.

alien_invasion.py

```python
import sys
import pygame

class AlienInvasion:
    """게임 전체의 자원과 동작을 관리하는 클래스"""

    def __init__(self):
        """게임을 초기화하고 게임 자원을 생성합니다"""
        pygame.init()  # ①

        self.screen = pygame.display.set_mode((1200, 800))  # ②
        pygame.display.set_caption("Alien Invasion")

    def run_game(self):
        """게임의 메인 루프를 시작합니다"""
        while True:  # ③
            # 키보드와 마우스 이벤트를 주시합니다
            for event in pygame.event.get():  # ④
                if event.type == pygame.QUIT:  # ⑤
                    sys.exit()

            # 가장 최근에 그려진 화면을 표시합니다
            pygame.display.flip()  # ⑥

if __name__ == '__main__':
    # 게임 인스턴스를 만들고 게임을 실행합니다
    ai = AlienInvasion()
    ai.run_game()
```

먼저 sys와 pygame 모듈을 임포트합니다. pygame 모듈에는 게임을 만드는 데 필요한 기능이 들어 있습니다. sys 모듈에는 플레이어가 게임을 끝낼 때 필요한 도구가 들어 있습니다.

외계인 침공 게임은 AlienInvasion 클래스로 시작합니다. __init__() 메서드에 들어 있는 pygame.init() 함수(①)는 파이게임이 정상적으로 동작하기 위해 필요한 세팅을 초기화합니다. ②에서는 pygame.display.set_mode()를 호출해 디스플레이 창을 생성합니다. 이 창에 게임의 그래픽 요소들을 그릴 겁니다. 매개변수 (1200, 800)은 게임 창 크기를 정하는 튜플입니다. 게임 창은 1200픽셀 너비에 800픽셀 높이가 될 겁니다(모니터 크기에 따라 이 값을 조절해도 됩니다). 이 디스플레이 창을 self.screen 속성에 할당해서 이 클래스의 모든 메서드가 사용할 수 있게 만들었습니다.

self.screen에 할당한 객체를 **서피스**^{surface}라고 부릅니다. 파이게임에서 서피스는 게임 요소를 표시하는 화면 영역입니다. 외계인이나 우주선 같은 게임 요소에는 자신만의 서피스가 있습니다. display.set_mode()가 반환하는 서피스는 전체 게임 창입니다. 게임의 애니메이션 루프를 활성화하면 이 서피스가 루프의 매 반복마다 그려지므로, 사용자 입력에 따라 달라지는 것들을 모두 반영할 수 있습니다.

게임을 컨트롤하는 것은 run_game() 메서드입니다. 이 메서드에는 무한 반복되는 while 루프(③)가 들어 있습니다. while 루프에는 화면 업데이트를 담당하는 이벤트 루프와 코드가 들어 있습니다. **이벤트**^{event}는 사용자가 게임을 플레이하면서 키를 누르거나 마우스를 움직이는 동작입니다. 프로그램이 이벤트에 반응하게 하려면 **이벤트 루프**^{event loop}가 이벤트를 **주시**^{listen}하다가 이벤트가 일어나면 적절히 반응하게 해야 합니다. ④의 for 루프가 이벤트 루프입니다.

파이게임이 알아채는 이벤트에 접근하려면 pygame.event.get() 함수를 사용합니다. 이 함수는 마지막으로 호출된 시간부터 일어난 이벤트 리스트를 반환합니다. 키보드나 마우스 이벤트가 일어나면 for 루프 안에 있는 코드가 실행됩니다. 이 루프 안에 if 문을 여러 개 쓸 텐데, 각 if 문이 특정 이벤트를 감지하고 그에 반응합니다. 예를 들어 플레이어가 게임 창의 닫기 버튼을 클릭하면 pygame.QUIT 이벤트가 일어나고, 이를 감지해서 sys.exit()를 호출해 게임을 빠져나갑니다(⑤).

⑥의 pygame.display.flip()은 파이게임이 가장 최근에 그린 화면을 표시하게 합니다. 여기서는 while 루프를 반복할 때마다 그냥 빈 화면을 그리면서 이전에 그렸던 화면을 대체하기만 합니다. 게임 요소들을 움직이면 pygame.display.flip()이 화면을 계속 업데이트하면서 각 요소의 새 위치를 표시하고 이전 위치는 숨기므로, 게임이 부드럽게 진행되는 것처럼 보입니다.

파일 마지막에서는 게임 인스턴스를 만들고 run_game()을 호출했습니다. run_game()은 if 블록 안에 배치해서 파일을 직접 실행했을 때만 호출되게 만들었습니다. 이제 alien_invasion.py 파일을 실행하면 빈 파이게임 창이 보여야 합니다.

12.3.2 배경색 지정하기

파이게임은 기본적으로 검은색 화면을 만드는데, 그건 좀 진부해 보입니다. 배경색을 바꿔봅시다. 이 작업은 __init__() 메서드 마지막에서 할 겁니다.

alien_invasion.py

```python
    def __init__(self):
        --생략--
        pygame.display.set_caption("Alien Invasion")

        # 배경색을 설정합니다
        self.bg_color = (230, 230, 230)  # ①

    def run_game(self):
        --생략--
            for event in pygame.event.get():
                if event.type == pygame.QUIT:
                    sys.exit()

            # 루프의 반복마다 화면을 다시 그립니다
            self.screen.fill(self.bg_color)  # ②

            # 가장 최근에 그려진 화면을 표시합니다
            pygame.display.flip()
```

파이게임은 빛의 삼원색을 조합한 RGB로 색깔을 표현합니다. 각 색깔 값은 0부터 255까지의 범위 안에 있습니다. 색깔 값 (255, 0, 0)은 빨강, (0, 255, 0)은 녹색, (0, 0, 255)는 파랑입니다. RGB 값을 조합해 약 1,600만 가지 색깔을 만들 수 있습니다. 색깔 값 (230, 230, 230)은 빨강, 파랑, 녹색을 같은 비율로 섞어서 밝은 회색을 만듭니다. ①에서 이 색깔을 self.bg_color에 할당했습니다.

②에서는 fill() 메서드를 써서 화면을 배경색으로 채웠습니다. fill() 메서드는 색깔 하나만 매개변수로 받는 서피스 메서드입니다.

12.3.3 Settings 클래스 만들기

게임에 새 기능을 추가할 때는 일반적으로 그에 필요한 세팅 역시 추가하기 마련입니다. 코드에서 직접 세팅을 추가하기보다는, settings 모듈을 만들고 이 모듈에 세팅을 모두 저장하는 Settings 클래스를 두는 편이 좋습니다. 이렇게 하면 세팅 객체 하나만 만들고 필요할 때마다 개별 세팅에 접근할 수 있습니다. 또한 프로젝트가 커지더라도 게임의 외형과 동작을 더 쉽게 수정할 수 있습니다. 게임을 수정하고 싶을 때는 settings.py에 저장된 값을 바꾸기만 하면 됩니다. 프로젝트 전체를 뒤지면서 그 세팅이 어느 파일에 있었는지 찾지 않아도 됩니다.

alien_invasion 폴더에 settings.py 파일을 새로 만들고, 다음과 같이 Settings 클래스를 추가하십시오.

settings.py

```python
class Settings:
    """외계인 침공 게임의 세팅을 모두 저장하는 클래스"""

    def __init__(self):
        """게임 세팅을 초기화합니다"""
        # 화면 세팅
        self.screen_width = 1200
        self.screen_height = 800
        self.bg_color = (230, 230, 230)
```

프로젝트에서 Settings의 인스턴스를 만들고 세팅에 접근하기 위해서는 alien_invasion. py를 다음과 같이 수정해야 합니다.

alien_invasion.py

```python
--생략--
import pygame

from settings import Settings

class AlienInvasion:
    """게임 전체의 자원과 동작을 관리하는 클래스"""

    def __init__(self):
```

```
        """게임을 초기화하고 게임 자원을 생성합니다"""
        pygame.init()
        self.settings = Settings()  # ①

        self.screen = pygame.display.set_mode(  # ②
            (self.settings.screen_width, self.settings.screen_height))
        pygame.display.set_caption("Alien Invasion")

    def run_game(self):
        --생략--
        # 루프의 반복마다 화면을 다시 그립니다
        self.screen.fill(self.settings.bg_color)  # ③

        # 가장 최근에 그려진 화면을 표시합니다
        pygame.display.flip()
--생략--
```

Settings를 메인 프로그램 파일에 임포트합니다. pygame.init()를 호출한 다음, ①에서는 Settings 인스턴스를 만들고 self.settings에 할당합니다. ②에서는 화면을 생성할 때 self.settings의 screen_width, screen_height 속성을 사용했고, ③에서는 화면을 배경 색으로 채울 때도 self.settings에 접근했습니다.

지금은 alien_invasion.py를 실행하더라도 달라지는 점이 없습니다. 이미 만들었던 세팅을 다른 곳으로 옮기기만 했기 때문입니다. 이제 화면에 새 요소를 추가할 때가 됐습니다.

12.4 우주선 이미지 추가하기

이제 게임에 우주선을 추가해봅시다. 플레이어의 우주선을 화면에 표시하려면 이미지를 불러온 다음 파이게임의 blit() 메서드를 써서 이미지를 그립니다.

게임에 사용할 이미지를 고를 때는 저작권을 어기지 않도록 주의하십시오. 가장 안전하고 비용도 적게 드는 방법은 https://pixabay.com/ 같은 웹사이트에서 사용과 수정이 허가된 무료 이미지를 받는 겁니다.

거의 모든 이미지 파일 타입을 게임에 사용할 수 있지만, 가장 쉬운 방법은 비트맵(.bmp) 파일을 사용하는 겁니다. 파이게임은 기본적으로 비트맵 파일을 불러오도록 만들어져 있기 때문입니다. 파이게임 설정을 통해 다른 파일 타입을 사용할 수도 있지만, 일부 파일 타입은 반드시 컴퓨터에 이미지 라이브러리를 설치해야만 사용할 수 있는 경우도 있습니다. 공개된 이미지는 대부분 .jpg나 .png 파일이지만, 포토샵이나 GIMP, 그림판 같은 프로그램에서 비트맵으로 바꿀 수 있습니다.

이미지를 고를 때는 배경색에도 신경을 써야 합니다. 가능하면 배경이 투명하거나 단색으로 만들어진 파일을 찾으십시오. 단색 배경은 이미지 에디터에서 원하는 배경색으로 쉽게 바꿀 수 있습니다. 이미지의 배경색이 게임의 배경색과 일치하는 게 최선입니다. 아니면 이미지를 먼저 고르고 그 배경색을 게임 배경으로 삼아도 됩니다.

우리 게임에는 ship.bmp(그림 12-1) 파일을 쓰면 됩니다. 이 파일은 책의 온라인 자료 https://nostarch.com/pythoncrashcourse2e/에서 받을 수 있습니다. 이 파일을 배경 색은 우리가 프로젝트에서 사용하는 세팅과 일치합니다. alien_invasion 프로젝트 폴더에 images 폴더를 만드십시오. ship.bmp 파일을 images 폴더에 저장하십시오.

그림 12-1 외계인 침공에 쓸 우주선

12.4.1 Ship 클래스 만들기

우주선에 사용할 이미지를 골랐으면 이제 그 이미지를 화면에 그릴 차례입니다. 우주선을 만들기 위해서는 Ship 클래스를 담을 ship 모듈이 필요합니다. 이 클래스가 플레이어의 우주선 동작 대부분을 담당할 겁니다.

ship.py

```python
import pygame

class Ship:
    """우주선을 관리하는 클래스"""

    def __init__(self, ai_game):
        """우주선을 초기화하고 시작 위치를 결정합니다"""
        self.screen = ai_game.screen  # ①
        self.screen_rect = ai_game.screen.get_rect()  # ②

        # 우주선 이미지를 불러오고 그 사각형을 가져옵니다
        self.image = pygame.image.load('images/ship.bmp')  # ③
        self.rect = self.image.get_rect()

        # 우주선을 불러올 때마다 화면의 아래쪽 중앙에서 시작합니다
        self.rect.midbottom = self.screen_rect.midbottom  # ④

    def blitme(self):  # ⑤
        """현재 위치에 우주선을 그립니다"""
        self.screen.blit(self.image, self.rect)
```

파이게임이 효율적인 이유 중에는 게임 요소들이 정확히 사각형이 아니더라도 모두 사각형으로 취급한다는 점도 있습니다. 사각형은 가장 단순한 형태이므로 요소를 사각형으로 취급하는 편이 효율적입니다. 예를 들어 파이게임이 게임 요소 두 개가 충돌하는지 판단하려 할 때, 각 객체를 사각형으로 취급하면 더 빨리 판단할 수 있습니다. 게임을 플레이하는 사람은 게임의 각 요소를 정확히 있는 그대로 다루지 않고 있다는 것을 전혀 눈치채지 못합니다. 이 클래스에서는 우주선과 화면을 모두 사각형으로 취급할 겁니다.

클래스를 정의하기 전에 먼저 pygame 모듈을 임포트합니다. Ship의 __init__() 메서드는 매개변수 두 개를 받습니다. 하나는 self에 대한 참조이고 다른 하나는 AlienInvasion 클래스의 현재 인스턴스에 대한 참조입니다. 이를 통해 Ship은 AlienInvasion에서 정의한 게임 자원 전체에 접근할 수 있습니다. ①에서는 이 클래스의 메서드에서 화면에 쉽게 접근할 수 있도록 화면을 Ship의 속성으로 할당했습니다. ②에서는 get_rect() 메서드로 화면의 rect 속성에 접근해서 self.screen_rect에 할당했습니다. 이를 통해 우주선을 화면에 정확히 배치할 수 있습니다.

③에서는 pygame.image.load()를 호출하면서 우주선 이미지 위치를 넘겨서 이미지를 불러왔습니다. 이 함수는 우주선을 나타내는 서피스를 반환합니다. 이 서피스를 self.image에 할당했습니다. 이미지를 불러오면 get_rect()를 호출해서 우주선 서피스의 rect 속성에 접근해 self.rect에 할당했습니다. 나중에 우주선을 배치할 때 이 속성을 다시 사용할 겁니다.

rect 객체에서는 사각형의 네 방향 가장자리와 중심의 x, y 좌표를 사용해 객체의 위치를 정할 수 있습니다. 이 값들 중 무엇을 쓰더라도 사각형의 현재 위치를 정할 수 있습니다. 게임 요소의 중심을 기준으로 움직일 때는 사각형의 center, centerx, centery 속성을 사용합니다. 화면 경계를 움직일 때는 top, bottom, left, right 속성을 사용합니다. 이들을 조합한 midbottom, midtop, midleft, midright 속성도 있습니다. 사각형의 위치를 정할 때는 왼쪽 상단 모서리의 x, y 좌표인 x, y 속성을 쓰면 됩니다. 예전에는 게임 개발자들이 이런 좌표 계산을 직접 해야 했지만, 이제는 그럴 필요가 없습니다. 이 기능은 자주 사용하게 될 겁니다.

> NOTE_ 파이게임에서 원점 (0, 0)은 화면의 왼쪽 상단 모서리이고, 이 지점에서 오른쪽 아래로 움직일수록 좌표 값이 커집니다. 1200 * 800 화면에서 오른쪽 하단 모서리의 좌표는 (1200, 800)입니다. 이 좌표는 물리적인 화면의 좌표가 아니라 게임 창의 좌표입니다.

우리는 우주선을 화면의 아래쪽 중앙에 배치하려고 합니다. 가장 쉬운 방법은 ④처럼 self.rect.midbottom을 화면 사각형의 midbottom 속성에 맞추는 겁니다. 파이게임은 이 rect 속성을 사용해서 우주선 이미지를 화면의 아래쪽 중앙에 정렬합니다.

⑤는 self.rect에서 명시한 위치에 이미지를 그리는 blitme() 메서드입니다.*

12.4.2 우주선을 화면에 그리기

이제 alien_invasion.py를 업데이트해서 우주선을 생성하고 우주선의 blitme() 메서드를 호출하도록 만들어봅시다.

---

* 역주_ blit는 bit block transfer의 약자이며 뜻은 블록 전송입니다. 간단히 말해 어떤 이미지에서 다른 이미지로 그래픽을 복사하는 것이라고 생각하면 됩니다.

alien_invasion.py

```
--생략--
from settings import Settings
from ship import Ship

class AlienInvasion:
    """게임 전체의 자원과 동작을 관리하는 클래스"""

    def __init__(self):
        --생략--
        pygame.display.set_caption("Alien Invasion")

        self.ship = Ship(self)  # ①

    def run_game(self):
            --생략--
            # 루프의 반복마다 화면을 다시 그립니다
            self.screen.fill(self.settings.bg_color)
            self.ship.blitme()  # ②

            # 가장 최근에 그려진 화면을 표시합니다
            pygame.display.flip()
    --생략--
```

Ship을 임포트하고, 화면을 생성한 다음 ①에서 Ship의 인스턴스를 만들었습니다. Ship()을 호출할 때는 AlienInvasion의 인스턴스를 매개변수로 넘겨야 합니다. 여기서 사용한 self 매개변수는 AlienInvasion의 현재 인스턴스입니다. 이 매개변수를 통해 Ship은 screen 객체 같은 게임 자원에 접근할 수 있습니다. Ship 인스턴스는 self.ship에 할당했습니다.

배경 화면을 채운 다음에는 ship.blitme()를 호출해서 우주선을 화면에 그립니다(②).

이제 alien_invasion.py를 실행하면 [그림 12-2]처럼 빈 게임 화면의 아래쪽 중앙에 우주선이 놓여 있을 겁니다.

그림 12-2 게임 화면의 아래쪽 중앙에 우주선을 배치했습니다.

12.5 리팩터링: _check_events()와 _update_screen() 메서드

큰 프로젝트에서는 코드를 추가하기 전에 이전에 만든 코드를 리팩터링하는 일이 잦습니다. 리팩터링을 통해 코드 구조를 단순화하면 그 바탕 위에서 다른 코드를 작성하기가 쉬워집니다. 이 섹션에서는 점점 커지고 있는 run_game() 메서드를 보조 메서드 두 개로 나누겠습니다. **보조 메서드**helper method는 클래스 안에서 동작하지만 인스턴스 외부에서 호출되지는 않을 것으로 예상하고 만드는 메서드입니다. 파이썬에서는 메서드 이름 앞에 밑줄 한 개를 써서 보조 메서드라는 걸 표시합니다.

12.5.1 _check_events() 메서드

이벤트를 관리하는 코드를 _check_events() 메서드로 옮길 겁니다. 이렇게 하면 run_game()이 단순해지고 이벤트 관리 루프를 한곳으로 독립시킬 수 있습니다. 이벤트 루프를 독립시키면 화면 업데이트 같은 게임의 다른 부분과 이벤트가 짬뽕처럼 섞이는 일을 막을 수 있습니다.

다음은 run_game()의 코드에만 영향을 미치는 _check_events() 메서드를 추가한 Alien Invasion 클래스입니다.

alien_invasion.py

```python
    def run_game(self):
        """게임의 메인 루프를 시작합니다"""
        while True:
            self._check_events()  # ①
            # 루프의 반복마다 화면을 다시 그립니다
            --생략--

    def _check_events(self):  # ②
        """키 입력과 마우스 이벤트에 반응합니다"""
        for event in pygame.event.get():
            if event.type == pygame.QUIT:
                sys.exit()
```

②에서는 _check_events() 메서드를 새로 만들고 플레이어가 창을 닫는 버튼을 클릭했는지 체크하는 코드를 새 메서드로 옮겼습니다.

클래스 안에서 메서드를 호출할 때는 ①처럼 self 변수와 메서드 이름을 점 표기법으로 연결합니다. 이 메서드는 while 루프의 while 루프 안에서 호출합니다.

12.5.2 _update_screen() 메서드

다음과 같이 화면을 업데이트하는 코드를 _update_screen() 메서드로 분리하면 run_game()을 더 단순화할 수 있습니다.

alien_invasion.py

```python
    def run_game(self):
        """게임의 메인 루프를 시작합니다"""
        while True:
            self._check_events()
            self._update_screen()

    def _check_events(self):
```

```
--생략--

def _update_screen(self):
    """화면에 이미지를 업데이트하고 새 화면으로 그립니다"""
    self.screen.fill(self.settings.bg_color)
    self.ship.blitme()

    pygame.display.flip()
```

배경과 우주선을 그리고 화면을 업데이트하는 코드를 _update_screen()으로 옮겼습니다. 이제 run_game()의 메인 루프는 훨씬 단순해졌습니다. 루프를 반복할 때마다 새 이벤트를 기다리고 화면을 업데이트한다는 사실을 쉽게 알 수 있습니다.

이미 게임을 몇 가지 만들어봤다면 여기서 한 것처럼 코드를 메서드로 나눠본 경험이 있을 겁니다. 이런 큰 프로젝트를 진행해본 적이 없다면 아마 코드를 어떻게 구조화할지 잘 모를 겁니다. 우선은 동작하는 코드를 만들고, 프로젝트가 복잡해짐에 따라 구조를 정비하는 과정은 현실의 개발 과정에서 자주 있는 일입니다. 우선 가능한 단순하게 코드를 작성하고, 프로젝트가 복잡해지면 리팩터링하십시오.

새로운 기능을 추가하기 쉽도록 코드를 리팩터링했으니, 게임에 동적인 면모를 더할 준비가 됐습니다!

연습문제

12-1. 푸른 하늘: 파란색 배경으로 파이게임 창을 만들어보십시오.

12-2. 게임 캐릭터: 좋아하는 게임 캐릭터의 비트맵 이미지를 찾거나 다른 이미지를 비트맵으로 변환하십시오. 그 캐릭터를 화면 중앙에 배치하는 클래스를 만들고, 이미지의 배경색과 화면 배경색을 같게 맞추십시오.

12.6 우주선 조종하기

이제 플레이어가 우주선을 좌우로 움직일 수 있게 만들 차례입니다. 플레이어가 오른쪽이나 왼쪽 화살표 키를 눌렀을 때 반응하는 코드를 만들 겁니다. 먼저 오른쪽으로 움직이는 코드를 완성한 후, 같은 방법을 써서 왼쪽으로 움직이는 코드도 만들 겁니다. 이 코드를 추가하면 화면에 있는 이미지를 컨트롤하는 방법, 사용자 입력에 반응하는 방법을 알게 됩니다.

12.6.1 키 입력에 반응하기

플레이어가 키를 누를 때마다 그 키 입력이 파이게임에 이벤트로 등록됩니다. `pygame.event.get()`을 통해 이 이벤트를 가져올 수 있습니다. `_check_events()` 메서드에 어떤 이벤트를 체크할지 지정해야 합니다. 각 키 입력은 `KEYDOWN` 이벤트로 등록됩니다.

파이게임이 `KEYDOWN` 이벤트를 감지하면 먼저 그 키가 특정 동작을 일으키는 키인지 체크해야 합니다. 예를 들어 플레이어가 오른쪽 화살표 키를 누르면 우주선의 `rect.x` 값을 늘려서 우주선을 오른쪽으로 움직이고 싶습니다.

alien_invasion.py

```
def _check_events(self):
    """키 입력과 마우스 이벤트에 반응합니다"""
    for event in pygame.event.get():
        if event.type == pygame.QUIT:
            sys.exit()
        elif event.type == pygame.KEYDOWN:  # ①
            if event.key == pygame.K_RIGHT:  # ②
                # 우주선을 오른쪽으로 움직입니다
                self.ship.rect.x += 1  # ③
```

①에서는 파이게임이 `KEYDOWN` 이벤트를 감지했을 때 반응하는 `elif` 블록을 `_check_events()`의 이벤트 루프에 추가했습니다. ②에서는 플레이어가 누른 키, `event.key`가 오른쪽 화살표 키인지 체크합니다. 오른쪽 화살표 키는 `pygame.K_RIGHT`입니다. 오른쪽 화살표 키를 눌렀으면, ③에서 `self.ship.rect.x`를 1만큼 증가시켜서 우주선을 오른쪽으로 움직입니다.

이제 `alien_invasion.py`를 실행하면 오른쪽 화살표 키를 누를 때마다 우주선이 오른쪽으로 1픽셀씩 움직입니다. 괜찮은 시작이지만, 우주선을 조종하기에 효율적인 방법은 아닙니다. 키를 누르고 있으면 연속적으로 움직이도록 개선해봅시다.

12.6.2 연속적으로 움직이기

플레이어가 오른쪽 화살표 키를 누르고 있으면 우주선을 오른쪽으로 계속 움직이다가, 키에서 손을 떼면 멈추게 하고 싶습니다. 게임에서 pygame.KEYUP 이벤트를 감지하면 사용자가 오른쪽 화살표 키에서 손을 뗀 걸 알 수 있습니다. 그러면 KEYDOWN과 KEYUP 이벤트를 조합해 moving_right 플래그를 만들어서 연속적인 움직임을 구현할 수 있습니다.

moving_right 플래그가 False이면 우주선은 움직이지 않습니다. 플레이어가 오른쪽 화살표 키를 누르면 플래그를 True로 바꾸고, 플레이어가 키에서 손을 떼면 플래그를 다시 False로 바꿉니다.

우주선을 총괄하는 것은 Ship 클래스이므로, 이 클래스에 moving_right 속성과 moving_right 플래그를 체크하는 update() 메서드를 추가합니다. update() 메서드는 플래그가 True이면 우주선의 위치를 바꿉니다. 이 메서드를 while 루프의 매 반복마다 호출해서 우주선의 위치를 업데이트합니다.

Ship은 다음과 같이 바꿉니다.

ship.py

```python
class Ship:
    """우주선을 관리하는 클래스"""

    def __init__(self, ai_game):
        --생략--
        # 우주선을 불러올 때마다 화면의 아래쪽 중앙에서 시작합니다
        self.rect.midbottom = self.screen_rect.midbottom

        # 움직임 플래그
        self.moving_right = False  # ①

    def update(self):  # ②
        """움직임 플래그에 따라 우주선 위치를 업데이트합니다"""
        if self.moving_right:
            self.rect.x += 1

    def blitme(self):
        --생략--
```

①에서는 `__init__()` 메서드에 `self.moving_right` 속성을 추가하고 False로 초기화했습니다. ②에서는 플래그가 True이면 우주선을 오른쪽으로 움직이는 `update()` 메서드를 추가했습니다. `update()` 메서드는 Ship 인스턴스가 존재하는 동안 계속 호출되므로 보조 메서드로 간주하지는 않습니다.

이제 `_check_events()`를 수정할 차례입니다. 오른쪽 화살표 키가 눌려 있으면 `moving_right`를 True로, 오른쪽 화살표 키에서 손을 떼면 다시 False로 바꿔야 합니다.

alien_invasion.py

```python
def _check_events(self):
    """키 입력과 마우스 이벤트에 반응합니다"""
    for event in pygame.event.get():
        --생략--

        elif event.type == pygame.KEYDOWN:
            if event.key == pygame.K_RIGHT:
                self.ship.moving_right = True  # ①

        elif event.type == pygame.KEYUP:  # ②
            if event.key == pygame.K_RIGHT:
                self.ship.moving_right = False
```

①에서는 플레이어가 오른쪽 화살표 키를 누를 때 게임이 반응하는 방식을 바꿨습니다. 이제 우주선 위치를 직접 수정하지 않고 `moving_right`를 True로 바꾸기만 합니다. ②에서는 KEYUP 이벤트에 반응할 `elif` 블록을 추가했습니다. 플레이어가 오른쪽 화살표 키(K_RIGHT)에서 손을 떼면 `moving_right`를 False로 바꿉니다.

이제 `run_game()`의 while 루프를 수정해서 루프를 반복할 때마다 `update()`를 호출하게 합니다.

alien_invasion.py

```python
def run_game(self):
    """게임의 메인 루프를 시작합니다"""
    while True:
        self._check_events()
        self.ship.update()
        self._update_screen()
```

우주선 위치는 키보드 이벤트를 체크한 다음, 화면을 업데이트하기 전에 갱신됩니다. 따라서 우주선 위치는 플레이어 입력에 따라 갱신되고, 갱신된 위치는 화면에 우주선을 그릴 때 반영된다고 확신할 수 있습니다.

이제 alien_invasion.py를 실행하고 오른쪽 화살표 키를 누르고 있으면 우주선은 키에서 손을 뗄 때까지 계속 오른쪽으로 이동할 겁니다.

12.6.3 좌우로 움직이기

우주선을 계속해서 오른쪽으로 움직일 수 있게 만들었으니 왼쪽 움직임을 추가하는 건 간단합니다. 이번에도 Ship 클래스와 _check_events() 메서드를 수정합니다. 다음은 Ship에서 __init__()와 update()를 수정한 코드입니다.

ship.py

```
def __init__(self, ai_game):
    --생략--
    # 움직임 플래그
    self.moving_right = False
    self.moving_left = False


def update(self):
    """움직임 플래그에 따라 우주선 위치를 업데이트합니다"""
    if self.moving_right:
        self.rect.x += 1
    if self.moving_left:
        self.rect.x -= 1
```

__init__()에는 self.moving_left 플래그를 추가했습니다. update()에는 elif 대신 if 블록을 두 개 썼는데, 화살표 키를 둘 다 누르고 있다면 우주선의 rect.x 값을 늘렸다가 다시 줄이기 위해서입니다. 그렇게 하면 우주선이 가만히 있습니다. elif를 썼다면 두 키를 동시에 눌렀을 때 항상 오른쪽 화살표 키에 우선 순위가 있게 될 겁니다. 이런 방법을 택하면 우주선을 오른쪽으로 움직이던 플레이어가 왼쪽으로 방향을 바꾸려 할 때 잠시 두 키를 동시에 누르게 되는 경우에도 더 정확하게 반응할 수 있습니다.

_check_events()에서는 두 가지를 바꿨습니다.

alien_invasion.py

```python
    def _check_events(self):
        """키 입력과 마우스 이벤트에 반응합니다"""
        for event in pygame.event.get():
            --생략--
            elif event.type == pygame.KEYDOWN:
                if event.key == pygame.K_RIGHT:
                    self.ship.moving_right = True
                elif event.key == pygame.K_LEFT:
                    self.ship.moving_left = True

            elif event.type == pygame.KEYUP:
                if event.key == pygame.K_RIGHT:
                    self.ship.moving_right = False
                elif event.key == pygame.K_LEFT:
                    self.ship.moving_left = False
```

K_LEFT 키에서 KEYDOWN 이벤트가 일어나면 moving_left를 True로 바꿉니다. K_LEFT 키에서 KEYUP 이벤트가 일어나면 moving_left를 False로 바꿉니다. 각 이벤트가 키 하나에서 발생하므로 여기서는 elif 블록을 써도 됩니다. 플레이어가 두 키를 동시에 누르면 이벤트 두 개가 각각 감지됩니다.

이제 alien_invasion.py를 실행하면 우주선을 왼쪽이나 오른쪽으로 계속 움직일 수 있습니다. 두 키를 동시에 누르고 있으면 우주선은 움직이지 않을 겁니다.

다음은 우주선 움직임을 좀 더 개량할 차례입니다. 우주선 속도 한계를 정하고, 어디까지 움직일 수 있는지도 정해야 합니다. 우주선이 화면 밖으로 나가버리면 곤란하니까요.

12.6.4 우주선 속도 조정하기

지금은 우주선이 while 루프의 한 사이클마다 1픽셀씩 움직이지만, Settings 클래스에 ship_speed 속성을 추가하면 우주선 속도를 조절할 수 있습니다. 이 속성은 루프 사이클마다 우주선을 얼마나 많이 움직일지 결정합니다. settings.py를 다음과 같이 수정합니다.

settings.py

```
class Settings:
    """외계인 침공 게임의 세팅을 모두 저장하는 클래스"""
    def __init__(self):
        --생략-

        # 우주선 세팅
        self.ship_speed = 1.5
```

ship_speed의 초깃값은 1.5로 정했습니다. 이제 우주선은 루프 사이클마다 1.5픽셀씩 움직일 수 있습니다.

속도 세팅에 소수점 있는 값을 썼으니 나중에 게임의 전체적인 속도를 올릴 때 우주선 속도를 더 세밀하게 조정할 수 있습니다. 하지만 x 같은 rect 속성은 오직 정수 값만 저장하므로, Ship도 조금 수정해야 합니다.

ship.py

```
class Ship:
    """우주선을 관리하는 클래스"""

    def __init__(self, ai_game):  # ①
        """우주선을 초기화하고 시작 위치를 결정합니다"""
        self.screen = ai_game.screen
        self.settings = ai_game.settings
        --생략--

        # 우주선을 불러올 때마다 화면의 아래쪽 중앙에서 시작합니다
        --생략--

        # 우주선의 가로 위치를 나타내는 소수점 있는 값을 저장합니다
        self.x = float(self.rect.x)  # ②

        # 움직임 플래그
        self.moving_right = False
        self.moving_left = False

    def update(self):
        """움직임 플래그에 따라 우주선 위치를 업데이트합니다"""
        # rect가 아닌 우주선의 x 값을 업데이트합니다
        if self.moving_right:
```

```
            self.x += self.settings.ship_speed  # ③
        if self.moving_left:
            self.x -= self.settings.ship_speed

        # self.x를 써서 rect 객체를 업데이트합니다
        self.rect.x = self.x  # ④

    def blitme(self):
        --생략--
```

①에서는 Ship에 settings 속성을 만들어 update()에서 쓸 수 있도록 했습니다. 우주선의 위치를 조정할 때픽셀의 소수점 있는 값을 사용하므로, 이 위치는 소수점 있는 값을 저장할 수 있는 변수에 할당해야 합니다. rect의 속성에도 소수점 있는 값을 할당할 수는 있지만, rect는 그 값의 정수 부분만 저장합니다. ②에서는 소수점 있는 값을 저장할 수 있는 self.x 속성을 새로 만들어 우주선 위치를 정확히 추적할 수 있게 했습니다. float() 함수를 써서 self.rect.x 값을 소수점 있는 값으로 변환하고, self.x에 할당했습니다.

이제 update()에서 우주선 위치를 바꾸면 self.x의 값은 settings.ship_speed에 저장된 값만큼 바뀝니다(③). self.x를 업데이트한 다음에는 우주선의 위치를 제어하는 self.rect.x 역시 그 값으로 업데이트합니다(④). self.x에는 self.rect.x의 정수 부분만 저장되지만, 우주선을 표시하는 데는 그것으로도 충분합니다.

이제 ship_speed의 값을 바꿀 수 있고, 그 값이 1보다 크기만 하면 우주선은 전보다 더 빨리 움직입니다. 외계인을 격추하기 충분할 만큼 우주선이 기민하게 반응할 테고, 플레이어가 게임을 진행함에 따라 전체적인 속도를 올릴 수도 있게 됐습니다.

> **NOTE_** macOS를 사용한다면 세팅에서 속도를 아주 높게 저장하더라도 우주선이 느리게 움직인다고 느낄 수 있습니다. 이 문제는 게임을 전체화면 모드로 실행하면 완화할 수 있고, 곧 알아볼 겁니다.

12.6.5 우주선의 이동 범위 정하기

지금까지 해온 것만으로는, 화살표 키를 너무 오래 누르고 있으면 우주선이 화면 경계 밖으로 사라질 겁니다. 우주선이 화면 경계에 도달하면 멈추도록 만들어봅시다. 다음과 같이 Ship의 update() 메서드를 수정하면 됩니다.

ship.py

```python
def update(self):
    """움직임 플래그에 따라 우주선 위치를 업데이트합니다"""
    # rect가 아닌 우주선의 x 값을 업데이트합니다
    if self.moving_right and self.rect.right < self.screen_rect.right:  # ①
        self.x += self.settings.ship_speed
    if self.moving_left and self.rect.left > 0:  # ②
        self.x -= self.settings.ship_speed

    # self.x를 써서 rect 객체를 업데이트합니다
    self.rect.x = self.x
```

이 코드는 self.x 값을 바꾸기 전에 먼저 우주선의 위치를 체크합니다. self.rect.right는 우주선 rect의 오른쪽 경계의 x 좌표를 반환합니다. 이 값이 self.screen_rect.right에서 반환하는 값보다 작다면(①) 우주선은 아직 화면 경계까지 움직이지는 않은 겁니다. 왼쪽 경계도 마찬가지입니다. rect의 왼쪽편 값이 0보다 크다면 우주선은 아직 화면의 왼쪽 경계까지 움직이지는 않은 겁니다(②). 이제 우주선이 이 경계 안에 있을 때에만 self.x 값을 수정할 수 있습니다.

이제 alien_invasion.py를 실행하면 우주선은 화면의 양쪽 경계에서 움직임을 멈출 겁니다. 멋지지 않습니까? 우리가 한 것은 if 문 안에 조건 테스트를 추가한 것뿐인데 우주선은 화면 경계에서 마치 벽에 부딪힌 것처럼 멈춥니다.

12.6.6 _check_events() 리팩터링

게임을 계속 개발하면 _check_events() 메서드도 점점 길어질 겁니다. 이제 _check_events()를 메서드 두 개로 나눕시다. 하나는 KEYDOWN 이벤트만 담당하고, 다른 하나는 KEYUP 이벤트만 담당하게 나눌 겁니다.

alien_invasion.py

```python
def _check_events(self):
    """키 입력과 마우스 이벤트에 반응합니다"""
    for event in pygame.event.get():
        if event.type == pygame.QUIT:
```

```
                sys.exit()
        elif event.type == pygame.KEYDOWN:
            self._check_keydown_events(event)
        elif event.type == pygame.KEYUP:
            self._check_keyup_events(event)

    def _check_keydown_events(self, event):
        """키 입력에 반응합니다"""
        if event.key == pygame.K_RIGHT:
            self.ship.moving_right = True
        elif event.key == pygame.K_LEFT:
            self.ship.moving_left = True

    def _check_keyup_events(self, event):
        """키에서 손을 뗄 때 반응합니다"""
        if event.key == pygame.K_RIGHT:
            self.ship.moving_right = False
        elif event.key == pygame.K_LEFT:
            self.ship.moving_left = False
```

보조 메서드 _check_keydown_events()와 _check_keyup_events()를 새로 만들었습니다. 각 메서드에는 self 매개변수와 event 매개변수가 필요합니다. 이 두 메서드의 코드는 _check_events()에서 복사했고, 이전 코드는 새 메서드를 호출하는 것으로 바꿨습니다. 이제 _check_events() 메서드는 깔끔한 코드 구조로 단순해졌으므로, 플레이어 입력에 반응하는 코드를 추가하기도 쉽습니다.

12.6.7 Q를 눌러 빠져나가기

키 입력에 효율적으로 반응할 수 있게 됐으므로, 게임을 빠져나가는 다른 방법을 추가할 수 있습니다. 새 기능을 추가할 때마다 게임 창의 닫기 버튼을 클릭하는 건 좀 번거롭습니다. 다음과 같이 플레이어가 Q를 누르면 게임을 종료할 수 있게 만들겠습니다.

alien_invasion.py

```
    def _check_keydown_events(self, event):
        --생략--
        elif event.key == pygame.K_LEFT:
            self.ship.moving_left = True
```

```
        elif event.key == pygame.K_q:
            sys.exit()
```

_check_keydown_events() 메서드에 플레이어가 Q를 누르면 게임을 종료하는 블록을 추가했습니다. 이제 게임을 테스트할 때 번거롭게 마우스를 움직이지 않아도 Q를 눌러서 게임을 종료할 수 있습니다.

12.6.8 전체화면 모드에서 게임 실행하기

파이게임에는 작은 창보다 더 좋은 전체화면 모드가 있습니다. 전체화면 모드에서 더 좋아 보이는 게임도 있고, macOS 사용자들은 전체화면 모드에서 성능이 더 좋아집니다.

게임을 전체화면 모드에서 실행하려면 __init__()를 다음과 같이 수정하십시오.

alien_invasion.py

```
    def __init__(self):
        """게임을 초기화하고 게임 자원을 생성합니다"""
        pygame.init()
        self.settings = Settings()

        self.screen = pygame.display.set_mode((0, 0), pygame.FULLSCREEN)   # ①
        self.settings.screen_width = self.screen.get_rect().width  # ②
        self.settings.screen_height = self.screen.get_rect().height
        pygame.display.set_caption("Alien Invasion")
```

①을 보면 화면 서피스를 생성할 때 (0, 0)와 함께 pygame.FULLSCREEN 매개변수를 넘겼습니다. 이렇게 하면 파이게임이 화면 전체를 채우는 창 크기를 계산합니다. 화면의 너비와 높이를 미리 알 수는 없으므로 화면이 생성된 다음에 이 세팅을 업데이트했습니다(②). 화면 사각형의 width와 height 속성을 써서 settings 객체를 업데이트했습니다.

전체화면 모드가 더 좋다고 생각하면 이 세팅을 유지하십시오. 창 모드가 더 좋다고 생각하면 게임 창 크기를 지정했던 방법으로 돌아가면 됩니다.

> **NOTE_** 게임을 전체화면 모드로 실행하기 전에, Q를 눌러서 게임을 종료할 수 있는지 반드시 확인하십시오. 파이게임은 전체화면 모드에서 게임을 종료할 수 있는 방법을 기본적으로 제공하지 않습니다.

12.7 빠른 요약

다음 섹션에서는 탄환을 발사하는 기능을 추가하는데, 이를 위해서는 bullet.py 파일을 추가해야 합니다. 그 외에도 지금까지 만든 파일을 일부 수정해야 합니다. 지금은 다양한 클래스와 메서드를 파일 세 개에 저장했습니다. 기능을 더 추가하기 전에 각 파일을 살펴보면서 프로젝트가 어떻게 구성되었는지 다시 한번 정리하고 넘어갑시다.

12.7.1 alien_invasion.py

메인 파일인 alien_invasion.py에는 AlienInvasion 클래스가 들어 있습니다. 이 클래스는 게임 전체에서 사용할 여러 가지 중요 속성이 들어 있습니다. 세팅은 settings에 할당했고, 메인 디스플레이 서피스는 screen에 할당했고, ship 인스턴스 역시 이 파일에서 생성했습니다. 게임의 메인 루프인 while 루프 역시 이 모듈에 저장했습니다. 이 while 루프가 _check_events(), ship.update(), _update_screen()을 호출합니다.

_check_events() 메서드는 키 입력이나 키에서 손을 뗀 것 같은 이벤트를 감지하고, 각 이벤트 타입을 관련 메서드인 _check_keydown_events()와 _check_keyup_events()에서 처리합니다. 지금은 이들 메서드가 우주선의 움직임을 관리합니다. AlienInvasion 클래스에는 메인 루프의 매 반복마다 화면을 다시 그리는 _update_screen() 메서드도 들어 있습니다.

외계인 침공 게임을 플레이할 때 실행하는 파일은 alien_invasion.py 하나뿐입니다. 나머지 파일인 settings.py와 ship.py는 이 파일에 임포트됩니다.

12.7.2 settings.py

settings.py 파일에는 Settings 클래스가 들어 있습니다. 이 클래스에는 __init__() 메서드 하나만 들어 있으며, 이 메서드는 게임의 외형과 우주선 속도 관련 속성을 초기화합니다.

12.7.3 ship.py

ship.py 파일에는 Ship 클래스가 들어 있습니다. Ship 클래스에는 __init__() 메서드, 우주선의 위치를 관리하는 update() 메서드, 화면에 우주선을 그리는 blitme() 메서드가 들어 있습니다. 우주선 이미지는 images 폴더 안의 ship.bmp 파일에 저장되어 있습니다.

연습문제

12-3. 파이게임 문서: 이제 게임을 꽤 많이 진행했으므로 파이게임 문서에 어떤 내용이 들어 있는지 궁금해질 만도 합니다. 파이게임 홈페이지는 https://www.pygame.org/이고, 문서 홈페이지는 https://www.pygame.org/docs/입니다. 지금은 문서를 간단히 훑어보기만 하십시오. 이 프로젝트를 완성하기 위해 반드시 문서를 읽어야 하는 건 아니지만, 외계인 침공을 입맛대로 수정하거나 나중에 게임을 직접 만들 때는 이 문서가 도움이 될 수 있습니다.

12-4. 로켓: 화면 중앙에 로켓을 표시하면서 시작하는 게임을 만드십시오. 플레이어가 화살표 키를 눌러 로켓을 상하좌우로 움직일 수 있게 하십시오. 로켓이 화면 경계에 도달하면 더는 움직이지 말아야 합니다.

12-5. 키: 빈 화면을 생성하는 파이게임 파일을 만드십시오. 이벤트 루프에서 pygame.KEYDOWN 이벤트가 감지될 때마다 event.key 속성을 출력하십시오. 프로그램을 실행하고 여러 가지 키를 누르면서 파이게임이 어떻게 반응하는지 관찰하십시오.

12.8 탄환 발사하기

이제 탄환을 발사하는 기능을 추가해봅시다. 플레이어가 스페이스 키를 누르면 탄환을 발사하는데, 탄환은 작은 사각형으로 표현됩니다. 탄환은 화면 상단을 향해 직선으로 날아가고, 화면 상단에 도착하면 사라집니다.

12.8.1 탄환 세팅 추가하기

다음과 같이 settings.py를 수정해서 __init__() 마지막에 Bullet 클래스를 추가합니다.

settings.py

```
def __init__(self):
    --생략--
    # 탄환 세팅
    self.bullet_speed = 1.0
```

```
        self.bullet_width = 3
        self.bullet_height = 15
        self.bullet_color = (60, 60, 60)
```

이 세팅은 너비가 3픽셀, 높이가 15픽셀인 어두운 회색 탄환을 생성합니다. 탄환은 우주선보다 조금 느리게 움직일 겁니다.

12.8.2 Bullet 클래스 만들기

이제 Bullet 클래스를 저장할 bullet.py 파일을 만듭시다. bullet.py의 첫 부분은 다음과 같습니다.

bullet.py

```
import pygame
from pygame.sprite import Sprite

class Bullet(Sprite):
    """우주선에서 발사하는 탄환을 관리하는 클래스"""

    def __init__(self, ai_game):
        """우주선의 현재 위치에 bullet 객체를 만듭니다"""
        super().__init__()
        self.screen = ai_game.screen
        self.settings = ai_game.settings
        self.color = self.settings.bullet_color

        # (0, 0)에 탄환 사각형을 만들고 정확한 위치를 지정합니다
        self.rect = pygame.Rect(0, 0, self.settings.bullet_width,  # ①
            self.settings.bullet_height)
        self.rect.midtop = ai_game.ship.rect.midtop  # ②

        # 탄환 위치를 소수점 있는 값으로 저장합니다
        self.y = float(self.rect.y)  # ③
```

Bullet 클래스는 pygame.sprite 모듈에서 임포트하는 Sprite 클래스를 상속합니다. 스프라이트 sprite 를 사용하면 게임에서 관련된 요소를 하나로 묶어 한번에 관리할 수 있습니다. 탄환 인스턴스를 생성하려면 __init__() 메서드에 AlienInvasion의 현재 인스턴스가 필요합니다. super()를 호출해서 Sprite를 상속하게 했습니다. 화면과 세팅 객체 속성도 설정하고, 탄환 색깔도 정했습니다.

①에서는 탄환의 rect 속성을 설정했습니다. 탄환은 이미지를 가지고 만드는 게 아니므로 pygame.Rect() 클래스를 써서 사각형을 직접 만들어야 합니다. 이 클래스는 rect의 왼쪽 상단 모서리의 x와 y 좌표, 너비, 높이를 필요로 합니다. rect를 (0, 0)으로 초기화하긴 했지만, 탄환 위치는 우주선 위치를 따라가므로 다음 행에서 정확한 위치로 수정했습니다. 탄환의 너비와 높이는 self.settings에 저장된 값에서 가져왔습니다.

②에서는 탄환의 midtop 속성을 우주선의 midtop 속성과 같게 만들었습니다. 이렇게 하면 탄환이 우주선 위쪽에 만들어지므로, 마치 우주선이 탄환을 발사하는 것처럼 보입니다. ③에서는 탄환의 y 좌표를 소수점 있는 값으로 저장해서 탄환 속도를 더 미세하게 조절할 수 있게 했습니다.

다음은 bullet.py의 두 번째 부분인 update()와 draw_bullet()입니다.

bullet.py

```
def update(self):
    """탄환을 화면 위쪽으로 움직입니다"""
    # 탄환 위치를 업데이트합니다
    self.y -= self.settings.bullet_speed  # ①
    # 사각형 위치를 업데이트합니다
    self.rect.y = self.y  # ②

def draw_bullet(self):
    """탄환을 화면에 그립니다"""
    pygame.draw.rect(self.screen, self.color, self.rect)  # ③
```

update() 메서드는 탄환 위치를 관리합니다. 발사된 탄환은 화면 위쪽으로 이동하는데, y 좌표를 줄이면 화면 위쪽으로 이동하는 것과 마찬가지입니다. self.y에서 settings.bullet_speed를 빼면 y 좌표가 줄어듭니다(①). 그리고 ②에서 self.rect.y에 self.y의 값을 대입했습니다.

bullet_speed 세팅을 사용하면 게임을 진행함에 따라, 또는 게임플레이 방식을 개선하고 싶을 때 탄환 속도를 늘릴 수 있습니다. 탄환이 발사된 다음에는 x 좌표의 값을 절대 바꾸지 않으므로 탄환은 우주선이 움직이더라도 직선으로 움직입니다.

탄환을 그릴 때는 draw_bullet()을 호출합니다. draw.rect() 함수는 탄환의 rect에서 정의한 화면 일부분을 self.color에서 정한 색깔로 채웁니다(③).

12.8.3 탄환을 그룹에 저장하기

이제 Bullet 클래스를 만들고 필요한 세팅도 정의했으니 플레이어가 스페이스 키를 누를 때마다 탄환을 발사할 코드를 만들 수 있습니다. AlienInvasion에 그룹을 만들어서 발사된 탄환을 모두 저장할 겁니다. 이 그룹은 pygame.sprite.Group 클래스의 인스턴스입니다. 이 클래스는 리스트와 마찬가지로 동작하면서도 게임을 만들 때 도움이 되는 기능을 가지고 있습니다. 이 그룹을 써서 메인 루프를 반복할 때마다 탄환을 화면에 그리고, 각 탄환의 위치를 업데이트할 겁니다.

그룹은 다음과 같이 __init__()에서 만듭니다.

alien_invasion.py

```
def __init__(self):
    --생략--
    self.ship = Ship(self)
    self.bullets = pygame.sprite.Group()
```

다음에는 while 루프를 반복할 때마다 탄환 위치를 업데이트합니다.

alien_invasion.py

```
def run_game(self):
    """게임의 메인 루프를 시작합니다"""
    while True:
        self._check_events()
        self.ship.update()
        self.bullets.update()  # ①
        self._update_screen()
```

①에서는 그룹에서 update()를 호출했습니다. 이렇게 하면 그룹이 자동으로 각 스프라이트 전

체에 대해 update()를 호출합니다. 즉 self.bullets.update()는 bullets 그룹에 속한 모든 탄환에 대해 bullet.update()를 호출하는 것과 같습니다.

12.8.4 탄환 발사하기

플레이어가 스페이스 키를 누를 때 탄환을 발사하려면 AlienInvasion의 _check_keydown_events() 메서드를 수정해야 합니다. 스페이스 키에서 손을 뗄 때는 아무 일도 하지 않으므로 _check_keyup_events()는 수정하지 않아도 됩니다. _update_screen() 역시 수정해서 flip()을 호출하기 전에 모든 탄환이 화면에 그려지게 해야 합니다.

탄환을 발사할 때 해야 할 일이 좀 많으니, 이 동작을 담당할 _fire_bullet() 메서드를 새로 만드는 게 좋겠습니다.

alien_invasion.py

```
--생략--
from ship import Ship
from bullet import Bullet  # ①

class AlienInvasion:
    --생략--
    def _check_keydown_events(self, event):
        --생략--
        elif event.key == pygame.K_q:
            sys.exit()
        elif event.key == pygame.K_SPACE:  # ②
            self._fire_bullet()

    def _check_keyup_events(self, event):
        --생략--

    def _fire_bullet(self):
        """새 탄환을 생성하고 bullets 그룹에 추가합니다"""
        new_bullet = Bullet(self)  # ③
        self.bullets.add(new_bullet)  # ④

    def _update_screen(self):
        """화면에 이미지를 업데이트하고 새 화면으로 그립니다"""
        self.screen.fill(self.settings.bg_color)
```

```
        self.ship.blitme()
        for bullet in self.bullets.sprites():  # ⑤
            bullet.draw_bullet()
        pygame.display.flip()
--생략--
```

먼저 ①에서 Bullet을 임포트합니다. ②에서는 스페이스 키를 누를 때마다 _fire_bullet() 을 호출합니다. _fire_bullet()에서는 Bullet 인스턴스를 만들고 이 인스턴스를 new_ bullet에 할당합니다(③). 그리고 ④에서 add() 메서드를 써서 bullets 그룹에 이 인스턴스 를 추가했습니다. add() 메서드는 append() 메서드와 비슷하지만 파이게임 그룹 전용으로 만 들어진 메서드입니다.

bullets.sprites() 메서드는 bullets 그룹에 속한 스프라이트 전체의 리스트를 반환합니 다. ⑤에서는 bullets의 스프라이트를 순회^{loop}하면서 각각에 draw_bullet()을 호출했습니 다. 이 코드는 발사된 탄환 전체를 화면에 그립니다.

이제 alien_invasion.py를 실행하면 우주선을 좌우로 움직일 수 있고, 원하는 만큼 탄환을 발사할 수 있습니다. 탄환은 [그림 12-3]처럼 화면 위쪽으로 이동하다가 상단에 닿으면 사라 집니다. 탄환의 크기나 색깔, 속도를 바꾸고 싶으면 settings.py를 수정하면 됩니다.

그림 12-3 우주선이 탄환 여러 개를 발사했습니다.

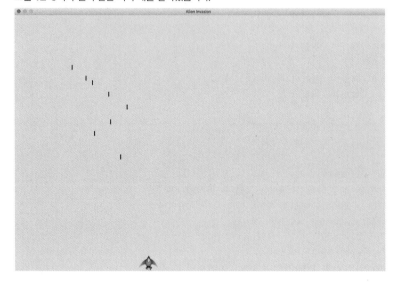

12.8.5 사라진 탄환 삭제하기

지금은 화면 상단에 닿은 탄환이 사라지지만, 이건 파이게임이 화면 상단보다 위에 있는 객체를 그릴 수 없기 때문입니다. 탄환은 사실 계속 존재합니다. y 좌표가 계속 마이너스 방향으로 커지고 있을 뿐입니다. 이렇게 남은 탄환은 계속해서 메모리와 CPU 자원을 소모하기 때문에 문제가 될 수 있습니다.

사라진 탄환을 제거하지 않으면 게임은 불필요한 일을 처리하느라 느려질 겁니다. 사라진 탄환을 제거하려면 탄환 rect의 bottom 값이 0이 되는 순간을 감지할 수 있어야 합니다. rect의 bottom 값이 0인 탄환이 화면 상단으로 사라진 탄환입니다.

alien_invasion.py

```
def run_game(self):
    """게임의 메인 루프를 시작합니다"""
    while True:
        self._check_events()
        self.ship.update()
        self.bullets.update()

        # 사라진 탄환을 제거합니다
        for bullet in self.bullets.copy():  # ①
            if bullet.rect.bottom <= 0:  # ②
                self.bullets.remove(bullet)  # ③
        print(len(self.bullets))  # ④

        self._update_screen()
```

리스트(파이게임에서는 그룹)에 for 루프를 사용하면 파이썬은 그 루프가 실행되는 동안 리스트 길이가 일정할 거라고 가정합니다. for 루프 안에서는 리스트나 그룹의 아이템을 제거할 수 없으므로 그룹을 복사하고 그 사본에 루프를 실행해야 합니다. ①에서는 copy() 메서드를 써서 for 루프를 준비했습니다. 이렇게 하면 루프 안에서 bullets를 수정할 수 있게 됩니다. ②에서는 각 탄환이 화면 위쪽으로 사라졌는지 체크합니다. 사라졌다면 ③에서 그 탄환을 bullets로부터 제거합니다. ④에서는 print()를 호출해 현재 게임에 존재하는 탄환이 몇 개인지 출력하므로 화면 위쪽에 도달한 탄환이 실제로 삭제되는지 확인할 수 있습니다.

이 코드가 정확히 동작한다면, 탄환을 몇 개 발사한 다음 터미널 출력 결과를 지켜보면서 탄환 수가 점점 줄어들어 마침내 0이 되는 걸 볼 수 있습니다. 게임을 실행해서 탄환이 정상적으로 삭제되는 걸 확인했다면 print()를 호출하는 코드는 제거하십시오. 이 코드를 그대로 두면, 터미널에 계속 출력하느라 게임 전체가 상당히 느려질 겁니다.

12.8.6 탄환 수 제한하기

슈팅 게임 중에는 한 화면에 존재할 수 있는 탄환 수를 제한하는 게임이 여럿 있습니다. 이렇게 하면 플레이어가 더 정확히 발사하려고 하기 때문입니다. 우리 게임에도 같은 제한을 적용하겠습니다.

먼저 발사할 수 있는 탄환 수를 다음과 같이 settings.py에 저장합니다.

settings.py

```
# 탄환 세팅
--생략--
self.bullet_color = (60, 60, 60)
self.bullets_allowed = 3
```

이 세팅을 적용하면 플레이어는 한 번에 탄환 세 개까지만 발사할 수 있습니다. AlienInvasion에서 이 세팅을 사용해 _fire_bullet()에서 새 탄환을 생성하기 전에 이미 존재하는 탄환 개수를 체크할 겁니다.

alien_invasion.py

```
    def _fire_bullet(self):
        """새 탄환을 생성하고 bullets 그룹에 추가합니다"""
        if len(self.bullets) < self.settings.bullets_allowed:
            new_bullet = Bullet(self)
            self.bullets.add(new_bullet)
```

플레이어가 스페이스 키를 누르면 bullets 길이를 체크합니다. len(self.bullets)가 3 미만이면 새 탄환을 생성합니다. 반대로 이미 탄환 세 개가 존재하면 스페이스 키를 눌러도 아무 일도 일어나지 않습니다. 이제 게임을 실행하면, 탄환을 한 번에 세 개까지만 발사할 수 있습니다.

12.8.7 _update_bullets() 메서드

AlienInvasion 클래스는 되도록 간결하게 유지하는 게 좋습니다. 탄환을 관리하는 코드를 만들고 확인했으니 다른 메서드로 분리할 때가 됐습니다. _update_bullets() 메서드를 새로 만들고 다음과 같이 _update_screen() 바로 앞에 추가합니다.

alien_invasion.py

```python
    def _update_bullets(self):
        """탄환 위치를 업데이트하고 사라진 탄환을 제거합니다"""
        # 탄환 위치를 업데이트합니다
        self.bullets.update()

        # 사라진 탄환을 제거합니다
        for bullet in self.bullets.copy():
            if bullet.rect.bottom <= 0:
                self.bullets.remove(bullet)
```

_update_bullets() 코드는 run_game()에서 그대로 이동한 것이므로, 사실 여기에서 한 일은 주석을 업데이트한 것뿐입니다.

run_game()의 while 루프는 다시 단순해졌습니다.

alien_invasion.py

```python
        while True:
            self._check_events()
            self.ship.update()
            self._update_bullets()
            self._update_screen()
```

이제 메인 루프에 최소한의 코드만 남았으므로 메서드 이름을 빠르게 훑어보고 게임이 어떻게 동작하는지 파악할 수 있습니다. 메인 루프는 플레이어 입력을 체크하고, 우주선과 탄환 위치를 업데이트합니다. 그리고 업데이트된 위치를 써서 화면을 다시 그립니다.

alien_invasion.py를 다시 실행하고 아무 에러 없이 탄환을 발사할 수 있는지 다시 한번 확인하십시오.

12.9 마치며

이 장에서는 게임을 만들기 위한 계획을 세우는 법, 파이게임으로 만드는 게임의 기본 구조를 배웠습니다. 배경색을 설정하고 세팅을 별도의 클래스에 저장해서 더 쉽게 조절하는 방법을 배웠습니다. 이미지를 화면에 그리는 방법, 플레이어가 게임 요소의 움직임을 컨트롤할 수 있게 하는 방법을 배웠습니다. 스스로 움직이는 요소(화면을 날아가는 탄환)를 만들었고, 더는 필요하지 않은 객체를 삭제해보기도 했습니다. 프로젝트 코드를 정기적으로 리팩터링해서 앞으로 이어질 개발 과정을 수월하게 만드는 것도 배웠습니다.

13장에서는 게임에 외계인을 추가합니다. 이 장을 마칠 때쯤에는 외계인이 우주선을 공격하기 전에 격추할 수 있게 될 겁니다.

## CHAPTER 13

외계인!

이 장에서는 우리의 게임에 외계인을 추가할 겁니다. 먼저 화면 위쪽에 외계인 하나를 만든 다음, 외계인 함대를 생성할 겁니다. 함대는 좌우로 이동하면서 아래로 내려오고, 플레이어는 외계인을 모두 격추해야 합니다. 마지막으로, 플레이어가 조종할 수 있는 우주선 수를 제한하고 플레이어가 우주선을 모두 잃으면 게임을 끝낼 겁니다.

이 장의 내용을 익히고 나면 파이게임에 대해서도 더 잘 알게 되고, 큰 프로젝트를 관리하는 방법에 대해서도 더 잘 알게 될 겁니다. 탄환과 외계인 같은 게임 객체의 충돌을 감지하는 방법도 알게 됩니다. 충돌을 감지하면 게임 내 요소들이 상호작용하게 만들 수 있습니다. 예를 들어 캐릭터를 미로의 벽 안에 가둘 수도 있고, 두 캐릭터가 공을 주고받게 만들 수도 있습니다. 또한 정기적으로 계획을 다시 살펴보면서 코드를 작성할 때 어디에 집중해야 하는지 주의를 환기할 겁니다.

화면에 외계인 함대를 만드는 코드를 작성하기 전에, 먼저 프로젝트를 점검하고 계획을 업데이트해봅시다.

13.1 프로젝트 리뷰

큰 프로젝트에서 다음 단계로 넘어갈 때는 항상 계획을 다시 살펴보면서, 지금부터 작성할 코드로는 어떤 일을 하려 하는지 명확하게 해두는 편이 좋습니다. 이 장에서 하고자 하는 일은 다음과 같습니다.

- 코드를 다시 살펴보고, 새 기능을 구현하기 전에 리팩터링이 필요한지 결정합니다.
- 화면의 왼쪽 상단 모서리에 외계인을 추가하고 그 주위에 적절한 공간을 만듭니다.
- 외계인 주위의 공간과 전체적인 화면 크기를 이용해 화면에 채울 외계인 숫자를 결정합니다. 루프를 사용해서 외계인으로 화면 윗부분을 채웁니다.
- 함대는 좌우로 이동하면서 아래로 내려옵니다. 함대 전체를 격추하거나, 외계인이 우주선 또는 화면 하단에 닿을 때까지 반복합니다. 함대 전체를 격추하면 새 함대를 생성합니다. 외계인이 우주선과 충돌하거나 화면 하단에 닿으면 우주선을 파괴하고 새 함대를 만듭니다.
- 플레이어가 사용할 수 있는 우주선 숫자를 제한하고, 플레이어가 그 우주선을 다 잃으면 게임을 끝냅니다.

기능을 구현함에 따라 이 계획을 개선하겠지만, 지금은 이걸로 충분합니다.

프로젝트에서 새 기능을 많이 만들 때는 기존 코드를 점검해야 합니다. 개발 단계가 진행되면 프로젝트도 복잡해지기 마련이므로, 분산되거나 비효율적인 코드를 정리하는 편이 좋습니다. 우리는 진행하면서 계속 리팩터링을 해왔으므로 지금 당장은 리팩터링이 필요하지 않습니다.

13.2 첫 번째 외계인 만들기

화면에 외계인을 배치하는 건 우주선을 배치하는 것과 마찬가지입니다. 각 외계인의 동작은 Alien 클래스에서 담당하며, 이 클래스는 Ship 클래스와 비슷한 구조를 가집니다. 단순함을 위해 이번에도 비트맵 이미지를 사용할 겁니다. 직접 이미지를 찾아봐도 되지만, [그림 13-1]의 이미지를 사용해도 됩니다. 이 이미지는 https://nostarch.com/pythoncrashcourse2e/에서 받을 수 있습니다. 이 이미지의 배경은 화면 배경색과 일치하는 회색 배경입니다. 선택한 이미지 파일을 images 폴더에 저장하십시오.

그림 13-1 함대를 구성할 외계인

13.2.1 Alien 클래스 만들기

다음과 같이 Alien 클래스를 만들어 alien.py에 저장합니다.

alien.py

```python
import pygame
from pygame.sprite import Sprite

class Alien(Sprite):
    """함대에 속한 외계인 하나를 담당하는 클래스"""

    def __init__(self, ai_game):
        """외계인을 초기화하고 시작 위치를 정합니다"""
        super().__init__()
        self.screen = ai_game.screen

        # 외계인 이미지를 불러오고 rect 속성을 설정합니다
        self.image = pygame.image.load('images/alien.bmp')
        self.rect = self.image.get_rect()

        # 외계인을 화면 좌측 상단에 배치합니다
        self.rect.x = self.rect.width  # ①
        self.rect.y = self.rect.height

        # 외계인의 정확한 가로 위치를 저장합니다
        self.x = float(self.rect.x)  # ②
```

이 클래스는 Ship 클래스와 거의 비슷하지만 외계인의 위치가 다릅니다. 각 외계인은 화면의 왼쪽 상단 모서리에 배치됩니다. ①에서는 외계인의 왼쪽과 위쪽에 각각 외계인의 너비와 높이 만큼의 공간을 만들었습니다. 외계인의 가로 방향 속도가 중요하므로 각 외계인의 가로 위치를 정확히 추적하도록 했습니다(②).

Alien 클래스에는 화면에 그리는 메서드가 필요 없습니다. 파이게임의 그룹 메서드는 그룹에 속한 요소를 자동으로 화면에 그립니다.

13.2.2 Alien 인스턴스 만들기

첫 번째 외계인을 화면에 표시하려면 Alien 인스턴스를 만들어야 합니다. 이 인스턴스를 만 드는 작업은 초기화 작업의 일종이므로 AlienInvasion의 __init__() 메서드 마지막에 추 가합니다. 최종적으로는 외계인 함대 전체를 만드는 큰 일이 될 것이므로, 새 보조 메서드 _create_fleet()를 만들겁니다.

일관성을 유지하기만 한다면 클래스 안에서 메서드의 순서는 중요하지 않습니다. 여기서는 _ update_screen() 바로 앞에 _create_fleet()를 배치했지만, AlienInvasion 안이기만 하 면 메서드 위치는 상관 없습니다. 먼저 Alien 클래스를 임포트합니다.

다음은 alien_invasion.py의 업데이트된 import 문입니다.

alien_invasion.py

```
--생략--
from bullet import Bullet
from alien import Alien
```

__init__() 메서드는 다음과 같이 바꿉니다.

alien_invasion.py

```
    def __init__(self):
        --생략--
        self.ship = Ship(self)
        self.bullets = pygame.sprite.Group()
```

```
        self.aliens = pygame.sprite.Group()

        self._create_fleet()
```

외계인 함대를 담을 그룹을 만들고 _create_fleet()을 호출했습니다.

_create_fleet() 메서드는 다음과 같습니다.

alien_invasion.py

```
    def _create_fleet(self):
        """외계인 함대를 만듭니다"""
        # 외계인을 만듭니다
        alien = Alien(self)
        self.aliens.add(alien)
```

이 메서드는 Alien 인스턴스를 하나 만들고, 그 인스턴스를 함대 그룹에 추가합니다. 외계인 은 화면의 좌측 상단 영역에 배치됩니다.

외계인이 나타나게 하려면 _update_screen()에서 그룹의 draw() 메서드를 호출해야 합니다.

alien_invasion.py

```
    def _update_screen(self):
        --생략--
        for bullet in self.bullets.sprites():
            bullet.draw_bullet()
        self.aliens.draw(self.screen)

        pygame.display.flip()
```

그룹에서 draw()를 호출하면 파이게임은 그룹의 각 요소를 rect 속성에 정의된 위치에 그립니다. draw() 메서드는 요소를 그릴 서피스를 매개변수로 받습니다. [그림 13-2]는 화면에 나타난 첫 번째 외계인입니다.

그림 13-2 첫 번째 외계인이 나타났습니다.

이제 첫 번째 외계인이 정확히 등장했으니, 함대 전체를 그리는 코드를 만들 차례입니다.

13.3 외계인 함대 만들기

함대를 그리려면 외계인이 화면에 몇 줄 있어야 할지, 한 줄에는 외계인이 몇 있어야 할지 계산해야 합니다. 첫 번째 외계인 사이의 가로 공간을 결정하고 한 줄을 만든 다음, 줄 사이의 세로 공간을 결정해서 함대 전체를 만들 겁니다.

13.3.1 외계인이 한 줄에 얼마나 들어갈지 계산하기

외계인이 한 줄에 얼마나 들어갈지 계산하려면 가로 공간이 얼마나 되는지 알아야 합니다. 화면 너비는 settings.screen_width에 저장되어 있지만, 화면의 양쪽에 마진(빈 공간)이 어느 정도 있어야 합니다. 가로 마진은 외계인 하나의 너비로 정할 겁니다. 좌우에 마진이 하나씩 있으니, 가용 공간은 화면 너비에서 외계인 너비의 두 배를 뺀 만큼입니다.

```
available_space_x = settings.screen_width - (2 * alien_width)
```

외계인 사이에도 공간이 필요합니다. 이 공간 역시 외계인 하나의 너비로 정합니다. 따라서 외계인 하나를 표시하는 데 필요한 공간은 외계인 너비의 두 배입니다. 하나는 외계인 자체가 차지할 공간, 다른 하나는 그 오른쪽에 있는 빈 공간입니다. 한 줄에 들어갈 외계인 숫자는 가용공간을 외계인 너비의 두 배로 나누면 됩니다. 나눌 때는 // 나눗셈을 사용합니다. 이 나눗셈은 나머지를 버리고 정수만 남기므로, 외계인 숫자도 정수로 얻을 수 있습니다.

```
number_aliens_x = available_space_x // (2 * alien_width)
```

함대를 생성할 때는 이 계산법을 계속 사용합니다.

> **NOTE_** 프로그래밍에서 계산을 할 때 좋은 점은 처음부터 정확한 공식을 사용해야 한다는 부담이 없다는 겁니다. 시도하고 결과를 보십시오. 최악의 결과라고 해도, 외계인이 너무 많거나 너무 적을 뿐입니다. 화면에 나타난 결과를 보고 계산 공식을 수정해도 됩니다.

13.3.2 외계인 한 줄 만들기

외계인 한 줄을 만들 준비가 다 됐습니다. 외계인 하나를 만드는 코드가 잘 작동했으니 _create_fleet()를 다음과 같이 수정해서 외계인 한 줄을 만들도록 합니다.

alien_invasion.py

```
    def _create_fleet(self):
        """외계인 함대를 만듭니다"""
        # 외계인 하나를 만들고 한 줄에 몇이 들어갈지 정합니다
        # 외계인 사이의 공간은 외계인 하나의 너비와 같습니다
        alien = Alien(self)  # ①
        alien_width = alien.rect.width  # ②
        available_space_x = self.settings.screen_width - (2 * alien_width)  # ③
        number_aliens_x = available_space_x // (2 * alien_width)

        # 외계인 첫 줄을 만듭니다
        for alien_number in range(number_aliens_x):  # ④
            # 외계인을 만들고 줄에 배치합니다
            alien = Alien(self)
            alien.x = alien_width + 2 * alien_width * alien_number  # ⑤
```

```
            alien.rect.x = alien.x
            self.aliens.add(alien)
```

사실 필요한 일은 대부분 이미 했습니다. 외계인을 배치하려면 너비와 높이를 알아야 하므로, 계산을 시작하기 전에 먼저 ①에서 외계인을 하나 만들었습니다. 이 외계인은 함대에 속하지 않으므로 aliens 그룹에 추가하지는 않습니다. ②에서는 외계인의 rect 속성에서 너비를 얻고 이 값을 alien_width에 저장했으므로, 이제는 rect 속성에 다시 접근하지 않아도 됩니다. ③에서는 사용할 수 있는 가로 공간을 계산하고, 그 공간에 들어갈 수 있는 외계인 숫자를 계산했습니다.

④에서는 0에서 시작해 만들어야 할 외계인 숫자까지 반복하는 루프를 만들었습니다. 루프 안에서는 외계인을 새로 만들고 그 x 좌표를 정해서 줄 안에 넣습니다(⑤). 각 외계인은 왼쪽 끝에서 외계인 하나의 너비만큼 오른쪽으로 밀려납니다. 그리고 외계인 너비에 2를 곱해서 각 외계인이 차지하는 공간, 그 오른쪽의 빈 공간을 합친 너비를 얻고, 다시 여기에 그 외계인의 번호를 곱합니다. 외계인의 x 속성으로 사각형 위치를 정합니다. 마지막으로 각 외계인을 aliens 그룹에 추가합니다.

이제 외계인 침공 게임을 실행하면 [그림 13-3]처럼 외계인 한 줄이 나타날 겁니다.

그림 13-3 외계인의 첫 번째 줄

첫 번째 줄은 왼쪽을 기준으로 배치했는데, 이건 게임을 좀 더 흥미롭게 만듭니다. 함대를 화면 경계에 닿을 때까지 오른쪽으로 움직이고, 조금 아래로 내린 다음, 다시 왼쪽으로 움직이길 반복할 계획이기 때문입니다. 고전 게임 갤러그에서 볼 수 있듯, 함대가 그냥 수직으로 내려오기만 하는 것보다는 이런 방식이 더 재미있습니다. 외계인을 모두 격추하거나, 외계인이 우주선 또는 우주선이나 화면 아래쪽에 닿을 때까지 이 움직임을 반복할 겁니다.

> **NOTE_** 여러분의 컴퓨터에 나타나는 외계인의 정렬 상태는 선택한 화면 너비에 따라 책의 그림과 다를 수도 있습니다.

13.3.3 _create_fleet() 리팩터링

지금까지 만든 코드만으로 함대를 생성할 수 있다면 _create_fleet()를 이대로 둬도 괜찮습니다. 하지만 이 메서드는 할 일이 더 있으므로 조금 정리해두는 게 좋겠습니다. 보조 메서드 _create_alien()을 만들고 이 메서드를 _create_fleet()에서 호출하는 방식으로 리팩터링하겠습니다.

alien_invasion.py

```
def _create_fleet(self):
    --생략--
    # 외계인 첫 줄을 만듭니다
    for alien_number in range(number_aliens_x):
        self._create_alien(alien_number)

def _create_alien(self, alien_number):
    """외계인을 만들고 줄에 배치합니다"""
    alien = Alien(self)
    alien_width = alien.rect.width
    alien.x = alien_width + 2 * alien_width * alien_number
    alien.rect.x = alien.x
    self.aliens.add(alien)
```

_create_alien() 메서드에는 self 외에도 지금 만들려고 하는 외계인 번호가 필요합니다. 바디는 _create_fleet()의 것을 그대로 사용하되, 외계인 너비를 미리 계산해서 매개변수로

넘기는 대신 메서드 안에서 계산했습니다. 이렇게 리팩터링하면 새 줄을 추가하고 함대 전체를 만들기가 한결 쉬워집니다.

13.3.4 줄 추가하기

화면에 외계인 몇 줄을 넣을지 결정하고 그 숫자만큼 외계인 한 줄을 만드는 코드를 반복하면 함대가 완성됩니다. 줄 숫자를 결정하려면 다음과 같이 화면 높이에서 외계인 하나의 높이, 우주선 높이, 외계인 높이의 두 배를 빼서 사용할 수 있는 세로 공간을 계산합니다.

```
available_space_y = settings.screen_height - (3 * alien_height) - ship_height
```

이렇게 하면 우주선 위에 빈 공간이 조금 생기므로 플레이어는 각 레벨이 시작할 때 외계인을 격추할 시간을 조금 얻을 수 있습니다.

각 줄 사이에도 공간이 좀 필요합니다. 이 공간은 외계인 하나의 높이로 합니다. 몇 줄을 만들지 계산하려면 가용 공간을 외계인 높이의 두 배로 나누면 됩니다. 이번에도 // 나눗셈을 써서 줄 수가 정수가 되게 합니다(다시 말하지만, 이 계산 방법이 적당하지 않으면 결과를 보고 적당한 공간이 나올 때까지 계산법을 수정하면 됩니다).

```
number_rows = available_space_y // (2 * alien_height)
```

이제 함대가 몇 줄이 될지 알았으니 다음과 같이 한 줄을 만드는 코드를 반복하면 됩니다.

alien_invasion.py

```
    def _create_fleet(self):
        --생략--
        alien = Alien(self)
        alien_width, alien_height = alien.rect.size  # ①
        available_space_x = self.settings.screen_width - (2 * alien_width)
        number_aliens_x = available_space_x // (2 * alien_width)
        # 화면 높이에 알맞은 외계인 줄 수를 결정합니다
        ship_height = self.ship.rect.height
        available_space_y = (self.settings.screen_height -  # ②
                                (3 * alien_height) - ship_height)
```

```
        number_rows = available_space_y // (2 * alien_height)

        # 외계인 함대를 만듭니다
        for row_number in range(number_rows):  # ③
            for alien_number in range(number_aliens_x):
                self._create_alien(alien_number, row_number)
    def _create_alien(self, alien_number, row_number):
        """외계인을 만들고 줄에 배치합니다"""
        alien = Alien(self)
        alien_width, alien_height = alien.rect.size
        alien.x = alien_width + 2 * alien_width * alien_number
        alien.rect.x = alien.x
        alien.rect.y = alien.rect.height + 2 * alien.rect.height * row_number
# ④
        self.aliens.add(alien)
```

①에서는 size 속성을 사용해서 외계인 너비와 높이를 얻습니다. 이 속성은 rect 객체의 너비와 높이가 들어 있는 튜플을 반환합니다. available_space_x를 계산한 바로 다음에 available_space_y를 계산했습니다(②). 이 계산식은 너무 길기 때문에, 파이썬 코드를 작성할 때 한 행에 79자가 넘지 않게 하는 규칙을 지키기 위해 괄호를 써서 두 줄로 나눴습니다.

③에서는 여러 줄을 만들기 위해 중첩된 루프를 만들었습니다. 내부 루프는 외계인 한 줄을 만듭니다. 외부 루프는 0에서 시작해줄 숫자만큼 반복합니다. 즉, 파이썬은 외계인 한 줄을 만드는 코드를 number_rows만큼 반복합니다.

루프를 중첩할 때는 for 루프를 만들고 반복할 코드를 들여 씁니다(텍스트 에디터는 대부분 코드 블록 들여쓰기/취소를 쉽게 하는 기능을 갖고 있습니다. **부록 B**를 보십시오). 이제 _create_alien()을 호출할 때 줄 번호를 넘겨야 각 줄이 화면 아래로 내려가면서 그려집니다.

_create_alien() 함수 정의도 행 번호를 매개변수로 받도록 바꿔야 합니다. _create_alien() 안에서는 외계인의 높이만큼을 더해서 화면 위쪽에 빈 공간을 만듭니다(④). 각 줄은 바로 앞 줄보다 외계인 높이의 두 배만큼 아래에서 시작하므로 외계인 높이에 2를 곱하고 다시 행 번호를 곱합니다. 첫 번째 줄 번호는 0이므로 이 줄의 위치는 변하지 않습니다. 그 뒤로 이어지는 줄은 모두 화면 아래로 내려가면서 배치됩니다.

이제 게임을 실행하면 [그림 13-4]처럼 외계인 함대 전체를 볼 수 있습니다.

그림 13-4 함대 전체가 나타났습니다.

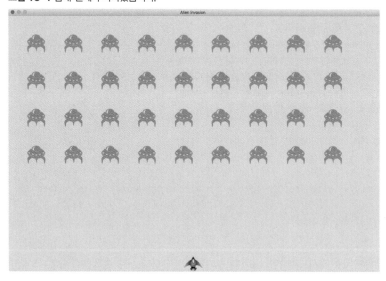

다음 섹션에서는 함대를 움직입니다!

연습문제

13-1. 별: 별 이미지를 찾아보십시오. 별들을 화면에 바둑판 모양으로 배치해보십시오.

13-2. 밤하늘: 각각의 별을 배치할 때 위치를 랜덤하게 하면 좀 더 현실적인 모양이 될 겁니다. 랜덤한 숫자는 다음과 같이 얻을 수 있습니다.

```
from random import randint
random_number = randint(-10, 10)
```

이 코드는 −10 이상 10 이하의 임의의 정수를 반환합니다. 연습문제 13-1의 코드를 사용해서 각각의 별 위치를 랜덤하게 바꿔보십시오.

13.4 함대 움직이기

이제 외계인 함대가 화면 경계에 닿을 때까지 오른쪽으로 움직이고, 조금 아래로 내린 다음 반대편으로 움직이게 만들어봅시다. 외계인 전체가 격추되거나, 외계인 하나가 우주선과 충돌하거나 화면 아래쪽에 닿을 때까지 이 움직임을 계속할 겁니다. 우선 함대를 오른쪽으로 움직이는 것부터 시작합시다.

13.4.1 함대를 오른쪽으로 움직이기

외계인을 움직일 때는 alien.py의 update() 메서드를 외계인 그룹의 각 외계인에 대해 호출합니다. 먼저 다음과 같이 각 외계인의 속도를 조절하는 세팅을 추가하십시오.

settings.py

```
def __init__(self):
    --생략--
    # 외계인 세팅
    self.alien_speed = 1.0
```

다음에는 **update()**에서 이 세팅을 사용하게 만듭니다.

alien.py

```
def __init__(self, ai_game):
    """외계인을 초기화하고 시작 위치를 정합니다"""
    super().__init__()
    self.screen = ai_game.screen
    self.settings = ai_game.settings
    --생략-

def update(self):
    """외계인을 오른쪽으로 움직입니다"""
    self.x += self.settings.alien_speed  # ①
    self.rect.x = self.x  # ②
```

__init__()에 세팅 매개변수를 만들었으므로 **update()**에서 외계인 속도에 접근할 수 있습니다. 외계인 위치를 업데이트할 때마다 각 외계인은 alien_speed에 저장된 만큼 오른쪽으로 움직입니다. 외계인의 정확한 위치는 self.x 속성에 저장하는데, 이 속성은 소수점 있는 값을 저장할 수 있습니다(①). 그리고 self.x의 값을 써서 외계인의 rect 위치를 업데이트합니다(②).

메인인 while 루프 안에는 이미 우주선과 탄환의 위치를 업데이트하는 코드를 호출하는 부분이 있습니다. 이제 다음과 같이 각 외계인의 위치를 업데이트하는 코드도 추가로 호출합니다.

alien_invasion.py

```
while True:
    self._check_events()
    self.ship.update()
    self._update_bullets()
    self._update_aliens()
    self._update_screen()
```

이제 함대의 움직임을 관리하는 코드를 작성할 차례이므로 _update_aliens() 메서드를 새로 만들겠습니다. 곧 외계인을 맞힌 탄환이 있는지 검사할 테니, 외계인 위치를 업데이트하는 코드는 탄환 위치를 업데이트하는 코드 바로 다음에 놓았습니다.

모듈에서 이 메서드를 어디에 놓는지는 중요하지 않습니다. 하지만 코드에는 일관성이 있는 편이 좋으므로, 필자는 while 루프의 순서와 일치하도록 _update_bullets() 바로 다음에 놓았습니다. 다음은 _update_aliens()의 첫 번째 버전입니다.

alien_invasion.py

```
def _update_aliens(self):
    """함대에 속한 외계인의 위치를 업데이트합니다"""
    self.aliens.update()
```

aliens 그룹에 update() 메서드를 호출하면 각 외계인에서 update() 메서드가 호출됩니다. 이제 외계인 침공 게임을 실행하면 함대가 오른쪽으로 움직이다가 화면에서 사라지는 것을 볼 수 있습니다.

13.4.2 함대 방향 세팅 만들기

이제 함대가 화면 오른쪽 경계에 닿으면 아래로 움직인 다음 왼쪽으로 방향을 바꾸는 세팅을 만들 차례입니다. 이 동작은 다음과 같이 만듭니다.

settings.py

```
# 외계인 세팅
self.alien_speed = 1.0
self.fleet_drop_speed = 10
# fleet_direction이 1이면 오른쪽, -1이면 왼쪽입니다
self.fleet_direction = 1
```

fleet_drop_speed 세팅은 함대가 화면 경계에 닿을 때 아래로 얼마나 내려올지 정합니다. 이 속도는 외계인의 가로 속도와 구분해야 나중에 독립적으로 수정할 수 있습니다.

fleet_direction 세팅을 'left', 'right'처럼 텍스트로 만들 수도 있지만 이렇게 하면 결국 if-elif 문을 쓸 수밖에 없습니다. 그렇게 하기보다는, 어차피 두 가지 방향밖에 없으므로 1과 −1 값을 쓰고 함대가 방향을 바꿀 때마다 두 값을 오가게 하는 편이 좋습니다. 오른쪽으로 움직일 때는 외계인의 x 좌표에 '더하고', 왼쪽으로 움직일 때는 외계인의 x 좌표에서 '빼는' 것을 생각해봐도 이 방법이 좋습니다.

13.4.3 외계인이 화면 경계에 닿았는지 체크하기

외계인이 화면 경계에 닿았는지 체크할 수 있는 방법이 필요하고, update()를 수정해서 각 외계인을 적절한 방향으로 움직이게 만들어야 합니다. 이 코드는 Alien 클래스의 일부분입니다.

alien.py

```
    def check_edges(self):
        """외계인이 화면 경계에 닿으면 True를 반환합니다"""
        screen_rect = self.screen.get_rect()

        if self.rect.right >= screen_rect.right or self.rect.left <= 0:  # ①
            return True

    def update(self):
        """외계인을 오른쪽이나 왼쪽으로 움직입니다"""
        self.x += (self.settings.alien_speed *  # ②
                        self.settings.fleet_direction)
        self.rect.x = self.x
```

새 메서드 check_edges()를 어떤 외계인에서든 호출해서 그 외계인이 왼쪽이나 오른쪽 경계에 닿았는지 확인할 수 있습니다. 외계인 rect의 right 속성이 화면 rect의 right 속성보다 크거나 같다면 그 외계인은 화면의 오른쪽 경계에 닿은 겁니다. left 값이 0보다 작거나 같다면 왼쪽 경계에 닿은 겁니다(①).

update() 메서드도 수정해서 외계인 속도에 fleet_direction을 곱해서 왼쪽이나 오른쪽으로 방향을 바꾸게 만들었습니다(②). fleet_direction이 1이면 alien_speed 값이 외계인의 현재 위치에 더해지고, 외계인은 오른쪽으로 움직입니다. fleet_direction이 −1이면 이 값을 외계인 위치에서 빼므로, 외계인은 왼쪽으로 움직입니다.

13.4.4 함대를 아래로 내리고 방향 바꾸기

외계인이 화면 경계에 닿으면 함대 전체가 아래로 내려온 다음 방향을 바꿔야 합니다. AlienInvasion에 왼쪽이나 오른쪽 경계에 닿은 외계인이 있는지 체크하는 코드를 추가해야 합니다. 이 작업은 _check_fleet_edges()와 _change_fleet_direction() 메서드에서 담당할 테고, _update_aliens()도 수정할 겁니다. 필자는 새 메서드를 _create_alien() 다음에 놓았지만, 이 메서드의 위치 역시 아주 중요하지는 않습니다.

alien_invasion.py

```
    def _check_fleet_edges(self):
        """외계인이 경계에 닿았다면 그에 맞게 반응합니다"""
        for alien in self.aliens.sprites():  # ①
            if alien.check_edges():
                self._change_fleet_direction()  # ②
                break

    def _change_fleet_direction(self):
        """함대 전체를 아래로 내리고 방향을 바꿉니다"""
        for alien in self.aliens.sprites():
            alien.rect.y += self.settings.fleet_drop_speed  # ③
        self.settings.fleet_direction *= -1
```

_check_fleet_edges()에서는 함대 전체를 순회하면서 각 외계인에서 check_edges()를 호출합니다(①). check_edges()가 True를 반환하면 외계인이 경계에 닿았다는 뜻이므로 함대 방향을 바꿔야 하고, 따라서 _change_fleet _direction()를 호출하고 루프에서 빠져나옵니다(②). _change_fleet_direction()에서는 외계인 전체를 순회하면서 fleet_drop_speed 값을 사용해 아래로 내립니다(③). 그리고 fleet_direction에 −1을 곱해 그 값을 바꿉니다. 함대의 방향을 바꾸는 것은 for 루프의 일부가 아닙니다. 세로 위치를 바꾸는 것은 외계인 전체에 대해 수행하지만, 함대 방향을 바꾸는 건 단 한 번만 하는 일이기 때문입니다.

_update_aliens()는 다음과 같이 바꿉니다.

alien_invasion.py

```
def _update_aliens(self):
    """
    Check if the fleet is at an edge,
      then update the positions of all aliens in the fleet.
    """
    self._check_fleet_edges()
    self.aliens.update()
```

각 외계인의 위치를 업데이트하기 전에 _check_fleet_edges()를 호출하도록 수정했습니다.

이제 게임을 실행하면 함대는 화면 경계 사이를 오가면서 경계에 닿을 때마다 아래로 내려올 겁니다. 이제 외계인을 격추하면서 외계인 중에 우주선과 부딪히거나 화면 아래쪽에 닿은 것이 있는지 체크할 차례입니다.

연습문제

13-3. 빗방울: 빗방울 이미지를 찾고 바둑판 모양으로 배열하십시오. 빗방울이 화면 아래쪽으로 움직여서 사라지게 만드십시오.

13-4. 계속 내리는 비: 연습문제 13-3을 수정해서 빗방울 한 줄이 화면 아래쪽으로 사라지면 화면 위쪽에서 새로운 빗방울들이 생겨나 아래로 떨어지게 만드십시오.

13.5 외계인 격추하기

우주선도 만들고 외계인 함대도 만들었지만, 지금은 탄환이 외계인에 닿아도 그냥 지나가기만 합니다. 충돌을 체크하지 않기 때문입니다. 게임 프로그래밍에서 **충돌**^{collision}은 게임 요소가 겹칠 때 일어납니다. 탄환이 외계인을 격추하게 만들려면 sprite.groupcollide() 메서드를 사용해 두 그룹의 요소 사이에 충돌이 일어났는지 알아봐야 합니다.

13.5.1 탄환 충돌 감지하기

탄환이 외계인에 닿으면 바로 알아내고 외계인을 사라지게 만들어야 합니다. 이를 위해서는 탄환의 위치를 모두 업데이트하는 즉시 충돌한 것이 있는지 확인해야 합니다.

sprite.groupcollide() 메서드는 A 그룹의 각 요소 사각형을 B 그룹의 각 요소 사각형과 비교하는 방식으로 충돌을 감지합니다. 외계인 침공 게임에서는 각 탄환의 rect와 각 외계인의 rect를 비교하고, 충돌한 탄환과 외계인을 담은 딕셔너리를 반환합니다. 이 딕셔너리의 키는 탄환이고 대응하는 값은 외계인입니다(이 딕셔너리는 14장에서 점수판을 만들 때도 사용할 겁니다).

다음 코드를 _update_bullets() 마지막에 추가해서 탄환과 외계인의 충돌을 체크합시다.

alien_invasion.py

```
def _update_bullets(self):
    """탄환 위치를 업데이트하고 사라진 탄환을 제거합니다"""
    --생략--

    # 외계인을 맞힌 탄환이 있는지 체크합니다
    #    맞힌 탄환이 있으면 그 탄환과 외계인을 제거합니다
    collisions = pygame.sprite.groupcollide(
            self.bullets, self.aliens, True, True)
```

새로 추가한 코드는 self.bullets에 들어 있는 탄환 전체의 위치와 self.aliens에 들어 있는 외계인 전체의 위치를 비교하고 겹치는 것이 있는지 체크합니다. 탄환의 사각형과 외계인의 사각형이 겹치면 groupcollide()가 반환할 딕셔너리에 키-값 쌍을 추가합니다. 마지막에 있는 True 매개변수 두 개는 파이게임이 충돌한 탄환과 외계인을 삭제하도록 지시합니다(화면 위쪽까지 꿰뚫고 올라가면서 경로에 있는 외계인을 모두 격추하는 초강력 탄환을 만들고 싶다면 첫 번째 불리언 매개변수는 False로 바꾸고, 두 번째 불리언 매개변수는 그대로 두면 됩니다. 외계인은 사라지지만 탄환은 화면 위쪽에 도착할 때까지 계속 남아 있습니다).

이제 외계인 침공 게임을 실행하면 맞힌 외계인은 전부 사라질 겁니다. [그림 13-5]는 함대 일부를 격추한 모습입니다.

그림 13-5 외계인을 격추할 수 있습니다!

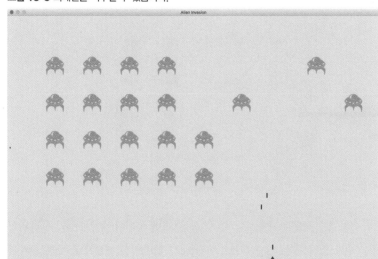

13.5.2 테스트용으로 큰 탄환 만들기

게임을 실행하기만 해도 기능 중 상당수를 테스트할 수 있습니다. 하지만 기능 중 일부는 반복해서 플레이하며 테스트하기에는 좀 지루할 수 있습니다. 예를 들어 함대를 전부 격추했을 때 사용할 코드가 올바로 동작하는지 여러 번 테스트하려면 시간이 많이 걸릴 겁니다.

특정 기능을 테스트할 때는 그 영역에 집중하도록 게임 세팅 일부를 바꿀 수 있습니다. 예를 들어 화면을 축소해서 격추할 외계인 숫자를 줄이거나 탄환 속도를 올리거나 한 번에 쏠 수 있는 탄환 숫자를 늘리거나 등을 할 수 있겠죠.

필자가 외계인 침공 게임을 테스트할 때 즐겨 쓴 방법은 엄청나게 넓고, 외계인을 격추한 후에
도 사라지지 않는 탄환을 만드는 거였습니다(그림 13-6). bullet_width를 300 또는 3000으
로 바꾸고 함대 전체를 순식간에 섬멸해보십시오!

그림 13-6 초강력 탄환을 쓰면 게임 기능 일부를 쉽게 테스트할 수 있습니다

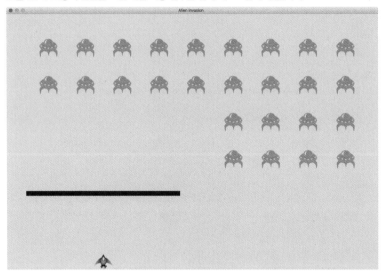

게임을 이런 식으로 바꾸면 효율적으로 테스트할 수 있고, 어쩌면 플레이어에게 보너스 파워업
을 줄 아이디어가 생길 수도 있습니다. 기능 테스트를 끝내면 일반적인 세팅으로 돌려놓는 걸
잊지 마십시오.

13.5.3 함대 다시 생성하기

외계인 침공 게임의 중요한 기능 중 하나는 끝없이 나타나는 외계인입니다. 함대를 섬멸하면,
새 함대가 등장합니다.

함대를 섬멸한 후 새로운 외계인 함대가 나타나게 하려면 aliens 그룹이 비어 있는지 체크해
야 합니다. 비어 있으면 _create_fleet()를 호출합니다. 외계인을 파괴하는 것은 _update_
bullets() 메서드이니, 이 체크 역시 이 메서드의 마지막에서 해야 합니다.

alien_invasion.py

```
    def _update_bullets(self):
        --생략--
    if not self.aliens:  # ①
            # 남아 있는 탄환을 파괴하고 새 함대를 만듭니다
            self.bullets.empty()  # ②
            self._create_fleet()
```

①에서는 aliens 그룹이 비어 있는지 체크합니다. 빈 그룹은 False로 평가되니, 그룹이 비어 있는지 체크하는 가장 단순한 방법입니다. 비어 있으면 empty() 메서드를 써서 남아 있는 탄환을 모두 제거합니다(②). empty() 메서드는 그룹에 남아 있는 스프라이트를 모두 제거합니다. _create _fleet()도 호출해서 화면을 다시 외계인으로 채웁니다.

이제 함대를 섬멸하는 즉시 새 함대가 나타날 겁니다.

13.5.4 탄환 속도 올리기

현재 상태대로 외계인을 격추하다 보면 탄환 속도가 게임플레이에 맞지 않다고 느낄 수도 있습니다. 컴퓨터 속도에 따라 느릴 수도 있고, 너무 빠를 수도 있습니다. 이제 세팅을 수정해서 게임플레이를 더 흥미롭고 재미있게 만들어볼 때가 됐습니다.

탄환 속도를 바꾸고 싶으면 settings.py에서 bullet_speed 값을 수정합니다. 필자의 컴퓨터에서는 bullet_speed 값을 1.5로 바꿨더니 탄환이 적당히 조금 더 빨리 날아갔습니다.

settings.py

```
        # 탄환 세팅
        self.bullet_speed = 1.5
        self.bullet_width = 3
        --생략--
```

최적의 값은 컴퓨터 속도에 따라 다르므로 가장 알맞은 값은 직접 찾아보십시오. 다른 세팅도 바꿀 수 있습니다.

13.5.5 _update_bullets() 리팩터링

지금은 _update_bullets()가 너무 많은 작업을 하고 있으니 리팩터링을 통해 더 단순하게 바꿉시다. 탄환과 외계인의 충돌을 담당하는 코드를 별도의 메서드로 분리할 겁니다.

alien_invasion.py

```python
def _update_bullets(self):
    --생략--
    # 사라진 탄환을 제거합니다
    for bullet in self.bullets.copy():
        if bullet.rect.bottom <= 0:
            self.bullets.remove(bullet)

    self._check_bullet_alien_collisions()

def _check_bullet_alien_collisions(self):
    """탄환과 외계인의 충돌에 반응합니다"""
    # 충돌한 탄환과 외계인을 제거합니다
    collisions = pygame.sprite.groupcollide(
            self.bullets, self.aliens, True, True)
    if not self.aliens:
        # 남아 있는 탄환을 파괴하고 새 함대를 만듭니다
        self.bullets.empty()
        self._create_fleet()
```

_check_bullet_alien_collisions() 메서드를 새로 만들었습니다. 이 메서드는 탄환과 외계인의 충돌을 감지하고, 함대 전체가 격추됐다면 그에 맞는 동작을 수행합니다. 이렇게 하면 _update_bullets()가 너무 길어지는 일을 막고 이후 개발 과정을 단순화할 수 있습니다.

연습문제

13-5. 옆으로 쏘기 2: 연습문제 12-6에서 옆으로 쏘기를 만들고 꽤 시간이 지났습니다. 이 연습문제에서는 옆으로 쏘기 게임을 외계인 침공의 현재 단계까지 따라오도록 만들어보십시오. 외계인 함대를 추가하고, 이 함대가 플레이어의 우주선을 향해 가로로 다가오게 만드십시오. 또는, 외계인을 화면 오른쪽 임의의 위치에 생성하고 우주선을 향해 다가오도록 만들어보십시오. 탄환에 맞은 외계인이 사라지는 코드도 만드십시오.

13.6 게임 끝내기

플레이어가 무적이라면 게임에 무슨 재미가 있을까요? 플레이어가 함대를 제 시간 내에 섬멸하지 못하면 외계인이 우주선에 충돌해 파괴하게 만들어야 합니다. 또한, 플레이어가 사용할 수 있는 우주선 숫자도 제한하고 외계인이 화면 아래쪽에 닿아도 우주선을 파괴할 겁니다. 플레이어가 우주선을 전부 잃으면 게임이 끝납니다.

13.6.1 외계인과 우주선의 충돌 감지하기

외계인과 우주선의 충돌을 체크하는 것부터 시작합시다. 외계인과 우주선의 충돌은 Alien Invasion에서 각 외계인의 위치를 업데이트한 바로 다음에 체크합니다.

alien_invasion.py

```
def _update_aliens(self):
    --생략--
    self.aliens.update()

    # 외계인과 우주선이 충돌했는지 확인합니다
    if pygame.sprite.spritecollideany(self.ship, self.aliens):  # ①
        print("Ship hit!!!")  # ②
```

spritecollideany() 함수는 스프라이트와 그룹을 매개변수로 받습니다. 이 함수는 그룹의 요소 중 스프라이트와 충돌한 것이 있는지 알아보고, 스프라이트와 충돌한 그룹 요소를 찾는 즉시 루프에서 빠져나옵니다. 외계인 침공 게임에서는 aliens 그룹을 순회하면서 ship과 충돌한 외계인을 찾는 즉시 빠져나옵니다.

충돌한 것이 없으면 spritecollideany()는 None을 반환하므로 ①의 if 블록은 실행되지 않습니다. 우주선과 충돌한 외계인이 있으면 그 외계인을 반환하며, if 블록이 실행되어 Ship hit!!!을 출력합니다(②). 외계인이 우주선과 충돌하면 할 일이 많습니다. 남아 있는 외계인과 탄환을 전부 삭제해야 하고, 우주선을 화면 하단 중앙에 새로 만들고, 함대도 새로 만들어야 합니다. 이 코드를 작성하기 전에, 먼저 외계인과 우주선의 충돌을 정확히 감지할 수 있는지부터 확인해야 합니다. print()를 호출하면 충돌을 정상적으로 감지했는지 쉽게 확인할 수 있습니다.

이제 외계인 침공 게임을 실행하면 외계인이 우주선에 충돌했을 때 Ship hit!!! 메시지가 터미널에 보여야 합니다. 이 기능을 테스트할 때는 alien_drop_speed 값을 50이나 100 정도로 늘려서 외계인이 우주선에 빨리 다가오게 하십시오.

13.6.2 외계인과 우주선 충돌에 반응하기

이제 외계인과 우주선이 충돌했을 때 정확히 무슨 일을 해야 할지 알아봅시다. ship 인스턴스를 파괴하고 새로 만들기보다는, 게임 기록statistic을 추적해서 우주선이 얼마나 자주 파괴됐는지 알아보는 게 좋습니다. 이 방법은 나중에 점수판을 만들 때도 사용할 겁니다.

다음과 같이 game_stats.py 파일을 만들고 게임 기록을 저장할 GameStats 클래스를 만듭니다.

game_stats.py

```
class GameStats:
    """외계인 침공 게임 기록 저장"""

    def __init__(self, ai_game):
        """기록 초기화"""
        self.settings = ai_game.settings
        self.reset_stats()

    def reset_stats(self):
        """게임을 진행하는 동안 바뀔 수 있는 기록 초기화"""
        self.ships_left = self.settings.ship_limit
```

외계인 침공 게임을 실행하는 동안 GameStats 인스턴스는 단 하나만 만들 겁니다. 하지만 플레이어가 게임을 새로 시작할 때마다 일부 기록을 리셋해야 합니다. 이렇게 하려면 기록의 대부분을 __init__()가 아니라 reset_stats() 메서드에서 초기화해야 합니다. 이 메서드를 __init__()에서 호출하면 GameStats 인스턴스를 처음 생성할 때도 기록이 정상적으로 초기화됩니다. 또한 플레이어가 새 게임을 시작할 때도 reset_stats()를 호출할 수 있습니다.

지금 당장은 기록이 ships_left 하나밖에 없습니다. 이 값은 게임을 진행하는 동안 바뀌는 값입니다. 플레이어가 가지고 시작하는 우주선 숫자는 다음과 같이 settings.py의 ship_limit에 저장합니다.

```
        # 우주선 세팅
        self.ship_speed = 1.5
        self.ship_limit = 3
```

GameStats 인스턴스를 생성하려면 alien_invasion.py도 조금 수정해야 합니다. 먼저 파일 맨 위의 import 문부터 수정합시다.

alien_invasion.py

```
    import sys
    from time import sleep

    import pygame

    from settings import Settings
    from game_stats import GameStats
    from ship import Ship
    --생략--
```

파이썬 표준 라이브러리의 time 모듈에서 sleep() 함수를 임포트했습니다. 이 함수는 우주선 이 파괴될 때 게임을 일시정지할 목적으로 사용합니다. GameStats 역시 임포트했습니다.

다음과 같이 __init__()에서 GameStats 인스턴스를 생성합니다.

alien_invasion.py

```
    def __init__(self):
        --생략--
        self.screen = pygame.display.set_mode(
            (self.settings.screen_width, self.settings.screen_height))
        pygame.display.set_caption("Alien Invasion")

        # 게임 기록을 저장할 인스턴스를 만듭니다
        self.stats = GameStats(self)

        self.ship = Ship(self)
        --생략--
```

이 인스턴스는 게임 창이 만들어진 뒤, 우주선 같은 게임 요소를 정의하기 전에 만듭니다.

외계인이 우주선에 충돌하면 남아 있는 우주선 숫자를 하나 줄이고, 외계인과 탄환을 모두 제거하고, 함대를 새로 만들고, 우주선을 화면 하단 중앙에 배치합니다. 또 게임을 일시정지해서 플레이어가 우주선을 잃은 것을 알아차리고 새 함대가 등장하기 전에 준비할 시간을 줍니다.

이 코드들을 새 메서드 _ship_hit()으로 저장합시다. 이 메서드는 _update_aliens()에서 외계인이 우주선에 충돌했을 때 호출합니다.

alien_invasion.py

```
def _ship_hit(self):
    """우주선이 외계인과 충돌했을 때 반응합니다"""

    # ships_left를 줄입니다
    self.stats.ships_left -= 1  # ①

    # 남아 있는 외계인과 탄환을 제거합니다
    self.aliens.empty()  # ②
    self.bullets.empty()

    # 새 함대를 만들고 우주선을 배치합니다
    self._create_fleet()  # ③
    self.ship.center_ship()

    # 일시정지
    sleep(0.5)  # ④
```

새 메서드 _ship_hit()에는 외계인이 우주선에 충돌했을 때 할 일이 들어 있습니다. ①에서는 남아 있는 우주선 숫자를 1만큼 줄였고, ②에서는 aliens와 bullets 그룹을 비웠습니다.

③에서는 함대를 새로 만들고 우주선을 배치했습니다(곧 Ship에 center_ship() 메서드를 추가할 겁니다). 그리고 ④에서 게임을 일시정지했는데, 이 시점은 게임 요소들을 업데이트했지만 아직 화면에 표현하지는 않은 때입니다. 따라서 플레이어는 우주선이 공격당한 걸 볼 수 있습니다. sleep()은 프로그램 실행을 0.5초 동안 중지하는데, 이정도면 플레이어가 외계인이 우주선에 충돌한 걸 보기에 충분한 시간입니다. sleep() 함수가 끝나면 코드 실행이 _update_screen() 메서드로 넘어가서 새 함대를 화면에 그립니다.

_update_aliens()에서는 print()를 _ship_hit()로 바꿨습니다.

alien_invasion.py

```
def _update_aliens(self):
    --생략--
    if pygame.sprite.spritecollideany(self.ship, self.aliens):
        self._ship_hit()
```

다음은 새 메서드 center_ship()입니다. 이 메서드를 ship.py에 추가하십시오.

ship.py

```
def center_ship(self):
    """우주선을 화면 하단 중앙에 배치합니다"""
    self.rect.midbottom = self.screen_rect.midbottom
    self.x = float(self.rect.x)
```

우주선을 중앙에 배치하는 방법은 __init__()와 같습니다. 우주선을 배치하고 즉시 self.x
속성을 리셋했으므로 우주선의 위치를 정확히 추적할 수 있습니다.

> **NOTE_** 우주선을 다시 만드는 게 아니라는 점을 이해하십시오. 우주선 인스턴스는 게임을 진행하는 동
> 안 단 하나만 유지하며, 파괴됐을 때 다시 중앙에 배치하는 겁니다. 플레이어가 우주선을 다 잃으면 ships_
> left 기록을 통해 알 수 있습니다.

게임을 실행하고 외계인이 우주선에 충돌할 때까지 지켜보십시오. 게임이 일시정지된 다음, 새
함대가 나타나고 우주선이 화면 하단 중앙에 다시 나타날 겁니다.

13.6.3 외계인이 화면 아래쪽에 도착했을 때

외계인이 화면 아래쪽에 도착했을 때도 외계인이 우주선에 부딪혔을 때와 마찬가지로 반응해
야 합니다. 화면 아래쪽에 닿은 외계인이 있는지 알아보려면 alien_invasion.py에 새 메서
드를 추가합니다.

alien_invasion.py

```python
    def _check_aliens_bottom(self):
        """화면 아래쪽에 닿은 외계인이 있는지 체크합니다"""
        screen_rect = self.screen.get_rect()
        for alien in self.aliens.sprites():
            if alien.rect.bottom >= screen_rect.bottom:  # ①
                # 우주선이 공격당했을 때와 마찬가지로 반응합니다
                self._ship_hit()
                break
```

_check_aliens_bottom() 메서드는 외계인이 화면 아래쪽에 닿았는지 체크합니다. 외계인의 rect.bottom 값이 화면의 rect.bottom 값보다 크거나 같다면 그 외계인은 화면 아래쪽에 닿은 겁니다(①). 외계인이 화면 아래쪽에 닿았으면 _ship_hit()를 호출합니다. 외계인 중 하나라도 화면 아래쪽에 닿았다면 나머지는 체크할 필요가 없으므로 _ship_hit()를 호출하고 루프에서 빠져나옵니다.

_update_aliens()에서 이 메서드를 호출합니다.

alien_invasion.py

```python
    def _update_aliens(self):
        --생략--
        # 외계인과 우주선이 충돌했는지 확인합니다
        if pygame.sprite.spritecollideany(self.ship, self.aliens):
            self._ship_hit()

        # 화면 아래쪽에 닿은 외계인이 있는지 체크합니다
        self._check_aliens_bottom()
```

_check_aliens_bottom()은 외계인의 위치를 업데이트하고, 우주선과 충돌한 외계인이 있는지 체크한 다음에 호출합니다(②). 이제 우주선과 충돌한 외계인이 있거나 화면 아래쪽에 닿은 외계인이 있을 때마다 새 함대가 나타납니다.

13.6.4 게임 오버!

이제 한결 완성에 가까워졌지만, 아직은 게임이 도무지 끝나지가 않습니다. ships_left 값은 계속 마이너스 방향으로 커지기만 합니다. GameStats에 game_active 플래그를 추가해서 플레이어가 우주선을 모두 잃었을 때 게임을 끝냅시다. 이 플래그는 GameStats의 __init__() 메서드 마지막에 추가합니다.

game_stats.py

```python
def __init__(self, ai_game):
    --생략--
    # 외계인 침공 게임을 활성 상태에서 시작합니다
    self.game_active = True
```

이제 _ship_hit()에 플레이어가 우주선을 모두 잃었을 때 game_active를 False로 바꾸는 코드를 추가합니다.

alien_invasion.py

```python
def _ship_hit(self):
    """외계인이 우주선에 부딪혔을 때 반응합니다"""
    if self.stats.ships_left > 0:
        # ships_left를 줄입니다
        self.stats.ships_left -= 1
        --생략--
        # 일시정지
        sleep(0.5)
    else:
        self.stats.game_active = False
```

_ship_hit()는 거의 바뀌지 않았습니다. 기존의 코드를 모두 if 블록으로 옮겼고, 이 블록은 플레이어에게 우주선이 한 대 이상 남았는지 검사합니다. 한 대 이상 남았다면 새 함대를 생성하고, 일시정지한 다음, 계속 진행합니다. 플레이어에게 남은 우주선이 없으면 game_active를 False로 바꿉니다.

13.6.5 게임의 어떤 부분을 실행해야 하는지 판단하기

게임에는 항상 실행해야 하는 부분이 있고, 게임이 활성 상태일 때만 실행해야 하는 부분이 있습니다.

alien_invasion.py

```python
def run_game(self):
    """게임의 메인 루프를 시작합니다"""
    while True:
        self._check_events()

        if self.stats.game_active:
            self.ship.update()
            self._update_bullets()
            self._update_aliens()

        self._update_screen()
```

설령 게임이 활성 상태가 아니더라도 메인 루프에서는 항상 _check_events()를 호출해야 합니다. 예를 들어 사용자가 게임을 종료할 목적으로 Q를 누르거나 창의 닫기 버튼을 눌렀을 때 종료해야 하기 때문입니다. 플레이어가 게임을 새로 시작할지 결정하는 동안에도 화면 업데이트는 계속해야 합니다. 나머지 함수 호출은 게임이 활성 상태일 때만 필요합니다. 게임이 비활성 상태일 때는 게임 요소를 업데이트할 필요가 없기 때문입니다.

이제 외계인 침공 게임을 실행하면 우주선을 모두 잃었을 때 게임이 멈출 겁니다.

연습문제

13-6. 게임 오버: 옆으로 쏘기 게임에서 우주선이 공격받은 횟수, 격추당한 외계인 숫자를 추적하십시오. 어떤 조건에서 게임을 끝내야 할지 생각해보고, 그 상황이 발생하면 게임을 멈추십시오.

13.7 마치며

이 장에서는 외계인 함대를 만들어보면서 똑같은 게임 요소를 많이 추가하는 방법을 배웠습니다. 중첩된 루프를 사용해서 요소를 바둑판 형태로 배치해봤고, 게임 요소에 update() 메서드를 호출해서 게임 요소 그룹을 한꺼번에 움직여봤습니다. 화면에 있는 객체의 방향을 바꾸는 법을 배웠고, 함대가 화면 경계에 닿는 것 같은 특정 상황에 반응하는 방법도 배웠습니다. 탄환과 외계인의 충돌, 외계인과 우주선의 충돌을 감지하고 적절하게 반응하는 방법도 배웠습니다. 게임 기록을 유지하고 game_active 플래그를 써서 언제 게임을 끝낼지 결정하는 방법도 배웠습니다.

이 프로젝트의 마지막인 다음 장에서는 플레이 버튼을 추가할 겁니다. 플레이어는 이 버튼을 눌러서 게임을 처음부터 시작하거나, 게임이 끝났을 때 다시 시작할 수 있습니다. 플레이어가 함대 전체를 섬멸할 때마다 게임 속도를 올리고, 점수판 시스템도 추가할 겁니다. 이 작업을 모두 마치면 완전한 게임이 될 겁니다!

## CHAPTER 14

점수 매기기

이 장에서는 외계인 침공 게임을 완성할 겁니다. 게임을 새로 시작하거나 끝났을 때 다시 시작하는 플레이 버튼을 추가할 겁니다. 플레이어가 함대를 섬멸해서 다음 레벨로 올라가면 게임 속도를 높일 거고, 점수판도 만들 겁니다. 이 장을 끝낼 때에는 플레이어가 진행함에 따라 난이도를 올리고, 점수도 표시하는 게임을 만들 수 있게 될 겁니다.

14.1 플레이 버튼 추가하기

이 섹션에서는 게임을 시작하기 전에 나타나고, 게임이 끝났을 때 다시 나타나는 플레이 버튼을 만듭니다.

지금은 alien_invasion.py를 실행하자 마자 게임이 시작됩니다. 방식을 바꿔서, 일단 비활성 상태로 시작한 다음 플레이어에게 플레이 버튼을 누르라고 알리는 방식으로 만들겠습니다. 먼저 GameStats의 __init__() 메서드를 다음과 같이 수정합니다.

game_stats.py

```python
    def __init__(self, ai_game):
        """기록 초기화"""
        self.settings = ai_game.settings
        self.reset_stats()
```

```
# 게임을 비활성 상태로 시작합니다
self.game_active = False
```

이제 게임은 비활성 상태로 시작하며, 플레이어는 플레이 버튼을 눌러야만 게임을 플레이할 수 있습니다.

14.1.1 Button 클래스 만들기

파이게임에는 버튼을 만드는 내장 메서드가 없으므로 라벨이 들어 있는 채워진 사각형을 만들기 위해서는 Button 클래스를 만들어야 합니다. 이 코드를 써서 어떤 버튼이든 만들 수 있습니다. 다음은 Button 클래스의 첫 번째 부분입니다. 이 코드를 button.py로 저장하십시오.

button.py

```
import pygame.font

class Button:

    def __init__(self, ai_game, msg):  # ①
        """버튼 속성을 초기화합니다"""
        self.screen = ai_game.screen
        self.screen_rect = self.screen.get_rect()

        # 버튼의 크기와 프로퍼티를 정합니다
        self.width, self.height = 200, 50  # ②
        self.button_color = (0, 255, 0)
        self.text_color = (255, 255, 255)
        self.font = pygame.font.SysFont(None, 48)  # ③

        # 버튼의 rect 객체를 만들고 중앙에 배치합니다
        self.rect = pygame.Rect(0, 0, self.width, self.height)  # ④
        self.rect.center = self.screen_rect.center

        # 버튼 메시지는 한 번만 준비하면 됩니다
        self._prep_msg(msg)  # ⑤
```

먼저 pygame.font 모듈을 임포트합니다. 이 모듈은 파이게임에서 화면 텍스트 렌더링을 담당하는 모듈입니다. __init__() 메서드가 받는 매개변수는 self와 ai_game 객체, 그리고 버튼 텍스트인 msg입니다(①). ②에서는 버튼 크기를 지정하고, button_color를 통해 버튼의 rect 객체를 밝은 녹색으로, text_color를 통해 텍스트를 흰색으로 지정했습니다.

③에서는 텍스트 렌더링에 사용할 font 속성을 준비합니다. None 매개변수는 기본 폰트를 쓰라는 뜻이고 48은 텍스트 크기입니다. 버튼을 화면 중앙에 놓기 위해 ④에서 버튼의 rect를 만들고 그 center 속성을 화면 중앙과 일치하게 했습니다.

파이게임은 표시할 문자열을 이미지로 렌더링하는 방식으로 동작합니다. ⑤에서는 이 렌더링을 담당할 _prep_msg()를 호출했습니다.

_prep_msg()는 다음과 같습니다.

button.py

```python
def _prep_msg(self, msg):
    """msg를 이미지로 렌더링하고 버튼 중앙에 배치합니다"""
    self.msg_image = self.font.render(msg, True, self.text_color,  # ①
            self.button_color)
    self.msg_image_rect = self.msg_image.get_rect()  # ②
    self.msg_image_rect.center = self.rect.center
```

_prep_msg() 메서드는 매개변수로 self와 이미지로 렌더링할 텍스트 msg가 필요합니다. font.render()는 msg에 저장된 텍스트를 이미지로 바꿉니다. 이 이미지를 self.msg_image 에 저장했습니다(①). font.render() 메서드는 안티앨리어싱^{antialiasing}을 켜거나 끄는 불리언도 매개변수로 받습니다(안티앨리어싱을 켜면 텍스트 경계를 부드럽게 표현합니다). 나머지 매개변수는 폰트 색깔과 배경색입니다. 안티앨리어싱은 True로 지정했고 텍스트 배경은 버튼 색깔과 같은 색으로 지정했습니다(배경색을 지정하지 않으면 파이게임은 투명한 배경을 적용합니다).

②에서는 이미지에 rect를 만들고 그 center 속성을 버튼의 중앙에 일치시켜서 텍스트 이미지를 버튼 중앙에 배치했습니다.

마지막으로 버튼을 화면에 그리는 draw_button() 메서드를 만듭니다.

button.py

```python
def draw_button(self):
    # 빈 버튼을 그리고 메시지를 렌더링합니다
    self.screen.fill(self.button_color, self.rect)
    self.screen.blit(self.msg_image, self.msg_image_rect)
```

screen.fill()을 호출해서 버튼의 사각형 부분을 그립니다. 그리고 screen.blit()를 호출하면서 이미지와 rect 객체를 넘겨 텍스트 이미지를 화면에 그립니다. Button 클래스는 이걸로 끝입니다.

14.1.2 버튼을 화면에 그리기

AlienInvasion에서 Button 클래스를 써서 플레이 버튼을 그릴 겁니다. 먼저 다음과 같이 import 문을 업데이트합니다.

alien_invasion.py

```python
--생략--
from game_stats import GameStats
from button import Button
```

플레이 버튼은 하나만 있으면 되므로 AlienInvasion의 __init__() 메서드에서 버튼을 생성합니다. 이 코드는 __init__()의 마지막에 놓습니다.

alien_invasion.py

```python
def __init__(self):
    --생략--
    self._create_fleet()

    # 플레이 버튼을 만듭니다
    self.play_button = Button(self, "Play")
```

이 코드는 Play라는 라벨이 있는 Button 인스턴스를 생성하지만, 버튼을 화면에 그리지는 않습니다. _update_screen()에서 draw_button() 메서드를 호출해야 합니다.

alien_invasion.py

```
def _update_screen(self):
    --생략--
    self.aliens.draw(self.screen)

    # 게임이 비활성 상태이면 플레이 버튼을 그립니다
    if not self.stats.game_active:
        self.play_button.draw_button()

    pygame.display.flip()
```

플레이 버튼이 화면의 다른 요소보다 위에 보이게 하려면 다른 요소들을 모두 그린 다음, 화면을 그리기 직전에 그려야 합니다. 이 코드를 if 블록에 넣었으므로 버튼은 게임이 비활성 상태일 때만 나타납니다.

이제 외계인 침공을 실행하면 [그림 14-1]처럼 플레이 버튼이 화면 중앙에 나타날 겁니다.

그림 14-1 게임이 비활성 상태이면 플레이 버튼이 나타납니다.

14.1.3 게임 시작하기

플레이어가 플레이 버튼을 눌렀을 때 새 게임을 시작하려면 다음 elif 블록을 _check_
events() 마지막에 넣어서 버튼에서 일어나는 마우스 이벤트를 지켜봐야 합니다.

alien_invasion.py

```python
    def _check_events(self):
        """키 입력과 마우스 이벤트에 반응합니다"""
        for event in pygame.event.get():
            if event.type == pygame.QUIT:
                --생략--
            elif event.type == pygame.MOUSEBUTTONDOWN:  # ①
                mouse_pos = pygame.mouse.get_pos()  # ②
                self._check_play_button(mouse_pos)  # ③
```

파이게임은 플레이어가 화면 어디를 클릭하든 MOUSEBUTTONDOWN 이벤트를 감지하지만(①),
우리는 플레이 버튼에서 일어난 마우스 클릭에만 반응해야 합니다. pygame.mouse.get_
pos()는 마우스 버튼을 눌렀을 때 마우스 커서의 x와 y 좌표를 담은 튜플을 반환합니다(②).
③에서 이 값을 _check_play_button() 메서드에 전달했습니다.

다음은 _check_play_button()입니다. 필자는 이 메서드를 _check_events() 다음에 배치
했습니다.

alien_invasion.py

```python
    def _check_play_button(self, mouse_pos):
        """플레이어가 플레이를 클릭하면 새 게임을 시작합니다"""
        if self.play_button.rect.collidepoint(mouse_pos):  # ①
            self.stats.game_active = True
```

rect의 collidepoint() 메서드를 써서 마우스를 클릭한 지점이 플레이 버튼의 rect에서 정
의한 영역과 겹치는지 확인했습니다(①). 겹친다면 game_active를 True로 지정하고 게임을
시작합니다.

이제 게임을 시작하고 플레이할 수 있습니다. 게임이 끝나면 game_active 값이 False로 바
뀌고 플레이 버튼이 다시 나타납니다.

14.1.4 게임 리셋하기

지금은 플레이어가 플레이 버튼을 처음으로 눌렀을 때는 잘 동작합니다. 하지만 첫 번째 게임이 끝난 상태에서는 동작하지 않는데, 게임을 끝냈던 조건이 아직 리셋되지 않았기 때문입니다.

플레이어가 플레이 버튼을 누를 때마다 다음과 같이 게임 기록을 리셋하고, 기존의 외계인과 탄환을 모두 제거하고, 새 함대를 생성하고, 화면 아래쪽 중앙에 우주선을 배치해서 게임을 리셋해야 합니다.

alien_invasion.py

```
def _check_play_button(self, mouse_pos):
    """플레이어가 플레이를 클릭하면 새 게임을 시작합니다"""
    if self.play_button.rect.collidepoint(mouse_pos):
        # 게임 기록을 리셋합니다
        self.stats.reset_stats()  # ①
        self.stats.game_active = True

        # 남아 있는 외계인과 탄환을 제거합니다
        self.aliens.empty()  # ②
        self.bullets.empty()

        # 새 함대를 만들고 우주선을 배치합니다
        self._create_fleet()  # ③
        self.ship.center_ship()
```

①에서는 게임 기록을 리셋해서 플레이어에게 우주선 세 대를 새로 줍니다. 그리고 game_active를 True로 지정했으므로 이 함수의 코드가 전부 실행되는 즉시 게임이 시작합니다. ②에서는 aliens와 bullets 그룹을 비웠고, ③에서는 함대를 새로 생성하고 화면 하단 중앙에 우주선을 배치했습니다.

이제 플레이를 클릭할 때마다 게임이 정상적으로 리셋되므로 원하는 만큼 게임을 플레이할 수 있습니다.

14.1.5 플레이 버튼 비활성화하기

플레이 버튼에는 문제가 하나 있는데, 현재는 플레이 버튼이 보이지 않는 상태에서도 그 영역을 클릭하면 반응한다는 겁니다. 게임이 시작한 뒤 실수로 플레이 버튼 영역을 클릭하면 게임이 리셋되는 겁니다.

이 문제를 고치려면 game_active가 False일 때만 게임을 리셋하거나 시작하도록 하면 됩니다.

alien_invasion.py

```
def _check_play_button(self, mouse_pos):
    """플레이어가 플레이를 클릭하면 새 게임을 시작합니다"""
    button_clicked = self.play_button.rect.collidepoint(mouse_pos)  # ①
    if button_clicked and not self.stats.game_active:  # ②
        # 게임 기록을 리셋합니다
        self.stats.reset_stats()
        --생략--
```

①의 button_clicked 플래그는 True나 False 값을 저장하며, ②에서는 게임이 현재 비활성 상태이면서 플레이를 클릭했을 때만 재시작하게 했습니다. 이 동작을 테스트하려면 새 게임을 시작하고 플레이 버튼이 있었던 위치를 계속 클릭해보십시오. 모든 것이 정상이라면 플레이 버튼 영역을 클릭해도 아무 일도 일어나지 않을 겁니다.

14.1.6 마우스 커서 숨기기

플레이를 시작하기 위해서는 마우스 커서가 필요하지만, 일단 플레이를 시작한 다음에는 눈에 거슬릴 뿐입니다. 게임이 활성화된 후로는 마우스 커서가 보이지 않게 만들고 싶습니다. _check_play_button()의 if 블록 마지막을 다음과 같이 수정하면 됩니다.

alien_invasion.py

```
def _check_play_button(self, mouse_pos):
    """플레이어가 플레이를 클릭하면 새 게임을 시작합니다"""
    button_clicked = self.play_button.rect.collidepoint(mouse_pos)
    if button_clicked and not self.stats.game_active:
```

```
--생략--
# 마우스 커서를 숨깁니다
pygame.mouse.set_visible(False)
```

set_visible()에 False를 넘기면 게임 창 안에 마우스 커서가 있을 때 파이게임이 커서를 숨깁니다.

게임이 끝나면 플레이어가 플레이 버튼을 클릭할 수 있도록 커서를 다시 보이게 해야 합니다. 다음 코드가 그 일을 합니다.

alien_invasion.py

```
    def _ship_hit(self):
        """외계인이 우주선에 부딪혔을 때 반응합니다"""
        if self.stats.ships_left > 0:
            --생략--
        else:
            self.stats.game_active = False
            pygame.mouse.set_visible(True)
```

_ship_hit()에서 게임이 비활성이 되는 즉시 커서를 다시 보이게 만듭니다. 이렇게 미세한 부분까지도 신경을 써야 플레이어가 사용자 인터페이스보다 게임에 더 집중하기 쉽습니다.

연습문제

14-1. P를 눌러 플레이하기: 외계인 침공 게임은 키보드를 사용해 우주선을 조종하므로, 키보드 입력으로 게임을 시작할 수 있다면 더 좋을 겁니다. 플레이어가 P를 눌러서 게임을 시작하는 코드를 추가해보십시오. _check_play_button()과 _check_keydown_events() 모두에서 호출하는 _start_game() 메서드에 _check_play_button()의 코드 일부를 옮기는 방법을 생각해보십시오.

14-2. 타깃 연습: 화면의 오른쪽 경계에서 천천히 아래위로 움직이는 사각형을 만드십시오. 그리고 화면의 왼쪽에 아래위로 움직일 수 있는 우주선을 만들고, 이 우주선이 사각형에 탄환을 발사할 수 있게 하십시오. 게임을 시작하는 플레이 버튼을 만들고, 플레이어가 사각형 파괴에 세 번 실패하면 게임을 끝내고 플레이 버튼이 다시 나타나게 하십시오. 플레이어가 플레이 버튼을 클릭해 게임을 재시작할 수 있게 하십시오.

14.2 레벨 업

현재 게임에서는 플레이어가 외계인 함대를 섬멸하면 함대가 다시 나타나지만, 게임 난이도는
변하지 않습니다. 플레이어가 함대를 섬멸할 때마다 게임 속도를 조금씩 올려서 게임이 더 어
려워지게 만들어봅시다.

14.2.1 속도 세팅 수정하기

먼저 Settings 클래스를 수정해서 게임 세팅을 변하지 않는 것과 변하는 것으로 구분하겠
습니다. 게임을 진행하는 동안 변하는 세팅은 새 게임을 시작할 때 리셋되도록 해야 합니다.
settings.py의 __init__() 메서드를 다음과 같이 바꿉니다.

settings.py

```
def __init__(self):
    """게임의 정적 세팅을 초기화합니다"""
    # 화면 세팅
    self.screen_width = 1200
    self.screen_height = 800
    self.bg_color = (230, 230, 230)

    # 우주선 세팅
    self.ship_limit = 3

    # 탄환 세팅
    self.bullet_width = 3
    self.bullet_height = 15
    self.bullet_color = 60, 60, 60
    self.bullets_allowed = 3

    # 외계인 세팅
    self.fleet_drop_speed = 10

    # 게임이 빨라지는 정도
    self.speedup_scale = 1.1  # ①

    self.initialize_dynamic_settings()  # ②
```

변하지 않는 세팅은 여전히 __init__() 메서드에서 초기화합니다. ①에서는 게임이 얼마나 빨라지는지 조절하는 **speedup_scale** 세팅을 추가했습니다. 이 값이 2이면 플레이어가 새 레벨에 진입할 때마다 게임 속도를 2배로 올립니다. 값이 1이면 게임 속도가 일정하게 유지됩니다. 1.1 정도의 값을 사용하면 게임이 어려워지긴 하지만 불가능하게 느껴지진 않을 겁니다. 마지막으로, ②에서 initialize_dynamic_settings() 메서드를 호출해서 게임을 진행하며 바뀌어야 하는 속성값을 초기화합니다

initialize_dynamic_settings()의 코드는 다음과 같습니다.

settings.py

```python
    def initialize_dynamic_settings(self):
        """게임을 진행하며 바뀌는 세팅을 초기화합니다"""
        self.ship_speed = 1.5
        self.bullet_speed = 3.0
        self.alien_speed = 1.0
        # fleet_direction이 1이면 오른쪽, -1이면 왼쪽입니다
        self.fleet_direction = 1
```

이 메서드는 우주선, 탄환, 외계인의 속도 초깃값을 정합니다. 플레이어가 새 레벨에 진입할 때마다 이 속도를 올리고, 게임을 새로 시작하면 리셋해야 합니다. fleet_direction 역시 이 메서드에서 초기화하므로, 새 게임을 시작하면 외계인은 항상 오른쪽으로 움직입니다. 외계인이 화면을 가로로 움직이는 속도가 빨라지면 세로로 움직이는 속도 역시 그만큼 빨라지므로, fleet_drop_speed 값은 늘리지 않아도 됩니다.

플레이어가 새 레벨에 진입할 때마다 우주선, 탄환, 외계인 속도를 올리는 increase_speed() 메서드는 다음과 같이 만듭니다.

settings.py

```python
    def increase_speed(self):
        """속도 세팅을 올립니다"""
        self.ship_speed *= self.speedup_scale
        self.bullet_speed *= self.speedup_scale
        self.alien_speed *= self.speedup_scale
```

speedup_scale 값을 각 요소의 속도에 곱해 이들의 속도를 올릴 수 있습니다.

다음과 같이 _check_bullet_alien_collisions()에서 마지막 외계인이 격추됐을 때 increase_speed()를 호출해 게임 속도를 올립니다.

alien_invasion.py

```
    def _check_bullet_alien_collisions(self):
        --생략--
        if not self.aliens:
            # 남아 있는 탄환을 파괴하고 새 함대를 만듭니다
            self.bullets.empty()
            self._create_fleet()
            self.settings.increase_speed()
```

ship_speed, alien_speed, bullet_speed의 속도 세팅 값만 바꿔도 게임 전체의 속도가 올라갑니다.

14.2.2 속도 리셋하기

이제 바뀐 세팅을 플레이어가 새 게임을 시작할 때마다 초깃값으로 되돌려야 합니다. 그렇지 않으면 새 게임에서도 이전 게임의 속도 세팅이 그대로 이어집니다.

alien_invasion.py

```
    def _check_play_button(self, mouse_pos):
        """플레이어가 플레이를 클릭하면 새 게임을 시작합니다"""
        button_clicked = self.play_button.rect.collidepoint(mouse_pos)
        if button_clicked and not self.stats.game_active:
            # 게임 세팅을 리셋합니다
            self.settings.initialize_dynamic_settings()
            --생략--
```

이제 외계인 침공 게임은 더 재미있고 도전할 만한 게임이 되었습니다. 함대를 섬멸할 때마다 게임 속도가 조금씩 빨라지면서 그만큼 어려워집니다. 게임이 너무 빠르게 어려워진다면 settings.speedup_scale 값을 줄여보십시오. 반대로 게임이 너무 쉽다면 이 값을 조금 올려보십시오. 적당한 시간에 걸쳐서 난이도가 올라가는 적절한 값을 찾으십시오. 처음 한두 번은 쉽고, 다음 몇 판은 좀 어렵지만 할 만하고, 더 진행하면 거의 불가능한 것처럼 느껴지는 게 적당할 겁니다.

연습문제

14-3. 점점 어려워지는 타깃 연습: 연습문제 14-2를 수정하십시오. 게임이 진행됨에 따라 타깃 사각형이 점점 더 빨라지고, 플레이어가 플레이 버튼을 클릭하면 처음 속도로 돌아가게 하십시오.

14-4. 난이도 레벨: 외계인 침공 게임에 버튼을 몇 개 추가해서, 플레이어가 게임을 시작할 때 난이도를 선택할 수 있게 하십시오. 각 버튼에 적절한 Settings 속성값을 할당해서 난이도를 조절하십시오.

14.3 점수 기록하기

게임 점수를 실시간으로 따라가면서 최고 점수, 레벨, 남은 우주선 숫자를 표시하는 점수판을 만들어봅시다.

점수는 게임 기록이므로 GameStats에 score 속성을 추가합니다.

game_stats.py

```
class GameStats:
    --생략--
    def reset_stats(self):
        """게임을 진행하는 동안 바뀔 수 있는 기록 초기화"""
        self.ships_left = self.ai_settings.ship_limit
        self.score = 0
```

__init__()이 아니라 reset_stats()에서 score를 초기화해서 새 게임을 시작할 때마다 점수를 리셋합니다.

14.3.1 점수 표시하기

화면에 점수를 표시하려면 먼저 새 클래스 Scoreboard를 만듭니다. 지금은 이 클래스가 단순히 현재 점수를 표시하기만 하지만, 최종적으로는 이 클래스를 써서 최고 점수, 레벨, 남은 우주선 숫자를 표시할 겁니다. 다음은 이 클래스의 첫 번째 부분입니다. 이 코드를 scoreboard.py에 저장하십시오.

scoreboard.py

```
import pygame.font

class Scoreboard:
    """점수 정보를 보고하는 클래스"""

    def __init__(self, ai_game):  # ①
        """점수 관련 속성을 초기화합니다"""
        self.screen = ai_game.screen
        self.screen_rect = self.screen.get_rect()
        self.settings = ai_game.settings
        self.stats = ai_game.stats

        # 점수 정보에 쓸 폰트 세팅
        self.text_color = (30, 30, 30)  # ②
        self.font = pygame.font.SysFont(None, 48)  # ③

        # 초기 점수 이미지를 준비합니다
        self.prep_score()  # ④
```

Scoreboard는 화면에 텍스트를 표시하는 클래스이므로 먼저 pygame.font 모듈을 임포트했습니다. __init__()에 ai_game 매개변수를 넘긴 이유는 추적하고 있는 정보를 표시하기 위해 settings.screen과 stats 객체에 접근할 수 있어야 하기 때문입니다(①). 그리고 ②에서 텍스트 색깔을 정하고 ③에서 폰트 객체의 인스턴스를 만들었습니다.

④에서는 텍스트를 이미지로 표시하는 prep_score()를 호출했습니다. prep_score()는 다음과 같습니다.

scoreboard.py

```python
    def prep_score(self):
        """점수를 이미지로 렌더링합니다"""
        score_str = str(self.stats.score)   # ①
        self.score_image = self.font.render(score_str, True,   # ②
                self.text_color, self.settings.bg_color)

        # 점수를 화면의 오른쪽 상단에 표시합니다
        self.score_rect = self.score_image.get_rect()   # ③
        self.score_rect.right = self.screen_rect.right - 20   # ④
        self.score_rect.top = 20   # ⑤
```

①에서는 숫자 값 stats.score를 문자열로 바꾸고, ②에서 이 문자열을 render()에 넘겼습니다. render()는 문자열을 이미지로 바꿉니다. 점수를 화면에 명확하게 표시하기 위해 render()에 화면 배경색과 텍스트 색깔을 넘겼습니다.

점수는 화면의 우측 상단 모서리에 배치하고, 점수가 높아지면서 너비가 넓어짐에 따라 왼쪽으로 확장할 겁니다. 점수가 항상 화면에 오른쪽으로 정렬되게 하기 위해 ③에서 score_rect라는 사각형을 만들고 ④에서 오른쪽 경계를 화면의 오른쪽 경계에서 20픽셀만큼 떨어지게 만들었습니다. 그리고 ⑤에서는 사각형의 위쪽 경계를 화면 위쪽에서 20픽셀 떨어지게 만들었습니다.

그리고 점수 이미지를 렌더링할 show_score() 메서드를 다음과 같이 만듭니다.

scoreboard.py

```python
    def show_score(self):
        """점수를 화면에 그립니다"""
        self.screen.blit(self.score_image, self.score_rect)
```

이 메서드는 score_rect에서 정하는 위치에 점수 이미지를 그립니다.

14.3.2 점수판 만들기

이제 AlienInvasion에서 Scoreboard 인스턴스를 만들 차례입니다. 먼저 import 문을 다음과 같이 업데이트합니다.

alien_invasion.py

```
--생략--
from game_stats import GameStats
from scoreboard import Scoreboard
--생략--
```

다음에는 __init__()에서 Scoreboard 인스턴스를 만듭니다.

alien_invasion.py

```
    def __init__(self):
        --생략--
        pygame.display.set_caption("Alien Invasion")

        # 게임 기록을 저장하고 점수판을 만들 인스턴스를 생성합니다
        #
        self.stats = GameStats(self)
        self.sb = Scoreboard(self)
        --생략--
```

그리고 _update_screen()에서 점수판을 화면에 그립니다.

alien_invasion.py

```
    def _update_screen(self):
        --생략--
        self.aliens.draw(self.screen)

        # 점수 정보를 그립니다
        self.sb.show_score()

        # 게임이 비활성 상태이면 플레이 버튼을 그립니다
        --생략--
```

플레이 버튼을 그리기 바로 전에 show_score()를 호출합니다.

이제 게임을 실행하면 화면의 우측 상단에 0이 나타납니다. 지금은 점수판을 더 개발하기 전에 우선 점수가 정확한 위치에 나타나는지만 확인하는 겁니다. [그림 14-2]는 게임이 시작하기 전에 점수가 나타난 모습입니다.

그림 14-2 점수는 화면의 오른쪽 상단 모서리에 나타납니다

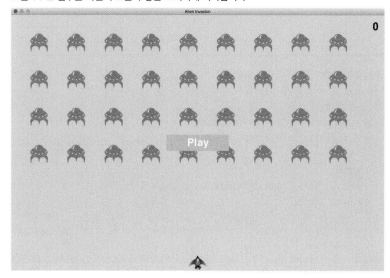

이제 각 외계인에 점수를 할당할 차례입니다.

14.3.3 외계인을 격추할 때마다 점수 업데이트하기

점수를 화면에 실시간으로 표시하려면 외계인을 격추할 때마다 stats.score 값을 업데이트하고 prep_score()를 호출해서 점수 이미지를 업데이트해야 합니다. 하지만 그 전에 외계인을 격추할 때 플레이어가 몇 점을 얻는지부터 결정해둡시다.

settings.py

```
def initialize_dynamic_settings(self):
    --생략--

    # 점수 기록하기
    self.alien_points = 50
```

게임이 진행됨에 따라 외계인의 점수를 점점 올릴 겁니다. 새 게임을 시작할 때마다 이 값이 리셋되게 하려면 initialize_dynamic_settings()에서 초기화해야 합니다.

외계인을 격추할 때마다 _check_bullet_alien_collisions()에서 점수를 업데이트합니다.

alien_invasion.py

```
    def _check_bullet_alien_collisions(self):
        """탄환과 외계인의 충돌에 반응합니다"""
        # 충돌한 탄환과 외계인을 제거합니다
        collisions = pygame.sprite.groupcollide(
                self.bullets, self.aliens, True, True)

        if collisions:
            self.stats.score += self.settings.alien_points
            self.sb.prep_score()
        --생략--
```

탄환이 외계인과 충돌하면 파이게임은 collisions 딕셔너리를 반환합니다. 딕셔너리가 존재하는지 체크하고, 존재하면 외계인의 점수만큼 더합니다. 그리고 prep_score()를 호출해서 업데이트된 점수 이미지를 생성합니다.

이제 외계인 침공을 실행하면 점수가 점점 올라갑니다!

14.3.4 점수 리셋하기

지금은 외계인을 **격추한 다음**에만 점수를 업데이트하고 있고, 이것만 해도 별문제는 없습니다. 하지만 이대로 둔다면, 새 게임을 시작한 뒤에도 첫 번째 외계인을 격추하기 전에는 이전 게임의 점수가 보입니다.

다음과 같이 새 게임을 시작할 때 점수를 업데이트해서 해결할 수 있습니다.

alien_invasion.py

```
    def _check_play_button(self, mouse_pos):
        --생략--
        if button_clicked and not self.stats.game_active:
            --생략--
            # 게임 기록을 리셋합니다
            self.stats.reset_stats()
            self.stats.game_active = True
```

```
    self.sb.prep_score()
    --생략--
```

새 게임을 시작할 때 게임 기록을 리셋한 다음 prep_score()를 호출했습니다. 이렇게 하면 점수판이 0점으로 초기화됩니다.

14.3.5 점수를 전부 업데이트하도록 확인하기

현재는 일부 외계인의 점수를 놓칠 수 있습니다. 예를 들어 루프가 한 번 지나갈 때 탄환 두 개가 동시에 외계인을 맞혔거나, 거대 탄환으로 외계인 여럿을 동시에 맞혔더라도 플레이어는 외계인 하나의 점수밖에 얻지 못합니다. 외계인과 탄환의 충돌을 감지하는 방법을 개선해서 이 현상을 해결해봅시다.

_check_bullet_alien_collisions()에서 외계인과 충돌한 탄환은 collisions 딕셔너리의 키가 됩니다. 이 키와 연결된 값은 그 탄환과 충돌한 외계인 리스트입니다. 다음과 같이 collisions 딕셔너리의 값을 순회하면 격추한 외계인의 점수를 전부 얻을 수 있습니다.

alien_invasion.py

```
def _check_bullet_alien_collisions(self):
    --생략--
    if collisions:
        for aliens in collisions.values():  # ①
            self.stats.score += self.settings.alien_points * len(aliens)
        self.sb.prep_score()
    --생략--
```

collisions 딕셔너리가 존재한다면 그 딕셔너리의 값 전체를 순회합니다. 각 값은 단 하나의 탄환에 충돌한 외계인 리스트라는 점을 상기하십시오. 각 외계인의 점수를 외계인 숫자에 곱한 다음 이 결과를 현재 점수에 더합니다. 이것이 제대로 동작하는지 테스트하려면 탄환 너비를 300픽셀로 바꾸고 이 초대형 탄환으로 격추한 외계인 점수가 정상적으로 합산되는지 확인하십시오. 확인이 끝나면 탄환 너비를 원래 값으로 돌려놓으십시오.

14.3.6 점수 값 올리기

플레이어가 새 레벨에 진입할 때마다 게임이 더 어려워지므로, 높은 레벨의 외계인은 점수도 더 줘야 합니다. 이 기능을 구현하려면 게임 속도가 올라갈수록 점수도 올리는 코드를 추가합니다.

settings.py

```
class Settings:
    """외계인 침공의 세팅을 모두 저장하는 클래스"""

    def __init__(self):
        --생략--
        # 게임이 빨라지는 정도
        self.speedup_scale = 1.1

        # 외계인 점수가 늘어나는 속도
        self.score_scale = 1.5  # ①

        self.initialize_dynamic_settings()

    def initialize_dynamic_settings(self):
        --생략--

    def increase_speed(self):
        """속도와 외계인 점수를 올립니다"""
        self.ship_speed *= self.speedup_scale
        self.bullet_speed *= self.speedup_scale
        self.alien_speed *= self.speedup_scale

        self.alien_points = int(self.alien_points * self.score_scale)  # ②
```

①의 score_scale은 점수가 올라가는 비율입니다. 속도 비율을 1.1 정도로 작게 올리더라도 게임은 꽤 빨리 어려워집니다. 반면에 점수는 1.5 정도의 비율로 올려야 점수가 빠르게 올라간다는 느낌을 받을 수 있습니다. 이제 게임 속도가 올라가면 각 외계인의 점수도 그에 따라 올라갑니다(②). int() 함수를 써서 점수가 정수 단위로만 올라가게 했습니다.

각 외계인의 점수를 보려면 Settings의 increase_speed() 메서드에 print()를 추가하십시오.

settings.py

```
def increase_speed(self):
    --생략--
    self.alien_points = int(self.alien_points * self.score_scale)
    print(self.alien_points)
```

이렇게 하면 새 레벨에 진입할 때마다 새로운 점수가 터미널에 표시됩니다.

> **NOTE_** 점수 값이 정확히 올라가는 걸 확인했다면 **print()** 호출을 잊지 말고 제거하십시오. 제거하지 않으면 게임 성능이 떨어지고 플레이어를 방해할 수 있습니다.

14.3.7 점수 단위 바꾸기

아케이드 스타일 슈팅 게임은 대부분 점수를 10의 배수로 표시합니다. 우리도 이 방식을 따라해봅시다. 또한, 숫자가 커지면 구분자로 콤마를 넣어서 알아보기 쉽게 만들겠습니다. Scoreboard를 다음과 같이 수정합니다.

scoreboard.py

```
def prep_score(self):
    """점수를 이미지로 렌더링합니다"""
    rounded_score = round(self.stats.score, -1)  # ①
    score_str = "{:,}".format(rounded_score)  # ②
    self.score_image = self.font.render(score_str, True,
            self.text_color, self.settings.bg_color)
    --생략--
```

round() 함수는 소수점 있는 숫자의 소수점 자리를 두 번째 매개변수로 맞춥니다. round()에 두 번째 매개변수로 음수를 넘기면 반환되는 값은 10, 100, 1000 등에 가장 가까운 숫자입니다. ①의 코드는 stats.score의 값을 가장 가까운 10 단위로 바꾸고 그 결과를 rounded_score에 저장합니다.

②에서는 문자열 형식 지시자를 써서 숫자 값을 문자열로 변환할 때 콤마를 삽입하게 했습니다. 예를 들어 **1000000**를 **1,000,000**로 바꾸는 겁니다. 이제 게임을 실행하면 [그림 14-3]처럼

점수가 아무리 높아도 알아보기 쉽게 변환된 반올림된 점수를 볼 수 있습니다.

그림 14-3 콤마를 써서 보기 좋게 표시한 점수

14.3.8 최고 점수

모든 플레이어는 게임의 최고 점수를 넘고 싶어 할 테니, 최고 점수를 저장하고 플레이어에게 목표를 제시합시다. 최고 점수는 다음과 같이 GameStats에 저장합니다.

game_stats.py

```
    def __init__(self, ai_game):
        --생략--
        # 최고 점수는 리셋하면 안 됩니다
        self.high_score = 0
```

최고 점수는 리셋하면 안 되므로, high_score는 reset_stats()가 아니라 __init__()에서 초기화합니다.

다음에는 Scoreboard를 수정해서 최고 점수를 표시합니다. __init__() 메서드부터 시작합시다.

```
def __init__(self, ai_game):
    --생략--
    # 처음에 표시할 점수 이미지를 준비합니다
    self.prep_score()
    self.prep_high_score()  # ①
```

최고 점수는 현재 점수와 따로 표시되므로 최고 점수만 표시할 새 메서드 prep_high_score()가 필요합니다(①).

prep_high_score() 메서드는 다음과 같습니다.

```
def prep_high_score(self):
    """최고 점수를 이미지로 렌더링합니다"""
    high_score = round(self.stats.high_score, -1)  # ①
    high_score_str = "{:,}".format(high_score)
    self.high_score_image = self.font.render(high_score_str, True,  # ②
            self.text_color, self.settings.bg_color)

    # 최고 점수를 화면 상단 중앙에 배치합니다
    self.high_score_rect = self.high_score_image.get_rect()
    self.high_score_rect.centerx = self.screen_rect.centerx  # ③
    self.high_score_rect.top = self.score_rect.top  # ④
```

①에서는 최고 점수를 가장 가까운 10 단위로 반올림하고 콤마를 삽입했습니다. 그리고 ②에서 최고 점수 이미지를 생성하고, ③에서 최고 점수 사각형을 가로 중앙에, ④에서 top 속성을 이미지의 상단과 일치시켰습니다.

show_score() 메서드는 이제 현재 점수를 우측 상단에, 최고 점수를 상단 중앙에 표시합니다.

```
def show_score(self):
    """점수를 화면에 그립니다"""
    self.screen.blit(self.score_image, self.score_rect)
    self.screen.blit(self.high_score_image, self.high_score_rect)
```

그리고 다음과 같이 Scoreboard에 최고 점수를 체크할 새 메서드 check_high_score()를 만듭니다.

scoreboard.py

```python
def check_high_score(self):
    """새로운 최고 점수가 있는지 체크합니다"""
    if self.stats.score > self.stats.high_score:
        self.stats.high_score = self.stats.score
        self.prep_high_score()
```

check_high_score() 메서드는 현재 점수와 최고 점수를 비교합니다. 현재 점수가 더 높으면 high_score 값을 업데이트하고 prep_high_score()를 호출해서 최고 점수 이미지를 업데이트합니다.

_check_bullet_alien_collisions()에서 외계인을 격추할 때마다 점수를 업데이트한 다음 check_high_score()를 호출해야 합니다.

alien_invasion.py

```python
def _check_bullet_alien_collisions(self):
    --생략--
    if collisions:
        for aliens in collisions.values():
            self.stats.score += self.settings.alien_points * len(aliens)
        self.sb.prep_score()
        self.sb.check_high_score()
    --생략--
```

check_high_score()는 collisions 딕셔너리가 존재할 때, 격추된 외계인 전체의 점수를 정산한 다음 호출합니다.

게임을 처음 실행하면 현재 점수가 최고 점수이므로 두 군데에 같은 점수가 표시됩니다. 하지만 두 번째 게임을 시작하면 [그림 14-4]처럼 최고 점수가 중앙에, 현재 점수가 오른쪽에 표시될 겁니다.

그림 14-4 최고 점수가 화면의 상단 중앙에 표시됩니다.

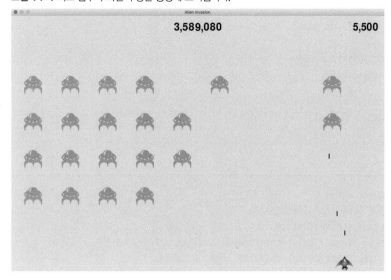

14.3.9 레벨 표시하기

플레이어 레벨을 표시하려면 GameStats에 현재 레벨을 저장할 속성이 있어야 합니다. 레벨은 게임을 시작할 때마다 리셋해야 하므로 reset_stats()에서 초기화합니다.

game_stats.py

```
    def reset_stats(self):
        """게임을 진행하는 동안 바뀔 수 있는 기록 초기화"""
        self.ships_left = self.settings.ship_limit
        self.score = 0
        self.level = 1
```

Scoreboard에서 현재 레벨을 표시하는 메서드는 prep_level()입니다. 다음과 같이 __init__()에서 호출합니다.

scoreboard.py

```python
def __init__(self, ai_game):
    --생략--
    self.prep_high_score()
    self.prep_level()
```

prep_level()은 다음과 같습니다.

scoreboard.py

```python
def prep_level(self):
    """레벨을 이미지로 렌더링합니다"""
    level_str = str(self.stats.level)
    self.level_image = self.font.render(level_str, True,  # ①
            self.text_color, self.settings.bg_color)

    # 레벨을 점수 아래에 배치합니다
    self.level_rect = self.level_image.get_rect()
    self.level_rect.right = self.score_rect.right  # ②
    self.level_rect.top = self.score_rect.bottom + 10  # ③
```

prep_level() 메서드는 stats.level에 저장된 값을 이미지로 바꾸고(①), 이미지의 **right** 속성을 점수판의 **right** 속성에 일치시킵니다(②). 그리고 **top** 속성을 점수 이미지의 하단보다 10픽셀 아래쪽에 배치해서 점수와 레벨 사이에 공간을 조금 둡니다(③).

show_score() 역시 업데이트해야 합니다.

scoreboard.py

```python
def show_score(self):
    """점수와 레벨을 화면에 표시합니다"""
    self.screen.blit(self.score_image, self.score_rect)
    self.screen.blit(self.high_score_image, self.high_score_rect)
    self.screen.blit(self.level_image, self.level_rect)
```

새로 추가한 마지막 행이 레벨 이미지를 화면에 그립니다.

stats.level을 올리고 레벨 이미지를 업데이트하는 작업은 _check_bullet_alien_collisions()에서 합니다.

alien_invasion.py

```
    def _check_bullet_alien_collisions(self):
        --생략--
        if not self.aliens:
            # 남아 있는 탄환을 파괴하고 새 함대를 만듭니다
            self.bullets.empty()
            self._create_fleet()
            self.settings.increase_speed()

            # 레벨을 올립니다
            self.stats.level += 1
            self.sb.prep_level()
```

함대를 섬멸하면 stats.level을 올리고, prep_level()을 호출해서 새 레벨 값이 정확히 표시되도록 합니다.

새 게임을 시작할 때도 레벨 이미지를 업데이트해야 하므로 플레이어가 플레이 버튼을 클릭할 때도 prep_level()을 호출합니다.

alien_invasion.py

```
    def _check_play_button(self, mouse_pos):
        --생략--
        if button_clicked and not self.stats.game_active:
            --생략--
            self.sb.prep_score()
            self.sb.prep_level()
            --생략--
```

prep_level()을 prep_score() 바로 다음에 호출했습니다.

이제 [그림 14-5]처럼 그동안 완수한 레벨을 볼 수 있습니다.

그림 14-5 현재 레벨은 현재 점수 바로 아래에 표시됩니다.

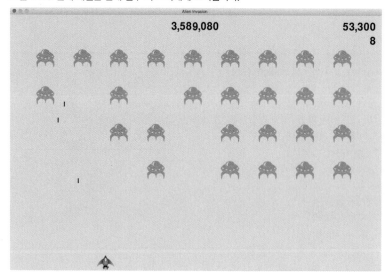

> **NOTE_** 고전 게임 중에는 점수에 Score, High Score, Level 같은 라벨을 표시하는 게임이 있습니다. 게임을 한 번만 플레이해보면 각 숫자의 의미를 금방 알 수 있으므로 외계인 침공 게임에는 이 라벨을 만들지 않았습니다. 라벨을 표시하고 싶으면 Scoreboard에서 font.render()를 호출하기 직전에 점수 문자열 바로 앞에 라벨을 붙이십시오.

14.3.10 우주선 숫자 표시하기

마지막으로, 플레이어에게 남은 우주선 숫자를 표시해봅시다. 하지만 이번에는 숫자를 쓰지 않고 이미지를 쓸 겁니다. 고전 아케이드 게임에서 흔히 하는 것과 마찬가지로, 화면 좌측 상단 모서리에 남은 숫자 만큼 우주선을 그릴 겁니다.

먼저 Ship이 Sprite를 상속하게 해야 우주선 그룹을 만들 수 있습니다.

ship.py

```
import pygame
from pygame.sprite import Sprite
```

```
class Ship(Sprite):  # ①
    """우주선을 관리하는 클래스"""

    def __init__(self, ai_game):
        """우주선을 초기화하고 시작 위치를 정합니다"""
        super().__init__()  # ②
        --생략--
```

Sprite를 임포트한 다음 ①에서 Ship이 Sprite를 상속하게 했습니다. 그리고 __init__()에서 super()를 호출합니다(②).

다음에는 Scoreboard를 수정해서 우주선 그룹을 만들 수 있게 해야 합니다. Scoreboard의 import 문은 다음과 같습니다.

scoreboard.py

```
import pygame.font
from pygame.sprite import Group

from ship import Ship
```

우주선 그룹을 만들어야 하므로 Group과 Ship 클래스를 임포트합니다.

__init__()는 다음과 같습니다.

scoreboard.py

```
def __init__(self, ai_game):
    """점수 관련 속성을 초기화합니다"""
    self.ai_game = ai_game
    self.screen = ai_game.screen
    --생략--
    self.prep_level()
    self.prep_ships()
```

우주선을 만들기 위해서는 게임 인스턴스가 필요하므로 게임 인스턴스를 속성에 할당했습니다. prep_level()을 호출한 다음 prep_ships()를 호출합니다.

prep_ships()는 다음과 같습니다.

scoreboard.py

```python
    def prep_ships(self):
        """우주선이 얼마나 남았는지 표시합니다"""
        self.ships = Group()  # ①
        for ship_number in range(self.stats.ships_left):  # ②
            ship = Ship(self.ai_game)
            ship.rect.x = 10 + ship_number * ship.rect.width  # ③
            ship.rect.y = 10  # ④
            self.ships.add(ship)  # ⑤
```

prep_ships() 메서드는 우주선 인스턴스를 저장할 빈 그룹 self.ships를 만듭니다. ②에서는 플레이어가 가진 우주선 전체를 순회하여 이 그룹을 채웁니다. 루프 안에서 새 우주선을 생성하고, 각 우주선의 x 좌표 값을 설정해서 각 우주선 사이에 10픽셀의 공간이 있게 만듭니다 (③). ④에서 y 좌표를 10으로 설정했으므로 우주선은 화면의 좌측 상단에 나타납니다. 마지막으로 ⑤에서 각 우주선을 ships 그룹에 추가했습니다.

이제 우주선을 화면에 그릴 차례입니다.

scoreboard.py

```python
    def show_score(self):
        """점수, 레벨, 남은 우주선을 화면에 그립니다"""
        self.screen.blit(self.score_image, self.score_rect)
        self.screen.blit(self.high_score_image, self.high_score_rect)
        self.screen.blit(self.level_image, self.level_rect)
        self.ships.draw(self.screen)
```

그룹에 draw()를 호출하면 파이게임이 각 우주선을 화면에 그립니다.

새 게임을 시작할 때 prep_ships()를 호출하므로 플레이어는 자신에게 우주선이 몇 대 있는지 알 수 있습니다. 다음과 같이 AlienInvasion의 _check_play_button()에서 호출합니다.

alien_invasion.py

```python
    def _check_play_button(self, mouse_pos):
        --생략--
        if button_clicked and not self.stats.game_active:
            --생략--
```

```
        self.sb.prep_score()
        self.sb.prep_level()
        self.sb.prep_ships()
        --생략--
```

플레이어가 우주선을 잃을 때도 prep_ships()를 호출해서 남은 우주선 숫자를 업데이트합니다.

alien_invasion.py

```
    def _ship_hit(self):
        """외계인이 우주선에 부딪혔을 때 반응합니다"""
        if self.stats.ships_left > 0:
            # ships_left를 줄이고 점수판을 업데이트합니다
            self.stats.ships_left -= 1
            self.sb.prep_ships()
            --생략--
```

ships_left 값을 줄인 다음에 prep_ships()를 호출하므로 우주선이 파괴될 때마다 남은 숫자가 정확히 반영됩니다.

[그림 14-6]은 완성된 점수판의 모습입니다. 남은 우주선도 화면 좌측 상단에 표시됐습니다.

그림 14-6 완성된 점수판

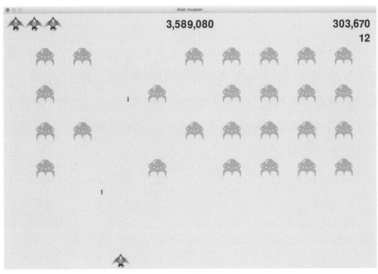

14-5. 최고 점수 보존: 현재는 플레이어가 외계인 침공을 껐다가 다시 켤 때마다 최고 점수가 리셋됩니다. sys.exit()를 호출하기 전에 최고 점수를 파일에 저장하고, 게임을 새로 시작하면 GameStats에서 최고 점수를 읽어들이도록 개선해보십시오.

14-6. 리팩터링: 하나 이상의 작업을 하는 메서드를 리팩터링해서 코드를 정리하고 효율적으로 만드십시오. 예를 들어 _check_bullet_alien_collisions()에서 외계인 함대를 섬멸했을 때 새 레벨을 시작하는 코드를 start_new_level()이라는 함수로 분리해보십시오. Scoreboard의 __init__() 메서드에서 네 가지 메서드를 호출하는 부분을 prep_images()라는 별도의 메서드로 분리해서 __init__()를 짧게 만드는 것도 좋습니다. prep_images()는 _check_play_button()이나 start_game()에도 사용할 수 있습니다.

혹시 리팩터링 과정에서 버그가 생겼을 때 프로젝트를 복구하는 방법을 **부록 D**에서 찾아 볼 수 있습니다. 먼저 이 부분을 읽어보십시오.

14-7. 게임 확장하기: 외계인 침공 게임을 더 확장할 방법을 생각해보십시오. 예를 들어 외계인이 우주선을 향해 탄환을 발사하거나, 우주선이 숨을 수 있지만 어느 쪽에서든 탄환을 맞으면 부서지는 방패를 만들어볼 수 있습니다. 아니면 pygame.mixer 모듈 같은 것을 써서 게임에 폭발음, 발사음 같은 사운드 효과를 추가해도 좋습니다.

14-8. 옆으로 쏘기 최종 버전: 이 프로젝트에서 배운 것을 모두 옆으로 쏘기 게임에 반영해보십시오. 플레이 버튼을 추가하고, 적절한 시점에 게임 속도를 올리고, 점수판을 만드십시오. 진행하면서 리팩터링을 잊지 말고, 이 장에서 배운 것으로 만족하지 말고 게임을 더 발전시킬 방법을 찾아보십시오.

14.4 마치며

이 장에서는 플레이 버튼을 만들어 새 게임을 시작하는 방법, 마우스 이벤트를 감지하는 방법, 게임을 진행할 때 마우스 커서를 숨기는 방법을 배웠습니다 이 장에서 배운 것을 활용해 다른 버튼도 만들 수 있습니다. 예를 들어 게임을 어떻게 플레이하는지 알려주는 도움말 버튼 같은 것도 만들 수 있습니다. 게임이 진행됨에 따라 속도를 올리는 법, 점수판을 만드는 법, 정보를 텍스트와 그래픽으로 표시하는 방법도 배웠습니다.

III

프로젝트 2: 데이터 시각화

15장부터는 데이터 시각화 프로젝트에 대해 다룹니다. 데이터를 생성하고, 맷플롯립과 플로틀리를 써서 잘 동작하면서도 아름다운 데이터 시각화 결과물들을 만들 겁니다.

16장에서는 온라인 데이터 소스에 접근해서 데이터를 얻고, 그 데이터를 시각화 패키지에 입력해서 날씨 데이터와 세계 인구 분포로 그래프를 그려볼 겁니다.

마지막으로 17장에서는 데이터를 자동으로 내려받고 시각화하는 프로그램을 만들 겁니다. 시각화에 대해 배우면 데이터 마이닝에 대해서도 알게 됩니다. 데이터 마이닝은 최근 주목받는 분야이며 인재를 원하는 곳이 많습니다.

Part III

프로젝트 2: 데이터 시각화

프로젝트 2: 데이터 시각화

## CHAPTER 15

데이터 생성하기

데이터 시각화^{data visualization}는 데이터를 눈에 보이는 형태로 바꾸어 살펴보는 것을 말합니다. 데이터 시각화는 데이터 분석과도 밀접히 연관되어 있습니다. **데이터 분석**^{data analysis}은 코드를 사용해 데이터 세트에 존재하는 패턴과 연결을 찾아보는 것입니다. 데이터 세트는 코드 한 줄에 들어가는 작은 리스트일 수도 있고, 수 기가바이트에 달하는 데이터일 수도 있습니다.

데이터를 아름답게 시각화하는 것은 그저 단순히 보기 좋은 그림을 만드는 것과는 다릅니다. 데이터 세트를 단순하면서도 눈에 잘 띄게 표현한다면 그걸 보는 사람은 그 의미를 더 명확히 볼 수 있습니다. 사람들은 데이터 세트에서 존재하는지도 몰랐던 패턴과 중요한 것들을 보게 될 겁니다.

다행히 복잡한 데이터를 시각화하기 위해 슈퍼 컴퓨터가 필요하지는 않습니다. 파이썬은 매우 효율적이므로 랩톱 컴퓨터에서도 수백만 개의 데이터를 분석할 수 있습니다. 또한 그 데이터가 꼭 숫자여야 하는 것도 아닙니다. 1부에서 배운 기본을 숙지하고 있다면 숫자가 아닌 데이터도 분석할 수 있습니다.

유전학, 기상 연구, 사회경제적 분석 등 다양한 방면에서 아주 큰 데이터를 다룰 때 파이썬이 많이 쓰입니다. 데이터 과학자들은 파이썬을 사용해 시각화와 분석 도구들을 많이 만들어냈고, 여러분도 이들을 사용할 수 있습니다. 수학 그래프 라이브러리인 맷플롯립^{Matplotlib}은 그중에서도 아주 유명한 도구 중 하나입니다. 우리는 맷플롯립을 써서 직선 그래프와 산포도* 같은 단

---

* 역주_ 엄밀히 말하면 산포도는 얼마나 흩어져 있느냐 하는 정도(度)이며 그래프가 아니지만, 혼용되어 널리 쓰이므로 책에서는 산포도라고 옮기겠습니다. 원문은 scatter plot입니다.

순한 그래프를 만들어볼 겁니다. 그다음에는 랜덤 워크를 사용해 더 흥미로운 데이터 세트를 만들어볼 겁니다. 랜덤 워크란 무작위로 결정하기를 반복해 만드는 시각화를 말합니다.

플로틀리Plotly 패키지도 알아볼 겁니다. 플로틀리에서 생성한 시각화는 디스플레이 장치의 크기에 맞게 크기가 자동으로 조절되므로 휴대용 장치에서도 볼 수 있습니다. 사용자가 시각화 결과 위에 마우스를 올렸을 때 데이터 세트의 특정 부분을 강조하는 것 같은 대화형 기능도 몇 가지 있습니다. 우리는 플로틀리를 써서 주사위를 굴린 결과를 분석할 겁니다.

15.1 맷플롯립 설치하기

맷플롯립을 사용하려면 먼저 **pip**를 통해 설치해야 합니다. 터미널 프롬프트에서 다음 명령어를 입력하십시오.

```
$ python -m pip install --user matplotlib
```

이 명령어를 입력하면 파이썬이 **pip** 모듈을 실행해 `matplotlib` 패키지를 현재 사용자의 파이썬에 설치합니다. 파이썬을 실행할 때 **python3** 명령어를 사용한다면 다음과 같이 해야 할 수도 있습니다.

```
$ python3 -m pip install --user matplotlib
```

> **NOTE_** macOS를 사용 중이고 이 명령어가 동작하지 않는다면 **--user** 플래그를 빼고 다시 시도해보십시오

https://matplotlib.org/gallery/에서 맷플롯립으로 만들 수 있는 시각화 갤러리를 한번 둘러보십시오. 갤러리에서 시각화를 클릭하면 그 그래프를 생성할 때 사용된 코드를 볼 수 있습니다.

15.2 직선 그래프 만들기

먼저 맷플롯립을 써서 단순한 직선 그래프를 만들어본 다음, 더 많은 정보를 표현할 수 있는 데이터 시각화로 바꿔봅시다. 이 그래프에는 1, 4, 9, 16, 25의 제곱수를 사용할 겁니다.

다음과 같이 맷플롯립에 숫자를 넣기만 하면 나머지는 맷플롯립이 알아서 합니다.

mpl_squares.py

```
import matplotlib.pyplot as plt

squares = [1, 4, 9, 16, 25]
fig, ax = plt.subplots()  # ①
ax.plot(squares)

plt.show()
```

먼저 plt라는 별칭으로 pyplot 모듈을 임포트했으니 이제 pyplot을 계속 타이핑할 필요는 없습니다(온라인 예제에서 자주 사용하는 표기법이므로 책에서도 똑같이 했습니다). pyplot 모듈에는 차트와 그래프를 생성하는 함수가 여러 가지 들어 있습니다.

그래프로 그릴 데이터는 squares 리스트에 담았습니다. ①에서는 역시 맷플롯립에서 자주 사용하는 표기법에 따라 subplots() 함수를 호출했습니다. 이 함수는 같은 그림에 하나 이상의 그래프를 생성할 수 있습니다. fig 변수는 그림 전체, 또는 생성된 그래프 컬렉션입니다. ax 변수는 그림에 들어 있는 그래프 하나를 나타내며 가장 자주 쓸 변수입니다.

그리고 plot() 메서드를 사용해서 주어진 데이터를 그래프로 표현합니다. plt.show() 함수는 맷플롯립 뷰어를 열고 [그림 15-1]처럼 그래프를 표시합니다. 이 뷰어에서는 그래프를 확대/축소하거나 이동할 수 있고, 디스크 아이콘을 클릭해 그래프 이미지를 저장할 수도 있습니다.

그림 15-1 맷플롯립에서 만들 수 있는 가장 단순한 그래프

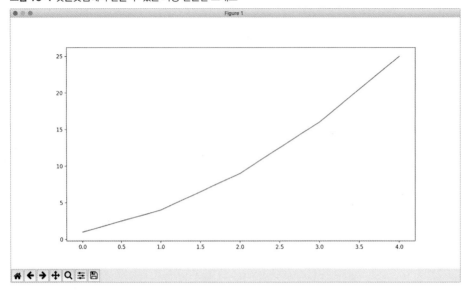

15.2.1 라벨 타입과 선 두께 바꾸기

[그림 15-1]의 그래프만 봐도 숫자가 늘어나고 있다는 건 알 수 있지만, 라벨이 너무 작고 선역시 좀 얇아 보입니다. 맷플롯립은 시각화의 모든 부분을 다 설정할 수 있습니다.

다음과 같이 몇 가지 설정을 통해 그래프의 가독성을 높이겠습니다.

mpl_squares.py

```python
import matplotlib.pyplot as plt

squares = [1, 4, 9, 16, 25]

fig, ax = plt.subplots()
ax.plot(squares, linewidth=3)  # ①

# 차트 제목과 축 라벨을 정합니다
ax.set_title("Square Numbers", fontsize=24)  # ②
ax.set_xlabel("Value", fontsize=14)  # ③
ax.set_ylabel("Square of Value", fontsize=14)
```

```
# 눈금 라벨 크기를 정합니다
ax.tick_params(axis='both', labelsize=14)  # ④

plt.show()
```

①의 linewidth 매개변수는 plot()이 생성하는 선의 두께를 정합니다. ②의 set_title() 메서드는 그래프 제목을 정합니다. 이 예제에서 자주 보이는 fontsize 매개변수는 그래프에 표시되는 텍스트 크기를 정합니다.

③의 set_xlabel()과 set_ylabel()은 각 축의 제목을 정하고, ④의 tick_params()는 눈금 마크의 스타일을 정합니다. 여기서 사용한 매개변수는 눈금 마크를 x와 y 축에 모두 사용하겠다(axis='both'), 눈금 마크의 폰트 크기는 14로 하겠다(labelsize=14)는 뜻입니다.

[그림 15-2]에서 볼 수 있듯 그래프를 보기가 훨씬 편해졌습니다. 라벨 글씨도 더 크고, 직선 그래프도 더 두껍습니다. 가장 보기 좋은 결과를 얻으려면 실험을 좀 해봐야 할 겁니다.

그림 15-2 이제 그래프를 읽기가 훨씬 편해졌습니다.

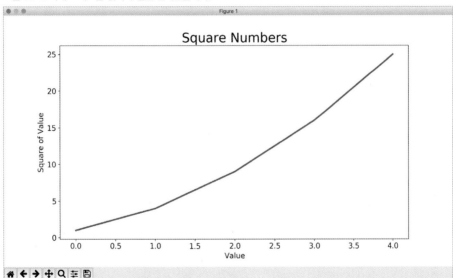

15.2.2 그래프 수정하기

이제 그래프를 읽기는 더 편해졌지만, 데이터가 정확히 그려지진 않은 걸 알 수 있습니다. 현재 이 그래프는 4.0의 제곱이 25라고 표시하고 있습니다! 이 문제를 수정합시다.

plot()에 연속된 숫자를 제공하면 plot()은 첫 번째 데이터가 x 좌표 0에 대응한다고 판단하지만, 우리가 제공한 첫 번째 데이터는 x 좌표 값 1에 대응합니다. plot()에 제곱을 계산하는 데 사용한 입출력 값을 넘기면 이 기본 동작을 덮어쓸 수 있습니다.

mpl_squares.py

```python
import matplotlib.pyplot as plt

input_values = [1, 2, 3, 4, 5]
squares = [1, 4, 9, 16, 25]

fig, ax = plt.subplots()
ax.plot(input_values, squares, linewidth=3)

# 차트 제목과 축 라벨을 정합니다
--생략--
```

이제 입력과 출력 값을 모두 제공했으므로 plot()은 결과 값이 어떻게 산출된 건지 가정할 필요가 없고, 따라서 그래프를 정확히 그릴 수 있습니다. [그림 15-3]은 정확한 그래프입니다.

그림 15-3 이제 그래프가 정확히 그려집니다

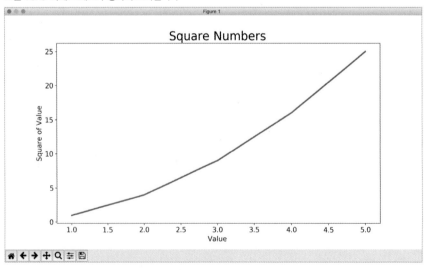

plot()에 제공할 수 있는 매개변수는 무척 많고, 그래프를 설정하는 함수도 많습니다. 이 장에서 더 흥미로운 데이터 세트를 다루면서 다른 설정 함수들도 계속 알아볼 겁니다.

15.2.3 내장 스타일 사용하기

맷플롯립에는 미리 정의된 스타일이 여러 가지 있고 이 스타일에는 배경색, 눈금선, 선 두께, 폰트, 폰트 크기 등이 꽤 잘 정의되어 있어, 이 스타일을 사용하면 시각화 설정에 너무 큰 공을 들이지 않아도 보기 좋게 만들 수 있습니다. 컴퓨터에서 사용할 수 있는 스타일을 보려면 터미널에서 다음과 같이 입력하십시오.

```
>>> import matplotlib.pyplot as plt
>>> plt.style.available
['seaborn-dark', 'seaborn-darkgrid', 'seaborn-ticks', 'fivethirtyeight',
--생략--
```

스타일을 사용하려면 그래프 생성을 시작하기 전에 다음과 같이 한 줄을 추가하면 됩니다.

mpl_squares.py

```
import matplotlib.pyplot as plt

input_values = [1, 2, 3, 4, 5]
squares = [1, 4, 9, 16, 25]

plt.style.use('seaborn')
fig, ax = plt.subplots()
--생략--
```

이 코드가 생성한 그래프는 [그림 15-4]와 같습니다. 사용할 수 있는 스타일은 아주 다양하니, 마음에 드는 스타일을 찾을 때까지 이것저것 실험해보십시오.

그림 15-4 내장된 seaborn 스타일

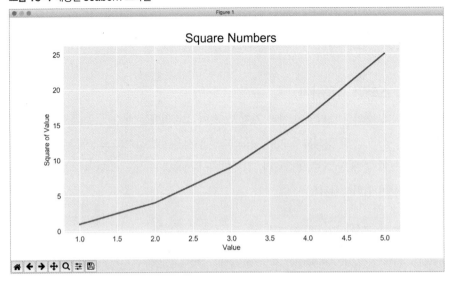

15.2.4 scatter()를 사용한 산포도

개별 포인트들을 그래프로 그리고 그 특징에 따라 스타일을 적용하는 게 필요할 때도 있습니다. 예를 들어 그래프에서 작은 값은 회색으로, 큰 값은 빨간색으로 표현할 수 있습니다. 아주 큰 데이터 세트를 시각화할 때 한 가지 스타일 규칙을 일괄 적용하고, 그중 일부에 다른 규칙을 적용해서 강조하는 것도 가능합니다.

점을 그릴 때는 scatter() 메서드를 사용합니다. 다음과 같이 그리고 싶은 (x, y) 값을 scatter()에 넘기면 됩니다.

scatter_squares.py

```python
import matplotlib.pyplot as plt

plt.style.use('seaborn')
fig, ax = plt.subplots()
ax.scatter(2, 4)

plt.show()
```

이제 출력 결과에 스타일을 적용해 더 흥미롭게 만들어봅시다. 제목을 붙이고, 축에 라벨을 붙이고, 텍스트는 전부 읽기 편한 크기로 키울 겁니다.

```python
import matplotlib.pyplot as plt

plt.style.use('seaborn')
fig, ax = plt.subplots()
ax.scatter(2, 4, s=200)  # ①

# 차트 제목과 축 라벨을 정합니다
ax.set_title("Square Numbers", fontsize=24)
ax.set_xlabel("Value", fontsize=14)
ax.set_ylabel("Square of Value", fontsize=14)

# 눈금 라벨 크기를 정합니다
ax.tick_params(axis='both', which='major', labelsize=14)

plt.show()
```

①에서는 scatter()를 호출하고 s 매개변수를 써서 그래프에 사용할 점의 크기를 정했습니다. 이제 scatter_squares.py를 실행하면 [그림 15-5]처럼 차트 정중앙에 점이 하나 찍힌 걸 볼 수 있습니다.

그림 15-5 점 하나 그리기

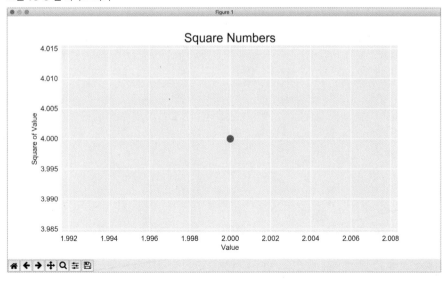

15.2.5 scatter()로 점 여러 개 그리기

다음과 같이 scatter()에 x와 y 값을 넘겨서 여러 개의 점을 그래프로 그릴 수 있습니다.

scatter_squares.py

```python
import matplotlib.pyplot as plt

x_values = [1, 2, 3, 4, 5]
y_values = [1, 4, 9, 16, 25]

plt.style.use('seaborn')
fig, ax = plt.subplots()
ax.scatter(x_values, y_values, s=100)

# 차트 제목과 축 라벨을 정합니다
--생략--
```

x_values 리스트는 제곱할 숫자가 들어 있고, y_values에는 제곱된 숫자가 들어 있습니다. 이들 리스트를 scatter()에 전달하면 맷플롯립이 각 리스트에서 값을 읽고 이를 그래프로 그립니다. 따라서 결과는 [그림 15-6]과 같이 (1,1), (2,4), (3,9), (4,16), (5,25)가 그려진 산포도입니다.

그림 15-6 여러 개의 점을 그린 산포도

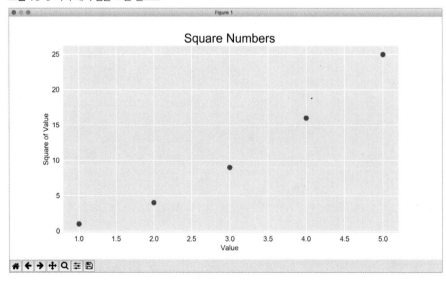

15.2.6 데이터 자동으로 계산하기

리스트를 손으로 만드는 것은 비효율적입니다. 그릴 점들을 리스트로 직접 만들지 말고, 루프를 써서 파이썬이 계산하게 합시다.

다음은 1000개의 점을 만드는 코드입니다.

scatter_squares.py

```python
import matplotlib.pyplot as plt

x_values = range(1, 1001)  # ①
y_values = [x**2 for x in x_values]

plt.style.use('seaborn')
fig, ax = plt.subplots()
ax.scatter(x_values, y_values, s=10)  # ②

# 차트 제목과 축 라벨을 정합니다
--생략--

# 각 축의 범위를 정합니다
ax.axis([0, 1100, 0, 1100000])  # ③

plt.show()
```

①에서는 1부터 1000까지의 x 값을 지정했습니다. 그리고 리스트 내포를 써서 y 값을 순회하며(for x in x_values) 각 숫자를 제곱해서(x**2) y_values에 저장했습니다. ②에서는 x와 y 리스트를 scatter()에 넘겼습니다. 이번에는 데이터 세트 크기가 크므로 포인트 크기를 작게 만들었습니다.

③에서는 axis() 메서드를 써서 각 축의 범위를 정했습니다. axis() 메서드에는 x 축과 y 축의 최소와 최댓값인 네 개의 매개변수가 필요합니다. 여기서는 x 축을 0부터 1100까지, y 축을 0부터 1,100,000까지로 정했습니다. [그림 15-7]은 그 결과입니다.

그림 15-7 파이썬을 쓰면 점이 다섯 개이든 1000개이든 별 차이가 없습니다.

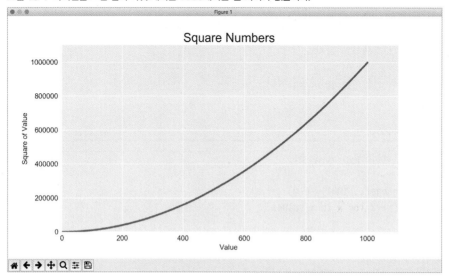

15.2.7 커스텀 색깔 정의하기

점 색깔을 바꾸고 싶을 땐 다음과 같이 scatter()에 원하는 색깔 이름을 따옴표로 감싸서 매개변수 c로 전달합니다.

```
ax.scatter(x_values, y_values, c='red', s=10)
```

RGB 색깔 모델을 써서 원하는 색깔을 직접 정의할 수도 있습니다. 직접 색깔을 정의하려면 c 매개변수에 0과 1 사이의 소수점 있는 값 세 개를 씁니다. 각 값은 빨간색, 녹색, 파란색 부분입니다. 예를 들어 다음 명령은 밝은 녹색의 점을 만듭니다.

```
ax.scatter(x_values, y_values, c=(0, 0.8, 0), s=10)
```

값이 0에 가까울수록 어두운 색깔이, 1에 가까울수록 밝은 색깔이 나옵니다.

15.2.8 컬러맵 사용하기

컬러맵colormap은 한 색깔에서 다른 색깔로 점점 변하는 그레이디언트입니다. 시각화에서 컬러맵을 사용해 원하는 패턴을 강조할 수 있습니다. 예를 들어 낮은 값에는 밝은 색깔을, 높은 값에는 어두운 색깔을 써서 변하는 모습을 묘사할 수 있습니다.

pyplot 모듈에는 내장된 컬러맵이 몇 가지 있습니다. 내장된 컬러맵을 사용하려면 pyplot이 데이터 세트의 각 포인트에 색깔을 할당할 방법을 지정해야 합니다. 다음은 각 포인트에 y 값에 따라 색깔을 할당하는 방법입니다.

scatter_squares.py

```python
import matplotlib.pyplot as plt

x_values = range(1, 1001)
y_values = [x**2 for x in x_values]

ax.scatter(x_values, y_values, c=y_values, cmap=plt.cm.Blues, s=10)

# 차트 제목과 축 라벨을 정합니다
--생략--
```

y 값 리스트를 c로 넘기고, pyplot이 사용할 컬러맵은 cmap 매개변수로 넘겼습니다. 이 코드는 포인트의 y 값이 낮을수록 밝은 파란색을, 높을수록 어두운 파란색을 사용합니다. [그림 15-8]은 결과 그래프입니다.

> **NOTE_** pyplot에서 사용할 수 있는 컬러맵 전체를 https://matplotlib.org/에서 볼 수 있습니다. Example에서 Color로 스크롤한 다음 Colormap reference를 클릭하십시오.

그림 15-8 Blues 컬러맵을 사용한 그래프

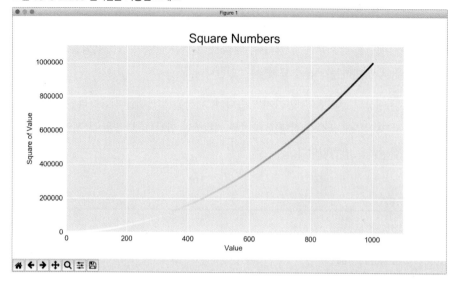

15.2.9 그래프 자동으로 저장하기

프로그램이 그래프를 자동으로 저장하게 하고 싶다면 다음과 같이 plt.show()를 plt.savefig()로 대체하면 됩니다.

```
plt.savefig('squares_plot.png', bbox_inches='tight')
```

첫 번째 매개변수는 그래프 이미지의 파일 이름입니다. 이 파일은 scatter_squares.py와 같은 디렉터리에 저장됩니다. 두 번째 매개변수는 그래프에서 여백을 제거합니다. 그래프 주위에 빈 공간이 있는 게 더 좋다면 이 매개변수를 생략하면 됩니다.

연습문제

15-1. 세제곱: 세제곱은 cube라고 부릅니다. 세제곱수 다섯 개를 그래프로 그리고, 5000개로 확장해보십시오.

15-2. 색을 칠한 세제곱: 세제곱 그래프에 컬러맵을 적용해보십시오.

15.3 랜덤 워크

이 섹션에서는 파이썬으로 랜덤 워크에 사용할 데이터를 생성하고 맷플롯립으로 그 데이터를 시각화할 겁니다. **랜덤 워크**^{random walk}는 명확한 방향이 주어진 게 아니라 랜덤하게 방향을 결정해서 만드는 경로입니다. 혼란에 빠진 사람이 아무렇게나 걷는 발자국을 상상해도 됩니다.

랜덤 워크는 물리학, 생물학, 화학, 경제학 등의 분야에 쓰입니다. 예를 들어 물 표면에 밀가루 하나가 떨어졌다고 상상해봅시다. 물 분자가 계속 움직이므로, 밀가루 역시 그에 따라 계속 움직입니다. 물의 분자 운동은 랜덤하므로, 그 표면을 따라 흐르는 밀가루의 움직임 역시 랜덤하고 이를 랜덤 워크라 부를 수 있습니다. 지금부터 작성할 코드는 현실 세계의 여러 가지 양상을 모델화할 때 쓸 수 있습니다.

15.3.1 RandomWalk() 클래스 만들기

랜덤 워크를 만들기 위해서는 RandomWalk 클래스가 필요합니다. 이 클래스는 경로의 방향을 랜덤하게 결정합니다. 이 클래스에는 세 가지 속성이 필요합니다. 하나는 경로에 사용된 포인트 수를 저장하고, 나머지 둘은 각 포인트의 x와 y 좌표를 저장합니다.

RandomWalk 클래스에 필요한 메서드는 __init__() 메서드와 fill_walk() 메서드 둘뿐입니다. 후자가 경로의 포인트를 계산합니다. 먼저 다음과 같이 __init__() 메서드를 만듭니다.

random_walk.py

```
from random import choice  # ①

class RandomWalk:
    """랜덤 워크를 만드는 클래스"""

    def __init__(self, num_points=5000):  # ②
        """경로 속성을 초기화합니다"""
        self.num_points = num_points

        # 모든 경로는 (0, 0)에서 시작합니다
        self.x_values = [0]  # ③
        self.y_values = [0]
```

①에서는 각 단계마다 방향을 결정할 random 모듈의 choice() 함수를 임포트했습니다. ②에서는 경로의 포인트 숫자 기본값을 5000으로 정했습니다. 이 숫자는 흥미로운 패턴을 생성하기에 충분하면서도 경로는 빠르게 만들어내는 적당한 숫자입니다. ③에서는 x와 y 값을 담을 리스트를 만들고, 각 경로는 (0, 0)에서 시작하게 했습니다.

15.3.2 방향 정하기

fill_walk() 메서드는 각 단계에서 방향을 정하고 포인트를 채울 메서드입니다. 다음과 같이 이 메서드를 random_walk.py에 추가하십시오.

random_walk.py

```
def fill_walk(self):
    """경로의 포인트를 모두 계산합니다"""

    # 경로가 원하는 길이가 될 때 까지 계속합니다
    while len(self.x_values) < self.num_points:  # ①

        # 어느 방향으로 얼마나 갈지 결정합니다
        x_direction = choice([1, -1])  # ②

        x_distance = choice([0, 1, 2, 3, 4])
        x_step = x_direction * x_distance  # ③

        y_direction = choice([1, -1])
        y_distance = choice([0, 1, 2, 3, 4])
        y_step = y_direction * y_distance  # ④

        # 어디로도 향하지 않는 움직임을 제거합니다
        if x_step == 0 and y_step == 0:  # ⑤
            continue

        # 새 위치를 계산합니다
        x = self.x_values[-1] + x_step  # ⑥
        y = self.y_values[-1] + y_step

        self.x_values.append(x)
        self.y_values.append(y)
```

①에서는 경로가 정확한 숫자를 채워질 때까지 반복할 루프를 만들었습니다. fill_walk()
의 핵심은 랜덤한 결정을 내리게 하는 방법입니다. 오른쪽으로 갈까요, 아니면 왼쪽으로 갈까
요? 그 방향으로는 얼마나 갈까요? 위아래로 움직일 수도 있습니다. 그 방향으로는 얼마나 갈
까요?

②에서는 choice([1, -1])를 써서 x_direction의 값을 정합니다. 이 함수는 1 또는 −1을
반환하는데, 값이 1이면 오른쪽으로 움직이고 −1이면 왼쪽으로 움직입니다. choice([0, 1,
2, 3, 4])는 x_distance에 정해진 방향으로 얼마나 움직일지 정하며, 그 값은 0에서 4까지
의 임의의 정수입니다. 0을 넣은 이유는 두 축을 따른 움직임 외에도 y 축만 따라가는 움직임
도 만들기 위해서입니다.

③과 ④에서는 x와 y 방향에 거리를 곱해서 각 방향으로 얼마나 움직일지를 정합니다. x_step
의 값이 양수이면 오른쪽으로, 음수이면 왼쪽으로 움직이고 0이면 세로 방향으로 움직입니다.
마찬가지로 y_step의 값이 양수이면 위쪽으로, 음수이면 아래쪽으로, 0이면 가로 방향으로 움
직입니다. x_step과 y_step이 모두 0이면 어느 방향으로도 움직이지 않으므로 무시하고 루
프를 계속 진행합니다(⑤).

⑥에서는 x_values에 저장된 마지막 값에 x_step의 값을 더해서 x의 다음 값을 구했고, y의
다음 값도 마찬가지로 구했습니다. 그리고 이 값들을 x_values와 y_values에 추가했습니다.

15.3.3 랜덤 워크 그래프 그리기
다음은 랜덤 워크의 포인트를 그래프로 표현하는 코드입니다.

rw_visual.py

```
import matplotlib.pyplot as plt

from random_walk import RandomWalk

# 랜덤 워크를 만듭니다
rw = RandomWalk()  # ①
rw.fill_walk()

# 포인트를 그립니다
```

```
plt.style.use('classic')
fig, ax = plt.subplots()
ax.scatter(rw.x_values, rw.y_values, s=15)  # ②
plt.show()
```

먼저 pyplot과 RandomWalk를 임포트했습니다. ①에서는 랜덤 워크를 생성해 rw에 저장했습니다. fill_walk() 호출을 잊지 말아야 합니다. ②에서는 랜덤 워크의 x와 y 값을 scatter()에 넘기고 적당한 점 크기를 선택했습니다. [그림 15-9]는 5000개의 점으로 이루어진 그래프입니다(이 섹션에서는 이미지에서 맷플롯립 뷰어를 생략하지만, rw_visual.py를 직접 실행하면 맷플롯립 뷰어가 보일 겁니다).

그림 15-9 5000개의 점으로 이루어진 랜덤 워크

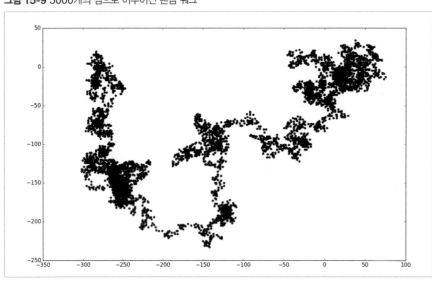

15.3.4 랜덤 워크 여러 개 만들기

랜덤 워크는 어느 하나 같은 것이 없으므로 여러 개를 만들어보는 것도 흥미롭습니다. 프로그램을 여러 번 실행하지 않아도, 다음과 같이 이전 코드를 while 루프에 넣어서 랜덤 워크를 여러 번 만들 수 있습니다.

```python
import matplotlib.pyplot as plt

from random_walk import RandomWalk

# 프로그램을 실행하는 동안 계속 랜덤 워크를 만듭니다
while True:
    # 랜덤 워크를 만듭니다
    rw = RandomWalk()
    rw.fill_walk()

    # 포인트를 그립니다
    plt.style.use('classic')
    fig, ax = plt.subplots()
    ax.scatter(rw.x_values, rw.y_values, s=15)
    plt.show()

    keep_running = input("Make another walk? (y/n): ")
    if keep_running == 'n':
        break
```

이 코드는 랜덤 워크를 생성하고, 맷플롯립 뷰어에 표시하고, 뷰어를 연 상태에서 일시 정지합니다. 뷰어를 닫으면 다른 워크를 생성할지 질문을 받습니다. y를 누르면 시작 지점 근처에서 머무는 랜덤 워크, 거의 한 방향으로 진행하는 랜덤 워크, 많은 포인트가 좁은 구역에 몰려 있는 랜덤 워크 등을 볼 수 있습니다. 프로그램을 끝내고 싶을 땐 n을 누르십시오.

15.3.5 랜덤 워크에 스타일 적용하기

이 섹션에서는 랜덤 워크의 중요한 특징을 강조하고 별로 중요하지 않은 부분은 눈에 띄지 않도록 그래프를 커스터마이징하겠습니다. 이렇게 하려면 워크가 어디에서 시작하고 어디에서 끝나는지, 어떤 경로를 그리는지 등의 중요한 특징을 정해야 합니다. 다음에는 눈금 마크와 라벨 같은 중요하지 않은 부분을 정합니다. 결과적으로 각 랜덤 워크의 경로를 명확히 나타내는 시각화를 얻을 수 있습니다.

포인트에 색깔 입히기

컬러맵을 써서 랜덤 워크의 포인트에 색깔을 입히고, 검은색 외곽선을 제거해서 점 색깔이 잘 보이게 만들 겁니다. 각 포인트의 색깔을 위치에 맞게 설정하기 위해 c 매개변수에 각 포인트의 위치를 담은 리스트를 썼습니다. 포인트는 순서에 따라 그려지므로 이 리스트에는 0부터 4999까지의 숫자만 담겨 있습니다.

rw_visual.py

```
--생략--
while True:
    # 랜덤 워크를 만듭니다
    rw = RandomWalk()
    rw.fill_walk()

    # 포인트를 그립니다
    plt.style.use('classic')
    fig, ax = plt.subplots()
    point_numbers = range(rw.num_points)  # ①
    ax.scatter(rw.x_values, rw.y_values, c=point_numbers, cmap=plt.cm.Blues,
        edgecolors='none', s=15)
    plt.show()

    keep_running = input("Make another walk? (y/n): ")
    --생략--
```

①에서는 range()를 써서 랜덤 워크에 들어 있는 포인트의 수만큼인 리스트를 만들었습니다. 그리고 이 리스트를 point_numbers라는 이름으로 저장했고, 각 포인트의 색깔을 정하는 데 사용할 겁니다. c 매개변수에 point_numbers를 넘기고, Blues 컬러맵을 사용하고, edgecolors='none'을 써서 각 포인트의 검은색 외곽선을 제거했습니다. 결과는 [그림 15-10]과 같이 밝은 파란색에서 어두운 파란색으로 바뀌는 그레이디언트입니다.

그림 15-10 Blues 컬러맵을 사용한 랜덤 워크

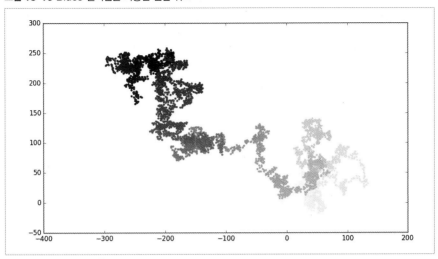

시작점과 끝점 그리기

각 포인트가 랜덤 워크에 나타나는 위치에 따라 색깔을 사용했지만, 추가로 랜덤 워크가 시작하고 끝나는 위치를 강조하는 것도 좋은 방법입니다. 랜덤 워크를 다 그린 다음 시작점과 끝점을 개별적으로 그리면 됩니다. 다음과 같이 하면 끝점을 더 크게, 다른 색깔로 그려서 눈에 띄게 만들 수 있습니다.

rw_visual.py

```
--생략--
while True:
    --생략--
    ax.scatter(rw.x_values, rw.y_values, c=point_numbers, cmap=plt.cm.Blues,
        edgecolors='none', s=15)

    # 시작점과 끝점을 강조합니다
    ax.scatter(0, 0, c='green', edgecolors='none', s=100)
    ax.scatter(rw.x_values[-1], rw.y_values[-1], c='red', edgecolors='none',
        s=100)

    plt.show()
    --생략--
```

시작점을 강조하려면 (0, 0) 포인트를 강조하면 됩니다. 시작점의 색깔은 녹색으로 정했고, s=100으로 다른 포인트보다 크게 그렸습니다. 끝점을 강조할 때는 x와 y의 마지막 값을 쓰면 됩니다. 끝점은 빨간색을 썼고 크기는 시작점과 마찬가지로 100으로 정했습니다. 시작점과 끝점을 강조하는 코드는 plt.show()를 호출하기 직전에 써야 시작점과 끝점이 다른 점들 위에 그려집니다.

이 코드를 실행하면 랜덤 워크가 어디에서 시작하고 끝나는지 정확히 알 수 있습니다. 만약 이 점들이 별로 눈에 띄지 않는다면, 눈에 잘 띌 때까지 색깔과 크기를 바꿔보십시오.

축 정리하기

그래프의 축이 랜덤 워크의 경로에서 시선을 뺏지 않게끔 축을 없애봅시다. 다음과 같이 축을 제거할 수 있습니다.

rw_visual.py

```
--생략--
while True:
    --생략--
    ax.scatter(rw.x_values[-1], rw.y_values[-1], c='red', edgecolors='none',
        s=100)

    # 축을 제거합니다
    ax.get_xaxis().set_visible(False)  # ①
    ax.get_yaxis().set_visible(False)

    plt.show()
    --생략--
```

①에서는 ax.get_xaxis()와 ax.get_yaxis() 메서드를 사용하고 각 축의 가시성을 False로 정했습니다. 시각화를 사용하다 보면 이렇게 메서드를 체인으로 묶는 코드를 자주 사용하게 될 겁니다.

이제 rw_visual.py를 실행하면 축이 없는 그래프를 볼 수 있습니다.

그래프 포인트 추가하기

포인트 숫자와 데이터를 더 늘려봅시다. RandomWalk 인스턴스를 만들 때 다음과 같이 num_points의 값을 키우고, 각 포인트의 점 크기를 조절하면 됩니다.

rw_visual.py

```
--생략--
while True:
    # 랜덤 워크를 만듭니다
    rw = RandomWalk(50_000)
    rw.fill_walk()

    # 포인트를 그립니다
    plt.style.use('classic')
    fig, ax = plt.subplots()
    point_numbers = range(rw.num_points)
    ax.scatter(rw.x_values, rw.y_values, c=point_numbers, cmap=plt.cm.Blues,
        edgecolor='none', s=1)
    --생략--
```

이 예제는 현실적인 데이터에 가까운 50,000개의 포인트를 그래프로 그립니다. 포인트 숫자가 늘어났으므로 각 점 크기는 1로 줄였습니다. 결과인 랜덤 워크는 [그림 15-11]에서 볼 수 있듯 작은 덩어리들로 이루어진, 마치 구름 같은 형태를 띕니다. 단순한 산포도를 만들었을 뿐인데 예술 작품을 보는 것 같군요!

이 코드를 기준으로 좀 더 실험을 해보십시오. 포인트 숫자를 어느 정도로 늘렸을 때 컴퓨터가 심각하게 느려지기 시작하는지, 어느 정도 숫자일 때 시각화가 가장 보기 좋게 느껴지는지 자신만의 기준을 만들어보십시오.

그림 15-11 50,000개의 점이 있는 랜덤 워크

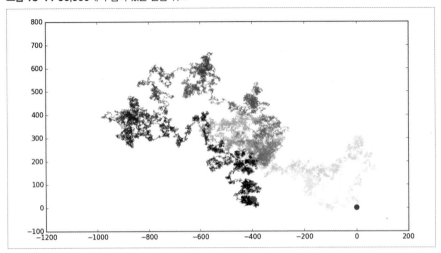

크기를 조절해 화면에 채우기

시각화를 화면에 잘 맞게 채우면 데이터 패턴을 더 효과적으로 보여줄 수 있습니다. 다음과 같이 맷플롯립 출력 결과의 크기를 조절해 그래프 창을 화면에 맞출 수 있습니다.

rw_visual.py

```
    --생략--
while True:
    # 랜덤 워크를 만듭니다
    rw = RandomWalk(50_000)
    rw.fill_walk()

    # 포인트를 그립니다
    plt.style.use('classic')
    fig, ax = plt.subplots(figsize=(15, 9))
    --생략--
```

그래프를 생성할 때 figsize 매개변수를 써서 크기를 지정할 수 있습니다. figsize 매개변수는 그래프 창의 크기를 인치 단위로 지정하는 튜플을 매개변수로 받습니다.

맷플롯립은 화면 해상도가 100 dpi라고 가정합니다. 이 코드로 원하는 크기의 그래프를 그릴 수 없다면 필요한 만큼 숫자를 조정하십시오. 컴퓨터의 화면 해상도를 정확히 알고 있다면 다음과 같이 plt.subplots()에 dpi 매개변수를 써도 됩니다.

```
fig, ax = plt.subplots(figsize=(10, 6), dpi=128)
```

연습문제

15-3. 분자 운동: rw_visual.py를 수정해서 ax.scatter() 대신 ax.plot()을 사용하십시오. rw.x_values와 rw.y_values, linewidth 매개변수를 써서 물 위에 떨어진 밀가루의 움직임을 묘사해보십시오. 이번에는 포인트 수를 50,000 대신 5000으로 지정하십시오.

15-4. 랜덤 워크 수정: 기존의 RandomWalk 클래스에서는 같은 조건으로 x_step과 y_step을 만들었습니다. 방향은 [1, -1] 리스트에서 선택했고 거리는 [0, 1, 2, 3, 4] 리스트에서 선택했습니다. 이 리스트의 값을 수정하면서 랜덤 워크의 전체적인 모양이 어떻게 변하는지 살펴보십시오. 거리 리스트에 더 많은 값을 쓰거나, x 또는 y 방향 리스트에서 -1을 제거해보십시오.

15-5. 리팩터링: 지금은 fill_walk() 메서드가 너무 깁니다. get_step() 메서드를 새로 만들어 각 단계의 방향과 거리를 결정하게 하십시오. fill_walk()에서는 다음과 같이 get_step()을 두 번 호출해야 합니다.

```
x_step = self.get_step()
y_step = self.get_step()
```

이렇게 리팩터링하면 fill_walk()의 크기가 줄어들고, 메서드를 읽고 이해하기가 쉬워질 겁니다.

15.4 플로틀리로 주사위 굴리기

이 섹션에서는 파이썬 패키지 플로틀리Plotly를 써서 대화형 시각화를 만듭니다. 플로틀리는 브라우저에서 사용할 시각화를 만들 때 특히 유용합니다. 이 시각화는 뷰어의 화면에 자동으로 맞춰지기 때문입니다. 플로틀리로 만든 시각화는 대화형이기도 합니다. 사용자가 화면의 특정 요소에 마우스를 올리면 해당 요소에 관한 정보가 강조 표시됩니다.

이 프로젝트에서는 주사위를 굴린 결과를 분석할 겁니다. 일반적인 6면체 주사위 한 개를 굴리면 1부터 6 사이의 숫자가 나오고 그 확률은 모두 같습니다. 하지만 주사위 두 개를 굴리면 특정 숫자가 다른 숫자에 비해 더 많이 나올 가능성이 있습니다. 주사위를 굴리는 행동을 묘사하는 데이터 세트를 만들고 분석해서 어떤 숫자가 가장 많이 나올지 알아보겠습니다. 그리고 주사위를 아주 많이 굴린 결과를 그래프로 표현해 어떤 숫자가 가장 많이 나오는지 표시하겠습니다.

주사위 결과 연구는 수학에서 데이터 분석 용도로 많이 쓰입니다. 또한 카지노를 비롯해 도박 관련 분야에서도 쓰이고, 모노폴리를 비롯해 여러 가지 롤플레잉 게임에서도 주사위를 굴리는 방식을 사용하고 있습니다.

15.4.1 플로틀리 설치

플로틀리는 맷플롯립과 마찬가지로 pip로 설치할 수 있습니다.

```
$ python -m pip install --user plotly
```

맷플롯립을 설치할 때 python3나 기타 다른 명령어를 사용했다면 여기서도 그 명령어를 사용하십시오.

https://plot.ly/python/에서 플로틀리로 만들 수 있는 여러 가지 시각화를 볼 수 있습니다. 이 페이지의 예제에는 소스 코드도 포함되어 있으니 플로틀리를 사용해 시각화를 만드는 방법도 알 수 있습니다.

15.4.2 Die 클래스 만들기

다음은 주사위 하나를 굴리는 행동을 나타내는 Die 클래스입니다.

die.py

```
from random import randint
class Die:
    """주사위 하나를 나타내는 클래스"""

    def __init__(self, num_sides=6):  # ①
        """6면체 주사위라고 가정합니다"""
        self.num_sides = num_sides
```

```
def roll(self):
    """1부터 주사위 최대 숫자 사이의 숫자를 랜덤하게 반환합니다"""
    return randint(1, self.num_sides)  # ②
```

__init__() 메서드는 옵션인 매개변수를 하나 받습니다. 주사위 인스턴스를 생성할 때 매개변수를 지정하지 않으면 주사위의 최대 숫자는 항상 6입니다. 매개변수를 사용한다면 그 숫자가 주사위의 최대 숫자입니다(①). 주사위 이름은 최대 숫자에 따라 정합니다. 예를 들어 6면체 주사위의 이름은 D6이고 8면체 주사위의 이름은 D8인 식입니다.

roll() 메서드는 randint() 함수를 써서 1부터 최대 숫자 사이의 정수를 랜덤하게 반환합니다(②). 이 함수는 최솟값(1), 최댓값(num_sides), 또는 그 사이의 정수를 반환할 수 있습니다.

15.4.3 주사위 굴리기

Die 클래스를 이용해 시각화를 만들기 전에 우선 D6를 굴리고, 결과를 출력하고, 출력 결과가 상식적인지 테스트해봅시다.

die_visual.py

```
from die import Die

# D6를 만듭니다
die = Die()  # ①

# 주사위를 몇 번 굴리고 결과를 리스트에 저장합니다
results = []
for roll_num in range(100):  # ②
    result = die.roll()
    results.append(result)

print(results)
```

①에서는 기본값인 6면체 주사위로 Die 인스턴스를 만듭니다. ②에서는 그 주사위를 100번 굴리고 각각의 결과를 results 리스트에 저장했습니다. 다음은 결과 예제입니다.

```
[4, 6, 5, 6, 1, 5, 6, 3, 5, 3, 5, 3, 2, 2, 1, 3, 1, 5, 3, 6, 3, 6, 5, 4,
 1, 1, 4, 2, 3, 6, 4, 2, 6, 4, 1, 3, 2, 5, 6, 3, 6, 2, 1, 1, 3, 4, 1, 4,
 3, 5, 1, 4, 5, 5, 2, 3, 3, 1, 2, 3, 5, 6, 2, 5, 6, 1, 3, 2, 1, 1, 1, 6,
 5, 5, 2, 2, 6, 4, 1, 4, 5, 1, 1, 1, 4, 5, 3, 3, 1, 3, 5, 4, 5, 6, 5, 4,
 1, 5, 1, 2]
```

이 결과를 훑어보니 Die 클래스는 원하는 대로 동작하는 것 같습니다. 1과 6이 있으니 최솟값과 최댓값이 모두 나왔고, 0과 7이 없으니 결과는 모두 정상 범위 안에 있습니다. 또 1부터 6까지의 숫자를 모두 볼 수 있으니 가능한 결과가 모두 등장한 것을 확인할 수 있습니다. 이제 각숫자가 정확히 몇 번씩 나오는지 알아봅시다.

15.4.4 결과 분석하기

다음과 같이 각 숫자가 얼마나 많이 나왔는지 결과를 분석해봅니다.

die_visual.py

```python
--생략--
# 주사위를 몇 번 굴리고 결과를 리스트에 저장합니다
results = []
for roll_num in range(1000):  # ①
    result = die.roll()
    results.append(result)

# 결과를 분석합니다
frequencies = []
for value in range(1, die.num_sides+1):  # ②
    frequency = results.count(value)  # ③
    frequencies.append(frequency)  # ④

print(frequencies)
```

이제 결과를 출력하지 않으므로 주사위를 굴리는 횟수를 1000 정도로 늘려도 됩니다(①). 결과를 분석하기 위해 빈 리스트 **frequencies**를 만들어 이 리스트에 각 결과를 저장합니다. ②에서는 가능한 값들(여기서는 1에서 6까지입니다) 전체를 순회하면서, ③에서 **results**에 각 값이 몇 번 등장했는지 세고, ④에서 이 결과를 **frequencies** 리스트에 저장했습니다. 그리고 시각화를 만들기 전에 이 리스트를 한번 출력해봅니다.

```
[155, 167, 168, 170, 159, 181]
```

상식적인 결과가 나왔습니다. 값은 여섯 가지이고, 이 중 어떤 값도 다른 값에 비해 눈에 띌 만큼 크지 않습니다. 이제 이 결과를 시각화로 만들어봅시다.

15.4.5 히스토그램 만들기

빈도 리스트를 사용해 **히스토그램**histogram을 만들 수 있습니다. 히스토그램이란 각 결과가 얼마나 자주 나타나는지 보여주는 일종의 막대 그래프입니다. 다음은 히스토그램을 만드는 코드입니다.

die_visual.py

```
from plotly.graph_objs import Bar, Layout
from plotly import offline

from die import Die
--생략--

# 결과를 분석합니다
frequencies = []
for value in range(1, die.num_sides+1):
    frequency = results.count(value)
    frequencies.append(frequency)

# 결과를 시각화합니다
x_values = list(range(1, die.num_sides+1))  # ①
data = [Bar(x=x_values, y=frequencies)]  # ②

x_axis_config = {'title': 'Result'}  # ③
y_axis_config = {'title': 'Frequency of Result'}
my_layout = Layout(title='Results of rolling one D6 1000 times',  # ④
        xaxis=x_axis_config, yaxis=y_axis_config)
offline.plot({'data': data, 'layout': my_layout}, filename='d6.html')  # ⑤
```

히스토그램을 만들기 위해서는 각 결과를 나타내는 막대가 필요합니다. ①에서 이 값들을 x_values 리스트에 저장했습니다. 이 값들은 1에서 시작하고 주사위의 최대 숫자에서 멈춥니다.

플로틀리는 range() 함수가 반환하는 값을 직접적으로 받지는 않으므로 list() 함수를 써서 결과를 명시적인 리스트로 변환해야 합니다. 플로틀리의 Bar() 클래스는 막대 그래프 형태로 표현될 데이터 세트입니다. 이 클래스에는 x 값 리스트와 y 값 리스트가 필요합니다. 데이터 세트에는 여러 가지 요소가 들어갈 수 있으므로 클래스를 반드시 대괄호로 감싸야 합니다.

각 축은 여러 가지 방법으로 설정할 수 있으며, 설정 옵션은 딕셔너리에 저장됩니다. 지금은 각 축의 제목만 정했습니다(③). Layout() 클래스는 그래프 레이아웃과 설정 전체를 나타내는 객체를 반환합니다(④). 여기서는 그래프 전체의 제목과 x, y 축 설정 딕셔너리를 함께 저장했습니다.

그래프를 만들 때는 offline.plot() 함수를 호출합니다(⑤). 이 함수는 데이터와 레이아웃 객체가 포함된 딕셔너리를 요구하며, 그래프를 저장할 파일 이름도 받습니다. 여기서는 결과를 d6.html 파일에 저장했습니다.

die_visual.py를 실행하면 브라우저가 열리고 d6.html 파일을 표시할 겁니다. 만약 자동으로 열리지 않는다면, 웹 브라우저에서 새 탭을 열고 d6.html 파일을 직접 열어보십시오. 이 파일은 die_visual.py과 같은 폴더에 저장되어 있습니다. 파일이 열리면 [그림 15-12]와 비슷한 그래프가 보일 겁니다(필자는 책에 쓸 목적으로 그래프를 조금 수정했습니다. 플로틀리가 기본적으로 사용하는 옵션으로는 이 그림보다 텍스트가 더 작게 표시될 겁니다).

그림 15-12 플로틀리로 만든 단순한 막대 그래프

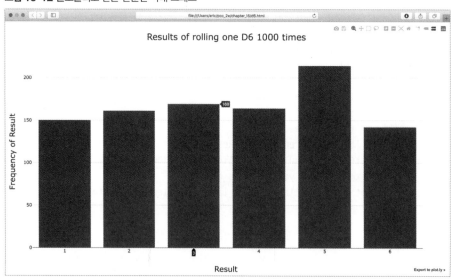

섹션을 시작할 때 플로틀리로 만든 시각화는 대화형이라고 했습니다. 그래프의 막대에 마우스를 올려보십시오. 관련된 데이터가 보일 겁니다. 이 기능은 그래프 하나에 여러 가지 데이터 세트를 표시해야 할 때 특히 유용합니다. 오른쪽 위 부분의 아이콘도 보십시오. 이 아이콘을 통해 그래프를 움직이거나 확대/축소할 수 있고 이미지로 저장할 수도 있습니다.

15.4.6 주사위 두 개 굴리기

주사위 두 개를 굴리면 결과 수가 많아지고 분포 또한 달라집니다. D6 주사위 두 개를 만들어 굴리도록 코드를 수정해봅시다. 주사위 쌍을 굴릴 때마다 숫자 두 개가 나오고, 그 합을 results에 저장합니다. die_visual.py를 복사해서 dice_visual.py로 저장하고 다음과 같이 수정하십시오.

dice_visual.py

```python
from plotly.graph_objs import Bar, Layout
from plotly import offline

from die import Die

# D6 주사위 두 개를 만듭니다
die_1 = Die()
die_2 = Die()

# 주사위를 몇 번 굴리고 결과를 리스트에 저장합니다
results = []
for roll_num in range(1000):
    result = die_1.roll() + die_2.roll()  # ①
    results.append(result)

# 결과를 분석합니다
frequencies = []
max_result = die_1.num_sides + die_2.num_sides  # ②
for value in range(2, max_result+1):  # ③
    frequency = results.count(value)
    frequencies.append(frequency)

# 결과를 시각화합니다
x_values = list(range(2, max_result+1))
```

```
data = [Bar(x=x_values, y=frequencies)]

x_axis_config = {'title': 'Result', 'dtick': 1}  # ④
y_axis_config = {'title': 'Frequency of Result'}
my_layout = Layout(title='Results of rolling two D6 dice 1000 times',
        xaxis=x_axis_config, yaxis=y_axis_config)
offline.plot({'data': data, 'layout': my_layout}, filename='d6_d6.html')
```

Die 인스턴스를 두 개 만든 다음, ①에서 두 주사위의 합을 계산했습니다. 최댓값인 12는 두 주사위가 모두 6이 나올 때만 가능합니다. 이 값을 max_result에 저장합니다(②). 마찬가지로, 최솟값인 2는 두 주사위에서 모두 1이 나올 때만 가능합니다. 결과를 분석할 때는 최솟값인 2에서 max_result 사이의 결과들을 집계합니다(③). 물론 range(2, 13)을 써도 되지만, 이렇게 숫자를 정하는 것은 D6 주사위 두 개를 쓸 때에만 유효합니다. 실제 세계를 모델화할 때는 다양한 경우의 수에 쉽게 대응할 수 있는 코드를 만드는 편이 좋습니다. 주사위 최댓값을 변수에 저장하는 방식을 쓰면 6면체뿐 아니라 12면체, 16면체 등의 주사위를 실험할 때도 코드를 거의 수정하지 않아도 됩니다.

④를 보면 x_axis_config 딕셔너리에 dtick 키를 포함시켰습니다. 이 세팅은 x 축의 눈금 마크 사이의 간격을 조절합니다. 이제 히스토그램에 표시하는 막대가 많아졌으므로, 플로틀리의 기본 세팅을 계속 사용하면 일부 눈금에 라벨을 표시하지 않습니다. 'dtick': 1 세팅을 사용하면 플로틀리가 모든 눈금 마크에 라벨을 붙입니다. 그래프 제목도 업데이트했고, 출력 파일 이름도 바꿨습니다.

이 코드를 실행하면 [그림 15-13]과 비슷한 그래프를 볼 수 있습니다.

그림 15-13 6면체 주사위 두 개를 1000번 굴리는 시뮬레이션

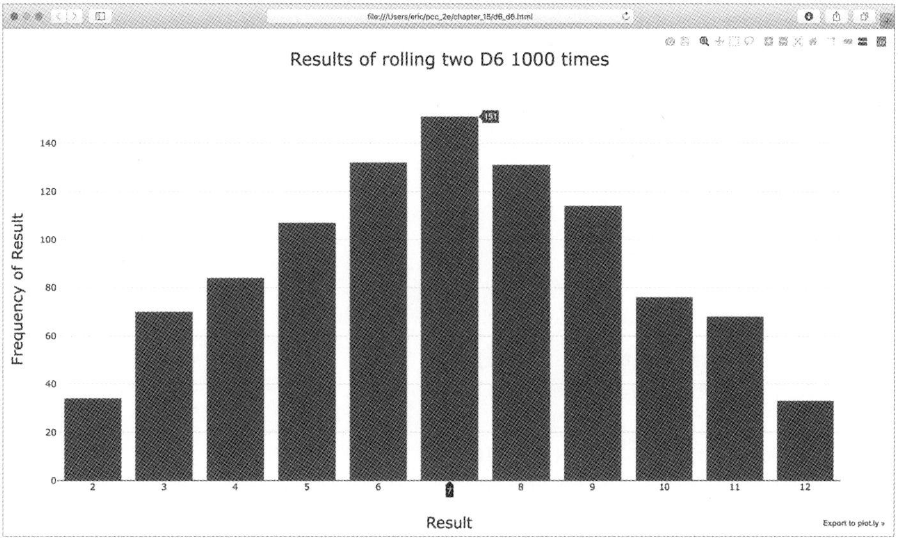

이 그래프는 D6 주사위 한 쌍을 그렸을 때 기대할 수 있는 결과를 대략적으로 보여줍니다. 그 래프에서 확인할 수 있듯, 2나 12가 나올 확률이 가장 낮고 7이 나올 확률이 가장 높습니다. 7 이 나오는 조합이 가장 많기 때문이죠. 1 + 6, 2 + 5, 3 + 4, 4 + 3, 5 + 2, 6 + 1. 여섯 가지 경우 모두 7이 나옵니다.

15.4.7 종류가 다른 주사위 굴리기

이번에는 6면체 주사위 하나와 10면체 주사위 하나를 50,000번 굴리면 어떤 결과가 나올지 알아봅시다.

dice_visual.py

```
from plotly.graph_objs import Bar, Layout
from plotly import offline

from die import Die

# D6와 D10을 만듭니다
die_1 = Die()
```

```
die_2 = Die(10)    # ①

# 주사위를 몇 번 굴리고 결과를 리스트에 저장합니다
results = []
for roll_num in range(50_000):
    result = die_1.roll() + die_2.roll()
    results.append(result)

# 결과를 분석합니다
--생략--

# 결과를 시각화합니다
x_values = list(range(2, max_result+1))
data = [Bar(x=x_values, y=frequencies)]

x_axis_config = {'title': 'Result', 'dtick': 1}
y_axis_config = {'title': 'Frequency of Result'}
my_layout = Layout(title='Results of rolling a D6 and a D10 50000 times',  # ②
        xaxis=x_axis_config, yaxis=y_axis_config)
offline.plot({'data': data, 'layout': my_layout}, filename='d6_d10.html')
```

①에서는 두 번째 Die 인스턴스를 만들 때 매개변수로 10을 넘겨 D10을 만들었고, 첫 번째 루프를 1000회에서 50,000회로 바꿨습니다. ②에서는 그에 맞게 그래프 제목과 결과 파일 이름을 바꿨습니다.

[그림 15-14]는 결과 그래프입니다. 이번에는 최빈값이 하나만 있는 게 아니라 다섯 가지 숫자의 확률이 높게 나왔습니다. 최솟값이 나오는 경우(1 + 1)와 최댓값이 나오는 경우(6 + 10)는 여전히 한 가지뿐입니다. 중간값은 더 작은 주사위에 몇 가지 숫자가 있느냐에 따라 다르며, 이 경우에는 7, 8, 9, 10, 11이 나오는 경우의 수가 각각 여섯 가지씩으로 가장 많습니다. 따라서 이들이 가장 많이 나타나는 결과이고, 6면체와 10면체 주사위 쌍을 굴렸다면 이들 중 하나가 나올 확률이 제일 높습니다.

그림 15-14 6면체 주사위와 10면체 주사위를 50,000번 굴린 결과

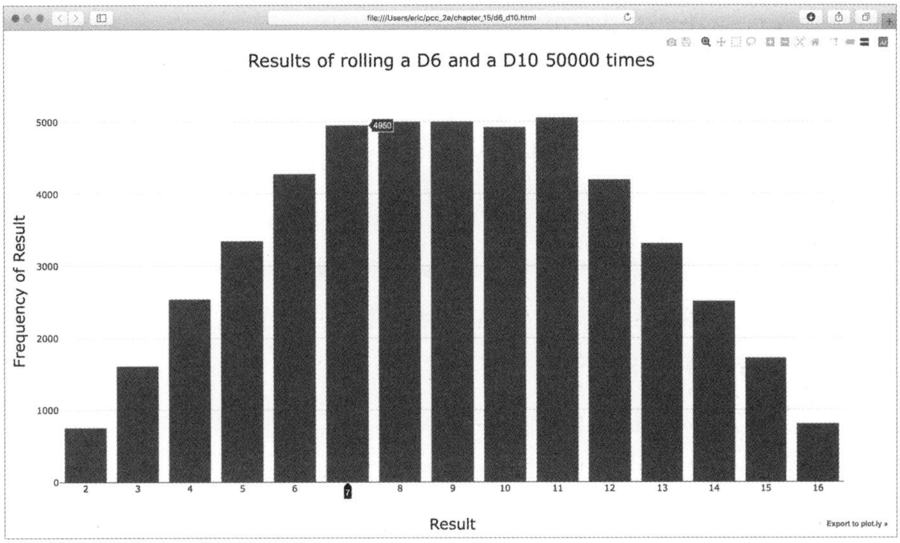

플로틀리를 쓰면 주사위 굴리는 실험을 아주 쉽게 할 수 있습니다. 다양한 주사위를 엄청나게 많이 굴리는 실험도 단 몇 분이면 충분합니다.

연습문제

15-6. 8면체 주사위 두 개: 8면체 주사위 한 쌍을 1000번 굴리는 시뮬레이션을 만들어보십시오. 시뮬레이션을 실행하기 전에 시각화가 어떤 모습일지 상상해보고, 실제 결과와 일치하는지 확인해보십시오. 컴퓨터 속도의 한계에 도달할 때까지 굴리는 횟수를 점점 늘려보십시오.

15-7. 주사위 세 개: D6 주사위 세 개를 굴리면 최솟값은 3이고 최댓값은 18입니다. D6 주사위 세 개를 굴린 결과를 나타내는 시각화를 만들어보십시오.

15-8. 곱셈: 주사위 두 개를 굴릴 때는 보통 두 숫자를 합칩니다. 두 숫자를 더하지 않고 곱했을 때 어떤 결과가 나올지 보여주는 시각화를 만들어보십시오.

15-9. 주사위 내포: 이 섹션에서는 이해를 돕기 위해 for 루프를 써서 좀 긴 코드를 만들었습니다. 리스트 내포에 익숙하다면 이들 프로그램에 들어 있는 루프를 리스트 내포로 바꿔보십시오.

15-10. 라이브러리 마스터: 맷플롯립을 써서 주사위 결과 시각화를 만들고, 플로틀리를 써서 랜덤 워크 시각화를 만들어보십시오(이 연습문제를 해결하려면 각 라이브러리의 문서를 읽어봐야 할 겁니다).

15.5 마치며

이 장에서는 데이터 세트를 생성하고 시각화하는 방법을 배웠습니다. 맷플롯립을 써서 단순한 그래프를 만들어봤고, 산포도로 랜덤 워크를 표현해봤습니다. 플로틀리를 써서 히스토그램을 만들고, 히스토그램으로 다양한 주사위를 굴린 결과를 살펴봤습니다.

데이터 세트를 직접 만들어보면 다양한 실제 상황을 흥미롭게 모델화할 수 있습니다. 데이터 시각화 프로젝트를 공부할 때는 어떤 상황을 코드로 모델화할 수 있는지 항상 생각하십시오. 뉴스나 인터넷에서 시각화를 찾아보고, 이 장에서 배운 것과 비슷한 방법을 써서 그런 데이터 세트를 만들 수 있을지 생각해보십시오.

16장에서는 온라인 소스에서 데이터를 내려받고, 맷플롯립과 플로틀리를 써서 그 데이터를 시각화해볼 겁니다.

## CHAPTER 16

데이터 내려받기

이 장에서는 온라인 소스에서 데이터 세트를 내려받고 그 데이터로 시각화를 만들어봅니다. 인터넷에는 상상할 수도 없을 만큼 다양한 데이터가 있지만, 이들 중 대다수는 충분히 검토하지 않은 데이터입니다. 온라인에서 찾은 데이터를 분석할 수 있게 되면 다른 사람이 찾지 못한 패턴과 연결점들을 찾을 수 있게 됩니다.

이 장에서 다룰 데이터 형식은 널리 쓰이는 데이터 형식인 CSV와 JSON입니다. CSV는 콤마로 구분된 값의 줄임말입니다. 파이썬의 **csv** 모듈을 써서 CSV 형식으로 저장된 날씨 데이터를 읽고, 두 장소의 기온 차이를 분석할 겁니다. 다음에는 캘리포니아의 데스 밸리, 알래스카의 시트카 두 곳의 기온 분포를 내려받고 맷플롯립을 써서 그 데이터를 그래프로 만들겠습니다. 이 장 후반에는 **json** 모듈을 써서 JSON 형식으로 저장된 지진 데이터에 접근하고, 최근에 일어난 지진의 위치와 진도를 플로틀리로 그려보겠습니다.

이 장 후반이 되면 여러 가지 타입의 데이터 세트를 다룰 수 있게 되고, 복잡한 시각화를 어떻게 만드는지 충분히 이해하게 될 겁니다. 현실 세계의 다양한 데이터 세트를 다룰 수 있으려면 온라인에 존재하는 수많은 데이터 타입과 형식에 접근하고 시각화하는 능력이 필수적입니다.

16.1 CSV 파일 형식

텍스트 파일에 데이터를 저장할 때 널리 쓰이는 방법 중 하나는 값을 콤마로 구분해 쓰는 방법입니다. 이런 파일을 CSV 파일이라고 부릅니다. 다음은 CSV 형식으로 저장된 날씨 데이터 일부입니다.

```
"USW00025333","SITKA AIRPORT, AK US","2018-01-01","0.45",,"48","38"
```

이 데이터는 알래스카 시트카의 2018년 1월 1일 날씨 데이터 일부입니다. 이 데이터에는 그날의 최고 기온과 최저 기온이 나와 있고, 그 외에도 그날에 측정한 여러 가지 데이터가 들어 있습니다. CSV 파일은 사람이 읽기는 좀 어려울 수 있지만, 프로그램으로 처리하고 값을 추출하기 쉬우므로 데이터 분석 작업에 효율적입니다.

우선 CSV 형식 날씨 데이터 일부를 가지고 시작해봅시다. 이 데이터는 시트카에서 기록된 것이며, 책의 온라인 사이트 https://nostarch.com/pythoncrashcourse2e/에서 받을 수 있습니다. 이 장의 프로그램을 저장하는 폴더 안에 data라는 폴더를 만드십시오. 새로 만든 폴더에 sitka_weather_07-2018_simple.csv 파일을 복사하십시오.

NOTE_ 이 프로젝트에 사용한 날씨 데이터는 https://ncdc.noaa.gov/cdo-web/에서 가져왔습니다.

16.1.1 CSV 파일 헤더 분석하기

파이썬의 csv 모듈은 표준 라이브러리에 들어 있습니다. 이 모듈은 CSV 파일을 행 단위로 분석하며 관심 있는 값을 빠르게 찾을 수 있습니다. 먼저 파일의 첫 번째 행부터 분석해봅시다. 이 행에는 데이터 헤더들이 들어 있습니다. 헤더를 보면 데이터가 어떤 정보인지 종류를 알 수 있습니다.

sitka_highs.py

```python
import csv

filename = 'data/sitka_weather_07-2018_simple.csv'
```

```
with open(filename) as f:  # ①
    reader = csv.reader(f)  # ②
    header_row = next(reader)  # ③
    print(header_row)
```

csv 모듈을 임포트한 뒤 현재 작업중인 파일 이름을 filename에 할당했습니다. ①에서는 파일을 열고 그 객체를 f에 할당했습니다. ②에서는 csv.reader()를 호출하고 파일 객체를 넘겨서 해당 파일과 연결된 리더 객체를 만들었습니다. 이 객체를 reader에 할당했습니다.

csv 모듈에는 리더 객체의 다음 행을 반환하는 next() 함수가 들어 있습니다. ③에서는 next()를 한 번만 호출했으므로 파일의 첫 번째 행만 가져옵니다. 이 행에 파일 헤더가 들어 있습니다. 반환된 데이터를 header_row에 할당했습니다. header_row에는 다음과 같이 데이터의 각 행에 어떤 정보가 포함되어 있는지 알려주는 헤더가 들어 있습니다.

```
['STATION', 'NAME', 'DATE', 'PRCP', 'TAVG', 'TMAX', 'TMIN']
```

reader 객체는 콤마로 구분된 첫 번째 행을 읽고 각 아이템을 리스트에 저장합니다. STATION 헤더는 이 데이터를 기록한 관측소 코드입니다. 이 헤더의 위치를 보면 각 행의 첫 번째 값이 날씨를 기록한 관측소임을 알 수 있습니다. 두 번째 값인 NAME 헤더는 날씨 관측소의 이름입니다. 나머지 헤더는 각 행에 어떤 정보가 기록되어 있는지 알려줍니다. 우리가 지금 알아야 할 데이터는 날짜(DATE), 최고 기온(TMAX), 최저 기온(TMIN)입니다. 지금 다루고 있는 파일은 강수량과 기온 관련 데이터만 들어 있는 단순한 데이터 세트입니다. 날씨 데이터를 직접 내려받을 때는 풍속, 풍향, 더 자세한 강수량 등 원하는 정보를 더 포함시킬 수 있습니다.

16.1.2 헤더와 위치 출력하기

다음과 같이 헤더와 리스트 위치를 출력하면 파일 헤더 데이터를 더 쉽게 이해할 수 있습니다.

sitka_highs.py

```
--생략--
with open(filename) as f:
    reader = csv.reader(f)
    header_row = next(reader)
```

```
for index, column_header in enumerate(header_row):  # ①
    print(index, column_header)
```

①의 enumerate() 함수는 리스트를 순회하면서 각 아이템의 인덱스와 값을 반환합니다. 여기서는 앞의 코드보다 더 자세히 출력하므로 print(header_row) 부분은 제거했습니다.

다음은 각 헤더의 인덱스입니다.

```
0 STATION
1 NAME
2 DATE
3 PRCP
4 TAVG
5 TMAX
6 TMIN
```

출력 결과를 보면 날짜와 최고 기온이 각각 2열과 5열에 들어 있음을 알 수 있습니다. 이 데이터가 필요하다면 sitka_weather_07-2018_simple.csv의 각 행을 처리하면서 인덱스 2와 5에 해당하는 데이터를 가져오면 됩니다.

16.1.3 데이터 추출하기

이제 필요한 데이터가 어떤 열에 들어 있는지 알게 됐으니 데이터를 읽어봅시다. 먼저 각 날짜의 최고 기온은 다음과 같이 읽습니다.

sitka_highs.py

```
--생략--
with open(filename) as f:
    reader = csv.reader(f)
    header_row = next(reader)

    # 파일에서 최고 기온을 읽습니다
    highs = []  # ①
    for row in reader:  # ②
        high = int(row[5])  # ③
```

```
        highs.append(high)

    print(highs)
```

①에서는 빈 리스트 highs를 만들고 ②에서는 파일의 남은 행을 순회하는 루프를 만들었습니다. reader 객체는 CSV 파일에서 마지막으로 읽었던 행의 다음 행에서 시작하며 현재 위치의 다음 행을 자동으로 반환합니다. 헤더 행은 이미 읽었으므로 루프는 실제 데이터가 시작되는 두 번째 행에서 시작합니다. 루프에서는 인덱스 5, 즉 TMAX 헤더에 해당하는 데이터를 읽고 그 값을 변수 high에 할당합니다. 데이터는 문자열 형식으로 인식되므로 ③에서 int() 함수를 써서 숫자로 변환했습니다. 그리고 이 값을 highs에 추가합니다.

다음은 highs에 저장된 데이터입니다.

```
[62, 58, 70, 70, 67, 59, 58, 62, 66, 59, 56, 63, 65, 58, 56, 59, 64, 60, 60,
 61, 65, 65, 63, 59, 64, 65, 68, 66, 64, 67, 65]
```

각 날짜의 최고 기온을 읽었고 각 값을 리스트에 저장했습니다. 이제 이 데이터를 시각화해봅시다.

16.1.4 기온 그래프에 데이터 그리기

다음과 같이 맷플롯립을 사용해 각 날짜의 최고 기온을 시각화합니다.

sitka_highs.py

```
import csv

import matplotlib.pyplot as plt

filename = 'data/sitka_weather_07-2018_simple.csv'
with open(filename) as f:
    --생략--

# 최고 기온을 그래프로 그립니다
plt.style.use('seaborn')
fig, ax = plt.subplots()
ax.plot(highs, c='red')  # ①
```

```
# 그래프 서식을 정합니다
ax.set_title("Daily high temperatures, July 2018", fontsize=24)  # ②
ax.set_xlabel('', fontsize=16)  # ③
ax.set_ylabel("Temperature (F)", fontsize=16)
ax.tick_params(axis='both', which='major', labelsize=16)

plt.show()
```

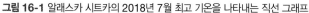

최고 기온 리스트를 plot()에 전달하면서 c='red'를 써서 각 점을 빨간색으로 표시했습니다 (최고 기온은 빨간색으로, 최저 기온은 파란색으로 그릴 겁니다). ②에서는 그래프 제목, 폰트 크기, 라벨 같은 세부 서식을 적용했는데 15장에서 설명한 내용입니다. 날짜를 아직 추가하지 않았으므로 x 축에는 라벨을 붙이지 않았지만, ③에서 **ax.set_xlabel()**을 써서 폰트 크기를 수정해 기본 라벨을 좀 더 읽기 쉽게 만들었습니다. [그림 16-1]은 알래스카 시트카의 2018년 7월 최고 기온을 나타내는 직선 그래프입니다.

그림 16-1 알래스카 시트카의 2018년 7월 최고 기온을 나타내는 직선 그래프

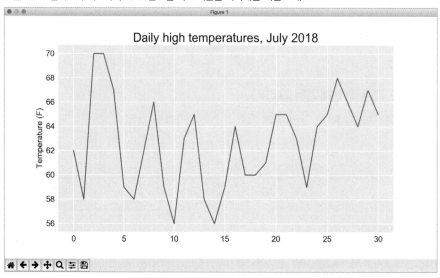

16.1.5 datetime 모듈

이제 그래프에 날짜를 추가해서 더 유용하게 만들 차례입니다. 다음은 파일의 두 번째 줄에 들어 있는 날씨 데이터입니다.

```
"USW00025333","SITKA AIRPORT, AK US","2018-07-01","0.25",,"62","50"
```

데이터는 문자열로 인식되므로, 문자열 "2018-07-01"을 날짜 객체로 바꿔야 합니다. datetime 모듈의 strptime() 메서드를 써서 2018년 7월 1일에 해당하는 객체를 만들 수 있습니다. 먼저 터미널에서 strptime()이 어떻게 동작하는지 확인해봅시다.

```
>>> from datetime import datetime
>>> first_date = datetime.strptime('2018-07-01', '%Y-%m-%d')
>>> print(first_date)
2018-07-01 00:00:00
```

먼저 datetime 모듈에서 datetime 클래스를 임포트했습니다. 다음에는 strptime() 메서드를 호출하면서 날짜로 바꿀 문자열을 전달했습니다. 두 번째 매개변수는 이 날짜가 어떤 형식인지 알려주는 매개변수입니다. 이 예제에서 '%Y-'는 첫 번째 하이픈 앞에 있는 부분이 네 자리 연도, '%m-'은 두 번째 하이픈 앞에 있는 부분이 월, '%d'는 마지막 부분이 일을 나타낸다는 뜻입니다.

strptime() 메서드는 날짜 문자열을 다양한 방법으로 해석할 수 있습니다. [표 16-1]은 이 매개변수의 일부입니다.

표 16-1 datetime 모듈에서 사용하는 날짜와 시간 매개변수

매개변수	의미
%A	Monday 같은 요일 이름
%B	January 같은 월 이름
%m	01 ~ 12같이 숫자로 표시한 월
%d	01 ~ 31같이 숫자로 표시한 일
%Y	2020처럼 네 자리 숫자로 표시한 연도
%y	20처럼 두 자리 숫자로 표시한 연도
%H	24시 기준 시간 (00 ~ 23)

%l	12시 기준 시간(01 ~ 12)
%p	am 또는 pm
%M	분(00 ~ 59)
%S	초(00 ~ 59)

16.1.6 그래프에 날짜 그리기

이제 날짜와 기온 데이터를 같은 그래프에 그려서 그래프를 더 개선해보겠습니다.

sitka_highs.py

```python
import csv
from datetime import datetime

import matplotlib.pyplot as plt

filename = 'data/sitka_weather_07-2018_simple.csv'

with open(filename) as f:
    reader = csv.reader(f)
    header_row = next(reader)

    # 파일에서 날짜와 최고 기온을 읽습니다
    dates, highs = [], []  # ①
    for row in reader:
        current_date = datetime.strptime(row[2], '%Y-%m-%d')  # ②
        high = int(row[5])
        dates.append(current_date)
        highs.append(high)

# 최고 기온을 그래프로 그립니다
plt.style.use('seaborn')
fig, ax = plt.subplots()
ax.plot(dates, highs, c='red')  # ③

# 그래프 서식을 정합니다
ax.set_title("Daily high temperatures, July 2018", fontsize=24)
ax.set_xlabel('', fontsize=16)
fig.autofmt_xdate()  # ④
```

```
ax.set_ylabel("Temperature (F)", fontsize=16)
ax.tick_params(axis='both', which='major', labelsize=16)

plt.show()
```

①에서는 날짜와 최고 기온을 저장할 빈 리스트 두 개를 만들었습니다. ②에서는 날짜 정보가 담긴 데이터(row[2])를 datetime 객체로 변환하고, 이 객체를 dates 리스트에 추가했습니다. ③에서는 추출된 날짜와 최고 기온 값을 plot()에 전달했습니다. ④의 fig.autofmt_xdate()는 날짜 라벨을 기울여서 서로 겹치는 현상을 막습니다. [그림 16-2]는 개선된 그래프입니다.

그림 16-2 x 축에 날짜를 표시해서 더 유용해진 그래프

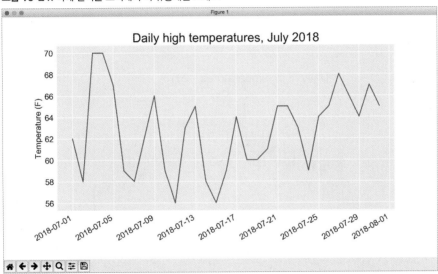

16.1.7 더 긴 기간 그리기

그래프 기초를 완성했으니 데이터를 추가해서 시트카의 날씨를 한눈에 볼 수 있게 만들어봅시다. sitka_weather_2018_simple.csv 파일을 이 장의 프로그램을 저장한 폴더에 복사하십시오. 이 파일에는 시트카의 1년치 날씨 데이터가 모두 들어 있습니다.

이제 한 해의 날씨 전체를 그래프로 그릴 수 있습니다.

sitka_highs.py

```
--생략--
filename = 'data/sitka_weather_2018_simple.csv'  # ①
with open(filename) as f:
--생략--

# 그래프 서식을 정합니다
ax.set_title("Daily high temperatures - 2018", fontsize=24)  # ②
ax.set_xlabel('', fontsize=16)
--생략--
```

①에서는 데이터 파일 이름을 sitka_weather_2018_simple.csv로 수정했고, ②에서는 그래프 내용에 맞게 제목을 수정했습니다. [그림 16-3]은 결과 그래프입니다.

그림 16-3 1년 기온 그래프

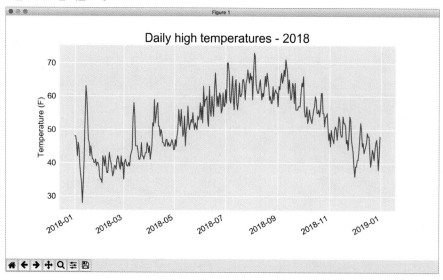

16.1.8 두 번째 데이터 그리기

최저 기온도 추가해서 그래프를 더 유용하게 만들 수 있습니다. 다음과 같이 데이터 파일에서 최저 기온을 추출해 그래프에 추가하면 됩니다.

sitka_highs_lows.py

```
--생략--
filename = 'sitka_weather_2018_simple.csv'

with open(filename) as f:
    reader = csv.reader(f)
    header_row = next(reader)

    # 파일에서 날짜, 최고 기온, 최저 기온을 읽습니다
    dates, highs, lows = [], [], []  # ①
    for row in reader:
        current_date = datetime.strptime(row[2], '%Y-%m-%d')
        high = int(row[5])
        low = int(row[6])  # ②
        dates.append(current_date)
        highs.append(high)
        lows.append(low)

# 최고 기온과 최저 기온을 그립니다
plt.style.use('seaborn')
fig, ax = plt.subplots()
ax.plot(dates, highs, c='red')
ax.plot(dates, lows, c='blue')  # ③

# 그래프 서식을 정합니다
ax.set_title("Daily high and low temperatures - 2018", fontsize=24)  # ④
--생략--
```

①에서는 최저 기온을 저장할 빈 리스트 lows를 추가했고, 각 행의 일곱 번째 위치(row[6])에 있는 최저 기온을 추출해 저장했습니다(②). ③에서는 최저 기온을 표시하도록 plot()을 추가로 호출했고 점 색깔은 파란색으로 정했습니다. 마지막으로 ④에서 제목을 수정했습니다. [그림 16-4]는 결과 그래프입니다.

그림 16-4 그래프 하나에 두 가지 데이터

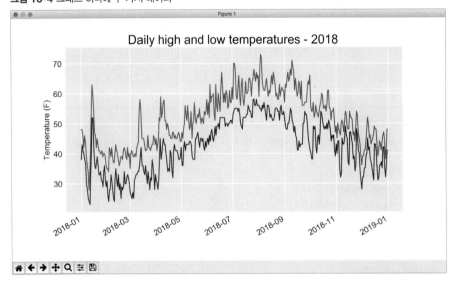

16.1.9 그래프 영역 일부분 채우기

두 가지 데이터를 표시했으니 각 날짜의 기온 범위도 알 수 있습니다. 각 날짜의 최고와 최저 기온 사이의 범위를 알기 쉽도록 색깔을 추가해 그래프를 더 개선해봅시다. 이번에 사용할 `fill_between()` 메서드는 x 값 리스트 하나와 y 값 리스트 두 개를 받아서 y 값 사이의 공간을 채웁니다.

sitka_highs_lows.py

```
--생략--

# 최고 기온과 최저 기온을 그립니다
plt.style.use('seaborn')
fig, ax = plt.subplots()
ax.plot(dates, highs, c='red', alpha=0.5)   # ①
ax.plot(dates, lows, c='blue', alpha=0.5)
ax.fill_between(dates, highs, lows, facecolor='blue', alpha=0.1)   # ②
--생략--
```

①의 alpha 매개변수는 색깔의 투명도를 정합니다. alpha 값이 0이면 완전히 투명하고, 기본 값인 1은 완전히 불투명합니다. alpha 값을 0.5로 정하면 빨간색과 파란색 그래프도 비쳐 보입니다.

②에서는 x 값인 dates와 y 값인 highs, lows 리스트를 fill_between()에 전달했습니다. facecolor 매개변수는 영역에 채울 색깔입니다. alpha 값은 0.1로 정해서 색깔이 너무 시선을 빼앗지 않게 했습니다. [그림 16-5]는 최고 기온과 최저 기온 사이에 색깔을 채운 그래프입니다.

그림 16-5 두 데이터 세트 사이의 영역을 색으로 채웠습니다.

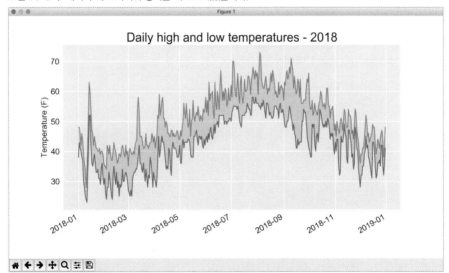

이렇게 색깔을 사용하면 두 가지 데이터 세트가 차지하는 범위를 더 빨리 파악할 수 있습니다.

16.1.10 에러 체크

날씨 데이터를 수집한 위치가 어디든 관계없이 sitka_highs_lows.py를 실행해 데이터를 분석할 수 있습니다. 하지만 날씨 관측소에 따라 데이터를 수집하는 방식이 다를 수 있고, 이따금 오류를 일으켜 원래 의도했던 데이터를 수집하지 못하는 경우도 있습니다. 있어야 할 데이터가 없으면 예외가 일어나고, 예외를 정확히 처리하지 않으면 프로그램이 충돌할 수 있습니다.

예를 들어 캘리포니아 데스 밸리의 기온 그래프를 그려봅시다. 이 장의 프로그램을 저장한 폴더에 death_valley_2018_simple.csv 파일을 복사하십시오.

먼저 데이터 파일에 포함된 헤더를 봅시다.

death_valley_highs_lows.py

```
import csv

filename = 'data/death_valley_2018_simple.csv'
with open(filename) as f:
    reader = csv.reader(f)
    header_row = next(reader)

    for index, column_header in enumerate(header_row):
        print(index, column_header)
```

결과는 다음과 같습니다.

```
0 STATION
1 NAME
2 DATE
3 PRCP
4 TMAX
5 TMIN
6 TOBS
```

날짜는 마찬가지로 인덱스 2에 있습니다. 하지만 최고 기온과 최저 기온은 인덱스 4와 5에 있으니, 이 위치를 반영하려면 프로그램을 수정해야 합니다. 또한, 시트카의 데이터와는 달리 이 파일에는 그 날의 평균 기온이 빠져 있고 대신 관측 시간을 나타내는 TOBS 헤더가 있습니다.

필자는 파일에 누락된 데이터가 있을 경우 어떤 현상이 일어나는지 보이기 위해 기온 데이터 일부를 제거했습니다. 데스 밸리의 그래프를 그리도록 sitka_highs_lows.py 파일을 수정하고 어떻게 되는지 보십시오.

death_valley_highs_lows.py

```
--생략--

filename = 'data/death_valley_2018_simple.csv'
with open(filename) as f:
    --생략--
    # 파일에서 날짜, 최고 기온, 최저 기온을 읽습니다
    dates, highs, lows = [], [], []
    for row in reader:
        current_date = datetime.strptime(row[2], '%Y-%m-%d')
        high = int(row[4])  # ①
        low = int(row[5])
        dates.append(current_date)
--생략--
```

①에서는 이 파일의 **TMAX**와 **TMIN**에 맞게 인덱스를 수정했습니다.

프로그램을 실행하면 다음과 같이 에러가 일어납니다.

```
Traceback (most recent call last):
  File "death_valley_highs_lows.py", line 15, in <module>
    high = int(row[4])
ValueError: invalid literal for int() with base 10: ''
```

트레이스백을 읽어보면 최고 기온을 처리하다가 빈 문자열('')을 정수로 변환하지 못해서 에러가 일어났음을 알 수 있습니다. 데이터 파일을 살펴보며 어디서 문제가 발생했는지 알아볼 수도 있지만, 여기서는 데이터가 누락된 경우에 대응하는 코드를 먼저 만들겠습니다.

CSV 파일을 읽을 때 에러를 체크해서 일어날 수 있는 예외를 방지하려고 합니다. 방법은 다음과 같습니다.

death_valley_highs_lows.py

```
--생략--
filename = 'data/death_valley_2018_simple.csv'
with open(filename) as f:
    --생략--
    for row in reader:
        current_date = datetime.strptime(row[2], '%Y-%m-%d')
```

```
        try:  # ①
            high = int(row[4])
            low = int(row[5])
        except ValueError:
            print(f"Missing data for {current_date}")  # ②
        else:  # ③
            dates.append(current_date)
            highs.append(high)
            lows.append(low)

# 최고 기온과 최저 기온을 그립니다
--생략--

# 그래프 서식을 정합니다
title = "Daily high and low temperatures - 2018\nDeath Valley, CA"  # ④
ax.set_title(title, fontsize=20)
ax.set_xlabel('', fontsize=16)
--생략--
```

이제 각 행을 처리할 때마다 최고 기온, 최저 기온이 올바른 형식인지 확인합니다(①). 누락된 데이터가 있으면 ValueError가 일어나는데, 이런 경우 ②에서 예외를 처리해 데이터가 누락된 날짜를 포함한 에러 메시지를 출력합니다. 에러를 출력한 다음에는 루프를 계속하면서 다음 행을 처리합니다. 해당 날짜의 데이터를 모두 에러 없이 얻었다면 else 블록이 실행되면서 데이터를 해당하는 리스트에 추가합니다(③). 새로운 지역 정보를 그래프로 그리고 있으므로, 그래프 제목을 바꿨습니다. 제목의 길이가 전보다 길어졌기 때문에 폰트 크기를 줄였습니다(④).

이제 death_valley_highs_lows.py를 실행하면 다음과 같이 데이터가 누락된 날짜가 하나 있음을 알 수 있습니다.

```
Missing data for 2018-02-18 00:00:00
```

에러를 잘 처리했으므로 누락된 데이터는 건너뛰고 그래프를 그릴 수 있습니다. [그림 16-6] 이 결과 그래프입니다.

그림 16-6 데스 밸리의 최고 기온과 최저 기온

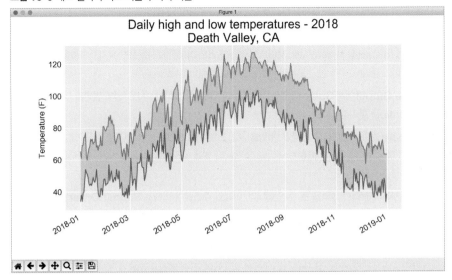

이 그래프를 시트카의 그래프와 비교해보면 데스 밸리가 알래스카 동남쪽보다 전반적으로 따뜻함을 알 수 있습니다. 또한 사막의 일교차가 더 큽니다. 색깔을 칠한 영역의 높이를 보면 일교차가 얼마나 되는지 알 수 있습니다.

데이터 세트로 작업하다 보면 누락된 데이터, 형식이 맞지 않는 데이터, 부정확한 데이터를 자주 만나게 됩니다. 1부에서 배운 방법을 응용해 이런 상황에 대처할 수 있습니다. 여기서는 `try-except-else` 블록을 사용해서 누락된 데이터에 대처했습니다. 때로는 `continue` 문을 써서 일부 데이터를 건너뛸 때도 있고, `remove()`나 `del`을 써서 데이터 일부를 제거할 때도 있을 겁니다. 결과가 의미 있고 정확한 시각화이기만 하다면 어떤 방법을 쓰든 상관 없습니다.

16.1.11 데이터 직접 내려받기

날씨 데이터를 직접 내려받고 싶다면 다음과 같이 하십시오.

1. NOAA 기후 데이터 온라인 사이트(`https://www.ncdc.noaa.gov/cdo-web/`)에 방문하십시오. **Discover Data By** 섹션에서 **Search Tool**을 클릭하십시오. **Select a Dataset** 박스에서 **Daily Summaries**를 선택하십시오.

2. 날짜 범위를 선택하고, **Search For** 섹션에서 **ZIP Codes**를 선택하십시오. 원하는 지역의 우편번호를 입력하고 **Search**를 클릭하십시오.

3. 다음 페이지에 지정한 지역의 지도와 함께 일부 정보가 보일 겁니다. 지역 이름 아래에 있는 **View Full Details**를 클릭하거나, 지도를 클릭한 다음 **Full Details**를 클릭하십시오.

4. 아래로 스크롤해서 **Station List**를 클릭하면 해당 지역에 있는 날씨 관측소를 볼 수 있습니다. 관측소를 선택하고 **Add to Cart**를 클릭하십시오. 사이트에서 쇼핑 카트 아이콘을 사용하긴 하지만, 데이터는 무료이니 걱정하지 않아도 됩니다. 우측 상단 모서리에 있는 카트를 클릭하십시오.

5. **Select the Output**에서 **Custom GHCN-Daily CSV**를 선택하십시오. 날짜 범위를 다시 한번 확인하고 **Continue**를 클릭하십시오.

6. 다음 페이지에서 원하는 데이터를 선택할 수 있습니다. 원한다면 기온에 관한 데이터 중 단 하나만 받을 수도 있고, 반대로 해당 관측소에서 기록하는 데이터 전체를 다 받을 수도 있습니다. 원하는 데이터를 선택했으면 **Continue**를 클릭하십시오.

7. 마지막 페이지에서 선택한 내역을 볼 수 있습니다. 이메일 주소를 입력하고 **Submit Order**를 클릭하십시오. 주문이 접수됐다는 확인을 받고, 몇 분 뒤에는 데이터를 내려받을 수 있는 링크가 들어 있는 이메일을 또 받게 됩니다.

내려받은 데이터는 이 장에서 사용한 데이터와 똑같은 구조로 이루어져 있습니다. 헤더는 다를 수 있지만, 이 장에서 연습한 방법을 되풀이해보면 관심 있는 데이터를 시각화할 수 있을 겁니다.

연습문제

16-1. 시트카에 내리는 비: 시트카는 온대 우림 기후에 속하므로 비가 많이 내립니다. sitka_weather_2018_simple.csv 파일 안에는 그 날의 강우량을 나타내는 PRCP라는 헤더가 있습니다. 시트카의 강우량에 초점을 맞춘 시각화를 만들어보십시오. 사막에 비가 얼마나 적게 내리는지 궁금하다면 데스 밸리에서 이 연습문제를 반복해봐도 됩니다.

16-2. 시트카와 데스 밸리 비교: 시트카와 데스 밸리의 기온 그래프는 축척이 다릅니다. 두 지역의 기온 범위를 정확히 비교하려면 y 축 범위가 일치해야 합니다. [그림 16-5]와 [그림 16-6] 중 하나 또는 모두의 y 축 세팅을 바꾸십시오. 그리고 시트카와 데스 밸리의 기온 범위를 한눈에 비교해보십시오. 관심 있는 다른 두 지역을 비교해봐도 좋습니다.

16-3. 샌프란시스코: 샌프란시스코의 기온은 시트카와 비슷할까요, 아니면 데스 밸리와 비슷할까요? 샌프란시스코의 날씨 데이터를 내려받고 최고-최저 기온 그래프를 만들어 비교해보십시오.

16-4. 자동 인덱스: 이 섹션에서는TMIN과 TMAX 열에 해당하는 인덱스를 직접 입력했습니다. 프로그램이 헤더 행을 분석해서 시트카나 데스 밸리를 구분하지 않고 동작하게 만들어보십시오. 관측소 이름을 써서 그래프에 맞는 제목을 자동으로 넣게 만드십시오.

16-5. 자유 연구: 관심 있는 지역 몇 개를 골라, 날씨에 관한 데이터 무엇이든 뽑아 시각화를 만들어보십시오. 적설량, 풍향, 풍속 등 무엇이든 관계 없습니다.

16.2 전 세계 데이터를 지도로 만들기: JSON 형식

이 섹션에서는 지난 달에 세계에서 일어난 지진을 나타내는 데이터 세트를 내려받습니다. 그리고 지진이 어디에서 일어났는지, 각 지진의 진도는 얼마나 강했는지 지도에 표시할 겁니다. 이 데이터는 JSON 형식으로 저장되어 있으므로 json 모듈을 사용할 겁니다. 플로틀리의 지도 도구는 초보자도 위치 기반 데이터를 쉽게 사용할 수 있도록 만들어져 있습니다. 이를 통해 세계의 지진 분포를 명확히 나타내는 시각화를 만들 수 있습니다.

16.2.1 지진 데이터 내려받기

이 장의 프로그램을 저장한 폴더에 **eq_1_day_m1.json** 파일을 복사하십시오. 이 데이터는 지진을 리히터 규모에 따른 진도를 기준으로 구분했습니다. 이 글을 쓰는 시점을 기준으로, 이 파일에는 최근 24시간 안에 일어난 진도 M1 이상의 지진을 모두 포함하고 있습니다. 이 데이터는 미국 지질 조사회의 지진 데이터 피드에서 가져왔으며, 직접 확인하고 싶다면 https://earthquake.usgs.gov/earthquakes/feed/에 방문해보십시오.

16.2.2 JSON 데이터 점검하기

eq_1_day_m1.json 파일을 열어보면 다음과 같이 아주 빽빽하고 읽기 힘들게 되어 있습니다.

```
{"type":"FeatureCollection","metadata":{"generated":1550361461000,...
{"type":"Feature","properties":{"mag":1.2,"place":"11km NNE of Nor...
{"type":"Feature","properties":{"mag":4.3,"place":"69km NNW of Ayn...
{"type":"Feature","properties":{"mag":3.6,"place":"126km SSE of Co...
{"type":"Feature","properties":{"mag":2.1,"place":"21km NNW of Teh...
{"type":"Feature","properties":{"mag":4,"place":"57km SSW of Kakto...
--생략--
```

이 파일은 읽는 대상을 사람이 아닌 컴퓨터로 예상하고 만들어졌습니다. 비록 읽기 힘들긴 하지만, 파일에 딕셔너리가 들어 있고 지진의 진도나 위치 같은 정보가 있다는 것은 알 수 있습니다.

json 모듈에는 JSON 데이터를 다루는 데 쓰이는 여러 가지 도구가 들어 있습니다. 이들 도구

중에는 파일 형식을 고쳐서, 프로그램을 만들기 전에 구조를 파악하기 쉽게 만들어주는 것도 있습니다.

우선 데이터를 가져와서 좀 더 읽기 쉬운 형태로 만드는 것부터 해봅시다. 이 파일은 비교적 크기 때문에, 화면에 출력하지 않고 새 파일에 저장하겠습니다. 그러면 새 파일을 열고 스크롤하면서 데이터를 살펴볼 수 있습니다.

eq_explore_data.py

```python
import json

# 데이터 구조를 확인합니다
filename = 'data/eq_data_1_day_m1.json'
with open(filename) as f:
    all_eq_data = json.load(f)  # ①

readable_file = 'data/readable_eq_data.json'  # ②
with open(readable_file, 'w') as f:
    json.dump(all_eq_data, f, indent=4)  # ③
```

먼저 json 모듈을 임포트하고, ①에서 데이터 전체를 all_eq_data에 할당했습니다. json.load() 함수는 이 데이터를 파이썬이 다룰 수 있는 형식으로 변환합니다. 여기서는 아주 큰 딕셔너리로 바뀝니다. ②에서는 이 데이터를 좀 더 읽기 쉬운 형태로 저장할 파일을 만들었습니다. ③의 json.dump() 함수는 JSON 데이터 객체와 파일 객체를 받고, 데이터를 파일에 기록합니다. 여기서 사용한 indent=4 매개변수는 dump()에서 데이터를 기록할 때 4칸을 들여 쓰라는 의미입니다.

data 폴더에서 readable_eq_data.json 파일을 열어보면 다음과 같은 데이터를 볼 수 있습니다.

readable_eq_data.json

```json
{
    "type": "FeatureCollection",
    "metadata": {  # ①
        "generated": 1550361461000,
        "url": "https://earthquake.usgs.gov/earthquakes/.../1.0_day.geojson",
```

```
            "title": "USGS Magnitude 1.0+ Earthquakes, Past Day",
            "status": 200,
            "api": "1.7.0",
            "count": 158
        },
        "features": [    # ②
        --생략--
```

파일의 첫 번째 부분은 **"metadata"** 키로 시작합니다. 이 데이터는 데이터 파일을 어디에서 만들었는지, 온라인에서 이 데이터를 받으려면 어디로 가야 하는지 등이 나와 있습니다. 또한 데이터 제목과 총 지진 횟수도 나와 있습니다. 이 파일에 따르면 지난 24시간 동안 기록된 지진은 총 158회입니다.

이 geoJSON 파일은 위치 기반 데이터에 알맞은 구조로 이루어져 있습니다. 실제 정보는 **"features"** 키에 연결된 리스트에 저장되어 있습니다(②). 이 파일에는 지진 데이터가 들어 있으므로, 리스트의 각 아이템은 지진 한 건에 대응합니다. 이런 구조가 처음에는 좀 혼란스러워 보일 수 있지만, 큰 데이터를 구조화할 수 있는 강력한 방법입니다. 지질학자들은 이런 방법을 통해 각 지진에 관해 자신이 필요한 정보를 전부 저장하고, 다시 지진 전체를 아주 큰 리스트로 묶습니다.

이제 지진 하나에 관한 딕셔너리를 살펴봅시다.

readable_eq_data.json

```
  --생략--
      {
          "type": "Feature",
          "properties": {    # ①
              "mag": 0.96,
              --생략--
              "title": "M 1.0 - 8km NE of Aguanga, CA"    # ②
          },
          "geometry": {    # ③
              "type": "Point",
              "coordinates": [
                  -116.7941667,    # ④
                  33.4863333,    # ⑤
                  3.22
              ]
```

```
        },
        "id": "ci37532978"
    },
```

"properties" 키에는 각 지진에 관한 정보가 담겨 있습니다. 우리의 주 관심사인 진도^{magnitude}
는 "mag" 키에 들어 있습니다. 또한 각 지진의 진도와 위치를 깔끔하게 요약한 제목 역시 눈여
겨봐야 합니다.

"geometry" 키에는 지진이 일어난 곳에 관한 정보가 있습니다. 이 정보는 각 지진을 지도에
표현할 때 필요합니다. "coordinates" 키를 보면 경도(④)와 위도(⑤)가 나와 있습니다.

이 파일은 그동안 우리가 작성했던 코드에 비해 훨씬 깊이 중첩된 구조로 되어 있습니다. 따라
서 복잡해 보이고 혼란스러울 텐데, 걱정할 필요 없습니다. 복잡한 구조는 대부분 파이썬이 처
리합니다. 우리는 한 번에 1~2단계의 중첩 구조만 처리할 겁니다. 우선, 최근 24시간 사이에
일어난 각 지진에 해당하는 딕셔너리를 추출하는 것부터 시작해봅시다.

> **NOTE_** 우리는 위치에 대해 얘기할 때 보통 위도를 먼저 말하고, 그다음에 경도를 말합니다. 이런 습관은
> 아마 인류가 위도라는 개념을 경도보다 훨씬 먼저 정립했기 때문일 겁니다. 하지만 지형이나 위치 관련 프레
> 임워크는 대부분 경도를 먼저 쓰고 그 다음에 위도를 쓰는 방식을 택하는데, 이런 표기법이 수학적 표현의 (x,
> y)에 들어맞기 때문입니다. geoJSON 형식 역시 경도, 위도 표기법을 따릅니다. 만약 다른 프레임워크를 사
> 용한다면, 해당 프레임워크에서 어떤 표기법을 사용하는지 확인하는 것이 중요합니다.

16.2.3 전체 지진 리스트 만들기

먼저 일어난 지진 전체의 정보를 담은 리스트를 만듭니다.

eq_explore_data.py

```
import json

# 데이터 구조를 확인합니다
filename = 'data/eq_data_1_day_m1.json'
with open(filename) as f:
    all_eq_data = json.load(f)
```

```
all_eq_dicts = all_eq_data['features']
print(len(all_eq_dicts))
```

'features' 키에 연결된 데이터를 가져와서 all_eq_dicts에 저장했습니다. 우리는 이 파일에 158건의 지진 데이터가 있다는 걸 알고 있고, 출력 결과를 보면 파일에 있는 지진 데이터를 전부 가져왔음을 확인할 수 있습니다.

```
158
```

코드가 정말 짧지 않습니까? 읽기 쉬운 구조로 바꾼 readable_eq_data.json 파일은 6,000행이 넘지만, 단 몇 줄의 코드로 이 데이터를 전부 읽고 파이썬 리스트로 저장했습니다. 다음은 각 지진의 진도를 추출할 차례입니다.

16.2.4 진도 추출

지진 데이터가 담긴 리스트를 사용해 리스트를 순회하며 어떤 정보든 가져올 수 있습니다. 이제 각 지진의 진도를 알아봅시다.

eq_explore_data.py

```
--생략--
all_eq_dicts = all_eq_data['features']

mags = []  # ①
for eq_dict in all_eq_dicts:
    mag = eq_dict['properties']['mag']  # ②
    mags.append(mag)

print(mags[:10])
```

①에서 진도를 저장할 빈 리스트를 만들고, all_eq_dicts 딕셔너리를 순회합니다. 루프 안에서는 각 지진을 eq_dict 딕셔너리로 취급합니다. 각 지진의 진도는 'properties' 섹션 아래 'mag' 키에 저장되어 있습니다. 이 진도를 mag 변수에 저장하고, mags 리스트에 삽입합니다.

처음 10개의 진도를 출력해 데이터를 정확히 가져오고 있는지 확인해봅시다.

```
[0.96, 1.2, 4.3, 3.6, 2.1, 4, 1.06, 2.3, 4.9, 1.8]
```

다음에는 각 지진의 위치 데이터를 추출합니다. 이 작업이 끝나면 지진을 지도에 표시할 수 있습니다.

16.2.5 위치 데이터 추출하기

위치 데이터는 "geometry" 키에 저장되어 있습니다. 이 딕셔너리 안에는 "coordinates" 키가 있고, 이 키의 첫 번째와 두 번째 값이 경도^{longitude}와 위도^{latitude}입니다. 데이터는 다음과 같이 추출합니다.

eq_explore_data.py

```
--생략--
all_eq_dicts = all_eq_data['features']

mags, lons, lats = [], [], []
for eq_dict in all_eq_dicts:
    mag = eq_dict['properties']['mag']
    lon = eq_dict['geometry']['coordinates'][0]  # ①
    lat = eq_dict['geometry']['coordinates'][1]
    mags.append(mag)
    lons.append(lon)
    lats.append(lat)

print(mags[:10])
print(lons[:5])
print(lats[:5])
```

경도와 위도를 담을 빈 리스트를 만듭니다. ①의 eq_dict['geometry']는 지진의 geometry 키에 접근하는 코드입니다. 두 번째 키인 'coordinates'는 'coordinates'와 연결된 값 리스트를 가져옵니다. 마지막으로, 0 인덱스는 좌표 리스트의 첫 번째 값, 즉 지진이 일어난 위치의 경도입니다.

처음 다섯 개의 경도와 위도를 출력해보면 데이터를 정확히 추출했음을 알 수 있습니다.

```
[0.96, 1.2, 4.3, 3.6, 2.1, 4, 1.06, 2.3, 4.9, 1.8]
[-116.7941667, -148.9865, -74.2343, -161.6801, -118.5316667]
[33.4863333, 64.6673, -12.1025, 54.2232, 35.3098333]
```

이 데이터가 있으면 지진을 지도에 그릴 수 있습니다.

16.2.6 세계 지도 만들기

지금까지 추출한 정보만으로도 단순한 세계 지도를 만들 수 있습니다. 아직 완성된 시각화라고 말하기는 어렵지만, 스타일이나 표현에 신경 쓰기 전에 우선 정보가 정확히 표시되는지부터 확인하는 게 좋습니다. 기본적인 지도를 만드는 코드는 다음과 같습니다.

eq_world_map.py

```python
import json

from plotly.graph_objs import Scattergeo, Layout  # ①
from plotly import offline

--생략--
for eq_dict in all_eq_dicts:
    --생략--

# 지진을 지도에 표시합니다
data = [Scattergeo(lon=lons, lat=lats)]  # ②
my_layout = Layout(title='Global Earthquakes')  # ③

fig = {'data': data, 'layout': my_layout}  # ④
offline.plot(fig, filename='global_earthquakes.html')
```

그래프 타입 Scattergeo와 Layout 클래스, offline 모듈을 임포트했습니다(①). 막대 그래프를 그릴 때와 마찬가지로 data 리스트도 만들었습니다. Scattergeo 객체를 리스트 안에서 생성한 이유는(②), 시각화에 데이터 세트를 하나 이상 넣을 수 있기 때문입니다. Scattergeo를 사용하면 지도 위에 위치 데이터의 산포도를 겹쳐 그릴 수 있습니다. 아주 단순하게 경도 리스트와 위도 리스트를 제공하기만 해도 그래프를 그릴 수 있습니다.

③에서는 그래프 제목을 정했고, ④에서는 데이터와 레이아웃을 담은 딕셔너리 **fig**를 만들었습니다. 마지막으로 **fig**를 plot() 함수에 넘기면서 이 파일이 어떤 파일인지 알 수 있는 이름을 함께 넘겼습니다. 이제 이 파일을 실행하면 결과는 [그림 16-7]과 같습니다. 지진은 보통 지각 판 경계 근처에서 일어나는데, 그래프에 나타난 지진 위치 역시 그에 일치합니다.

그림 16-7 지난 24시간 동안 일어난 지진 전체를 보여주는 지도

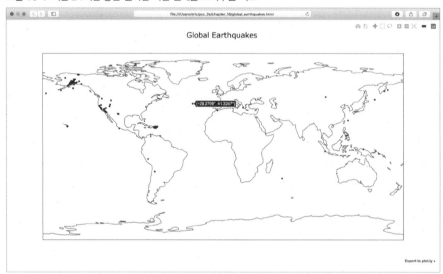

이 지도를 더 읽기 쉽고 의미 있게 만들 수 있는 방법이 아주 많습니다. 지도를 더 개선해봅시다.

16.2.7 그래프 데이터를 표시하는 다른 방법

그래프를 설정하기 전에, 플로틀리 그래프에 데이터를 입력하는 조금 다른 방법을 살펴봅시다. 현재 그래프에서는 다음과 같이 한 행으로 **data** 리스트를 정의했습니다.

```
data = [Scattergeo(lon=lons, lat=lats)]
```

이 방법은 플로틀리 그래프에 사용할 데이터를 정의하는 가장 단순한 방법 중 하나입니다. 하지만 반드시 최선의 방법인 것은 아닙니다. 현재 그래프에 다음과 같이 데이터를 정의할 수도 있습니다.

```
data = [{
    'type': 'scattergeo',
    'lon': lons,
    'lat': lats,
}]
```

이 방법에서는 모든 정보를 딕셔너리 안에 키-값 쌍 구조로 저장했습니다. 이 코드를 eq_plot.py에 적용해도 결과는 같지만, 이 형식은 이전의 형식에 비해 설정이 더 쉽습니다.

16.2.8 마커 크기 조절하기

가장 중요한 것은 시각화를 통해 데이터의 어떤 면에 집중해야 하느냐입니다. 지금의 지도는 각 지진의 위치는 표시하고 있지만, 그 강도는 전혀 표시하지 않고 있습니다. 지도를 본 사람이 어떤 지진이 가장 심각한지 한눈에 알 수 있게 해야 합니다.

다음과 같이 지진의 강도에 따라 마커 크기를 다르게 적용할 수 있습니다.

eq_world_map.py

```
import json
--생략--
# 지진을 지도에 표시합니다
data = [{
    'type': 'scattergeo',
    'lon': lons,
    'lat': lats,
    'marker': {  # ①
        'size': [5*mag for mag in mags],  # ②
    },
}]
my_layout = Layout(title='Global Earthquakes')
--생략--
```

플로틀리는 아주 다양한 방식으로 데이터를 표현할 수 있으며, 이 설정은 키-값 쌍을 통해 지정할 수 있습니다. 여기서는 'marker' 키를 써서 지도에 나타날 마커 크기를 지정했습니다 (①). 마커 세팅 또한 여러 가지이므로 'marker' 키의 값으로 딕셔너리를 사용했습니다.

마커 크기를 각 지진의 강도에 비례하게 만들려고 하지만, 그냥 mags 리스트를 넘기면 마커의 크기가 너무 작아서 크기 차이가 눈에 들어오지 않습니다. 적당한 마커 크기를 얻으려면 진도에 일괄적으로 배수를 곱해야 합니다. 필자 컴퓨터에서는 5를 곱하는 것이 가장 적당했지만, 여러분의 컴퓨터에서는 이보다 조금 크거나 작은 값을 쓰는 게 더 좋을 수도 있습니다. ②에서는 리스트 내포를 써서 mags 리스트의 각 값에 따라 마커 크기가 자동으로 조절되게 만들었습니다.

이 코드를 실행하면 [그림 16-8] 같은 결과를 얻을 수 있습니다. 훨씬 좋아졌지만, 아직 할 수 있는 일이 많습니다.

그림 16-8 이제 지도에 각 지진의 강도가 표시됩니다.

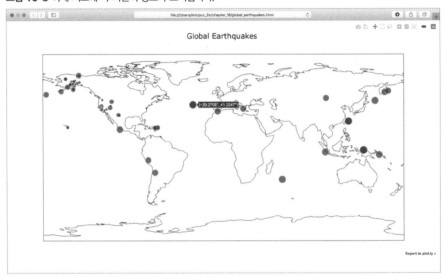

16.2.9 마커 색깔 정하기

각 마커의 색깔을 다르게 해서 지진을 강도에 따라 분류할 수도 있습니다. 플로틀리의 colorscale을 사용하면 됩니다. 코드를 변경하기 전에, 먼저 eq_data_30_day_m1.json 파일을 데이터 폴더에 복사하십시오. 이 파일에는 30일간의 지진 데이터가 들어 있습니다. 이렇게 더 큰 데이터 세트를 사용하면 지도는 훨씬 흥미로워질 겁니다.

다음은 각 지진의 강도를 색깔로 분류하는 방법입니다.

eq_world_map.py

```
--생략--
filename = 'data/eq_data_30_day_m1.json'  # ①
--생략--
# 지진을 지도에 표시합니다
data = [{
    --생략--
    'marker': {
        'size': [5*mag for mag in mags],
        'color': mags,  # ②
        'colorscale': 'Viridis',  # ③
        'reversescale': True,  # ④
        'colorbar': {'title': 'Magnitude'},  # ⑤
    },
}]
--생략--
```

마지막 24시간이 아니라 30일간의 데이터를 사용하므로, 시각화 제목을 바꾸는 걸 잊지 마십시오(①). 지금은 마커의 모양만 수정하고 있으므로 바뀐 코드의 중요한 사항은 모두 'marker' 딕셔너리에 들어 있습니다. ②의 'color' 세팅은 컬러스케일을 어떤 값에 적용할지 정합니다. mags 리스트에 따라 색깔을 결정하게 만들었습니다. 'colorscale' 세팅은 어떤 범위의 색깔을 사용할지 정합니다. 'Viridis'는 짙은 파란색에서 밝은 노란색으로 변하는 색깔이며 이 데이터 세트에 잘 어울립니다(③). 'reversescale'을 True로 지정했으므로 지진 강도가 약할수록 밝은 노란색에 가까운 색깔이, 지진 강도가 강할수록 짙은 파란색에 가까운 색깔이 사용됩니다(④). 'colorbar'는 지도 오른쪽에 표시되는 컬러스케일^{colorscale}의 모양을 정합니다. 여기서는 컬러스케일이 진도를 나타낸다는 것을 표시하게끔 'Magnitude'라는 제목을 붙였습니다.

이제 프로그램을 실행하면 훨씬 더 그럴듯해 보이는 지도가 나타납니다. [그림 16-9]를 보면 각 지진의 강도가 얼마나 강한지 색깔만 봐도 금세 파악할 수 있습니다. 또, 지도에 표시한 지진 발생 장소의 수를 늘리니 지진이 지각 판 경계를 따라 일어나는 경향이 있다는 것도 쉽게 알 수 있습니다.

그림 16-9 최근 30일간 일어난 지진 색깔과 크기는 각 지진의 강도를 표현합니다.

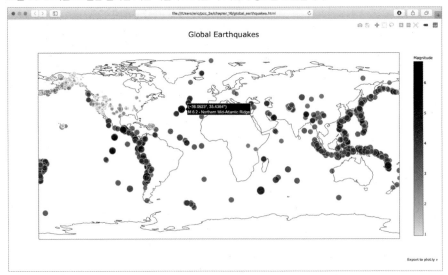

16.2.10 다른 컬러스케일

컬러스케일도 여러 가지가 있습니다. 사용할 수 있는 컬러스케일 전체를 보려면 다음 프로그램을 show_color_scales.py라는 이름으로 저장하고 실행해보십시오.

show_color_scales.py

```
from plotly import colors

for key in colors.PLOTLY_SCALES.keys():
    print(key)
```

플로틀리는 컬러스케일을 colors 모듈 안에 저장합니다. 컬러스케일은 PLOTLY_SCALES 딕셔너리 안에 정의되어 있으며, 각 컬러스케일의 이름이 이 딕셔너리의 키입니다. 위 프로그램의 출력 결과는 다음과 같습니다.

```
Greys
YlGnBu
Greens
```

```
--생략--
Viridis
```

다른 컬러스케일도 자유롭게 실행해보십시오. reversescale 옵션을 통해 색깔의 방향을 반대로 할 수 있다는 것도 기억해두십시오.

> **NOTE_** PLOTLY_SCALES 자체를 출력해보면 컬러스케일이 어떻게 정의되어 있는지 알 수 있습니다. 컬러스케일에는 시작하는 색깔과 끝나는 색깔이 있고, 그 중간 색깔도 하나 이상 정의되어 있습니다. 플로틀리는 정의된 색깔 사이에 보간을 적용해 색깔이 부드럽게 바뀌게 만듭니다.

16.2.11 텍스트 추가하기

지도의 지진 마커 위에 마우스를 올렸을 때 정보가 나타나는 기능을 추가해서 지도를 마무리하겠습니다. 기본적으로 나타나는 경도와 위도 외에도, 진도와 대략적인 위치 설명을 추가할 겁니다.

이렇게 하려면 파일에서 데이터를 좀 더 추출해 data 딕셔너리에 추가해야 합니다.

eq_world_map.py

```
--생략--
mags, lons, lats, hover_texts = [], [], [], []  # ①
for eq_dict in all_eq_dicts:
    --생략--
    lat = eq_dict['geometry']['coordinates'][1]
    title = eq_dict['properties']['title']  # ②
    mags.append(mag)
    lons.append(lon)
    lats.append(lat)
    hover_texts.append(title)
--생략--
# 지진을 지도에 표시합니다
data = [{
    'type': 'scattergeo',
    'lon': lons,
    'lat': lats,
```

```
        'text': hover_texts,  # ③
        'marker': {
            --생략--
        },
    }]
    --생략--
```

---

①에서는 각 마커의 라벨을 저장할 `hover_texts` 리스트를 만들었습니다. 지진 데이터의 `title` 섹션에는 각 지지의 경도와 위도와 함께 진도와 위치도 들어 있습니다. ②에서는 이 정보를 가져와 `title` 변수에 할당하고 `hover_texts` 리스트에 추가했습니다.

`data` 객체에 `'text'` 키를 추가하면, 플로틀리는 사용자가 마커에 마우스를 올릴 때 `'text'` 키의 값을 표시합니다. 마커 수와 일치하는 리스트를 전달하면 플로틀리는 각 라벨과 마커를 연결합니다(③). 이제 프로그램을 실행하고 마커에 마우스를 올리면 지진이 어디에서 일어났는지 알려주는 설명과 정확한 진도를 볼 수 있습니다.

인상적인 결과입니다. 약 40행의 코드로 세계에서 일어난 지진 활동에 관한 정보가 풍부한, 보기도 좋은 지도를 만들었습니다. 이 지도로 지구의 지질학적 구조도 엿볼 수 있습니다. 플로틀리에는 시각화의 모양과 동작을 바꿀 수 있는 옵션이 다양합니다. 이런 옵션을 사용해 원하는 것을 정확히 표현하는 그래프와 지도를 만들 수 있습니다.

연습문제

16-6. 리팩터링: 현재 `all_eq_dicts`에서 데이터를 추출하는 루프는 진도, 경도, 위도, 설명을 모두 변수에 저장한 다음 다시 그 값을 해당하는 리스트에 추가하는 방식으로 동작합니다. 이 방법은 JSON 파일에서 데이터를 추출하는 방법을 명확히 보여준다는 장점은 있지만, 다소 불필요하게 길기도 합니다. 임시 변수를 쓰지 말고 각 값을 `eq_dict`에서 추출한 다음 해당 리스트에 바로 추가하도록 개선하십시오. 이렇게 하면 루프 바디가 4행으로 줄어들 겁니다.

16-7. 자동 제목: 이 섹션에서는 `my_layout`을 정의할 때 제목을 수동으로 작성했는데, 이 방법을 유지한다면 소스 파일이 바뀔 때마다 제목을 계속 수정해야 합니다. 직접 하지 말고 JSON 파일의 메타데이터 부분에 있는 제목을 그대로 쓸 수도 있습니다. 이 값을 추출해서 변수에 할당하고, 지도 제목으로 사용하도록 개선해보십시오.

16-8. 최근의 지진: 온라인에서 최근 한 시간, 하루, 일주일, 한 달 단위로 최근 지진 데이터를 얻을 수 있습니다. https://earthquake.usgs.gov/earthquakes/feed/v1.0/geojson.php에 방문하면 지난 기간별, 진도별로 정리된 데이터 세트 링크를 찾을 수 있습니다. 이 데이터 세트 중 하나를 내려받아 최근 지진 활동을 시각화해보십시오.

16-9. 화재: 이 장의 자원 파일에는 world_fires_1_day.csv라는 파일도 들어 있습니다. 이 파일에는 세계 각지에서 발생한 화재의 위도와 경도, 밝기 데이터가 들어 있습니다. 이 장의 첫 번째 부분에서 설명한 데이터 처리 방법과 이 섹션에서 설명한 지도 제작 방법을 사용해, 화재에 피해를 입은 지역을 보여주는 지도를 만들어보십시오.

이 데이터의 최근 버전은 https://earthdata.nasa.gov/earth-observation-data/near-real-time/firms/active-fire-data/에서 받을 수 있습니다. CSV 형식 데이터 링크는 TXT 섹션에 있습니다.

16.3 마치며

이 장에서는 현실에서 사용되는 데이터 세트를 다루는 방법을 배웠습니다. CSV와 JSON 파일을 처리하고, 관심 있는 데이터를 추출했습니다. 지난 기간의 날씨 데이터를 맷플롯립으로 표현하는 법을 배웠고, datetime 모듈의 사용법, 두 가지 이상의 데이터 세트를 그래프 하나에 그리는 법을 배웠습니다. 플로틀리를 써서 세계 지도에 위치 데이터를 표시해봤고, 플로틀리 지도와 그래프에 스타일을 적용해보기도 했습니다.

CSV와 JSON 파일을 다루는 경험이 쌓이면 분석하고 싶은 데이터는 거의 모두 처리할 수 있게 될 겁니다. 온라인 데이터 세트는 대부분 이 두 형식 중 하나입니다. 일단 이 두 형식에 익숙해지고 나면, 다른 데이터 형식에도 쉽게 적용할 수 있습니다.

다음 장에서는 온라인 소스에서 자동으로 데이터를 얻고, 그 데이터로 시각화를 만드는 프로그램을 만들 겁니다. 취미로 프로그램을 한다고 해도 흥미로울 것이고, 프로그래밍을 직업으로 고려한다면 반드시 익혀야 할 기술이 될 겁니다.

## CHAPTER 17

API 사용하기

이 장에서는 스스로 데이터를 내려받아 시각화를 생성하는 프로그램을 만듭니다. 이 프로그램은 **애플리케이션 프로그래밍 인터페이스**application programming interface(API)를 사용해 자동으로 웹사이트에 특정 정보를 요청하고, 응답으로 받은 정보를 사용해 시각화를 생성합니다. 이런 형태로 만든 프로그램은 항상 현재 데이터를 사용해 시각화를 생성하므로, 아주 빠르게 바뀌는 종류의 데이터라 하더라도 그 시각화는 항상 최신 버전을 유지할 수 있습니다.

17.1 웹 API 사용하기

웹 API는 프로그램과 상호작용하기 위해 설계된 웹사이트의 일부분입니다. 이런 프로그램은 아주 특징적인 URL을 사용해 정보를 요청합니다. 이런 요청을 **API 호출**이라 부릅니다. 요청된 데이터는 보통 JSON이나 CSV처럼 사용하기 쉬운 형식으로 반환됩니다. 외부 데이터 소스, 예를 들어 소셜 미디어 사이트와 데이터를 주고받는 앱은 대부분 API 호출을 사용합니다.

17.1.1 깃과 깃허브

이 장에서는 깃허브GitHub에서 가져온 정보로 시각화를 만들 겁니다. 깃허브는 프로그래머들이 프로젝트를 함께 진행하는 사이트입니다. 우리는 깃허브의 API를 사용해서 파이썬 프로젝트에 관한 정보를 요청하고, 플로틀리를 써서 이들 프로젝트 중 어떤 것이 가장 인기가 있는지 알아보는 대화형 시각화를 만들 겁니다.

깃허브(https://github.com/)라는 이름의 유래는 분산형 버전 관리 시스템인 깃^{Git}에서 따왔습니다. 깃은 프로젝트 관리를 도와줍니다. 즉, 어떤 사람이 바꾼 내용이 다른 사람이 바꾼 내용과 충돌하는 일을 막아줍니다. 프로젝트에 새 기능을 구현하면 깃은 각 파일에서 바뀐 점을 추적합니다. 새 코드가 잘 동작하면, 바꾼 내용을 제출^{commit}하고, 그러면 깃이 프로젝트의 상태를 갱신합니다. 실수했다고 판단해서 바꾼 내용을 원복하고 싶을 때는 깃에서 저장하고 있는 이전 상태로 쉽게 돌아갈 수 있습니다(깃을 이용한 버전 관리는 **부록 D**에서 다시 설명합니다). 깃허브에서는 프로젝트를 저장소^{repository}에 저장합니다. 이 저장소에는 코드, 정보, 공동 작업자, 문제나 버그 리포트 등등 프로젝트에 관한 내용은 무엇이든 저장됩니다.

깃허브 사용자들은 프로젝트가 마음에 들면 '별점'을 줄 수 있습니다. 별점을 줘서 프로젝트가 마음에 든다고 표시하고, 나중에 쓸 수도 있게끔 점찍어두는 겁니다. 이 장에서는 깃허브에서 가장 많은 별점을 받은 파이썬 프로젝트에 관한 정보를 자동으로 내려받는 프로그램을 만들고, 이들 프로젝트에 관한 정보를 나타내는 시각화도 만들 겁니다.

17.1.2 API 호출을 통해 데이터 요청하기

깃허브 API를 통해 다양한 정보를 요청할 수 있습니다. 브라우저의 주소 표시줄에 다음 주소를 입력하면 API 호출이 어떤 형태인지 볼 수 있습니다.

```
https://api.github.com/search/repositories?q=language:python&amp;sort=stars
```

이 호출은 현재 깃허브에 저장된 파이썬 프로젝트가 몇 개인지 반환하며, 가장 인기 있는 파이썬 저장소에 관한 정보도 반환합니다. 이 호출에 대해 좀 더 자세히 알아봅시다. 첫 번째 부분인 https://api.github.com/은 이 요청을 깃허브에서 API 호출에 응답하는 부분으로 보냅니다. 두 번째 부분인 search/repositories는 깃허브의 저장소를 모두 검색하겠다는 뜻입니다.

repositories 다음에 있는 물음표는 매개변수가 있다는 뜻입니다. q는 **검색**^{query}이므로, q=는 이 뒤에 있는 내용을 검색하겠다는 뜻입니다. language:python은 주요 언어로 파이썬을 사용하는 저장소에 관한 정보를 원한다는 뜻입니다. 마지막 부분인 &sort=stars는 프로젝트를 별점 순서대로 정렬하겠다는 뜻입니다.

다음은 응답 일부입니다.

```
{
  "total_count": 3494012,  # ①
  "incomplete_results": false,  # ②
  "items": [  # ③
    {
      "id": 21289110,
      "node_id": "MDEwOlJlcG9zaXRvcnkyMTI4OTExMA==",
      "name": "awesome-python",
      "full_name": "vinta/awesome-python",
      --생략--
```

응답을 보면 이 URL이 사람이 입력하라고 만든 건 아님을 짐작할 수 있습니다. 응답 형식이 프로그램에서 처리하라고 만든 거니까요. 이 글을 쓰는 시점에서 깃허브에는 파이썬 프로젝트가 3,494,012개 존재합니다(①). incomplete_results 값이 false이므로 요청이 성공적임을 알 수 있습니다(②). 만약 깃허브에서 API 요청을 완전히 처리하지 못했다면 이 값이 true였을 겁니다. ③의 items는 현재 깃허브에서 가장 인기 있는 파이썬 프로젝트에 관한 세부 사항을 담은 리스트입니다.

17.1.3 requests 설치하기

requests 패키지를 설치하면 파이썬 프로그램에서 쉽게 웹사이트에 요청을 보내고 응답을 처리할 수 있습니다. 다음과 같이 pip를 써서 requests를 설치하십시오.

```
$ python -m pip install --user requests
```

위 명령은 파이썬이 pip 모듈을 실행해 requests 패키지를 현재 사용자의 파이썬에 추가하게 합니다. 만약 파이썬 프로그램을 실행하거나 패키지를 설치할 때 python3 또는 기타 다른 명령어를 사용한다면, 위 명령에도 같은 명령어를 사용해야 합니다.

> NOTE_ macOS를 사용 중이고 이 명령어가 동작하지 않는다면 --user 플래그를 빼고 다시 시도해보십시오

17.1.4 API 응답 처리하기

이제 자동으로 API 호출을 보내고 결과를 분석해 깃허브에서 가장 인기 있는 파이썬 프로젝트를 찾는 프로그램을 만들 차례입니다.

python_repos.py

```python
import requests  # ①

# API 호출을 보내고 응답을 저장합니다
url = 'https://api.github.com/search/repositories?q=language:python&amp;sort=stars'  # ②
headers = {'Accept': 'application/vnd.github.v3+json'}  # ③
r = requests.get(url, headers=headers)  # ④
print(f"Status code: {r.status_code}")  # ⑤

# API 응답을 변수에 저장합니다
response_dict = r.json()  # ⑥

# 결과를 처리합니다
print(response_dict.keys())
```

①에서는 requests 모듈을 임포트했습니다. ②에서는 url 변수에 API 호출 URL을 저장했습니다. 깃허브는 현재 API 버전 3을 사용 중이므로, ③에서는 API 호출에서 API 버전 3을 사용한다고 명시하는 헤더를 썼습니다. 그리고 ④에서 requests를 통해 API를 호출했습니다.

get()을 호출하면서 URL과 함께 헤더를 넘기고, 응답 객체를 r 변수에 할당했습니다. 응답 객체에는 요청이 성공적이었는지 나타내는 status_code라는 속성이 있습니다. 상태 코드 200은 성공을 뜻합니다. ⑤에서는 status_code 값을 출력해서 호출이 성공적인지 확인했습니다.

API는 정보를 JSON 형식으로 반환하므로, ⑥에서는 json() 메서드를 써서 정보를 파이썬 딕셔너리로 변환했습니다. 변환된 딕셔너리를 response_dict에 저장했습니다.

마지막으로 response_dict의 키를 출력하면 다음과 같은 결과를 볼 수 있습니다.

```
Status code: 200
dict_keys(['total_count', 'incomplete_results', 'items'])
```

상태 코드가 200이므로 요청이 성공적이었음을 알 수 있습니다. 응답 딕셔너리에는 total_

count, incomplete_results, items 세 가지 키만 있습니다. 응답 딕셔너리를 좀 더 자세히 살펴봅시다.

> **NOTE_** 이렇게 단순하게 호출하는 경우에는 거의 항상 완전한 결과를 받을 수 있으므로, incomplete_ results 값을 무시해도 큰 문제는 없습니다. 하지만 더 복잡한 API 호출을 하는 경우에는 프로그램에서 반드시 이 값을 체크해야 합니다.

17.1.5 응답 딕셔너리 다루기

API 호출에서 반환한 정보를 딕셔너리에 저장했으므로 이제 데이터를 활용할 수 있습니다. 정보를 좀 요약해서 출력해봅시다. 먼저 요약을 살펴보면 원하는 정보를 잘 받았는지 확인할 수 있고, 관심 있는 정보에 접근하는 첫 단계이기도 합니다.

python_repos.py

```python
import requests

# API 호출을 보내고 응답을 저장합니다
--생략--

# API 응답을 변수에 저장합니다
response_dict = r.json()
print(f"Total repositories: {response_dict['total_count']}")  # ①

# 저장소에 관한 정보입니다
repo_dicts = response_dict['items']  # ②
print(f"Repositories returned: {len(repo_dicts)}")

# 첫 번째 저장소입니다
repo_dict = repo_dicts[0]  # ③
print(f"\nKeys: {len(repo_dict)}")  # ④
for key in sorted(repo_dict.keys()):  # ⑤
    print(key)
```

①에서는 깃허브에 존재하는 파이썬 저장소 전체 숫자를 나타내는 total_count 값을 출력했습니다.

items 값은 딕셔너리로 구성된 리스트이며, 각 딕셔너리에는 파이썬 프로젝트에 관한 데이터가 들어 있습니다. ②에서는 이 리스트를 repo_dicts 딕셔너리에 저장했습니다. 그리고 repo_dicts의 길이를 출력해 정보를 가져온 프로젝트가 몇 개인지 확인했습니다.

③에서는 repo_dicts의 첫 번째 아이템을 추출해 repo_dict에 저장했습니다. 이를 통해 각 프로젝트에 관한 정보를 좀 더 자세히 볼 수 있습니다. ④에서는 정보가 몇 가지나 되는지 보기 위해 딕셔너리의 키 수를 출력했습니다. ⑤에서는 딕셔너리 키를 출력해 어떤 정보가 들어 있는지 확인했습니다.

이를 통해 다음과 같이 실제 데이터를 좀 더 명확히 볼 수 있습니다.

```
Status code: 200
Total repositories: 3494030
Repositories returned: 30

Keys: 73  # ①
archive_url
archived
assignees_url
--생략--
url
watchers
watchers_count
```

깃허브 API는 각 프로젝트에 대해 상당히 많은 정보를 반환합니다. ①을 보면 repo_dict에 키가 73개나 되는 걸 알 수 있습니다. 키들을 훑어보면 프로젝트에서 어떤 정보를 가져와야 할지 짐작할 수 있습니다(API를 통해 어떤 정보를 얻을 수 있는지 파악하려면 문서를 보거나, 지금 하는 것처럼 코드를 통해 직접 응답을 확인하는 방법밖에는 없습니다).

이제 repo_dict에서 실제 값을 몇 가지 추출해봅시다.

python_repos.py

```
--생략--
# 저장소에 관한 정보입니다
repo_dicts = response_dict['items']
print(f"Repositories returned: {len(repo_dicts)}")
```

```python
# 첫 번째 저장소입니다
repo_dict = repo_dicts[0]

print("\nSelected information about first repository:")
print(f"Name: {repo_dict['name']}")  # ①
print(f"Owner: {repo_dict['owner']['login']}")  # ②
print(f"Stars: {repo_dict['stargazers_count']}")  # ③
print(f"Repository: {repo_dict['html_url']}")
print(f"Created: {repo_dict['created_at']}")  # ④
print(f"Updated: {repo_dict['updated_at']}")  # ⑤
print(f"Description: {repo_dict['description']}")
```

여기서는 첫 번째 프로젝트의 딕셔너리에서 여러 가지 키의 값을 출력했습니다. ①에서는 프로젝트 이름을 출력했습니다. owner 키는 프로젝트 소유자에 관한 딕셔너리이므로, ②에서는 먼저 owner 키로 소유자에 접근하고 다시 login 키를 써서 소유자의 로그인 이름을 가져왔습니다. ③에서는 프로젝트가 받은 별점을 출력했고, 그다음 행에서는 프로젝트의 깃허브 저장소 URL을 출력했습니다. ④는 프로젝트가 생성된 날짜, ⑤는 마지막으로 업데이트된 날짜입니다. 마지막으로 저장소 설명을 출력했습니다. 출력 결과는 다음과 같은 형태입니다.

```
Status code: 200
Total repositories: 3494032
Repositories returned: 30

Selected information about first repository:
Name: awesome-python
Owner: vinta
Stars: 61549
Repository: https://github.com/vinta/awesome-python
Created: 2014-06-27T21:00:06Z
Updated: 2019-02-17T04:30:00Z
Description: A curated list of awesome Python frameworks, libraries, software
    and resources
```

이 글을 쓰는 시점에서 가장 많은 별점을 받은 파이썬 프로젝트는 **awesome-python**이고 그 소유자는 vinta라는 사용자이며, 이 프로젝트는 60,000개 이상의 별점을 받았음을 볼 수 있습니다. 프로젝트 저장소의 URL도 있고, 이 프로젝트는 2014년 6월에 시작됐으며 비교적 최근에 업데이트되었음을 알 수 있습니다. 또한, 설명을 보면 이 프로젝트가 인기 있는 파이썬 자원에 관한 리스트임을 알 수 있습니다.

17.1.6 상위 프로젝트 요약하기

이 데이터를 시각화할 때는 프로젝트 여러 개를 사용할 겁니다. API 호출이 반환한 각 프로젝트에 관한 정보를 시각화에 나타낼 수 있도록 선택하는 루프를 만들어봅시다.

python_repos.py

```
--생략--
# 저장소에 관한 정보입니다
repo_dicts = response_dict['items']
print(f"Repositories returned: {len(repo_dicts)}")

print("\nSelected information about each repository:")  # ①
for repo_dict in repo_dicts:  # ②
    print(f"\nName: {repo_dict['name']}")
    print(f"Owner: {repo_dict['owner']['login']}")
    print(f"Stars: {repo_dict['stargazers_count']}")
    print(f"Repository: {repo_dict['html_url']}")
    print(f"Description: {repo_dict['description']}")
```

①에서는 출력 결과를 간추린 간단한 메시지를 출력했습니다. ②에서는 repo_dicts의 딕셔너리를 순회하는 루프를 만들었습니다. 루프 안에서는 다음과 같이 각 프로젝트의 이름, 프로젝트가 받은 별점 수, 깃허브 URL, 프로젝트 설명을 출력했습니다.

```
Status code: 200
Total repositories: 3494040
Repositories returned: 30

Selected information about each repository:

Name: awesome-python
Owner: vinta
Stars: 61549
Repository: https://github.com/vinta/awesome-python
Description: A curated list of awesome Python frameworks, libraries, software
    and resources

Name: system-design-primer
Owner: donnemartin
Stars: 57256
Repository: https://github.com/donnemartin/system-design-primer
```

```
Description: Learn how to design large-scale systems. Prep for the system
  design interview.  Includes Anki flashcards.
--생략--

Name: python-patterns
Owner: faif
Stars: 19058
Repository: https://github.com/faif/python-patterns
Description: A collection of design patterns/idioms in Python
```

결과를 보면 흥미로운 프로젝트가 몇 개 보이고, 이 중 일부를 살펴보는 것도 괜찮을 것 같습니다. 하지만 시간을 많이 들일 필요는 없습니다. 곧 훨씬 보기 편한 시각화를 만들 테니까요.

17.1.7 API 제한 모니터링

API는 대부분 제한이 걸려 있습니다. 제한 중에서도 가장 흔한 것은 일정 시간 안에 요청할 수 있는 횟수를 제한하는 것입니다. 깃허브에서 설정한 제한을 확인하려면 웹 브라우저에서 https://api.github.com/rate_limit에 방문해보십시오. 다음과 같이 시작하는 응답을 볼 수 있습니다.

```
{
  "resources": {
    "core": {
      "limit": 60,
      "remaining": 58,
      "reset": 1550385312
    },
    "search": {  # ①
      "limit": 10,  # ②
      "remaining": 8,  # ③
      "reset": 1550381772  # ④
    },
    --생략--
```

여기서 우리가 관심 있게 봐야 할 정보는 ①의 검색 API 제한입니다. ②는 분당 10회 요청으로 제한이 걸려 있고, ③은 이미 2회를 썼으니 8회가 남아 있다는 뜻입니다. reset 키는 1970년

1월 1일 0시로부터 흐른 시간을 초 단위로 나타낸 유닉스 타임스탬프이며, 이 시각에 제한이 리셋된다는 뜻입니다. 제한을 넘으면 API 제한에 도달했다는 짧은 응답이 옵니다. 1분만 기다리면 제한이 풀리니 조금 기다리십시오.

> **NOTE_** API 대부분이 등록을 하고 API 키를 얻어야 API 호출을 보낼 수 있게 돼 있습니다. 이 글을 쓰는 시점에서 깃허브에서는 그런 요구를 하지 않지만, 등록하고 API 키를 받으면 제한이 훨씬 느슨해집니다.

17.2 플로틀리를 사용해 저장소 시각화하기

지금 가지고 있는 데이터를 사용해 깃허브의 파이썬 프로젝트들의 상대적 인기를 나타내는 시각화를 만들어봅시다. 시각화는 대화형 막대 그래프 형태로 만들 겁니다. 이 그래프에서 각 막대의 높이는 해당 프로젝트가 받은 별점 숫자이며, 막대의 라벨을 클릭하면 깃허브의 프로젝트 페이지로 갈 수 있습니다. 그동안 만든 프로그램을 python_repos_visual.py에 복사하고 다음과 같이 수정하십시오.

python_repos_visual.py

```
import requests

from plotly.graph_objs import Bar  # ①
from plotly import offline

# API 호출을 보내고 응답을 저장합니다  # ②
url = 'https://api.github.com/search/repositories?q=language:python&amp;sort=stars'
headers = {'Accept': 'application/vnd.github.v3+json'}
r = requests.get(url, headers=headers)
print(f"Status code: {r.status_code}")

# 결과를 처리합니다
response_dict = r.json()
repo_dicts = response_dict['items']
repo_names, stars = [], []  # ③
for repo_dict in repo_dicts:
    repo_names.append(repo_dict['name'])
```

```
    stars.append(repo_dict['stargazers_count'])

# 시각화를 만듭니다
data = [{  # ④
    'type': 'bar',
    'x': repo_names,
    'y': stars,
}]
my_layout = {  # ⑤
    'title': 'Most-Starred Python Projects on GitHub',
    'xaxis': {'title': 'Repository'},
    'yaxis': {'title': 'Stars'},
}

fig = {'data': data, 'layout': my_layout}
offline.plot(fig, filename='python_repos.html')
```

①에서는 **plotly**에서 Bar 클래스와 **offline** 모듈을 임포트했습니다. 16장의 지진 지도 프로젝트와 마찬가지로 딕셔너리를 써서 레이아웃을 정의할 생각이니 Layout 클래스는 임포트하지 않아도 됩니다. 문제가 있으면 바로 알 수 있도록, API 호출 응답의 상태 코드는 여전히 출력합니다(②). 이제 실험 단계는 지났으므로 API 응답을 처리하던 코드 일부를 제거했습니다. 원하는 데이터를 어떻게 얻는지는 이미 알고 있습니다.

③에서는 그래프에 사용할 데이터를 저장할 빈 리스트를 두 개 만들었습니다. 막대 라벨에 사용할 프로젝트 이름이 필요하고, 막대 높이를 결정할 별점 숫자가 필요합니다. 루프 안에서 각 프로젝트의 이름과 별점 숫자를 이 리스트에 추가합니다.

다음에는 ④에서 **data** 리스트를 만들었습니다. 이 리스트에는 16장에서 사용했던 것처럼 그래프 타입을 정의하고 x, y 값을 제공하는 딕셔너리가 들어갑니다. x 값은 프로젝트 이름이며 y 값은 프로젝트가 받은 별점 숫자입니다.

⑤에서는 딕셔너리를 사용해 이 그래프의 레이아웃을 정했습니다. Layout 클래스의 인스턴스를 따로 만들지 않고, 사용하려는 레이아웃 명세에 따라 딕셔너리를 만들었습니다. 여기에는 전체적인 그래프 제목과 함께 각 축의 라벨이 포함됩니다.

[그림 17-1]은 결과 그래프입니다. 처음 몇 개의 프로젝트가 나머지에 비해 뚜렷할 정도로 인기가 있는 걸 볼 수 있지만, 이들 모두 파이썬 생태계에 중요한 프로젝트들입니다.

그림 17-1 깃허브에서 가장 별점을 많이 받은 파이썬 프로젝트

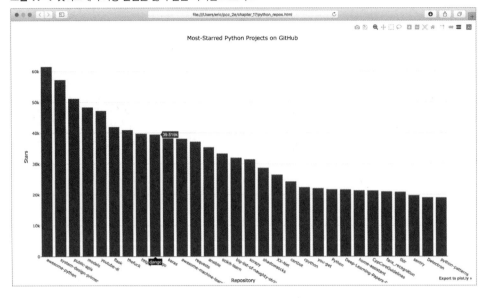

17.2.1 플로틀리 그래프 세부 조정

그래프 스타일을 개선해봅시다. 16장에서 본 것처럼 스타일 관련 명령은 모두 `data`와 `my_layout` 딕셔너리에 키-값 쌍 형태로 넣을 수 있습니다.

`data` 객체를 바꾸면 막대에 영향이 있습니다. 다음 `data` 객체는 각 막대의 색깔과 테두리 모양을 지정합니다.

python_repos_visual.py

```
--생략--
data = [{
    'type': 'bar',
    'x': repo_names,
    'y': stars,
    'marker': {
        'color': 'rgb(60, 100, 150)',
        'line': {'width': 1.5, 'color': 'rgb(25, 25, 25)'}
    },
```

```
        'opacity': 0.6,
    }]
    --생략--
```

여기서 사용한 marker 세팅이 막대의 모양을 바꿉니다. 막대 색깔은 파란색 계열로 정했고 테두리는 1.5픽셀 너비의 진한 회색 실선으로 정했습니다. 또 막대의 불투명도를 0.6으로 정해 그래프가 무거워 보이지 않게 했습니다.

이제 my_layout을 다음과 같이 수정합니다.

python_repos_visual.py

```
    --생략--
my_layout = {
    'title': 'Most-Starred Python Projects on GitHub',
    'titlefont': {'size': 28},  # ①
    'xaxis': {  # ②
        'title': 'Repository',
        'titlefont': {'size': 24},
        'tickfont': {'size': 14},
    },
    'yaxis': {  # ③
        'title': 'Stars',
        'titlefont': {'size': 24},
        'tickfont': {'size': 14},
    },
}
    --생략--
```

①의 titlefont 키는 그래프 전체의 제목에 쓰이는 폰트 크기를 정합니다. ②의 xaxis 딕셔너리 안에서 쓴 titlefont는 x 축의 제목 폰트 크기입니다. 추가로 tickfont 키를 써서 눈금 라벨의 폰트 크기도 정했습니다. 각 축은 별도의 딕셔너리이므로 x 축과 y 축의 제목과 눈금 라벨의 색깔과 폰트를 따로 정할 수 있습니다. ③에서는 y 축에 비슷한 설정을 했습니다.

[그림 17-2]는 개선된 그래프입니다.

그림 17-2 그래프 스타일을 개선했습니다.

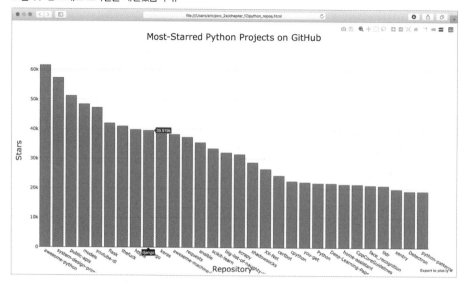

17.2.2 커스텀 툴팁 추가하기

플로틀리에서는 막대에 마우스를 올려서 그 막대가 무엇을 나타내는지 볼 수 있습니다. 이런 것을 보통 **툴팁**(tooltip)이라 부릅니다. 이 그래프에서는 현재 툴팁을 통해 프로젝트가 받은 별점 수를 보여주고 있습니다. 툴팁에 프로젝트 설명과 소유자도 추가해봅시다.

툴팁에 내용을 추가하려면 데이터를 더 추출하는 건 물론이고, data 객체도 다음과 같이 수정해야 합니다.

python_repos_visual.py

```
--생략--
# 결과를 처리합니다
response_dict = r.json()
repo_dicts = response_dict['items']
repo_names, stars, labels = [], [], []  # ①
for repo_dict in repo_dicts:
    repo_names.append(repo_dict['name'])
    stars.append(repo_dict['stargazers_count'])
```

```
        owner = repo_dict['owner']['login']  # ②
        description = repo_dict['description']
        label = f"{owner}<br />{description}"  # ③
        labels.append(label)

# 시각화를 만듭니다
data = [{
    'type': 'bar',
    'x': repo_names,
    'y': stars,
    'hovertext': labels,  # ④
    'marker': {
        'color': 'rgb(60, 100, 150)',
        'line': {'width': 1.5, 'color': 'rgb(25, 25, 25)'}
    },
    'opacity': 0.6,
}]
--생략--
```

①에서는 툴팁에 표시할 텍스트를 저장할 빈 리스트 **labels**를 만들었습니다. 데이터를 처리하는 루프에서는 소유자 정보와 프로젝트 설명을 추출했습니다(②). 플로틀리에서는 텍스트 사이에 HTML 코드를 넣을 수 있으므로, 프로젝트 소유자의 사용자 이름과 프로젝트 설명을 구분하는 줄바꿈 태그(<br>)를 넣었습니다(③). 그리고 이 라벨을 **labels** 리스트에 저장했습니다.

data 딕셔너리에 **hovertext** 키를 추가하고, 값으로는 방금 만든 리스트를 할당했습니다(④). 플로틀리는 라벨을 생성할 때 이 리스트에서 라벨을 추출하고, 사용자가 마우스를 올렸을 때만 표시합니다.

[그림 17-3]은 결과 그래프입니다.

그림 17-3 막대에 마우스를 올리면 프로젝트 소유자와 설명이 보입니다.

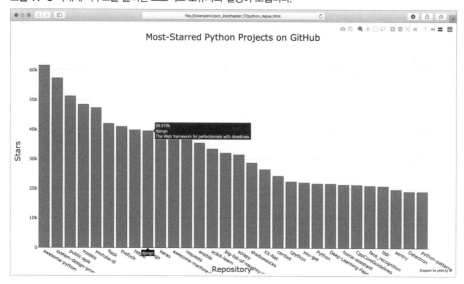

17.2.3 그래프에 클릭할 수 있는 링크 추가하기

플로틀리는 텍스트 요소에 HTML을 쓸 수 있으므로, 그래프에 링크를 추가하는 것도 쉽습니다. 사용자가 x 축의 라벨을 클릭하면 깃허브의 프로젝트 홈페이지로 이동할 수 있게 만듭시다. 이렇게 하려면 데이터에서 프로젝트 URL을 추출하고 x 축 라벨을 만들 때 이 URL을 사용해야 합니다.

python_repos_visual.py

```
--생략--
# 결과를 처리합니다
response_dict = r.json()
repo_dicts = response_dict['items']
repo_links, stars, labels = [], [], []   # ①
for repo_dict in repo_dicts:
    repo_name = repo_dict['name']
    repo_url = repo_dict['html_url']   # ②
    repo_link = f"<a href='{repo_url}'>{repo_name}</a>"   # ③
    repo_links.append(repo_link)
```

```
        stars.append(repo_dict['stargazers_count'])
        --생략--

    # 시각화를 만듭니다
    data = [{
        'type': 'bar',
        'x': repo_links,  # ④
        'y': stars,
        --생략--
    }]
    --생략--
```

①에서는 리스트의 역할을 더 정확히 나타내기 위해 이름을 repo_names에서 repo_links로 바꿨습니다. ②에서는 repo_dict에서 프로젝트 URL을 추출하고, 임시 변수 repo_url에 할당했습니다. ③에서는 프로젝트를 가리키는 링크를 만들었습니다. 여기서 만드는 HTML 링크는 <a href="URL">link text</a> 같은 형식입니다. 그리고 이 링크를 repo_links 리스트에 추가했습니다.

④에서 이 리스트를 그래프의 x 값과 연결했습니다. 결과는 눈으로만 보기에는 이전과 같지만, 이제 사용자가 그래프 아래쪽의 프로젝트 이름을 클릭해서 깃허브에 있는 프로젝트 홈페이지에 방문할 수 있습니다. API를 통해 가져온 데이터로 정보도 풍부하고 대화형이기도 한 시각화를 만들었습니다!

17.2.4 플로틀리와 깃허브 API에 대해

플로틀리 그래프에 대해 더 알고 싶다면 시작하기 좋은 곳이 둘 있습니다. https://plot.ly/python/user-guide/에서 플로틀리 파이썬 사용자 가이드를 볼 수 있습니다. 이곳에 방문해 보면 플로틀리가 데이터를 어떻게 시각화하는지, 데이터 시각화를 왜 이런 방법으로 접근하는지 더 잘 이해할 수 있습니다.

https://plot.ly/python/reference/에도 좋은 참고 자료가 있습니다. 이곳의 자료는 대개 시각화를 어떻게 설정하는지에 관한 자료입니다. 그래프 타입 전체가 나와 있고, 사용할 수 있는 옵션 속성도 모두 나열되어 있습니다.

깃허브 API에 대해 더 알고 싶으면 https://developer.github.com/v3/에 방문해보십시오.

깃허브에서 다양한 상세 정보를 가져오는 방법을 배울 수 있습니다. 깃허브 계정이 있으면 다른 사용자의 저장소에서 공개한 데이터 외에도 자신만의 데이터도 이용할 수 있습니다.

17.3 해커 뉴스 API

해커 뉴스(http://news.ycombinator.com/)를 살펴보면서 다른 사이트에서 API 호출을 이용하는 방법도 알아봅시다. 해커 뉴스의 사용자들은 프로그래밍과 기술에 관한 글을 공유하고, 그런 글에서 열띤 토론을 벌이기도 합니다. 해커 뉴스 API를 통해 사이트에 등록된 모든 글과 댓글에 접근할 수 있고, 등록해서 키를 받지 않아도 사용할 수 있습니다.

이 글을 쓰는 시점에서는, 다음 URL을 통해 가장 주목받는 글에 관한 정보를 가져올 수 있습니다.

```
https://hacker-news.firebaseio.com/v0/item/19155826.json
```

브라우저에서 이 URL로 들어가면 중괄호로 감싸인 텍스트, 즉 딕셔너리를 볼 수 있습니다. 하지만 사람이 읽기 좋은 형태는 아닙니다. 16장에서 했던 것처럼 응답을 json.dump() 메서드로 처리해서 정보를 더 읽기 쉽게 바꿔봅시다.

hn_article.py

```python
import requests
import json

# API 호출을 보내고 응답을 저장합니다
url = 'https://hacker-news.firebaseio.com/v0/item/19155826.json'
r = requests.get(url)
print(f"Status code: {r.status_code}")

# 데이터 구조를 확인합니다
response_dict = r.json()
readable_file = 'data/readable_hn_data.json'
with open(readable_file, 'w') as f:
    json.dump(response_dict, f, indent=4)
```

이 프로그램의 코드는 모두 익숙할 겁니다. 지난 두 장에서 계속 하던 거니까요. 출력 결과는 다음과 같이 ID 19155826번 글에 관한 정보입니다.

readable_hn_data.json

```
{
    "by": "jimktrains2",
    "descendants": 220,  # ①
    "id": 19155826,
    "kids": [  # ②
        19156572,
        19158857,
        --생략--
    ],
    "score": 722,
    "time": 1550085414,
    "title": "Nasa's Mars Rover Opportunity Concludes a 15-Year Mission",  # ③
    "type": "story",
    "url": "https://www.nytimes.com/.../mars-opportunity-rover-dead.html"  # ④
}
```

이 딕셔너리에는 여러 가지 키가 들어 있습니다. ①의 **descendants** 키는 이 글에 달린 댓글 수입니다. ②의 **kids** 키는 이 글에 직접 달린 댓글의 ID입니다. 댓글에도 다시 댓글이 달릴 수 있으므로, 전체 댓글(descendants) 수는 보통 직접 댓글(kids) 수보다 많습니다. ③에는 글의 제목이 있고, ④는 글의 URL입니다.

다음 URL은 현재 해커 뉴스에서 가장 인기 있는 글의 ID가 모두 포함된 리스트를 반환합니다.

```
https://hacker-news.firebaseio.com/v0/topstories.json
```

이 API 호출을 사용해 지금 홈페이지에서 어떤 글이 화제인지 알 수 있고, 이와 비슷한 API 호출을 자동으로 생성할 수도 있습니다. 이 방법을 사용하면 해커 뉴스의 첫 페이지에 있는 글들의 요약을 출력할 수 있습니다.

hn_submissions.py

```python
from operator import itemgetter
```

```python
import requests

# API 호출을 보내고 응답을 저장합니다
url = 'https://hacker-news.firebaseio.com/v0/topstories.json'  # ①
r = requests.get(url)
print(f"Status code: {r.status_code}")

# 각 글에 관한 정보를 처리합니다
submission_ids = r.json()  # ②
submission_dicts = []  # ③
for submission_id in submission_ids[:30]:
    # 각 글마다 따로 API 호출을 만듭니다
    url = f"https://hacker-news.firebaseio.com/v0/item/{submission_id}.json"  # ④
    r = requests.get(url)
    print(f"id: {submission_id}\tstatus: {r.status_code}")
    response_dict = r.json()

    # 각 글에 관한 딕셔너리를 만듭니다
    submission_dict = {  # ⑤
        'title': response_dict['title'],
        'hn_link': f"http://news.ycombinator.com/item?id={submission_id}",
        'comments': response_dict['descendants'],
    }
    submission_dicts.append(submission_dict)  # ⑥

submission_dicts = sorted(submission_dicts, key=itemgetter('comments'),  # ⑦
                            reverse=True)
for submission_dict in submission_dicts:  # ⑧
    print(f"\nTitle: {submission_dict['title']}")
    print(f"Discussion link: {submission_dict['hn_link']}")
    print(f"Comments: {submission_dict['comments']}")
```

①에서는 먼저 API 호출을 준비하고 응답의 상태를 출력했습니다. 이 API 호출은 호출 시점에서 해커 뉴스에서 가장 인기 있는 글 500개의 ID가 담긴 리스트를 반환합니다. ②에서는 응답 객체를 파이썬 리스트로 변환하고 submission_ids에 저장했습니다. 이 ID를 써서 글에 관한 정보가 담긴 딕셔너리 리스트를 만들 겁니다.

③에서는 이 딕셔너리를 저장할 빈 리스트 submission_dicts를 만들었습니다. 그리고 위쪽 30개의 ID를 순회하는 루프를 만듭니다. ④에서는 submission_id의 현재 값이 들어 있는 URL을 생성하는 방식으로 새 API 호출을 만들었습니다. 요청할 때마다 ID와 함께 상태 코드

를 출력해서 요청이 성공적이었는지 확인합니다.

⑤에서는 현재 처리 중인 글에 관한 딕셔너리를 만들었습니다. 이 딕셔너리에 글의 제목, 해당 글에 관한 토론 페이지 링크, 이 글에 달린 댓글 수를 저장합니다. 그리고 ⑥에서 submission_dict를 submission_dicts 리스트에 추가합니다.

해커 뉴스에서는 각 글이 좋아요를 얼마나 받았는지, 댓글이 얼마나 달렸는지, 최근에 작성된 글인지 등을 종합해 순위를 판단합니다. 우리는 딕셔너리 리스트를 댓글 수에 따라 정렬하려고 합니다. ⑦에서는 이를 위해 operator 모듈의 itemgetter() 함수를 호출했습니다. 이 함수에 comments 키를 넘기면, 함수는 리스트의 각 딕셔너리에서 해당 키에 연결된 값을 가져옵니다. 그러면 sorted() 함수가 이 값을 기준으로 리스트를 정렬합니다. 댓글이 가장 많은 글이 맨 처음에 나오도록, 리스트는 역순으로 정렬했습니다.

리스트를 정렬한 다음 ⑧에서 리스트를 순회하면서 제목, 토론 페이지 링크, 댓글 수의 세 가지 정보를 출력했습니다. 결과는 다음과 같습니다.

```
Status code: 200
id: 19155826     status: 200
id: 19180181     status: 200
id: 19181473     status: 200
--생략--

Title: Nasa's Mars Rover Opportunity Concludes a 15-Year Mission
Discussion link: http://news.ycombinator.com/item?id=19155826
Comments: 220

Title: Ask HN: Is it practical to create a software-controlled model rocket?
Discussion link: http://news.ycombinator.com/item?id=19180181
Comments: 72

Title: Making My Own USB Keyboard from Scratch
Discussion link: http://news.ycombinator.com/item?id=19181473
Comments: 62
--생략--
```

어떤 API에서든 이와 비슷한 과정을 통해 정보에 접근하고 분석할 수 있습니다. 이 데이터를 사용해 어떤 글이 가장 많은 댓글을 받았는지 보여주는 시각화를 만들 수 있습니다. 해커 뉴스 같은 사이트에서 취향에 맞는 글만 보여주는 앱들도 이와 비슷한 방식을 사용합니다. 해커 뉴스 API에서 어떤 정보를 얻을 수 있는지 더 알고 싶으면 https://github.com/HackerNews/API/에 있는 문서를 읽어보십시오.

연습문제

17-1. 다른 언어: python_repos.py의 API 호출을 수정해서 다른 언어에서는 어떤 프로젝트가 가장 인기 있는지 나타내는 그래프를 만드십시오. 자바스크립트, 루비, C, 자바, 펄, 하스켈, Go 같은 언어에서 어떤 프로젝트가 인기 있는지 확인해보십시오.

17-2. 열띤 토론: hn_submissions.py의 데이터를 바탕으로 해커 뉴스에서 현재 가장 활발한 토론이 벌어지는 글을 보여주는 막대 그래프를 만드십시오. 각 막대의 높이는 해당 글에 달린 댓글 숫자를 반영해야 합니다. 각 막대의 라벨에는 글의 제목이 들어 있어야 하고, 라벨을 클릭하면 토론 페이지로 이동할 수 있어야 합니다.

17-3. python_repos.py 테스트하기: python_repos.py에서는 status_code 값을 출력해서 API 호출이 성공적이었는지 확인했습니다. test_python_repos.py 프로그램을 만들고 unittest를 써서 status_code 값이 200이어야만 통과할 수 있게 만드십시오. 다른 테스트, 예를 들어 반환된 아이템 수가 예상한 값과 일치하는지, 전체 프로젝트 수가 일정 숫자 이상인지 확인하는 테스트도 만들어보십시오.

17-4. 추가 연구: 플로틀리 문서, 깃허브 API나 해커 뉴스 API에 관한 문서를 찾아보십시오. 여기서 찾은 정보를 바탕으로 그동안 만들었던 그래프의 스타일을 바꿔보거나, 추출하지 않았던 다른 정보를 가져와서 자신만의 시각화를 만들어보십시오.

17.4 마치며

이 장에서는 API를 통해 자동으로 데이터를 가져오고, 그 데이터로 시각화를 생성하는 프로그램을 만드는 방법을 배웠습니다. 깃허브 API를 써서 별점을 가장 많이 받은 파이썬 프로젝트를 확인했고, 해커 뉴스 API도 간단히 살펴봤습니다. requests 패키지를 써서 자동으로 깃허브에 API 호출을 보내고 응답을 처리하는 방법도 배웠습니다. 그래프를 더 취향에 맞게 세팅하는 플로틀리 세팅 방법도 배웠습니다.

다음 장에서는 장고를 사용해 웹 애플리케이션을 만듭니다. 이 프로젝트가 마지막 프로젝트입니다.

프로젝트 3:
웹 애플리케이션

18장부터 20장까지는 웹 애플리케이션 프로젝트입니다. 장고 패키지를 써서 사용자가 최근 배운 주제를 얼마든지 기록할 수 있는 단순한 웹 애플리케이션을 만듭니다. 사용자는 사용자 이름과 비밀번호를 입력해서 계정을 만들고, 주제를 정하고, 배우고 있는 내용에 관한 항목을 만들 수 있습니다. 애플리케이션을 배포하는 방법도 배웁니다. 애플리케이션을 배포하면 전 세계 누구나 애플리케이션을 사용할 수 있습니다.

이 프로젝트를 끝내고 나면 간단한 웹 애플리케이션을 직접 만들 수 있고, 장고로 애플리케이션을 만드는 더 자세한 자료를 읽을 수 있는 준비가 될 겁니다(사실 이번 프로젝트는 난도가 높아 그저 따라 하는 수준이라고 생각하는 게 좋습니다. 깊이 있게 공부하려면 다른 웹 개발 책을 더 봐야 합니다).

## Part IV

프로젝트 3: 웹 애플리케이션

## CHAPTER 18

장고 시작하기

최근의 웹사이트는 마치 데스크톱 애플리케이션처럼 동작합니다. 파이썬에는 웹 애플리케이션을 만들 때 쓰이는 장고^{Django}라는 훌륭한 프레임워크가 있습니다(https://djangoproject.com/). 장고는 **웹 프레임워크**^{web framework}, 즉 대화형 웹사이트를 만들 때 필요한 도구를 모은 패키지입니다. 이 장에서는 장고를 사용해 학습 로그라는 프로젝트를 진행합니다. 이 프로젝트는 어떤 주제에 대해 알게 된 정보를 기록하는 온라인 노트입니다.

먼저 프로젝트 명세를 만들고, 이 앱이 처리할 데이터 모델을 정의할 겁니다. 장고의 관리 시스템을 사용해 초기 데이터를 입력하고, 장고가 사이트 페이지를 만들 때 사용할 뷰와 템플릿을 만들 겁니다.

장고는 페이지 요청에 응답할 수 있으며, 데이터베이스나 사용자 관리 같은 앱을 쉽게 만들 수 있습니다. 19장과 20장에서는 학습 로그를 더 개선하고, 친구들도 사용할 수 있도록 실제 서버에 올리는 법도 배울 겁니다.

18.1 프로젝트 만들기

프로젝트를 시작할 때는 우선 어떤 프로젝트인지 설명하는 **명세**^{spec}를 만들어야 합니다. 그다음에는 그 프로젝트를 준비할 가상 환경을 만들어야 합니다.

18.1.1 명세 만들기

완전한 명세에는 프로젝트의 목표, 기능, 외형, 사용자 인터페이스 등이 포함됩니다. 잘 짜여진 프로젝트나 비즈니스 계획이 보통 그렇듯, 명세를 만들어두면 프로젝트의 중요한 부분에 집중하기 쉬워집니다. 여기서 완전한 프로젝트 명세를 만들지는 않겠지만, 개발 과정에서 집중할 곳을 확실히 할 수 있도록 몇 가지 목표는 명확히 해두겠습니다. 우리가 사용할 명세는 다음과 같습니다.

- *학습 로그라는 웹 애플리케이션을 만들 것이다. 이 앱의 목표는 사용자가 흥미를 가진 주제를 기록하고, 각 주제에 대해 알게 된 것을 기록하는 것이다.*
- *학습 로그 홈페이지에는 사이트에 대한 설명이 있고, 사용자가 등록하거나 로그인할 것을 권한다.*
- *로그인한 후에는 새 주제를 만들거나, 새 항목을 만들거나, 기존 항목을 읽거나 수정할 수 있다.*

새로운 주제에 대해 배웠을 때 배운 것을 기록해두면 정보를 기억하고 상기할 때 도움을 받을 수 있습니다. 이 과정을 효율적으로 만들어주는 앱도 시중에 많이 있습니다.

18.1.2 가상 환경 만들기

장고를 사용하려면 먼저 가상 환경을 만들어야 합니다. **가상 환경**virtual environment이란 컴퓨터상의 독립된 공간으로, 이 공간에 설치한 패키지는 다른 파이썬 패키지와 독립적입니다. 프로젝트 라이브러리를 다른 프로젝트와 구별하면 여러 가지 장점이 있고, 20장에서 배울 내용인 학습 로그를 서버에 올릴 때는 꼭 필요한 일이기도 합니다.

프로젝트 폴더 `learning_log`를 만들고, 터미널에서 그 폴더로 이동하십시오. 다음 명령어를 입력해 가상 환경을 만드십시오.

```
learning_log$ python -m venv ll_env
learning_log$
```

여기서는 가상 환경 모듈 `venv`를 실행해 가상 환경 `ll_env`를 만들었습니다(`ll_env`의 앞에 있는 것은 소문자 l이지, 숫자 1이 아닙니다). 만약 프로그램을 실행하거나 패키지를 설치할 때 python3 같은 명령어를 사용한다면 여기서도 같은 명령어를 써야 합니다.

18.1.3 가상 환경 활성화하기

다음 명령어를 사용해 가상 환경을 활성화할 수 있습니다.

```
learning_log$ source ll_env/bin/activate
(ll_env)learning_log$  # ①
```

이 명령어는 ll_env/bin에서 activate 스크립트를 실행합니다. 가상 환경이 활성화되면 ① 처럼 괄호 안에 환경 이름이 표시됩니다. 그러면 이 환경에 패키지를 설치하고 사용할 수 있습니다. ll_env에 설치한 패키지는 이 환경이 활성화된 상태에서만 사용할 수 있습니다.

> **NOTE**_ 윈도우를 사용한다면 source라는 단어는 빼고 ll_env\Scripts\activate를 입력해야 합니다. 파워셸을 사용 중이라면 Activate처럼 첫 글자를 대문자로 써야 할 수도 있습니다.

가상 환경 사용을 중지하려면 다음과 같이 deactivate를 사용합니다.

```
(ll_env)learning_log$ deactivate
learning_log$
```

사용 중인 터미널을 닫아도 환경이 비활성화됩니다.

18.1.4 장고 설치하기

가상 환경을 활성화했으면 다음 명령어로 장고를 설치하십시오.

```
(ll_env)learning_log$ pip install django
Collecting django
--생략--
Installing collected packages: pytz, django
Successfully installed django-2.2.0 pytz-2018.9 sqlparse-0.2.4
(ll_env)learning_log$
```

현재 가상 환경 안에 있고, 가상 환경은 어느 컴퓨터에서나 같으므로 이 명령어 역시 어느 컴퓨터에서나 같습니다. --user 플래그는 필요 없으며, python -m pip install package_name처럼 긴 명령어도 필요 없습니다.

가상 환경에 장고를 설치하면 ll_env가 활성 상태일 때만 사용할 수 있다는 걸 기억하십시오.

> **NOTE_** 장고는 거의 매달 새 버전을 출시하므로, 독자 여러분이 장고를 설치할 때는 새 버전이 나와 있을 수도 있습니다. 설령 장고 버전이 올라간다고 해도 이 프로젝트는 거의 이 책에서 설명하는 대로 동작할 가능성이 높습니다. 하지만 어떤 이유로 이 책에서 설명하는 버전과 같은 버전을 쓰고 싶다면, pip install django=2.2.* 명령어를 사용하십시오. 이 명령어는 장고 2.2 중에서 최신 버전을 설치합니다. 만약 사용 중인 버전에서 어떤 문제가 발생한다면 책의 온라인 자원 https://nostarch.com/pythoncrashcourse2e/를 참고하십시오.

18.1.5 장고에서 프로젝트 만들기

활성화된 가상 환경을 떠나지 말고(터미널 프롬프트에서 괄호 안에 ll_env가 있는 것을 확인하십시오), 다음 명령어를 입력해서 새 프로젝트를 시작하십시오.

```
(ll_env)learning_log$ django-admin startproject learning_log .  # ①
(ll_env)learning_log$ ls  # ②
learning_log ll_env manage.py

(ll_env)learning_log$ ls learning_log  # ③
__init__.py settings.py  urls.py  wsgi.py
```

①의 명령어는 learning_log라는 새 프로젝트를 시작하라는 명령입니다. 명령어 마지막에 있는 점은 개발을 끝냈을 때 서버에 올리기 쉬운 형태로 디렉터리 구조를 만들라는 뜻 정도로 이해하면 됩니다.

> **NOTE_** 이 점을 잊지 마십시오. 잊어버린다면 앱을 서버에 올릴 때 문제가 생길 수도 있습니다. 점을 잊었다면 새로 만든 파일과 폴더를 모두 삭제한 후(ll_env는 삭제하지 마십시오), 명령어를 다시 실행하십시오.

②의 ls 명령어(윈도우에서는 dir)로 장고가 새 디렉터리 learning_log를 만든 것을 확인할

수 있습니다. 장고는 manage.py 파일 역시 만들었습니다. 이 파일은 명령어를 받아서 장고의 관련 부분에 전달하는 역할을 하는 짧은 프로그램입니다. 데이터베이스를 다루거나 서버를 실행하는 등의 관리 작업에 이 명령어를 사용할 겁니다.

learning_log 디렉터리에는 네 가지 파일이 있습니다(③). 여기서 중요한 것은 settings.py, urls.py, wsgi.py입니다. settings.py 파일에는 장고가 컴퓨터를 조종하면서 프로젝트를 관리하는 데 필요한 세팅이 들어 있습니다. 우리는 이 세팅을 조금 수정하고, 프로젝트를 진행하면서 새로운 세팅을 추가하기도 할 겁니다. urls.py는 브라우저의 요청에 응답할 때 어떤 페이지를 사용하는지 정합니다. wsgi.py 파일은 장고가 생성한 파일을 서비스할 때 필요합니다. 이 파일 이름은 **웹 서버 게이트웨이 인터페이스**web server gateway interface의 약자입니다.

18.1.6 데이터베이스 만들기

장고는 프로젝트 정보 대부분을 데이터베이스에 저장하므로, 장고가 사용할 데이터베이스를 만들어야 합니다. 활성화된 가상 환경에서 다음 명령어를 입력하십시오.

```
(ll_env)learning_log$ python manage.py migrate
Operations to perform:  # ①
  Apply all migrations: admin, auth, contenttypes, sessions
Running migrations:
  Applying contenttypes.0001_initial... OK
  Applying auth.0001_initial... OK
  --생략--
  Applying sessions.0001_initial... OK

(ll_env)learning_log$ ls  # ②
db.sqlite3  learning_log  ll_env  manage.py
```

데이터베이스를 수정할 때마다 **마이그레이션**migration이라 불리는 작업을 해야 합니다. migrate 명령어를 처음 사용하면 장고는 데이터베이스가 프로젝트의 현재 상태와 일치하는지 확인합니다. SQLite를 사용하는 새 프로젝트에서 이 명령을 처음 실행하면 장고가 새 데이터베이스를 만듭니다(SQLite에 대해서는 곧 다시 설명합니다). ①은 장고가 관리 및 인증 작업을 처리하는 데 필요한 정보를 저장할 데이터베이스를 준비할 거라고 보고하는 모습입니다.

ls 명령어를 실행해보면 장고가 db.sqlite3라는 파일을 만든 걸 확인할 수 있습니다(②).

SQLite는 파일 하나로 동작하는 데이터베이스입니다. 데이터베이스 자체에 크게 신경 쓰지 않아도 되므로 단순한 앱과 함께 사용하기 알맞습니다.

> **NOTE_** 활성화된 가상 환경 안에서는 manage.py를 실행할 때 python 명령어를 사용합니다. 설령 다른 프로그램을 실행할 때 python3 같은 명령어를 썼다 하더라도, 가상 환경에서는 python 명령어를 사용합니다. 가상 환경에서 python 명령어는 해당 가상 환경을 생성한 파이썬 버전을 가리키기 때문입니다.

18.1.7 프로젝트 보기

장고가 프로젝트를 정상적으로 준비했는지 확인해봅시다. 다음과 같이 runserver 명령어를 사용하면 프로젝트의 현재 상태를 볼 수 있습니다.

```
(ll_env)learning_log$ python manage.py runserver
Watchman unavailable: pywatchman not installed.
Watching for file changes with StatReloader
Performing system checks...

System check identified no issues (0 silenced).  # ①
February 18, 2019 - 16:26:07
Django version 2.2.0, using settings 'learning_log.settings'  # ②
Starting development server at http://127.0.0.1:8000/  # ③
Quit the server with CONTROL-C.
```

장고는 **개발 서버**development server라고 부르는 서버를 실행합니다. 이 서버를 통해 컴퓨터에서 프로젝트가 잘 동작하는지 확인할 수 있습니다. 브라우저에서 URL을 입력해 페이지를 요청하면 장고 서버가 그 요청에 반응해 알맞은 페이지를 생성하고 브라우저에 보냅니다.

①은 장고가 프로젝트가 제대로 설치됐는지 체크하는 겁니다. ②는 사용 중인 장고 버전과 세팅 파일의 이름이고, ③은 프로젝트를 서비스하는 URL입니다. URL http://127.0.0.1:8000/은 프로젝트가 현재 컴퓨터의 8000번 포트로 들어오는 요청을 모니터링하고 있다는 뜻입니다. 이 '현재 컴퓨터'를 보통 로컬 호스트라고 부릅니다. **로컬 호스트**local host는 그 자신의 요청만 처리하므로, 다른 누구도 여러분이 개발 중인 페이지를 볼 수 없습니다.

웹 브라우저를 열고 URL http://localhost:8000/을 입력하십시오. 이 URL이 동작하지 않으면 http://127.0.0.1:8000/을 써도 됩니다. URL을 열면 [그림 18-1] 같은 페이지가 열릴 겁니다. 이 페이지는 장고가 프로젝트가 잘 동작한다는 것을 보여주는 페이지입니다. 서버는 계속 실행해둬야 하지만, 끝내고 싶다면 runserver 명령어를 실행했던 터미널에서 **컨트롤-C**를 누르십시오.

그림 18-1 잘 동작하고 있습니다.

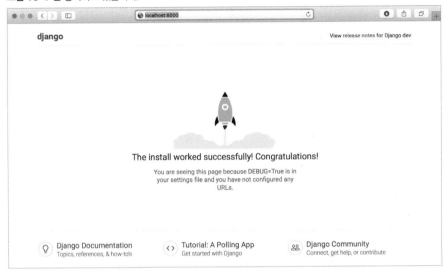

NOTE_ 포트가 이미 사용 중이라는 에러 메시지가 보인다면 python manage.py runserver 8001 같은 명령어를 써서 다른 포트를 시도해보십시오. 숫자를 계속 늘리면서 사용 중이지 않은 포트를 찾을 때까지 계속하십시오.

연습문제

18-1. 새 프로젝트: 빈 프로젝트를 몇 개 만들어보면서 장고가 무엇을 만드는지 보고 무슨 일을 하는지 이해하도록 해보십시오. learning_log 폴더 외부에 snap_gram이나 insta_chat 같은 단순한 이름의 폴더를 만드십시오. 터미널에서 이 폴더로 이동해서 가상 환경을 만드십시오. 장고를 설치하고 django-admin.py startproject snap_gram . 명령어를 실행하십시오(명령어 마지막에 있는 점을 잊지 마십시오).

    이 명령어가 만드는 파일과 폴더를 살펴보고 학습 로그와 비교해보십시오. 장고가 새 프로젝트를 시작할 때 생성하는 파일과 폴더에 익숙해질 때까지 몇 번 반복하십시오. 그다음에는 프로젝트 폴더를 삭제해도 됩니다.

18.2 앱 시작하기

장고 **프로젝트**project는 개별적인 앱 여럿이 모여 하나의 프로젝트를 구성하는 형태입니다. 지금은 프로젝트가 하는 일 전체를 담당할 앱 하나만 만듭니다. 나중에 19장에서 사용자 계정을 관리할 다른 앱을 추가할 겁니다.

터미널 창에서 이전에 열었던 개발 서버를 계속 실행하는 상태여야 합니다. 터미널 창을 새로 열고 manage.py가 들어 있는 폴더로 이동하십시오. 가상 환경을 활성화하고 다음과 같이 startapp 명령어를 실행하십시오.

```
learning_log$ source ll_env/bin/activate
(ll_env)learning_log$ python manage.py startapp learning_logs
(ll_env)learning_log$ ls  # ①
db.sqlite3  learning_log  learning_logs  ll_env  manage.py
(ll_env)learning_log$ ls learning_logs/  # ②
__init__.py  admin.py  apps.py  migrations  models.py  tests.py  views.py
```

startapp appname 명령어는 앱을 만드는 데 필요한 인프라를 구성합니다. 이제 프로젝트 폴더를 보면 learning_logs 폴더가 새로 생긴 걸 볼 수 있습니다(①). 그 폴더를 열고 장고가 만든 것을 보십시오(②). 여기서 가장 중요한 파일은 models.py, admin.py, views.py입니다. models.py는 앱에서 관리할 데이터를 정의하는 데 사용합니다. admin.py와 views.py는 나중에 다시 살펴보겠습니다.

18.2.1 모델 정의하기

데이터에 대해 잠시 생각해봅시다. 각 사용자는 자신의 학습 로그에 여러 가지 주제를 만들 겁니다. 사용자가 만드는 각 항목은 주제에 연결되고, 텍스트로 표시될 겁니다. 각 항목의 타임스탬프(작성일시) 역시 저장해야 사용자가 해당 항목을 언제 작성했는지 보여줄 수 있습니다. models.py 파일을 열고 자동으로 만들어진 코드를 살펴봅시다.

models.py

```
from django.db import models

# 모델을 여기 만듭니다
```

models 모듈을 임포트했고, 모델을 직접 만들라는 얘기가 있습니다. **모델**model은 장고가 앱에 저장되는 데이터를 다루는 방식입니다. 코드로 말한다면 모델은 클래스입니다. 모델에는 다른 클래스와 마찬가지로 속성과 메서드가 있습니다. 다음은 사용자가 저장할 주제 모델입니다.

```python
from django.db import models
class Topic(models.Model):
    """사용자가 배우고 있는 주제"""
    text = models.CharField(max_length=200)  # ①
    date_added = models.DateTimeField(auto_now_add=True)  # ②
    def __str__(self):  # ③
        """모델을 문자열로 반환합니다"""
        return self.text
```

Model을 상속하는 Topic 클래스를 만들었습니다. Model은 모델의 기본 기능을 갖추도록 장고에서 제공하는 부모 클래스입니다. 여기서는 Topic 클래스에 text와 date_added 두 가지 속성을 추가했습니다.

text 속성은 CharField 입니다(①). CharField는 글자나 텍스트로 이루어진 데이터라는 뜻입니다. 이름이나 제목, 도시 같은 적은 양의 텍스트를 저장하려고 할 때 CharField를 사용합니다. CharField 속성을 정의할 때는 데이터베이스에 공간을 얼마나 예약할지 정해야 합니다. 여기서는 max_length를 200으로 정했는데, 이 정도면 주제 이름을 저장할 때 아무 문제도 없을 겁니다.

date_added 속성은 DateTimeField입니다(②). DateTimeField는 날짜와 시간으로 이루어진 데이터입니다. auto_now_add=True 매개변수는 사용자가 주제를 새로 작성할 때마다 자동으로 현재 날짜와 시간을 저장하라는 뜻입니다.

> **NOTE_** https://docs.djangoproject.com/en/2.2/ref/models/fields/에서 장고가 사용하는 모델 필드 명세를 볼 수 있습니다. 이 정보가 지금 당장 필요하지는 않지만, 스스로 앱을 만들 때는 꼭 필요하게 될 겁니다.

장고가 주제를 표시할 때 기본적으로 어떤 속성을 사용할지 정해야 합니다. 장고는 모델을 단순하게 표시할 때 __str__() 메서드를 호출합니다. ③에서는 text 속성에 저장된 문자열을 반환하는 __str__() 메서드를 만들었습니다.

18.2.2 모델 활성화하기

모델을 사용하려면 프로젝트에 앱을 포함시켜야 합니다. learning_log/learning_log 폴더 안에 있는 settings.py 파일을 열면, 어떤 앱이 설치되어 있는지 지정하는 부분이 있습니다.

settings.py

```
--생략--
INSTALLED_APPS = [
    'django.contrib.admin',
    'django.contrib.auth',
    'django.contrib.contenttypes',
    'django.contrib.sessions',
    'django.contrib.messages',
    'django.contrib.staticfiles',
]
--생략--
```

INSTALLED_APPS를 다음과 같이 수정합니다.

```
--생략--
INSTALLED_APPS = [
    # 내 앱
    'learning_logs',

    # 장고 기본 앱
    'django.contrib.admin',
    --생략--
]
--생략--
```

프로젝트에서 앱을 그룹으로 묶어 관리하면 프로젝트가 커지면서 더 많은 앱을 사용하게 되더라도 관리하기 쉽습니다. 여기서는 **내 앱** 섹션을 만들었습니다. 지금은 learning_logs 하나만 들어 있습니다. 기본 앱의 동작을 덮어써야 하는 경우가 있을 수 있으므로, 직접 만든 앱을 기본 앱보다 앞에 배치하는 것이 중요합니다.

이제 Topic 모델과 관련된 정보를 저장할 수 있도록 데이터베이스를 수정해야 합니다. 터미널에서 다음 명령어를 실행하십시오.

```
(ll_env)learning_log$ python manage.py makemigrations learning_logs
Migrations for 'learning_logs':
  learning_logs/migrations/0001_initial.py
    - Create model Topic
(ll_env)learning_log$
```

makemigrations 명령어는 새로 정의한 모델에 관련된 데이터를 저장할 수 있도록 하려면 데이터베이스를 어떻게 수정해야 할지 파악하게 합니다. 장고가 0001_initial.py라는 마이그레이션 파일을 만든 걸 볼 수 있습니다. 이 마이그레이션은 데이터베이스에 모델 **Topic**에 사용할 테이블을 만듭니다.

이제 마이그레이션을 적용해서 데이터베이스를 수정할 차례입니다.

```
(ll_env)learning_log$ python manage.py migrate
Operations to perform:
  Apply all migrations: admin, auth, contenttypes, learning_logs, sessions
Running migrations:
  Applying learning_logs.0001_initial... OK  # ①
```

이 명령어의 출력 결과는 migrate 명령어를 처음 실행했을 때와 거의 비슷합니다. ①은 장고가 learning_logs에 필요한 마이그레이션을 성공적으로 수행했다고 보고하는 내용입니다.

학습 로그에서 사용하는 데이터를 수정해야 할 때는 세 단계를 밟아야 합니다. 먼저 models.py를 수정하고, learning_logs에서 makemigrations를 실행하고, 마지막으로 migrate를 실행합니다.

18.2.3 장고 관리자 사이트

장고에서는 관리자^{admin} 사이트를 통해 모델을 쉽게 관리할 수 있습니다. 사이트 관리자만이 관리자 사이트를 사용할 수 있습니다. 일반 사용자는 불가능합니다. 이제 관리자 사이트를 만들고, 관리자 사이트를 통해 **Topic** 모델에 몇 가지 주제를 추가해봅시다.

슈퍼유저 만들기

장고에서는 사이트에 대한 모든 권한을 가진 사용자 **슈퍼유저**^{superuser}를 만들 수 있습니다. **권한**^{privilege}은 사용자가 할 수 있는 일을 제한합니다.

가장 제한적인 권한은 사용자가 사이트에 있는 공개된 글만 읽을 수 있게 하는 권한입니다. 등록된 사용자는 보통 자신의 개인 데이터와 함께, 회원에게만 공개된 일부 정보를 읽을 수 있습니다. 사이트 소유자는 사이트에 저장된 정보 전체에 대한 권한이 있어야 웹 애플리케이션을 효율적으로 관리할 수 있습니다. 사용자는 보통 자신이 사용하는 앱을 신뢰하므로, 좋은 관리자가 되려면 사용자의 민감한 정보를 주의 깊게 관리해야 합니다.

장고에서 슈퍼유저를 만들 때는 다음 명령어를 사용합니다.

```
(ll_env)learning_log$ python manage.py createsuperuser
Username (leave blank to use 'eric'): ll_admin  # ①
Email address:  # ②
Password:  # ③
Password (again):
Superuser created successfully.
(ll_env)learning_log$
```

createsuperuser 명령어를 사용하면 ①처럼 사용자 이름을 입력하라는 메시지가 나옵니다. 필자는 ll_admin을 사용했지만, 사용자 이름은 원하는 대로 지정해도 됩니다. ②의 이메일 주소는 입력해도 되고 입력하지 않아도 됩니다. ③의 비밀번호는 두 번 입력해야 합니다.

> **NOTE_** 일부 민감한 정보 중에는 사이트 관리자도 볼 수 없는 것도 있습니다. 예를 들어 장고는 비밀번호를 그대로 저장하지 않고, 그 비밀번호를 일정한 규칙에 따라 변환한, 해시^{hash}라는 문자열을 저장합니다. 비밀번호를 입력할 때마다 장고는 그 비밀번호를 해시로 변환한 후 저장된 해시와 비교합니다. 두 해시가 일치하면 인증됩니다. 비밀번호가 아니라 해시를 저장하므로, 설령 해커가 사이트 데이터베이스에 접근하더라도 탈취할 수 있는 정보는 해시밖에 없습니다. 사이트가 제대로 만들어졌다면 해시에서 원래 비밀번호를 유추하는 것은 거의 불가능합니다.

관리자 사이트에서 모델 등록하기

User나 Group 같은 모델은 장고가 관리자 사이트에 자동으로 추가하지만, 우리가 직접 만든 모델은 수동으로 추가해야 합니다.

learning_logs 앱을 시작했을 때 장고는 models.py와 같은 폴더에 admin.py 파일을 만들었습니다. admin.py 파일을 열어보십시오.

admin.py

```
from django.contrib import admin

# 모델을 여기 등록하십시오
```

Topic을 관리자 사이트에 등록하려면 다음과 같이 합니다.

```
from django.contrib import admin

from .models import Topic  # ①

admin.site.register(Topic)  # ②
```

먼저 등록할 모델 Topic을 임포트합니다(①). models 앞에 있는 점은 admin.py와 같은 폴더에서 models.py를 찾으라는 뜻입니다. ②의 admin.site.register()는 관리자 사이트에서 모델을 관리하게 합니다.

이제 슈퍼유저 계정으로 관리자 사이트에 접속합니다. http://localhost:8000/admin/으로 가서 슈퍼유저의 사용자 이름과 비밀번호를 입력하십시오. [그림 18-2]와 같은 화면이 보일 겁니다. 이 페이지에서 새 사용자와 그룹을 추가하거나 기존의 사용자, 그룹을 변경할 수 있습니다. 조금 전에 정의한 Topic 모델에 관련된 데이터를 수정할 수도 있습니다.

그림 18-2 Topic이 추가된 관리자 사이트

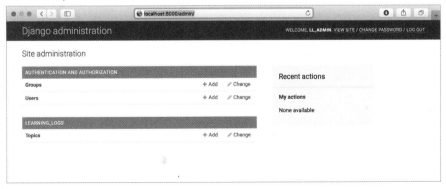

주제 추가하기

이제 관리자 사이트에 Topic이 등록됐으니 첫 번째 주제를 추가해봅시다. **Topics**를 클릭해 주제 페이지로 이동하십시오. 아직 주제를 추가하지 않았으니 이 페이지에는 별 내용이 없습니다. **Add Topic**을 클릭하면 새 주제를 추가할 수 있는 폼이 나타납니다. 첫 번째 박스에 **체스**라고 입력하고 **Save**를 클릭하십시오. 그러면 주제 관리 페이지로 이동하고, 지금 막 만든 주제가 보일 겁니다.

두 번째 주제를 만들어봅시다. **Add Topic**을 클릭하고, **암벽 등반**이라고 입력하십시오. **Save**를 클릭하면 다시 주제 페이지로 이동합니다. 이제 체스와 암벽 등반이 보입니다.

18.2.4 기본 모델 만들기

사용자가 체스와 암벽 등반에 관해 배운 것을 기록하려면 그에 필요한 모델을 정의해야 합니다. 각 항목은 주제와 연결됩니다. 여러 항목이 주제 하나에 연결될 수 있다는 뜻에서, 이런 관계를 **다대일 관계**many-to-one relationship라고 부릅니다.

다음은 Entry 모델의 코드입니다. 이 코드를 `models.py` 파일에 입력하십시오.

models.py

```
from django.db import models

class Topic(models.Model):
    --생략--

class Entry(models.Model):  # ①
    """주제에 관해 배운 것"""
```

```
topic = models.ForeignKey(Topic, on_delete=models.CASCADE)  # ②
text = models.TextField()  # ③
date_added = models.DateTimeField(auto_now_add=True)

class Meta:  # ④
    verbose_name_plural = 'entries'

def __str__(self):
    """모델을 문자열로 반환합니다"""
    return f"{self.text[:50]}..."  # ⑤
```

Entry 클래스는 Topic과 마찬가지로 장고의 기본 클래스인 Model 클래스를 상속합니다(①).
첫 번째 속성인 topic은 ForeignKey 인스턴스입니다(②). **외래 키**^{foreign key}란 데이터베이스에
존재하는 다른 레코드를 가리키는 데이터베이스 용어입니다. 이 코드가 각 항목을 관련 주제와
연결하는 부분입니다. 주제를 만들면 그 주제에는 키(데이터베이스 용어로는 ID)가 할당됩니
다. 장고는 두 데이터를 연결해야 할 때 각 데이터의 키를 사용해 연결합니다. 이런 연결을 통
해 특정 주제에 연결된 항목을 모두 가져오는 방법을 곧 알아볼 겁니다. on_delete=models.
CASCADE 매개변수는 주제를 삭제하면 그 주제에 연결된 항목도 모두 삭제하라는 뜻입니다. 이
런 것을 캐스케이드^{cascade} 삭제라고 부릅니다.

③은 TextField 인스턴스인 text 속성입니다. 각 항목의 크기를 제한할 계획이 없으므로 크
기 제한이 없는 필드를 썼습니다. date_added 속성을 통해 각 항목을 날짜 순으로 정렬할 수
있고, 항목 옆에 작성일시를 표시할 수 있습니다.

④에서는 Entry 클래스 안에 Meta 클래스를 중첩해 넣었습니다. Meta 클래스는 모델 관리에
필요한 부가 정보를 저장합니다. 여기서는 두 개 이상의 항목을 참조할 때 복수형을 쓰라고 지
시하는 특별한 속성을 사용했습니다. 이 속성이 없다면 장고는 여러 개의 항목을 올바른 복수
형인 entries가 아니라 Entrys라고 표시할 겁니다.

__str__() 메서드는 개별 항목들에서 어떤 정보를 표시할지 지정합니다. 항목 길이에는 제한
을 두지 않아서 얼마든지 길어질 수 있으므로, ⑤에서는 text의 처음 50자만 표시하도록 지정
했습니다. 또 말줄임표(...) 역시 넣어서, 항목 전체를 표시하는 게 아님을 분명히 했습니다.

18.2.5 Entry 모델 마이그레이션하기

새 모델을 추가했으니 데이터베이스 마이그레이션을 다시 해야 합니다. 이 과정은 곧 아주 익숙해질 겁니다. models.py를 수정하고, python manage.py makemigrations app_name 명령어를 실행하고, python manage.py migrate 명령어를 실행합니다.

다음 명령어로 데이터베이스 마이그레이션을 수행하고 결과를 체크하십시오.

```
(ll_env)learning_log$ python manage.py makemigrations learning_logs
Migrations for 'learning_logs':
  learning_logs/migrations/0002_entry.py  # ①
    - Create model Entry

(ll_env)learning_log$ python manage.py migrate
Operations to perform:
  --생략--
  Applying learning_logs.0002_entry... OK  # ②
```

새로운 마이그레이션 파일 **0002_entry.py**가 만들어졌습니다. 이 파일은 Entry 모델과 관련된 정보를 저장할 수 있도록 데이터베이스를 수정하는 내용이 담겨 있습니다. migrate 명령어를 실행하면 장고가 마이그레이션을 문제없이 적용했다는 보고를 볼 수 있습니다(②).

18.2.6 관리자 사이트에서 항목 등록하기

Entry 모델 역시 등록해야 합니다. 다음과 같이 admin.py를 수정합니다.

admin.py

```python
from django.contrib import admin

from .models import Topic, Entry

admin.site.register(Topic)
admin.site.register(Entry)
```

`http://localhost/admin/`로 돌아가면 **Learning_Logs** 아래에 **Entries**가 있습니다. **Add** 링크를 클릭하거나, **Entries**를 클릭한 다음 Add entry를 선택하십시오. 항목을 추가할 대상인 주제를 고를 수 있는 드롭다운 리스트, 항목을 입력할 수 있는 텍스트 박스가 보일 겁니다. 드롭다운 리스트에서 **체스**를 선택하고 항목을 추가하십시오. 필자는 다음과 같이 첫 번째 항목을 작성했습니다.

게임의 첫 단계는 대략 열 번 정도 말을 움직이는 것이다. 이 단계에서는 승려와 기사를 앞으로 내보내서 중앙을 선점하고 왕을 보호하는 전략을 구상하는 것이 좋다.

물론 이것은 일반적인 가이드일 뿐이다. 이 가이드를 따라야 할 상황과, 이 가이드를 따르면 안 되는 상황을 구분하는 것도 중요하다.

Save를 클릭하면 항목 관리자 페이지로 돌아오면, 각 항목의 문자열 표현에 text[:50]을 썼던 효과가 보입니다. 항목의 텍스트 전체를 표시하는 것보다, 이렇게 일부만 표시하면 관리자 인터페이스에서 여러 항목을 볼 수 있으므로 관리하기가 훨씬 편합니다.

체스의 두 번째 항목을 추가하고, 암벽 등반에도 항목을 추가합시다. 체스의 두 번째 항목은 다음과 같습니다.

게임의 첫 단계에서는 승려와 기사를 앞으로 보내는 것이 중요하다. 승려와 기사는 강력하고 이동도 자유로와서 게임의 첫 단계에 아주 중요한 역할을 할 수 있다.

암벽 등반의 첫 번째 항목은 다음과 같이 작성합니다.

등반에서 가장 중요한 개념은 체중을 가능한 한 발에 싣는 것이다. 등반가들이 하루 종일 팔 힘만으로 절벽에 매달려 있을 수 있다는 미신을 믿는 사람들도 있다. 하지만 훌륭한 등반가들은 가능할 때마다 체중을 발에 싣는 훈련을 하고 있다.

항목을 세 가지 만들었으니 학습 로그를 개발하는 동안 사용할 수 있는 데이터로는 충분할 겁니다.

18.2.7 장고 셸

데이터를 조금 입력했으니, 대화형 터미널에서 이 데이터를 점검하는 프로그램을 만들 수 있습니다. 이 대화형 환경을 장고 셸shell이라 부릅니다. 장고 셸은 프로젝트를 테스트하고 문제를 해결하기에 안성맞춤입니다. 대화형 셸 세션의 예제를 하나 봅시다.

```
(ll_env)learning_log$ python manage.py shell
>>> from learning_logs.models import Topic  # ①
>>> Topic.objects.all()
<QuerySet [<Topic: Chess>, <Topic: Rock Climbing>]>
```

활성화된 가상 환경에서 `python manage.py shell` 명령어를 실행하면 프로젝트 데이터베이스에 저장된 데이터를 살펴볼 수 있는 파이썬 인터프리터가 열립니다. ①에서는 `learning_logs.models` 모듈에서 `Topic` 모델을 임포트했습니다. 그리고 `Topic.objects.all()` 메서드로 `Topic` 모델의 인스턴스를 전부 가져왔습니다. 이렇게 가져온 리스트를 쿼리셋queryset이라 부릅니다.

리스트와 마찬가지로 쿼리셋에도 루프를 실행할 수 있습니다. 다음은 주제 객체에 할당된 ID를 보는 방법입니다.

```
>>> topics = Topic.objects.all()
>>> for topic in topics:
...     print(topic.id, topic)
...
1 Chess
2 Rock Climbing
```

쿼리셋을 `topics`에 저장한 다음 각 주제의 `id` 속성과 문자열 표현을 출력했습니다. 체스의 ID는 1이고 암벽 등반의 ID는 2인 걸 볼 수 있습니다.

객체의 ID를 알고 있다면 `Topic.objects.get()` 메서드로 객체를 가져오고 그 객체의 속성을 모두 볼 수 있습니다. 체스의 `text`와 `date_added`를 알아봅시다.

```
>>> t = Topic.objects.get(id=1)
>>> t.text
'Chess'
```

```
>>> t.date_added
datetime.datetime(2019, 2, 19, 1, 55, 31, 98500, tzinfo=<UTC>)
```

특정 주제와 관련된 항목도 볼 수 있습니다. 앞에서 우리는 Entry 모델의 topic 속성을 정의했습니다. 이 속성은 ForeignKey, 즉 항목과 주제 사이의 연결입니다. 장고는 이런 연결을 사용해 다음과 같이 특정 주제에 관련된 항목을 모두 가져올 수 있습니다.

```
>>> t.entry_set.all()# ①
<QuerySet [<Entry: The opening is the first part of the game, roughly...>,
<Entry:
In the opening phase of the game, it's important t...>]>
```

외래 키 관계를 통해 데이터를 얻으려면 ①처럼 관련 모델의 이름을 소문자로 쓰고, 밑줄을 붙인 다음 다시 set를 붙입니다. 예를 들어 Pizza와 Topping 모델이 있고 Topping은 외래 키를 통해 Pizza와 연결되어 있다고 합시다. 피자 하나를 나타내는 my_pizza라는 객체가 있다면, my_pizza.topping_set.all() 메서드로 피자의 토핑을 모두 가져올 수 있습니다.

사용자가 요청하는 페이지를 만들 때도 이런 문법을 씁니다. 셸은 작성한 코드가 데이터를 제대로 가져오는지 확인할 때 아주 유용합니다. 셸에서 코드가 정상적으로 동작한다면 그 코드는 프로젝트 파일 안에서도 정상적으로 동작할 겁니다. 셸에서 코드가 에러를 내거나 데이터를 원하는 대로 가져오지 않는다 하더라도, 웹 페이지를 생성하는 복잡한 파일 안에서 문제를 해결하는 것보다는 단순한 셸 환경에서 해결하는 편이 더 쉽습니다. 이 책에서 셸을 깊이 설명하지는 않겠지만, 셸을 계속 사용하면 프로젝트에 저장된 데이터에 접근하는 장고 문법에 익숙해져야 합니다.

NOTE_ 모델을 변경하면 셸을 재시작해야 변경 내용이 반영됩니다. 셸 세션에서 나가려면 **컨트롤-D**를 누르십시오. 윈도우에서는 **컨트롤-Z**를 누르고 엔터를 누르십시오.

18-2. 짧은 항목: 현재 Entry 모델의 __str__() 메서드는 관리자 사이트나 셸에서 항목의 길이와 무관하게 모든 항목에 말줄임표를 붙이고 있습니다. __str__() 메서드에 if 문을 추가해서 항목이 50자 이상일 때만 말줄임표를 붙이게끔 수정하십시오. 관리자 사이트에서 50자 미만인 항목을 추가한 다음, 그 항목이 말줄임표 없이 표시되는지 확인하십시오.

18-3. 장고 API: 프로젝트에서 데이터에 접근하는 코드를 쿼리^{query}라고 합니다. https://docs.django project.com/en/2.2/topics/db/queries/의 데이터 쿼리 문서를 훑어보십시오. 거의 대부분이 새로운 내용이겠지만, 스스로 프로젝트를 시작할 때는 아주 유용할 겁니다.

18-4. 피자 전문점: pizzas 앱을 사용하는 pizzeria 프로젝트를 만드십시오. Pizza 모델을 만들고 Hawaiian, Meat Lovers 같은 이름을 저장할 수 있는 name 필드를 만드십시오. Topping 모델을 만들고 여기에는 pizza와 name 필드를 만드십시오. pizza 필드는 Pizza와 연결되는 외래 키여야 하고, name은 pineapple, Canadian bacon, sausage 같은 값을 저장할 수 있는 필드여야 합니다.

관리자 사이트에서 두 모델을 등록하고, 피자와 토핑 이름을 몇 가지 입력하십시오. 입력한 데이터를 셸에서 살펴보십시오.

18.3 학습 로그 홈페이지 만들기

장고로 웹 페이지를 만드는 과정은 크게 셋으로 나눌 수 있습니다. URL을 정의하고, 뷰와 템플릿을 만드는 단계입니다. 이 단계의 순서는 중요하지 않지만, 이 프로젝트에서는 항상 URL 정의부터 시작할 겁니다. URL 패턴을 보면 URL이 어떻게 짜였는지 알 수 있습니다. 장고는 URL 패턴을 읽고 브라우저 요청과 사이트 URL을 비교해 어떤 페이지를 반환할지 결정합니다.

다음에는 URL을 **뷰**^{view}와 연결합니다. 뷰는 해당 페이지에 필요한 데이터를 가져와서 처리하는 함수입니다. 뷰 함수는 보통 **템플릿**^{template}을 사용해 페이지를 렌더링합니다. 템플릿에는 해당 페이지의 전체적인 구조가 들어 있습니다. 학습 로그 홈페이지를 만들면서 이 과정을 살펴봅시다. 먼저 홈페이지 URL을 정의하고, 거기 필요한 뷰 함수를 만들고, 간단한 템플릿을 만들 겁니다.

일단은 학습 로그가 정상적으로 동작하는지 확인하는 것이 우선이므로, 페이지는 단순하게 만들겠습니다. 웹 애플리케이션에 스타일을 입히는 것도 재미있지만 그보다는 제대로 동작하는 것이 우선입니다. 앱이 아무리 멋져 보여도, 제대로 동작하지 않는다면 아무 의미도 없습니다.

일단 제목과 간단한 설명만 표시하는 홈페이지를 만들겠습니다.

18.3.1 URL 연결하기

사용자는 브라우저에 URL을 입력하거나 링크를 클릭해서 페이지를 요청합니다. 따라서 어떤 URL을 사용할지 결정해야 합니다. 홈페이지 URL이 첫 번째입니다. 홈페이지 URL은 사용자가 프로젝트에 접근하는 **베이스 URL**^{base URL}이 됩니다. 지금 베이스 URL인 `http://localhost:8000/`은 장고가 프로젝트를 제대로 설치했다고 알려주는 기본 사이트입니다. 이 연결을 해제하고 베이스 URL을 학습 로그 홈페이지에 연결할 겁니다.

`learning_log` 프로젝트 폴더에서 `urls.py`를 여십시오. 다음과 같은 코드가 보일 겁니다.

urls.py

```
from django.contrib import admin  # ①
from django.urls import path

urlpatterns = [  # ②
    path('admin/', admin.site.urls),  # ③
]
```

첫 번째와 두 번째 행은 관리자 사이트에 필요한 모듈과 함수를 임포트했습니다(①). ②에서는 `urlpatterns` 변수를 정의했습니다. 프로젝트 전체를 관리하는 `urls.py`에 들어 있는 `urlpatterns` 변수는 프로젝트에 포함된 앱들의 URL을 저장합니다. ③의 `admin.site.urls`에는 관리자 사이트에서 요청할 수 있는 URL이 모두 들어 있습니다.

`learning_logs`를 가리키는 URL이 필요하니 다음과 같이 추가합니다.

```
from django.contrib import admin
from django.urls import path, include

urlpatterns = [
    path('admin/', admin.site.urls),
    path('', include('learning_logs.urls')),  # ①
]
```

①에서 learning_logs.urls 모듈을 추가했습니다.

기본 urls.py는 learning_log 폴더에 들어 있습니다. 이제 두 번째 urls.py 파일을 learning_logs 폴더에 만듭니다. 파이썬 파일을 새로 만들고 learning_logs 폴더에 urls.py로 저장한 다음, 다음 코드를 입력하십시오.

urls.py

```
"""learning_logs의 URL 패턴을 정의합니다"""  # ①

from django.urls import path  # ②

from . import views  # ③

app_name = 'learning_logs'  # ④
urlpatterns = [  # ⑤
    # 홈페이지
    path('', views.index, name='index'),  # ⑥
]
```

①에서는 이 urls.py 파일이 어떤 경로를 관리하는지 빨리 알 수 있도록 독스트링을 추가했습니다. ②에서 임포트한 path 함수는 URL과 뷰를 연결하는 함수입니다. ③에서는 views 모듈을 임포트했습니다. 여기에 있는 점은 현재 urls.py 모듈과 같은 폴더에서 views.py 모듈을 찾으라는 뜻입니다. ④의 app_name 변수는 같은 프로젝트에 있는 다른 urls.py 파일들과 이 파일을 구별하기 위해 필요합니다. ⑤의 urlpatterns 변수는 learning_logs 앱에서 요청할 수 있는 페이지 리스트입니다.

실제 URL 패턴은 path() 함수를 호출하는 것이고, 이 함수는 매개변수 세 가지를 받습니다. 첫 번째 매개변수는 현재 요청을 뷰에 연결하는 데 필요한 문자열입니다. 장고는 URL 요청을 받고 그 요청을 뷰와 연결할 때 정의되어 있는 URL 패턴을 전부 검색하면서 현재 요청과 일치하는 것을 찾습니다. 장고는 프로젝트의 베이스 URL http://localhost:8000/을 무시하므로 빈 문자열('')은 베이스 URL과 일치합니다. 다른 URL은 이 패턴과 일치하지 않으며, 정의된 URL 패턴 중에서 요청받은 URL과 일치하는 것이 없으면 에러가 일어납니다.

⑥에서 path()에 넘긴 두 번째 매개변수는 views.py에서 호출할 함수입니다. 요청받은 URL이 정의된 패턴과 일치하면, 장고는 views.py에서 index() 함수를 호출합니다(이 함수는 다

음 섹션에서 만들 겁니다). 세 번째 매개변수는 이 URL 패턴에 index라는 이름을 붙이므로 다른 코드에서도 사용할 수 있습니다. 홈페이지 링크를 써야 할 때 URL을 다시 작성하지 않고 이이름을 쓰면 됩니다.

18.3.2 뷰 만들기

뷰 함수는 요청에서 정보를 얻고, 페이지를 생성할 때 필요한 데이터를 준비하고, 데이터를 다시 브라우저에 보냅니다. 브라우저에 보낼 때는 페이지 외형이 정의되어 있는 템플릿을 쓸 때가 많습니다.

learning_logs의 views.py 파일은 python manage.py startapp 명령어를 실행했을 때 자동으로 생성된 상태입니다. views.py의 내용은 현재 다음과 같습니다.

views.py

```
from django.shortcuts import render

# 여기에 뷰를 만드십시오
```

현재 이 파일은 뷰에서 제공하는 데이터를 사용해 응답을 렌더링하는 render() 함수 하나를 임포트했을 뿐입니다. 파일을 열고 다음 코드를 추가하십시오.

```
from django.shortcuts import render

def index(request):
    """학습 로그 홈페이지"""
    return render(request, 'learning_logs/index.html')
```

URL 요청이 패턴과 일치하면 장고는 views.py 파일의 index() 함수를 호출합니다. 그리고 request 객체를 이 뷰 함수에 전달합니다. 여기서는 페이지에 전달할 데이터가 전혀 없으므로 이 함수에 포함된 코드는 render()를 호출하는 것뿐입니다. render() 함수는 request 객체와 페이지 템플릿을 매개변수로 받습니다. 이제 템플릿을 만들어봅시다.

18.3.3 템플릿 만들기

템플릿은 페이지 모양을 정의하며, 장고는 페이지가 요청될 때마다 관련 데이터를 채워 넣습니다. 뷰에서 제공하는 데이터는 무엇이든 템플릿에서 사용할 수 있습니다. 아직은 홈페이지 뷰에서 데이터를 제공하지 않으므로 이 템플릿은 아주 단순합니다.

learning_logs 폴더 안에 templates 폴더를 만드십시오. templates 폴더 안에 learning_logs 폴더를 만드십시오. learning_logs 안에 templates가 있고 그 안에 다시 learning_logs를 만든다니 중복으로 느껴지겠지만, 장고는 이런 폴더 구조를 아무 문제 없이 잘 해석하며 개별 앱이 아주 많이 들어 있는 큰 프로젝트에서도 문제없습니다. 내부의 learning_logs 폴더 안에 index.html 파일을 만드십시오. 이 파일 경로는 learning_log/learning_logs/templates/learning_logs/index.html이 될 겁니다. 그 파일에 다음 코드를 입력하십시오.

index.html

```
<p>Learning Log</p>

<p>Learning Log helps you keep track of your learning, for any topic you're
learning about.</p>
```

아주 단순한 파일입니다. HTML에 대해 잘 모른다면, <p></p>는 문단을 나타내는 기호입니다. <p>는 문단을 열고, </p>는 문단을 닫습니다. 여기에는 문단이 두 개 있습니다. 첫 문단은 제목이고, 두 번째 문단은 사용자가 학습 로그에서 할 수 있는 일을 간단히 설명합니다.

이제 프로젝트의 베이스 URL인 http://localhost:8000/을 요청하면 장고의 기본 페이지가 아니라 우리가 방금 만든 페이지가 보일 겁니다. 장고가 받은 URL 요청은 '' 패턴과 일치하므로 views.index()를 호출하고, 이 함수는 index.html에 들어 있는 템플릿에 따라 페이지를 렌더링합니다. [그림 18-3]은 결과 페이지입니다.

그림 18-3 학습 로그 홈페이지

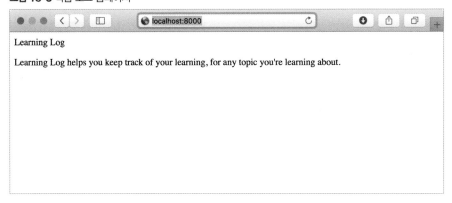

페이지 하나 만드는 것 치고는 좀 복잡한 과정으로 보일 수도 있겠지만, 이렇게 URL과 뷰, 템플릿을 분리하는 방법이 결국에는 더 좋은 방법입니다. 이렇게 분리하는 것만으로도 프로젝트의 각 과정을 나누어서 생각할 수 있게 됩니다. 큰 프로젝트에서는 프로젝트에 참가한 사람들이 자신이 가장 잘하는 분야를 맡을 수 있게 해주기도 합니다. 예를 들어 데이터베이스 전문가는 모델에만 집중하고, 프로그래머는 뷰 코드를 설계하고, 웹 디자이너는 템플릿에만 힘을 기울이는 식으로 말입니다.

> **NOTE_** 다음과 같은 에러 메시지가 보일 수도 있습니다.
>
> ```
> ModuleNotFoundError: No module named 'learning_logs.urls'
> ```
>
> 이런 에러가 보인다면, runserver 명령어를 실행했던 터미널 창에서 **컨트롤-C**를 눌러 개발 서버를 중지하십시오. 그리고 python manage.py runserver 명령어를 다시 실행하십시오. 이렇게 하면 홈페이지가 나타날 겁니다. 이런 에러가 생길 때는 언제든 서버를 중지했다가 재실행해보십시오.

연습문제

18-5. 식단 플래너: 일주일 동안의 식단 계획을 짜는 데 도움을 주는 앱을 만들어보십시오. meal_planner 폴더를 새로 만들고 그 폴더 안에서 새 장고 프로젝트를 시작하십시오. meal_plans라는 앱을 만드십시오. 이 프로젝트에 사용할 홈페이지를 간단하게 만드십시오.

18-6. 피자 전문점 홈페이지: 연습문제 18-4에서 만들었던 피자 전문점 프로젝트에 홈페이지를 추가하십시오.

18.4 다른 페이지 만들기

페이지를 만드는 방법을 익혔으니 학습 로그 프로젝트를 계속 진행할 수 있습니다. 지금부터 만들 페이지는 데이터를 표시하는 페이지 두 가지입니다. 하나는 주제 전체를 표시하는 페이지이고, 다른 하나는 특정 주제에 연결된 항목을 표시하는 페이지입니다. 각 페이지에 URL 패턴을 정의하고, 뷰 함수를 만들고, 템플릿을 만들 겁니다. 하지만 먼저, 프로젝트에 속한 템플릿들이 모두 상속하는 베이스 템플릿부터 만듭시다.

18.4.1 템플릿 상속

웹사이트에서는 모든 페이지에서 항상 반복해서 나타나는 요소가 있습니다. 이런 요소를 각 페이지에 일일이 넣기보다는, 반복되는 요소들을 포함하는 베이스 템플릿을 만들고 각 페이지가 이 베이스 템플릿을 상속하게 하는 편이 좋습니다. 이렇게 하면 각 페이지에 고유한 요소에만 개발을 집중할 수 있고, 프로젝트의 전체적인 모양을 통일하기에도 좋습니다.

부모 템플릿

index.html과 같은 폴더에 base.html이라는 템플릿을 만들 겁니다. 이 파일에는 모든 페이지에 공통인 요소가 들어갑니다. 다른 모든 템플릿들이 base.html을 상속할 겁니다. 지금 모든 페이지에서 반복되길 원하는 요소는 페이지 상단에 있는 제목입니다. 이 템플릿을 모든 페이지에 넣을 테니, 제목을 홈페이지 링크로 만듭시다.

base.html

```
<p>
  <a href="{% url 'learning_logs:index' %}">Learning Log</a>  # ①
</p>
{% block content %}{% endblock content %}  # ②
```

이 파일의 첫 번째 부분은 프로젝트 이름이 담긴 문단입니다. 이 문단은 홈페이지를 가리키는 링크 구실도 합니다. 링크를 만들 때는 **템플릿 태그**template tag를 사용합니다. 템플릿 태그는 {% %}처럼 중괄호 안에 퍼센트 기호를 쓰는 형식입니다. 템플릿 태그는 원하는 정보를 페이지에 표시합니다. 여기서 사용한 템플릿 태그 `{% url 'learning_logs:index' %}`는 learning_logs/urls.py에서 정의한 URL 패턴에 일치하는 URL을 index라는 이름으로 만듭니다(①). 이 예제에서 learning_logs는 **네임스페이스**namespace이고 index는 해당 네임스페이스에서 고유한 이름을 가진 URL 패턴입니다. 네임스페이스는 learning_logs/urls.py 파일에서 app_name에 할당한 값을 가져옵니다.

HTML 페이지에서 링크는 다음과 같이 `<a>` 태그를 사용합니다(a는 '닻'을 뜻하는 anchor에서 유래했습니다).

```
<a href="link_url">link text</a>
```

템플릿 태그가 자동으로 URL을 생성하게 만들면 링크를 최신으로 유지하기 편리합니다. urls.py의 URL 패턴을 업데이트하기만 하면 장고가 자동으로 최신 URL을 모든 페이지에 삽입합니다. 프로젝트의 모든 페이지가 base.html을 상속하므로, 지금부터 만드는 모든 페이지에는 홈페이지 링크가 생깁니다.

②에서는 block 태그를 삽입했습니다. 이 content 블록은 일종의 플레이스홀더, 즉 자리를 미리 잡아 두는 역할을 합니다. 어떤 정보가 이 content 블록에 들어갈지는 자식 템플릿에서 정의합니다.

자식 템플릿에서 부모 템플릿의 블록을 전부 다 정의할 필요는 없으므로, 부모 템플릿에는 필요한 만큼 블록을 만들어둬도 괜찮습니다. 자식 템플릿은 자신이 필요한 만큼만 사용합니다.

> **NOTE_** 파이썬 코드에서는 들여쓰기를 할 때 거의 항상 스페이스 네 칸을 사용합니다. 하지만 템플릿 파일은 파이썬 파일에 비해 더 깊이 중첩되는 것이 보통이므로, 템플릿 파일에서는 스페이스 두 칸을 사용하는 경우도 많습니다. 어느 쪽을 택하든 상관 없으며, 일관성이 있기만 하면 됩니다.

자식 템플릿

이제 base.html을 상속하도록 index.html을 수정합시다. 다음 코드를 index.html에 추가하십시오.

index.html

```
{% extends "learning_logs/base.html" %}  # ①

{% block content %}  # ②
  <p>Learning Log helps you keep track of your learning, for any topic you're
  learning about.</p>
{% endblock content %}  # ③
```

원래의 **index.html** 파일과 비교해보면, 학습 로그라는 제목을 부모 템플릿에서 상속하는 코드로 바꾼 것을 볼 수 있습니다(①). 자식 템플릿에는 반드시 첫 번째 행에 **{% extends %}** 태그를 넣어서 이 템플릿이 어떤 부모 템플릿을 상속하는지 정해야 합니다. **base.html** 파일은 **learning_logs**의 일부분이므로 부모 템플릿의 경로에 **learning_logs**를 넣었습니다. 이 행은 **base.html** 템플릿에 포함된 것들을 전부 가져오며, **content** 블록에서 만든 공간에 무엇이 들어갈지 정의할 수 있게 합니다.

②에서는 **{% block %}** 태그 안에 **content**라는 이름을 써서 콘텐츠 블록을 만들었습니다. 부모 템플릿에서 상속하지 않는 것들은 모두 **content** 블록에 들어갑니다. 여기서 만드는 콘텐츠 블록은 학습 로그 프로젝트에 대해 설명하는 문단입니다. ③의 **{% endblock content %}** 태그는 콘텐츠 정의를 끝냈음을 알리는 태그입니다. **{% endblock %}** 태그에는 꼭 이름을 쓰지 않아도 상관 없지만, 템플릿에 여러 블록이 들어간다면 각 **{% endblock %}** 태그가 어떤 블록을 끝내는지 정확히 알 수 있도록 이름을 쓰는 것이 좋습니다.

템플릿 상속에 어떤 장점이 있는지 알 수 있을 겁니다. 자식 템플릿에서는 해당 페이지에서만 사용하는 콘텐츠만 만들면 됩니다. 이렇게 분리하면 각 템플릿을 단순하게 만들 수 있을 뿐만 아니라, 사이트 전체를 수정할 때도 훨씬 쉬워집니다. 여러 페이지에 공통인 요소를 수정할 때는 부모 템플릿만 수정하면 됩니다. 그러면 해당 템플릿을 상속하는 페이지 전체가 바뀝니다. 수백, 수천 개의 페이지로 구성되는 프로젝트라도 이런 구조를 채용한다면 사이트를 훨씬 쉽고 빠르게 개선해갈 수 있습니다.

> **NOTE_** 큰 프로젝트에서는 보통 사이트 전체에 적용되는 부모 템플릿인 base.html을 만들고, 주요 섹션에 다시 부모 템플릿을 만드는 경우가 일반적입니다. 섹션 템플릿은 base.html을 상속하고, 섹션에 속한 페이지들은 다시 섹션 템플릿을 상속하는 구조입니다. 이런 방식을 사용하면 사이트 전체, 일부 섹션, 개별 페이지의 모양을 모두 쉽게 바꿀 수 있습니다. 이렇게 구성하면 아주 효율적으로 일할 수 있고, 사이트를 점진적으로 업데이트하려는 마음을 갖게 됩니다.

18.4.2 주제 페이지

페이지를 효율적으로 만드는 방법을 알게 됐으니, 이제는 다른 페이지 두 개를 만들어봅시다. 하나는 일반적인 주제 페이지이고 다른 하나는 해당 주제에 연관된 항목을 표시하는 페이지입니다. 주제 페이지에는 사용자가 만든 주제들이 전부 표시됩니다. 또한 데이터를 입력하거나 수정하려 할 때 처음으로 사용하게 될 페이지이기도 합니다.

주제 URL 패턴

먼저 주제 페이지에 사용할 URL을 정의합시다. URL을 만들 때는 해당 페이지에 어떤 정보가 들어 있는지 반영하는 짧은 단어를 사용하는 것이 일반적입니다.

주제 페이지이므로 topics라는 단어를 사용하겠습니다. 따라서 URL은 `http://local-host:8000/topics/`가 될 겁니다. `learning_logs/urls.py`를 다음과 같이 수정합니다.

urls.py

```
"""learning_logs의 URL 패턴을 정의합니다"""
--생략--
urlpatterns = [
    # 홈페이지
    path('', views.index, name='index'),
    # 주제 전체를 표시하는 페이지
    path('topics/', views.topics, name='topics'),  # ①
]
```

①에서는 홈페이지 URL에 들어가는 문자열 매개변수에 topics를 추가하기만 했습니다. 장고가 URL을 해석할 때 이 패턴은 베이스 URL 뒤에 topics가 붙은 모든 URL에 일치합니다. 마지막에 있는 슬래시는 써도 되고 쓰지 않아도 되지만, topics라는 단어 뒤에 다른 글자가 있다면 이 패턴은 일치하지 않습니다. 이 패턴에 일치하는 URL 요청은 모두 views.py의 topics()로 전달됩니다.

주제 뷰

topics() 함수는 데이터베이스에서 데이터를 가져와 템플릿에 보내야 합니다. views.py를 다음과 같이 만듭니다.

views.py

```python
from django.shortcuts import render

from .models import Topic  # ①

def index(request):
    --생략--

def topics(request):  # ②
    """주제를 모두 보여줍니다"""
    topics = Topic.objects.order_by('date_added')  # ③
    context = {'topics': topics}  # ④
    return render(request, 'learning_logs/topics.html', context)  # ⑤
```

①에서는 필요한 데이터와 연관된 모델을 임포트했습니다. **topics()** 함수에는 장고가 서버에서 가져오는 **request** 객체가 매개변수로 필요합니다(②). ③에서는 **date_added** 속성에 따라 정렬된 **Topic** 객체를 데이터베이스에 요청했습니다. 그리고 결과 쿼리셋을 **topics**에 저장했습니다.

④에서는 템플릿에 보낼 콘텍스트^context를 정의했습니다. 콘텍스트란 딕셔너리이며, 이 딕셔너리의 키는 템플릿에서 데이터에 접근할 때 사용하는 이름이고 그 값은 템플릿에 보낼 데이터입니다. 여기서는 페이지에 표시할 주제 목록인 키-값 쌍 하나밖에 없습니다. 데이터를 사용하는 페이지를 만들 때는 ⑤와 같이 **context** 변수와 함께 **request** 객체, 템플릿 경로를 **render()**에 전달합니다.

주제 템플릿

주제 페이지의 템플릿은 **context** 딕셔너리를 전달받으므로 **topics()**에서 제공하는 데이터를 사용할 수 있습니다. **index.html**과 같은 폴더에 **topics.html** 파일을 만드십시오. 다음은 템플릿에 주제를 표시하는 코드입니다.

topics.html

```
{% extends "learning_logs/base.html" %}

{% block content %}
```

```
<p>Topics</p>

  <ul>  # ①
    {% for topic in topics %}  # ②
      <li>{{ topic }}</li>  # ③
    {% empty %}  # ④
      <li>No topics have been added yet.</li>
    {% endfor %}  # ⑤
  </ul>  # ⑥

  {% endblock content %}
```

이전 파일과 마찬가지로 {% extends %} 태그를 써서 base.html을 상속했고, content 블록을 열었습니다. 이 페이지에서는 사용자가 입력한 주제를 점 붙은 리스트 형식으로 표시합니다. 표준 HTML에서는 점 붙은 리스트를 순서 없는 리스트^{unordered list}라고 부르며, <ul></ul> 태그를 사용합니다. ①에서는 주제 리스트를 시작했습니다.

②에서는 for 루프와 비슷한 역할을 하는 템플릿 태그를 열었습니다. 이 태그는 context 딕셔너리의 topics 리스트를 순회하는 루프입니다. 이 템플릿에서 사용한 코드는 파이썬과는 다른데, 눈여겨볼 중요한 부분이 있습니다. 파이썬은 들여쓰기를 통해 for 문과 루프 바디를 구분하지만, 템플릿에서는 for 루프에 반드시 명시적인 {% endfor %} 태그를 써서 루프가 어디에서 끝나는지 명확히 지정해야 합니다. 따라서 템플릿에서는 다음과 같은 루프를 사용합니다.

```
{% for item in list %}
    do something with each item
{% endfor %}
```

루프 안에서는 각 주제를 리스트 아이템으로 바꿔야 합니다. 템플릿 안에서 변수를 프린트할 때는 변수 이름을 이중 중괄호로 감쌉니다. 이 중괄호는 페이지에는 나타나지 않습니다. 단지 템플릿 변수를 쓰고 있다는 표시일 뿐입니다. 따라서 ③의 {{ topic }}은 루프가 반복됨에 따라 topic의 값으로 대체됩니다. HTML 태그 <li></li>는 리스트 아이템^{list item}을 뜻합니다. <ul></ul> 태그 안에서 이 태그 안에 들어 있는 것은 모두 점 붙은 아이템으로 표시됩니다.

④에서는 {% empty %} 템플릿 태그를 사용했는데, 이 태그는 리스트 안에 아이템이 없을 때 사용하는 태그입니다. 여기서는 주제가 없을 때를 대비해 사용자에게 주제가 입력되지 않았음

을 알려주는 메시지를 넣었습니다. 마지막 두 행은 for 루프를 끝내고(⑤), 점 붙은 리스트를 끝내는 행입니다(⑥).

이제 베이스 템플릿을 수정해서 주제 페이지 링크를 추가해야 합니다. base.html에 다음 코드를 추가하십시오.

base.html

```
<p>
  <a href="{% url 'learning_logs:index' %}">Learning Log</a> -  # ①
  <a href="{% url 'learning_logs:topics' %}">Topics</a>  # ②
</p>

{% block content %}{% endblock content %}
```

홈페이지 링크 다음에는 하이픈을 하나 썼고(①), 다시 {% url %} 템플릿을 써서 주제 페이지 링크를 추가했습니다(②). 이 행은 learning_logs/urls.py의 이름 topics가 들어 있는 URL 패턴과 일치하는 링크를 생성합니다.

이제 브라우저에서 홈페이지를 새로고침하면 **Topics** 링크가 보입니다. 링크를 클릭하면 [그림 18-4]와 비슷한 페이지로 이동합니다.

그림 18-4 주제 페이지

18.4.3 개별 주제 페이지

다음은 주제 하나에 관한 페이지를 만들 차례입니다. 이 페이지에는 주제 이름과, 그 주제에 연결된 항목 전체가 표시됩니다. 이번에도 URL 패턴을 정의하고, 뷰를 만들고, 템플릿을 만드는 순서를 따릅니다. 주제 페이지를 수정해서, 리스트 아이템을 클릭하면 대응하는 주제 페이지로 이동하는 기능도 추가할 겁니다.

주제 URL 패턴

주제 페이지의 URL 패턴은 그동안 썼던 URL 패턴과는 조금 다릅니다. 주제 페이지에는 해당 주제의 id 속성을 사용할 겁니다. 예를 들어 사용자가 id가 1인 체스 페이지를 요청하면, 해당 URL은 http://localhost:8000/topics/1/이 됩니다.

다음은 이 URL 에 일치하는 패턴입니다. 이 코드를 learning_logs/urls.py에 추가하십시오.

urls.py

```
--생략--
urlpatterns = [
    --생략--
    # 단일 주제 페이지
    path('topics/<int:topic_id>/', views.topic, name='topic'),
]
```

URL 패턴에 사용한 문자열 topics/<int:topic_id>/에 대해 좀 더 알아봅시다. 이 문자열의 첫 번째 부분은 베이스 URL 다음에 topics라는 단어가 있는 URL을 찾으라는 뜻입니다. 두 번째 부분인 <int:topic_id>는 두 개의 슬래시 사이에 있는 정수와 일치하며, 이 정수는 topic_id 매개변수의 값입니다.

장고가 이 패턴에 일치하는 URL을 발견하면 topic()을 호출하면서 topic_id에 저장된 값을 매개변수로 전달합니다. 따라서 함수 안에 topic_id 값을 사용하면 정확한 주제 페이지로 이동할 수 있습니다.

주제 뷰

topic() 함수는 데이터베이스에서 주제를 가져오고, 해당 주제와 연결된 항목을 모두 가져와야 합니다.

views.py

```
--생략--
def topic(request, topic_id):  # ①
    """주제를 하나 표시하고 연관된 항목을 모두 표시합니다"""
    topic = Topic.objects.get(id=topic_id)  # ②
    entries = topic.entry_set.order_by('-date_added')  # ③
    context = {'topic': topic, 'entries': entries}  # ④
    return render(request, 'learning_logs/topic.html', context)  # ⑤
```

이 함수는 request 객체 이외에 다른 매개변수가 필요한 첫 번째 뷰 함수입니다. 이 함수는 <int: topic_id> 표현식에서 찾은 값을 받고, 그 값을 topic_id에 저장합니다. ②에서는 장고 셸에서 했던 것과 마찬가지로 get()을 써서 주제를 가져왔습니다. ③에서는 이 주제와 연관된 항목들을 가져와서 date_added 순서대로 정렬했습니다. date_added 앞에 있는 마이너스 기호는 결과를 역순으로 정렬해서, 가장 최근에 작성한 항목이 첫 번째로 나타납니다. ④에서는 주제와 항목을 context 딕셔너리에 저장했고, ⑤에서는 context를 topic.html 템플릿으로 보냈습니다.

> **NOTE_** ②와 ③의 코드를 쿼리라고 부릅니다. 쿼리는 데이터베이스에 정보를 요청하는 것입니다. 프로젝트에서 이런 쿼리를 만들 때는 먼저 장고 셸에서 테스트해보는 것이 좋습니다. 뷰와 템플릿을 만들고 브라우저에서 결과를 체크하는 것보다 훨씬 빨리 확인할 수 있습니다.

주제 템플릿

이제 만들 템플릿은 주제 이름과 관련 항목을 표시하는 템플릿입니다. 사용자가 이 주제에 대해 아직 항목을 작성하지 않았을 때 알려주는 기능도 필요합니다.

topic.html

```
{% extends 'learning_logs/base.html' %}

{% block content %}
```

```
<p>Topic: {{ topic }}</p>  # ①

<p>Entries:</p>
<ul>  # ②
{% for entry in entries %}  # ③
  <li>
    <p>{{ entry.date_added|date:'M d, Y H:i' }}</p>  # ④
    <p>{{ entry.text|linebreaks }}</p>  # ⑤
  </li>
{% empty %}  # ⑥
  <li>There are no entries for this topic yet.</li>
{% endfor %}
</ul>

{% endblock content %}
```

다른 페이지와 마찬가지로, 이번에도 base.html을 상속합니다. ①에서는 템플릿 변수 {{ topic }}에 저장된 주제를 표시했습니다. topic 변수는 context 딕셔너리에 들어 있으므로 사용할 수 있습니다. ②에서는 관련 항목을 표시할 리스트를 열었고, ③에서는 앞에서 주제를 순회했던 것과 마찬가지로 항목을 순회합니다.

각 아이템에는 타임스탬프와 항목의 텍스트 두 가지 정보가 표시됩니다. 타임스탬프에는 date_added 속성에 저장된 값을 표시합니다(④). 장고 템플릿에서 파이프(|)는 템플릿 필터filter입니다. 필터는 템플릿 변수에 저장된 값을 변환하는 역할을 합니다. 여기서 사용한 필터 date:'M d, Y H:i'는 타임스탬프를 January 1, 2018 23:00 같은 형식으로 표시합니다. 다음 행은 entry의 처음 50자가 아니라 text 값 전체를 표시합니다. ⑤의 linebreaks 필터는 텍스트가 길 경우에 브라우저에서 인식할 수 있는 형식으로 줄바꿈을 추가하는 역할을 합니다. ⑥에서는 {% empty %} 템플릿을 써서, 작성된 항목이 없을 경우 사용자에게 알려주는 메시지를 표시하도록 했습니다.

주제 페이지에서 넘어오는 링크

브라우저에서 주제 페이지를 살펴보기 전에, 주제 링크가 정확한 페이지로 연결될 수 있도록 주제 템플릿을 수정해야 합니다. topics.html을 다음과 같이 수정합니다.

topics.html

```
--생략--
    {% for topic in topics %}
      <li>
        <a href="{% url 'learning_logs:topic' topic.id %}">{{ topic }}</a>
      </li>
    {% empty %}
--생략--
```

learning_logs에 topic이라는 이름으로 저장된 URL 패턴에 따라 적절한 링크를 만들 수 있도록 URL 템플릿 태그를 사용했습니다. 이 URL 패턴에는 topic_id 매개변수가 필요하므로 URL 템플릿 태그에 topic.id 속성을 추가했습니다. 이제 주제 리스트에 들어 있는 주제들은 http://localhost:8000/topics/1/ 같은, 주제 페이지를 가리키는 링크로 변했습니다.

브라우저에서 주제 페이지를 새로고침하고 주제를 클릭하면 [그림 18-5] 같은 페이지가 열릴 겁니다.

> **NOTE_** topic.id와 topic_id 사이에는 미묘하지만 중요한 차이가 있습니다. topic.id는 주제와 연결된 ID를 가져오는 표현식입니다. 반면 topic_id 변수는 해당 ID를 가리키는 참조입니다. ID를 사용하는 코드에서 문제가 생긴다면 표현식을 정확히 사용했는지 다시 확인해보십시오

그림 18-5 주제 하나에 관한 상세 페이지 주제와 연관된 항목이 모두 표시됩니다.

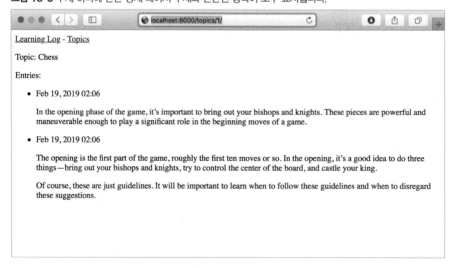

18.5 마치며

이 장에서는 장고 프레임워크를 사용해 단순한 웹 애플리케이션을 만드는 법을 배웠습니다. 간단한 프로젝트 명세를 작성하고, 가상 환경에 장고를 설치하고, 프로젝트를 만들고, 프로젝트가 정확히 만들어졌는지 체크했습니다. 앱을 만들고, 앱에 필요한 데이터를 표현하는 모델을 만들었습니다. 데이터베이스에 대해 배웠고 모델을 바꾼 후에 장고로 데이터베이스 마이그레이션을 실행하는 법도 배웠습니다. 관리자 사이트의 슈퍼유저를 만들었고, 관리자 사이트에서 초기 데이터를 입력해봤습니다.

터미널에서 데이터를 다룰 수 있는 장고 셸에 대해서도 배웠습니다. URL을 정의하는 법, 뷰 함수를 만드는 법을 배우고 사이트에서 사용하는 템플릿을 만들었습니다. 템플릿 상속을 사용해 각 템플릿의 구조를 단순화하고, 프로젝트가 진행됨에 따라 사이트를 개선하는 작업을 쉽게 만드는 법도 배웠습니다.

19장에서는 관리자 사이트를 통하지 않고도 사용자가 주제와 항목을 추가하고 수정할 수 있는, 직관적이고 사용자 친화적인 페이지를 만들 겁니다. 사용자가 계정을 만들고 자신만의 학습 로그를 시작할 수 있는 사용자 등록 시스템도 만들 겁니다. 사용자 등록 시스템은 많은 사용자들이 사용할 수 있는 웹 애플리케이션의 핵심입니다.

## CHAPTER 19

사용자 계정

웹 애플리케이션의 핵심은 전 세계 어디에 있는 사용자라도 당신의 앱에 계정을 등록하고 사용할 수 있다는 겁니다. 이 장에서는 사용자가 스스로 주제와 항목을 추가하고, 기존의 내용을 수정할 수 있는 폼을 만듭니다. 폼 기반 페이지로 들어오는 공격을 장고가 방어하도록 해서 앱의 보안에 너무 많은 시간을 투자하지 않도록 하는 방법도 배울 겁니다.

사용자 인증 시스템도 만들 겁니다. 사용자가 계정을 생성하는 등록 페이지를 만들고, 일부 페이지는 로그인한 사용자만 접근할 수 있게 제한할 겁니다. 그리고 뷰 함수를 일부 수정해서 사용자가 자신의 데이터만 볼 수 있게 만들 겁니다. 사용자의 데이터를 안전하게 보관하는 방법도 배웁니다.

19.1 사용자가 데이터를 입력할 수 있게 만들기

계정을 생성하는 인증 시스템을 만들기 전에, 먼저 사용자가 자신의 데이터를 입력할 수 있는 페이지부터 만들겠습니다. 사용자들은 이 페이지에서 새 주제와 항목을 추가하고, 이전에 입력한 것을 수정할 수도 있습니다.

현재는 슈퍼유저만이 관리자 사이트에서 데이터를 입력할 수 있습니다. 사용자가 관리자 사이트를 사용하는 것은 바람직하지 않으니, 장고의 폼 빌드 도구를 사용해 사용자가 데이터를 입력하는 페이지를 만들 겁니다.

19.1.1 새 주제 추가하기

사용자가 새 주제를 추가할 수 있게 하는 일부터 시작합시다. 폼 기반 페이지이긴 하지만 우리가 이미 만들어본 다른 페이지와 방법은 거의 비슷합니다. URL을 정의하고, 뷰 함수를 만들고, 템플릿을 만들면 됩니다. 중요한 차이점은 forms.py 모듈을 사용한다는 것입니다.

주제 모델폼

사용자가 어떤 정보를 입력하고 전송하는 웹 페이지는 모두 **폼**form을 사용합니다. 설령 외관이 폼으로 보이지는 않는다고 하더라도 말입니다. 사용자가 정보를 입력하면 우리는 그 정보가 올바른 종류인지, 혹시 서버를 공격하는 악의적인 코드는 아닌지 **유효성 검사**validation도 해야 합니다. 유효성 검사를 마치면 정보를 데이터베이스에 저장해야 합니다. 이 일의 대부분을 장고가 자동으로 처리해줍니다.

장고에서 폼을 만드는 가장 편리한 방법은, 18장에서 만들었던 모델의 정보를 사용해 자동으로 폼을 만드는 **모델폼**(ModelForm)입니다. models.py와 같은 폴더에 다음과 같이 forms.py 파일을 만드십시오.

forms.py

```
from django import forms

from .models import Topic

class TopicForm(forms.ModelForm):  # ①
    class Meta:
        model = Topic  # ②
        fields = ['text']  # ③
        labels = {'text': ''}  # ④
```

우선 forms 모듈과, 작업할 Topic 모델을 임포트했습니다. ①에서는 forms.ModelForm을 상속하는 TopicForm 클래스를 만들었습니다.

ModelForm의 가장 단순한 버전은 Meta 클래스 하나만 포함하는 것입니다. 이 클래스는 어떤 모델을 기반으로 폼을 구성할지, 폼에 어떤 필드를 사용할지 지정합니다. ②에서는 Topic 모델을 바탕으로 폼을 만들도록 했고, ③에서는 text 필드만 사용하게 했습니다. ④는 text

필드에 라벨을 만들지 말라는 뜻입니다.

new_topic URL

새 페이지를 가리키는 URL은 짧으면서도 해당 페이지의 목적을 나타내는 것이어야 합니다. 우리가 사용할 URL은 http://localhost:8000/new_topic/입니다. 다음은 new_topic 페이지에 사용할 URL 패턴입니다. 이 코드를 learning_logs/urls.py에 추가하십시오.

urls.py

```
--생략--
urlpatterns = [
    --생략--
    # 새 주제를 추가하는 페이지
    path('new_topic/', views.new_topic, name='new_topic'),
]
```

이 URL 패턴은 요청을 뷰 함수 new_topic()으로 보냅니다. 이제 이 함수를 만들 차례입니다.

new_topic() 뷰 함수

new_topic() 함수는 두 가지 상황에 대응할 수 있어야 합니다. 하나는 new_topic 페이지를 처음으로 호출하는 경우인데, 이때는 빈 폼을 표시할 겁니다. 다른 하나는 폼을 통해 데이터가 전송되는 경우인데, 이때는 전송된 데이터를 처리한 후 사용자를 다시 topics 페이지로 돌려보내야 합니다.

views.py

```
from django.shortcuts import render, redirect

from .models import Topic
from .forms import TopicForm

--생략--
def new_topic(request):
    """새 주제를 추가합니다"""
    if request.method != 'POST':  # ①
```

```
        # 데이터가 전송되지 않았으므로 빈 폼을 만듭니다
        form = TopicForm()  # ②
    else:
        # POST 데이터가 전송되었으므로 데이터를 처리합니다
        form = TopicForm(data=request.POST)  # ③
        if form.is_valid():  # ④
            form.save()  # ⑤
            return redirect('learning_logs:topics')  # ⑥

    # 빈 폼이나 에러 폼을 표시합니다
    context = {'form': form}  # ⑦
    return render(request, 'learning_logs/new_topic.html', context)
```

redirect() 함수는 사용자가 주제를 전송했을 때 topics 페이지로 보내기 위해 임포트했습니다. redirect() 함수는 매개변수로 뷰 이름을 받고, 사용자를 그 뷰로 보냅니다. 조금 전에 만든 TopicForm 폼도 임포트했습니다.

GET과 POST 요청

웹 애플리케이션을 만들 때는 거의 GET 요청과 POST 요청만 사용합니다. GET 요청은 서버에서 데이터를 가져오기만 하는 페이지에서 사용합니다. 사용자가 폼을 사용해 정보를 보낼 때는 보통 POST 요청을 사용합니다. 앞으로 폼을 처리하는 코드에서는 항상 POST 요청을 사용한다고 명시할 겁니다(다른 요청도 몇 가지 존재하긴 하지만, 이 프로젝트에서는 사용하지 않을 겁니다).

new_topic() 함수는 요청 객체를 매개변수로 받습니다. 사용자가 이 페이지를 처음으로 요청했을 때는 브라우저에서 GET 요청을 보냅니다. 사용자가 폼을 채워서 전송하면, 브라우저는 POST 요청을 보냅니다. 따라서 요청의 종류를 보고, GET 요청이라면 사용자가 빈 폼을 요청하는 것이고, POST 요청이라면 전송한 폼을 처리하라는 요청이라고 판단할 수 있습니다.

①에서는 들어온 요청이 GET인지 POST인지 판단합니다. 들어온 요청이 POST가 아니라면 그 요청은 십중팔구 GET 요청일 테니 빈 폼을 보냅니다(다른 요청일 수도 있지만, 그런 경우에도 빈 폼을 보내는 것이 안전합니다). TopicForm 인스턴스를 만들어 form 변수에 할당했고 (②), ⑦에서는 폼을 콘텍스트 딕셔너리에 담아 템플릿에 보냈습니다. TopicForm의 인스턴스를 만들 때 아무 매개변수도 사용하지 않으므로 장고는 사용자가 채워 넣을 수 있는 빈 폼을 생성합니다.

POST 요청이었다면 else 블록을 실행해 폼으로 전송된 데이터를 처리합니다. ③에서는 TopicForm 인스턴스를 만들고, request.POST에 저장된 사용자가 입력한 데이터를 전달했습니다. 따라서, 반환된 form 객체에는 사용자가 전송한 정보가 들어 있습니다.

전송받은 정보는 안전하고 유효한 것인지 확인하기 전에는 데이터베이스에 저장할 수 없습니다(④). is_valid() 메서드는 필수 필드에 데이터가 입력됐는지 확인하고(폼의 필드는 기본적으로 필수 필드로 간주합니다), 다음에는 입력된 데이터가 정해진 형식에 맞는지 검사합니다. 예를 들어 text 필드의 데이터는 18장에서 models.py에 정의했던 것과 같이 200자 미만이어야 합니다. 이렇게 자동화된 유효성 검사를 사용하면 직접 해야 하는 일이 훨씬 많이 줄어듭니다. 데이터가 모두 유효하면 ⑤에서 save()를 호출해 폼의 데이터를 데이터베이스에 저장합니다.

데이터를 저장했으면 이 페이지를 떠나도 됩니다. redirect()를 써서 사용자의 브라우저를 topics 페이지로 보내면, 사용자는 거기에서 자신이 지금 막 입력한 주제를 볼 수 있습니다.

context 변수는 뷰 함수의 마지막에서 정의했고, 이 페이지는 다음에 만들 new_topic.html 템플릿을 써서 렌더링됩니다. 이 코드는 어떤 if 블록에도 속하지 않으므로, 빈 폼이 만들어질 때도 실행되고 입력에 오류가 있을 때도 실행됩니다. 오류 폼에는 사용자가 자신의 실수를 깨닫고 올바른 데이터를 입력할 수 있도록 도와주는 기본 에러 메시지가 들어갈 겁니다.

new_topic 템플릿

이제 방금 만든 폼을 표시할 새 템플릿 new_topic.html을 만들 차례입니다.

new_topic.html

```
{% extends "learning_logs/base.html" %}
{% block content %}
  <p>Add a new topic:</p>

  <form action="{% url 'learning_logs:new_topic' %}" method='post'>  # ①
    {% csrf_token %}  # ②
    {{ form.as_p }}  # ③
    <button name="submit">Add topic</button>  # ④
  </form>

{% endblock content %}
```

이 템플릿도 base.html을 상속하므로 학습 로그의 나머지 페이지들과 비슷한 구조를 가집니다. ①에서는 HTML 폼을 정의했습니다. action 매개변수는 폼 데이터를 어디로 전송할지 지정합니다. 여기서는 뷰 함수 new_topic()으로 보냈습니다. method 매개변수는 데이터를 POST 요청으로 전송하도록 지정합니다.

②의 {% csrf_token %} 템플릿 태그는 공격자가 폼을 사용해 인증받지 않은 상태에서 서버에 접근하는 것을 막기 위함입니다. 이런 공격을 **크로스 사이트 요청 위조**cross-site request forgery라 부르는데, csrf는 이 공격의 약자입니다. ③에서는 폼을 표시합니다. 장고가 폼을 표시하는 것 같은 작업을 얼마나 단순하게 만드는지 보십시오. 템플릿 변수 {{ form.as_p }}을 사용하기만 하면 장고가 폼을 표시하는 데 필요한 필드를 자동으로 생성합니다. 여기서 사용한 as_p는 폼 요소를 문단 형식으로 표시하라는 뜻입니다.

장고는 폼 전송 버튼은 자동으로 만들지 않으므로 ④에서 만들었습니다.

새 주제 페이지로 링크하기

다음은 topics 페이지에 new_topic 페이지로 가는 링크를 만들 차례입니다.

topics.html

```
{% extends "learning_logs/base.html" %}

{% block content %}

  <p>Topics</p>

  <ul>
    --생략--
  </ul>

  <a href="{% url 'learning_logs:new_topic' %}">Add a new topic</a>

{% endblock content %}
```

기존 주제의 리스트 다음에 링크를 배치합니다. [그림 19–1]은 결과 폼입니다. 이 폼을 사용해서 직접 새 주제를 추가해보십시오.

그림 19-1 새 주제를 추가하는 페이지

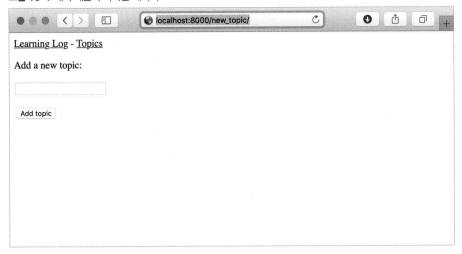

19.1.2 새 항목 추가하기

이제 사용자가 스스로 새 주제를 추가할 수 있으니, 항목도 직접 작성할 수 있게 해야 합니다. 이번에도 URL을 정의하고, 뷰 함수와 템플릿을 만들고, 링크를 추가하는 과정은 같습니다. 하지만 이에 앞서 forms.py에 클래스를 추가해야 합니다.

항목 모델폼

Entry 모델과 관련된 폼을 만들어야 합니다. 이번에 만드는 폼은 TopicForm보다는 조금 더 손질이 필요합니다.

forms.py

```
from django import forms

from .models import Topic, Entry

class TopicForm(forms.ModelForm):
    --생략--

class EntryForm(forms.ModelForm):
```

```
    class Meta:
        model = Entry
        fields = ['text']
        labels = {'text': ' '}  # ①
        widgets = {'text': forms.Textarea(attrs={'cols': 80})}  # ②
```

Topic과 함께 Entry도 가져오도록 import 문을 수정했습니다. forms.ModelForm을 상속하는 EntryForm 클래스를 만들었습니다. EntryForm 클래스에는 중첩된 Meta 클래스가 있습니다. 이 클래스는 이 모델이 어떤 모델을 기반으로 하는지, 폼에 어떤 필드를 써야 하는지 지정합니다. 이번에도 'text' 필드에는 라벨을 쓰지 않습니다(①).

②에서는 widgets 속성을 썼습니다. **위젯**widget이란 텍스트 박스나 드롭다운 리스트 같은 HTML 폼 요소입니다. widgets 속성을 사용하면 장고가 기본적으로 선택하는 위젯을 덮어 쓸수 있습니다. forms.Textarea 요소를 사용하면 'text' 필드의 텍스트 입력 위젯이 기본값인 40자 너비에서 80자 너비로 커집니다. 이렇게 하면 사용자가 항목을 입력하기가 한결 편리해질 겁니다.

new_entry URL

새 항목을 주제와 연결해야 하므로, 새 항목을 추가하는 URL에도 topic_id 매개변수가 들어가야 합니다. learning_logs/urls.py 파일을 다음과 같이 수정합니다.

urls.py

```
--생략--
urlpatterns = [
    --생략--
    # 새 항목을 추가하는 페이지
    path('new_entry/<int:topic_id>/', views.new_entry, name='new_entry'),
]
```

이 URL 패턴은 http://localhost:8000/new_entry/id/ 형식의 URL에 일치합니다. 여기서 id는 주제 ID와 일치하는 숫자입니다. <int:topic_id>는 숫자 값을 가져와서 topic_id 변수에 할당합니다. 장고는 이 패턴에 일치하는 URL을 요청받으면 요청을 주제 ID와 함께 뷰함수 new_entry()에 보냅니다.

뷰 함수 new_entry()

new_entry에 사용할 뷰 함수도 주제 추가 페이지에 사용한 함수와 거의 비슷합니다. views.py 파일을 다음과 같이 수정하십시오.

views.py

```python
from django.shortcuts import render, redirect

from .models import Topic
from .forms import TopicForm, EntryForm

--생략--
def new_entry(request, topic_id):
    """주제에 연결된 새 항목을 추가합니다"""
    topic = Topic.objects.get(id=topic_id)  # ①

    if request.method != 'POST':  # ②
        # 데이터가 전송되지 않았으므로 빈 폼을 만듭니다
        form = EntryForm()  # ③
    else:
        # POST 데이터가 전송되었으므로 데이터를 처리합니다
        form = EntryForm(data=request.POST)  # ④
        if form.is_valid():
            new_entry = form.save(commit=False)  # ⑤
            new_entry.topic = topic  # ⑥
            new_entry.save()
            return redirect('learning_logs:topic', topic_id=topic_id)  # ⑦

    # 빈 폼이나 에러 폼을 표시합니다
    context = {'topic': topic, 'form': form}
    return render(request, 'learning_logs/new_entry.html', context)
```

방금 만든 EntryForm을 가져오도록 import 문을 업데이트했습니다. new_entry() 함수에는 URL에서 받는 값을 저장할 topic_id 매개변수가 있습니다. 페이지를 렌더링하고 폼 데이터를 처리할 때 주제 id가 필요하므로 topic_id를 써서 정확한 주제 객체를 가져옵니다(①).

②에서는 요청이 POST인지 GET인지 체크합니다. GET 요청이라면 if 블록이 실행되고, ③에서 EntryForm의 인스턴스인 빈 폼을 만듭니다.

POST 요청이라면 request 객체의 POST 데이터로 EntryForm 인스턴스를 만들어 데이터를 처리합니다(④). 다음에는 폼이 유효한지 체크합니다. 유효하다면 데이터베이스에 저장하기 전에 먼저 항목 객체의 **topic** 속성을 지정해야 합니다. ⑤에서는 save()를 호출하면서 **commit=False** 매개변수를 사용했는데, 이 매개변수는 항목 객체를 만들어 **new_entry**에 할당하되 아직 데이터베이스에 저장하지는 말라는 뜻입니다. 그리고 **new_entry**의 **topic** 속성에 함수 초반에 데이터베이스에서 가져온 주제를 지정했습니다(⑥). 그리고 매개변수 없이 save()를 호출해서 항목을 연결된 주제와 함께 데이터베이스에 저장했습니다.

⑦의 **redirect()** 함수는 사용자를 보낼 뷰 이름과, 그 뷰 함수에 전달할 매개변수를 매개변수로 받습니다. 여기서는 사용자를 **topic()**으로 보냈고, 매개변수 **topic_id**를 전달했습니다. 그러면 이 뷰에서 주제 페이지를 렌더링하는데, 이 페이지에는 사용자가 지금 막 만든 항목이 포함됩니다.

함수 마지막에서는 **context** 딕셔너리를 만들고 **new_entry.html** 템플릿에 따라 페이지를 렌더링합니다. 이 코드는 빈 폼을 만들거나, 전송된 폼이 유효하지 않은 경우에 실행됩니다.

new_entry 템플릿

new_entry 템플릿도 new_topic 템플릿과 비슷합니다.

new_entry.html

```
{% extends "learning_logs/base.html" %}

{% block content %}

  <p><a href="{% url 'learning_logs:topic' topic.id %}">{{ topic }}</a></p>  # ①

  <p>Add a new entry:</p>
  <form action="{% url 'learning_logs:new_entry' topic.id %}" method='post'>  # ②
    {% csrf_token %}
    {{ form.as_p }}
    <button name='submit'>Add entry</button>
  </form>

{% endblock content %}
```

주제를 페이지 위쪽에 표시해서, 사용자가 지금 어떤 주제에 관한 항목을 추가하고 있는지 쉽게 확인할 수 있게 했습니다(①). 이 문단은 해당 주제의 메인 페이지로 가는 링크 구실도 합니다.

폼의 **action** 매개변수에는 URL에서 가져온 **topic_id** 값이 들어 있으므로 뷰 함수에서 새 항목과 주제를 정확히 연결할 수 있습니다(②). 이 외에는, 이 템플릿은 **new_topic.html**과 똑같습니다.

new_entry 페이지로 링크하기

이제 주제 템플릿의 각 주제 페이지에 **new_entry** 페이지로 가는 링크를 추가할 차례입니다.

topic.html

```
{% extends "learning_logs/base.html" %}

{% block content %}

  <p>Topic: {{ topic }}</p>

  <p>Entries:</p>
  <p>
    <a href="{% url 'learning_logs:new_entry' topic.id %}">Add new entry</a>
  </p>

  <ul>
  --snip--
  </ul>

{% endblock content %}
```

이 페이지에서 가장 많이 할 일은 항목을 추가하는 것일 테니, 항목 추가 링크를 항목 리스트 바로 앞에 넣었습니다. [그림 19-2]는 **new_entry** 페이지입니다. 이제 사용자는 새 주제를 추가할 수도 있고, 각 주제에 원하는 만큼 항목을 추가할 수도 있습니다. **new_entry** 페이지에서 직접 몇 가지 항목을 입력해보십시오.

그림 19-2 new_entry 페이지

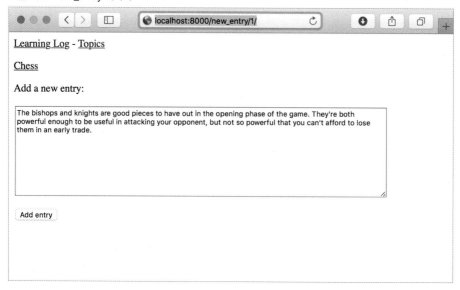

19.1.3 항목 수정하기

이제 사용자가 항목을 수정할 수 있는 페이지를 만들 차례입니다.

edit_entry URL

이 페이지 URL에는 수정할 항목의 ID가 들어 있어야 합니다. `learning_logs/urls.py`를 다음과 같이 수정합니다.

urls.py

```
--생략--
urlpatterns = [
    --생략--
    # 항목 수정 페이지
    path('edit_entry/<int:entry_id>/', views.edit_entry, name='edit_entry'),
]
```

URL로 전달된 ID, 예를 들어 `http://localhost:8000/edit_entry/1/`의 1은 `entry_id` 매

개변수에 저장됩니다. 이 형식에 일치하는 URL 패턴은 edit_entry() 뷰 함수에 요청을 보냅니다.

뷰 함수 edit_entry()

edit_entry 페이지는 GET 요청을 받으면 항목을 수정할 수 있는 폼을 반환합니다. POST 요청을 받으면 수정된 텍스트를 데이터베이스에 저장합니다.

views.py

```
from django.shortcuts import render, redirect

from .models import Topic, Entry
from .forms import TopicForm, EntryForm
--생략--

def edit_entry(request, entry_id):
    """기존 항목을 수정합니다"""
    entry = Entry.objects.get(id=entry_id)  # ①
    topic = entry.topic

    if request.method != 'POST':
        # 최초 요청이므로 폼에 현재 항목 내용을 채웁니다
        form = EntryForm(instance=entry)  # ②
    else:
        # POST 데이터가 전송되었으므로 데이터를 처리합니다
        form = EntryForm(instance=entry, data=request.POST)  # ③
        if form.is_valid():
            form.save()  # ④
            return redirect('learning_logs:topic', topic_id=topic.id)  # ⑤

    context = {'entry': entry, 'topic': topic, 'form': form}
    return render(request, 'learning_logs/edit_entry.html', context)
```

먼저 Entry 모델을 임포트합니다. ①에서는 사용자가 수정하려 하는 항목 객체와 함께, 이 항목에 연결된 주제를 가져왔습니다. GET 요청을 받으면 if 블록이 실행되어 instance=entry 매개변수를 사용해 EntryForm의 인스턴스를 만듭니다(②). 이 매개변수는 기존의 항목 객체를 사용해 폼을 미리 채웁니다. 그러면 사용자는 자신이 이미 입력했던 데이터를 보면서 수정할 수 있습니다.

POST 요청을 받으면 instance=entry와 data=request.POST 매개변수를 사용합니다(③). 이들 매개변수는 기존의 항목 객체 정보를 사용해 폼 인스턴스를 만들고, request.POST에 포함된 정보가 있으면 이 정보를 사용해 폼을 업데이트하게 합니다. 그리고 폼이 유효한지 체크합니다. 유효하다면 save()를 호출하는데, 이 항목은 이미 정확한 주제와 연결되어 있으니 매개변수는 필요하지 않습니다(④). 마지막으로 사용자가 수정 내용을 확인할 수 있도록 topic 페이지로 보냅니다(⑤).

수정 페이지를 처음으로 보여주고 있거나 전송된 폼이 유효하지 않다면 콘텍스트 딕셔너리를 만들고 edit_entry.html 템플릿을 사용해 페이지를 렌더링합니다.

edit_entry 템플릿

이제 edit_entry.html 템플릿을 만듭니다. 이 템플릿도 new_entry.html 템플릿과 크게 다르지 않습니다.

edit_entry.html

```
{% extends "learning_logs/base.html" %}

{% block content %}

  <p><a href="{% url 'learning_logs:topic' topic.id %}">{{ topic }}</a></p>

  <p>Edit entry:</p>

  <form action="{% url 'learning_logs:edit_entry' entry.id %}" method='post'>  #
①
    {% csrf_token %}
    {{ form.as_p }}
    <button name="submit">Save changes</button>  # ②
  </form>

{% endblock content %}
```

①의 action 매개변수는 폼을 edit_entry() 함수로 보내 처리합니다. 뷰 함수가 정확한 항

목 객체를 수정할 수 있도록 항목 ID를 {% url %}에 매개변수로 넣습니다. 전송 버튼의 라벨은 Save changes로 만들어서, 사용자가 지금 기존 항목을 수정하고 있음을 상기할 수 있게 합니다(②).

edit_entry 페이지로 링크하기

이제 주제 페이지의 각 항목에 edit_entry 페이지로 가는 링크를 만들 차례입니다.

topic.html

```
--생략--
  {% for entry in entries %}
    <li>
      <p>{{ entry.date_added|date:'M d, Y H:i' }}</p>
      <p>{{ entry.text|linebreaks }}</p>
      <p>
        <a href="{% url 'learning_logs:edit_entry' entry.id %}">Edit entry</a>
      </p>
    </li>
  --생략--
```

각 항목의 텍스트와 날짜 다음에 링크를 넣었습니다. 루프 안에서 {% url %} 템플릿 태그에 URL 패턴 edit_entry와 현재 항목의 ID 속성 entry.id를 써서 URL을 만들었습니다. 링크 텍스트 Edit entry는 각 항목 바로 다음에 나타납니다. [그림 19-3]은 이들 링크가 표시된 주제 페이지입니다.

그림 19-3 각 항목에 편집을 위한 링크가 있습니다.

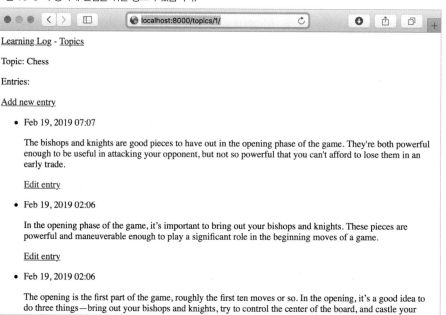

이제 학습 로그에 가장 중요한 기능은 거의 완성했습니다. 사용자는 주제와 항목을 추가할 수 있고, 원하는 항목을 읽을 수도 있습니다. 다음 섹션에서는 누구든 학습 로그에 계정을 만들어 사용할 수 있게끔 사용자 등록 시스템을 만들겠습니다.

연습문제

19-1. 블로그: 블로그라는 장고 프로젝트를 새로 만드십시오. blogs 앱과 BlogPost 모델을 만드십시오. 이 모델에는 title, text, date_added 같은 필드가 있어야 합니다. 프로젝트를 관리할 수 있는 슈퍼유저를 만들고, 관리자 사이트에서 짧은 글 몇 개를 올리십시오. 이 글을 모두 날짜 순으로 표시하는 홈페이지를 만드십시오.

새 글을 올릴 수 있는 폼, 기존의 글을 수정할 수 있는 폼을 만드십시오. 폼을 직접 사용해서 제대로 동작하는지 확인하십시오.

19.2 사용자 계정 만들기

이 섹션에서는 다른 사람들이 계정을 만들 수 있도록 사용자 등록, 인증 시스템을 만들 겁니다. 이런 기능이 모두 포함된 새 앱을 만들 겁니다. 장고에 포함된 기본 사용자 인증 시스템으로 대부분의 일을 할 수 있습니다. Topic 모델을 조금 수정해서 각 주제가 해당 주제를 작성한 사용자에게 속하게끔 만들 겁니다.

19.2.1 users 앱

먼저 새 앱 users를 만듭니다. 다음과 같이 startapp 명령어를 실행하십시오.

```
(ll_env)learning_log$ python manage.py startapp users
(ll_env)learning_log$ ls
db.sqlite3  learning_log  learning_logs  ll_env  manage.py  users  # ①
(ll_env)learning_log$ ls users
__init__.py admin.py apps.py migrations models.py tests.py views.py  # ②
```

이 명령어는 새 폴더 users를 만듭니다(①). 폴더 구조는 learning_logs 앱과 마찬가지입니다(②).

settings.py에 users 추가

다음과 같이 settings.py의 INSTALLED_APPS에 새 앱을 추가해야 합니다.

settings.py

```
--생략--
INSTALLED_APPS = [
    # 내 앱
    'learning_logs',
    'users',

    # 장고 기본 앱
    --생략--
]
--생략--
```

이제 장고가 users 앱을 프로젝트에 포함시킬 겁니다.

users 앱에서 URL 포함시키기

다음은 루트의 urls.py에 users 앱에 사용할 URL을 넣을 차례입니다.

urls.py

```
from django.contrib import admin
from django.urls import path, include

urlpatterns = [
    path('admin/', admin.site.urls),
    path('users/', include('users.urls')),
    path('', include('learning_logs.urls')),
]
```

urls.py 파일에 users 앱에 사용할 URL을 넣었습니다. 이 패턴은 http://localhost:8000/
users/login/처럼 users로 시작하는 단어가 들어 있는 URL 전체에 일치합니다.

19.2.2 로그인 페이지

먼저 로그인 페이지부터 만들겠습니다. 장고에서 제공하는 기본 login 뷰를 사용할 것이므로,
이 앱의 URL 패턴은 기존의 앱과 조금 다르게 보입니다. 다음과 같이 learning_log/users/
폴더에 urls.py 파일을 새로 만드십시오.

urls.py

```
"""users 앱의 URL 패턴을 정의합니다"""

from django.urls import path, include

app_name = 'users'  # ①
urlpatterns = [
    # 기본 인증 URL
    path('', include('django.contrib.auth.urls')),  # ②
]
```

path 함수와 include 함수를 임포트했으므로 장고에서 제공하는 기본 인증 URL 일부를 사용할 수 있습니다. 이런 기본 URL에는 login, logout 같은 URL 패턴이 포함됩니다. app_name 변수에 'users'를 저장했으므로 이 앱의 URL을 다른 앱의 URL과 구별할 수 있습니다(①). 장고가 제공하는 기본 URL을 그대로 사용하더라도, users 앱의 urls.py 파일에 들어 있는 URL이라면 users 네임스페이스를 따르기 때문입니다.

로그인 페이지의 URL 패턴은 http://localhost:8000/users/login/과 일치합니다(②). 장고는 이 URL을 보면 users라는 단어에서 users/urls.py을 참조해야 한다는 걸 파악하고, login이라는 단어에서 이 요청이 장고의 기본 login 뷰를 향한다는 걸 알 수 있습니다.

login 템플릿

사용자가 로그인 페이지를 요청하면 장고는 기본 뷰 함수를 사용하긴 하지만, 이 페이지의 템플릿은 직접 만들어야 합니다. 기본 인증 뷰는 registration 폴더에서 템플릿을 찾도록 만들어져 있으니 그 폴더도 만들어야 합니다. learning_log/users/ 폴더 안에 templates 폴더를 만들고, 다시 그 안에 registration 폴더를 만드십시오. 다음은 learning_log/users/ templates/registration 폴더에 저장될 login.html 템플릿의 내용입니다.

login.html

```
{% extends "learning_logs/base.html" %}

{% block content %}

  {% if form.errors %}  # ①
    <p>Your username and password didn't match. Please try again.</p>
  {% endif %}

  <form method="post" action="{% url 'users:login' %}">  # ②
    {% csrf_token %}
    {{ form.as_p }}  # ③

    <button name="submit">Log in</button>  # ④
    <input type="hidden" name="next"  # ⑤
      value="{% url 'learning_logs:index' %}" />
  </form>

{% endblock content %}
```

이 템플릿도 base.html을 상속하므로 로그인 페이지 역시 사이트의 다른 페이지들과 비슷한 모양을 갖게 됩니다. 앱의 템플릿은 다른 앱의 템플릿을 상속할 수도 있습니다.

폼에 errors 속성이 있으면 에러 메시지를 표시해서 사용자 이름과 비밀번호 조합이 데이터베이스에 저장된 것과 일치하지 않는다고 알립니다(①).

로그인 뷰에서 폼을 처리해야 하므로, action 매개변수에는 로그인 페이지의 URL을 썼습니다(②). 로그인 뷰는 폼을 템플릿에 보냅니다. 폼을 표시하는 것(③), 전송 버튼을 추가하는 것(④)은 우리가 해야 할 일입니다. ⑤에서는 숨겨진 폼 요소 'next'를 넣었습니다. value 매개변수는 로그인한 사용자를 어디로 보낼지 정합니다. 여기서는 로그인한 사용자를 홈페이지로 보냈습니다.

로그인 페이지로 링크하기

base.html에 로그인 링크를 추가해서 모든 페이지에 나타나게 만듭시다. 이미 로그인한 사용자에게는 이 링크가 표시되지 않아야 하므로 {% if %} 태그 안에 넣습니다.

base.html

```
<p>
  <a href="{% url 'learning_logs:index' %}">Learning Log</a> -
  <a href="{% url 'learning_logs:topics' %}">Topics</a> -
  {% if user.is_authenticated %}  # ①
    Hello, {{ user.username }}.  # ②
  {% else %}
    <a href="{% url 'users:login' %}">Log in</a>  # ③
  {% endif %}
</p>

{% block content %}{% endblock content %}
```

장고의 인증 시스템에서는 모든 템플릿에서 user 변수를 사용할 수 있고, 이 변수에는 항상 is_authenticated 속성이 존재합니다. 이 속성은 사용자가 로그인한 상태라면 True, 아니라면 False입니다. 따라서 이 속성을 보고, 인증된 사용자에게 보내는 메시지와 그렇지 않은 사용자에게 보내는 메시지를 구분할 수 있습니다.

①에서는 로그인한 사용자에게 환영 메시지를 표시했습니다. 인증된 사용자에게는 **username** 속성 역시 부여되므로, 환영 메시지도 개인화 할 수 있습니다(②). ③에서는 인증되지 않은 사용자에게 로그인 페이지 링크를 표시했습니다.

로그인 페이지 사용하기

사용자 계정은 이미 만들었으니 로그인해서 페이지가 정상적으로 동작하는지 확인해봅시다. 브라우저에서 `http://localhost:8000/admin/`에 가십시오. 아직 관리자로 로그인된 상태라면, 헤더 근처에 있는 로그아웃 링크를 클릭하십시오.

로그아웃되면 `http://localhost:8000/users/login/`으로 가십시오. [그림 19-4]와 비슷한 로그인 페이지가 보일 겁니다. 사용자 이름과 비밀번호를 입력하면 홈페이지로 이동해야 합니다. 홈페이지 헤더에는 입력한 사용자 이름에 맞는 환영 메시지가 표시되야 합니다.

그림 19-4 로그인 페이지

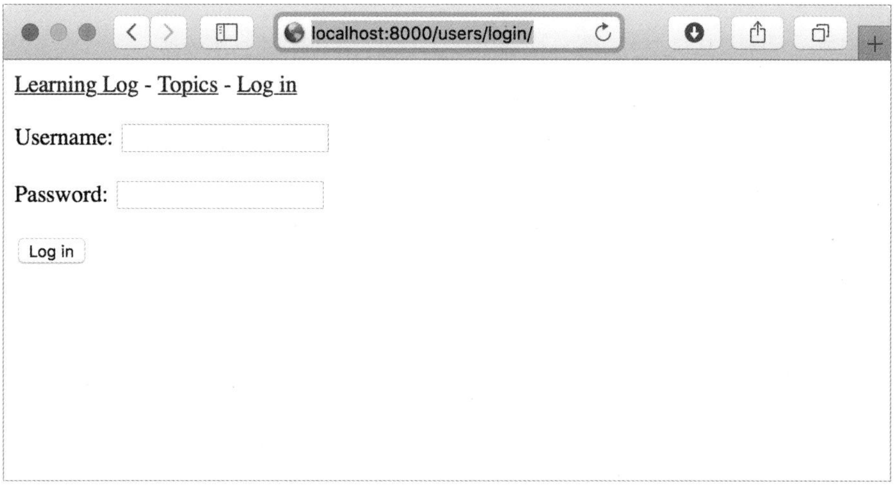

19.2.3 로그아웃하기

이제 사용자가 로그아웃할 수 있는 방법을 만들어야 합니다. `base.html`에 로그아웃 링크를 만들어서, 이 링크를 클릭하면 로그아웃됐다는 메시지가 있는 페이지로 이동합니다.

base.html에 로그아웃 링크 추가하기

로그아웃 링크는 모든 페이지에 나타나야 하므로 base.html에 추가합니다. {% if user.is_authenticated %} 태그 안에 사용하면 로그인한 사용자에게만 로그아웃 링크가 보일 겁니다.

base.html

```
--snip--
  {% if user.is_authenticated %}
    Hello, {{ user.username }}.
    <a href="{% url 'users:logout' %}">Log out</a>
  {% else %}
    --생략--
```

로그아웃 페이지의 기본 URL 패턴은 'logout'입니다.

로그아웃 확인 페이지

사용자는 자신이 제대로 로그아웃했는지 확인하길 원할 겁니다. 장고의 기본 로그아웃 뷰는 logged_out.html 템플릿을 사용해 로그아웃 페이지를 렌더링하는데, 이 템플릿을 만들어야 합니다. 다음은 사용자가 로그아웃됐음을 알리는 단순한 페이지입니다. 이 파일을 login.html과 같은 폴더에 저장하십시오.

logged_out.html

```
{% extends "learning_logs/base.html" %}

{% block content %}
  <p>You have been logged out. Thank you for visiting!</p>
{% endblock content %}
```

base.html에 홈페이지와 로그인 페이지로 가는 링크가 이미 있으므로, 이 페이지에서 따로 작업할 것은 없습니다.

로그아웃 링크를 클릭한 사용자에게는 [그림 19-5]와 같은 로그아웃 페이지가 보입니다. 우선 사이트가 정상적으로 동작하게 만드는 데 집중하고 있으므로 외관은 거의 꾸미지 않았습니다. 필요한 기능을 모두 완성하고 나면 좀 더 전문적으로 보이게끔 스타일도 적용할 겁니다.

그림 19-5 사용자가 성공적으로 로그아웃했음을 보여주는 로그아웃 페이지

19.2.4 등록 페이지

이제 새로운 사용자가 등록할 수 있는 페이지를 만듭니다. 장고에서 제공하는 UserCreation Form을 사용하지만, 뷰 함수와 템플릿은 직접 만들 겁니다.

등록 URL

users/urls.py에 다음과 같이 등록 페이지 URL 패턴을 추가합니다.

urls.py

```python
"""users 앱의 URL 패턴을 정의합니다"""

from django.urls import path, include

from . import views

app_name = 'users'
urlpatterns = [
    # 기본 인증 URL
    path('', include('django.contrib.auth.urls')),
    # 등록 페이지
    path('register/', views.register, name='register'),
]
```

등록 페이지의 뷰는 직접 만들어야 하므로 users에서 views 모듈을 임포트했습니다. 등록 페이지의 URL 패턴은 http://localhost:8000/users/register/과 일치하며, 이제 만들 register() 함수로 요청을 보냅니다.

뷰 함수 register()

뷰 함수 register()는 처음 요청받았을 때는 빈 등록 폼을 표시하고, 전송된 정보가 있을 때는 등록 폼을 처리해야 합니다. 등록이 성공하면 새 사용자가 로그인할 수도 있어야 합니다. users/views.py에 다음 코드를 추가하십시오.

views.py

```
from django.shortcuts import render, redirect
from django.contrib.auth import login
from django.contrib.auth.forms import UserCreationForm

def register(request):
    """새 사용자를 등록합니다"""
    if request.method != 'POST':
        # 빈 등록 폼을 표시합니다
        form = UserCreationForm()  # ①
    else:
        # 완성된 폼을 처리합니다
        form = UserCreationForm(data=request.POST)  # ②

        if form.is_valid():  # ③
            new_user = form.save()  # ④
            # 사용자를 로그인시키고 홈페이지로 보냅니다
            login(request, new_user)  # ⑤
            return redirect('learning_logs:index')  # ⑥

    # 빈 폼이나 에러 폼을 표시합니다
    context = {'form': form}
    return render(request, 'registration/register.html', context)
```

먼저 render()와 redirect() 함수를 임포트했습니다. 다음에는 등록 정보가 정확할 경우 사용자를 로그인시키는 login() 함수를 임포트했습니다. 장고의 UserCreationForm 역시 임포트했습니다. register() 함수에서는 먼저 POST 요청인지 아닌지를 체크합니다. POST 요청이 아니라면 초기 데이터 없이 UserCreationForm의 인스턴스를 만듭니다(①).

POST 요청이라면 전송받은 데이터를 바탕으로 UserCreationForm의 인스턴스를 만듭니다(②). ③에서는 데이터가 유효한지 체크하는데, 여기서 체크할 내용은 사용자 이름에 사용된 문자가 적절한지, 비밀번호가 일치하는지, 입력된 내용에 공격적인 부분은 없는지입니다.

전송된 데이터가 유효하면 폼의 save() 메서드를 호출해서 사용자 이름과 비밀번호 해시를 데이터베이스에 저장합니다(④). save() 메서드는 새로 만들어진 사용자 객체를 반환합니다. 이 객체를 new_user에 할당합니다. 사용자 정보를 저장한 다음에는 request와 new_user 객체를 넘기면서 login() 함수를 호출해서 로그인시키고(⑤), 그 사용자가 사용할 세션을 새로 만듭니다. 마지막으로 ⑥에서 사용자를 홈페이지로 보내면, 홈페이지에서는 성공적으로 등록을 마쳤다는 개인화된 환영 메시지가 헤더에 표시됩니다.

함수 마지막에서 페이지를 렌더링하는데, 빈 폼을 표시하거나, 전송된 폼이 유효하지 않을 경우에는 전송된 폼을 다시 표시합니다.

register 템플릿

이제 등록 페이지 템플릿을 만듭니다. 이 템플릿은 로그인 페이지와 비슷한 형태입니다. 이 파일은 login.html과 같은 폴더에 저장해야 합니다.

register.html

```
{% extends "learning_logs/base.html" %}

{% block content %}

  <form method="post" action="{% url 'users:register' %}">
    {% csrf_token %}
    {{ form.as_p }}

    <button name="submit">Register</button>
    <input type="hidden" name="next" value="{% url 'learning_logs:index' %}" />
  </form>

{% endblock content %}
```

이번에도 **as_p**를 써서 폼 필드를 문단 형태로 표시합니다. 폼을 정확히 채우지 않았을 때 나타날 에러 메시지도 문단 형태가 될 겁니다.

등록 페이지로 링크하기

로그인되지 않은 사용자에게 표시할 등록 페이지 링크를 추가합니다.

base.html

```
--생략--
  {% if user.is_authenticated %}
    Hello, {{ user.username }}.
    <a href="{% url 'users:logout' %}">Log out</a>
  {% else %}
    <a href="{% url 'users:register' %}">Register</a> -
    <a href="{% url 'users:login' %}">Log in</a>
  {% endif %}
--생략--
```

이제 로그인한 사용자에게는 개인화된 환영 메시지와 로그아웃 링크가 보입니다. 로그인하지 않은 사용자에게는 등록 페이지 링크와 로그인 링크가 보입니다. 여러 가지 사용자 이름으로 사용자 계정을 만들면서 등록 페이지를 테스트해보십시오.

다음 섹션에서는 일부 페이지를 등록한 사용자만 쓸 수 있도록 제한하고, 각 주제를 해당 사용자에게 속하게 할 겁니다.

> **NOTE_** 지금 만든 등록 시스템에서는 사용자가 만들 수 있는 계정 숫자에 제한이 없습니다. 하지만 널리 쓰이는 시스템 중에는 사용자가 반드시 응답해야 하는 확인 이메일을 보내서 신분을 증명하게 하는 경우도 있습니다. 이렇게 하면 스팸 계정이 만들어지는 일을 막을 수 있습니다. 우리는 앱을 만드는 법을 배우는 중이므로, 이렇게 단순한 시스템으로 연습하는 것이 더 좋습니다.

연습문제

19-2. 블로그 계정: 연습문제 19-1에서 만들었던 블로그 프로젝트에 사용자 인증과 등록 시스템을 추가하십시오. 로그인한 사용자에게는 자신의 사용자 이름이 보여야 하고, 등록하지 않은 사용자에게는 등록 페이지 링크가 보여야 합니다.

19.3 사용자와 데이터 연결하기

사용자가 입력한 데이터는 자신만의 것이어야 합니다. 이를 위해 어떤 데이터가 어떤 사용자에게 속하는지 확인할 수 있는 시스템을 만들어야 합니다. 그런 다음에는 페이지 접근을 제한해서 사용자가 자신의 데이터에만 접근할 수 있게 할 겁니다.

각 주제가 작성한 사용자에게 속하도록 **Topic** 모델을 수정할 겁니다. 이 수정은 항목에도 영향을 미칩니다. 항목은 이미 특정 주제에 속해 있기 때문입니다. 먼저 페이지 접근을 제한하는 것부터 시작합시다.

19.3.1 @login_required로 접근 제한하기

장고에서는 @login_required 데커레이터를 통해 로그인한 사용자의 접근 제한을 쉽게 관리할 수 있습니다. **데커레이터**^{decorator}는 함수 바로 앞에 붙이는 지시자입니다. 파이썬은 함수를 실행하기 전에 데커레이터를 적용해서 함수의 실행 방법을 바꿉니다. 예제를 하나 살펴봅시다.

주제 페이지 접근 제한하기

각 주제는 사용자에게 귀속되므로, 주제 페이지를 요청할 수 있는 사람은 등록된 사용자뿐이어야 합니다. learning_logs/views.py에 다음 코드를 추가하십시오.

views.py

```python
from django.shortcuts import render, redirect
from django.contrib.auth.decorators import login_required

from .models import Topic, Entry
--생략--

@login_required
def topics(request):
    """주제를 모두 보여줍니다"""
    --생략--
```

첫 번째로 login_required() 함수를 임포트했습니다. login_required 앞에 @ 기호를 붙이고 topics() 뷰 함수 앞에 썼으므로 login_required()는 이제 topics() 뷰 함수의 데커레이터입니다. 파이썬은 topics()를 실행하기 전에 먼저 login_required()를 실행합니다.

login_required()의 코드는 사용자가 로그인한 상태인지 체크하고, 장고는 사용자가 로그인한 상태일 때만 topics()의 코드를 실행합니다. 사용자가 로그인하지 않은 상태라면 로그인 페이지로 보내집니다.

로그인 페이지로 보내기 위해서는 settings.py를 수정해서 로그인 페이지의 위치를 지정해야 합니다. settings.py의 마지막에 다음 코드를 추가하십시오.

settings.py

```
--생략--

# 내 세팅
LOGIN_URL = 'users:login'
```

이제 인증되지 않은 사용자가 @login_required 데커레이터로 보호되는 페이지를 요청하면, 장고는 그 사용자를 settings.py의 LOGIN_URL에 정의된 URL로 보냅니다.

로그아웃한 다음 홈페이지로 가서 이 세팅을 테스트해볼 수 있습니다. 주제 링크를 클릭하면 로그인 페이지로 이동하게 됩니다. 이제 로그인한 다음, 홈페이지에서 주제 링크를 다시 클릭해보십시오. 이번에는 주제 페이지로 이동할 겁니다.

학습 로그 전체에 접근 제한 적용하기

장고를 사용하면 쉽게 페이지 접근을 제한할 수 있지만, 어떤 페이지를 보호할지는 직접 결정해야 합니다. 제한할 필요가 없는 페이지를 먼저 결정한 다음, 나머지 페이지는 전부 제한하는 게 좋습니다. 과도한 접근 제한은 쉽게 완화할 수 있고, 민감한 페이지를 제한 없이 풀어두는 것보다 훨씬 안전합니다.

학습 로그에서는 홈페이지와 등록 페이지만 제한 없이 남겨둡니다. 다른 페이지는 전부 접근을 제한합니다.

다음과 같이 learning_logs/views.py를 수정해서, index()를 제외한 모든 뷰에 @login_required 데커레이터를 적용합니다.

views.py

```
--생략--
@login_required
def topics(request):
    --생략--

@login_required
def topic(request, topic_id):
    --생략--

@login_required
def new_topic(request):
    --생략--

@login_required
def new_entry(request, topic_id):
    --생략--

@login_required
def edit_entry(request, entry_id):
    --생략--
```

로그아웃한 다음 이들 페이지에 접근해보십시오. 로그인 페이지로 돌아갈 겁니다. new_topic 같은 링크도 클릭할 수 없고, 브라우저에서 http://localhost:8000/new_topic/ URL을 직접 입력해도 로그인 페이지로 이동하게 됩니다. 사용자의 비공개 데이터에 관련된 URL이 공개되서는 안 되므로 전부 접근 제한을 걸어야 합니다.

19.3.2 사용자와 데이터 연결하기

이제 데이터와 그 데이터를 전송한 사용자를 연결해야 합니다. 계층 구조에서 최상위에 있는 데이터만 사용자에 연결하면 됩니다. 그 아래 레벨에 있는 데이터는 자동으로 따라옵니다. 학습 로그에서 최상위 데이터는 주제이며, 항목은 모두 주제에 연결되어 있습니다. 각 주제가 사용자에게 연결되어 있기만 하면, 데이터베이스의 모든 항목의 소유자를 파악할 수 있습니다.

Topic 모델에 외래 키를 추가해서 사용자와 연결합니다. 그 다음에는 데이터베이스 마이그레이션을 해야 합니다. 마지막으로, 일부 뷰를 수정해서 현재 로그인한 사용자와 연결된 데이터만 표시하게 해야 합니다.

Topic 모델 수정하기

models.py에서는 단 두 행만 수정하면 됩니다.

models.py

```
from django.db import models
from django.contrib.auth.models import User

class Topic(models.Model):
    """사용자가 배우고 있는 주제"""
    text = models.CharField(max_length=200)
    date_added = models.DateTimeField(auto_now_add=True)
    owner = models.ForeignKey(User, on_delete=models.CASCADE)

    def __str__(self):
        """모델을 문자열로 반환합니다"""
        return self.text

class Entry(models.Model):
    --생략--
```

django.contrib.auth에서 User 모델을 임포트했습니다. 그리고 Topic 모델에 owner 필드를 추가했습니다. 이 필드는 User 모델과 외래 키 관계를 만드는 데 사용합니다. 사용자를 삭제하면 해당 사용자와 연결된 주제도 모두 삭제됩니다.

기존 사용자 식별하기

데이터베이스를 마이그레이션하면 장고는 주제와 사용자 사이의 연결 관계를 저장할 수 있도록 데이터베이스를 수정합니다. 마이그레이션을 위해서는 기존의 주제를 어떤 사용자와 연결할지 정해야 합니다. 기존의 주제를 모두 특정 사용자, 예를 들어 슈퍼유저에게 연결하는 것부터 시작해봅시다. 그러려면 먼저 사용자 ID를 알아야 합니다.

지금까지 생성된 사용자 ID를 모두 알아봅시다. 장고 셸 세션에서 다음 명령어를 입력하십시오.

```
(ll_env)learning_log$ python manage.py shell
>>> from django.contrib.auth.models import User  # ①
>>> User.objects.all()  # ②
<QuerySet [<User: ll_admin>, <User: eric>, <User: willie>]>
```

```
>>> for user in User.objects.all():  # ③
...     print(user.username, user.id)
...
ll_admin 1
eric 2
willie 3
>>>
```

①에서는 셸 세션에 User 모델을 임포트했습니다. ②에서는 그동안 생성된 사용자 전체를 가져왔습니다. ll_admin, eric, willie 사용자가 만들어졌던 것을 확인할 수 있습니다.

③에서는 사용자 리스트를 순회하면서 사용자 이름과 ID를 출력했습니다. 기존 주제를 어떤 사용자와 연결할지 묻는 질문에는 이 ID를 사용하면 됩니다.

데이터베이스 마이그레이션

사용자 ID를 파악했으니 이제 데이터베이스 마이그레이션을 실행할 수 있습니다. 마이그레이션을 실행하면 Topic 모델과 특정 소유자를 임시로 연결할지, 아니면 models.py 파일에 기본값을 추가할지 묻는 질문이 표시됩니다. 1을 선택하십시오.

```
(ll_env)learning_log$ python manage.py makemigrations learning_logs  # ①
You are trying to add a non-nullable field 'owner' to topic without a default;
# ②
we can't do that (the database needs something to populate existing rows).
Please select a fix:  # ③
 1) Provide a one-off default now (will be set on all existing rows with a
    null value for this column)
 2) Quit, and let me add a default in models.py
Select an option: 1  # ④
Please enter the default value now, as valid Python  # ⑤
The datetime and django.utils.timezone modules are available, so you can do
e.g. timezone.now
Type 'exit' to exit this prompt
>>> 1  # ⑥
Migrations for 'learning_logs':
  learning_logs/migrations/0003_topic_owner.py
- Add field owner to topic
(ll_env)learning_log$
```

makemigrations 명령으로 시작합니다(①). ②는 기존 모델(topic)에 필수(non-nullable) 필드를 추가하려 하는데 기본값을 제시하지 않았다는 알림입니다. 따라서 지금 바로 기본값을 지정하거나, 마이그레이션을 빠져나가서 models.py에 기본값을 추가하거나 해야 합니다(③). 우리는 첫 번째 옵션을 선택했습니다(④). 그러면 다시 기본값을 묻는 질문이 나타납니다(⑤).

필자는 1을 선택했는데(⑥), 이렇게 하면 기존의 주제 전체를 관리자인 ll_admin과 연결합니다. 그동안 생성했던 사용자 중 어떤 사용자를 선택해도 상관없습니다. 꼭 슈퍼유저가 아니어도 됩니다. 선택을 마치면 장고가 데이터베이스 마이그레이션을 수행하기 위해 Topic 모델에 owner 필드를 추가하는 마이그레이션 파일 0003_topic_owner.py를 생성합니다.

이제 마이그레이션을 실행할 수 있습니다. 활성화된 가상 환경에서 다음 명령어를 입력하십시오.

```
(ll_env)learning_log$ python manage.py migrate
Operations to perform:
  Apply all migrations: admin, auth, contenttypes, learning_logs, sessions
Running migrations:
  Applying learning_logs.0003_topic_owner... OK  # ①
(ll_env)learning_log$
```

마이그레이션을 성공적으로 수행했습니다(①).

다음과 같이 셸 세션에서 마이그레이션 결과를 확인할 수 있습니다.

```
>>> from learning_logs.models import Topic  # ①
>>> for topic in Topic.objects.all():  # ②
...     print(topic, topic.owner)
...
Chess ll_admin
Rock Climbing ll_admin
>>>
```

learning_logs.models에서 Topic을 임포트하고(①), 주제 전체를 순회하면서 각 주제와 그 소유자를 출력했습니다(②). 각 주제가 ll_admin에게 귀속된 걸 볼 수 있습니다(만약 이 코드를 실행할 때 에러가 일어난다면 셸에서 빠져나간 다음 셸을 다시 시작해보십시오).

19.3.3 소유자만 주제에 접근할 수 있게 제한하기

현재는 로그인하기만 하면 주제의 소유자가 누구이든 상관 없이 전부 볼 수 있습니다. 현재 로그인한 사용자가 소유한 주제만 볼 수 있게 바꿔야 합니다.

views.py의 topics() 함수를 다음과 같이 수정하십시오.

views.py

```
--생략--
@login_required
def topics(request):
    """주제를 모두 보여줍니다"""
    topics = Topic.objects.filter(owner=request.user).order_by('date_added')
    context = {'topics': topics}
    return render(request, 'learning_logs/topics.html', context)
--snip--
```

사용자가 로그인하면 요청 객체에 사용자 정보를 저장한 request.user 속성이 생깁니다. Topic.objects.filter(owner=request.user) 쿼리는 데이터베이스에서 owner 속성이 현재 사용자와 일치하는 Topic 객체만 가져옵니다. 주제를 표시하는 방법을 바꾸는 것이 아니므로, 주제 페이지의 템플릿은 전혀 손대지 않아도 됩니다.

기존 주제 전체를 연결한 사용자로 로그인한 다음 주제 페이지로 이동해보십시오. 주제 전체가 보일 겁니다. 로그아웃한 다음, 다른 사용자로 로그인해보십시오. 주제 페이지에는 아무것도 보이지 않을 겁니다.

19.3.4 사용자의 주제 보호하기

주제 페이지에는 아직 접근 제한을 걸지 않았으므로, 등록된 사용자이기만 하다면 `http://localhost:8000/topics/1/` 같은 식으로 얼마든지 URL을 바꿔가며 시도해보고 일치하는 페이지를 찾을 수 있습니다.

직접 시도해보십시오. 주제의 소유권을 전부 이전한 사용자로 로그인한 다음, URL을 복사하거나 ID를 기록하십시오. 로그아웃한 다음 다른 사용자로 로그인하십시오. 복사한 URL에 방문해보십시오. 다른 사용자로 로그인했음에도 불구하고 항목을 전부 읽을 수 있습니다.

`topic()` 뷰 함수에서 요청된 항목을 가져올 때 소유권을 체크하는 방식으로 이 문제를 해결하겠습니다.

views.py

```python
from django.shortcuts import render, redirect
from django.contrib.auth.decorators import login_required
from django.http import Http404  # ①

--생략--
@login_required
def topic(request, topic_id):
    """주제를 하나 표시하고 연관된 항목을 모두 표시합니다"""
    topic = Topic.objects.get(id=topic_id)
    # 해당 주제가 현재 사용자의 소유인지 확인합니다
    if topic.owner != request.user:  # ②
        raise Http404

    entries = topic.entry_set.order_by('-date_added')
    context = {'topic': topic, 'entries': entries}
    return render(request, 'learning_logs/topic.html', context)
--생략--
```

404 응답은 요청된 자원이 서버에 존재하지 않을 때 사용하는 표준 에러 응답입니다. ①에서 임포트한 `Http404` 예외는 사용자가 볼 수 없는 주제를 요청했을 때 일어납니다. 주제를 요청받으면, 페이지를 렌더링하기 전에 현재 로그인한 사용자가 해당 주제의 소유자와 일치하는지 확인합니다. 일치하지 않는다면 ②에서 `Http404` 예외를 일으키고, 장고는 404 에러 페이지를 반환합니다.

이제 다른 사용자의 주제 항목을 보려고 하면 페이지를 찾을 수 없다(Page Not Found)는 메시지를 보게 될 겁니다. 여기서 표시될 에러 페이지는 20장에서 만들겠습니다.

19.3.5 edit_entry 페이지 보호하기

edit_entry 페이지의 URL은 http://localhost:8000/edit_entry/entry_id/ 형식이며 여기서 entry_id는 숫자입니다. 다른 사용자가 URL의 숫자를 바꿔서 항목에 접근할 수 없게끔 이 페이지를 보호해야 합니다.

views.py

```
--생략--
@login_required
def edit_entry(request, entry_id):
    """기존 항목을 수정합니다"""
    entry = Entry.objects.get(id=entry_id)
    topic = entry.topic
    if topic.owner != request.user:
        raise Http404

    if request.method != 'POST':
        --생략--
```

항목과, 이 항목에 연결된 주제를 가져온 다음에는 로그인한 사용자가 주제의 소유자와 일치하는지 체크합니다. 일치하지 않는다면 Http404 예외를 일으킵니다.

19.3.6 새 주제를 현재 사용자와 연결하기

현재 새 주제를 추가하는 페이지는 망가진 상태입니다. 주제와 사용자를 연결하는 기능을 넣지 않았기 때문입니다. 새 주제를 추가하려고 하면 NOT NULL constraint failed: learning_logs_topic.owner_id라는 메시지와 함께 IntegrityError 예외가 일어납니다. 주제의 owner 필드에 값을 지정하지 않으면 새 주제를 만들 수 없다는 뜻입니다.

request 객체를 통해 현재 사용자에 접근할 수 있으니 해결 방법은 간단합니다. 다음 코드는 새 주제를 현재 사용자와 연결합니다.

views.py

```
--생략--
@login_required
def new_topic(request):
    """새 주제를 추가합니다"""
    if request.method != 'POST':
        # 데이터가 전송되지 않았으므로 빈 폼을 만듭니다
        form = TopicForm()
    else:
        # POST 데이터가 전송되었으므로 데이터를 처리합니다
        form = TopicForm(data=request.POST)
        if form.is_valid():
            new_topic = form.save(commit=False)  # ①
            new_topic.owner = request.user  # ②
            new_topic.save()  # ③
            return redirect('learning_logs:topics')

    # 빈 폼이나 에러 폼을 표시합니다
    context = {'form': form}
    return render(request, 'learning_logs/new_topic.html', context)
--생략--
```

form.save()를 첫 번째 호출할 때는 데이터베이스에 저장하지 않고 수정만 하는 단계이므로 commit=False 매개변수를 사용합니다(①). ②에서는 새 주제의 **owner** 속성에 현재 사용자를 지정합니다. 마지막으로 방금 정의한 주제 인스턴스에서 **save()**를 호출합니다(③). 이제 주제에 필요한 데이터가 모두 갖춰졌으니 성공적으로 저장될 겁니다.

사용자를 바꿔가면서 원하는 만큼 주제를 추가할 수 있습니다. 각 사용자는 자신이 소유한 데이터에만 접근할 수 있습니다. 입력한 데이터를 보거나, 새 데이터를 입력하거나, 기존 데이터를 수정하거나 모두 마찬가지입니다.

19.4 마치며

이 장에서는 폼을 이용해 주제와 항목을 추가하고, 기존의 주제와 항목을 수정하는 법을 배웠습니다. 사용자 계정을 만드는 법도 배웠습니다. 사용자가 로그인하고 로그아웃할 수 있게 만들었고, 장고에서 제공하는 UserCreationForm을 통해 계정을 만들 수 있게 했습니다.

단순한 사용자 인증, 등록 시스템을 만든 다음에는 @login_required 데커레이터를 써서 특정 페이지는 로그인한 사용자만 접근할 수 있게 제한했습니다. 외래 키 관계를 사용해 사용자와 데이터를 연결했습니다. 데이터베이스에 기본값이 필요한 필드를 추가할 때 마이그레이션하는 방법도 배웠습니다.

마지막으로, 뷰 함수를 수정해서 사용자가 자신에게 귀속된 데이터만 볼 수 있게 제한하는 방법을 배웠습니다. filter() 메서드를 통해 소유권이 있는 데이터만 가져왔고, 요청된 데이터의 소유자와 현재 로그인한 사용자를 비교했습니다.

어떤 데이터를 공개하고 어떤 데이터를 보호해야 할지 지금 당장 명백하게 알 수는 없겠지만, 시간이 지나면 연습을 통해 점점 더 뚜렷이 알 수 있게 될 겁니다. 이 장에서 사용자의 데이터를 보호하기 위해 내렸던 결정을 되짚어보면 프로젝트를 다른 사람과 함께 진행하는 장점도 알 수 있습니다. 다른 사람이 프로젝트를 살펴보면, 혼자서 진행했을 때는 놓치기 쉬운 취약점을 발견할 가능성이 더 높아집니다.

이제 우리의 프로젝트는 로컬 컴퓨터에서는 완벽하게 실행됩니다. 다음 장에서는 학습 로그의 스타일을 다듬어서 더 멋져 보이게 하고, 서버에 올려서 인터넷을 사용할 수 있는 사람이면 누구든 등록하고 계정을 만들 수 있게 할 겁니다.

## CHAPTER 20

앱 스타일과 배포

학습 로그의 기능은 완성했지만, 아직 스타일이 전혀 없고 로컬 컴퓨터에서만 동작합니다. 이 장에서는 단순하지만 전문적인 방법으로 프로젝트에 스타일을 적용하고, 실제 서버에 올려서 누구든 계정을 만들고 사용할 수 있게 만듭니다.

스타일을 적용할 때는 **부트스트랩**Bootstrap 라이브러리를 사용합니다. 부트스트랩은 웹 애플리케이션을 멋지게 꾸며주는 도구 모음으로, 대형 모니터부터 스마트폰까지 최신 장치에는 다 사용할 수 있습니다. 부트스트랩 사용을 위해서는 django-bootstrap4 앱이 필요합니다. 이 앱을 쓰다 보면 다른 장고 개발자들이 만든 앱을 쓰는 법을 연습하는 효과도 있습니다.

학습 로그를 서버에 올릴 때는 **헤로쿠**Heroku를 사용합니다. 헤로쿠는 프로젝트를 서버에 올려서 인터넷 연결이 가능한 사람이면 누구나 쓸 수 있게 하는 서비스입니다. **깃**Git이라는 버전 관리 시스템을 사용해 프로젝트 변경 내용을 추적하는 법도 배웁니다.

학습 로그를 완성하고 나면 간단한 웹 애플리케이션을 만들고, 멋진 스타일을 적용하고, 실제 서버에 올리는 법을 알게 될 겁니다. 기술이 나아지면서 더 고급 자료도 배울 수 있게 될 겁니다.

20.1 학습 로그에 스타일 적용하기

지금까지는 학습 로그의 기능을 먼저 완성하기 위해 일부러 스타일을 무시했습니다. 앱은 제 기능을 발휘해야 하므로 개발을 마칠 때까지는 이런 방식이 좋습니다. 물론 일단 기능을 완성하고 나면, 보기 좋은 떡이 먹기도 좋다는 말처럼 보기 좋게 꾸며야 사람들이 사용하고 싶어 할 겁니다. 이 섹션에서는 django-bootstrap4 앱을 소개하고 프로젝트에 포함시키는 법을 배웁니다.

20.1.1 django-bootstrap4 앱

django-bootstrap4을 통해 프로젝트에서 부트스트랩을 사용합니다. 이 앱은 필수 부트스트랩 파일을 프로젝트의 적절한 위치에 내려받고, 프로젝트 템플릿에서 스타일 지시자를 사용할 수 있게 해줍니다.

활성화된 가상 환경에서 다음 명령어를 사용해 django-bootstrap4를 설치하십시오.

```
(ll_env)learning_log$ pip install django-bootstrap4
--생략--
Successfully installed django-bootstrap4-0.0.7
```

다음에는 settings.py의 INSTALLED_APPS 섹션에 다음과 같이 django-bootstrap4를 추가합니다.

settings.py

```
--생략--
INSTALLED_APPS = [
    # 내 앱
    'learning_logs',
    'users',

    # 타사 앱
    'bootstrap4',

    # 장고 기본 앱
    'django.contrib.admin',
    --생략--
```

이 섹션에는 다른 개발자들이 만든 앱을 정리할 '타사 앱'이라는 섹션을 새로 만들고 'bootstrap4'를 추가합니다. 이 섹션은 내 앱 섹션 다음에, 그리고 장고의 기본 앱 섹션보다는 앞에 있어야 합니다.

20.1.2 부트스트랩을 사용해 학습 로그에 스타일 적용하기

부트스트랩에는 스타일 도구가 아주 많이 들어 있습니다. 프로젝트에 적용해 전체적인 스타일을 바꿀 수 있는 템플릿도 여러 가지입니다. 스타일 도구를 따로 사용하는 것보다는 템플릿을 사용하는 편이 훨씬 쉽습니다. 부트스트랩에서 제공하는 템플릿을 보고 싶으면 https://getbootstrap.com/에서 **Examples**를 클릭하고 **Navbars** 섹션을 찾아보십시오. 학습 로그에는 Navbar static이라는 템플릿을 사용하겠습니다. 이 템플릿에는 단순한 상단 내비게이션 바와 페이지 콘텐츠 컨테이너가 들어 있습니다.

[그림 20-1]은 부트스트랩 템플릿을 base.html에 적용하고, index.html을 약간 수정한 홈페이지의 모습입니다.

그림 20-1 부트스트랩을 적용한 학습 로그 홈페이지

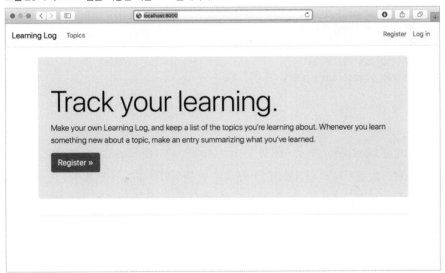

20.1.3 base.html 수정하기

부트스트랩 템플릿을 적용하려면 base.html을 수정해야 합니다. 바꿔야 할 부분을 하나씩 살펴봅시다.

HTML 헤더 정의하기

base.html에서 가장 먼저 바꿔야 할 것은 HTML 헤더를 정의해서 학습 로그 페이지를 열 때마다 브라우저의 제목 표시줄에 사이트 이름이 나타나도록 하는 것입니다. base.html의 내용을 모두 삭제하고 다음과 같이 바꾸십시오.

base.html

```
{% load bootstrap4 %}  # ①

<!doctype html>  # ②
<html lang="en">  # ③
<head>  # ④
  <meta charset="utf-8">
  <meta name="viewport" content="width=device-width, initial-scale=1,
    shrink-to-fit=no">
  <title>Learning Log</title>  # ⑤

  {% bootstrap_css %}  # ⑥
  {% bootstrap_javascript jquery='full' %}

{ </head>  # ⑦
```

①에서는 django-bootstrap4에서 사용할 수 있는 템플릿 태그를 모두 불러왔습니다. 다음에는 이 파일이 HTML 문서라고 선언했고(②), 영어로 된 파일이라고 선언했습니다(③). HTML 파일은 크게 두 부분, head와 body로 나뉩니다. 이 파일의 head는 ④에서 시작합니다. HTML 파일의 head에는 콘텐츠가 들어가지 않습니다. 이 부분에는 브라우저가 페이지를 정확히 표시하는 데 필요한 정보만 들어갑니다. ⑤에서 사용한 title 요소는 브라우저에서 학습 로그 페이지를 열 때마다 상단 제목 표시줄에 표시될 제목입니다.

⑥에서는 django-bootstrap4의 템플릿 태그를 써서 부트스트랩이 사용하는 스타일 파일을 모두 불러왔습니다. 다음에 있는 태그는 페이지에서 사용할 수 있는 대화형 동작, 예를 들어 내비게이션 바를 눌러서 여닫는 동작 등을 하는 데 필요한 파일을 불러옵니다. ⑦에서는 태그를 닫았습니다.

내비게이션 바 정의하기

페이지 상단의 내비게이션 바를 만드는 코드는 상당히 깁니다. 스마트폰의 좁은 화면이나 데스크톱 모니터의 넓은 화면에 모두 대응해야 하기 때문입니다. 내비게이션 바의 각 부분을 나눠서 하나씩 알아봅시다.

다음은 내비게이션 바의 첫 번째 부분입니다.

base.html

```
--생략--
</head>
<body>  # ①

    <nav class="navbar navbar-expand-md navbar-light bg-light mb-4 border">  # ②

        <a class="navbar-brand" href="{% url 'learning_logs:index'%}">  # ③
            Learning Log</a>

        <button class="navbar-toggler" type="button" data-toggle="collapse"  # ④
            data-target="#
            aria-expanded="false" aria-label="Toggle navigation">
          <span class="navbar-toggler-icon"></span></button>
```

첫 번째 요소는 바디를 시작하는 **<body>** 태그입니다(①). HTML 파일의 **바디**^{body}에는 사용자가 해당 페이지에서 볼 수 있는 콘텐츠가 들어갑니다. ②의 **<nav>** 태그는 페이지의 내비게이션 링크 섹션이 여기서 시작한다는 뜻입니다. 이 요소에 들어 있는 콘텐츠는 모두 navbar, navbar-expand-md 등의 선택자에서 정의하는 스타일 규칙에 따라 표시됩니다. **선택자**^{selector}는 어떤 요소에 어떤 스타일을 적용할지 결정합니다. navbar-light와 bg-light 선택자는 내비게이션 바에 밝은 색 배경을 적용합니다. mb-4의 mb는 margin-bottom, 즉 아래쪽 마진의 약자입니다. 이 선택자는 내비게이션 바와 그 아래 콘텐츠 사이에 공간을 조금 남기는 역할을 합니다. border 선택자는 밝은 색 배경 주위에 얇은 테두리^{border}를 둘러서 주위 요소와 구별되게 합니다.

③에서는 프로젝트 이름을 내비게이션 바 맨 왼쪽에 배치하고, 홈페이지로 이동하는 링크로 만들었습니다. 이 링크는 프로젝트에 속한 모든 페이지에 나타납니다. navbar-brand 선택자는 이 링크에 다른 링크들과 구별되는 스타일을 적용해 눈에 띄게 합니다. 사이트 브랜딩에 사용

되는 방법이기도 합니다.

④에서 만드는 버튼은 내비게이션 바 전체를 세로로 표시하기엔 브라우저 창이 너무 좁을 때 나타납니다. 사용자가 이 버튼을 클릭하면 내비게이션 요소들이 드롭다운 리스트 형태로 나타납니다. collapse는 사용자가 브라우저 창 크기를 줄이거나, 화면이 작은 모바일 장치에서 사용할 때 내비게이션 바를 접는 역할을 합니다.

내비게이션 바의 다음 부분입니다.

base.html

```
      --생략--
    <span class="navbar-toggler-icon"></span></button>
  <div class="collapse navbar-collapse" id="navbarCollapse">  # ①
    <ul class="navbar-nav mr-auto">  # ②
      <li class="nav-item">  # ③
        <a class="nav-link" href="{% url 'learning_logs:topics'%}">
            Topics</a></li>
  </ul>
```

①에서는 내비게이션 바의 새 섹션을 열었습니다. div는 구역division을 뜻합니다. 웹 페이지를 만들 때는 페이지를 여러 섹션, 즉 구역으로 나누고 각 구역에 적용할 스타일과 동작 규칙을 만드는 식으로 작업합니다. div를 여는 태그에서 정의한 스타일이나 동작 규칙은 해당 구역을 닫는 태그가 나타날 때까지 모든 콘텐츠에 적용됩니다. 이 구역은 화면이나 창이 좁을 때 접혀지는 부분입니다.

②에서는 새로운 링크 세트를 만들었습니다. 부트스트랩은 내비게이션 요소들을 순서 없는 리스트의 아이템 형태로 정의하지만, 스타일을 입혀서 리스트처럼 보이지는 않게 바꿉니다. 내비게이션 바에 사용할 링크나 요소는 모두 이런 리스트의 아이템으로 포함됩니다. 여기서 리스트 아이템은 주제 페이지로 가는 링크 하나뿐입니다(③).

내비게이션 바의 마지막 부분입니다.

base.html

```
        --생략--
    </ul>
```

```
            <ul class="navbar-nav ml-auto">  # ①
              {% if user.is_authenticated %}  # ②
                <li class="nav-item">
                  <span class="navbar-text">Hello, {{ user.username }}.</span>  # ③
                </li>
                <li class="nav-item">
                  <a class="nav-link" href="{% url 'users:logout' %}">Log out</a>
                </li>
              {% else %}
                <li class="nav-item">
                  <a class="nav-link" href="{% url 'users:register' %}">Register</a>
                </li>
                <li class="nav-item">
                  <a class="nav-link" href="{% url 'users:login' %}">Log in</a></li>
              {% endif %}
            </ul>
          </div>  # ④

      </nav>
```

①에서는 <ul> 태그를 써서 다른 링크 세트를 열었습니다. 링크 그룹은 페이지에 필요한 만큼 만들 수 있습니다. 이 그룹은 내비게이션 바 오른쪽에 나타날 로그인과 등록 관련 링크의 그룹입니다. ml-auto 선택자는 왼쪽 마진 자동^{margin-left automatic}의 약자입니다. 이 선택자는 내비게이션 바에 속한 다른 요소의 크기를 계산한 다음, 이 그룹이 화면 오른쪽에 표시되게끔 자동으로 왼쪽 마진을 결정합니다.

②의 if 블록은 사용자의 로그인 여부에 따라 적절한 메시지를 선택할 때 썼던 조건부 블록과 마찬가지입니다. 다만 이번에는 조건 태그에 스타일 규칙이 들어 있으므로 블록이 조금 길어졌습니다. ③은 <span></span> 요소입니다. span 요소는 비교적 짧은 텍스트나 요소에 스타일을 적용할 때 사용합니다. div 요소는 보통 페이지 안에서 자신만의 구역을 갖지만, span 요소는 다른 요소 안에 포함되는 작은 부분일 때가 많습니다. 처음에는 어떤 요소를 써야 할지 잘 모를 겁니다. 대부분의 페이지에서 div 요소를 깊이 중첩해서 사용하니까요. 여기서는 span 요소를 써서 사용자 이름 같은 텍스트에 스타일을 적용했습니다. 사용자가 링크와 텍스트를 혼동하지 않도록, 텍스트에는 링크와 다른 스타일을 적용해야 하기 때문입니다.

④에서는 좁은 화면에서 접히는 내비게이션 바 부분에 해당하는 div 요소를 닫고, 섹션 마지막에서 내비게이션 바 전체를 닫았습니다. 내비게이션 바에 링크를 더 추가하고 싶다면 내비게이

션 바에서 정의한 `<ul>` 그룹 중 어떤 그룹에든 `<li>` 아이템을 추가하고, 여기에서 사용한 것과 마찬가지로 스타일 지시자를 사용하면 됩니다.

base.html에는 아직 추가할 것이 좀 더 남아 있습니다. 개별 페이지에서 자신만의 콘텐츠를 표시할 때 사용할 블록을 만들어야 합니다.

페이지의 메인 파트 만들기

base.html의 나머지는 페이지의 메인 파트입니다.

base.html

```
    --생략--
  </nav>

  <main role="main" class="container">  # ①
    <div class="pb-2 mb-2 border-bottom">  # ②
      {% block page_header %}{% endblock page_header %}
    </div>
    <div>  # ③
      {% block content %}{% endblock content %}
    </div>
  </main>

</body>

</html>
```

①에서는 `<main>` 태그를 열었습니다. main 요소는 페이지에서 가장 중요한 부분에 사용합니다. 이 요소에는 부트스트랩 선택자 container를 썼습니다. 이 선택자는 페이지의 요소를 그룹으로 묶을 때 사용하는 선택자입니다. 이 컨테이너에는 div 요소 두 개가 들어갑니다.

②의 첫 번째 div 요소는 page_header 블록입니다. 이 블록은 대부분의 페이지에서 제목을 표시할 때 사용합니다. 이 섹션이 페이지의 나머지 부분과 구별될 수 있도록 헤더 아래에 패딩을 조금 넣었습니다. **패딩**padding이란 콘텐츠와 보더 사이에 있는 공간입니다. pb-2 선택자는 요소 아래쪽에 적당한 패딩을 지정하는 부트스트랩 스타일 지시자입니다. **마진**margin은 요소의 보더와 다른 요소 사이에 있는 공간입니다. 헤더 아래쪽에만 보더를 넣을 생각이므로

border-bottom 선택자를 사용했습니다. 이 선택자는 page_header 블록 아래쪽에 얇은 보더를 표시합니다.

③에서는 div 요소를 하나 더 만들었는데, 이 요소에는 content 블록이 들어갑니다. 이 블록에는 스타일을 적용하지 않았으므로 개별 페이지에서 그 페이지의 특성에 맞게 콘텐츠에 스타일을 적용할 수 있습니다. main, body, html 요소를 차례로 닫아서 base.html 파일을 마무리합니다.

이제 브라우저에서 학습 로그 홈페이지에 들어가면 [그림 20-1]에서 볼 수 있듯 멋진 내비게이션 바가 나타납니다. 창을 아주 좁게 줄여보십시오. 내비게이션 바가 있던 자리에 버튼이 나타날 겁니다. 이 버튼을 클릭하면 모든 링크가 드롭다운 리스트 형태로 나타납니다.

20.1.4 점보트론을 사용해 홈페이지에 스타일 적용하기

홈페이지에는 **점보트론**^{jumbotron}이라는 부트스트랩 요소를 사용할 겁니다. 점보트론은 눈에 띌 수밖에 없는 거대한 박스이며, 그 안에는 무엇이든 넣을 수 있습니다. 보통 점보트론은 프로젝트 홈페이지에서 프로젝트에 대한 전체적인 설명과 함께 사용자를 초청하는 메시지를 담는 게 일반적입니다.

index.html 파일은 다음과 같이 수정합니다.

index.html

```
{% extends "learning_logs/base.html" %}

{% block page_header %}  # ①
  <div class="jumbotron">  # ②
    <h1 class="display-3">Track your learning.</h1>  # ③

    <p class="lead">Make your own Learning Log, and keep a list of the  # ④
        topics you're learning about. Whenever you learn something new
        about a topic, make an entry summarizing what you've learned.</p>

    <a class="btn btn-lg btn-primary" href="{% url 'users:register' %}"  # ⑤
        role="button">Register &raquo;"</a>
  </div>
{% endblock page_header %}  # ⑥
```

①에서는 page_header 블록을 열었습니다. 점보트론은 스타일 지시자가 여러 가지 적용되기는 하지만, 단순한 div 요소입니다(②). jumbotron 선택자는 부트스트랩 라이브러리에서 이 스타일 지시자 그룹을 가져와서 이 요소에 적용합니다.

점보트론 안에는 세 가지 요소가 있습니다. 첫 번째는 처음 방문한 사용자에게 학습 로그가 어떤 프로젝트인지 간단한 인상을 남길 수 있는 Track your learning이라는 메시지입니다. h1 클래스는 최상위 제목이라는 뜻이고, display-3 선택자는 이 헤더를 다른 부분보다 좁고 위아래로 긴 형태로 만듭니다(③). ④에서는 사용자들이 학습 로그로 무엇을 할 수 있는지 좀 더 긴 메시지로 표현했습니다.

⑤에서는 단순한 텍스트 링크 대신 방문자에게 학습 로그 계정을 등록하라고 권하는 버튼을 만들었습니다. 이 링크는 헤더에 있는 것과 같은 링크이지만, 버튼으로 표현했으므로 좀 더 눈에 띄고, 프로젝트에 참여하려면 뭘 하면 되는지 더 직관적으로 나타냅니다. 여기서 사용한 선택자는 사용자의 행동을 권유하는 대형 버튼 스타일입니다. »는 오른쪽 대괄호 두 개를 조합한 기호를 가리키는 **HTML 엔티티**^{HTML entity}입니다. ⑥에서는 page_header 블록을 닫았습니다. 이 페이지에는 더 추가할 콘텐츠가 없으므로 콘텐츠 블록을 더 정의할 필요는 없습니다.

홈페이지는 이제 [그림 20-1] 같은 모양입니다. 스타일을 쓰지 않았던 개발 단계의 페이지보다 훨씬 멋져 보입니다.

20.1.5 로그인 페이지에 스타일 적용하기

로그인 페이지의 전체적인 모양은 개선했지만 폼은 아직 그대로입니다. login.html 파일을 수정해서 폼도 페이지의 나머지 부분과 통일감 있는 스타일을 갖게 합시다.

login.html

```
{% extends "learning_logs/base.html" %}
{% load bootstrap4 %}   # ①

{% block page_header %}   # ②
  <h2>Log in to your account.</h2>
{% endblock page_header %}

{% block content %}
```

```
<form method="post" action="{% url 'users:login' %}" class="form">  # ③
  {% csrf_token %}
  {% bootstrap_form form %}  # ④
  {% buttons %}  # ⑤
    <button name="submit" class="btn btn-primary">Log in</button>
  {% endbuttons %}

  <input type="hidden" name="next"
    value="{% url 'learning_logs:index' %}" />
</form>

{% endblock content %}
```

①에서는 bootstrap4 템플릿 태그를 이 템플릿에 불러왔습니다. ②에서는 page_header 블록을 시작합니다. 이 블록의 역할은 사용자에게 이 페이지의 목적을 알리는 겁니다. 이 템플릿에는 {% if form.errors %} 블록을 사용하지 않았습니다. django-bootstrap4가 폼 에러를 자동으로 처리하기 때문입니다.

③에서는 class="form" 속성을 추가했고, ④에서는 폼을 표시할 때 템플릿 태그 {% bootstrap_form %}을 사용하게 했습니다. 이 태그는 19장에서 사용했던 {{ form .as_p }} 태그를 대체합니다. {% booststrap_form %} 템플릿 태그는 폼을 렌더링할 때 폼의 각 요소에 부트스트랩 스타일 규칙을 삽입합니다. ⑤에서는 bootstrap4 템플릿 태그 {% buttons %}를 열었습니다. 이 태그는 버튼에 부트스트랩 스타일을 적용합니다.

[그림 20-2]는 로그인 폼입니다. 이제 이 페이지는 훨씬 깔끔하고 일관성 있는 스타일을 가졌으며, 목적을 명확히 드러냅니다. 만들었던 적 없는 사용자 이름이나 비밀번호를 써서 로그인해보십시오. 에러 메시지도 전체적인 사이트 스타일에 맞게 바뀐 걸 볼 수 있습니다.

그림 20-2 부트스트랩 스타일을 적용한 로그인 페이지

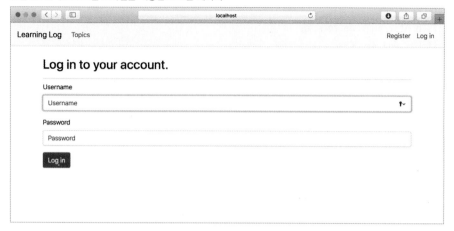

20.1.6 주제 페이지에 스타일 적용하기

정보를 표시하는 페이지에도 스타일을 적용합시다. 먼저 주제 페이지부터 시작하겠습니다.

topics.html

```
{% extends "learning_logs/base.html" %}

{% block page_header %}  # ①
  <h1>Topics</h1>
{% endblock page_header %}

{% block content %}
  <ul>
    {% for topic in topics %}
      <li><h3>  # ②
        <a href="{% url 'learning_logs:topic' topic.id %}">{{ topic }}</a>
      </h3></li>
    {% empty %}
      <li><h3>No topics have been added yet.</h3></li>
    {% endfor %}
  </ul>

  <h3><a href="{% url 'learning_logs:new_topic' %}">Add a new topic</a></h3>  # ③
{% endblock content %}
```

이 파일에는 bootstrap4 템플릿 태그를 사용하지 않을 것이므로 {% load bootstrap4 %} 태그는 필요하지 않습니다. ①에서는 제목 Topics를 page_header 블록으로 옮기고 헤더 스타일을 적용했습니다. ②에서는 각 주제에 〈h3〉 요소를 사용해 다른 텍스트보다 좀 더 크게 표시되게끔 했고, ③에서는 새 주제를 추가하는 링크에도 같은 스타일을 적용했습니다.

20.1.7 주제 페이지의 항목에 스타일 적용하기

주제 페이지에는 다른 페이지보다 콘텐츠가 많으니 할 일도 조금 더 많습니다. 각 항목에는 부트스트랩 카드 스타일을 쓸 겁니다. **카드**card는 유연한 스타일이 미리 정의된 div 요소이며 항목을 표시하기에 안성맞춤입니다.

topic.html

```
{% extends 'learning_logs/base.html' %}

{% block page_header %}  # ①
  <h3>{{ topic }}</h3>
{% endblock page_header %}

{% block content %}
  <p>
    <a href="{% url 'learning_logs:new_entry' topic.id %}">Add new entry</a>
  </p>

  {% for entry in entries %}
    <div class="card mb-3">  # ②
      <h4 class="card-header">  # ③
        {{ entry.date_added|date:'M d, Y H:i' }}
        <small><a href="{% url 'learning_logs:edit_entry' entry.id %}">  # ④
          edit entry</a></small>
      </h4>
      <div class="card-body">  # ⑤
        {{ entry.text|linebreaks }}
      </div>
    </div>
  {% empty %}
    <p>There are no entries for this topic yet.</p>
  {% endfor %}

{% endblock content %}
```

①에서는 먼저 주제를 page_header 블록으로 옮겼습니다. 다음에는 이 템플릿에서 사용했던 순서 없는 리스트 구조를 삭제했습니다. 이번에는 항목을 리스트 아이템으로 만들지 않고 card 선택자를 써서 div 요소로 만들었습니다(②). 이 카드에는 요소 두 개가 들어 있습니다. 하나는 타임스탬프와 항목 수정 링크가 들어가고, 다른 하나에는 항목 텍스트가 들어갑니다.

카드의 첫 번째 요소는 ⟨h4⟩ 요소를 사용한 헤더이며 card-header 선택자를 썼습니다(③). 이 카드 헤더에는 항목을 작성한 날짜와 함께 항목을 수정할 수 있는 링크가 포함됩니다. edit_entry 링크를 감싼 ⟨small⟩⟨/small⟩ 태그는 링크를 타임스탬프보다 조금 더 작은 글씨로 표현합니다(④). 두번째는 card-body 선택자를 사용한 div 요소이며(⑤), 이 요소 안에 카드 텍스트를 박스 형태로 표시합니다. 바꾼 것이 많지만, 페이지에 정보를 표시하는 장고 코드 자체는 바꾸지 않았습니다. 페이지의 모양을 결정하는 부분만 바꿨을 뿐입니다.

[그림 20-3]은 새로 단장한 주제 페이지입니다. 학습 로그의 기능은 그대로이지만 더 깔끔한 모습으로 사용자에게 어필할 수 있습니다.

그림 20-3 부트스트랩 스타일을 적용한 주제 페이지

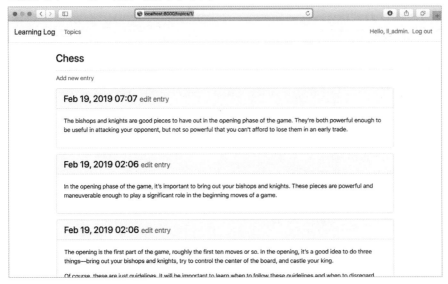

> **NOTE_** 다른 부트스트랩 템플릿을 써보고 싶더라도 이 장에서 했던 것과 비슷하게 하면 됩니다. 사용하고 싶은 템플릿을 base.html에 복사하고, 실제 콘텐츠를 담은 요소를 수정해서 프로젝트 콘텐츠를 템플릿을 통해 표시하십시오. 그리고 부트스트랩의 스타일 도구를 써서 각 페이지의 콘텐츠에 스타일을 적용하면 됩니다.

20.2 학습 로그 배포

이제 프로젝트의 외관까지 깔끔하게 다듬었으니, 인터넷에 연결된 사람이면 누구든 쓸 수 있도록 실제 서버에 올릴 차례입니다. 우리가 사용할 서비스는 헤로쿠입니다. 헤로쿠는 웹 애플리케이션 관리를 도와주는 웹 기반 플랫폼입니다. 학습 로그를 헤로쿠에서 실행할 수 있게 만들어봅시다.

20.2.1 헤로쿠 계정 만들기

https://heroku.com/에 방문해서 **signup** 링크를 클릭하면 계정을 만들 수 있습니다. 계정은 무료로 만들 수 있고, 무료 티어tier에서도 프로젝트 테스트는 충분합니다.

> **NOTE_** 헤로쿠의 무료 티어에는 서버에 올릴 수 있는 앱의 숫자나 시간당 방문할 수 있는 사용자 수 등에 제한이 있습니다. 하지만 이 제한은 꽤 너그러운 편이라서, 앱 배포를 연습하는 정도는 충분히 감당할 수 있습니다.

20.2.2 헤로쿠 CLI 설치하기

헤로쿠 서버에서 프로젝트를 관리하려면 헤로쿠 명령어 인터페이스(CLI)를 설치해야 합니다. https://devcenter.heroku.com/articles/heroku-cli/에 방문해서 운영체제에 맞는 지시를 따르면 헤로쿠 CLI의 최신 버전을 설치할 수 있습니다. 이 링크에는 내려받아서 실행하는 인스톨러 프로그램도 있고, 터미널 명령어도 있습니다.

20.2.3 필수 패키지 설치하기

장고 프로젝트를 실제 서버에서 서비스하려면 세 가지 패키지를 추가로 설치해야 합니다. 활성화된 가상 환경에서 다음 명령어를 실행하십시오.

```
(ll_env)learning_log$ pip install psycopg2==2.7.*
(ll_env)learning_log$ pip install django-heroku
(ll_env)learning_log$ pip install gunicorn
```

psycopg2 패키지는 헤로쿠에서 사용하는 데이터베이스 관리에 필요합니다. django-heroku 패키지는 우리가 만든 앱에 헤로쿠 서버에서 정상적으로 실행될 수 있도록 하는 설정 거의 전체를 처리합니다. django-heroku 패키지는 데이터베이스 관리, 이미지 같은 정적 파일의 저장 위치 등도 처리해줍니다. **정적 파일**static file에는 스타일 규칙과 자바스크립트 파일도 포함됩니다. gunicorn 패키지에는 실제 환경에서 앱을 서비스하는 것과 마찬가지인 서버가 포함됩니다.

20.2.4 requirements.txt 파일 만들기

우리가 만든 프로젝트에 어떤 패키지가 필요한지 헤로쿠에 알려야 하므로, pip를 써서 이 내용을 담은 파일을 만듭니다. 가상 환경에서 다음 명령어를 실행하십시오.

```
(ll_env)learning_log$ pip freeze > requirements.txt
```

freeze 명령어는 현재 프로젝트에 설치된 패키지 이름을 requirements.txt 파일에 기록하라는 명령입니다. 이 파일을 열면 프로젝트에 설치한 패키지 이름과 버전을 볼 수 있습니다.

requirements.txt

```
dj-database-url==0.5.0
Django==2.2.0
django-bootstrap4==0.0.7
django-heroku==0.3.1
gunicorn==19.9.0
psycopg2==2.7.7
pytz==2018.9
sqlparse==0.2.4
whitenoise==4.1.2
```

학습 로그는 이미 여덟 가지 패키지의 특정 버전을 사용하고 있으므로, 정확한 실행을 보장하려면 최대한 이와 비슷한 환경이 필요합니다(패키지 중 네 가지는 직접 설치했고, 나머지 네 가지는 이들 패키지의 의존성에 따라 자동으로 설치됐습니다).

학습 로그를 헤로쿠에 올리면, 헤로쿠는 requirements.txt에 나열된 패키지를 모두 설치해서 우리가 컴퓨터에서 사용하는 것과 같은 환경을 만듭니다. 따라서 서버에 올린 프로젝트로 로컬 컴퓨터와 같은 환경에서 실행될 겁니다. 컴퓨터에서 개발하고 관리하는 프로젝트가 다양해지면 이런 방식에 정말 큰 장점이 있다는 걸 알 수 있을 겁니다.

> **NOTE_** 여기서 표시된 버전 숫자가 컴퓨터에 설치된 실제 버전과 다르더라도 걱정할 필요는 없습니다.

20.2.5 파이썬 런타임 명시하기

파이썬 버전을 명시하지 않으면 헤로쿠는 자신들의 기본 파이썬 버전을 사용합니다. 지금 컴퓨터에서 사용 중인 파이썬과 같은 버전을 헤로쿠에서도 사용하게 만듭시다. 가상 환경에서 python --version 명령어를 실행하십시오.

```
(ll_env)learning_log$ python --version
Python 3.7.2
```

이 예제를 보면 필자가 쓰는 파이썬은 3.7.2입니다. manage.py와 같은 폴더에 다음과 같이 runtime.txt 파일을 만드십시오.

runtime.txt

```
python-3.7.2
```

이 파일은 단 1행이어야 하며, 파이썬 버전을 소문자 python, 그다음에 하이픈, 그다음에 세 부분으로 나뉜 버전 숫자 형식으로 써야 합니다.

20.2.6 헤로쿠에서 쓸 수 있도록 settings.py 수정하기

이제 헤로쿠 환경에 필요한 세팅을 settings.py 마지막에 추가해야 합니다.

settings.py

```
--생략--
# 내 세팅
LOGIN_URL = 'users:login'

# 헤로쿠 세팅
import django_heroku
django_heroku.settings(locals())
```

django_heroku 모듈을 임포트하고 settings() 함수를 호출했습니다. 이 함수는 일부 세팅을 헤로쿠 환경에 필요한 값으로 수정합니다.

20.2.7 프록파일 만들기

프록파일Procfile은 프로젝트를 정상적으로 서비스하기 위해 어떤 프로세스process가 필요한지 정하는 파일입니다. 다음 코드를 manage.py와 같은 폴더에 Procfile이라는 이름으로 저장하십시오. 첫 글자는 대문자 P여야 하고, 확장자는 없습니다.

프록파일의 내용은 다음과 같습니다.

Procfile

```
web: gunicorn learning_log.wsgi --log-file -
```

이 행은 헤로쿠에서 서버로 구니콘^{gunicorn}을 사용하고, 앱을 실행할 때 learning_log/wsgi.py의 세팅을 사용하라는 뜻입니다. log-file 플래그는 헤로쿠에서 어떤 이벤트를 기록할지 지정합니다.

20.2.8 깃을 사용해 프로젝트 파일 추적하기

17장에서 언급했었지만, 깃은 프로젝트에서 새 기능을 성공적으로 구현할 때마다 그 코드를 스냅숏으로 남겨 기록하는 버전 관리 프로그램입니다. 뭔가가 잘못되면, 마지막으로 성공했던 스냅숏으로 쉽게 돌아갈 수 있습니다. 예를 들어 실수로 새 기능에 버그가 생겼을 때도 버그가 생기기 전으로 돌아갈 수 있는 겁니다. 각 스냅숏을 **커밋**^{commit}이라 부릅니다.

깃을 사용하면 프로젝트가 망가질 걱정 없이 새 기능을 시도할 수 있습니다. 실제 서버에 앱을 올릴 때는 잘 동작하는 버전을 올려야 합니다. 깃과 버전 관리에 관한 더 자세한 내용은 **부록 D**를 보십시오.

깃 설치하기

시스템에 따라서는 깃이 이미 설치되어 있을 수도 있습니다. 터미널 창을 열고 git --version 명령어로 깃이 이미 설치되어 있는지 확인할 수 있습니다.

```
(ll_env)learning_log$ git --version
git version 2.17.0
```

에러 메시지가 나타난다면 **부록 D**의 깃 설치 과정을 읽어보십시오.

깃 설정하기

깃은 프로젝트를 누가 변경했는지 기록합니다. 설령 단 한 사람이 프로젝트를 관리한다고 해도 말입니다. 깃은 이를 위해 사용자 이름과 이메일을 요구합니다. 사용자 이름은 반드시 입력해야 하지만, 연습 목적으로 사용할 때는 이메일은 아무거나 써도 됩니다.

```
(ll_env)learning_log$ git config --global user.name "ehmatthes"
(ll_env)learning_log$ git config --global user.email "eric@example.com"
```

이 과정을 지금 실행하지 않으면 나중에 처음으로 커밋할 때 깃이 이 정보를 요구할 겁니다.

일부 파일 무시하기

깃이 프로젝트의 파일 전체를 다 추적할 필요는 없으므로, 일부 파일은 무시하도록 설정할 겁니다. manage.py와 같은 폴더에 .gitignore 파일을 만드십시오. 파일 이름이 점으로 시작하고 확장자는 없습니다. .gitignore 파일의 내용은 다음과 같습니다.

.gitignore

```
ll_env/
__pycache__/
*.sqlite3
```

ll_env 폴더는 언제든 자동으로 생성할 수 있으므로 무시합니다. __pycache__ 폴더 역시 추적하지 않습니다. 이 폴더에 들어 있는 .pyc 파일은 장고가 .py 파일을 실행할 때 자동으로 생성되는 것이기 때문입니다. 데이터베이스 역시 추적하지 않는 것이 좋습니다. 서버에서 SQLite를 사용한다면, 서버에 프로젝트를 올릴 때 실수로 실제 데이터베이스를 테스트 데이터베이스로 덮어 써 버릴 위험이 있기 때문입니다. *.sqlite3의 아스테리스크(*)는 확장자가 .sqlite3인 파일은 전부 무시하라는 뜻입니다.

> **NOTE_** macOS를 사용한다면 .gitignore 파일에 .DS_Store 역시 추가하십시오. 이 파일은 macOS에서 폴더 정보를 저장하는 파일이며 프로젝트와는 아무 관계도 없습니다.

숨김 파일 보이게 만들기

대부분의 운영체제는 .gitignore같이 점으로 시작하는 파일과 폴더를 숨겨서 보이지 않게 만듭니다. 파일 브라우저를 열거나 서브라임 텍스트 같은 애플리케이션에서 파일을 열려고 하면 이런 파일은 기본적으로 보이지 않습니다. 하지만 프로그래머는 이런 파일을 볼 수 있어야 합니다. 운영체제에 따라 숨김 파일을 보이게 하는 방법은 다음과 같습니다.

- 윈도우에서는 탐색기에서 바탕화면 폴더를 여십시오. **보기** 탭을 클릭하고, **숨긴 항목**과 **확장자**가 체크되어 있는지 확인하십시오.

- macOS에서는 어떤 파인더 창에서든 커맨드-시프트-.을 눌러서 숨김 파일과 폴더를 볼 수 있습니다.
- 우분투 같은 리눅스 시스템에서는 파일 브라우저에서 컨트롤-H를 눌러 숨김 파일과 폴더를 볼 수 있습니다. 이 세팅을 영구적으로 유지하려면 노틸러스 같은 파일 브라우저를 열고 **옵션** 탭을 클릭하고 **숨김 파일 보기** 체크박스를 선택하십시오.

프로젝트 커밋

학습 로그에 사용할 깃 저장소를 초기화하고, 필요한 파일을 모두 저장소에 추가하고, 프로젝트의 초기 상태를 커밋해야 합니다. 방법은 다음과 같습니다.

```
(ll_env)learning_log$ git init  # ①
Initialized empty Git repository in /home/ehmatthes/pcc/learning_log/.git/

(ll_env)learning_log$ git add .  # ②
(ll_env)learning_log$ git commit -am "Ready for deployment to heroku."  # ③
[master (root-commit) 79fef72] Ready for deployment to heroku.
 45 files changed, 712 insertions(+)
 create mode 100644 .gitignore
 create mode 100644 Procfile
 --생략--
 create mode 100644 users/views.py
(ll_env)learning_log$ git status  # ④
On branch master
nothing to commit, working tree clean
(ll_env)learning_log$
```

①에서는 git init 명령어로 학습 로그 폴더에 빈 저장소를 만들었습니다. ②에서는 git add . 명령어를 사용했습니다. 이 명령어는 따로 무시하지 않은 파일은 전부 저장소에 추가하라는 명령입니다(마지막의 점을 빼면 안 됩니다). ③에서는 git commit -am commit message 명령어를 사용했습니다. 이 명령어에서 -a 플래그는 이번 커밋에서 바뀐 파일을 전부 포함하라는 뜻이고, -m 플래그는 로그 메시지를 기록하라는 뜻입니다.

④의 git status 명령어는 현재 마스터 브랜치master branch에 있으며 작업 트리에 커밋할 파일이 없다clean는 뜻입니다. 프로젝트를 헤로쿠에 올릴 때마다 이 메시지가 보여야 정상입니다.

20.2.9 헤로쿠에 올리기

이제 프로젝트를 헤로쿠에 올릴^{push} 준비가 됐습니다. 가상 환경에서 다음 명령어를 실행하십시오.

```
(ll_env)learning_log$ heroku login  # ①
heroku: Press any key to open up the browser to login or q to exit:
Logging in... done
Logged in as eric@example.com

(ll_env)learning_log$ heroku create  # ②
Creating app... done, ● secret-lowlands-82594
https://secret-lowlands-82594.herokuapp.com/ ¦
    https://git.heroku.com/secret-lowlands-82594.git

(ll_env)learning_log$ git push heroku master  # ③
--생략--
remote: -----> Launching...
remote:        Released v5
remote:        https://secret-lowlands-82594.herokuapp.com/ deployed to Heroku
# ④
remote: Verifying deploy... done.
To https://git.heroku.com/secret-lowlands-82594.git
 * [new branch]      master -> master
(ll_env)learning_log$
```

가장 먼저 heroku login 명령어를 사용했습니다. 이 명령어는 브라우저에서 헤로쿠 계정으로 로그인할 수 있는 페이지를 엽니다(①). 그리고 헤로쿠가 빈 프로젝트를 만들게 했습니다(②). 헤로쿠는 앱 이름을 두 개의 단어와 숫자 하나를 무작위로 조합해 만드는데, 이 이름은 나중에 수정할 수 있습니다. 다음에는 git push heroku master 명령어를 사용했습니다(③). 이 명령어는 마스터 브랜치를 헤로쿠에서 방금 만든 저장소에 올리라는 명령입니다. 그러면 헤로쿠가 이 파일을 사용해 자신들의 서버에 프로젝트를 만듭니다. ④는 실제 프로젝트에 접근할 수 있는 URL입니다. 나중에 프로젝트 이름을 바꾸면 이 URL도 바뀝니다.

이 명령어를 다 실행하면 프로젝트가 서버에 올라가긴 하지만, 세팅이 끝난 건 아닙니다. heroku ps 명령으로 서버 프로세스가 정확히 시작됐는지 확인하십시오.

```
(ll_env)learning_log$ heroku ps
Free dyno hours quota remaining this month: 450h 44m (81%)  # ①
```

```
Free dyno usage for this app: 0h 0m (0%)
For more information on dyno sleeping and how to upgrade, see:
https://devcenter.heroku.com/articles/dyno-sleeping
=== web (Free): gunicorn learning_log.wsgi --log-file -  (1)  # ②
web.1: up 2019/02/19 23:40:12 -0900 (~ 10m ago)
(ll_env)learning_log$
```

출력 결과를 보면 이 프로젝트를 이번 달에 얼마나 사용할 수 있는지 알 수 있습니다(①). 이 글을 쓰는 시점에서 헤로쿠는 무료 티어에 한 달에 550시간을 허용합니다. 프로젝트에서 이 제한을 넘기면 서버에서 에러 페이지를 표시하는데, 잠시 후에 이 에러 페이지를 수정할 겁니다. ②에서는 프록파일에 기록한 프로세스가 시작한 걸 볼 수 있습니다.

이제 heroku open 명령으로 브라우저에서 앱을 열 수 있습니다.

```
(ll_env)learning_log$ heroku open
(ll_env)learning_log$
```

이 명령어는 브라우저를 열고 헤로쿠에서 표시했던 URL로 이동합니다. 학습 로그 홈페이지가 보이고 스타일도 제대로 적용되어 있을 겁니다. 하지만 아직 앱을 사용할 수는 없는데, 데이터베이스가 준비되지 않았기 때문입니다.

> NOTE_ 헤로쿠에 프로젝트를 올리는 방법은 때때로 바뀝니다. 도저히 해결할 수 없는 문제가 있다면 헤로쿠 문서를 읽어보십시오. https://devcenter.heroku.com/에서 파이썬을 클릭하고 **Get Started with Python** 또는 **Deploying Python and Django Apps on Heroku** 같은 링크를 찾아 읽어보십시오. 문서를 읽었지만 무슨 뜻인지 모르겠다면 **부록 C**의 제안을 참고하십시오.

20.2.10 헤로쿠 데이터베이스 세팅

실제 데이터베이스를 준비하고 개발 과정에서 만들었던 마이그레이션을 모두 적용하려면 migrate를 한 번 실행해야 합니다. heroku run 명령어를 사용하면 헤로쿠 프로젝트에서 장고와 파이썬 명령어를 실행할 수 있습니다. 다음과 같이 헤로쿠에서 migrate를 실행합니다.

```
(ll_env)learning_log$ heroku run python manage.py migrate  # ①
Running 'python manage.py migrate' on ● secret-lowlands-82594... up, run.3060
```

```
 # ②
   --생략--
 Running migrations:  # ③
   --생략--
   Applying learning_logs.0001_initial... OK
   Applying learning_logs.0002_entry... OK
   Applying learning_logs.0003_topic_owner... OK
   Applying sessions.0001_initial... OK
 (ll_env)learning_log$
```

①에서는 heroku run python manage.py migrate 명령어를 실행했습니다. 헤로쿠는 migrate 명령어를 실행할 터미널 세션을 생성합니다(②). ③은 장고가 기본 마이그레이션을 적용한 다음 학습 로그 개발 과정에서 만들었던 마이그레이션 파일을 적용하는 모습입니다.

이제 서버의 프로젝트에 방문하면 로컬 컴퓨터에서 했던 것과 똑같이 할 수 있습니다. 하지만 로컬 컴퓨터에서 입력했던 데이터나 슈퍼유저 계정은 볼 수 없습니다. 실제 서버에 데이터는 복사하지 않았기 때문입니다. 정상적인 과정입니다. 보통 로컬 데이터는 실제 서버에 복사하지 않습니다. 로컬 데이터는 대부분 테스트 데이터이기 때문입니다.

이제 누구에게든 헤로쿠 링크를 공유해서 학습 로그를 사용하도록 할 수 있습니다. 다음 섹션에서는 배포 과정을 완결하고, 학습 로그 개발을 계속할 수 있도록 몇 가지 작업을 완료할 겁니다.

20.2.11 헤로쿠 배포 과정 개선하기

이제 로컬에서 했던 것과 마찬가지로 슈퍼유저를 만들겠습니다. DEBUG 세팅을 False로 바꿔서 에러 메시지에 추가적인 정보가 나타나지 않게 바꾸기도 할 겁니다. 이렇게 하면 공격자가 이용할 수도 있는 정보가 노출되지 않습니다.

헤로쿠에 슈퍼유저 만들기

heroku run 명령어를 이용해 명령어를 실행할 수 있는 것은 이미 봤습니다. 이외에도, 헤로쿠 서버에 연결되어 있을 때는 heroku run bash 명령어를 사용해 배시Bash 터미널을 열어 직접 명령어를 실행할 수도 있습니다. 배시는 대부분의 리눅스 터미널에서 사용하는 언어입니다.

여기서는 배시 터미널을 통해 슈퍼유저를 만들고 실제 앱에서 관리자 사이트에 접속할 수 있게 만들겠습니다.

```
(ll_env)learning_log$ heroku run bash
Running 'bash' on Ã secret-lowlands-82594... up, run.9858

~ $ ls  # ①
learning_log learning_logs manage.py Procfile requirements.txt runtime.txt
staticfiles users

~ $ python manage.py createsuperuser  # ②
Username (leave blank to use ' u47318'): ll_admin
Email address:
Password:
Password (again):
Superuser created successfully.

~ $ exit  # ③
exit
(ll_env)learning_log$
```

①에서는 ls 명령어를 사용해 서버에 어떤 파일과 폴더가 있는지 확인했습니다. 이 파일은 로컬 컴퓨터에 있는 파일과 같은 구조입니다. 파일 시스템에서 이동할 때도 로컬과 마찬가지 명령어를 사용할 수 있습니다.

> **NOTE_** 윈도우 사용자도 여기에 사용한 것과 같은 명령어를 사용합니다. 즉, **dir**이 아니라 **ls** 명령어입니다. 원격 연결을 통해 리눅스 터미널에 접속한 상태이기 때문입니다.

②에서는 슈퍼유저를 만드는 명령어를 실행했습니다. 출력 결과는 18장에서 로컬 컴퓨터에서 슈퍼유저를 만들었을 때와 같습니다. 터미널에서 슈퍼유저를 만들었으면 **exit** 명령어를 실행해 터미널에서 빠져나오십시오(③).

이제 실제 앱의 URL 마지막에 /admin/을 붙여서 관리자 사이트에 로그인할 수 있습니다. 필자의 경우에는 https://secret-lowlands-82594.herokuapp.com/admin/입니다.

만약 다른 사람들이 이미 여러분의 프로젝트를 사용하기 시작했다면, 여러분이 그들의 데이터 전체에 접근할 수 있다는 사실을 항상 상기하십시오. 이를 가볍게 여겨서는 안 됩니다. 사용자의 데이터를 중요하게 생각해야 사용자 역시 여러분을 신뢰할 것입니다.

사용하기 쉬운 URL 만들기

https://secret-lowlands-82594.herokuapp.com/ 같은 URL은 기억하기도 어렵고 사용하기도 쉽지 않습니다. 다음과 같이 명령어 하나로 앱의 이름을 바꿀 수 있습니다.

```
(ll_env)learning_log$ heroku apps:rename learning-log
Renaming secret-lowlands-82594 to learning-log-2e... done
https://learning-log.herokuapp.com/ | https://git.heroku.com/learning-log.git
Git remote heroku updated
● Don't forget to update git remotes for all other local checkouts of the app.
(ll_env)learning_log$
```

앱의 이름에는 영문자, 숫자, 하이픈을 사용할 수 있습니다. 앱의 이름에는 다른 제한이 없으므로, 다른 사람이 이미 사용하고 있지 않은 이름이라면 무엇이든 쓸 수 있습니다. 필자의 앱은 이제 https://learning-log.herokuapp.com/에서 사용할 수 있습니다. 이전에 사용했던 URL https://secret-lowlands-82594.herokuapp.com/은 더는 유효하지 않습니다. apps:rename 명령어는 프로젝트를 새 URL로 완전히 이전합니다.

> **NOTE_** 헤로쿠의 무료 티어를 이용할 때는, 일정 시간 동안 아무 요청도 없는 프로젝트나 무료 티어에 적용되는 제한을 넘긴 프로젝트는 수면sleep 상태로 바뀝니다. 수면 상태로 바뀐 사이트에 사용자가 접근하면 처음에는 좀 느리지만, 그 이후의 요청에는 더 빠르게 반응합니다. 헤로쿠는 이런 방법을 써서 많은 사람들에게 무료 서비스를 제공하고 있습니다.

20.2.12 프로젝트 보안

우리 프로젝트에는 현재 보안 문제가 하나 있습니다. settings.py의 DEBUG=True 세팅이 문제인데, 이 상태에서는 에러가 일어날 때마다 디버그 메시지가 표시됩니다. 장고의 에러 페이지에는 프로젝트를 개발할 때 큰 도움이 되는 디버깅 정보가 들어 있지만, 이 세팅을 실제 서버에서 그대로 유지한다면 공격자에게 너무 많은 정보를 주게 됩니다.

환경 변수를 써서 실제 사이트에서 어떤 디버깅 정보를 표시할지 정할 수 있습니다. **환경 변수**environment variable는 환경에 따라 달라지는 값입니다. 민감한 정보를 서버에 저장하면서도 나머지 프로젝트 코드와는 구분하는 방법 중 하나이기도 합니다.

헤로쿠에서 프로젝트를 실행할 때 환경 변수를 확인하도록 settings.py를 다음과 같이 수정합니다.

settings.py

```
--생략--
# 헤로쿠 세팅
import django_heroku
django_heroku.settings(locals())

if os.environ.get('DEBUG') == 'TRUE':
    DEBUG = True
elif os.environ.get('DEBUG') == 'FALSE':
    DEBUG = False
```

os.environ.get() 메서드는 현재 프로젝트가 실행중인 환경의 환경 변수 값을 읽습니다. 찾는 변수가 설정되어 있으면 그 값을 반환하고, 설정되어 있지 않으면 **None**을 반환합니다. 따라서 환경 변수에 불리언 값을 저장하면 혼란스러울 수 있습니다. 대부분의 경우 환경 변수는 문자열로 저장되긴 하지만 주의해야 합니다. 파이썬 세션에서 다음과 같은 명령을 내렸다고 생각해보십시오.

```
>>> bool('False')
True
```

문자열 'False'의 불리언 값은 True입니다. 비어 있지 않은 문자열은 True로 평가되기 때문입니다. 따라서, 파이썬의 실제 True, False와 구별하기 위해 문자열 'TRUE'와 'FALSE'는 전부 대문자로 저장할 겁니다. 장고가 헤로쿠에서 'DEBUG' 키의 환경 변수를 읽었을 때 값이 'TRUE'이면 DEBUG 변수도 True로, 값이 'FALSE'이면 DEBUG 변수를 False로 바꿉니다.

20.2.13 커밋과 푸시

이제 settings.py를 변경했으니 바꾼 내용을 깃에 커밋하고 헤로쿠에 올려야 합니다. 터미널에서 다음과 같이 명령을 입력합니다.

```
(ll_env)learning_log$ git commit -am "Set DEBUG based on environment variables."
# ①
[master 3427244] Set DEBUG based on environment variables.
 1 file changed, 4 insertions(+)

(ll_env)learning_log$ git status  # ②
On branch master
nothing to commit, working tree clean
(ll_env)learning_log$
```

git commit 명령을 내리면서 짧지만 의미가 분명한 커밋 메시지를 함께 사용했습니다(①).
-am 플래그를 사용하면 깃은 바뀐 파일을 모두 커밋하고 로그 메시지를 기록합니다. 깃은 파일
하나가 바뀐 것을 인식했고 바뀐 내용을 저장소에 커밋했습니다.

상태 메시지를 보면 깃이 현재 마스터 브랜치에 있으며 커밋할 변경 사항이 없다고 보고했습니
다(②). 헤로쿠에 올리기 전에 항상 이 메시지를 체크하는 것이 아주 중요합니다. 이 메시지가
보이지 않는다면 바꾼 내용 중 커밋되지 않은 것이 있다는 뜻이고, 커밋되지 않은 것은 서버에
올라가지도 않습니다. commit 명령을 다시 실행할 수도 있지만, 이 문제를 어떻게 해결해야 할
지 잘 모르겠다면 **부록 D**를 읽고 깃을 좀 더 이해할 수 있도록 해보십시오.

이제 업데이트된 저장소를 헤로쿠에 올립니다.

```
(ll_env)learning_log$ git push heroku master
remote: Building source:
remote:
remote: -----> Python app detected
remote: -----> Installing requirements with pip
--생략--
remote: -----> Launching...
remote:          Released v6
remote:          https://learning-log.herokuapp.com/ deployed to Heroku
remote:
remote: Verifying deploy... done.
To https://git.heroku.com/learning-log.git
    144f020..d5075a1  master -> master
(ll_env)learning_log$
```

헤로쿠는 저장소가 업데이트된 것을 감지하고 프로젝트를 다시 빌드해서 바뀐 내용을 전부 반
영합니다. 데이터베이스까지 다시 빌드하지는 않으므로, 이번 업데이트에서 **migrate** 명령은

실행하지 않아도 됩니다.

20.2.14 헤로쿠에서 환경 변수 세팅하기

이제 헤로쿠를 통해 settings.py의 DEBUG 값을 바꿀 수 있습니다. 환경 변수를 바꿀 때는 heroku config:set 명령어를 사용합니다.

```
(ll_env)learning_log$ heroku config:set DEBUG=FALSE
Setting DEBUG and restarting ● learning-log... done, v7
DEBUG: FALSE
(ll_env)learning_log$
```

헤로쿠에서 환경 변수를 바꾸면 헤로쿠는 자동으로 프로젝트를 다시 시작해서 환경 변수가 반영되게 만듭니다.

테스트해봅시다. 정의한 적 없는 경로의 URL을 써보십시오. 예를 들어 http://learning-log.herokuapp.com/letmein/ 같은 URL을 시도해볼 수 있습니다. 프로젝트에 관한 정보는 아무것도 포함되지 않은 일반적인 에러 페이지가 보일 겁니다. 반면, 로컬 컴퓨터에서 http://localhost:8000/letmein/에 접속하려 하면 모든 정보가 포함된 장고의 에러 페이지가 보일 겁니다. 원하던 그대로입니다. 컴퓨터에서 프로젝트를 계속 개발할 때는 정보가 포함된 에러 메시지를 볼 수 있고, 실제 사이트에 접속한 사용자는 프로젝트 코드에 관한 정보는 볼 수 없습니다.

실제 사이트에서만 발생하는 에러를 해결해야 할 때는 임시로 heroku config:set DEBUG='TRUE' 명령을 써서 자세한 에러 보고서를 볼 수 있습니다. 문제를 해결했으면 값을 다시 'FALSE'로 바꾸는 것을 잊지 마십시오. 또한, 사용자들이 사이트에 자주 방문하게 된 다음부터는 이렇게 해서는 안 됩니다.

20.2.15 커스텀 에러 페이지 만들기

19장에서는 사용자가 자신이 소유하지 않은 주제나 항목을 요청했을 때 404 에러를 반환하게 만들었습니다. 지금까지 따라왔다면 아마 500 서버 에러(내부 에러) 메시지도 아마 본 적이 있을 겁니다. 404 에러는 보통 장고 코드에는 문제가 없지만 요청받은 객체가 존재하지 않을 경우에 발생하고, 500 에러는 보통 코드 자체, 즉 `views.py`의 함수에 에러가 있는 것 같은 상황에서 발생합니다. 현재 장고는 두 상황 모두 일반적인 에러 페이지를 반환합니다. 하지만 우리는 학습 로그의 전체적인 모양에 일치하는 404와 500 에러 페이지 템플릿을 만들 수 있습니다. 이 템플릿은 반드시 루트 템플릿 폴더에 있어야 합니다.

커스텀 템플릿 만들기

최외곽의 `learning_log` 폴더에 `templates` 폴더를 만듭니다. 이 안에 `404.html` 파일을 새로 만듭니다. 이 파일의 경로는 `learning_log/templates/404.html`이어야 합니다. 파일 코드는 다음과 같습니다.

404.html

```
{% extends "learning_logs/base.html" %}

{% block page_header %}
  <h2>The item you requested is not available. (404)</h2>
{% endblock page_header %}
```

이 템플릿은 일반적인 404 에러 페이지와 마찬가지 정보를 표시하지만, 사이트의 다른 부분과 통일된 모습입니다.

500.html도 만듭니다. 코드는 다음과 같습니다.

500.html

```
{% extends "learning_logs/base.html" %}

{% block page_header %}
  <h2>There has been an internal error. (500)</h2>
{% endblock page_header %}
```

이 파일을 사용하려면 `settings.py`를 조금 수정해야 합니다.

settings.py

```
--생략--
TEMPLATES = [
    {
        'BACKEND': 'django.template.backends.django.DjangoTemplates',
        'DIRS': [os.path.join(BASE_DIR, 'templates')],
        'APP_DIRS': True,
        --생략--
    },
]
--생략--
```

이렇게 바꾸면 장고는 루트 템플릿 폴더에서 에러 페이지 템플릿을 찾습니다.

로컬에서 에러 페이지 보기

에러 페이지를 헤로쿠에 올리기 전에 먼저 로컬에서 확인해보고 싶다면, 먼저 로컬 세팅에 DEBUG=False를 추가해서 장고의 기본 에러 페이지 사용을 중지해야 합니다. settings.py를 다음과 같이 바꾸십시오(로컬 환경에 적용되는 부분을 바꾸는 겁니다).

settings.py

```
--생략--
# 보안 경고: 실제 서버에서는 디버그를 켠 채 사용해서는 안 됩니다!
DEBUG = False
--생략--
```

이제 직접 작성하지 않은 주제나 항목을 요청해서 404 에러 페이지를 보십시오. 500 에러 페이지를 보고 싶으면 아예 존재하지 않는 주제나 항목을 요청하면 됩니다. 예를 들어 URL http://localhost:8000/topics/999/는 이미 999나 되는 주제를 만든 게 아니라면 틀림없이 500 에러 페이지를 보여줄 겁니다.

에러 페이지 체크를 끝냈으면 학습 로그 개발을 계속할 수 있도록 로컬의 **DEBUG** 값을 **True**로 다시 바꾸십시오(헤로쿠 환경의 세팅을 관리하는 섹션에 있는 **DEBUG** 값을 바꾸지 않도록 조심하십시오).

헤로쿠에 변경 내용 올리기

이제 방금 바꾼 에러 페이지를 커밋하고 헤로쿠에 올려야 합니다.

```
(ll_env)learning_log$ git add .  # ①
(ll_env)learning_log$ git commit -am "Added custom 404 and 500 error pages."
# ②
 3 files changed, 15 insertions(+), 10 deletions(-)
 create mode 100644 templates/404.html
 create mode 100644 templates/500.html
(ll_env)learning_log$ git push heroku master  # ③
--생략--
remote: Verifying deploy.... done.
To https://git.heroku.com/learning-log.git
   d5075a1..4bd3b1c  master -> master
(ll_env)learning_log$
```

프로젝트에 새 파일을 만들었으므로 git add . 명령으로 깃이 새 파일을 추적하게 해야 합니다(①). 그리고 ②에서 바뀐 내용을 커밋하고, ③에서 업데이트된 프로젝트를 헤로쿠에 올립니다.

이제 에러 페이지도 사이트의 나머지 부분과 비슷한 모습을 하게 됐으니 에러가 일어나더라도 사용자는 조금 덜 당황할 수 있습니다.

get_object_or_404() 메서드

이 시점에서 사용자가 주제하지 않는 주제나 항목을 요청하면 500 서버 에러가 일어납니다. 장고는 존재하지 않는 페이지를 렌더링하려 하지만, 필요한 정보가 없으므로 500 에러를 일으킵니다. 하지만 '존재하지 않는' 것을 요청한 상황이니 정확히 말하면 404 에러가 더 어울립니다. 장고의 get_object_or_404() 함수를 써서 이 상황에 404 에러가 일어나게 만들 수 있습니다. 이 함수는 요청받은 객체를 데이터베이스에서 찾아보고, 찾는 객체가 존재하지 않으면 404 예외를 일으킵니다. 이 함수를 views.py에 임포트하고 get() 대신 사용합니다.

views.py

```python
from django.shortcuts import render, redirect, get_object_or_404
from django.contrib.auth.decorators import login_required
--생략--
@login_required
def topic(request, topic_id):
    """주제를 하나 표시하고 연관된 항목을 모두 표시합니다"""
    topic = get_object_or_404(Topic, id=topic_id)
    # 해당 주제가 현재 사용자의 소유인지 확인합니다
    --생략--
```

이제 `http://localhost:8000/topics/999/`처럼 존재하지 않는 주제를 요청하면 404 에러 페이지가 나타납니다. 프로젝트를 바꿨으니 다시 커밋하고 헤로쿠에 올리십시오.

20.2.16 이후의 개발

실제 서버에 학습 로그를 올린 후에도 개발을 더 하고 싶을 수도 있고, 스스로 프로젝트를 만들어 배포하고 싶을 수도 있습니다. 프로젝트를 업데이트하는 과정은 아주 일관적입니다.

먼저 로컬 프로젝트를 원하는 대로 변경합니다. 프로젝트를 바꾸는 과정에서 새 파일을 만들었다면 `git add .` 명령으로 깃 저장소에 파일을 추가하십시오(명령어 마지막의 점을 잊지 마십시오). 데이터베이스 마이그레이션이 필요하다면 역시 명령어를 통해 마이그레이션 파일을 만들어야 합니다.

다음에는 `git commit -am "commit message"` 명령으로 바뀐 내용을 저장소에 커밋합니다. 그리고 `git push heroku master` 명령으로 헤로쿠에 올립니다. 로컬에서 데이터베이스를 마이그레이션했다면 실제 데이터베이스도 마찬가지로 마이그레이션해야 합니다. `heroku run python manage.py migrate` 명령어를 사용해도 되고, `heroku run bash`로 원격 터미널을 열어서 `python manage.py migrate` 명령어를 사용해도 됩니다. 마지막으로 실제 서버에 방문해서 변경한 내용이 제대로 적용됐는지 확인하십시오.

이 과정에서 실수는 흔한 일이니, 뭔가 잘못되더라도 너무 놀라지는 마십시오. 코드가 동작하지 않으면 바꾼 내용을 살펴보고 어디서 실수했는지 찾아보십시오. 실수를 찾을 수 없거나, 찾았지만 어떻게 복구해야 할지 모르겠다면 **부록 C**의 제안을 참고하십시오. 주위에 도움을 청하는 걸 부끄러워하지 않아도 됩니다. 프로젝트를 진행해 본 사람은 누구든 비슷한 실수를 하기 마련이고, 여러분이 질문한다면 기꺼이 도와줄 사람도 있을 겁니다. 문제를 하나씩 해결하다 보면 점점 개발 기술이 늘어나고, 언젠가는 스스로 훌륭하고 믿을 수 있는 프로젝트를 만들게 되며 다른 사람의 질문을 해결해줄 실력도 갖추게 될 겁니다.

20.2.17 SECRET_KEY 세팅

장고는 settings.py의 SECRET_KEY 세팅 값을 사용해 여러 가지 보안 프로토콜을 구현합니다. 이 프로젝트에서는 SECRET_KEY 세팅을 그냥 둔 채로 세팅 파일을 저장소에 커밋했습니다. 연습 목적의 프로젝트에서는 이렇게 해도 상관 없지만, 실제 사이트에서는 SECRET_KEY 세팅을 더 주의 깊게 관리해야 합니다. 스스로 만든 프로젝트가 사람들의 관심을 받는다면, SECRET_KEY 세팅을 더 안전하게 다룰 수 있는 방법을 직접 찾아보십시오.

20.2.18 헤로쿠에서 프로젝트 삭제하기

같은 프로젝트를 여러 번 서버에 올려보는 것도 좋은 연습 방법입니다. 하지만 이렇게 하려면 이미 서버에 올린 프로젝트를 삭제하는 방법부터 알아야 합니다. 헤로쿠는 무료로 사용할 수 있는 프로젝트 숫자도 제한하고 있으며, 연습 프로젝트로 계정을 꽉 채우고 싶지도 않을 겁니다.

https://heroku.com/에서 헤로쿠에 로그인하면 현재 유지하고 있는 프로젝트 리스트 페이지로 이동할 겁니다. 삭제하려는 프로젝트를 클릭하십시오. 해당 프로젝트의 정보가 담긴 페이지가 열릴 겁니다. **Settings** 링크를 클릭하고 스크롤을 내리면 프로젝트를 삭제하는 링크를 찾을 수 있습니다. 프로젝트를 한번 삭제하면 되돌릴 수 없으므로, 헤로쿠는 확인을 위해 프로젝트 이름 직접 입력하라고 요청할 겁니다.

터미널이 더 좋다면 destroy 명령어로 프로젝트를 삭제할 수도 있습니다.

```
(ll_env)learning_log$ heroku apps:destroy --app appname
```

여기서 appname은 프로젝트 이름입니다. 헤로쿠에서 임의로 지은 secret-lowlands-82594 같은 이름이나, 직접 변경했다면 learning-log 같은 이름을 쓰면 됩니다. 이번에도 프로젝트 이름을 다시 입력해서 정말 삭제할 것인지 확인하는 프롬프트가 뜹니다.

> **NOTE_** 헤로쿠에서 프로젝트를 삭제해도 로컬 버전에는 아무 영향도 없습니다. 서버에 올린 프로젝트를 사용하는 사람이 없고 그저 서버에 올리는 방법을 연습하고 있을 뿐이라면, 헤로쿠에 올린 프로젝트를 삭제하고 다시 올려도 아무 문제도 없습니다.

연습문제

20-3. 실제 블로그: 그동안 만들었던 블로그 프로젝트를 헤로쿠에 올리십시오. DEBUG 세팅을 False로 지정해서, 뭔가 문제가 생기더라도 사용자가 장고의 에러 페이지를 보는 일이 없게 하십시오.

20-4. 404: get_object_or_404() 함수는 new_entry()나 edit_entry() 뷰 함수에서도 사용할 수 있습니다. 이들 뷰 함수를 변경하고, http://localhost:8000/new_entry/999/ 같은 URL로 테스트해서 404 에러가 일어나는지 확인하십시오.

20-5. 학습 로그 확장: 학습 로그에 한 가지 기능을 추가하고 바꾼 내용을 실제 서버에 적용하십시오. 홈페이지에 프로젝트 설명을 좀 더 길게 쓴다든가 하는 간단한 변경부터 시작해보십시오. 성공해서 자신감이 붙으면, 사용자가 자신의 주제를 공개할 수 있게 하는 것 같은 고급 기능을 시도해보십시오. 이렇게 하려면 Topic 모델에 public 속성을 추가해야 할 겁니다(이 속성의 기본값은 반드시 False여야 합니다). 그리고 new_topic 페이지에 주제를 비공개에서 공개로 바꾸는 폼 요소도 추가해야 합니다. 그런 다음에는 데이터베이스를 마이그레이션하고, views.py 역시 수정해서 인증되지 않은 사용자도 공개된 주제는 볼 수 있게 바꿔야 합니다. 바꾼 내용을 헤로쿠에 올린 다음에는 실제 데이터베이스도 마이그레이션하는 것을 잊지 마십시오.

20.3 마치며

이 장에서는 부트스트랩 라이브러리와 django-bootstrap4 앱을 사용해서 프로젝트에 단순하면서도 전문가처럼 보이는 스타일을 적용했습니다. 부트스트랩을 사용하면 선택한 스타일이 프로젝트에 접근하는 사용자의 거의 모든 장치에서 일관되게 적용됩니다.

부트스트랩 템플릿에 대해 배웠고 Navbar static 템플릿을 써서 학습 로그에 단순하면서도 세련된 스타일을 적용했습니다. 점보트론을 써서 홈페이지의 메시지가 돋보이게 만들었고, 사이트의 페이지 전체에 일관된 스타일을 적용하는 방법도 배웠습니다.

프로젝트의 마지막 단계에서 프로젝트를 헤로쿠 서버에 올려 누구나 사용할 수 있게 하는 방법을 배웠습니다. 헤로쿠 계정을 만들고 배포 과정을 도와주는 몇 가지 패키지를 설치했습니다. 깃을 사용해 잘 동작하는 프로젝트를 저장소에 커밋했고, 다시 저장소를 헤로쿠 서버에 올렸습니다. 마지막으로, 실제 서버에서 DEBUG=False 세팅을 사용해 앱의 보안을 더 강화하는 법을 배웠습니다.

이제 여러분은 학습 로그를 끝냈고 자신만의 프로젝트를 만들 준비가 됐습니다. 단순하게 시작하고, 기능을 추가하기 전에 현재 상태가 잘 동작하는지부터 확인하십시오. 배움을 멈추지 말고, 앞으로 만드는 프로젝트에 행운이 따르길 바랍니다!

## CHAPTER 21

맺음말

축하합니다! 여러분은 파이썬의 기본을 배웠고 그동안 배운 지식을 유용한 프로젝트에 적용해 봤습니다. 게임을 만들었고, 데이터를 시각화했고, 웹 애플리케이션을 만들었습니다. 이제 여러분 앞에는 프로그래밍 기술을 계속 늘려나갈 수 있는 수많은 길이 열려 있습니다.

가장 먼저 하고 싶은 말은, 흥미로운 프로젝트를 계속 진행해야 한다는 겁니다. 프로그래밍이 가장 빛을 발할 때는 프로그래밍으로 문제를 해결할 때입니다. 여러분은 이제 다양한 프로젝트에 참여할 준비가 되어 있습니다. 스스로 게임을 만들어보거나, 고전 게임을 재창조해보십시오. 중요하다고 생각되는 데이터를 살펴보고, 시각화를 만들어 데이터 사이의 흥미로운 패턴이나 연결점들을 찾아볼 수 있습니다. 직접 웹 애플리케이션을 만들거나, 즐겨 사용하는 앱을 모방해볼 수도 있습니다.

가능하다면 주변 사람들에게 여러분이 만든 프로그램을 쓰도록 권해보십시오. 게임을 만들었다면 다른 사람들이 즐기게 해보십시오. 시각화를 만들었다면 사람들에게 보여주고 그들이 이해할 수 있는지 보십시오. 웹 애플리케이션을 만들었다면 온라인에 올려서 사람들이 사용하게 만들어보십시오. 사용자의 피드백에 귀를 기울이고, 그들이 제안하는 것을 프로젝트에 구현해보십시오. 이런 과정을 거쳐 더 나은 프로그래머가 될 수 있습니다.

스스로 프로젝트를 진행하다 보면 풀기 어려운, 심지어 불가능한 문제들이 나타날 겁니다. 도움을 받을 길을 계속 마련하고, 파이썬 커뮤니티에 정착해보십시오. 주위에 파이썬 사용자 그룹이 있다면 참여하고, 온라인 파이썬 커뮤니티에 가입하는 것도 좋습니다. 가까운 곳에서 파이콘이 개최된다면 참여해보십시오.

흥미로운 프로젝트에 몰두하는 것도 중요하지만, 일반적인 파이썬 기술을 익히는 것도 중요합니다. 두 방향 사이에서 균형을 찾으십시오. 온라인에는 다양한 파이썬 자료들이 있고, 초중급 프로그래머를 대상으로 하는 파이썬 책도 많이 있습니다. 여러분은 이제 기본을 배웠고 가진 기술을 사용하는 방법도 이해했으니 중급자를 위한 책을 읽어도 전보다 잘 이해할 수 있을 겁니다. 파이썬 교재와 책을 따라 하다 보면 이 책에서 배운 내용을 더 잘 익힐 수 있고, 프로그래밍 전반에 대한 이해와 파이썬에 대한 이해가 더 깊어질 겁니다. 파이썬에 대해 더 잘 알게 된 후 프로젝트로 돌아가면 다양한 문제들을 더 효율적으로 해결할 수 있게 될 겁니다.

여기까지 온 것을 축하합니다. 앞으로 배워나가는 길에 행운이 따르길 바랍니다!

부록

Part V

부록

설치와 문제 해결

파이썬에는 여러 가지 버전이 있고 각 운영체제에 설치하는 방법도 여러 가지입니다. 만약 1장에서 설명한 방법으로 파이썬을 설치할 수 없었거나, 운영체제에 포함된 파이썬과 다른 버전을 설치하고 싶다면 이 부록을 참고하십시오.

A.1 윈도우에 파이썬 설치하기

1장에서는 https://python.org/에서 공식 설치 파일을 받아 파이썬을 설치하라고 설명했습니다. 만약 이 설치 파일을 사용했는데도 파이썬을 실행할 수 없다면 이 섹션에서 소개하는 문제 해결 방법이 도움이 될 겁니다.

A.1.1 파이썬 다시 설치하기

python 명령어를 입력했는데 'python'은(는) 내부 또는 외부 명령, 실행할 수 있는 프로그램, 또는 배치 파일이 아닙니다. 같은 에러가 표시된다면, 설치 파일을 실행할 때 **Add Python to PATH** 체크박스를 체크하지 않았을 가능성이 높습니다. 이럴 때는 시스템 환경 변수에 파이썬 인터프리터 경로를 추가하는 방법으로 문제를 해결할 수 있지만, 복잡하고 시간도 많이 걸리므로 파이썬을 삭제한 다음 다시 설치하는 편이 더 쉽고 빠릅니다.

제어판을 열고 **프로그램 및 기능**을 클릭하십시오. 스크롤을 내리면서 파이썬을 찾아 선택하십시오. **제거**를 클릭해 파이썬을 삭제하십시오. 삭제가 완료되면 1장에서 설명했던 방법대로 파이썬을 다시 설치하되, 이번에는 **Add Python to PATH** 체크박스를 잊지 말고 꼭 체크하십시오. 이렇게 했는데도 문제가 생긴다면 **부록 C**를 읽어보십시오.

A.2 macOS에 파이썬 설치하기

1장에서 설명한 방법은 https://python.org/에서 공식 설치 파일을 받는 방법입니다. 이렇게 하면 안 되는 분명한 이유가 있지 않다면, 공식 설치 파일을 사용하길 권합니다. macOS에서 다양한 소프트웨어를 설치할 수 있게 도와주는 도구인 홈브류Homebrew를 사용하는 방법도 있습니다. 홈브류를 이미 사용 중이고 홈브류를 사용해 파이썬을 설치하고 싶거나, 함께 일하는 동료 중에 홈브류를 사용하는 사람이 있어서 비슷한 환경을 조성하고 싶다면 다음 지침을 따르십시오.

A.2.1 홈브류 설치하기

홈브류를 설치하려면 애플의 명령행 도구인 엑스코드Xcode 패키지가 필요하므로 엑스코드를 먼저 설치해야 합니다. 터미널을 열고 다음 명령어를 실행하십시오.

```
$ xcode-select --install
```

이어지는 확인 대화상자에 따라 엑스코드를 설치하십시오. 인터넷 연결 속도에 따라 시간이 좀 걸릴 수 있습니다. 설치가 끝나면 다음 명령어로 홈브류를 설치하십시오.

```
$ /usr/bin/ruby -e "$(curl -fsSL
https://raw.githubusercontent.com/Homebrew/install/master/install)"
```

https://brew.sh/에도 이 명령어가 나와 있습니다. curl -fsSL과 URL 사이에 스페이스가 한 칸 있어야 합니다.

> **NOTE**_ 이 명령어의 **-e** 플래그는 홈브류를 작성한 프로그래밍 언어인 루비로, 여기에서 내려받은 코드를 실행하라는 뜻입니다. 이런 명령어는 믿을 수 있는 곳에서 받은 코드에만 실행해야 합니다.

다음 명령어로 홈브류가 정확히 설치됐는지 확인하십시오.

```
$ brew doctor
Your system is ready to brew.
```

이 출력 결과는 홈브류를 이용해 시스템에 패키지를 설치할 준비가 됐다는 뜻입니다.

A.2.2 파이썬 설치하기

파이썬 최신 버전은 다음과 같이 설치할 수 있습니다.

```
$ brew install python
```

다음과 같이 버전을 확인하십시오.

```
$ python3 --version
Python 3.7.2
$
```

이제 python3 명령어로 파이썬 세션을 시작할 수 있습니다. 텍스트 에디터에서도 python3 명령어로 시스템의 기본 버전 대신 방금 설치한 버전으로 프로그램을 실행할 수 있습니다. 서브라임 텍스트에서 파이썬 최신 버전을 사용하게 하는 방법이 기억나지 않는다면 1장을 다시 읽어보십시오.

A.3 리눅스에 파이썬 설치하기

리눅스 시스템에는 기본적으로 파이썬이 설치되어 있지만, 기본 버전이 파이썬 3.6보다 이전 버전이라면 최신 버전을 설치해야 합니다. 다음 명령은 대부분의 리눅스 시스템에서 잘 실행될 겁니다.

여러 가지 파이썬 버전을 설치할 수 있게 도와주는 **deadsnakes**라는 패키지를 사용할 겁니다. 다음 명령어를 입력하십시오.

```
$ sudo add-apt-repository ppa:deadsnakes/ppa
$ sudo apt-get update
$ sudo apt install python3.7
```

이 명령어는 시스템에 파이썬 3.7을 설치합니다.

다음 명령어로 터미널에서 파이썬 3.7을 실행할 수 있습니다.

```
$ python3.7
>>>
```

텍스트 에디터를 설정하거나 터미널에서 프로그램을 실행할 때도 이 명령어를 사용합니다.

A.4 파이썬 키워드와 내장 함수

파이썬에는 미리 정의된 키워드와 내장 함수가 있습니다. 변수 이름을 정할 때 이들을 사용해서는 안 됩니다. 변수 이름이 키워드나 함수 이름과 같다면 이들을 덮어쓰게 되므로 정상적으로 동작하지 않을 수도 있습니다.

이 섹션에서 나열하는 파이썬 키워드와 내장 함수를 기억해서 실수로 사용하지 않도록 하십시오.

A.4.1 파이썬 키워드

다음 키워드에는 모두 특별한 의미가 있으며, 이들 중 하나를 변수 이름으로 사용하려 하면 에러가 일어납니다.

```
False    await    else     import   pass
None     break    except   in       raise
True     class    finally  is       return
```

```
and         continue    for       lambda     try
as          def         from      nonlocal   while
assert      del         global    not        with
async       elif        if        or         yield
```

A.4.2 파이썬 내장 함수

다음의 내장 함수 이름을 변수 이름으로 사용하려 해도 에러는 일어나지 않지만, 그렇게 하면 기본 함수를 사용할 수 없게 됩니다.

```
abs()            delattr()        hash()           memoryview()     set()
all()            dict()           help()           min()            setattr()
any()            dir()            hex()            next()           slice()
ascii()          divmod()         id()             object()         sorted()
bin()            enumerate()      input()          oct()            staticmethod()
bool()           eval()           int()            open()           str()
breakpoint()     exec()           isinstance()     ord()            sum()
bytearray()      filter()         issubclass()     pow()            super()
bytes()          float()          iter()           print()          tuple()
callable()       format()         len()            property()       type()
chr()            frozenset()      list()           range()          vars()
classmethod()    getattr()        locals()         repr()           zip()
compile()        globals()        map()            reversed()       __import__()
complex()        hasattr()        max()            round()
```

텍스트 에디터와 IDE

프로그래머는 코드를 만들고, 읽고, 수정하면서 많은 시간을 보냅니다. 따라서 이 작업을 가능한 효율적으로 만들어주는 텍스트 에디터나 **통합 개발 환경**integrated development environment (IDE)을 사용하는 것이 필수적입니다. 좋은 에디터는 코드를 강조 표시해서 작업 과정에 생기는 흔한 버그를 알아차리게 해주는 것 같은 간단한 일을 처리하면서도, 프로그래머의 신경이 분산될 정도로 요란하게 하지는 않습니다. 좋은 에디터에는 자동 들여쓰기, 적절한 행 길이를 표시하는 마커, 자주 하는 작업의 키보드 단축키 같은 유용한 기능도 있습니다.

IDE는 디버거와 코드 검사 같은 도구를 다양하게 갖춘 텍스트 에디터입니다. IDE는 코드를 입력하는 사이에도 계속 검사하고, 현재 만들고 있는 프로젝트 전체에 대해 이해하려 합니다. 예를 들어, 함수 이름의 첫 글자 몇 개를 입력하면 IDE는 그 함수가 받는 매개변수를 모두 보여주기도 합니다. 이런 동작은 어느정도 능숙한 프로그래머가 되어서 시야가 넓어지면 아주 큰 도움이 됩니다. 반면 초보자에게는 오히려 부담스러운 기능이기도 하며, IDE에서 코드가 왜 동작하지 않는지 잘 모르는 상황에서는 문제 해결을 돕는 게 아니라 방해할 때도 있습니다.

일단 코드 자체를 배우는 동안에는 단순한 텍스트 에디터를 쓰길 권합니다. 텍스트 에디터는 훨씬 가볍고 빠르기도 합니다. 사용하는 컴퓨터가 오래됐거나 자원이 충분치 못하다면 텍스트 에디터가 IDE보다 더 좋을 수도 있습니다. 이미 IDE에 익숙하거나, 주변 동료가 IDE를 사용하고 있어서 같은 환경에서 작업하길 원한다면 필자가 앞에서 한 얘기는 무시하고 IDE를 사용하십시오.

이 시점에서 도구 선택에 너무 신경을 쓸 필요는 없습니다. 지금은 언어 자체를 더 깊이 이해하고, 흥미로운 프로젝트에 집중할 때입니다. 일단 기초를 마스터하고 나면 어떤 도구가 더 잘 맞는지 저절로 알게 될 겁니다.

이 부록에서는 서브라임 텍스트 텍스트 에디터를 세팅해서 더 효율적으로 사용할 수 있는 법을 설명합니다. 여러분이 고려할 수도 있는, 또는 다른 파이썬 프로그래머들이 사용하는 에디터도 몇 가지 알아봅니다.

B.1 서브라임 텍스트 세팅하기

1장에서는 서브라임 텍스트에서 프로그램을 실행할 때 여러분이 원하는 파이썬 버전을 사용하도록 하는 방법을 알아봤습니다. 이번에는 이 부록 초반에서 언급한 기능을 사용할 수 있도록 설정하는 방법을 알아봅시다.

B.1.1 탭을 스페이스로 바꾸기

코드를 작성할 때 탭과 스페이스를 섞어서 쓴다면 나중에 원인을 파악하기 힘든 문제가 발생할 수 있습니다. 탭을 누를 때 항상 스페이스를 써서 들여쓰기를 하도록 서브라임 텍스트를 설정하면 이런 문제를 예방할 수 있습니다. **View > Indentation** 메뉴에서 **Indent Using Spaces** 옵션이 선택되어 있는지 확인하십시오. 선택되지 않았다면 선택하십시오. **Tab Width**가 **4 spaces**인지도 확인하십시오.

프로그램을 작성하면서 이미 탭과 스페이스를 섞어 썼다면, **View > Indentation > Convert Tabs to Spaces**를 선택해서 탭을 모두 스페이스로 바꿀 수 있습니다. 서브라임 텍스트 창의 우측 하단에 있는 **Spaces**를 클릭해도 이 세팅에 바로 접근할 수 있습니다.

이제 코드를 들여쓰기하기 위해 탭을 누르더라도 서브라임 텍스트가 자동으로 탭 대신 스페이스를 써서 들여쓰기를 합니다.

B.1.2 행 길이 표시기 사용하기

대부분의 텍스트 에디터에는 코드 한 행을 어디서 끝내야 할지 단서를 제시하는 기능이 있습니다. 파이썬에서는 보통 한 행을 80자 미만으로 유지하는 것이 좋다고 알려져 있습니다. 이 기능을 사용하려면 **View > Ruler**에서 80을 클릭하십시오. 서브라임 텍스트는 80 글자 위치에 세로선을 표시해서 코드 한 행을 80 글자 미만으로 작성할 수 있게 도와줍니다.

B.1.3 코드 블록 들여쓰기와 들여쓰기 취소

코드 블록 전체를 들여쓰기하려면 원하는 행을 선택한 다음 **컨트롤-]**를 누르십시오. macOS에서는 **커맨드-]**입니다. 들여쓰기를 취소하려면 **컨트롤-[**를 누르십시오.

B.1.4 코드 블록 주석 처리하기

코드 블록을 임시로 비활성화하려면 블록을 선택한 뒤 주석으로 만들어서 파이썬이 무시하게 하면 됩니다. 메뉴에서 **Edit > Comment > Toggle Comment**를 선택하거나 **컨트롤-/** (macOS는 **커맨드-/**)를 누르십시오. 선택한 행 앞에 해시 마크(#)가 붙고 들여쓰기 레벨은 그대로 유지되므로 일반적인 주석과는 구분됩니다. 코드 블록의 주석 처리를 해제하려면 블록을 선택한 다음 같은 명령이나 단축키를 사용하면 됩니다.

B.1.5 설정 저장하기

지금까지 설명한 세팅 중 일부는 현재 작업중인 파일에만 적용됩니다. 이 세팅을 서브라임 텍스트에서 여는 모든 파일에 적용하려면 사용자 세팅으로 정의해야 합니다. **Preferences > Settings** 메뉴를 열면 **Preferences.sublime-settings > User** 파일이 열립니다. 이 파일에 다음과 같이 입력하십시오.

```
{
    "rulers": [80],
    "translate_tabs_to_spaces": true
}
```

파일을 저장하면 세로선과 탭 세팅이 이후 서브라임 텍스트에서 여는 모든 파일에 적용됩니다. 이 파일에 세팅을 더 추가할 때는 마지막 행을 제외한 모든 행이 콤마(,)로 끝나게 해야 합니다. 온라인에서 다른 사용자의 세팅을 참고해서 여러분에게 가장 잘 맞는 세팅을 스스로 찾아보십시오.

B.1.6 더 많은 설정

서브라임 텍스트를 설정해 더 효율적으로 일할 수 있는 방법은 이외에도 많습니다. 메뉴를 열 때는 가장 자주 하는 동작에서 사용할 수 있는 단축키를 기억해두십시오. 마우스나 트랙패드로 손을 가져가는 것보다는 단축키를 누르는 것이 더 효율적입니다. 하지만 모든 것을 한번에 기억하려고 할 필요는 없습니다. 우선 가장 자주 하는 동작부터 조금 더 효율적으로 만들고, 스스로의 작업 방식에 도움이 될 것 같은 다른 기능은 천천히 시도해도 됩니다.

B.2 다른 텍스트 에디터와 IDE

사람들이 사용하는 여러 가지 텍스트 에디터에 대해 보고 듣게 될 겁니다. 이들 대부분은 서브라임 텍스트를 설정했던 것과 마찬가지로, 더 효율적인 작업을 위해 설정할 수 있습니다. 그동안 들어봤을 수도 있는 텍스트 에디터 몇 가지를 정리했습니다.

B.2.1 IDLE

IDLE은 파이썬과 함께 설치되는 텍스트 에디터입니다. IDLE은 서브라임 텍스트만큼 직관적이지는 않지만, 초보자를 대상으로 한 책이나 교재는 IDLE을 기준으로 한 것도 있으니 한번 시도해볼 만한 가치는 있습니다.

B.2.2 지니

지니Geany는 대부분의 프로그램을 직접 실행할 수 있는 단순한 텍스트 에디터입니다. 지니는 출력 결과를 터미널 창으로 표시하므로 지니를 쓰다 보면 터미널에 익숙해질 수 있습니다. 지니의 인터페이스는 아주 단순한 편이지만, 경험 많은 프로그래머 중 상당수가 지니를 사용할 정도로 충분히 강력합니다.

B.2.3 이맥스와 빔

이맥스Emacs와 빔Vim은 경험 많은 프로그래머들이 가장 선호하는 에디터 중 하나입니다. 이 두 에디터의 특징은 마우스를 전혀 사용하지 않고 키보드만으로도 모든 일을 다 할 수 있도록 설계됐다는 점입니다. 일단 이 에디터가 어떻게 동작하는지 확실히 이해하고 나면, 코드를 작성하고, 읽고, 수정하는 일이 굉장히 효율적으로 이루어집니다. 마우스를 쓰지 않는다는 건 이 두 에디터의 학습 곡선이 굉장히 가파르다는 의미이기도 합니다. 빔은 거의 대부분의 리눅스와 macOS 컴퓨터에 기본으로 설치되어 있으며, 이맥스와 빔 모두 터미널 안에서 완전히 동작할 수 있습니다. 따라서 이들은 원격 터미널에서 작업할 때 주로 사용되기도 합니다.

이 둘을 한번 써보라고 권하는 프로그래머들이 많습니다. 하지만 개구리 올챙이 적 모른다고, 전문가들은 초보자 시절에 고생했던 것을 잊어버리기 마련입니다. 이 두 에디터에 익숙해지면 좋긴 하지만, 지금은 에디터에 익숙해지는 것보다는 단순한 에디터를 쓰면서 올바른 코드를 작성하는 데 더 주력해야 할 시기입니다.

B.2.4 아톰

아톰Atom은 일반적으로 IDE에서나 기대할 수 있는 기능을 상당히 갖춘 텍스트 에디터입니다. 작업하려는 파일 하나를 열 수도 있지만, 프로젝트 폴더를 열어서 프로젝트 안에 있는 파일에 쉽게 접근할 수도 있습니다. 아톰에는 깃과 깃허브가 통합되어 있으므로 따로 터미널을 사용하지 않아도 에디터 안에서 로컬과 원격 저장소에 접근하며 버전 관리를 시작할 수 있습니다.

아톰은 패키지 설치 역시 지원하므로 패키지를 통해 기능을 확장할 수 있습니다. 이런 패키지를 사용하면 아톰은 점점 더 IDE처럼 동작하게 됩니다.

B.2.5 비주얼 스튜디오 코드

비주얼 스튜디오 코드는 종종 VS Code라고도 불립니다. 이 에디터 역시 IDE처럼 동작하는 에디터입니다. 비주얼 스튜디오 코드는 효율적인 디버거, 버전 관리 지원, 코드 자동 완성 도구 등을 갖추고 있습니다.

B.2.6 파이참

파이참[PyCharm]은 특별히 파이썬을 위해 설계된 IDE이므로 파이썬 프로그래머들이 널리 사용합니다. 정식 버전은 돈을 내고 구입해야 하지만, 무료 버전인 파이참 커뮤니티 에디션도 충분히 사용할 만합니다.

파이참에는 린터[linter]라는 기능이 있습니다. 이 기능은 코드 스타일이 일반적으로 권장하는 파이썬 코드 스타일과 일치하는지 검사하고, 권장하는 스타일이 아닐 때는 바꾸도록 제안하는 기능입니다. 파이참에는 디버거도 통합되어 있어서 에러를 쉽게 찾을 수 있고, 널리 쓰이는 파이썬 라이브러리를 쉽게 사용할 수 있는 모드도 있습니다.

B.2.7 주피터 노트북

주피터 노트북[Jupyter Notebook]은 블록[block]으로 구성된 웹 애플리케이션이라는 점에서 전통적인 텍스트 에디터나 IDE와는 다릅니다. 여기서 블록이란 텍스트 블록일 수도 있고 코드 블록일 수도 있습니다. 텍스트 블록은 마크다운[Markdown] 형식을 따르므로 텍스트를 입력하면서 간단한 서식을 사용할 수 있습니다.

주피터 노트북은 원래 과학 애플리케이션에서 파이썬을 사용하려는 목적으로 만들어졌지만, 점차 발전하면서 다양한 분야에서 이용할 수 있게 됐습니다. .py 파일에 주석을 만드는 것에 그치지 않고, 헤더, 점 붙은 리스트, 하이퍼링크 같은 서식이 포함된 깔끔한 텍스트를 코드 섹션 사이에 삽입할 수 있습니다. 각 코드 블록은 개별적으로 실행할 수 있으므로 프로그램을 잘게 쪼개서 테스트하는 것도 가능하고, 물론 한번에 실행할 수도 있습니다. 각 코드 블록에는 자신만의 출력 영역이 있으며 이 출력 영역을 필요에 따라 켜고 끌 수도 있습니다.

셀 사이의 상호작용 때문에 주피터 노트북이 혼란스럽게 느껴질 때도 있습니다. 어떤 셀에서 함수를 정의하면 그 함수는 다른 셀에서도 사용할 수 있습니다. 이런 특징은 유용할 때가 많지만, 노트북이 길어지고 노트북 환경이 어떻게 동작하는지 충분히 이해하지 못한다면 혼란스럽기도 합니다.

파이썬으로 과학 분야의 작업을 하거나 데이터 집중적인 작업을 한다면, 언젠가는 주피터 노트북을 사용할 때가 반드시 올 겁니다.

도움 얻기

프로그램을 배우다 보면 누구든 막힐 때가 옵니다. 따라서 막혔을 때 효율적으로 빠져나가는 것이야말로 프로그래머가 갖춰야 할 가장 중요한 기술 중 하나입니다. 이 부록에서는 프로그래밍을 하다 혼란을 느꼈을 때 돌파할 수 있는 몇 가지 방법을 소개합니다.

C.1 첫 단계

막혔을 때 가장 먼저 할 일은 상황을 정확히 파악하는 겁니다. 다른 사람에게 도움을 청하기 전에, 먼저 다음 세 가지 질문에 명확하게 답변해보십시오.

- 뭘 하려고 하고 있었습니까?
- 지금까지 어떤 것들을 시도해봤습니까?
- 어떤 결과가 나왔습니까?

가능한 한 명시적으로 답하십시오. 첫 번째 질문에 대해서는 "윈도우 10 노트북에 파이썬 최신 버전을 설치하려 하고 있습니다"처럼 명확하게 답할 수 있다면, 파이썬 커뮤니티에서 도와줄 수 있는 사람이 있을 겁니다. "파이썬을 설치하려 하고 있습니다" 같은 애매한 대답은 다른 사람에게 충분한 근거를 주지 못합니다.

두 번째 질문에 명확하게 답해야만 이미 했던 일을 다시 해보라고 하는 제안을 피할 수 있습니다. "https://python.org/downloads/에 가서 내 컴퓨터에 맞는 다운로드 버튼을 클릭했고 내려받은 설치 파일을 실행했습니다"라고 답해야지, "파이썬 웹사이트에서 뭔가 받았습니다" 같은 답은 도움이 되지 않습니다.

세 번째 질문에 대해서는, 정확한 에러 메시지를 알아야 온라인으로 해결책을 검색하거나 커뮤니티에 질문할 수 있습니다.

때로는 이 세 가지 질문에 답하는 것만으로도 스스로 뭘 놓쳤는지 깨닫고 막힌 곳에서 탈출할 수 있을 때도 있습니다. 심지어 이런 행동에 이름도 있습니다. 프로그래머들은 이런 행동을 '노란 오리 디버깅'이라 부릅니다. 욕실에 띄워놓는 노란 오리(사실 수건도 상관없지만)를 붙들고 질문을 늘어놓다 보면, 해답을 스스로 찾을 때가 많습니다. 프로그래밍 용품을 파는 가게에서는 실제로 노란 오리를 진열해놓고 "오리에게 물어보세요"라고 권하기도 합니다.

C.1.1 다시 해보세요

처음으로 돌아가서 다시 시작하기만 해도 문제가 해결될 때가 있습니다. 책에서 사용하는 for 루프 예제를 따라 하고 있었다고 합시다. 정말 사소한 것, 예를 들어 for 행 마지막의 콜론(:)을 잊었을 수도 있습니다. 처음부터 다시 해보면, 같은 실수를 반복하지 않아서 문제가 해결될 수 있습니다.

C.1.2 휴식을 취하세요

같은 문제를 오랫동안 붙들고 있었다면 잠시 쉬는 게 최선의 방법일 때도 있습니다. 한 가지 일에 너무 오래 몰두하다 보면 우리의 뇌가 한 가지 방향에 매몰되기 쉽습니다. 생각해낼 수 있었던 경우의 수마저 잊어버리게 되니, 잠시 쉬면 문제를 새로운 방향에서 바라볼 수 있게 됩니다. 그리 오래 쉴 필요도 없습니다. 지금의 마음 상태에서 벗어날 수 있을 정도면 됩니다. 오래 앉아 있었다면 잠시 몸을 움직이는 것도 좋습니다. 방을 잠시 걷거나 밖에 나가 산책을 하는 것도 좋고, 물을 한 잔 마시거나 건강에 좋은 간식을 조금 먹는 것도 좋습니다.

문제 때문에 좌절감이 느껴진다면 일을 내일로 미루는 게 좋습니다. 한숨 푹 자고 나면 문제가 더 쉬워 보일 수도 있습니다.

C.1.3 책의 자료를 참고하십시오

책의 온라인 자료가 https://nostarch.com/pythoncrashcourse2e/에 있습니다. 이 자료에는 컴퓨터를 준비하는 방법이나 각 장을 따라 하는 데 도움이 되는 자료들이 들어 있습니다. 아직 읽지 않았다면 이 자료를 읽어보고 현재 상황에 도움이 되는 것이 있는지 찾아보십시오.

C.2 온라인 검색

누군가가 여러분과 같은 문제를 겪고, 그에 관해 온라인에 기록했을 가능성도 있습니다. 정확한 검색어로 요령 있게 검색한다면 온라인에서 여러분이 마주친 문제에 관한 힌트를 찾을 수 있을 겁니다. 예를 들어 윈도우 10에 파이썬 최신 버전을 설치하지 못해 헤매고 있다면, install python windows 10으로 검색하고 작년부터의 결과만 읽어본다면 명확한 답을 얻을 수도 있습니다.

정확한 에러 메시지로 검색하면 성공 확률이 크게 올라갑니다. 예를 들어 터미널에서 파이썬을 실행하려다가 다음과 같은 에러가 났다고 합시다.

```
> python
'python' is not recognized as an internal or external command,
operable program or batch file
>
```

"python is not recognized as an internal or external command" 전체를 검색한다면 정답을 찾을 확률이 높습니다.

프로그래밍 관련 주제로 검색하다 보면, 특정 사이트들이 자주 눈에 띌 겁니다. 좋은 사이트 몇 가지를 소개할 테니 참고해보십시오.

C.2.1 스택 오버플로

스택 오버플로(https://stackoverflow.com/)는 프로그래머들 사이에서 가장 유명한 질문-답변 사이트이며, 파이썬 관련 검색 결과에서는 첫 번째 페이지에 자주 등장할 겁니다. 스택 오버플로 회원이 문제가 생겼을 때 질문을 올리면 다른 회원이 도움이 되는 답변을 해줍니다. 사용자들은 가장 큰 도움이 됐다고 생각하는 답변을 추천할 수 있으므로, 보통은 가장 좋은 답변이 가장 먼저 노출됩니다.

스택 오버플로 회원들이 그동안 답변들을 계속 개선해왔으므로, 파이썬에 관한 기본적인 질문에 대해서는 거의 대부분 아주 명확한 답변이 이미 존재합니다. 사용자들은 자신이 올린 글을 업데이트하라는 권유도 받으므로, 오래돼서 더는 사용할 수 없는 경우도 별로 없습니다. 이 글을 쓰는 시점을 기준으로, 백만 개 이상의 파이썬 관련 질문들이 이미 스택 오버플로에 답이 올라와 있습니다.

C.2.2 공식 파이썬 문서

공식 파이썬 문서(https://docs.python.org/)는 초보자에게는 조금 엇갈릴 수 있습니다. 이 문서는 파이썬 언어 자체를 문서화하는 것이 목적이지 알기 쉽게 설명하는 것이 목적이 아니기 때문입니다. 공식 문서의 예제는 모두 잘 동작하겠지만, 거기 있는 내용을 다 이해하기는 쉽지 않을 수 있습니다. 그렇다 해도 검색 결과에 나타났다면 한번쯤 읽어볼 만한 좋은 자료임은 확실하고, 여러분이 파이썬을 더 잘 이해하게 될 때는 더욱 유용한 자료가 될 겁니다.

C.2.3 공식 라이브러리 문서

파이게임이나 맷플롯립, 장고 같은 라이브러리를 사용하고 있다면 검색 결과에 해당 프로젝트의 공식 문서도 자주 등장할 테고, 이런 문서(https://docs.djangoproject.com/)도 큰 도움이 됩니다. 라이브러리를 사용할 계획이라면 그 라이브러리의 공식 문서에 익숙해지는 것이 좋습니다.

C.2.4 r/learnpython

레딧[Reddit]에는 서브레딧[subreddit]이라는 하위 포럼이 많습니다. r/learnpython 서브레딧 (https://reddit.com/r/learnpython/)은 매우 활동적이며 친절합니다. 여기서 다른 사람의 질문을 읽거나 직접 질문할 수도 있습니다.

C.2.5 블로그 포스트

많은 프로그래머들이 블로그를 운영하면서 자신이 다루는 언어에 관한 글을 올립니다. 하지만 블로그의 글을 무작정 따라하기 전에, 먼저 댓글을 몇 개 읽으면서 다른 사람들의 반응을 보는 것도 중요합니다. 댓글이 전혀 없다면 그 글은 일단 치워두십시오. 그 글을 시험해본 사람이 아무도 없다는 뜻일 수도 있으니까요.

C.3 인터넷 릴레이 챗

많은 프로그래머들이 인터넷 릴레이 챗^{Internet Relay Chat}(IRC)에서 실시간으로 대화를 나눕니다. 문제가 생겼고 온라인에서 검색해도 마땅한 답을 찾을 수 없다면 IRC 채널에 질문하는 것도 좋은 방법입니다. 채널에 있는 사람들은 대부분 친절하고 도움이 되는 답변을 해줍니다. 뭘 하려고 했었고, 뭘 시도했었고, 어떤 결과가 나왔는지 정확히 질문하기만 한다면 말입니다.

C.3.1 IRC 계정 만들기

IRC에 계정을 만들려면 `https://webchat.freenode.net/`에 방문하십시오. 별명을 선택하고, CAPTCHA 박스를 채우고, **Connect**를 클릭하십시오. 프리노드 IRC 서버에 온 것을 환영한다는 메시지가 보일 겁니다. 창 아래쪽에 있는 박스에 다음 명령어를 입력하십시오.

```
/msg nickserv register password email
```

password와 **email** 자리에는 실제 비밀번호와 이메일 주소를 입력해야 합니다. 비밀번호는 다른 계정에서 사용하지 않는 것을 쓰십시오. 계정 확인 방법이 나와 있는 이메일이 곧 올 겁니다. 이메일에는 다음과 같은 명령어가 들어 있습니다.

```
/msg nickserv verify register nickname verification_code
```

이 명령어를 IRC 사이트에 붙여넣되, **nickname**에는 직접 선택했던 별명을 입력하고 이메일로 도착한 `verification_code`를 사용하십시오. 이제 채널에 접속할 수 있습니다.

만약 계정으로 로그인할 때 문제가 있다면 다음 명령어를 시도해볼 수 있습니다.

```
/msg nickserv identify nickname password
```

nickname과 **password**를 직접 선택한 별명과 비밀번호로 바꿔서 입력하십시오. 이렇게 하면 인증이 이루어지고, 인증된 별명이 필요한 채널에 접속할 수 있습니다.

C.3.2 참여할 채널

메인 파이썬 채널에 접속하려면 입력 박스에 /join #python이라고 입력하십시오. 채널에 접속했다는 확인과 함께 해당 채널에 관한 일반적인 정보가 나타납니다.

##learnpython 채널(해시가 두 개입니다)도 아주 활동적인 채널입니다. 이 채널은 https://reddit.com/r/learnpython/과 연결되어 있으므로 r/learnpython의 글에 관한 메시지도 볼 수 있습니다. 웹 애플리케이션을 만들고 있다면 #django 채널에도 관심이 갈 겁니다. 채널에 접속한 다음에는 다른 사람들이 나누는 대화를 읽을 수 있고, 직접 질문할 수도 있습니다.

C.3.3 IRC의 문화

IRC에서 도움을 받으려면 IRC의 문화에 대해 알아야 합니다. 부록 초반에 제시했던 세 가지 질문에 초점을 맞춘다면 IRC에서도 도움이 되는 답을 얻을 수 있을 겁니다. 무엇을 하려 하는지, 무엇을 해봤는지 어떤 결과를 얻었는지 정확히 설명할 수만 있다면 기꺼이 여러분을 도우려는 사람이 있을 겁니다. 코드나 출력 결과를 보여줘야 한다면, https://bpaste.net/+python 같은 IRC에서 사용하는 외부 사이트를 이용하면 됩니다(#python에서도 코드와 출력 결과를 공유할 때 이 사이트를 사용합니다). 이를 통해 채널에 코드의 홍수가 쏟아지는 걸 막고, 동시에 사람들이 코드를 쉽게 공유할 수 있기도 합니다.

사람들에게 호감을 얻으려면 항상 참을성이 있어야 합니다. 질문은 간결하게 하고, 누군가 반응할 때까지 기다리십시오. 채널에 있는 사람들은 대화 중일 때가 대부분이지만, 누군가는 그리 오래지 않아 여러분에게 반응할 겁니다. 채널에 사람이 얼마 없다면 응답이 올 때까지 시간이 좀 걸릴 수도 있습니다.

C.4 슬랙

슬랙Slack은 IRC를 최신 동향에 맞게 다시 개발한 것이라고 봐도 됩니다. 슬랙은 보통 기업 내부 통신에 사용되지만, 여러분이 참여할 수 있는 공개 그룹도 많이 있습니다. 파이썬 슬랙 그룹을 찾아보고 싶다면 https://pyslackers.com/에서 시작하십시오. 페이지 위쪽에 있는 **Slack** 링크를 클릭하고 이메일 주소를 입력하면 초대장이 올 겁니다.

파이썬 개발자 공간에 들어가면 채널 리스트를 볼 수 있습니다. **Channels**를 클릭하고 흥미로운 주제를 찾아보십시오. #learning_python이나 #django 채널이 좋은 시작점이 될 겁니다.

C.5 디스코드

디스코드Discord 역시 온라인 채팅 환경이며 파이썬 관련 질문을 올리고 답을 얻을 수 있는 파이썬 커뮤니티가 있습니다.

https://pythondiscord.com/에 가서 **Chat Now** 링크를 클릭하십시오. 자동으로 생성된 초대 메시지가 보일 겁니다. **Accept Invite**를 클릭하십시오. 이미 디스코드 계정이 있다면 로그인하십시오. 계정이 없다면 사용자 이름을 입력하고 프롬프트를 따라 해서 디스코드에 등록할 수 있습니다.

파이썬 디스코드에 처음 방문할 때는 커뮤니티에 참여하기 전에 규칙을 수락해야 합니다. 규칙을 수락하고 나면 관심 있는 채널에 참여할 수 있습니다. 도움이 필요할 때는 **Python Help** 채널에 문의하십시오.

깃과 버전 관리

버전 관리 소프트웨어를 사용하면 프로젝트가 잘 동작할 때 스냅숏을 남겨둘 수 있습니다. 새 기능을 추가하는 등 프로젝트의 상태를 변경했을 때, 만약 프로젝트의 현재 상태가 잘 동작하지 않는다면 마지막으로 동작했던 상태로 돌아갈 수 있습니다.

버전 관리 소프트웨어를 사용하면 프로젝트를 망칠 걱정 없이 개선하고, 마음껏 실수해도 됩니다. 이런 장점은 큰 프로젝트에서 빛을 발하지만, 파일 단 하나만 사용하는 작은 프로젝트에서도 충분히 유용합니다.

이 부록에서는 깃을 설치하고 현재 작업 중인 프로그램의 버전 관리에 사용하는 법을 배웁니다. 깃은 최근에 가장 널리 쓰이는 버전 관리 소프트웨어입니다. 깃의 고급 도구는 큰 프로젝트에서 협업할 때 큰 도움이 되지만, 혼자 개발하는 사람들도 기본적인 기능을 활용할 수 있습니다. 깃은 프로젝트의 파일 전체를 추적하는 방식으로 버전 관리를 구현합니다. 실수했다면 마지막으로 저장했던 상태로 돌아갈 수 있습니다.

D.1 깃 설치하기

깃은 모든 운영체제에서 실행되지만 운영체제에 따라 설치 방법이 다릅니다. 다음 섹션에 각 운영체제에 맞는 설치 방법을 설명합니다.

D.1.1 윈도우에 깃 설치하기

https://git-scm.com/에서 깃 설치 파일을 받을 수 있습니다. 컴퓨터에 맞는 설치 파일 링크를 찾아보십시오.

D.1.2 macOS에 깃 설치하기

깃이 이미 컴퓨터에 설치되어 있을 수 있으니 먼저 `git --version` 명령어를 실행해보십시오. 버전 숫자가 출력된다면 깃이 이미 컴퓨터에 설치되어 있는 겁니다. 깃을 설치하거나 업데이트하라는 메시지가 나타나면 화면의 지시를 따르십시오.

https://git-scm.com/에서 컴퓨터에 맞는 설치 파일을 받아도 됩니다.

D.1.3 리눅스에 깃 설치하기

리눅스에 깃을 설치하려면 다음 명령어를 입력하십시오.

```
$ sudo apt install git-all
```

끝입니다. 이제 프로젝트에서 깃을 사용할 수 있습니다.

D.1.4 깃 설정하기

깃은 프로젝트를 누가 변경했는지 추적하며, 프로젝트에 참가한 사람이 단 한 명이라도 마찬가지로 추적합니다. 깃은 이를 위해 사용자 이름과 이메일을 요구합니다. 사용자 이름은 반드시 입력해야 하지만, 이메일 주소는 아무렇게나 넣어도 괜찮습니다.

```
$ git config --global user.name "username"
$ git config --global user.email "username@example.com"
```

이 과정을 지금 실행하지 않으면 나중에 처음으로 커밋할 때 깃이 이 정보를 요구할 겁니다.

D.2 프로젝트 만들기

연습할 프로젝트를 만듭시다. 컴퓨터에 `git_practice` 폴더를 만드십시오. 폴더 안에 다음과 같이 단순한 파이썬 프로그램을 만드십시오.

hello_git.py

```
print("Hello Git world!")
```

이 프로그램을 써서 깃의 기본적인 기능에 대해 알아볼 겁니다.

D.3 일부 파일 무시하기

확장자가 .pyc인 파일은 .py 파일을 실행할 때 자동으로 생성되므로 깃이 이런 파일을 추적할 필요는 없습니다. 이 파일은 `__pycache__` 폴더에 저장됩니다. 깃이 이 폴더를 무시하게 하려면 `.gitignore`라는 특별한 파일을 만들어야 합니다. 이 파일은 파일 이름이 점으로 시작하고 확장자가 없습니다. 파일 내용은 다음과 같습니다.

.gitignore

```
__pycache__/
```

깃은 이 파일을 보고 `__pycache__` 폴더에 있는 파일을 모두 무시합니다. `.gitignore` 파일을 잘 활용하면 프로젝트가 어지러워지지 않고 관리하기 쉬워집니다.

텍스트 에디터에서 `.gitignore` 파일을 열기 위해서는 숨김 파일을 볼 수 있도록 세팅해야 할 수도 있습니다. 일부 에디터는 파일 이름이 점으로 시작하는 파일을 무시합니다.

D.4 저장소 초기화하기

이제 파이썬 파일이 들어 있는 폴더가 있고 .gitignore 파일도 만들었으니 깃 저장소를 초기화할 수 있습니다. 터미널을 열고 git_practice 폴더로 이동한 다음 다음 명령어를 실행하십시오.

```
git_practice$ git init
Initialized empty Git repository in git_practice/.git/
git_practice$
```

깃이 git_practice에 빈 저장소를 만들었다는 출력 결과입니다. **저장소**repository는 깃이 현재 추적 중인 파일 모음입니다. 깃이 저장소를 관리하기 위해 사용하는 파일은 모두 숨김 폴더 .git에 저장되며, 이 폴더와 파일은 전혀 신경 쓰지 않아도 됩니다. 이 폴더를 삭제하지 않도록 주의하기만 하면 됩니다. 만약 삭제하면 프로젝트의 변경 내역이 모두 사라집니다.

D.5 상태 체크하기

다른 일을 하기 전에 먼저 프로젝트 상태부터 확인해봅시다.

```
git_practice$ git status
On branch master  # ①

No commits yet

Untracked files:  # ②
  (use "git add <file>..." to include in what will be committed)
    .gitignore
    hello_git.py

nothing added to commit but untracked files present (use "git add" to track)
# ③
git_practice$
```

깃에서 브랜치branch란 현재 작업 중인 프로젝트 버전입니다. ①에는 현재 master라는 브랜치에 있다는 메시지가 있습니다. 프로젝트 상태를 체크할 때마다 master 브랜치에 있다는 메시지가 나와야 합니다. 다음에는 커밋한 내용이 없다는 메시지가 있습니다. **커밋**^{commit}이란 현재 상태에서 만든 프로젝트 스냅숏입니다.

②에는 프로젝트에 추적하지 않은 파일이 있다는 메시지가 있습니다. 어떤 파일을 추적할지 정하지 않았기 때문입니다. 다음에는 현재 커밋에 아무것도 추가하지 않았고, 저장소에 추가할 수 있는 추적하지 않은 파일이 있다는 메시지가 있습니다(③).

D.6 저장소에 파일 추가하기

파일 두 개를 저장소에 추가하고 상태를 다시 체크해봅시다.

```
git_practice$ git add .  # ①
git_practice$ git status  # ②
On branch master

No commits yet

Changes to be committed:
  (use "git rm --cached <file>..." to unstage)

  new file:   .gitignore  # ③
  new file:   hello_git.py
git_practice$
```

git add . 명령어는 프로젝트 파일 중에서 현재 저장소에서 추적하지 않고 있는 파일을 전부 추가하라는 뜻입니다(①). 이 명령은 파일을 커밋하지는 않습니다. 단지 깃이 이 파일을 모니터링하라고 지시하기만 하는 것입니다. 다시 프로젝트 상태를 체크해보면 깃이 파일 변화를 감지하고 커밋해야 한다고 보고한 것을 볼 수 있습니다(②). new file이라는 라벨은 이 파일이 저장소에 새로 추가된 파일이라는 뜻입니다(③).

D.7 커밋하기

첫 번째 커밋을 해봅시다.

```
git_practice$ git commit -m "Started project."  # ①
[master (root-commit) ee76419] Started project.  # ②
 2 files changed, 4 insertions(+)  # ③
 create mode 100644 .gitignore
 create mode 100644 hello_git.py

git_practice$ git status  # ④
On branch master
nothing to commit, working tree clean
git_practice$
```

git commit -m "message" 명령어로 프로젝트 스냅숏을 만들었습니다(①). -m 플래그는 프로젝트 로그에 이 플래그 다음에 있는 메시지 "Started project."를 기록하라는 뜻입니다. 현재 master 브랜치에 있고(②), 파일 두 개가 바뀌었다(③)는 보고를 볼 수 있습니다.

다시 상태를 체크하면 master 브랜치에 있고 작업 트리에 변경 내용이 없다clean는 보고를 볼 수 있습니다(④). 프로젝트가 동작하는 상태를 커밋할 때마다 이 메시지가 보여야 합니다. 만약 다른 메시지가 보인다면 주의 깊게 읽으십시오. 아마 커밋한 다음에 만든 파일을 추가하는 걸 잊었을 가능성이 높습니다.

D.8 로그 체크하기

깃은 프로젝트에서 발생한 커밋의 로그를 모두 보관합니다. 로그를 체크해봅시다.

```
git_practice$ git log
commit a9d74d87f1aa3b8f5b2688cb586eac1a908cfc7f (HEAD -> master)
Author: Eric Matthes <eric@example.com>
Date:   Mon Jan 21 21:24:28 2019 -0900

    Started project.
git_practice$
```

커밋을 할 때마다 깃은 40자로 이루어진 고유한 참조 ID를 만듭니다. 깃은 누가 커밋했는지, 언제 커밋했는지, 어떤 메시지를 남겼는지 역시 기록합니다. 이 정보가 항상 필요한 건 아니므로, 깃에는 로그를 간결하게 출력하는 옵션도 있습니다.

```
git_practice$ git log --pretty=oneline
ee76419954379819f3f2cacafd15103ea900ecb2 (HEAD -> master) Started project.
git_practice$
```

--pretty=oneline 플래그는 커밋 정보에서 가장 중요한, 참조 ID와 이 커밋에 동봉된 메시지만 출력합니다.

D.9 두 번째 커밋

버전 관리의 진짜 힘을 체험하려면 프로젝트를 변경하고 바뀐 내용을 커밋해야 합니다. hello_git.py에 다음과 같이 한 행을 추가하십시오.

hello_git.py

```
print("Hello Git world!")
print("Hello everyone.")
```

프로젝트 상태를 체크하면 깃이 파일이 바뀐 것을 감지했음을 볼 수 있습니다.

```
git_practice$ git status
On branch master  # ①
Changes not staged for commit:
  (use "git add <file>..." to update what will be committed)
  (use "git checkout -- <file>..." to discard changes in working directory)

 modified:   hello_git.py  # ②

no changes added to commit (use "git add" and/or "git commit -a")  # ③
git_practice$
```

①에는 브랜치 이름이, ②에는 바뀐 파일 이름이, ③에는 바뀐 내용이 커밋되지 않았다는 메시

지가 있습니다. 바뀐 내용을 커밋하고 상태를 다시 체크해봅시다.

```
git_practice$ git commit -am "Extended greeting."  # ①
[master 51f0fe5] Extended greeting.
 1 file changed, 1 insertion(+), 1 deletion(-)

git_practice$ git status  # ②
On branch master
nothing to commit, working tree clean

git_practice$ git log --pretty=oneline  # ③
51f0fe5884e045b91c12c5449fabf4ad0eef8e5d (HEAD -> master) Extended greeting.
ee76419954379819f3f2cacafd15103ea900ecb2 Started project.
git_practice$
```

①에서는 git commit 명령을 내리면서 -am 플래그를 써서 커밋했습니다. -a 플래그는 이번 커밋에 저장소에서 바뀐 파일을 모두 포함시키라는 뜻입니다(커밋하기 전에 새로 만든 파일이 있다면 git add . 명령으로 새 파일을 저장소에 추가하면 됩니다). -m 플래그는 이번 커밋의 로그에 메시지를 기록하라는 뜻입니다.

프로젝트 상태를 체크해보면 작업 폴더가 다시 깨끗해진clean 것을 알 수 있습니다(②). 로그를 보면 여태까지 커밋을 두 번 한 것도 알 수 있습니다(③).

D.10 바꾼 내용 되돌리기

이제 바꾼 내용을 취소하고 이전 상태로 되돌리는 법을 알아 봅시다. hello_git.py에 다음과 같이 한 행을 추가하십시오.

hello_git.py

```
print("Hello Git world!")
print("Hello everyone.")

print("Oh no, I broke the project!")
```

파일을 저장하고 실행하십시오. 다시 상태를 체크하면 이번에도 깃이 변경점을 감지한 걸 볼 수 있습니다.

```
git_practice$ git status
On branch master
Changes not staged for commit:
  (use "git add <file>..." to update what will be committed)
  (use "git checkout -- <file>..." to discard changes in working directory)

    modified:   hello_git.py  # ①

no changes added to commit (use "git add" and/or "git commit -a")
git_practice$
```

깃은 hello_git.py 파일이 수정된 걸 알고 있고(①), 수정된 그대로 커밋할 수도 있습니다. 하지만 이번에는 변경점을 커밋하지 말고 프로젝트가 동작했던 마지막 상태로 되돌릴 겁니다. hello_git.py 파일에 직접 손대지는 않습니다. 마지막 행을 삭제하지도 않고, 텍스트 에디터의 실행 취소 기능을 사용하지도 않습니다. 터미널에서 다음과 같이 입력하십시오.

```
git_practice$ git checkout .
git_practice$ git status
On branch master
nothing to commit, working tree clean
git_practice$
```

git checkout 명령어는 이전 커밋을 다루는 명령어입니다. git checkout . 명령어는 마지막 커밋 이후에 바꾼 내용을 모두 삭제하고 프로젝트를 마지막 커밋 상태로 되돌립니다.

텍스트 에디터로 돌아와 보면 hello_git.py 파일이 다음과 같이 바뀐 걸 볼 수 있습니다.

```
print("Hello Git world!")
print("Hello everyone.")
```

이렇게 간단한 예제에서는 이전 상태로 돌아가는 것이 별것 아닌 것처럼 보이겠지만, 큰 프로젝트에서 파일을 수십 개 수정한 상태에서 마지막 커밋으로 돌아갈 수 있다고 생각해보십시오. 이 기능은 정말 유용합니다. 새 기능을 구현하고자 할 때 원하는 만큼 여러 가지를 시도해보고, 잘 되지 않는다면 프로젝트에 아무 영향도 없이 이전 상태로 돌아갈 수 있습니다. 뭘 어떻게 바꿨는지 일일히 기억했다가 직접 되돌릴 필요는 전혀 없습니다. 깃이 전부 자동으로 해줍니다.

> **NOTE_** 텍스트 에디터에 따라서는 파일을 새로 열어야 이전 내용으로 돌아간 걸 확인할 수 있을 수도 있습니다.

D.11 이전 커밋 체크아웃하기

체크아웃 명령어를 사용할 때 점 대신 참조 ID의 맨 앞 여섯 글자를 쓰면 가장 최근의 커밋이 아니라 로그에 존재하는 어떤 상태로도 돌아갈 수 있습니다. 이전 커밋을 체크아웃하고 검토한 다음, 필요에 따라 마지막 상태로 돌아가거나 그 이전 버전으로도 돌아갈 수 있습니다.

```
git_practice$ git log --pretty=oneline
51f0fe5884e045b91c12c5449fabf4ad0eef8e5d (HEAD -> master) Extended greeting.
ee76419954379819f3f2cacafd15103ea900ecb2 Started project.
git_practice$ git checkout ee7641
Note: checking out 'ee7641'.

You are in 'detached HEAD' state. You can look around, make experimental  # ①
changes and commit them, and you can discard any commits you make in this
state without impacting any branches by performing another checkout.

If you want to create a new branch to retain commits you create, you may
do so (now or later) by using -b with the checkout command again. Example:

  git checkout -b <new-branch-name>

HEAD is now at ee7641... Started project.
git_practice$
```

이전 커밋을 체크아웃할 때는 마스터 브랜치를 떠나서 깃이 detached HEAD라고 부르는 상태로 바뀝니다(①). 여기서 **HEAD**는 프로젝트가 커밋된 상태입니다. 이름 붙은 브랜치(여기서는 master)를 떠났으므로 분리^{detached} 상태가 된 겁니다.

master 브랜치로 돌아가려면 다음과 같이 체크아웃하면 됩니다.

```
git_practice$ git checkout master
Previous HEAD position was ee76419 Started project.
Switched to branch 'master'
git_practice$
```

이 명령어는 master 브랜치로 돌아갑니다. 깃의 고급 기능을 사용할 생각이 아니라면, 이전 커밋으로 돌아갔을 때는 아무것도 바꾸지 않는 것이 최선입니다. 하지만 프로젝트를 혼자 진행하고 있고, 최근 커밋을 모두 취소하고 이전 상태로 돌아가고 싶다면 프로젝트를 이전 커밋으로 리셋할 수도 있습니다. master 브랜치에 다음과 같이 입력하십시오.

```
git_practice$ git status   # ①
On branch master
nothing to commit, working directory clean

git_practice$ git log --pretty=oneline   # ②
51f0fe5884e045b91c12c5449fabf4ad0eef8e5d (HEAD -> master) Extended greeting.
ee76419954379819f3f2cacafd15103ea900ecb2 Started project.

git_practice$ git reset --hard ee76419   # ③
HEAD is now at ee76419 Started project.

git_practice$ git status   # ④
On branch master
nothing to commit, working directory clean

git_practice$ git log --pretty=oneline   # ⑤
ee76419954379819f3f2cacafd15103ea900ecb2 (HEAD -> master) Started project.
git_practice$
```

①에서는 먼저 master 브랜치에 있는 것을 확인했습니다. 로그에서는 두 커밋을 모두 볼 수 있습니다(②). 그리고 git reset --hard 명령어를 사용하면서, 영구히 돌아갈 커밋의 참조 ID 처음 여섯 글자를 썼습니다(③). 다시 상태를 체크해보면 현재 master 브랜치에 있고 커밋할 내용이 없음을 볼 수 있습니다(④). 다시 로그를 보면 돌아가려 했던 처음 커밋으로 돌아온 걸 볼 수 있습니다(⑤).

D.12 저장소 삭제하기

작업하다 보면 저장소 히스토리가 엉켜서 어떻게 복구해야 할지 모르게 될 때가 있습니다. 이런 일이 생긴다면 먼저 **부록 C**에서 제안한 방법으로 도움을 청하는 방향을 생각해보십시오. 만약 해결할 방법을 찾지 못했고 프로젝트는 혼자 진행하는 중이라면, `.git` 폴더를 지워서 파일은 그대로 두고 프로젝트 히스토리만 삭제할 수도 있습니다. 이 폴더를 지워도 파일 자체는 전혀 변하지 않지만, 커밋이 모두 삭제되므로 이전 상태로 돌아가는 것은 불가능해집니다.

파일 브라우저에서 `.git` 폴더를 삭제해도 되고, 명령행에서 삭제해도 됩니다. 일단 삭제한 다음에는 저장소를 다시 만들어서 프로젝트 추적을 다시 시작해야 합니다. 이 과정 전체를 터미널에서 처리한다면 다음과 같습니다.

```
git_practice$ git status  # ①
On branch master
nothing to commit, working directory clean

git_practice$ rm -rf .git  # ②
git_practice$ git status  # ③
fatal: Not a git repository (or any of the parent directories): .git

git_practice$ git init  # ④
Initialized empty Git repository in git_practice/.git/

git_practice$ git status  # ⑤
On branch master
No commits yet
Untracked files:
  (use "git add <file>..." to include in what will be committed)
    .gitignore
    hello_git.py
nothing added to commit but untracked files present (use "git add" to track)

git_practice$ git add .  # ⑥
git_practice$ git commit -m "Starting over."
[master (root-commit) 6baf231] Starting over.
 2 files changed, 4 insertions(+)
 create mode 100644 .gitignore
 create mode 100644 hello_git.py

git_practice$ git status  # ⑦
```

```
On branch master
nothing to commit, working tree clean
git_practice$
```

먼저 상태를 체크하고 커밋할 내용이 없는 걸 확인했습니다(①). 그리고 ②에서 `rm -rf .git` 명령어를 써서 `.git` 폴더를 삭제했습니다(윈도우에서는 `rmdir /s .git` 명령입니다). `.git` 폴더를 삭제한 다음 상태를 체크하면 깃 저장소가 아니라는 메시지를 볼 수 있습니다(③). 깃은 저장소를 추적할 때 사용하는 정보를 모두 `.git` 폴더에 저장하므로, 이 폴더를 삭제하면 저장소 전체가 삭제됩니다.

이제 `git init` 명령으로 저장소를 새로 시작할 수 있습니다(④). 상태를 체크하면 현재 초기 상태이며 첫 번째 커밋을 기다린다는 메시지가 보입니다(⑤). 파일을 추가하고 첫 커밋을 수행합니다(⑥). 다시 상태를 체크하면 이제 `master` 브랜치에 있으며 커밋할 내용이 없다는 메시지가 보입니다(⑦).

버전 관리를 잘 사용하려면 연습이 좀 필요하지만, 일단 익숙해지면 버전 관리 없이는 일할 수 없다고 생각하게 될 겁니다.

INDEX

INDEX

INDEX